风险管理与巴塞尔协议

RISK MANAGEMENT AND
BASEL ACCORD

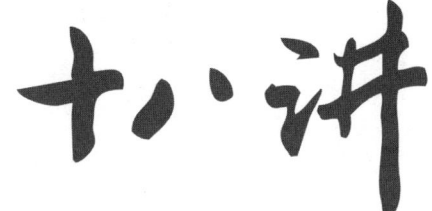

（第二版）

杨 军/著

中国金融出版社

责任编辑：张　铁　丁　芊
责任校对：孙　蕊
责任印制：张也男

图书在版编目（CIP）数据

风险管理与巴塞尔协议十八讲/杨军著 . —2 版 . —北京：中国金融出版社，2020. 10

ISBN 978 - 7 - 5220 - 0815 - 8

Ⅰ. ①风…　Ⅱ. ①杨…　Ⅲ. ①银行管理—风险管理—中国
Ⅳ. ①F832. 2

中国版本图书馆 CIP 数据核字（2020）第 177041 号

风险管理与巴塞尔协议十八讲（第二版）
FENGXIAN GUANLI YU BASAIER XIEYI SHIBA JIANG（DI-ER BAN）

出版
发行　**中国金融出版社**

社址　北京市丰台区益泽路 2 号
市场开发部　（010）66024766，63805472，63439533（传真）
网 上 书 店　www. cfph. cn
　　　　　　　（010）66024766，63372837（传真）
读者服务部　（010）66070833，62568380
邮编　100071
经销　新华书店
印刷　河北松源印刷有限公司
尺寸　169 毫米 × 239 毫米
印张　34
字数　495 千
版次　2020 年 10 月第 1 版
印次　2021 年 12 月第 2 次印刷
定价　88. 00 元
ISBN 978 - 7 - 5220 - 0815 - 8
如出现印装错误本社负责调换　联系电话（010）63263947

序

　　2012 年 6 月 8 日，中国银监会发布《商业银行资本管理办法（试行）》（以下简称《资本办法》），并于 2013 年 1 月 1 日起正式实施。《资本办法》的出台，标志着中国版的巴塞尔协议 Ⅲ 已经在中国落地，银行业监管又有了新标杆。

　　《资本办法》即中国版的巴塞尔协议 Ⅲ 的出台，是在充分吸取国际金融危机教训和借鉴国际金融监管改革成果，并认真总结我国银行业改革与监管实践的基础上，经过反复研究和修改而形成的。它既保持与国际标准的基本一致性，又充分考虑中国国情和中国银行业的特殊性，将国际标准要求同中国实际相结合，实现了国际准则的中国化。中国版巴塞尔协议 Ⅲ 的标杆性意义和主要精髓在于以下几点：

　　一是在保持适当资本充足水平的同时，更加强调资本的质量，增强资本的最终吸收损失能力，使资本真正成为公众信心和银行安全的最后防线。在这次国际金融危机中，许多西方发达国家的银行机构充分暴露出资本不足、资本质量差、吸收损失能力低的问题，最后威胁到银行的清偿能力，威胁到银行体系的安全。中国版的巴塞尔协议 Ⅲ 适当提高了核心一级资本的水平，强调股东资本及所有者权益的重要性，鼓励银行不断地进行内部资本积累，实现内涵式发展。

　　二是建立和实施更加科学、全面的风险管理，以最大程度地节约资本。中国版的巴塞尔协议 Ⅲ 要求银行在科学识别、度量风险的基础上，对信用风险、市场风险、操作风险及其他风险计提相应的资本，包括银行账户风险和交易账户风险，表内风险和表外风险。只有建立和实施科学、全面的风险管理，才能最大程度地降低风险，覆盖风险，最大程度地节约资本，实现集约化发展。

三是优化业务与资产结构，优化资本配置和使用。在资本成为银行业务扩展的重要约束因素之后，最有效地配置和使用资本就成为银行提升核心竞争力和实现可持续发展的关键。新的监管标准根据银行不同的业务资产结构、不同的风险水平，提出不同的资本要求，即银行的业务资产结构不同，银行所消耗的资本也就不同，从而鼓励银行不断优化其业务资产结构，最大程度地降低资本消耗，实现资本最大程度地优化配置和使用。

四是鼓励银行脱"虚"向"实"，更好地服务于实体经济。新监管标准对微小企业贷款、个人贷款、贸易融资及公共部门实体贷款等，确定了较优惠的资产风险权重，即规定了较低的资本要求；而对持有复杂的资产证券化产品、复杂的结构性金融衍生产品，以及非并表的金融机构股权等，都确定了较高的风险权重，同时提高了银行同业债权的风险权重，即提高了持有上述资产的资本要求。这充分体现了新监管标准鼓励银行服务实体经济，审慎引导银行开展金融创新。

五是鼓励银行以丰补歉，未雨绸缪，增强抵御经济与市场波动的能力。新监管标准在最低资本要求之上，还确定了储备资本和逆周期资本等缓冲性的资本要求，以更好应对经济下行及市场恶化环境下的金融风险。在经济上行和繁荣时期，银行要积累较充实的资本和流动性，以应对经济下行和萎缩时的冲击与风险。这也正是新监管标准在最低资本要求之上，另外确定储备资本和逆周期资本要求的意义所在。

六是鼓励银行保持高质量的流动性资产和长期稳定性资金，以应对短期和长期金融市场波动所形成的流动性风险。由于经济和市场存在着很大的不确定性和波动性，银行对流动性的需求也同样存在着不确定性和波动性，存在着短期性和长期性。新监管标准确定了银行机构要达到的流动性指标及应急性流动准备，要求银行加强资产负债的匹配管理，加强流动性压力测试管理，减少对市场短期资金的依赖，增加高质量流动资产和长期稳定性资金，实现安全性、流动性、收益性的协调平衡，实现安全健康发展。

近年来，我国大力推进银行业的改革开放，不断加强金融监管，银行的资产质量明显改善，资本充足水平和损失拨备水平明显提高，流动性管理和流动性水平明显提升，银行体系的风险抵御能力明显增强，为我国成功抵御国际金融危机冲击，实现国民经济平稳较快发展作出了重要贡献。但我们也清醒地认识到，我国过去长期积累的金融风险还没有完全化解，同时，随着近几年银行业信贷资产的高速增长，又积累了很多新的金融风险，加大了银行不断补充资本的压力，形成了"面多加水，水多加面"的粗放式发展模式。中国银行业正面临着转变发展方式、优化资产与盈利结构、加强资本约束，实现集约化经营和可持续发展的迫切要求。通过实施新资本协议，借鉴先进风险管理理念和方法，改进风险计量手段，有助于国内银行业健全风险管理组织体系，全面提升风险管理能力，尽快缩小与国际先进银行的差距，增强我国商业银行的国际竞争力。

新资本协议第一支柱要求商业银行针对信用风险、市场风险和操作风险这三大风险计提资本，第二支柱则是监管当局对银行第一支柱实施情况的监督检查，并对三大风险之外的集中度风险、流动性风险、银行账户利率风险、声誉风险和战略风险等其他风险提出资本计提要求。第二支柱将资本和全面风险管理水平更紧密地结合，监管当局旨在通过第二支柱的实施加强资本监管，促进银行在计量所有实质性风险的基础上加强资本规划管理，建立资本自我管理、自我完善机制，保持充足的资本水平。

杨军同志结合近年来的工作实践，用通俗化的语言解读了巴塞尔协议和风险管理的技术方法，将理论和实践融为一体，所做的努力和取得的研究成果值得肯定。希望本书的出版能对中国银行业推进实施巴塞尔协议发挥重要作用。

是为序。

中国银行业监督管理委员会副主席

2013 年 11 月

求索现代金融风险管理

（代二版序）

接到杨军先生电话邀请为他的《风险管理与巴塞尔协议十八讲》修订版题写序言，我感到不胜荣幸，也有一些惶恐。

我们因巴塞尔协议相识十多年，有很多专业方面的交流。由于现代风险管理的发展是由业界领先金融机构和专家前沿实践探索驱动的，对我国改革开放和发展中的经济体而言也具有明显的舶来品特点，再加之个人研究风格和偏好的原因，过去二十多年来我一直非常注重与国内外资深金融业界专家的专业交流分享，尤其是自 2002 年开始组织"天弈全球专家研讨"和"中国金融风险经理论坛"（TGES – CFRMF），累计结识了不下 800 位国内外资深金融和风险管理专家，他是其中理论和实践、国际和国内研究兼备的资深专家典型代表。我曾经跟学生说过，我的风险管理知识体系，一半来自巴塞尔协议，一半来自国内外业界专家。

本书初版面世时恰逢我在中国人民大学国际学院负责的金融风险管理学科初创，该学科是国内第一个从金融机构管理视角（而非金融产品工程或数理统计方法视角）搭建的金融风险管理硕士和博士研究生培养平台，巴塞尔协议成为我们学科建设最重要的参考知识体系。当时我们对此书的感觉是如获至宝，并选为最重要的教学参考书之一，同时也有幸邀请到他亲临我们的课堂，为同学们传道授业，答疑解惑，他也成为同学们最为喜欢和敬仰的业界讲座专家之一。

过去二十年，我国以银行业为代表并扩展到整个金融行业的巴塞尔协议实施和现代风险管理体系建设，是我国波澜壮阔的经济改革开放进程中一道最为亮丽的风景线，为我国金融行业基于风险的现代管理理念建立、人才团队培养、管理体系构建和科技系统建设提供了重要的动力和指导，为我国金融机构资本实力和资产质量的提升发挥了重要的作用，同时也为发展中国家结合国情采用发达国家主导的市场经济规则探索了一条成功道路。

我和国内这数百位金融业界风险管理专家在过去一二十年里一起探索、交流和研究，也共同成长，一起走过和见证了中国金融体系改革开放中最为激动人心的一段历程，其中由实施巴塞尔协议引领的现代风险管理体系建设尤为令人难忘。如今，我们都步入了 50～70 岁这个年龄阶段。这是我认为作为专业人士非常重要的一个人生阶段，经验丰富，阅历广阔，思想成熟，身体尚可，可以将数十年的观察与思考以研讨交流、发表文章和出版专著等方式传播社会，传承给后来者。尤其我们这一代人经历了史诗级的中国经济金融体系改革开放和国际经济金融体系在全球化进程中的各种激烈变化乃至碰撞，从历史演变的角度看，大家的经历和观点尤其难能可贵。近些年我一直在呼吁高校、科研机构和出版单位积极挖掘、整理和利用这些专家们的专业思想宝藏。因此，我非常高兴看到杨军先生这部凝聚了他十多年来深入思考的风险管理力作的修订再版。

借此机会分享一下近年来我在风险管理和巴塞尔协议研究过程中的几个体会。

一、新冠疫情、风险管理和文明发展的标志

风险管理是人类文明发展的标志。著名金融史学家伯恩斯坦在其风险管理名著《与天对弈》（*Against the Gods*）中历数数千年人类文明重大发展，从原始人类共产制度，到阿拉伯数字出现，发现大数定律，保险和期货的应用，最后到计划经济体制和华尔街复杂金融创新，指出人类文明发展水平最突出的标志不是科技和民主，而是管理风险的能力。我们国家在文明复兴和改革再出发的征程上突然遭遇新冠疫情，历史注定这不仅是风险对文明的大考，更是推动国家管理制度现代化的重要机遇。

风险管理是现代国家管理制度和经济社会发展的关键系统和能力。习近平总书记领导下的新冠疫情治理从依法治国救灾，降低不确定性和风险，加强风险治理、加强应急管理和日常风险管理，提升国家风险承受能力和发展竞争力系统推进了风险管理全面发展和国家管理制度现代化。在统筹兼顾风险防控和发展的综合策略应用方面，现代风险管理可以为我们提供良好的借鉴。在巴塞尔协议中集大成的现代风险管理是过去三四十年以来在全球领先金融机构和大型企业集团应对风险的实践中形成的一系列现代理念、制度和技术方法。其基本的风险思维是承担风险，管理风险，与风险共存，甚至共舞；既要有风险控制，又要有风险胃口（Risk Appetite，国内更多说成风险偏好）和容忍度；风险管理不是简单地拒绝风险，也不是"一刀切"的简单化管理，而是大量利用数据、模型和各类管理系统的差异化，精细化管理；在适度承担风险的情况下保持住整体的安全性和发展性，精准施策，追求真正有效的风险管理。这是一个经济主体具有核心竞争力的关键表现。

二、中美贸易摩擦和金融风险管理

近年来中美贸易摩擦引发对我国金融风险新的担忧，甚至担心爆发所谓的"金融战"。贸易摩擦带来新的不确定因素的确会给我国经济和金融运行造成影响，并和原有的风险因素交织，为我们坚守系统性风险底线带来更大挑战。在这种情形下，构建现代化风险管理机制显得尤为重要，并应当成为我们防范贸易摩擦引发系统性金融风险的工作重点。

现代风险管理机制的建设并不是立足于消除不确定性和风险，而是通过内部控制、对冲缓释和经济资本管理等各种机制增强经济主体面临不确定性冲击的经济韧性。美国经济经受2008年国际金融危机后仍然可以继续发展为我们作出了很好的诠释。市场和经济体系的韧性取决于微观主体，尤其是金融企业承担和管理风险的能力，包括其以资本吸收损失的能力，也包括其通过市场机制交易转让和分散风险的能力。

我国实施巴塞尔协议的历史性工程为应对中美贸易摩擦引发的金融风险提供了重要的基础和条件。一方面，通过实施巴塞尔协议，我国金融行业基本树立了基于风险的现代金融管理理念，培养了一批专业人才团队，基本建立了现代风险管理的流程和体系及技术系统，风险管理面貌发生了根本性变化，资本实力和资产质量也大大提升。另一方面，中国实施巴塞尔协议二十年代表了中国遵守和积极融入西方发达国家主导的市场经济规则的不懈努力，也为中国与发达国家搭建了现代金融风险管理的共同语言平台。

三、中国实施巴塞尔协议重在学习，尤其是学习市场经济下通过资本开展经济运行控制的能力

巴塞尔协议不仅是国际银行业的"联合国宪章"，而且作为史上最复杂、最专业的国际财经协定，它不仅博大精深，深入现代金融核心，集风险管理之大成，同时也与时俱进，直面问题和挑战，是我国新时代金融体系建设可资借鉴的、宝贵的专业资源。我们实施巴塞尔协议的目的，不仅仅是履行成员国的义务，更重要的是要深入资本监管推动现代金融风险管理发展的本质层面，向发达国家学习和借鉴现代金融运行和管理机制及其经验教训。因此，金融机构无论大小，都要以提升风险管理为目标，从理念、制度到技术各个维度结合自身的情况积极开展对巴塞尔协议的系统学习、借鉴和实施应用。

重视和发挥资本的作用，积极开展经济资本管理。尽管资本管理和监管受金融危机的打击遭遇挑战和困境，资本是市场经济的基本概念和核心运行机制不会发生变化。我们不仅要重视资本在融资和治理层面的作用，而且要重视发挥新兴资本在公司内部管理中的作用。我们要以资本管理为统领，将内部控制（通过运营风险管理）和对冲机制整合成统一的全面风险管理机制。

现代资本管理将风险管理由流程管理和对冲管理提升到业务限额、交易对手、定价以及绩效管理的层面，使得风险管理与业务管理有效融合，并通过风险偏好与发展战略相衔接，为我们在机构管理和宏观调控中做到"放中有管，放而不乱；管中有放，管而不死"提供了重要的参考路径。

现代资本管理一个重要的特点在于，在尊重所有权和经营权相对分离

的现代企业治理规则的基础上，又通过经济资本管理加强了资本力量对企业日常具体经营活动的影响和控制，通过风险偏好和风险限额、经济增加值（EVA）考核以及整个全面风险管理体系的传导机制，将资本的力量和目标诉求输送到企业每一个具体决策和管理环节。这为我们加强党在经济和金融工作中的领导提供了有益的启示和参考，可以促使我们思考如何将党、国家和社会的价值诉求和约束力，通过类似经济资本和风险管理机制与现代市场经济制度有机融合，探索出中国特色市场经济下经济和金融运行管理新模式。

四、风险管理体系建设视角下中国改革开放四十年金融发展阶段划分

基于金融的本质是风险承担和管理的现代认知，从风险管理和资本监管发展的特点视角可以对改革开放以来我国银行业发展历程进行独特的阶段划分。第一阶段是 1980 年代中期到 1990 年代中期的基础恢复期。这一时期的主要任务是恢复基础的业务、机构及其管理，也需要恢复"贷款"和"资本"等基础的概念。第二阶段是 1990 年代中期到 2000 年代初期的风险概念形成期，即在亚洲金融危机的外部刺激和不良资产不断积累的内在压力之下，风险概念初步形成，包括银行是经营风险的机构，需要受到资本的约束等现代风险理念的形成。第三阶段是 2000 年代初期到 2000 年代中后期的风险治理结构改革期。主要是在加入世贸组织的背景下，国有银行改制上市，设立董事会及其风险管理委员会，并建立了风险管理部，我国银行体系首次出现了专业化和职业化的风险经理团队，堪称我国金融风险管理发展的第一次飞跃。第四阶段是 2000 年代中后期到 2010 年代中期的资本管理和风险中台建设期。以 2007 年银监会要求大行实施新巴塞尔协议为标志，各行投入大量的资金开展风险管理体系建设，包括采购咨询服务和 IT 系统，技术实力和人才团队迅速加强，这一时期取得的进步堪称第二次飞跃。第五阶段是 2010 年代中期以后，经济发展进入新常态，金融风险管理发展也相应进入新的发展时期。这一阶段风险管理更加重要，也面临更大挑战，不仅仅要牢牢守住不发生系统性风险的底线，还要能促进

发展，让金融机构更加有竞争力，由此，风险管理需要做好两个方面的结合：一是风险管理与业务的结合，要融入业务，二是风险管理与现代科技的结合。这将是值得期待的我国金融风险管理发展的第三次飞跃。

五、系统性风险的管理思维比监管合规思维更加重要

由于系统性风险的概念是站在宏观管理者角度对系统整体风险的关注，尤其是"系统重要性机构"这种特定概念所关注的微观机构和业务对宏观整体风险的影响，加之以宏观和微观审慎监管为主体的系统性风险监管框架，无论是政府还是金融机构，都比较偏向以监管和合规的思维来看待系统性风险。其实，系统性风险的管理思维对于政府和金融机构都是更加重要和基础的，甚至是监管思维的前提。对于政府而言，系统性风险管理思维应该是监管思维的基础和监管有效性的基础保障，因为金融监管本质上是金融机构的外部风险管理者，有效的监管都必须转化为与金融机构风险经营相契合的风险管理机制。对金融机构而言，系统性风险的管理思维应该是金融机构风险管理发展的自然延伸，既是监管合规的需要，更是运行环境分析的需要和战略管理的需要。

系统性风险的管理思维有两个方面的来源。一是来源于数十年来金融机构风险管理的发展，包括风险计量思维、风险交易转让和配置思维、资本管理思维、全面风险管理思维和风险治理、文化、战略等思维。这些思维其实是系统性风险管理和监管发展的基础。二是来源于系统性风险概念本身的思维，其中包括纵向周期性思维、横向关联性思维、个体与整体的关系思维和战略发展性思维等。即便这些系统性风险思维也与现代风险管理发展几十年以来提倡的组合管理和全面风险整合管理等理念和思维有密切联系。

金融风险管理体系建设长路漫漫，我们共同求索。致敬在我国金融风险管理体系建设中执着负重前行的中国金融风险经理们！

是为序。

陈忠阳

中国人民大学财政金融学院教授

2020 年 7 月

前言：如何避免重蹈日本覆辙

经过改革开放，中国经济已经进入一个新的发展阶段，正在从低收入国家向中高收入国家转变、从温饱阶段向全面建成小康社会转变、从制造大国向创造大国转变。从国际经验看，在这一转轨的过程中，亚洲、拉美的一些国家都发生了金融危机，银行业遭受重大损失。中国能否避免重蹈覆辙，避免发生大的"经济地震"，商业银行能否经受住这种"经济地震"的冲击，是很多人关注、关心的问题，更是银行内部专门从事风险管理工作的同仁应该深入思考的问题。

一、从失去的十年说起

人们常说，历史是一面镜子。我们回头看一看 20 世纪 80 年代到 90 年代的日本发生了什么事情，看看从日本的历史中能吸取哪些教训。

1990 年，日本的资本市场和房地产市场价格开始下跌，从那时起日本进入了长达十年的经济萧条时期，被称为"失去的十年"。比如，日经指数从最高点 35000 点一直处于波动下降的状态，下跌幅度达 60%；日本的失业率从 1991 年的低点开始一路攀升，最高达 6%；日本的 GDP 从 1990 年开始一直处于下降通道，十年间日本 GDP 年均增长率仅为 1.3%，其中很多年份的 GDP 增长率为负。究竟是什么原因导致日本产生如此严重的经济萧条？在这个过程中，银行又处于什么样的境地？

20 世纪 80 年代，日本经济一枝独秀，在全球经济中扮演着举足轻重的角色。当时有一种说法，日本超越了美国。尤其在制造行业，对美国的顺差巨大，贸易摩擦不断，日本企业在全球开始扩张。1985 年 9 月，美国、英国、法国、德国和日本签订了"广场协议"，日元开始大幅度升值。为了应付"日元升值不景气"，日本政府从调控经济的思路出发，先后实施了扩张性货币政策和扩张性财政政策。从 1986 年 1 月起，日本央行在 1 年左右的时间连续五次降息，调低官方贴现率至 2.5%；同时大幅度增加财政投资，以弥补汇率升值对经济的负面影响。所以，即使签订了"广场协议"并出现日元大幅升值的情况，日本的经济仍然处于非常良好的状态之中，投资、消费都在增加，企业在不断地扩张，这导致日本国内企业产能过剩严重。1981—1990 年，日本企业设备投资年平均增长率高达 8.4%，大约是 70 年代的一倍。日本企业在境外的投资也达到了空前的水平。1986 年到 1990 年，日本企业累计对外投资额达 2271 亿美元，是 80 年代前半期的 5 倍。年投资额从 1986 年的 220 亿美元上升到 1989 年的 680 亿美元。尤其是在 1988 年到 1990 年期间，日本对外直接投资额占世界 8 个主要工业大国对外直接投资额的 27.5%，超过英国和美国，成为全球最大的对外直接投资国。日本公司在美国开设了 1000 多家汽车工厂，大量购买美国的土地、矿山、银行、旅馆，夏威夷 70% 的高尔夫球场、海滩都由日本企业控股。

20 世纪 80 年代，尤其是 1985—1990 年，日本经济呈现发展高峰。日本企业和投资者开始大量投资股票市场和房地产，地价一路飙升。1986—1990 年，出现了"土地神话"，东京银座地区的房地产价值抵过整个美国加利福尼亚州的房地产价值，日经指数快速上升，涨了三倍。在房地产和资本市场快速增长的过程中，银行是如何表现的呢？日本银行在这个时期进一步加大贷款的投放，尤其是房地产抵押贷款。1990 年，在东京证券交易所上市的 12 家日本最大银行向房地产发放贷款总额达到 50 兆亿日元，占贷款总额的 1/4，五年间猛增 2.5 倍。

股价上涨、房地产价格上涨、银行贷款增加三者联系在一起，从某种意义上来讲，比日本企业在境外扩张的影响还要大，这三者结合起来就形成了日本非常严重的经济泡沫。这种作用的机理是什么呢？资本市场价格的上涨，企业账面的所有者权益增加，相应地资产负债率下降，盈利状况也有所改善，银行相应地可能进一步增加贷款。房地产价格进一步上涨，银行在贷款时有相对充裕的抵押物做保障，银行更愿意发放房地产贷款。日本某些银行甚至认为只要有房地产做抵押，贷款再多都不会有风险，相互之间竞争加剧。企业或个人从银行得到贷款后又接着投入股市、房地产市场，造成了股价和房地产价格进一步上涨。这两个市场价格的上涨使银行的资本在一定程度上有所增加，进一步提升了银行的贷款能力。

二、日本银行业盛极而衰

日本实行主银行制，日本银行持有很多企业的股份，形成经济共同体。企业的股票价格上涨，相应地银行资本也进一步增加，资本增加使银行更有信心增加贷款。因此，20 世纪 80 年代末日本银行发展非常快，资料显示在全球资产规模最大的 10 家大银行中，有 7 家属于日本。在日本经济发展扩张过程中，日本银行投入了大量贷款，这些贷款使日本在 80 年代后期的经济泡沫进一步扩大。

经济泡沫不断膨胀，日本政府逐渐感受到了压力。1989 年 5 月 31 日，日本央行新行长上任不久，日本央行就开始改变货币政策方向，在不到一年的时间内官方贴现率提高了 4.5 个百分点，超过了"广场协议"前 5% 的水平。在这种紧缩的环境下，日本股市在 1990 年 1 月 4 日崩盘，此后股价一路下跌。房地产价格也在这一年急剧下降。至 1992 年，东京证交所市值和东京都房地产总价值分别缩水 230 万亿日元和 93 万亿日元。企业经营困难，消费者信心跌落，日本经济从此陷入萧条，进入停滞的十年。

由于经济的停滞，企业原来在资本市场上的很多投资都形成了损失，企业经营非常困难，银行形成巨额不良贷款，日本银行企业之间的相互持股关系，加上资本约束，企业获得资金的难度进一步加大，银行的不良贷款进一步增加，形成恶性循环。资本市场、房地产市场萎缩导致资产价格进一步下跌，同时投资、消费也受到了很大的抑制，企业的经营变得更加困难。这样的循环过程一直困扰着日本的经济，对日本的影响应该说不亚于一次"经济地震"，使日本的经济状况从世界第一的发展态势迅速回落。

三、日本经济萧条的内在原因

日本经济危机的过程具有一定的代表性，体现了经济周期运行的内在规律。即使大家能认识到这样的规律，类似的情况仍在不同国家、不同时间继续上演。在此过程中，银行体系在泡沫形成的时候起到加速作用，在泡沫破灭时进一步促使它破灭，从某种意义上来讲，银行过度贷款是整个经济泡沫的放大器。从另一个角度看，一个国家的经济是否能够科学健康地发展，很大程度上受银行体系的影响。如果一个国家银行体系比较健全，就能比较有效地减弱泡沫破灭的影响，进而促使经济快速康复；如果银行体系不健全，就有可能阻碍经济的复苏，使经济长期处于萧条。日本的例子就提供了这方面的佐证，日本这次萧条与以往的萧条不完全相同。在日本战后经济发展过程中，曾经出现过七八次经济萧条，不仅仅是 20 世纪 90 年代这一次。那么，为何过去能够有效地进行调整，而 90 年代这次却没能使日本走出萧条的状态？

对此很多人进行了反思，也总结了很多原因，大体上分为偶然性原因和内在体制性原因。偶然性原因包括：在不同时期推出了错误的宏观调控政策，如 1998 年经济刚刚恢复，日本首相小渊惠三要求提高消费税 3% ~ 5%，对刚刚恢复的经济又是一次沉重的打击；动荡的政治局势，十年换了八任首相等。内在体制性原因包括：日本经济发展到了很高的程度，缺乏复兴的增长点；日本经济已经"无海图航行"，内部饱和，外部乏力；缺乏原创性的技术，没有在 IT 和互联网上处于领先位置；政府主导型经济模式需要调整等。政府保护下的金融发展模式粗放，风险高度集中于银行，主银行制导致融资效率的降低和风险累积，银行和企业之间的投资关系放大了银行与企业之间的共振效应，从而阻碍了日本经济的发展。因此，银行体系不仅对短期的经济周期、经济泡沫的形成和破灭有影响，而且对整个经济的运行也有着长期的重大影响。

通过对日本 20 世纪 90 年代经济危机的回顾，能够得出一个基本结论：银行在经济周期中起到放大器的作用，它既可能扩大繁荣，也可能加剧萧条。所以，银行的稳健发展关系到整个宏观经济的稳健发展，而贷款行为又是银行是否稳健的核心标志，过度贷款往往意味着危机和泡沫。

四、日本案例的启示

既然银行过度贷款成为金融危机、银行危机的重要诱因，那么银行为何会过度贷款呢？

银行作为提供资金和信用的中介机构，通过吸收储户的存款发放贷款，在此过程中，支撑银行这种经营行为的是人们对这家银行的信任。有一种观点认为，一家银行只要拥有开办执照，只要流动性能够维持下去，即使不需要资本，也可以持续地经营，一边吸收存款一边发放贷款，可以赚无本利润。这种模式在中国曾存在过，例如清朝商人胡雪岩开钱庄正是采取这种"十锅九盖"的方式。

银行的这种经营模式本身很容易造成一种扩张和膨胀，有了存款就可以发放贷款，没有存款可以创造存款，在竞争的环境中，银行的内在脆弱性会被忽视，人们相信银行不会发生问题，或者发生问题会有政府救助，正如在股市繁荣时人们相信股价会永远上涨一样。在自我膨胀和自我的虚幻预期下，银行的经营就会进入加速状态。从这种意义上讲，如果没有外部制约，银行会自我膨胀，很难约束自己的经营行为。

如何制约银行的这种扩张冲动，就成为银行稳健发展的关键，也是银行监管的重要内容。在对这个问题的探索过程中，全球银行业最后把目光集中在资本上面，这也是资本监管的由来。风险与资本之间的关系和互动，是本书阐述的核心问题。只有建立了风险与资本的良性运行机制，中国银行业才可能避免重蹈覆辙，希望此愿能成真。

目　录
CONTENTS

第一讲　从 Basel Ⅰ 到 Basel Ⅲ

风险与风险管理

风险是当代社会引用频率很高的词汇，这个词出现在社会经济不同领域中，有不同的含义。例如，"稳增长、防通胀、控风险"这一表述中提到的风险说的是金融领域出现的重大事件，例如金融机构出现大的不良、破产、重大风险事件；而证券市场常说的"股市有风险、投资需谨慎"又是另外一层含义，这里的风险指的是在投资时有可能会产生比较大的损失。另外一个经常提到的词"防范道德风险"，这里的风险指的是根据经济学里的委托—代理理论，由于委托人和代理人之间的信息不对称，代理人有可能会损害委托人利益的风险。"高风险、高回报，低风险、低回报"中的风险实际上是一种机会，这种机会孕育着高回报。还有很多风险的表述，这些表述中风险的含义也都不尽相同。那么究竟什么是风险管理中的风险含义呢？我们首先从风险的起源讲起。

风险对应的英文单词是 risk，该词最早来源于意大利语，起源于当时航海过程中遇到的触礁和风暴事件。在中文古籍中，一般认为风导致的危险就是风险，风险就是"风"＋"险"。在明史中曾有"漕舟失泊，屡遭风险"的提法，就是说船在航行的过程中遇到了刮风、风浪、风暴，所以它叫屡遭风险。清史稿也曾提到有关翁同龢的一个例子，说翁同龢"尝请假修墓，传旨海上风险，命驰驿回京，恩眷甚笃"，说的是翁同龢很受皇上器重，他在回家修祖坟的时候，朝廷里突然有事情，需要让他紧急回京，怕他在海上遇到风浪有风险，允许他经过驿站回京，这在当时是很特殊的待遇。所以从词源上讲，风险在中文中的意义是风导致的一些意外伤害、意外事件。由于风暴等事件会带来损失，在保险领域早就对风险有专门的研究。研究对意外事件进行保险，是保险业的起源。

从起源来看，风险最早的含义是绝对的损失，是不好的事件和结果，这是风险的第一个含义。这个词在演化的过程中，出现了不同的含义。第二个含义比较接近于现代的风险管理概念，风险指的是预期损失。概率论奠基人、最早提出了正态分布曲线的法国数学家棣美弗在 1711 年写的《关于运气的衡量》一书中提到"损失任何一笔钱的风险都是对预期值的背离，对这种风险真实的衡量是损失的数量与损失发生概率的乘积"。这里的风险就是损失的数量和损失发生概率的乘积，这是第二个含义，实际上这里的风险是预期损失的概念。

风险的第三个含义是非预期损失或意外损失，这个概念带有不确定性的含义。社会舆论很关注银行风险，认为整个银行业风险很高，蕴含着巨大的金融风险。在银行发布季报、年报的时候，很多银行家都提到银行现在的不良率很低，所以银行风险很低。这是两种互相矛盾的表述，一种表述说银行业蕴含着巨大的风险，另外一种表述说银行不良率很低，所以风险很小。两种观点大相径庭的主要原因是双方在风险的含义上存在分歧，说的不是同一件事。从风险管理角度来看，银行不良率低是已经发生的确定事情。从严格意义上来讲，已经形成的不良对银行而言就不再是风险。风险是什么呢？风险是指不知道有多少贷款会变成不良，这种意外损失的大小，就是风险。从这个意义上讲，社会对银行业风险的关注是可以理解的，这表达了一种担心：银行业将近 100 万亿元的资产，一旦有 1% 变成不良，那就是 1 万亿元，如果有 2% 变成不良那就是 2 万亿元，这是很大的损失。

第三种关于风险的表述是现代银行风险管理领域共同接受的或共同认可的风险含义。尽管日常语言表述中风险有各种各样的说法，但在比较严谨的银行风险管理中，风险是意外损失，而不是绝对损失或预期损失，因为实际上那不是现在真正意义上的风险。既然意外损失是当前还无法确定的一种损失，跟不确定性有着直接相关关系，那么风险是不是可以直接与不确定性画等号？这两者之间也不完全一样。在 20 世纪 30 年代经济学家奈特写的《风险、不确定性和利润》一书中，对不确定性和风险两个概念做了区分。他认为风险是可以量化的不确定性，而不确定性是根本无法预知的一种状态。

以上我们探讨了风险的概念。下面我们仍从 risk 这个单词着手，探讨对风险管理概念的两种解读。第一种理解，"r"代表收益（return），体现了风险和收益是相辅相成的；"i"是一种免疫力（immunization），银行的风险管理水平体现了一个银行对风险的免疫能力，风险管理的主要工作就是要提高机体的免疫能力；"s"代表有效的风险管理系统（system）；"k"代表风险管理的技术和知识（knowledge）。银行风险管理需要培育风险管理人才，逐渐形成风险管理的知识体系，并借助这个有效的管理系统提高整个银行的免疫能力，实现风险和收益之间的平衡。这是风险管理的一个解读。

第二个解读也是对 risk 中四个字母的理解。"r"代表监管（regulation），"i"代表信息（information），"s"代表系统（system），"k"代表关键风险点（key points）。组合起来理解，风险管理的含义是，银行风险管理要努力掌握更多的信息，客户的、市场的、方方面面的信息。通过对信息、数据的挖掘和分析，找出银行的关键风险控制环节进行管理，在管理的过程中同时要满足监管要求。这是对风险管理的另一解读。

把这两个解读结合来看，银行风险管理就不再是抽象的概念。从流程上看，风险管理有着识别、计量、监测、判断、控制若干环节。从工作的具体内容来看，风险管理就是要对信息进行收集、整理、分析，此外要有专门的风险管理工具、专业的人才，开发专门的系统，而且要抓住关键的风险点来进行管理，实现风险与收益的平衡，而风险管理的底线就是要满足监管合规的要求，这就是风险管理。

为什么要监管银行

对于一般企业来说，过度膨胀未必会对整个经济产生巨大的影响。而银行作为社会资金的中介机构，资金的来源和运用涉及面非常广，如果银行出现问题，对整个社会将产生很大的影响，其影响面要比一般企业大得多。拿纺织企业为例，尽管企业破产对社会有影响，但毕竟影响仅限于上下游企业。纺织企业破产会影响它的上游比如化工原料、染料企业，下游影响服装生产、批发零售企业。这种影响是线性的、逐渐衰减的，并且会随着时间推移减弱。但一家银行的破产对整个社会的影响是破坏性的，它处于社会网络的中心位置，将金融机构与非金融机构联结在一起。一旦一家银行破产，会对整个网络、各行各业造成冲击。首先会影响到其他金融企业，由于银行跟银行之间是交易对手，一家银行破产会波及其他银行和金融机构；其次会影响借款人，会影响企业和个人消费者，而且这种影响还会互相叠加。2008年的国际金融危机再一次说明了这一问题。银行经营本身变成了一个非常严肃的社会问题。由于银行自身很容易过度膨胀，一旦银行经营出现问题，就会对整个社会产生负面影响。同时，因为银行又是整个社会风险的集中地，包括流动性风险、信用风险、市场风险等，这种影响会进一步放大，银行的问题就不再像一般企业那样简单，而是容易对全社会产生重大影响。银行的贷款行为或经营行为需要约束，否则很难防范银行失败对社会的负面影响。如何建立银行的内在约束机制，是下面要探讨的问题。

教科书里对银行进行了定义，认为银行是经营货币的特殊企业，是通过让渡资金或者信用，获取收益的特殊企业；银行主要经营货币、经营信用。与此相对应，银行的经营有三个特点，也称三性，即安全性、盈利性和流动性。随着人们对银行本质的再认识，银行还有另外三个特性，即风险性、脆弱性和外部性。

一、风险性

从2004年国有银行股改上市以来，银行业一直在推广"银行是经营风险的企业"这一理念，提出经营过程中要讲究风险与收益的平衡。"银行是经营风险的企业"的理念是从银行日常经营的特点中归纳出来的。银行的风险性可以从两个方面来看，一方面银行风险性是一种客观必然。银行的经营核心是存短放长、存小放大，本身蕴含着信用风险、市场风险、运营风险，银行的业务经营模式决定了银行必然面临风险。另一方面银行风险性来自其主动性的经营行为。银行可以主动地选择风险，没有风险往往意味着没有收益。风险是一种资源，主动地、有意识地、有目标地去选择客户、选择市场，而不是对客户来者不拒、照单全收，就体现了银行的风险性特征。不同的银行选择的风险不同，对风险处理的方式也不同，最后获得的收益也不一样。

除了传统的三大风险之外，银行还面临多种不同的风险，这些风险主要包括银行账户利率风险、战略风险、流动性风险、声誉风险、集中度风险。

1. 信用风险。

信用风险是商业银行面临的主要风险之一，具体是因债务人未能履行与金融机构的合同条款，或未能按照约定还款而对银行产生的当前或未来的风险。

2. 市场风险。

巴塞尔委员会将市场风险定义为：（1）银行交易账户的利率风险和股票风险。（2）交易账户和银行账户的汇率风险和商品风险。（3）相关的期权性风险。换言之，市场风险是指表内外头寸因受股票、利率、汇率，或者商品价格的不利变动影响，而导致市值减少的风险。

3. 运营风险。

运营风险是指由不完善或有问题的内部程序、人员及系统或者外部事件造成损失的风险。本定义包括法律风险，但不包括战略风险（Strategic Risk）和声誉风险（Reputation Risk）。运营风险通常包括由舞弊、人为错误、业务中断、系统错误、违反合同、自然灾害和法律风险等造成的损失。

4. 银行账户利率风险。

银行账户指为非交易目的和为套期保值而持有，表内外所有未划入交易账户的业务合约。银行账户利率风险是指利率水平、结构等要素的变动所导致银行账户资产、整体收益和经济价值遭受或有损失的风险。

5. 战略风险。

战略风险是指由于业务环境变化、业务决策不力、决策执行不当或未能及时应对业务环境变化而导致的当前或预期的收益与资本风险。简而言之，战略风险即因企业不适当的业务策略或是企业营运环境的改变而导致的风险。例如，银行采取了不恰当的进入新市场的决策，从而给银行带来损失。

6. 流动性风险。

流动性风险是指商业银行虽然有清偿能力，但无法获得充足资金或无法以合理成本获得充足资金以应对资产增长或到期债务支付的风险。流动性风险可以分为融资流动性风险和市场流动性风险。融资流动性风险是指商业银行在不影响日常经营或财务状况的情况下，无法有效满足资金需求的风险；市场流动性风险是指由于市场深度不足或市场动荡，商业银行无法以合理的市场价格出售资产以获得资金的风险。

7. 声誉风险。

声誉风险是指一旦客户、交易对手、股东、投资人或者监管当局对银行持不乐观态度，从而导致当期和未来的收益或资本下降。换言之，声誉风险一般指由于公众负面的评价，导致银行与客户关系终止及中断而产生损失的风险。例如，媒体对银行的负面报道造成挤兑。

8. 集中度风险。

风险集中是指任何可能造成巨大损失（相对于银行的资本、总资产或总体风险水平）、威胁银行健康或维持核心业务能力的单个风险暴露或风险组合。风险集中被视作银行发生问题的最重要原因之一。集中度风险通常作为信用风险的一部分，指由于授信过度集中于单一客户，或基于共同风险因素的一组客户时导致的大额损失，共同风险因素包括行业、地理位置、产品类型等。

二、脆弱性

在经济发展过程中，银行破产的案例比比皆是，2008 年的金融危机表现得非常突出，美国在金融危机期间每年破产 100 多家银行。有人认为，中国的银行不同于国外，有政府信用支持，大银行不会破产。应该看到，中国近年来被收购、被处置的金融机构并不少，大银行的脆弱性同样是内在的、天生的，对此不能有丝毫懈怠。银行存在脆弱性的原因在于各种严重的不对等，比如银行的权利与义务不对等，银行的收益与付出不对等，银行将小额短期资金用于大额长期贷款而形成的流动性不匹配，等等。大银行集中了整个经济系统的风险，但却缺乏一定的转移渠道，实体经济发生问题，受伤的总是银行。2008 年金融危机中，破产银行包括历史悠久、规模庞大、影响巨大的银行。虽然中国的大型国有商业银行的背后仍存在着国家隐性信用支持、隐性担保，但不能说就不存在破产的可能。20 世纪 80 年代日本的多家大型银行，其地位不亚于现在中国的大银行，经过经济剧烈变化后，如今已经不见了旧日的名号，早已"城头变幻大王旗"。当经济发生巨大变化的时候，银行业的脆弱性决定了其必将受到很大影响。

三、外部性

经济学理论的外部性是指经济行为对外部的影响，存在正、负影响之分，好的影响是正外部性，坏的影响是负外部性。银行是外部性很强的行业。如果银行出问题，将会对整个社会产生影响。其他行业出问题主要影响其上下游等关联行业，银行业出问题将影响整个国计民生。换句话说，银行业影响的不是"线"，而是整个"面"，影响整个社会这张网。各行各业，银行都有贷款客户，如果银行出问题，将会影响所有的行业领域。2008 年金融危机后监管者提出了系统重要性银行的概念，认为对系统产生重要性的银行要加强监管，内在原因就在于此。另外，其他行业出现问题，对其上下游等关联行业的影响会层层递减，而银行出现问题，其产生的影响将是不断放大的。用专业术语来讲，其影响是正反馈效应，企业变差，会导致银行减少贷款投放，银行减少贷款投放会导致企业资金变得更紧张，违约率进一步提升。一个银行破产会导致其他银行破产，银行业的问题会导致其他行业出问题，导致居民消费出问题，居民的信用卡、个人房贷的信用恶化将导致银行资产质量进一步恶化，形成了一个自我加强的循环机制。银行的外部性具有负面的、网状的、自我加强的特性。

正是因为银行具有风险性、脆弱性和外部性的特点，对银行进行严格监管成为各个国家的共同政策选择。

为何选择资本充足率

从宏观经济角度来讲，约束银行行为的方法大致分为两方面：一是靠市场自身竞争，二是靠政府管制。银行业的市场竞争使得坏银行在竞争中被淘汰。在欧美国家发展的历史上，我们经常可以看到这样的事例。比如美国在 19 世纪时经常发生银行危机，银行经常破产，每一次危机都会对整个经济产生比较大的影响。完全奉行自由市场经济的西方国家逐渐认识到，完全靠市场去约束银行的行为，让市场达到均衡，从某种意义上来说是不理性的，因为银行具有太大的负外部性，对社会的影响太大。美国在 1911 年经济危机后成立美联储，即成立一家联邦储备银行，扮演整个银行体系"最后贷款人"的角色，为银行的稳健经营提供流动性，减小银行破产对社会的影响。完全依靠市场和竞争来约束银行是不现实、不可取的。既然市场做不到，就要靠"有形的手"进行调控，必须引入外部的力量来保证银行体系的稳定。

如何监管银行呢？运用哪些有效手段呢？这是摆在各国监管机构面前的主要问题。有些国家是通过限制银行规模来进行监管，如美国规定单一银行的存款份额占比不能超过 10%；有些国家通过限制银行经营的区域来进行监管；有些国家和地区通过限制银行的业务领域来进行监管，如中国香港、美国等对金融机构发不同的牌照，有的银行只能吸收个人存款，有的银行只能吸收公司存款，有的银行只能发放零售贷款，有的银行只能发放公司贷款，有的银行可涉及多种业务领域，通过不同的业务牌照限制银行；有些国家通过设定比例指标的方式约束银行。

1. 存贷比。

1997 年前人民银行要求国内商业银行和政策性银行存贷比不超过 75%，要求贷款与存款相匹配。这种方法是一种约束的方式，但未必科学合理。因为银行在借贷过程中差异太大，有些银行虽然资金较少，但拥有较好的客户群体，如果因为缺乏存款而停止发放贷款，对社会整体而言是一种损失，因而是一种简单化的政策要求。有些银行存款充足，但未必能够找到合适的贷款客户，比如邮政储蓄银行的储蓄网点众多且资金充裕，但缺乏足够多的、好的贷款客户，一定要按照一个统一的比例发放贷款也不合适。因此，简单地依靠存贷比无法使银行的经营和资金的配比效率得到提高。1998 年以后，中国放弃了存贷比的规模管理方式，探索资产负债管理新方式。

2. 资本/资产。

有些国家使用资本/资产来限制银行的资产负债比率。这些国家强调，银行不能无本经营，银行在经营过程中必须要有资本，例如，国外银行在其国内开设分行或子银行有资本要求，并且对于银行资本与资产的比例提出一定的约束。这种方式有一定道理。但更多分析表明，资本/资产的含义不清晰，该比例的高低能否说明银行经营的优劣？从国内外文献中，很难找到确定性的答案，而且资产的构成也千差万别，因此难以拿这个指标来统一规范银行的行为。

3. 资本/风险加权资产。

有研究人员提出，资产的差异较大，简单地用资本资产比并不十分科学。后来巴塞尔协议将资产变成风险加权资产，将资产乘以风险权重得出风险加权资产，资本与加权风险资产的比被称为资本充足率。风险加权资产是根据风险的大小对资产进行加权计算，有别于总资产指标。资本充足率既控制了银行规模，又能从实质上反映银行的风险。从 1988 年至今，资本充足率已经成为银行监管的一个核心工具，现在的巴塞尔协议、资本充足监管，都是围绕这个指标开展的。

巴塞尔委员会与巴塞尔协议

一、巴塞尔委员会的成立

巴塞尔委员会的全称为巴塞尔银行监管委员会（Basel Committee on Banking Supervision），巴塞尔委员会于 1974 年底成立。委员会最初的成员包括美国、英国、法国、德国、意大利、日本、荷兰、加拿大、比利时、瑞典 10 国，由各国的银行监管当局和中央银行作为代表，其常设秘书处设在国际清算银行，委员会主席由成员国代表轮流担任。委员会的主要职责是交流金融监管信息、建立各个领域能够认同的最低监管标准、加强各国监管当局的国际合作和协调、维护国际银行体系稳健运行，同时明确了以"堵塞监管中的漏洞，改善监管水平，提高全世界银行监管质量"为工作目标。

二、巴塞尔委员会的作用

巴塞尔委员会虽然不是严格意义上的银行国际监管组织，没有任何凌驾于国家之上的正式监管银行权力，但事实上已成为银行监管国际标准的制定者。该委员会成员来自世界主要国家，一般各国会采取立法规定或其他措施，并结合本国实际情况，逐步实施巴塞尔委员会所制定的监管标准与指导原则，推进落实相关建议事项。

巴塞尔委员会自成立以来，先后制定了一系列重要的银行监管规定，如《关于统一国际银行资本衡量和资本标准的协议》《有效银行监管的核心原则》等。这些协议、监管标准与指导原则也可统称为巴塞尔协议。这些协议的实质是为了完善与补充单个国家对商业银行监管体制的不足，减轻银行倒闭的风险与代价，是对国际商业银行联合监管的主要形式。鉴于其合理性、科学性和可操作性，许多非成员国监管部门承认并自愿遵守巴塞尔委员会制定的协议和协定，特别是那些国际金融参与度比较高的国家和银行组织。

三、巴塞尔委员会的发展

2009 年 3 月，巴塞尔委员会吸纳了澳大利亚、巴西、中国、印度、韩国、墨西哥和俄罗斯为该组织的新成员。至此，巴塞尔委员会成员国扩大为包括澳大利亚、比利时、巴西、加拿大、中国、法国、德国、印度、意大利、日本、韩国、卢森堡、墨西哥、荷兰、俄罗斯、西班牙、瑞典、瑞士、英国和美国在内的 20 个国家。加入巴塞尔委员会是中国银行业监管史上一个重要的里程碑，这标志着中国将全面参与银行监管国际标准的制定，更加有效地维护国内银行业利益，并为国际银行体系稳定作出更大的贡献。

根据 2020 年 7 月巴塞尔委员会官网更新的成员名单，目前巴塞尔委员会由来自 28 个司法管辖区的 45 个机构组成，这些成员包括中央银行和负责银行业务监管的正式当局。此外，委员会有九个观察员，包括中央银行，监管团体，国际组织和其他机构。28 个司法管辖区，包括阿根廷、澳大利亚、比利时、巴西、加拿大、中国、欧盟、法国、德国、中国香港特别行政区、印度、印度尼西亚、意大利、日本、韩国、卢森堡、墨西哥、荷兰、俄罗斯、沙特阿拉伯、新加坡、南非、西班牙、瑞典、瑞士、土耳其、英国、美国。

四、巴塞尔协议

20 世纪 70 年代，布雷顿森林体系崩溃，多个国家开始实施浮动汇率制和利率市场化，银行经营所面临的市场环境更加复杂。与此同时，银行业国际化的趋势也日益明显，各国金融体系之间的联系日益紧密。20 世纪 70 年代中期，德国 Herstatt 银行等多家著名的国际性银行破产倒闭，引起了全球对银行业国际监管问题的重视。1988 年，美、英、德、法等 12 个发达国家的中央银行于 1988 年在瑞士巴塞尔签署了《关于统一国际银行资本衡量和资本标准的协议》，即 Basel Ⅰ。

20 世纪 90 年代，信用风险计量技术突飞猛进，巴塞尔委员会将这些成果进一步应用到资本协议的要求上，提出了新巴塞尔协议。从 1999 年开始公布第一版新巴塞尔协议直到 2004 年发布最后一版，其间进行了反复的讨论，最终达成了一致，即 Basel Ⅱ。

2008 年金融危机发生后，巴塞尔委员会在总结、反思金融危机的原因、改进金融监管时，进一步强化了资本充足率这一工具，不仅提高了资本充足率的要求，而且提高了资本的质量要求，提出了流动性监管等一系列新要求，2017 年 12 月，《巴塞尔协议Ⅲ：危机后的最终方案》整体定稿，国际上将这些要求称为 Basel Ⅲ。

从 Basel Ⅰ 到 Basel Ⅲ

银行是经营风险的企业。对于经营中发生的损失，可以分为预期损失和非预期损失。预期损失部分可以通过提取拨备转化为经营成本消化吸收，而对于非预期损失，就必须通过资本吸收。资本决定了银行所能承受的最大风险水平。要想获得持续稳健的增长和发展，就必须准确识别、计量风险水平，持有与之相匹配的资本，这是银行资本监管的基本原理。从1988年的巴塞尔协议到2009年的第三版巴塞尔协议，逐步确立了这样的指导思想。

一、Basel I 提出了资本充足率监管的概念，但存在较多需要改进的地方

1988年的巴塞尔协议（Basel I）首次提出银行资本监管理念，确定了资本充足率的计算公式，并要求银行达到8%的最低资本要求。Basel I 将资本分为核心资本和附属资本两类，核心资本主要包括股本和公开储备等，而附属资本则包括非公开储备、资产重估储备、普通贷款损失准备、次级债和混合资本工具等。Basel I 对于风险加权资产的计算仅仅覆盖了信用风险，提供的0、20%、50%和100%四个风险权重档次与资产实质性风险有一定脱节，风险的敏感性明显不足。此外，西方银行通过业务创新实现监管套利，进一步削弱了资本的约束作用。因此，Basel I 并没有建立风险与资本的匹配机制，资本对银行经营的约束效力远未发挥。

二、Basel II 建立了风险与资本动态联系的机制，提出了完整的全面风险管理框架

巴塞尔委员会1999年提出 Basel II，在全球征求了三次意见，于2004年6月正式发布。Basel II 真正确立了资本与风险之间的动态联系机制，构建了以三大支柱为核心的资本监管体系。

对于有相对成熟的识别和计量方法的信用风险、市场风险和运营风险，Basel II 将其放到第一支柱（最低资本要求）中，并提出了一套完整的风险加权资产计量规则，而这套规则正是来源于银行内部风险管理实践。对于信用风险，Basel II 提供了三种不同的风险加权资产计算方法，银行可根据自身风险管理状况选择使用（见表1-1）。对于市场风险，Basel II 提供了标准法和内部模型法用于计算包括利率风险、汇率风险、商品风险和股票

风险在内的市场风险资本要求。对于运营风险，Basel Ⅱ 提供了基本指标法、标准法和高级计量法用计算运营风险监管资本。

表 1-1   **Basel Ⅱ提供的三种信用风险加权资产计算方法**

风险参数	标准法	初级内部评级法	内部高级评级法
违约概率 PD	不涉及	由银行确定	由银行确定
违约损失率 LGD	不涉及	由监管机构确定	由银行确定
违约风险暴露 EAD	不涉及	由监管机构确定	由银行确定
有效期限 M	不涉及	由监管机构确定	由银行确定
相关性 R	不涉及	由监管机构确定	需要在 Basel Ⅲ 明确
技术及制度要求	高于 Basel Ⅰ	较高	更高

对于没有成熟做法，或是未被第一支柱完全覆盖的其他风险，如银行账户利率风险、流动性风险、集中度风险等，则放在第二支柱，通过银行内部的资本充足评估程序（ICAAP）来评估持有资本的充足性，监管机构则通过审查来控制其有效性。此外，银行对于第一支柱和第二支柱的实施情况，必须按照第三支柱的信息披露要求进行披露，以进一步发挥市场相关方的监督作用，夯实资本约束的有效性。Basel Ⅱ 真正建立了一套完整的资本监管体系，确立了资本与风险的联动机制，同时，也真正实现了与银行内部风险管理相融合，搭建了全面风险管理体系框架（见图 1-1）。

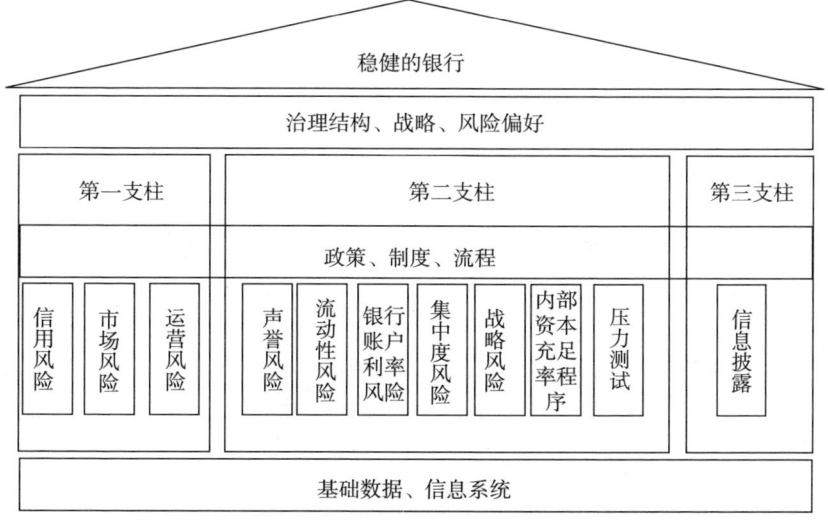

图 1-1　Basel Ⅱ搭建的全面风险管理体系框架

三、Basel Ⅲ 与 Basel Ⅰ、Basel Ⅱ 一脉相承，并集中体现了 2008 年金融危机后的监管变革

Basel Ⅱ 仍然存在一些漏洞和缺陷，例如，对资本质量没有提出新标准、对于表外业务或复杂证券化资产资本要求不足等，这也是危机后 Basel Ⅱ 饱受各方诟病的原因[1]。针对 Basel Ⅱ 的这些问题，国际上提出的一揽子修复计划被称为 Basel Ⅲ。Basel Ⅲ 并未改变 Basel Ⅱ 的三大支柱体系，只是针对相关内容进行加强和完善，可以看作加强版的 Basel Ⅱ，并不是对 Basel Ⅱ 的简单替代。

事实上，从 Basel Ⅰ 到 Basel Ⅱ，再到现在的 Basel Ⅲ，都是围绕资本充足率作出的监管安排或改进。

Basel Ⅰ（老资本协议）提出了资本充足率的计算公式，并设定了 8% 的最低要求。

$$资本充足率 = \frac{资本 - 扣除项}{信用风险加权资产} \geq 8\%$$

Basel Ⅱ 建立了风险加权资产的计算规则和体系，扩大了风险覆盖范围，涵盖了市场风险和运营风险（Basel Ⅰ 未覆盖），使得银行对于风险的识别、计量和管理更加精确、敏感和精细。

$$资本充足率 = \frac{资本 - 扣除项}{\dfrac{信用风险}{加权资产} + 12.5 \times \dfrac{市场风险}{监管资本} + 12.5 \times \dfrac{运营风险}{监管资本}} \geq 8\%$$

Basel Ⅲ 对资本定义及其标准进行了改进，严格规定资本质量，根据吸收损失能力的不同来确定监管资本层次，同时，对于资本充足率水平也设定了多层次的最低要求（见图 1 - 2）。

Basel Ⅲ 除围绕资本充足率作出了监管规则上的调整和改进之外，还提出了杠杆率、流动性监管框架和系统重要性银行监管等措施安排，这些都是在资本充足率监管基础上提出的补充和加强措施，进一步对银行全面风

---

① Basel Ⅱ 实施过程的冗长拖沓也阻碍了其效力的发挥。事实上，金融危机爆发之时，欧美推行 Basel Ⅱ 还不到两年，而危机发源地美国并没有完全推行，将危机归咎于 Basel Ⅱ 不符合实际。

险管理体系建设提出了更高的要求。

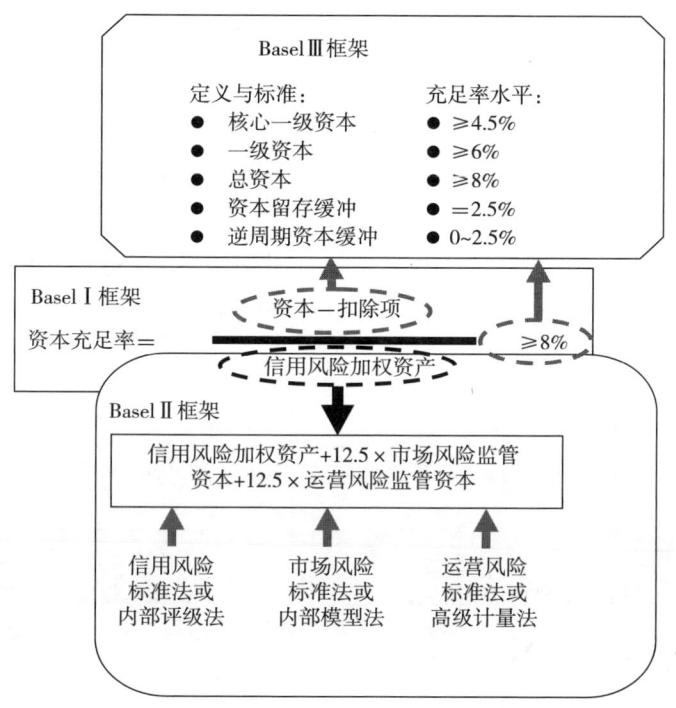

图 1－2　Basel Ⅰ 、Basel Ⅱ 、Basel Ⅲ关于资本充足率要求的演进

Basel Ⅲ的主要内容

一、Basel Ⅲ的主要内容

2017 年 12 月 8 日巴塞尔委员会公布了《巴塞尔Ⅲ：后危机改革的最终方案》（Basel Ⅲ：Finalising Post － crisis Reforms，以下简称 Basel Ⅲ 最终方案）。Basel Ⅲ最终方案对 2010 版 Basel Ⅲ进行了补充修订，以重塑风险加权资产（RWAs）计量的可信度、提升银行间资本比率的可比性。整体来看，Basel Ⅲ最终方案确定了宏微观结合的审慎监管体系，系统性风险管理

和系统重要性银行监管是金融监管理念的新发展。

表1-2　　　　　　　　　　　　Basel Ⅲ主要侧重点

Basel Ⅲ改革初始阶段	提升银行监管资本质量	重点关注以普通股一级资本为主要形式的持续经营亏损吸收资本
	提高资本要求	确保银行有足够的弹性抵御危机时的损失
	加强风险捕获能力	修订风险加权资本框架，包括市场风险、交易对手信用风险和证券化的国际标准
	将宏观审慎要素纳入监管框架	引入资本缓冲、建立大型风险敞口机制等
	确定最低杠杆率比率要求	限制银行系统的超额杠杆率，同时也是风险加权资本要求的补充
	引入减少过度流动性风险和到期日转换的国际框架	要求银行保持一定的流动性覆盖率和净稳定资金比率
Basel Ⅲ最终方案	提高标准化方法的稳健性和风险敏感度	信用风险、信用评估调整（CVA）、运营风险等
	限制内部模型法的使用	限制信用风险内部评级法（IRB）的使用，不再允许CVA风险及运营风险中使用内部模型法
	引入杠杆率缓冲	进一步限制全球系统重要性银行（G-SIBs）的杠杆率
	替换掉现有的Basel Ⅱ风险加权资产底线（Output Floor）	新风险加权资产底线基于巴塞尔委员会修订版Basel Ⅲ标准化方法，更具风险敏感性

具体来看，新的Basel Ⅲ体系主要有以下十个方面的内容：

1. 提高资本的质量标准。

Basel Ⅲ将银行的资本分为两级：一级资本和二级资本，取消了原来专门用于市场风险的三级资本。一级资本是维持银行持续经营的资本，主要表现形式必须是普通股和留存收益，创新性工具作为一级资本将被严格限制。二级资本是在银行清算时发挥作用的资本，原来二级资本中的5种划分被取消，改为11条严格的条件，比如偿还顺序列在存款人、一般债权人之后，必须有减记或核销条款，期限不能短于5年，在5年之间要按比例摊销等，这也意味着合格的二级资本将大幅减少。银行必须明确披露一级资本中普通股比例、核心一级资本、权益一级资本等，而且普通股比例必须占主导地位。此外，按照资本调整方案，无形资产和递延所得税资产要从普通股项下扣除。

2. 提高最低资本要求。

Basel III规定，全球各商业银行的一级资本充足率下限将从现行的4%上调至6%，由普通股构成"核心"的一级资本占银行风险加权资产的下限将从现行的2%提高至4.5%，总资本最低要求仍保持8%，而一级资本与总资本之间的差额应由具有充分吸收损失能力的普通股或其他资本补充。

表 1 - 3　　　　　　　　　　Basel III 的最低资本要求　　　　　　　单位：%

资本框架的校准——最低要求建议			
项目	普通股（扣除扣减项后）	一级资本	总资本
最低资本要求	4.5	6.0	8.0
资本留存缓冲	2.5		
最低资本要求与资本缓冲要求之和	7.0	8.5	10.5
逆周期资本缓冲*	0 ~ 2.5		

注：*普通股或其他具有充分吸收损失能力的资本。

3. 提出资本留存缓冲和逆周期资本缓冲要求。

在最低资本要求的基础上，银行应保留2.5%的资本留存缓冲，以更好地应对经济和金融冲击。银行有权在危机时使用资本留存缓冲。资本充足率越趋近最低资本要求，银行的收益分配越会受到限制。

各国可依据自身情况要求银行计提逆周期资本缓冲或其他能充分吸收损失的资本。逆周期资本缓冲的设置是基于更广泛的宏观审慎目标，保护银行体系免受信贷激增所带来的冲击。逆周期资本缓冲仅在信贷急剧扩张而可能引发系统性风险时使用。

4. 引入杠杆比率。

引入杠杆比率指标是为了控制银行业杠杆率的积累，避免去杠杆化过程的不稳定性给金融和经济体系造成的危害。该指标分母不经风险加权，作为资本充足率的附加支持性手段，增加监管时效性并防范可能的模型风险。3%的杠杆率指标经巴塞尔委员会测试校准后，于2018年开始纳入第一支柱要求。

5. 更新建立流动性监管框架。

Basel Ⅲ 的《流动性风险计量标准和监测的国际框架》提出了加强流动性风险管理的两个衡量流动性风险的新指标：流动性覆盖率和净稳定资金比例。前者的核心思想是，在压力环境下，银行的流动性要能够至少坚持30 天；而后者反映银行资产与负债的匹配程度，是流动性覆盖率指标的一个补充，鼓励银行减少短期融资的期限错配，增加长期稳定资金来源，增强流动性风险管理能力。

6. 对系统重要性银行增加资本等监管要求。

2013 年，巴塞尔委员会发布《全球系统重要性银行的最新评估方法及额外损失吸收能力要求》［2018 年更新版增加交易量（Tading Volume）评估指标］，确定了全球系统重要性银行的评估方法及相关资本附加要求。全球系统重要性银行应在上述最低资本要求的基础上具备更高的损失吸收能力。巴塞尔委员会和金融稳定理事会已经针对全球系统重要性银行制定了一系列的政策及监管指引，包括资本附加要求、总损失吸收能力（TLAC）、恢复与处置主计划及可处置性评估等制度框架等，全球系统重要性银行的数据管控和 IT 建设还需要达到《有效风险数据加总与风险报告原则》和《大额风险暴露计量与控制的国际框架》的相关标准。此外，全球系统重要性银行还必须满足杠杆率缓冲要求（对应资本附加要求的一半），未能满足杠杆率缓冲要求的全球系统重要性银行将受到资本分配限制。

7. 大幅调整市场风险监管框架。

2008 年国际金融危机之后，市场风险监管改进框架的相关要求更加严格：一是引入压力 VaR 概念，明确银行市场风险监管资本至少是压力测试VaR 的 3 倍与正常情况下 VaR 值 3 倍之和。二是要求计量交易账户的新增风险。三是调整证券化敞口风险权重，大幅提高再证券化资产的风险权重。2016 年，巴塞尔委员会提出《市场风险最低资本要求》，提出新的市场风险新标准法和内部模型法，2019 年，《市场风险最低资本要求》最终定稿。新的市场风险监管资本计量主要包括三种方法：标准法、内部模型法及简易法。标准法的计量框架包括敏感度法资本（SBA）、违约风险资本（DRC）、剩余风险资本（RRAO）三部分内容，其中敏感度法资本需要计算 Delta、Vega 和曲率资本分项。同时，标准法也加入了风险因子、风险组合和相关性系数的相关性对冲概念。内部模型法提出了交易台的概念，以此为单位申请内部模型法合规并进行信息披露，还需进行市场数据有效性测试（RFET）。计量框架包括预期损失资本（ES）、不可建模风险因子资本（SES）、违约风险资本（DRC）三部分内容。计量方法上用 ES 替换 VaR，并加入流动性期限调整参数，同时在多个层级开展返回检验和损益归因。简易法在现行标准法的基础上，对各风险资本分别乘以相应系数，系数在 1.2 ~ 3.5 之间。

8. 完善内部评级法的使用。

在原有巴塞尔协议框架中，银行可采用内部高级评级法（A – IRB）评估违约概率（PD）、违约损失率（LGD）、违约风险敞口（EAD）和风险暴露期限，然而修订后的内部评级法框架取消了内部高级评级法在无法以稳健和谨慎的方式建模的资产类别中的使用，包括大中型企业的风险敞口以及对银行和其他金融机构的风险敞口。因此，获得监管批准的银行将采用初级内部评级法（F – IRB），该方法固定了 LGD 和 EAD 参数，消除了风险加权资产不稳定的两个重要来源，增强了风险加权资产的可比性与稳定性。

表 1 – 4　　　　　　　　　不同资产类型中内部评级法的适用范围

投资组合/风险暴露	Basel II 可供选择的方法	Basel III 可供选择的方法
大中型企业（合并报表利润大于 5 亿欧元）	内部评级高级法、内部评级初评法、标准法	内部评级初评法、标准法
银行和其他金融机构	内部评级高级法、内部评级初评法、标准法	内部评级初评法、标准法
股权	多种内部评级法	标准法
专项贷款	内部评级高级法、内部评级初评法、标准法、监管映射法	内部评级高级法、内部评级初评法、标准法、监管映射法

9. 简化运营风险资本计量方法。

2008 年国际金融危机暴露了现有运营风险框架的两个主要缺陷：首先，运营风险的资本要求不足以覆盖部分银行发生的运营风险损失；其次，这些损失的性质，如不当行为以及系统和控制不足，凸显了使用内部模型估计运营风险资本要求的重重困难。

Basel Ⅲ最终方案精简了运营风险框架。单一风险敏感标准法取代了过去的高级测量方法（AMA）和三种标准法，成为计量运营风险资本要求（基于银行内部模型）的唯一方法。新标准法高度简化，只包含银行业务规模和历史亏损两个要素。理论上，新标准法有如下两个假设：（1）运营风险随着银行收入的增长而增加；（2）历史上经历过较大运营风险损失的银行在未来更有可能遭受运营风险损失。运营风险资本要求可以总结如下：

$$运营风险资本 = BIC \times ILM$$

式中，BIC 是业务规模指标，ILM（内部损失乘数）是 BIC 和风险损失（LC）的函数，LC 是银行过去十年平均历史亏损的 15 倍。随着 LC/BIC 比率增加，ILM 增加，但增速逐渐下降。

为降低银行实施成本，Basel Ⅲ最终方案规定各国监管当局可以将管辖境内银行的 ILM 设为 1，但为了保证可比性，所有银行仍必须披露其历史运营风险损失。

10. Basel Ⅲ最终方案的实施时间表。

为保证 Basel Ⅲ最终方案的有序执行与落实，巴塞尔委员会设立了如表1-5所示的实施时间表，以充分过渡、弱化对银行业的冲击。

表1-5　　　　　　　　Basel Ⅲ最终方案的实施时间表

修订	执行日期
信用风险标准法	2022 年
信用风险内部评级框架	2022 年
信用估值调整框架	2022 年
运营风险框架	2022 年
杠杆率要求	现有杠杆率：2018 年 修订杠杆率：2022 年 全球系统重要性银行缓冲：2022 年
风险加权资产底线要求	2020 年：50% 2023 年：55% 2024 年：60% 2025 年：65% 2026 年：70% 2027 年：72.5%

注：所有年度均值指该年度的 1 月 1 日。

2020 年，为应对新型冠状病毒（Covid－19）对金融稳定造成的影响，巴塞尔委员会的监督机构（中央银行行长和监管机构负责人小组，GHOS）对巴塞尔协议Ⅲ最终框架实施时间表进行了调整，将 2017 年 12 月巴塞尔协议Ⅲ最终框架的实施日期推迟一年，至 2023 年 1 月 1 日。随之而来的底线安排也延长一年至 2028 年 1 月 1 日。2019 年 1 月确定的市场风险框架（修订版）的实施日期推迟一年，至 2023 年 1 月 1 日。2018 年 12 月确定的第三支柱披露要求（修订版）的实施日期推迟一年，至 2023 年 1 月 1 日。

二、宏微观并重的审慎监管是 Basel Ⅲ 提出的新要求

Basel Ⅲ的一项新内容就是确立了宏微观结合的审慎监管体系。该体系的基本理念是通过设立超额资本缓冲来增强银行及银行业吸收不利冲击造成损失的能力。这个超额资本缓冲要求有三个层次：宏观层面的逆周期资本缓冲要求、中观（行业）层面的资本留存缓冲要求以及机构（公司）层面的系统重要性附加资本。

三个层次的超额资本缓冲均有着明确的监管目标，具体的操作方式也有所差异。逆周期资本缓冲是监管当局要求商业银行在信贷高速扩张时期（经济上行期）应计提的超额资本，在经济下行期用于吸收可能的损失，以维护整个经济周期内的信贷供给稳定。逆周期资本缓冲要求采取区间设定，在 0～2.5% 之间，由各国监管机构依据对信贷增速的判断适时设定。Basel Ⅲ认为，即使未出现信贷过快增长，但如果发现有其他因素可能对银行体系形成严重冲击时，也可以适当提高资本要求，缓解银行体系信贷收缩对实体经济冲击，以实现更宽泛的宏观审慎监管目标。

资本留存缓冲是指监管当局要求银行从利润总额中留存一部分作为资本储备，用于吸收未来可能出现的经济和金融困境所造成的损失。这部分超额资本是强制性审慎要求，当银行达不到资本留存储备要求时，将面临限制分红和奖金发放等监管措施。

系统重要性附加资本则是针对系统重要性银行机构提出的监管措施。系统重要性银行是指对业务规模较大、业务复杂程度较高，发生重大风险事件或经营失败会对整个银行体系带来系统性风险的银行。巴塞尔委员会

和金融稳定理事会联合制定了包括附加资本要求、应急资本工具和自救债券等针对系统重要性银行的整合监管方案，其中包括针对全球系统性重要性银行的定性和定量评估标准。

虽然 Basel Ⅲ 从概念上对这三种资本缓冲进行了区分，但这更多的是一种监管操作上的要求。除资本留存缓冲要求为普遍强制性要求外，逆周期资本缓冲和系统重要性附加资本在监管上都有相应的操作标准。实际中，当资本充足率下降并开始接近于最低资本要求时，并不易区分资本缓冲发挥作用的次序。事实上，也无须进行区分，重点是保留的超额资本能够充分吸收损失，避免银行及银行体系破产对实体经济带来的冲击。

三、系统性风险管理和系统重要性银行监管是金融监管理念的新发展

2008 年国际金融危机以后，按照二十国集团的要求，金融稳定理事会会同巴塞尔委员会等国际机构针对"大而不能倒"金融机构的系统性风险问题，研究并制定了全球系统重要性金融机构的监管框架，主要包括两个部分：一是识别评估框架，包括规模、相互关联性、替代性、全球活跃性和复杂度，共五个方面 12 个指标。根据测算结果，每年 11 月初公布入选银行及上档名单。二是监管要求，主要包括附加资本要求、总损失吸收能力、恢复与处置计划和高频度的国际监管数据报送。此外，还包括公司治理、风险偏好、大额敞口以及数据加总和报告等更高的管理体系要求。

2011 年，金融稳定理事会明确了 29 家银行为"全球系统重要性银行"，并自 2012 年开始，每年的 11 月按照系统重要性的总体原则更新公布上一年度全球系统重要性银行名单。截至目前，全球系统重要性银行已调整更新为 30 家，我国的中国银行（2011 年列入名单）、工商银行（2013 年列入名单）、农业银行（2014 年列入名单）和建设银行（2015 年列入名单）先后被列为系统重要性银行。成为系统重要性银行，既是对这些金融机构经营发展成果及国际银行业地位的肯定，也意味着这些金融机构将在附加资本、恢复与处置计划、风险管理、数据管理等方面接受更为严格的监管，资本、风险管理及业务转型发展等方面将面临更严峻的挑战。

对于国内的系统重要性银行来说，目前我国的市场化改革尚在路上，商业银行的现代公司治理机制还不完善，无论是政策上，还是社会观念上，国家的隐性担保依然存在，资本的约束作用有限。但从长期来看，随着我国市场化程度的加深，当商业银行的治理结构、经营模式和盈利表现主要取决于市场因素时，资本对防范银行体系负外部性效应的作用会进一步加强。

四、Basel III 的实践效果还需要较长时间的观察

1. Basel III 对于改进全球金融体系结构涉及较少。

从历次金融危机来看，虚拟经济对实体经济的过度偏离是危机发生的根本原因。这种偏离机制与当前全球金融体系的结构安排密不可分，银行混业经营、对冲基金体系、结构化复杂衍生品、影子银行、过度放贷等极大地扩张了金融机构和借款人的财务杠杆。虽然世界各国在国际金融危机后都宣称要改革监管体系，降低系统性风险，但结果并不乐观。比如，美国的沃尔克规则也只是象征性地限制了商业银行的自营业务，混业经营格局并未受到实质影响。Basel III 还是主要围绕资本充足率来加强银行体系的监管，对于当前金融体系的结构性改善涉及较少。因此，对于 Basel III 效用的预期不能过高。

2. 较长的过渡期安排在客观上削弱了 Basel III 的效用发挥。

Basel III 的系列要求从征求意见到最终完善定稿，陆陆续续经历了 8 年，再加上过渡期的安排，外部环境发生了很大的变化，这会在一定程度上淡化 Basel III 的实施效果。目前，全球经济失衡局面并未有所改观，全球化进程受到严峻挑战，金融市场波动加大，地缘政治与经济局势越发紧张，风险的复杂性日益增加，对风险管理构成了严峻的挑战。Basel III 的过渡期虽然缓解了银行短期的经营压力，但在金融体系结构未明显改进、现有的限制性措施又过于虚弱的情况下，危机再次发生的隐患不可小觑。

3. 对系统性风险管理效果仍有待观察。

Basel III 对系统性风险的应对体现在两个维度，一是强化资本充足，降低银行的违约概率，分别设定了针对微观个体最低资本充足率，体现行业

面的资本留存缓冲要求，克服顺周期的逆周期资本缓冲要求，还有宏观审慎要求的系统重要性银行附加资本要求。二是"大而不能倒"机构的市场退出安排，包括恢复与处置机制、总损失吸收能力、金融基础设施，场外衍生品保证金等要求。这些措施是针对"大而不能倒"银行的制度性安排，指向性很强。上述措施固然增强了银行自身的抵抗和应对能力，但由于系统性风险的产生机理过于复杂，上述措施的效果仍有待观察。

Basel Ⅲ体现的监管趋势与银行的应对

Basel Ⅲ历经 8 年最终定稿，在这样一个长期的讨论中，巴塞尔委员会一方面坚持了原有的监管理念和框架，另一方面又有了新的修正和发展，主要可以归纳成以下几个方面：

第一，进一步坚持资本监管的导向，提高金融机构对损失的吸收能力。资本充足率总的监管框架仍然保持稳定，在这个基础上提高资本的质量，增加了资本缓冲，提高金融机构资本充足率的比例要求，这些都有助于让金融机构更加的稳健，对产生的各种非预期损失有更强的吸收能力，保持金融体系的稳定。

第二，进一步完善资本计量的各种方法，保证巴塞尔协议实施中的全球可比性。Basel Ⅱ 在计量方法上有了很大的革新，但在实施中也带来了一定的问题，最突出的就是各家银行计量结果的可比性。因为各家金融机构都采用自己的历史数据，导致开发计量的模型得出资本计量的参数有很大的差异，这导致计量结果有可能不一致，甚至可能产生监管的套利。因此 Basel Ⅲ 对信用风险、市场风险、运营风险等各类风险的标准计量方法又进行了细化和完善，并对采用高级方法时可能节约的资本设定了底线。同时在具体的方法上又限定了资本计量高级方法使用的参数，比如进一步明确在信用风险计量中大中型公司客户、银行和其他金融机构、股权等风险敞口，不能够使用内部高级评级法，必须采用监管给定的违约损失率和违约风险敞口的方法，这样会减少不一致的来源。

第三，进一步调整改进市场风险的计量方法，更加审慎考虑金融工具的信用风险问题。2008 年国际金融危机的一个重大教训，就是很多金融工具划分到交易账户，主要计量市场风险的资本，而采用原有的市场风险资本的计量方法所需要的资本远远低于这些金融工具划分到银行账户所需要的资本，这就带来了较大的资本监管套利问题。所以 Basel Ⅲ 从几个方面对此进行了完善，进一步明确了交易账户和银行账户划分的要求，针对内部模型法，从计量风险价值调整为计量预期损失，更加敏感地捕捉到尾部的风险，在具体实施过程中又进一步按照交易台进行计量，提高资本计量的不同银行之间的可比性。针对金融工具隐含的信用风险问题，又进一步改进了信用估值调整的计量方法。

第四，进一步强化了系统重要性金融机构的监管，防范金融体系的系统性风险。增加了宏观审慎的监管维度，体现宏观审慎监管和微观资本监管相结合。逐步建立了系统重要性金融机构的监管体系，从识别到附加资本和杠杆率，再到制定恢复处置计划，逐渐形成了相对体系化的监管措施。

第五，进一步加强了流动性的监管，更加关注金融体系的流动性问题。资本充足指标和流动性指标共同成为 2008 年国际金融危机后金融监管的两个重要的维度，巴塞尔委员会全面更新了流动性的衡量方法，提出流动性覆盖率和净稳定资金比例两个全新的衡量工具，应该说抓住了金融危机的要害，纵观金融史，所有的危机都是从流动性问题爆发的，这也是金融机构高负债经营、具有内在脆弱性的本质决定的。

从发展趋势看，巴塞尔协议的实施是一项长期的系统工程，巴塞尔委员会和国际货币基金组织的成员国也有义务履行这些国际协议，银行业应该持续跟进监管动态，积极推进巴塞尔协议的实施落地。在实施过程中，要关注以下问题：

第一，实施巴塞尔协议要与银行的战略紧密结合。

资本约束对银行科学发展至关重要，有助于转变银行规模盲目扩张的粗放式经营模式，科学合理地计量资本。但实施巴塞尔协议不仅仅是为了计算资本、满足合规要求，这项工作的基本定位必须与银行整个战略的转型和银行建立新的发展模式紧密结合在一起。

实施巴塞尔协议要选择银行发展最关键的领域开展，促进银行战略目标的实现。例如银行大力发展零售业务，在具体实施巴塞尔协议的过程中，要结合零售业务的发展战略，与巴塞尔协议中对零售业务的具体要求相结合，促进零售业务战略目标的实现。

实施巴塞尔协议要突出在实践中的应用。实施巴塞尔协议是一个漫长的过程，涉及系统的改造、流程的优化、制度的完善、工具的开发等。在这一过程中，要把阶段性成果应用于实践，边实践、边改进、边发挥作用，这样才能够得到理解和支持。银行实施巴塞尔协议的重点和目标，不仅仅是合规和节约监管资本，而是通过实施巴塞尔协议为风险管理水平和核心竞争力的全面提升奠定基础。例如，笔者在参与组织巴塞尔协议实施过程中，倡导将新一代公司类客户评级模型嵌入业务流程系统，每一个客户都必须经过评级才能开展授信业务，引导违约概率、违约损失率、非预期损失等指标作为制定信贷政策的重要依据，推动解决实施巴塞尔协议与业务相互脱节、"两张皮"的问题，彰显了风险管理的价值。

第二，实施巴塞尔协议要以建立稳健的、全面的风险管理体系为目标。

巴塞尔协议是一个银行监管规则，银行在实施过程中，要吸取巴塞尔协议的精华，其最有价值的地方在于全面的风险管理体系。要通过巴塞尔协议的实施，建立以"三大支柱"为核心的全面风险管理体系，增强全面风险管理能力。

首先，巴塞尔协议提出了一个涵盖信用风险、市场风险、运营风险、银行账户利率风险、流动性风险、集中度风险等各类风险在内的管理框架。要以巴塞尔协议的规范为重要参考，建立全面的风险管理体系。

其次，要完善内部治理结构、政策体系、资本管理系统、数据管理体系。资本管理体系能够实现银行资本的高效配置，经济资本、监管资本与账面资本的联动机制能够保证银行资本处于适当水平并符合监管机构的要求，在银行层面、部门层面、产品层面、组合层面进行风险调整的绩效评价，能对银行业务所面临的风险进行及时识别、准确计量和有效的组合管理，并对业务发展提供支持。

最后，要建立完善的信息披露机制和信息系统，实现资本充足率端到端的自动计量，逐步推动风险管理和资本管理达到国际同业先进水平。

第三，实施巴塞尔协议要统筹推进。

实施巴塞尔协议是一项复杂的系统工程，需要从风险管理框架、组织、业务流程、数据管理、信息系统等诸多方面系统实施。

首先要制定一个完整的规划。只有借鉴同业的经验教训，制定较为全面的巴塞尔协议实施总体规划，才能有效且均衡地推进"三大支柱"建设，在保证合规性的同时，分实全面风险管理体系的基础。

其次要突出重点。实施巴塞尔协议涉及面很广，包括政策、流程、模型、IT、管理等很多方面，同时其风险种类也较多。如果同步开展所有工作，以目前的管理模式、人力、物力是达不到的。因此，各个方面的工作要兼顾到，同时要突出重点，做到不同时期有不同的重点。比如，信用风险重点是建立内部评级体系，包括制度和模型，第一步是违约概率模型，第二步是违约损失率模型和违约风险暴露模型，这是重中之重。市场风险重点是风险价值计量的规范化，运营风险的重点是建立基本管理制度，第二支柱的重点是建立资本充足率管理流程，第三支柱的重点是端到端的披露系统，数据管控的重点是建立统一的数据集市。重点抓住，纲举目张，才能各方面协调推进（见图1–3）。

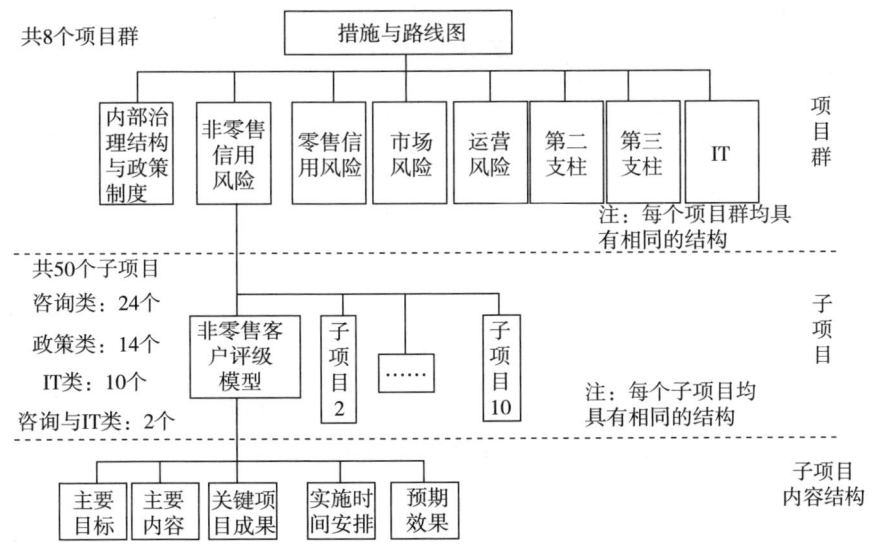

图 1 – 3 实施巴塞尔协议的措施与路线图

最后，要分阶段实施。比如，笔者在参与组织推进巴塞尔协议的过程中，将整个实施过程大致分为三个阶段，第一阶段是基本形成"三大支柱"体系，风险管理体系涵盖信用风险、市场风险、运营风险、银行账户利率风险和流动性风险等银行面临的重大风险，风险识别、计量、监控和报告流程通畅。第二阶段是使信用风险、市场风险和运营风险达到高级的计量法标准：信用风险采用内部评级法高级法，市场风险采用内部模型法，运营风险采用高级计量法，有效计量银行账户利率风险，提高流动性风险管理水平。第三阶段是在境外机构、子公司推进巴塞尔协议，培养风险计量技术的自主研发能力，基本达到国际先进银行的风险管理水平，具备跨经济周期持续稳健经营的能力。有了阶段划分，就能更加有序地推进多个领域的工作，更容易抓住重点（见图 1-4）。

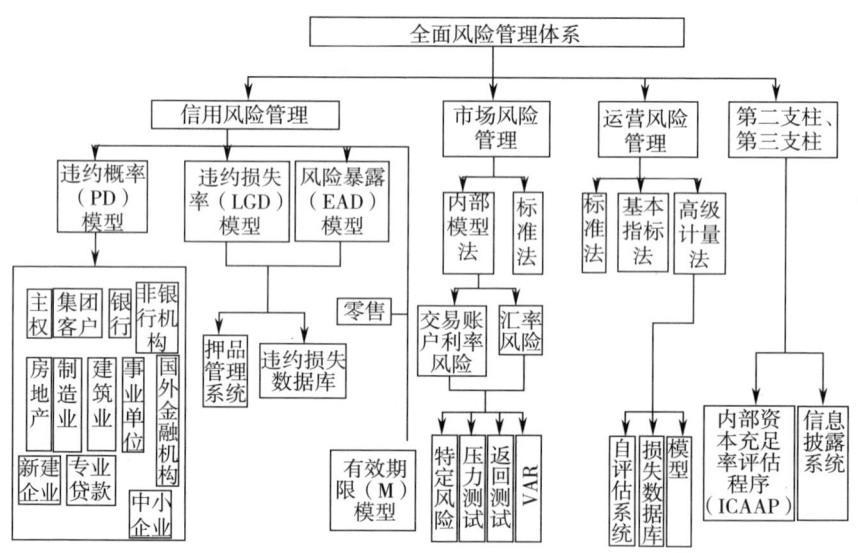

图 1-4 不同时期重点工作的规划

第四，实施巴塞尔协议要建立强有力的项目管理机制。

项目管理机制主要包括以下内容：一是项目推进管理，有必要在实施前期专门组建巴塞尔协议办公室，负责项目协调和管理工作；二是要制定项目验收管理暂行办法等制度，规范项目管理；三是要每年制定下发实施工作要点，将规划细分到年度；四是建立项目协调会议制度，采用周报、月报、双周例会、达标评估、现场访谈等多种手段对各项目进行跟踪。通过较为科学规范的项目管理，有效确保各项目边界清晰、不重合、不遗漏，有序推进各项工作。

实施巴塞尔协议应把握好时机。如果脱离了恰当的环境，可能欲速则不达，难以取得预期的效果。巴塞尔委员会 1999 年在一份关于银行监管的报告中就曾说："某些证据表明，在美国和日本经济衰退时，银行资本充足率监管的压力在一定程度上限制了银行这一时期的贷款，并导致其他经济部门的衰退。"因此，实施资本协议时机的选择非常重要，需要与银行的发展阶段密切结合起来。

第五，实施巴塞尔协议要以人为本。

大型银行实施巴塞尔协议需要一定数量的人力资源投入，咨询机构曾对实施巴塞尔协议的人力资源投入进行估算，大体相当于 120 个人全职工作 5 年。尤其需要熟悉巴塞尔协议、具有扎实的计量基础和全面的业务经验的高端人才，需要分别具备一定方面专长的专家团队的有效合作，需要具备项目管理经验、组织协调能力的项目管理人才，需要全行各级员工、至少是关键业务领域人员的广泛参与，需要全行员工的理解和支持。

在推进过程中，沟通与共识是关键，实施巴塞尔协议不是未来时，不是风险部门一家的事情。管理层要重视并参与实施过程，要加强培训，进行各种形式的宣传与培训，让更多人学习、理解、掌握、应用巴塞尔协议。只有通过大家的共同参与，才能更扎实地推进这项工作。

第六，实施巴塞尔协议要动员全行的力量。

实施巴塞尔协议，不仅仅是总行的事情，与各分行的实际业务也是密切相关的。资本计量中用到的违约概率、违约损失率等指标都来自各分行的评级工作，评级的质量决定了违约概率的质量，决定了资本充足率的高低。实施巴塞尔协议不只是开发模型，更多的是对模型的使用。各分行是实施巴塞尔协议的主体，是长征路上的火种、播种机。只有把实施巴塞尔协议的思想、方法与实际业务工作相结合，才能更好地实施巴塞尔协议。

第七，实施巴塞尔协议要强化资本与风险的协调机制。

长期来看，当前依赖信贷规模高速增长的发展模式将受到杠杆率、资本充足率水平等的制约，难以持续。建立资本约束观念，逐步改变高资本消耗的经营模式，通过精细化的资本管理，准确、科学计量资本，提高风险定价水平，逐步建立集约化的经营模式，才是未来银行业经营管理的主要趋势。同时，必须通过深入应用，以科学严谨的事实对数据和模型进行优化和改进，促进管理决策的理性化和科学化。数据质量和模型的表现是一个持续改进的过程，单纯以主观判断指责数据和模型的不完备性而不进行实践检查，并不能带来管理决策能力的有效提升。

Basel Ⅲ 对于资本充足率水平提出了较高的要求，要求银行多准备资本，而且必须是具备充分吸收损失能力的资本，目前银行仅能依靠资本市场融资和留存利润补充。现实情况是，资本市场容量相对有限，难以承受银行业的大规模融资，而各行的利润留存又受到股东分红要求的限制，因此，未来银行仅靠这两种方式积累资本来满足监管要求具有较大的难度。必须拓宽银行的资本补充渠道，创新资本工具，允许银行发行非累积性优先股、永久性债券等其他资本工具，适当降低分红比例和利润增长要求，才能提高银行资本积累的能力。

第二讲　8%的来龙去脉

监管资本的本质

一、资本的概念

任何一家企业都需要投入资本才能运营，银行也不例外。根据不同的管理目标和计算方法，目前经常遇到的有关资本的提法有监管资本、账面资本和经济资本。

1. 监管资本。监管资本指按照监管要求，能够用来抵补风险损失的资本。

巴塞尔委员会给出的监管资本定义包括一级资本（如普通股、资本公积、盈余公积、非累积永久优先股）和二级资本（如优先股和次级债券）。

中国银监会对于监管资本的定义与国际清算银行给出的定义类似，包括核心资本和附属资本：（1）核心资本：包括实收资本、资本公积、盈余公积、一般风险准备、未分配利润。（2）附属资本：包括重估储备，可供出售的股权类、债券类金融资产的公允价值变动形成的未实现净利得的50%，现金流套期有效部分中的套期工具和被套期项目公允价值变动形成的净利得的50%，交易性金融工具公允价值变动形成的未实现净利得（考虑税收影响后），超额减值准备，可转换债券，混合债务资本工具，长期次级债务。

2. 账面资本。账面资本即银行在其财务报表上反映的股东的实际投入和权益，是依据会计准则编制的财务报表上反映出的资本，一般称为所有者权益。

3. 经济资本。经济资本是描述在一定的置信度水平上（如99%），一定时间内（如一年），抵补银行的各种非预期损失（如信用风险、市场风险、运营风险、银行账户利率风险等）所需要的资本。它是银行吸收非预期损失能力和持续经营能力的一种衡量指标。

二、资本的本质

过去讲资本充足率、资本、风险加权资产是按照一个比率指标来讲的。经常有人会问资本充足率为什么是8%，而不是9%或10%呢？科学性到底在哪呢？这个问题如果放在1988年，很难有令人信服的答案，大部分人会说这是一种国际银行业专家集体协商的结果。1988年的巴塞尔协议把风险资产分成四个类别，不同的资产有不同的风险权重，分别为0、20%、50%和100%。0主要运用于西方国家的主权债权，即OECD国家；20%主要运用于世界银行、国际货币基金组织、主权类金融机构等的债权；50%主要运用个人类的贷款以及公用事业的贷款（关系到国计民生的水、电、气、油等行业）；100%主要运用于企业的贷款。基于这些权重计算出来的资产就是风险加权资产，用资本除以风险加权资产得到的就是资本充足率，资本充足率必须大于8%。当时设定这个8%的比例带有主观判断性质，当然也结合了当时银行资本保有的实际情况。

自20世纪80年代以来，银行对于风险的管理方式发生了很大变化，逐渐形成了一套定量计算风险大小的理论。这些变化对监管也产生了推动作用。监管机构在吸纳银行实践的基础上，形成了Basel Ⅱ，其最有创新力的观点是资本的作用在于吸收意外损失。银行经营风险就要承担损失。一些专家提出银行损失可以分为两个方面，即预期损失和意外损失。预期损失通过提取拨备来抵御，意外损失则需要通过资本来抵御。

图2-1反映了监管资本的理论核心和基本思想。横轴 x 代表银行资产组合信用风险带来的损失；纵轴代表产生损失 x 发生的频率；曲线代表损失概率分布，记为 $f(x)$，也可称为概率密度曲线。

图2-1将损失分为三个部分，第一部分是资产组合的预期损失 EL，

即损失的期望值，这部分损失对应的是虚线箭头部分。除预期损失之外，在损失的坐标轴上还有两部分损失，可以人为地确定一个临界点 TL，这个临界点取决于银行自己的偏好和损失分布状态。临界点以内的是资产组合的意外损失 UL，即超过期望损失的部分；临界点以外的部分称为极端情况下的损失，即不仅仅是超出预期损失的概念，而是发生在极端情况下，超过银行管理范畴之外的一些损失。容忍点（圈内）也是一种意外损失点，银行需要资本覆盖的部分为 $TL(t) - EL$。

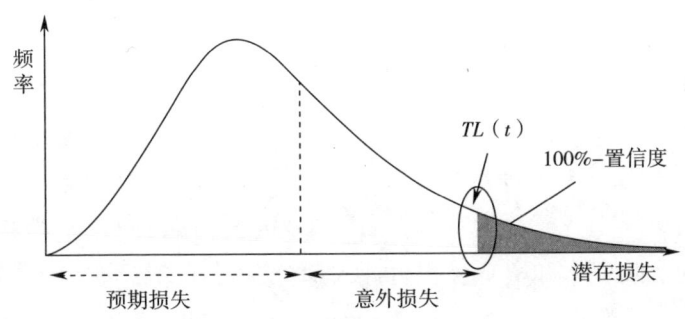

图 2-1　损失概率分布

在损失分成三部分之后，如何计算预期损失和意外损失成为困扰人们多年的一个难题。信用风险计量理论上的突破就体现在这个方面，有学者找到了一些近似的、变通的度量损失的方法。预期损失为银行在经营过程中主动吸收的部分，银行的收入应能覆盖这部分预期损失，否则银行就会亏损；而资本是用来抵御意外损失的，即预期损失以外的部分需要用资本来弥补；发生的极端损失，已经超出了资本的范畴，需要靠银行体系的恢复处置计划、保险等其他方式来解决。

从银行经营的角度来讲，从损失出发为资本定位，即银行的资本用来抵御意外损失，那么如何去计算意外损失，尤其是如何计算成千上万借款人的贷款组合的意外损失，并不十分容易。不同机构、不同学者提出了不同的解决方案，后面我们会介绍巴塞尔协议中采纳的计量方法。

监管资本的前世今生

马克思说过，资本是能够带来剩余价值的价值，资本来到世间每个毛孔都滴着血和肮脏的东西。而经济管理学、会计学中给出的定义是，资本是会计上所有者权益的概念，巴塞尔协议中资本的定义与上述二者都不一样。

1. Basel Ⅰ和 Basel Ⅱ中的资本定义。

1988 年的资本协议中，将资本分为核心资本、附属资本和三级资本。由于当时许多银行尤其是日本的银行资本不足，巴塞尔委员会为使资本协议达成共识，通过各方的协商、妥协，最终允许更多的金融工具能够成为资本，便有了上述不同的资本类别。

在资本协议中，核心资本包括普通股和公开储备两类。普通股就是所有者权益的实收资本和资本公积可计入部分，公开储备包括股票发行溢价、留存利润、一般准备等。附属资本包括非公开储备、资产重估储备、长期次级债务、贷款减值准备、混合资本工具等。

国内银行与国外银行相比，资本范围存在一定的差异。最主要的差异是国外银行利用证券市场搞了很多混合型、创新型的资本工具，国内银行的资本工具比较单一，是实打实的资本，绝大部分都是核心资本。另一个重要差异是国外有优先股。优先股是指收取一定的股息、没有投票权的权利凭证，从某种意义上讲介于股权和债权之间。国外很多银行都有优先股，优先股是资本的重要组成部分。基于优先股又派生了很多工具，比如累积型（非累积型）优先股、永久型（非永久型）优先股等，国外银行把非累积型永久优先股也计入核心资本。

Basel Ⅱ沿用了 Basel Ⅰ对资本定义的范围，没有本质性的变化。

2. Basel Ⅲ中的资本定义。

2008 年国际金融危机后，人们发现国外银行能够真正吸收损失的资本明显不足。各国监管机构开始重新考虑资本定义，即要夯实资本基础，提高资本质量。Basel Ⅲ突出强调资本就是普通股的概念，即实收资本和资本公积部分。创新型工具、债务型工具等不能很好地吸收损失的金融工具不能算核心资本。

Basel Ⅲ强调一级资本的核心标志是银行在持续经营情况下能吸收损失。在银行处于危机的情况下，资本要能够实实在在地用来吸收面临的损失。二级资本的定义是在清偿情况下能够吸收损失，标准和门槛也明显提高。取消了三级资本，原来的三级资本是用来抵御市场风险的资本，多是一些债务工具，现在把它取消了。

Basel Ⅲ最主要的变化就是提高资本质量，突出了普通股，突出了一级资本。巴塞尔委员会经过二十年，在经历了2008年国际金融危机后，完成了一次自我救赎，资本标准其实是在回归资本本源。

资本标准的另一个变化是提出了资本扣除项。资本扣除项从 Basel Ⅰ 到 Basel Ⅱ 都有，不是一个新课题。但 Basel Ⅲ 对资本扣除的内容明显增多，不仅像 Basel Ⅰ、Basel Ⅱ 中扣除商誉、少数股权投资等，还需要扣除无形资产、递延所得税资产。银行无形资产中主要包括软件使用费和土地使用权。递延所得税是指税务部门多收的税收，是银行对税务部门的资产，一般来讲将来无法收回，不能抵补损失，所以也要扣除。

3. 资本充足率比例的变化问题。

Basel Ⅲ除了资本充足率8%的最低要求以外，还提出了其他一系列的资本充足率比例。Basel Ⅱ给资本定出了一个清晰的含义，即资本是用来抵御意外损失的。哪些资本能够吸收意外损失呢？Basel Ⅲ提出资本首先是普通股，提高普通股的含量，要逐步达到4.5%，仍然在8%的范围内；一级资本要逐步达到6%，高于原来的4%，仍然在8%的范围内；总的最低资本要求，仍然是8%。

在8%的资本要求之上，Basel Ⅲ又提出新的要求，如留存资本缓冲要达到2.5%。这是 Basel Ⅲ提出的概念，从某种意义上来讲这种概念需要进一步商榷，因为在 Basel Ⅱ计算8%的公式时，考虑的是99.9%的情况下银行的损失是多少，已经考虑了经济衰退情况，再考虑资本缓冲，存在重复计算的嫌疑。银行要加一部分缓冲资本，吸收在压力情况下的损失，即比99.9%还要差的情况下，再加上一个2.5%的资本缓冲。加上前面的8%，就是 10.5%。

对于大型银行，或者具有系统重要性的银行，Basel Ⅲ 提出需要再增加系统重要性银行的资本要求。

Basel Ⅲ 还提出增加逆周期资本要求，即经济好时多提资本，经济不好时把这部分资本释放出来，这部分又要增加 0 ~ 2.5%，具体增加多少由各个国家自行确定。

附加的资本要求都是在 8% 的基础上进行累加，是否需要增加各种资本要求，还是要分析考虑的。适当增加资本要求可以抵御风险，但是否每种因素都要增加，尚需研究，而且这种附加的做法与资本定位、8% 的要求有重叠。尽管如此，但未来监管的趋势，仍是对资本的要求不断提高。通过不断地博弈，最终的资本比例可能会在 10% 至 13% 之间。

8% 的理论基础：单因素风险模型

为了估计意外损失，巴塞尔协议采纳了单因素模型。这个模型提出企业违约与否与企业的资产价值有关，如果企业的价值小于自身的负债，即资不抵债，那么从财务上讲企业将会破产、违约。企业的价值与企业自身因素 y（或称企业个性因素）和企业外部环境因素 x（或称系统性因素）有关。

假设一：组合中的借款人资产价值（z）受两个因素影响：一个是共同因素 x，可以理解为经济景气因素；另一个是借款人的特性因素 y。

$$z = ax + by$$

为便于进行数学处理，假设变量 z、x、y 服从标准正态分布，即均值为 0，方差为 1。表述如下：

假设二：假设 z、x、y 都服从标准正态分布，且有 $cov(x, y_i) = 0$ 和 $cov(y_i, y_j) = 0$，$i \neq j$。根据这个假设可以得到 $Var(z) = a^2 Var(x) + b^2 Var(y) = a^2 + b^2 = 1$。

假设三：借款人之间的资产价值相关性系数相同，即对于借款人 z_i，z_j

有 $\rho_{ij} = \dfrac{cov\ (z_i,\ z_j)}{\sqrt{Var\ (z_i)}\ \sqrt{Var\ (z_j)}} = a_i a_j = a^2 = \rho$，所以有 $a = \sqrt{\rho}$。

由上述三个假设，借款人资产价值模型简化为

$$z = \sqrt{\rho}x + \sqrt{1-\rho}y$$

1. 条件违约概率的推导。

假定判断借款人是否违约按如下方式进行：

$$d_i = \begin{cases} 1, z_i < c \\ 0, z_i \geqslant c \end{cases}$$

c 为违约门槛值，借款人的无条件违约概率 $p_i = P\ (d_i = 1)\ = N\ (c_i)\ = \alpha$，所以有 $c = N^{-1}\ (\alpha)$。

在一定的经济环境 x 下，一个借款人的违约概率：

$$\begin{aligned}
P\ (X)\ &= P\ (z_i < N^{-1}\ (\alpha)\ \mid x = X) \\
&= P\ (\sqrt{\rho}X + \sqrt{1-\rho}y_i < N^{-1}\ (\alpha)) \\
&= P\ \left(y_i < \frac{N^{-1}\ (\alpha)\ - \sqrt{\rho}x'}{\sqrt{1-\rho}}\right) \\
&= N\ \left(y_i < \frac{N^{-1}\ (\alpha)\ - \sqrt{\rho}x'}{\sqrt{1-\rho}}\right) ①
\end{aligned}$$

2. 给定置信水平的条件违约概率。

x 代表的是经济环境，前面已经讲过，x 服从标准正态分布，x 越大代表经济越景气，违约概率越低。经济环境有99.9%的概率好于某一个情景，这个情景在坐标轴左边，其对应的经济景气点为 $-N^{-1}\ (0.999)$，则有：

$$P(X)\ = N\left(\frac{N^{-1}(\alpha)\ - \sqrt{\rho}X}{\sqrt{1-\rho}}\right)\ = N\left(\frac{N^{-1}(\alpha)\ + N^{-1}(0.999)\ \sqrt{\rho}}{\sqrt{1-\rho}}\right) ②$$

3. 风险加权资产（RWA）。

上述推导与巴塞尔协议有什么关系呢？前面已经讲过，银行的正常损失（预期损失）已经通过提取减值准备来抵补了，而意外损失要通过资本

---

① $N\ (.)$、$N^{-1}\ (.)$ 表示标准正态函数及其反函数。

② $N(.)$、$N^{-1}(.)$ 表示标准正态函数及其反函数。

来抵补。所以，要求银行的资本要大于或等于意外损失，否则银行在账面上就已经破产了，这就是 Basel II 的核心思想。

根据单因子风险模型，需要资本覆盖的意外损失为

$$
\begin{aligned}
UL &= TL(t) - EL \\
&= P(X) \times LGD \times EAD - PD \times LGD \times EAD \\
&= \left[\emptyset \left| \left(\frac{\emptyset^{-1}(PD) + \emptyset^{-1}(0.999)\sqrt{\rho}}{\sqrt{1-\rho}} \right) \right| - PD \right] \times LGD \times EAD
\end{aligned}
$$

Basel II 中的资本要求系数 K 满足：

$$
UL = K \times EAD
$$

如果定义 $RWA = K \times 12.5 \times EAD$

则经过转换得到：

$$
UL = \frac{RWA}{12.5}
$$

银行的资本要求 CR 覆盖意外损失，即要求：

$$
\frac{CR}{UL} > 1 \quad 即 \quad \frac{12.5 \times CR}{RWA} > 1
$$

经过转换得到：

$$
\frac{CR}{RWA} > \frac{1}{12.5} = 8\%
$$

这就是 8% 的由来和本质！资本应大于等于非预期损失。为了与 Basel I 保持一致，Basel II 将加权风险资产定义为非预期损失的 12.5 倍，资本充足率的要求仍为大于等于 8%。

从上述推导过程可以看出，Basel II 资本计算公式背后的道理和思想其实并不复杂，并没有使用十分高深的数学知识。其最大的贡献在于，在清晰的经济背景条件下，巧妙地解决了违约问题和资本的含义问题，推导出计算意外损失的公式。Basel II 采纳这个模型作为银行计算资本的基本依据，使资本储备能够更好地抵御风险，为规范和约束银行的经营行为奠定了基础。

通过对上述过程的简单梳理，我们可以得到以下判断：

第一，Basel II 中的资本需求有了明确的经济含义，资本用来抵御意外

损失；8%的要求是有着科学依据的，其经济含义是银行的资本必须大于银行的意外损失，这个概念在 Basel Ⅱ 中第一次给出了完整的表述。

第二，资本需求的计量有科学的理论框架。这个框架是一个比较严谨的体系，满足一定的假设条件就能推导出这个结果，而且使用这个框架能够解决经营管理中的很多问题，这是银行管理、风险管理的一个实质性飞跃。

第三，8%仅仅是为了保持 Basel Ⅰ 和 Basel Ⅱ 在形式上的一致性。Basel Ⅱ 为了保持与 Basel Ⅰ 资本充足率8%在形式上的一致性，刻意把风险加权资产（RWA）定义为 $K \times 12.5 \times EAD$。但是 Basel Ⅱ 中的8%要求已经与 Basel Ⅰ 不是一个概念了。在 Basel Ⅱ 里面，风险加权资产和8%是一个整体，不是原来意义上的风险加权资产了，是意外损失与资产充足率的桥梁。

第四，Basel Ⅱ 的资本需求公式有很强的假设条件，是否客观反映某个银行的意外损失，仍需要实践去验证；Basel Ⅱ 的资本需求是假设很差的经济环境，理论上的资本要求是很高的，但这种要求是否能覆盖真正的资本需求，存在不确定性，这也正是需要第二支柱的原因。

很多人将 Basel Ⅱ 第二支柱"监督检查"简单理解为监管当局的检查活动，从某种意义上说并不是十分准确。第二支柱的真正含义是：如何证明第一支柱下的资本是足够的，这才是关键。所谓监督检查的四项原则，其核心内容主要包括：银行自身必须具备一整套程序计算资本，而且高管层要参与这个过程；使用各种方法比如压力测试或自己开发的经济资本模型检验资本是否足够；监管当局有权检查银行，若发现资本不足时有权要求其增加资本。监管资本、账面资本、经济资本以及压力测试等要求都体现在第二支柱中。

综上所述，Basel Ⅱ 对银行经营行为的规范建立在相对科学的基础上，它提出了一个非常明确的、具有经济内涵的逻辑框架。Basel Ⅱ 是一次革命，它不再是人为定出来的一个法则，而是有一套理论框架支持的、逻辑性的准则。Basel Ⅲ 继续沿用了这套框架，对资本的内涵进行了细化，提出了一些新的要求，Basel Ⅲ 不是 Basel Ⅱ 的替代，而是深化和完善。

敞口划分与监管资本要求

Basel Ⅱ中提出银行需要将不同的风险敞口进行分类，找出不同类别的借款人共同的风险特征，从而更有针对性地开发相关的计量模型。Basel Ⅱ将风险敞口主要分为主权、银行、公司、零售、股权及合格应收款六类，除此之外，资产证券化也要计提资本。不同类别的资本计量原理是一样的，公式略有差异，风险参数是相同的，主要是相关性略有不同。

一、公司、主权及银行暴露

相关性：

$$R = 0.12 \times \frac{(1 - \frac{1}{e^{50 \times PD}})}{1 - \frac{1}{e^{50}}} + 0.24 \times \left[\frac{1 - (1 - \frac{1}{e^{50 \times PD}})}{1 - \frac{1}{e^{50}}} \right]$$

期限要求：

$$b = (0.11852 - 0.05478 \times \ln PD)^2$$

资本要求：

$$K = \left\{ LGD \times N\left[\left(\frac{1}{\sqrt{1 - R}} \right) \times G(PD) + \sqrt{\frac{R}{1 - R}} \times G(0.999) \right] - PD \times LGD \right\}$$

$$\times \frac{1 + (M - 2.5) \times b}{1 - 1.5 \times b}$$

式中，PD 为违约概率，LGD 为违约损失率，R 为相关性，M 为期限[①]，$N(x)$ 为标准正态随机变量的累积分布函数，$G(x)$ 为标准正态随机变量的累积分布函数的反函数。下同。

二、中小企业风险暴露

相关性：

[①] 采用初级法的银行，公司暴露的有效期限是 2.5 年。采用高级法的银行，期限取 1 年和剩余有效期限中较大一个，原则上，期限不得大于 5 年（除 Basel Ⅱ 321 段外）。

$$R = 0.12 \times \frac{(1 - \frac{1}{e^{50 \times PD}})}{1 - \frac{1}{e^{50}}} + 0.24 \times \left[\frac{1 - (1 - \frac{1}{e^{50 \times PD}})}{1 - \frac{1}{e^{50}}} \right] - 0.04 \times \left(1 - \frac{S-5}{45}\right)$$

期限要求：

$$b = (0.11852 - 0.05478 \times \ln PD)^2$$

资本要求：

$$K = \left\{ LGD \times N\left[\left(\frac{1}{\sqrt{1-R}}\right) \times G(PD) + \sqrt{\frac{R}{1-R}} \times G(0.999)\right] - PD \times LGD \right\}$$

$$\times \frac{1 + (M - 2.5) \times b}{1 - 1.5 \times b}$$

相关性增加了规模调整 $\left[0.04 \times \left(1 - \frac{S-5}{45}\right)\right]$，其中，$S$ 是年销售总额，500 万欧元 $\leq S \leq$ 5000 万欧元。

三、专业贷款风险暴露

相关性：

$$R = 0.12 \times \frac{(1 - \frac{1}{e^{50 \times PD}})}{1 - \frac{1}{e^{50}}} + 0.30 \times \left[\frac{1 - (1 - \frac{1}{e^{50 \times PD}})}{1 - \frac{1}{e^{50}}} \right]$$

期限要求：

$$b = (0.11852 - 0.05478 \times \ln PD)^2$$

资本要求：

$$K = \left\{ LGD \times N\left[\left(\frac{1}{\sqrt{1-R}}\right) \times G(PD) + \sqrt{\frac{R}{1-R}} \times G(0.999)\right] - PD \times LGD \right\}$$

$$\times \frac{1 + (M - 2.5) \times b}{1 - 1.5 \times b}$$

四、零售类贷款风险暴露

个人住房抵押贷款相关性：$R = 0.15$
合格的循环零售贷款相关性：$R = 0.04$

其他零售贷款：

$$R = 0.03 \times \frac{\left(1 - \frac{1}{e^{35 \times PD}}\right)}{1 - \frac{1}{e^{35}}} + 0.16 \times \left[\frac{1 - \left(1 - \frac{1}{e^{35 \times PD}}\right)}{1 - \frac{1}{e^{35}}}\right]$$

资本要求：

$$K = LGD \times N\left[\left(\frac{1}{\sqrt{1-R}}\right) \times G(PD) + \sqrt{\frac{R}{1-R}} \times G(0.999)\right] - PD \times LGD$$

图 2-2 反映了不同风险暴露的相关系数的状况。

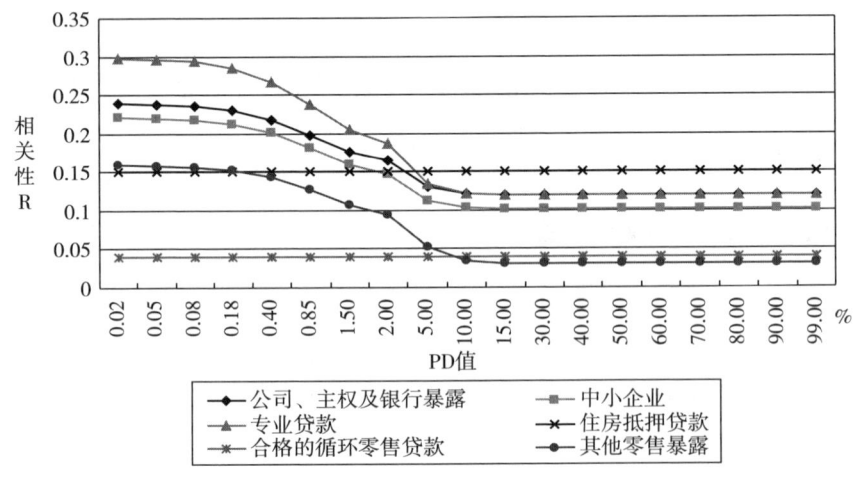

图 2-2　不同风险暴露的相关性

从图 2-2 可以看出：当违约概率小时，相关性系数较大；当违约概率大时，相关性系数较小。直观地理解，当借款人都不违约时，如果环境发生变化，则违约的可能性较大，资产变化的相关性较大；如果很多借款人已经进入违约状态时，一个借款人违约对其他借款人违约的影响相对较小。

下面，我们再看看不同风险敞口资本要求的状态（见图 2-3）。

从图 2-3 可以看出：

一是资本要求和 PD 并不是线性关系，而是近似抛物线的关系，即当 PD 增加时资本要求开始是增加的，而增至一定程度又开始下降。当 PD 较小时，发生的意外损失较多，因为未来有很多事情不确定；当 PD 较大时，

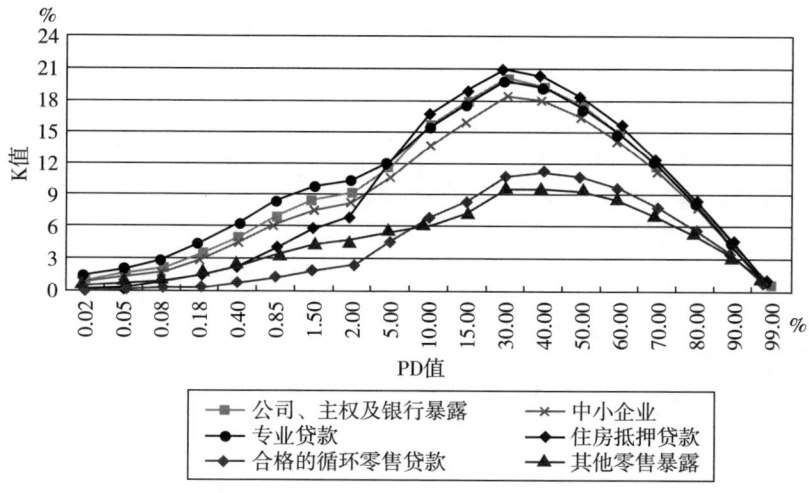

图 2-3 K 和 PD 之间关系的汇总图

相应地预期损失增加，而意外损失逐渐减少；如果100%发生违约，则全部为预期损失。

二是不同敞口类别的资本要求的高低排序是变化的。一般认为，Basel Ⅱ对零售贷款有利、对零售贷款的资本要求较低，这个判断在一定条件下成立，在某种条件下不成立。以表2-1个人住房抵押贷款为例，当PD在40%左右时，资本要求达到最高，当PD低于5%时，个人住房抵押贷款的资本要求低于公司类贷款的资本要求。其隐含的意义是，在借款人违约率低时，零售贷款发生意外损失的可能性较小；一旦个人有违约可能，将导致彻底不还款。这与企业不同，企业由于阶段性资金紧张，在一段时间违约后可能又具备了还款能力。因此，个人贷款一旦有违约迹象，损失的可能性会大幅增加，在这种情况下可能超过对公司贷款的资本要求。

表 2-1 不同 PD 对应的资本要求 单位：%

PD	公司、主权及银行暴露	中小企业	专业贷款	住房抵押贷款	合格的循环零售贷款	其他零售暴露
0.02	0.91	0.82	1.23	0.24	0.06	0.26
0.05	1.57	1.42	2.13	0.50	0.12	0.53
0.08	2.08	1.88	2.80	0.72	0.18	0.76

续表

PD	公司、主权及银行暴露	中小企业	专业贷款	住房抵押贷款	合格的循环零售贷款	其他零售暴露
0.18	3.31	2.99	4.39	1.34	0.35	1.36
0.40	5.02	4.54	6.44	2.40	0.67	2.27
0.85	6.95	6.28	8.51	4.05	1.22	3.41
1.50	8.45	7.60	9.83	5.88	1.87	4.27
2.00	9.19	8.24	10.38	7.03	2.31	4.64
5.00	11.99	10.66	12.35	11.86	4.38	5.31
10.00	15.45	13.84	15.48	16.35	6.71	6.04
15.00	17.72	16.03	17.73	18.86	8.31	7.09
30.00	19.91	18.38	19.91	21.02	10.71	9.20
40.00	19.19	17.91	19.19	20.11	11.03	9.57
50.00	17.43	16.42	17.43	18.13	10.62	9.30
60.00	14.92	14.18	14.92	15.40	9.59	8.48
70.00	11.83	11.34	11.83	12.11	8.02	7.16
80.00	8.28	8.00	8.28	8.39	5.93	5.35
90.00	4.33	4.22	4.33	4.34	3.32	3.04
99.00	0.45	0.45	0.45	0.45	0.39	0.37

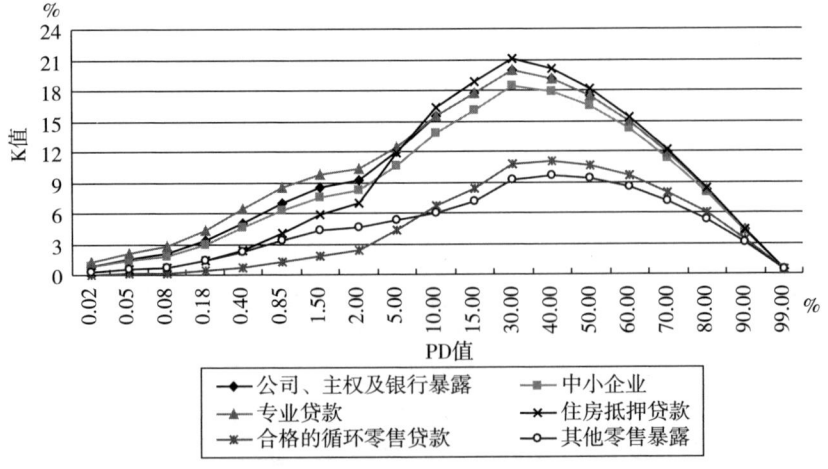

图 2-4　不同风险暴露的资本要求

Basel Ⅱ不仅提出对资本要求计算方法的变革，更重要的是对银行内部管理提出了一整套要求。无论是信用风险、市场风险或运营风险，如果选择高级的计算方法必须达到一定的管理要求，使用的方法越高级，其管理要求越高。例如信用风险内评法要求建立评级体系、建立评级体系的管理制度办法，内部要有验证、外部要有审计、监管当局要有检查，而且产生的计量结果要在政策制定、客户营销、内部管理的实践中进行充分的应用。市场风险内部模型法并不是简单地计算一个 VaR 值，而是提出很多定性定量的管理要求。市场风险内部模型法的 8 个定性标准主要包括独立的风险控制部门、返回检验、应用限额和压力测试等，另外还提出了 11 个定量标准。运营风险的计算方法虽然略显简单、粗糙，但仍然提出了很多管理上的要求，包括管理体系、数据、系统、流程等。

通过上述分析，小结如下：

第一，Basel Ⅱ进一步提出了对银行经营行为规范的标准，即资本必须能够充分抵御意外损失，其理论框架建立在规范分析的基础上，从某种意义上标志着整个风险管理理论的飞跃。尤其是在信用风险领域，人们第一次从定性的管理信用风险上升到定量的、科学的、理性的管理信用风险的层次，突出体现了其理论的科学性，对资本要求有了实质性的经济含义。

第二，Basel Ⅱ非常强调银行管理体系的建设，即防范风险不能单纯依靠资本，同时要建立相应的风险管理体系，这标志着风险管理思想的转变。Basel Ⅱ提出了规范、约束银行科学发展的新工具，有其内在的科学性。

期限与监管资本要求

一、期限（Maturity）与风险

（一）期限与风险的一般关系

银行的资产组合由具有不同期限的各种产品组成。一般来说，长期信用比短期信用面临的不确定性因素更多，长期信用更可能发生信用降级，意外损失的比例更高，因此，其资本要求要高于短期信用。这一关系可以

从长期贷款的利率更高反映出来。如图2-5所示，相同信用等级的债券收益率随着期限变长，收益率提高。但提升的趋势是逐步放缓，甚至变平。在一些极端情况下，甚至变为向右下方倾斜。这反映出期限与风险之间的关系比较复杂，不是简单的线性关系。

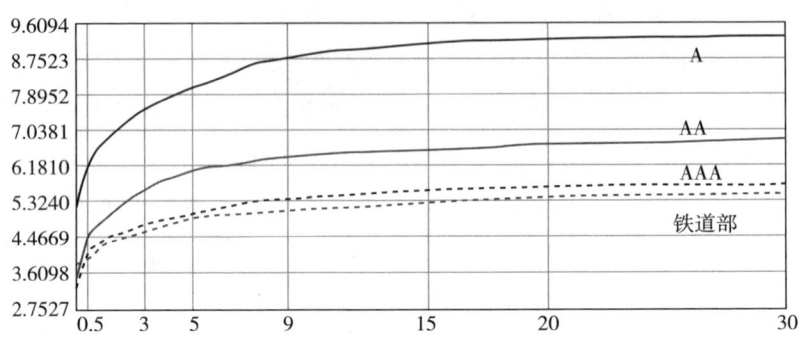

图2-5 铁道部及 AAA、AA、A 级企业债券收益率曲线

（资料来源：中债网）

同样，期限与风险资本之间的关系也并非简单的线性关系，实际上存在边际效应递减的关系，即随着贷款期限的增加，所需风险资本的增长速度放缓甚至不再增加。

（二）项目贷款周期的风险分析

项目贷款以判断项目的偿付能力为核心，贷款周期和还款计划主要根据预测现金流和投资回收期等因素合理确定，以满足贷款的支用和还款与项目建设和经营周期匹配，并且主要依靠足额担保、账户合理监管、使用金融产品分散风险等手段降低项目贷款的风险。

一般而言，固定资产项目分为规划期、建设期、投产期和运行期。运行期的风险相对较低。建设期、投产期风险最高，因为技术、市场、环境等各种原因，项目不能按照设计和计划投产是贷款得不到偿还的最主要原因。比如火力发电、高速公路项目，按照计划投产非常关键。投产以后，项目能够产生现金流，贷款的偿还相对就有了保障。仅仅按照建设期设计的贷款风险可能比包含建设期和运行期的贷款的风险还高。如果刻意压缩贷款期限，例如对本应20年的项目，发放10年贷款，反而造成资金供给和使用的不匹配，增加了项目建设期的筹资风险，实际上承受的风险可能比 20 年贷款的风险更大。因此，期限长的项目贷款并不一定面临较大的风险。

（三）流动资金贷款周期的风险分析

流动资金贷款期限的设定根据客户生产经营的特点，与借款人的经营周期相匹配，满足借款人的生产经营需求。流动资金贷款的期限差异与客户所属行业特征和经营特点密切相关。例如，批发零售业客户的流动资金需求最旺盛，流动资金贷款的占比较高。管理流动资金贷款风险的关键在于贷款要与经营周期相匹配。不同行业的生产经营周期差异很大，有的周期较长，比如造船、飞机制造、大型车床等；有的周期很短，比如贸易，与经营周期相匹配的贷款风险相对较低，反之，就可能高。短期流动资金贷款被迫展期或借新还旧，很大程度上是期限不匹配造成的。因此，对流动资金贷款而言，并不是期限长风险就一定高。

二、内部评级法对期限的考虑

期限（M）连同违约概率（PD）、违约损失率（LGD）、违约风险暴露（EAD）是计量监管资本的主要风险参数。Basel Ⅱ规定，内部评级初级法下公司暴露的有效期限 M 统一设定为 2.5 年（回购业务除外）；高级法下期限取 1 年和公式 $M = \sum_t t \times CF_t / \sum_t CF_t$（$CF_t$ 是借款人可支付的现金流）计算结果的较大值，并且期限不得大于 5 年。

资本要求的计算公式如下：

$$K = \left[N\left(\frac{G(PD) + \sqrt{R}\, G(0.999)}{\sqrt{1 - R}} \right) - PD \right] \times LGD \times \underbrace{\frac{1 + (M - 2.5)\, b}{1 - 1.5b}}_{\text{以 PD 和 M 的函数形式对期限所做的全部调整}}$$

其中，期限调整因子$\underbrace{}$ $b = (0.11852 - 0.05478 \times \ln PD)^2$。

经平滑处理（回归）的期限调整（对 PD 进行平滑处理）

1. Basel Ⅱ 的期限公式的含义。

Basel Ⅱ 在计算监管资本时使用期限调整因子，主要是考虑到银行业务随着期限增加风险会逐步加大。期限长的业务信用等级下迁概率增加，违约风险增大。另外，期限长的业务价值发生波动的可能性较大，等级下迁后银行的资产价值会遭受一定损失。因此，Basel Ⅱ 监管资本计量对期限所作的全部调整以 PD 和 M 的函数形式表现。公式使用的 PD 为 1 年期内的违约概率，前半部分估计 1 年期贷款违约的意外损失，后半部分的因子对期限大于 1 年的贷款进行期限调整，反映长期下迁风险。内部评级初级法和高级法对期限进行了不同的设置，以表现期限风险对资本要求的影响。

2. 内部评级初级法对期限的估计。

在内部评级初级法下，由于银行自行估计 PD 值，LGD 值由监管给定。监管给定的 LGD 已经在一定程度上反映了期限风险，仅需要对不同客户的迁移因素作一个补充考虑，该因素与信用等级相关，与具体的期限无关。因此，监管资本计算公式规定期限的调整公式与客户 PD 值相关，以体现反映不同等级的迁移风险本质。而对反映期限价值波动的影响不做进一步考虑（M 值设定为 2.5），资本计算公式中期限调整因子 $\dfrac{1 + (M - 2.5) b}{1 - 1.5b}$ 变化为 $\dfrac{1}{1 - 1.5b}$。

经测算，对应于 PD 值为 0.03% ~ 99.00%，期限调整 b 值为 0.3168 ~ 0.01418。随着违约概率的上升，$\dfrac{1}{1 - 1.5b}$ 值为 1.9057 ~ 1.0217。因此，期限对 K 值的影响为 1.9057 ~ 1.0217 倍（见表 2 - 2）。

表 2 - 2　　　　　　　　　　期限对 K 值的影响

PD（%）	b	不考虑期限的 K 值	期限影响	最终 K
0.03	0.3168	0.0003	1.9057	0.0006
0.05	0.2861	0.0005	1.7518	0.0009
0.10	0.2469	0.0011	1.5883	0.0017
0.25	0.1996	0.0026	1.4273	0.0037
0.40	0.1772	0.0039	1.3621	0.0053
0.50	0.1671	0.0047	1.3345	0.0062
0.75	0.1494	0.0063	1.2889	0.0081
1.00	0.1375	0.0077	1.2598	0.0097
1.30	0.1270	0.0090	1.2354	0.0111
1.50	0.1215	0.0098	1.2229	0.0120

续表

PD（%）	b	不考虑期限的 K 值	期限影响	最终 K
2. 00	0. 1108	0. 0114	1. 1993	0. 0137
2. 50	0. 1028	0. 0128	1. 1823	0. 0151
3. 00	0. 0965	0. 0140	1. 1692	0. 0164
4. 00	0. 0869	0. 0163	1. 1500	0. 0188
5. 00	0. 0799	0. 0186	1. 1361	0. 0211
6. 00	0. 0743	0. 0208	1. 1255	0. 0234
10. 00	0. 0599	0. 0299	1. 0986	0. 0328
15. 00	0. 0495	0. 0401	1. 0802	0. 0433
20. 00	0. 0427	0. 0485	1. 0685	0. 0519
30. 00	0. 0340	0. 0607	1. 0538	0. 0640
40. 00	0. 0285	0. 0674	1. 0446	0. 0704
50. 00	0. 0245	0. 0692	1. 0381	0. 0718
60. 00	0. 0215	0. 0662	1. 0333	0. 0684
70. 00	0. 0191	0. 0585	1. 0294	0. 0602
80. 00	0. 0171	0. 0459	1. 0263	0. 0471
90. 00	0. 0154	0. 0274	1. 0237	0. 0281
99. 00	0. 0142	0. 0036	1. 0217	0. 0037

注：按照 $K = \left[N\left(\dfrac{G(PD) + \sqrt{R}G(0.999)}{\sqrt{1-R}} \right) - PD \right] \times LGD \times \dfrac{1 + (M-2.5)\,b}{1 - 1.5b}$ 的公式计算，

LGD 取 45%，M 取 2.5。非期限/迁移影响为 $K = \left[N\left(\dfrac{G(PD) + \sqrt{R}G(0.999)}{\sqrt{1-R}} \right) - PD \right] \times LGD$，期

限/迁移影响为 $\dfrac{1}{1 - 1.5b}$（见图 2 - 6）。

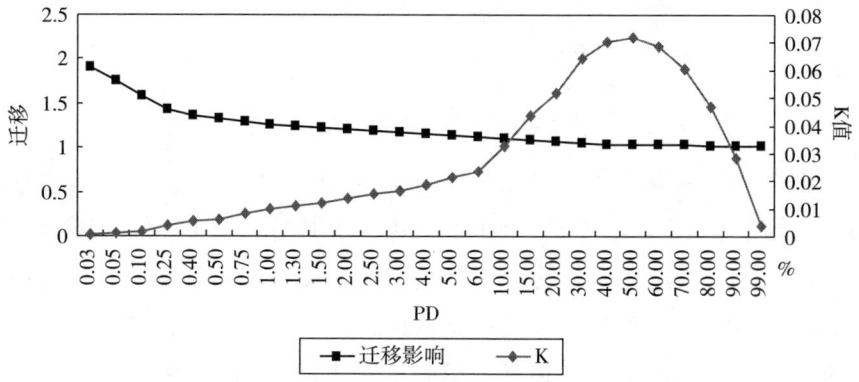

图 2 - 6　PD 与迁移影响、K 值的对应关系

内部评级初级法期限调整测算结果表明：（1）高信用等级迁移风险较大，更容易下迁，低信用等级再迁移到更低等级的概率较小，需要的资本较少。（2）低违约概率的期限/迁移影响调整更为显著，对违约概率较高的客户来说，Basel Ⅱ 认为期限引起的风险并不显著。

3. 内部评级高级法对期限风险的估计。

在内部评级高级法下，由于 PD、LGD 均采用银行内部评级模型估计值，从审慎的角度出发，Basel Ⅱ 对期限因素的考虑除了反映迁移风险的 b 值，增加了反映价值波动的 M 值因素，并对 M 值设定为最低为 1，最高为 5 的限制。

经测算，违约概率为 $0.03\% \sim 99.00\%$，期限 M 为 $1 \sim 5$ 年，期限调整因子 $\dfrac{1 + (M - 2.5) \, b}{1 - 1.5b}$ 为 $1 \sim 3.4151$，即随着违约概率不同期限对资本要求 K 值的影响是从 1 倍到 3.4151 倍（见图 2 – 7）。

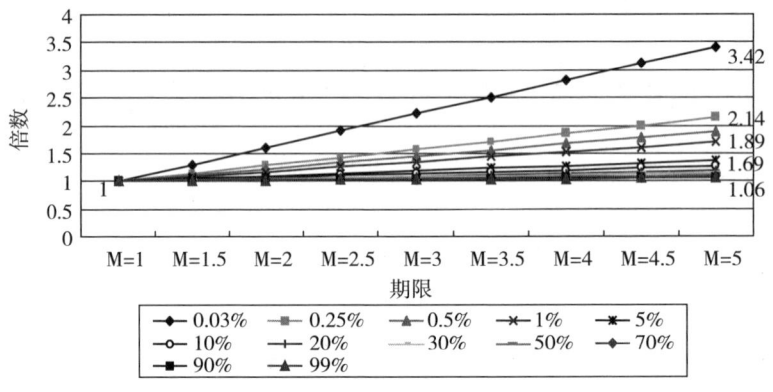

图 2 – 7　各违约概率不同期限对 K 值的影响倍数

在内部评级高级法下：（1）同一违约概率水平下，资本要求 K 值随期限增加而增加。（2）但不同违约概率下，期限增长对 K 值提升的幅度不同。高信用等级低违约概率的客户有效期限的长短对 K 值的调整幅度更高。当 PD 为 0.03% 时，期限对 K 值的调整达 3.4151 倍；低信用等级高违约概率客户有效期限的长短对 K 值的调整幅度较小，当 PD 为 99.00% 时，期限对 K 值的调整仅为 1.0579 倍。

因此，从 Basel Ⅱ 资本要求的公式（无论是初级法还是高级法）可以推测，巴塞尔委员会对期限引起的风险因素设置上下限区间，本质上为了捕捉合理的期限影响，并未采用简单化的方式一味追求资本要求的增加，而是结合 PD 对期限的风险敏感程度，合理设置资本要求。

三、关于期限的处理规则

根据巴塞尔协议的要求，银行对期限问题的处理规则如下：

第一，不低于 1 年，一般不超过 5 年，具体期限计算公式如下：

$$M = \sum \frac{t \times CF_t}{\sum CF_t}$$

第二，对金融市场交易、以交易为导向的一次性短期贷款，可以短于 1 年期限，这些贷款不作为银行对债务人持续融资，主要指回购交易、证券交易、自我清偿的贸易融资、证券清算、结算过程中的融资等。

第三，对债项原始期限 3 个月以下，逐笔债项 M = max（1 天，M）。

$$M = \sum_t t \times CF_t / \sum_t CF_t$$

式中，CF_t 为在未来 t 时间段内需要支付的现金流。

（1）当还款方式为一次性还款，M 为统计日期与到期日期之间时间段即剩余期限。

（2）当还款方式为期初付息，到期还本，M 为统计日期与到期日期之间的时间段。

（3）当还款方式为按固定周期付息，到期还本，存在还款计划，则按照还款计划进行计算，要求还款计划日期大于当前统计日期；CF_t 取还款计划每期还款利息金额，t 为 max（0，还款计划的还款日期 - 统计日期），最后取贷款余额，对应 t 取 max（0，到期日期 - 统计日期）。

如不存在还款计划，则 M 直接取债项的到期日期与当前统计日期之差。

（4）当还款方式为按固定周期付息，任意还本，如存在还款计划，则按照还款计划进行计算，要求还款计划日期大于当前统计日期，CF_t 取还款计划每期还款金额，t 为 max（0，还款计划的还款日期 – 统计日期），最后取贷款余额，对应 t 取 max（0，到期日期 – 统计日期）。

如不存在还款计划，则 M 直接取债项的到期日期与当前统计日期之差。

（5）按固定周期付息，按计划表还本。

还款计划日期大于当前统计日期，CF_t 取还款计划每期还款金额，t 为 max（0，还款计划的还款日期 – 统计日期）。

（6）当还款方式为等额还款。

M 的计算：取得 $M' = \dfrac{\text{当前剩余还款期数} + 1}{2}$，还款期数的基础单位要转换，若为月份则 $M = M'/12$，若为日，则 $M = M'/360$。

当前剩余还款期数：总期数 – 截止到统计日期已还款的期数，计算剩余期数应遵照还款期数的基础单位。

（7）当还款方式为等额本金。

如存在还款计划，则按照还款计划进行计算，要求还款计划日期大于当前统计日期，CF_t 取还款计划每期还款金额，t 为 max（0，还款计划的还款日期 – 统计日期）。

如不存在还款计划则 $M = \dfrac{\text{当前剩余还款期数} + 1}{2}$。

（8）还款方式为其他方式。

如存在还款计划，则按照还款计划进行计算，要求还款计划日期大于当前统计日期，CF_t 取还款计划每期还款金额，t 为 max（0，还款计划的还款日期 – 统计日期）。

若不存在还款计划，M 取到期日期与统计日期之间的时间段。

第四，债项原始期限 3 个月以上，逐笔债项 M = max（1 年，M），且 M 不得大于 5 年。

$$M = \sum_t t \times CF_t / \sum_t CF_t$$

式中，CF_t 为在未来 t 时间段内需要支付的现金流最小值，具体取值可参照债项原始期限 3 个月以内的处理方式确定。

四、对期限问题的小结

贷款期限与风险资本的关系之间并非简单的线性关系，存在边际效应递减的关系，即随着贷款期限的增加，所需风险资本的增长速度放缓甚至不再增加。银行应加强长期贷款的风险管理。改变中长期贷款的经营理念和管理手段，提高事前的风险安排能力，根据贷款项目现金流和投资回收期制定合理的授信方案、确定贷款期限和放款计划。增加风险缓释手段和风险控制渠道，通过足额担保、账户合理监管、使用金融产品分散风险等手段降低长期贷款的风险。重视贷后管理能力的强化，建立长效激励机制，通过定期走访、财务报表监控、风险事项预警等方式最大程度地实现信息的持续对称，及时发现和化解风险。

第三讲　违约概率

巴塞尔协议的核心是阐述资本与风险的关系，资本要能够吸收意外损失。银行面临的风险是多种多样的，主要有信用风险、市场风险、运营风险、银行账户利率风险、流动性风险、声誉风险、战略风险等。下面就逐一讲解如何量化这些风险导致的损失程度。首先从信用风险讲起。信用风险是借款人不能按照约定偿还债务的可能性，核心是违约，信用风险的管理就是对违约及其后果的管理，本讲就从违约讲起。

违约的概念

违约是巴塞尔协议最基础的概念，如何理解违约、如何统一对违约的判定标准是风险管理的基石。对于违约，有如下几种认识：

第一种，合同性违约。银行会和客户签订一系列协议，尤其是贷款，签订有借款合同。如果客户没有按照合同约定履行义务，比如没有按期偿还贷款本金或者利息，没有按照双方约定提供财务报表，没有按照合同要求保证结算量，都可以认为是违约。

第二种，技术性违约。这种违约主要是从资产负债表的角度讲的。如果一个企业资产小于负债，就可以认为企业已经处于技术性破产阶段。这种方法和思想是默顿模型的基础，默顿模型就是在此基础上，研究企业资产价值的变化，通过比较企业的资产与负债的关系，推测企业违约的概率。

巴塞尔协议规定的违约与上述两种标准都不同，它规定了违约的两种情况、六条特征，可以归纳为"2 + 6"定义。

第一种情况是除非采取追索措施，借款人无法全额偿还银行债务，也就是我们通常所说的第一还款来源不能全额还款。第二种情况是实质性债务逾期 90 天以上。

下面的六条特征是对上述两种情况的细化：（1）银行停止对贷款计息。（2）在发生信贷关系后，由于信贷质量可能大幅度下降，银行冲销了贷款或计提了专项准备。（3）银行将贷款出售并相应承担了较大的经济损失。（4）银行同意消极债务重组，由此可能发生较大规模地减免或推迟偿还本金、利息或费用，造成债务规模的缩小。（5）就借款人对银行集团的债务而言，银行将债务人列为破产企业或者类似的情况。（6）债务人申请破产或者已经破产，或者处于类似的保护状态，由此将不履行或延期履行偿还银行债务。

上述六条有明确判定标准的是停止计息。按照国内会计准则，停止计息的标准就是贷款逾期 90 天以上，按照国际会计准则，按照摊余成本计息。从实践上看，判定违约有两个最易操作的标准：（1）按照贷款质量分类标准，贷款分类为不良。（2）本金或利息逾期 90 天以上。

有两个需要关注的情形：第一，巴塞尔协议中讲"实质性债务逾期 90 天以上"，什么是实质性债务逾期，很多监管机构并没有正面回答。香港金管局给出的判定标准是"逾期部分占全部债务的 5% 或以上"。第二，如果一个企业集团中某个成员企业违约，是否判定整个集团违约。欧洲监管当局认为如果评级是针对整个集团的，就应该判定整个集团违约，但要分析这种评级方式是否妥当。结合国内实践，有两个原则应该坚持：一是应该以是不是实质性承贷主体来判断。若成员企业是承贷主体，则判定成员企业违约；若集团是承贷主体，则应判定集团违约。二是以是否会产生实质性影响来判断。如果某个成员企业是核心企业，它的违约会影响到其他成员企业，则应该判定其他成员企业为违约。

默顿模型

信用风险管理一直被认为是主观性、经验性、实践性的问题。但从 1974 年默顿提出期权的估价模型以后，人们对贷款信用风险的认识有了质的飞跃和提高，默顿模型成为现代信用风险管理理论中最有创新意义、最完美的成果之一。这个模型从理论上回答了信用风险的度量和预测问题，使信用风险不再是一个无法进行理论描述的概念，信用风险管理开始有了科学基础。

一、公司价值的分布

讨论默顿模型之前，首先需要讨论如何定量刻画企业价值，因为默顿模型的基本思想是比较企业的价值与债务的关系。债务无论是债券还是贷款，其价值的估计相对比较容易，一般就是用现金流折现的方法进行估值，企业价值的估计则比较复杂。

现代金融一般研究上市公司的价值，因为上市公司的股票有市场价格，根据市场价格可以计算公司价值。有效市场理论认为，市场价格是随机变化的，因为市场上存在的套利机会会很快被市场发现并消除这样的套利机会，没有人能够战胜市场。公司的价值或者股票价格是不是服从正态分布呢？

默顿研究后提出，公司的价值不是正态分布，但公司价值的对数服从正态分布。这样的分布假设有哪些经济含义，又有哪些研究上的便利呢？

第一，公司的价值一般不为负，价格一般都是正的，正态分布的左边尾部会出现负值，因此公司的价值不能假设为正态分布。

第二，两个价格之比的对数表示了该金融工具的收益率，这种收益率称为对数收益率。

第三，对数收益率与一般的收益率不一样，但可以看作一种近似，尤其是当价格变化很小时，一般收益率是对数收益率的极限。

$$\lim \ln \frac{S_1}{S_0} = \lim \ln(1 + \frac{S_1 - S_0}{S_0}) = \frac{S_1 - S_0}{S_0}$$

第四，对数收益率的优越之处在于，任意两个收益率直接相减得到的收益率差等于这两个时点的对数收益率，满足可加性。

$$\ln \frac{S_2}{S_0} - \ln \frac{S_1}{S_0} = \ln \frac{S_2}{S_1}$$

第五，对数收益率可以引入时间因素，为研究不同时间点的问题提供了有力工具。

如果对数收益率服从对数正态分布,假设均值为 μt,年度收益率的标准差为 σ,时间 t 时的标准差为 $\sigma\sqrt{t}$,则:

$$\ln\left(\frac{S_t}{S_0}\right) \sim N(\mu t, \sigma\sqrt{t})$$

二、默顿模型的原理

默顿模型研究的是企业债的信用利差与哪些因素有关。假设一个企业的价值是 V,其权益是 S,负债为 D(贷款面值),在任意时刻 t,$D_t = De^{-rt}$,r 是折现率。

银行给企业发放贷款,如果企业资产价值 V 大于贷款价值 D(本息),银行贷款本息可以得到偿还,银行的收益为 D;如果企业资产价值小于贷款价值,银行获得对企业的控制权,银行的收益为资产价值 V_t,损失为 $D - V_t$,损失最大值是贷款本息 D,此时银行的收益为 0。

如果银行支付一定的成本 P_0(期权价格)买入一个看跌期权,这个期权的标的资产是企业的价值,期权的执行价格为 D。如果企业的价值小于 D,银行有权以 D 的价格卖出标的资产,执行该期权的收益为 $D - V_t$,同时处置该企业资产获得 V_t,银行总的收益为 D。如果企业价值大于 D,银行不执行期权,收益为 D。这样无论企业的价值变为多少,银行的收益就是一个恒定的结果 D,银行就不存在信用风险。银行信用风险的消除来自银行买入了一个期权,支付了对价,因此这个卖出期权的价格可以看作贷款的信用风险(见表 3-1)。

表 3-1　　　　　　　　买入期权后银行的收益分布

时间	0	T	
公司资产价值	V_0	$V < D$	$V > D$
银行头寸			
(1)发放贷款	D_0	V_t	D
(2)执行卖出期权	P_0	$D - V_t$	0
银行收益支出合计	$D_0 + P_0$	D	D

看跌期权是指期权持有人约定在未来时刻能以价格 D 卖出一个资产。银行支付一定的成本购买一个这样的期权。如果实际价格高于 D，持有人不会执行期权，持有人支付的期权费就是一种成本。如果实际价格低于 D，持有人执行期权，在市场上先以市场上的实际价格 V 买入一个该资产，再以价格 D 卖出标的资产，但其收益是 $D - V$，净收益还需要减去买期权的成本。

从上面的分析可以知道，卖出期权的价格就是消除信用风险的成本，换句话讲，就是信用风险的大小，这就为估计信用风险提供了一个定量工具。按照 B - S 期权公式，卖出期权的价格公式为

$$P_0 = -N(-d_1)V + De^{-rt}N(-d_2)$$

式中，$N(\cdot)$ 是累积标准正态分布函数；r 是无风险利率；D 是期权的执行价格；V 是基础资产的价值。这为信用风险的定量分析提供了理论基础。

三、信用风险与资产负债率

假设贷款的初始价值为 D_0，卖出期权的价格 P_0，无风险利率 r，根据无风险套利原理，期初和期末的净现值应该相等，则有

$$D_0 + P_0 = De^{-rT}$$

贷款的到期收益率 y 可以表示如下：

$$y = -\frac{\ln\dfrac{D_0}{D}}{T} = -\frac{\ln\left(\dfrac{De^{-rT} - P_0}{D}\right)}{T}$$

将卖出期权价格 P_0 代入，可得

$$y = -\frac{\ln\left[\dfrac{De^{-rT} + N(-d_1)V - De^{-rT}N(-d_2)}{D}\right]}{T}$$

因为 $1 - N(-d_2) = N(d_2)$，所以

$$y = r - \left\{\frac{\ln\left[N(d_2) + \dfrac{N(-d_1)}{D}Ve^{rT}\right]}{T}\right\}$$

化简即为

$$y - r = -\frac{1}{T}\ln\left[N(d_2) + \frac{V}{De^{-rT}}N(-d_1)\right]$$

式中，d_1，d_2 是标准正态分布点，与时间、无风险利率、波动率等有关。

$$d_1 = \frac{\ln\left(\frac{V}{De^{-rT}}\right) + \frac{1}{2}\sigma^2 T}{\sigma\sqrt{T}}, d_2 = d_1 - \sigma\sqrt{T}$$

这个公式意味着信用风险价差取决于两个因素：一个是资产负债率 $\frac{V}{De^{-rT}}$，另一个是资产价值波动率。如果 $V = 100$，$T = 1$，$r = 10\%$，波动性为 40%、70% 的资产负债率，则可得到信用风险价差为 560 个点差（见表 3－2）。

表 3－2　　　　资产负债率、价值波动性与信用风险点差的关系

资产负债率	价值波动性			
	0.05	0.10	0.20	0.40
50%	0	0	0	1.0%
60%	0	0	0.1%	2.5%
70%	0	0	0.4%	5.6%
80%	0	0.1%	1.5%	8.4%
90%	0.1%	0.8%	4.1%	12.5%

到期收益率与无风险利率的差就是信用风险溢价，可以理解为信用风险的大小，这就给出了信用风险的度量公式。公式中，$\frac{V}{De^{-rT}}$ 就是资产负债率的倒数，资产负债率越高，其倒数越小，信贷利差越大，要求的风险补偿越高。这从理论上证明，根据资产负债率判断企业的信用风险是有充分科学道理的。

四、基于默顿模型的违约概率

默顿模型是一个量化信用风险的重要工具，其核心思想是企业违约与其资产价格有关，如果资产小于负债，则企业违约。如何得到其真实的违约概率呢？

假设企业的资产价值变化服从几何布朗运动，其资产价格变化为

$$V_t = V_0 \exp((\mu - \sigma^2/2)t + \sigma\sqrt{t}Z_t)$$

Z 服从标准正态分布。设定一个门槛值 D，如果 $V_t < D$，则企业违约，违约概率为 $PD = \text{Prob}(V_t \leq D)$。

$$PD = \text{Prob}(V_t \leq D) = \text{Prob}(V_0 \exp((\mu - \sigma^2/2)t + \sigma\sqrt{t}Z_t) \leq D)$$

$$= \text{Prob}\left(Z_t \leq -\frac{\ln V_0/D + (\mu - \sigma^2/2)t}{\sigma\sqrt{t}}\right)$$

$$令 d_2 = \frac{\ln V_0/D + (\mu - \sigma^2/2)\ t}{\sigma\sqrt{t}}$$

$$PD = N(-d_2)$$

上述就给出了一个违约概率的表达式。穆迪公司的 KMV 模型就是在上述模型的基础上开发出来的，只不过它设定的违约门槛值是企业短期债务加上长期债务的一半，违约点（Default Points）DPT = 短期负债（Short Term Debt，STD）+1/2 的长期负债（Long Term Debt，LTD）。

如果知道企业的价值 $E(V_1)$，则可以定义违约距离 $DD = [E(V_1) - DPT]/\sigma$。穆迪公司根据自己的数据，校准了每一个违约距离对应的违约概率。

比如如果一个企业的市场价值为 1000，资产年增长率为 20%，一年后预期的资产价值为 1200，违约点为 800，年化资产波动率为 100，

违约点为 =（1200 - 800）/100 = 4

在穆迪公司的校准结果中，违约距离 4 代表的违约概率是 0.4%。用这种方法可以求出每一个公司价值对应的违约概率。这就解决了违约概率的定量计量问题。

违约概率统计模型

前面介绍了违约概率的理论模型，由于企业价值不易观察和得到，一般银行并不采用理论模型计量违约概率，而是采用统计的方法开发建立违约概率模型。需要说明的是，违约概率尽管是 Basel Ⅱ 中的核心概念，但几乎看不到其明确的定义。一个约定俗成的定义是：违约概率是经过一定时

间、违约借款人的数量和初始状态借款人总量的比。违约概率与不良贷款率不同，违约概率不是违约贷款数量与贷款总额的比。建立违约概率的计量模型，大体分为以下步骤和环节。

一、确定建立计量模型的资产组合

在确定需要建立模型的资产组合时，关键是考虑下列因素：第一，借款人的风险特征，哪些因素决定了借款人的风险？对大企业来说，一般是逐个分析，判断风险。但对零售贷款或者小企业来说，逐个分析风险是不现实的，也是没有必要的，更主要的是按照组合确定其风险特征。第二，还款来源。比如，一般制造业企业都是经过采购、生产、销售、收款等几个环节获得收入和利润，从而有现金流还款。但对基本设施项目，首先需要建成项目，项目提供了服务，才能获得收益，项目建设周期往往超过一年。第三，对风险识别的精细程度。模型越多越有针对性，但相应的管理难度提高。第四，巴塞尔协议对敞口的划分。一般来讲，针对巴塞尔协议中每一类敞口，应该分别建立模型。资产划分是计量模型开发的重要依据，甚至是前提。

划分资产类别有很多方法，会计里面把资产分为流动资产、固定资产、无形资产等，银行的资产有现金、投资、贷款等。在风险管理或者风险计量领域，也需要有一定的资产划分规则，基本原则是根据资产的风险特征来区分。

首先，信用风险与市场风险是第一个区分维度。银行会短期持有一些资产，持有的目的是从这些资产价格的波动中获取价差收益。这些资产主要受价格波动的影响，可以称为受市场风险影响的资产，簿记这些资产的账户称为交易账户。除此以外的账户称为银行账户。

其次，根据信用风险的客户特征，进一步把银行账户细分为不同的类别，主要分为主权、银行、公司、零售、应收账款、资产证券化，有时把现金、固定资产也作为一个类别，比如银监会银行账户风险暴露划分指引中就有现金、固定资产的类别。严格来讲，现金、固定资产并没有信用风险，作为一个类别的原因在于敞口划分的完整性，即所有的资产都能够有一个归类的地方。也有人认为现金可以看作面临中央银行违约的风险，是一种特殊形式的主权风险。

最后，进一步根据客户特征细分子类。比如对于主权，可以进一步分为主权及中央银行、公共部门实体和多边开发银行。根据巴塞尔协议关于风险暴露的划分标准，银行信用风险敞口至少应分为主权、银行、公司、零售等类别，下面分别进行阐述：

1. 主权。主权类别的资产比较容易判断，主要是国家或特殊主体发行的债券、票据、借款等。在主权及中央银行、公共部门实体（Public Sector Entity）和多边开发银行三类中，比较难以把握的是公共部门实体。比如在国内实践中经常遇到以下问题：政策性银行、各省交通厅、铁路局是不是公共部门实体。

综合来看，认为一个实体具有主权特征，应该具备如下判定条件：（1）该实体必须是中央政府批准设立的。（2）该实体的收入来自中央财政的安排，也就是说收入的风险来自中央政府的风险。（3）该实体不能是营利性组织。

按照上述定义，国内可以列为公共部门实体的机构主要是：（1）中央政府的组成部门及机构。（2）政策性金融机构。（3）国家成立的特殊机构。

表 3-3　　　　　　　　　　主权风险敞口的分类与特征

类别	大类	具体特征
主权	主权及中央银行	国际清算银行、国际货币基金组织、欧洲中央银行、欧共体的债权可以作为主权，地方政府和地方当局可参照。
	标准法下作为主权的某些公共部门企业	根据中央政府提供保障的范围和程度区分，有收入来源和制度安排，降低违约风险，具体标准：（1）政府投资或拥有。（2）不可能宣布破产。（3）行政机构、非商业实体。
	多边开发银行	国际复兴开发银行、世界银行、亚洲开发银行、非洲开发银行、欧洲复兴开发银行、泛美开发银行、欧洲投资银行、北欧投资银行、加勒比海开发银行、伊斯兰开发银行、欧洲开发银行理事会。

2. 银行。在巴塞尔协议里面，银行类风险敞口是一个广义的概念，类似于中国的金融机构的内涵。其包括两个基本类别：一是证券公司，二是

银行。在国内制定的相关指引中，对这一名称进行了调整，明确为金融机构，这样其涵盖的内容扩展到保险公司、金融租赁公司、基金公司、信托公司、财务公司、汽车金融公司、资产管理公司等。实际操作中，比较难判定的是担保公司、典当等机构是否属于金融机构敞口，这些机构具有金融机构特征，但又不受金融监管部门监督。一种可操作的方案是不把它们作为金融机构敞口，这样处理更为审慎，风险权重更高一些。

3. 公司。这里讲的公司更多的是企业的概念。在公司风险敞口中，需要说明两个问题：（1）中小企业。一般认为中小企业和大企业不同，大企业和经济的相关性比较高，中小企业和经济的相关性比较低，而且中小企业是各个国家为解决就业问题重点支持的企业群体，单独划分有一定的实际意义。问题在于如何确定中小企业的划分标准。国内为确定中小企业标准出台了很多标准，国家统计局有中小企业的标准，中国银监会有中小企业的标准，国资委有中小企业的标准。是按照资产规模划分，还是按照销售收入划分，争议很多。客观地讲，并不存在一个最佳的划分中小企业的方法。巴塞尔协议Ⅱ中提出了销售收入小于 5000 万欧元的标准，大体上相当于 5 亿元人民币。国家统计局关于中小企业的划分标准是销售收入小于 1 亿元，在银监会的分类指引中定下了 3 亿元的标准。这是一个动态的概念。要区分不同情况下中小企业的标准，从长远看，应该统一划分标准。（2）专业贷款（Specialize Lending）。这是一个新名词，容易引起误解，贷款无所谓专业还是不专业，其本质含义是这些贷款有一些独有的特征，第一，借款人是一个专门的实体，这个实体除了融资产生的资产以外，没有别的资产。第二，这些特定资产产生的现金流是还款的主要来源，甚至是唯一来源。第三，银行对这些资产和现金流要有相当程度的控制权，这种控制权有法律依据。因此这个词翻译成特定贷款会更好一些。

专业贷款又分为 4～5 类，巴塞尔协议中分为五类：项目融资、物品融资、商品融资、产生收入的房地产和高波动性房地产。前三类项目融资、物品融资、商品融资比较容易理解，这些融资都是特定结构的融资安排，项目融资是特定的大型基础设施项目的融资安排，物品融资是特定的飞机、轮船等大型设备的融资安排，商品融资是石油、铜、糖等大宗商品的融资安排，这些融资结构都具有自偿性特点。一些国家和地区在实际规范中，不再区分产生收入的房地产和高波动性房地产，或者认为不存在高波动性房地产，中国就采用了这种做法（见表3-4、表3-5）。

表3-4   **公司风险敞口的分类与特征**

类别	大类	具体特征
公司	一般公司	
	中小企业	销售额小于5000万欧元，不足5000万欧元的按照5000万欧元处理，中国标准是销售收入小于3亿元。
	专业贷款	（1）对一个实体的贷款。（2）借款实体没有其他资产或业务。（3）贷款人对资产和资产产生的收入有相当程度的控制权。

表3-5   **专业贷款风险敞口的分类与特征**

大类	子类	具体特征
专业贷款	项目融资	对电厂、矿山、交通基础设施、电信等项目或设备，对新投资建设项目融资，或对已有的建设项目再融资。
	物品融资	物品融资是对实物资产如轮船、飞机、卫星、有轨车辆、船舶的融资，有专门的还款安排和结构，来自特殊资产创造的现金流。
	商品融资	对储备、存货或在交易所交易应收的商品进行的结构性短期贷款，用商品销售的收益偿还银行贷款，借款人没有还款能力。
	产生收入的房地产	对房地产如办公室、零售场所、住宅、仓库提供资金的方法，还款来自于出租或销售现金流，偿还的可能性与贷款清收的可能性有很强的正相关关系。
	高波动性房地产	商用房地产融资，土地收购，销售出租的不确定性很大。

4. 零售。巴塞尔协议把零售业务分成三类，第一类是住房抵押贷款，第二类是合格的循环贷款，第三类是其他零售贷款。

第一类住房抵押贷款，包括一手房按揭贷款、二手房按揭贷款、住房抵押的个人贷款，在欧美国家，还有房屋净值贷款（Home Equity Loan），在国内有时称作加按揭贷款等。实践中遇到的分歧在于用房屋抵押的额度贷款是否归入此类。有人认为此类贷款的用途不是购房，还款方式与按揭贷款差异很大，归入其他零售敞口更有道理。分类没有绝对标准，新协议中把所有用住房抵押的贷款都归入这一类。其标准在于抵押物，这类贷款的抵押物都是住房，因此也可以归为一类，在具体分析或者开发模型时，再进一步细分。

对于第二类合格的循环贷款，其必须具备以下特征：（1）贷款是循环的、无抵押的、未承诺的。（2）贷款是针对个人的。（3）最大贷款额度小于 10 万欧元。对欧美银行而言，这一类贷款主要是信用卡贷款。国内在应用时除了包括信用卡额度以外，也可以包括消费额度贷款。这种贷款不普遍，因为监管部门认为这类贷款容易进入股市，不容易监控，银行没有积极性发展这类业务。

第三类是其他零售贷款。除了住房贷款和信用卡贷款，都可以放到这一类。实践中遇到的问题主要有：（1）准贷记卡额度贷款。国内有的银行曾经发行过一些准贷记卡，这种卡的透支额度很小，一般不超过 10000 元，多为银行在早期开办银行卡业务时发行的。（2）有抵押的信用卡额度贷款。一般银行给予持卡人的额度都是无担保的，但有的银行为了拓展市场，也推出了有担保的信用卡。严格来讲，这些有担保的信用卡贷款不能归入循环零售贷款。（3）小企业贷款。巴塞尔协议规定，100 万欧元以下的小企业贷款可以归入其他零售贷款，中国银监会在制定相关指引时指出小于 500 万元的小企业贷款也可以归入零售贷款，除了贷款额度小以外，还必须满足按照组合方式进行管理。实践中的问题是如何定义按照组合方式进行管理，一种可供参考的标准包括有独立于大企业贷款的专业机构管理这些贷款、在审批贷款管理等环节采用批量的方式（见表 3-6）等。

表 3-6　　　　　　　　　零售风险敞口的分类与特征

类别	大类	具体特征
零售	住宅抵押贷款	First Lien，Second Lien，住房抵押
	合格的循环零售贷款	循环的、无抵押、未承诺；针对个人；小于 10 万欧元
	其他零售贷款	信用卡、透支、个人贷款、租赁等
	按照零售处理的小企业	100 万欧元以下的小企业贷款

二、样本选择和清洗

在敞口划分的基础上，需要有针对性地开发违约概率模型，这就需要收集样本数据，并进行整理，主要包括如下几个步骤：

第一，样本选择。根据确定的模型开发对象，要收集样本客户及其数据。根据巴塞尔协议关于违约概率模型的要求，一般需要连续 5 年的数据，这样能够反映一个较长时间内的违约情况，开发的模型具有一定的稳定性。在实际操作中，三年的数据基本可以满足开发模型的需要，如果没有三年的数据，至少需要有两年的数据，因为有些变量指标需要考虑变化情况，仅一年的数据，难以看出指标的变化情况，比如销售收入增长率，至少需要两年的财务数据。

把所有样本客户信息收集好后，需要对样本进行必要的整理，一是要有必要的信息，尤其是违约信息、财务数据。比如需要有两年的财务报表。如果缺乏必要的财务数据，一般会把这些样本从总样本中删除。二是分析样本的违约信息。这一步非常重要，因为违约概率模型主要是分析违约行为。如果要开发一年期违约概率模型，就要分析年初有多少正常客户，这些正常客户在一年以后的违约表现如何。有些客户不是活跃客户，是很早以前年份违约的。这些客户在期初和期末都表现为违约，对建立模型就没有帮助。有些客户的贷款本金为零，但有拖欠利息，对这些样本要进行筛选处理，一般是从样本中删除。因为拖欠的利息往往是因为罚息等原因形成的，银行与客户协商后，应该偿还的债务已经偿还，剩下的往往没有协商一致。进行第二个方面处理时一定要非常小心，因为删除违约记录影响最后的模型结果，一定要有充分的依据，做好记录。

开发一个好的违约概率模型，经验上违约客户数量原则上不少于 50 个，总的样本数据要不少于违约客户数量的 5 倍。

第二，数据清洗。在对样本进行初步筛选之后，就进入非常繁重、非常关键的工作阶段，这就是数据清洗。所谓数据清洗实质是对开发模型数据的整理和完善，一般要做如下工作：（1）缺失检核。检查财务报表的某些项目是否有缺失，如果有缺失，需要考虑是否修补，是录入问题需要找原始报表核对录入，也可以用历史数据进行平滑。（2）钩稽关系检查。检查财务报表是否符合钩稽关系，比如资产是否等于负债加权益，资产是否等于流动资产加固定资产等。（3）异常数据检查。例如，资产负债比率的定义为负债除以资产，该值越小越好。但如果某个客户的资产为负值，该指标也会获得很高的分数。在这种情况下，需要将该值进行转换，让它符合经济意义。

三、变量设计与处理

第一，设计模型变量。变量设计一般要遵从一定的分析逻辑和框架，尽管框架不同，但结果大同小异。经常用到的分析模型有：（1）波特的竞争力模型，从现有竞争者、潜在的竞争者、新竞争者、新的替代品、客户等角度收集数据信息，设计模型变量，开发违约概率模型。（2）两因素模型，一个因素是宏观经济因素，另一个因素是企业自身因素，从企业所在的行业、地区、管理能力、财务表现、技术能力、信用表现等方面设计指标。（3）定量与定性分析。定量分析一般是财务状况分析，定性分析包括国家风险、行业风险、管理水平分析等。定性指标通过专家的评判转换为定量的分数。银行和评级机构使用模型的定性评价的基本内容大体上是一样的，不一样的地方在于具体判定人的判断水平。这些判断需要很高的专业素质和经验，一般是由专家进行评价完成的。有的银行由一线客户经理输入信息，容易出现判断偏差，影响评级结果。[①]

第二，变量计算。根据变量的计算方法，逐户计算设计的变量值。在计算过程中可能会遇到一些特殊情况，比如异常值。例如，已获利息倍数的定义为 EBIT 除以利息支出，该值越大越好。但如果某个客户的利息支出为零，则该值无法计算，需要对这类结果进行转换，让它符合经济意义。

四、基于定量变量的模型开发

第一，单变量分析。在初步确定变量指标后，要对变量进行初步检验和筛选，重点从指标的含义、统计结果与实际意义的一致性、业务可操作性等方面进行评价，尤其要关注两个问题：（1）单变量区分度。区分性就是指标在好企业和坏企业之间有明显不同，通过建立单因素模型，分析某一个变量是否具有区分性，可以通过分析 AR、KS 值来判断。（2）通过分

---

① 具体指标可参见：杨军. 商业银行客户评价［M］. 北京：中国财政经济出版社，1999. 或参见其他关于财务分析的图书。

析指标之间的相关性和统计变量，消除多重共线性和异方差性。

在财务定量指标方面，国际银行业更加关注现金流量与负债情况指标，比如利息保障倍数。笔者曾对24个财务指标进行过分析，研究表明，在24个财务指标中，具有区分性的有总资产周转率、总资产增长率、总资产报酬率、固定资产周转率、资产负债率、资产短期负债率、净利润增长率7个指标。相关性分析表明，主营业务利润率与销售净利润率相关系数为0.902，流动比率和速动比率相关系数为0.980，资产负债率与资产短期负债率相关系数为0.909，利息保障倍数与现金流量保障倍数相关系数为0.901，资产负债率、净利润增长率、总资产周转率、总资产增长率、总资产报酬率、固定资产周转率6个指标就可以建立模型了。

表3-7　　　　　　　　　财务指标的分析与选取

某评级公司的评级指标	某银行信用评级采用指标	通过对上市公司分析结果
EBIT 利息倍数	净资产收益率、总资产报酬率、销售利润率	资产负债率
EBITDA 利息倍数		净利润增长率
经营中的资金/总负债	利润增长率、销售增长率、资本积累率	总资产周转率
经营活动现金流量/总负债	应收账款周转率、应收账款增长率、存货周转率	总资产增长率
税前资本回报率	速动比率、利息保障倍数、经营现金流负债率	总资产报酬率
经营收入/销售收入		固定资产周转率
长期负债/资本	资产负债率、长期资产适合率、或有负债率	
资产负债率		

不同的研究可能得到不同的指标，这应该是合理的，也是正常的。在开发模型时，重要的不仅是选择指标，更重要的是建立选择指标的科学方法和程序，确保过程的可溯性。

第二，回归分析。违约概率模型一般采用多元线性回归方法和 Logit 回归分析，前者如 Altman 开发的 Z-score 模型。目前大部分银行多是采用 Logit 回归模型，即 Logistic 函数的对数变换形式[1]，该模型的表达式是：

---

[1] Logistic 函数式为 $y = \dfrac{1}{1 + e^{-\alpha - \beta_i x_i}}$，两边同时取对数，整理后即得到 Logit 回归式。

$$\ln \frac{y}{1 - y} = \alpha + \beta_i x_i$$

Logistic 函数又称增长函数，1838 年由比利时学者 P. E. Verhulst 第一次提出，后来在人口估计和预测中得到推广应用。Logit 的意思是 Logistic 概率单位，是"Logistic Probability Unit"存头去尾的缩写，是机会比的对数。

之所以采用这种方法是因为：

第一，一般多元回归的结果可能是正，也可能是负，但违约概率在 0 和 1 之间，一般多元线性回归无法直接将违约概率作为被解释变量进行回归。采用 Logit 回归模型，取值受限的违约概率 y 转换为公式左边 $y/(1 - y)$ 对数形式，取值不受限，满足多元线性回归条件。

第二，Logistic 函数的取值在（0，1）之间，其值与在 0 到 1 之间取值的违约概率意义一致，便于进行参数校准。

第三，Logit 模型给出的数不是违约概率，将这个数值划分为若干个区间，并通过数据转换，可分别对应不同的违约概率。如果违约率为 PD，$\ln \frac{PD}{1 - PD} = \alpha + \beta y = Z$，通过一些数据进行回归即可。但是这种方法的基础有两个，一是要有违约率的数据积累，二是要选择合适的解释变量，只有这样，才能使得到的模型具有良好的预测性。

图 3-1 显示违约概率 PD 和回归出来的数值 Z 之间的关系。从图上可以看出，当 Z 趋于正无穷大时，PD 趋于 1；当 Z 趋于负无穷大时，PD 趋于

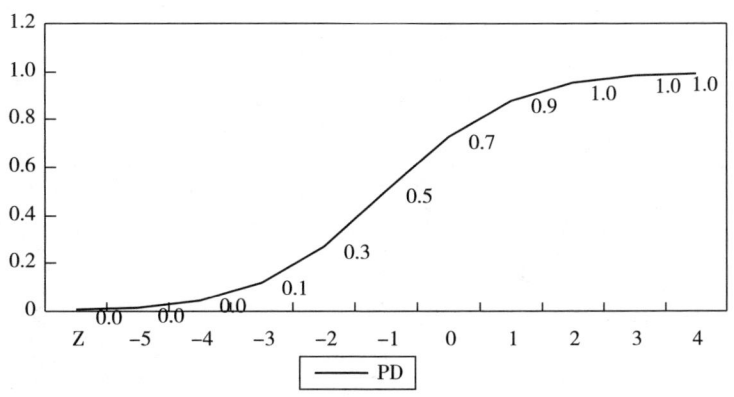

图 3-1 Z 与 PD 的关系

0；当 Z 等于 0 时，PD 等于 1/2。正是因为这个函数有这样的性质特点，现在建立违约概率模型经常采用 Logistic 回归模型。

五、定性指标的选择与权重设计

在违约概率模型中选择哪些定性指标、如何确定定性指标的权重是经常遇到的问题，其基本思路是定性指标定量化，在此基础上，运用统计方法、层次分析法等确定指标和权重。

层次分析方法（Analytic Hierarchy Process）简称 AHP 法，是指依据序标度，将系统因素按支配关系分组以形成有序的递阶层次结构（目标层、准则层和方案层），通过两两比较判断的方式确定每一层次中因素的相对重要性，然后在递阶层次结构内进行合成以得到决策因素相对于目标的重要性的总顺序，从而为决策提供确定性的判别。

具体来说，层次分析法的基本步骤如下：

（一）建立标度表

比例标度用于在某一准则或属性下一组元素两两比较的相对强度的测定。在层次分析法中，比例标度可采用 1~9 之间的整数及其倒数。用比例标度测量的结果表示为正互反判断矩阵，因而这个矩阵也可以看作这组元素在此属性下的测度（见表 3-8）。

表 3-8 规定性标度设计

规定性标度	定义	说明
1	同等重要	两个元素对某一目标作同等贡献
3	稍微重要	根据经验判断，两个元素中稍偏于一个元素
5	明显重要	根据经验判断，两个因素中强烈偏重于一个元素
7	强烈重要	强烈偏重于一个元素，其主导地位在实际中显现出来
9	绝对重要	两个元素之中偏重于一个元素的证据达到判断的最高可能
2、4、6、8 两相邻判断的中间值，需要两种判断折中：		
上述非零值的互反数：1/2、1/3、…、1/9，如果元素 i 与 j 比较有一个赋值，则元素 j 与 i 比较赋值为其互反数。		

专家给出的 AHP 调查问卷反馈结果又称为"判断矩阵"。以"公司经

营状况和发展潜力"为例，见表 3 – 9。

表 3 – 9　　　　　　　　AHP 调查问卷反馈结果举例

指标	指标说明	数据可获得性	公司经营时间与商誉	公司治理能力	公司经营能力
公司经营时间与商誉	公司实际开展业务的时间，荣誉信息，享受政府政策优惠和待遇，企业所处生命周期阶段等	中	1	3	1/5
公司治理能力	包括股东结构，公司人事、财务管理，提供给银行资料是否齐全等	中	1/3	1	1/3
公司经营能力	考察公司的产品和服务优势，核心竞争力，融资能力，信用风险管理能力客户集中度风险等	中	5	3	1

得到上述结果后要进行一致性检验，判断一致性的指标是：

$$CI = \frac{\lambda_{\max} - n}{n - 1} \tag{1}$$

当 $CI = 0$ 时，判断矩阵具有完全一致性；反之，CI 越大，则判断矩阵的一致性就越差。为了检验判断矩阵是否具有令人满意的一致性，则需要将 CI 与平均随机一致性指标 RI（见表 3 – 10）进行比较。一般而言，1 或 2 阶判断矩阵总是具有完全一致性的。对于 2 阶以上的判断矩阵，其一致性指标 CI 与同阶的平均随机一致性指标 RI 之比，称为判断矩阵的随机一致性比例，记为 CR。理论上而言，当 $CR = \frac{CI}{RI} < 0.10$ 时，一般认为判断矩阵具有令人满意的一致性。

表 3 – 10　　　　　　　　平均随机一致性指标

阶数	1	2	3	4	5	6	7	8	9	10	11	12	13	14	15
RI	0	0	0.58	0.90	1.12	1.24	1.32	1.41	1.45	1.49	1.52	1.54	1.56	1.58	1.59

（二）递阶层次结构的建立

通过对系统的深刻认识，确定该系统的总目标，弄清规划决策所涉及的范围、所要采取的措施方案和政策、实现目标的准则、策略和各种约束条件等，广泛地收集信息。分析系统中各因素之间的关系，把问题条理化、层次化，构造出一个层次分析的结构模型，建立系统的递阶层次结构，在结构模型下，复杂问题被分解为人们称为元素的组成部分。这些元素又按其属性分成若干组，形成不同层次。同一层次的元素作为准则对下一层次的某些元素起支配作用，同时它又受上一层次元素的支配。这些层次一般分为三类：目标层、准则层和方案层。

（三）构造两两比较矩阵

对同一层次的各元素关于上一层次中某一准则的重要性进行两两比较，构造两两比较判断矩阵。假设有 n 个物体 A_1，A_2，$\cdots$，A_n，它们的重量分别记为 W_1，W_2，$\cdots$，W_n。现将每个物体的重量两两进行比较如下：

$$A = \begin{pmatrix} \dfrac{W_1}{W_1} & \dfrac{W_1}{W_2} & \cdots & \dfrac{W_1}{W_n} \\ \dfrac{W_2}{W_1} & \dfrac{W_2}{W_2} & \cdots & \dfrac{W_2}{W_n} \\ \cdots & \cdots & \cdots & \cdots \\ \dfrac{W_n}{W_1} & \dfrac{W_n}{W_2} & \cdots & \dfrac{W_n}{W_n} \end{pmatrix}, 向量 \ \vec{W} = \begin{pmatrix} W_1 \\ W_2 \\ \vdots \\ W_3 \end{pmatrix}$$

A 称为判断矩阵，且有 $A \vec{W} = \begin{pmatrix} \dfrac{W_1}{W_1} & \dfrac{W_1}{W_2} & \cdots & \dfrac{W_1}{W_n} \\ \vdots & \vdots & \cdots & \vdots \\ \dfrac{W_n}{W_1} & \dfrac{W_n}{W_2} & \cdots & \dfrac{W_n}{W_n} \end{pmatrix} \begin{pmatrix} W_1 \\ W_2 \\ \vdots \\ W_n \end{pmatrix} = \begin{pmatrix} \lambda W_1 \\ \lambda W_2 \\ \vdots \\ \lambda W_n \end{pmatrix} = \lambda \vec{W}$

W 是判断矩阵 A 的特征向量，λ 是 A 的一个特征值。

（四）元素相对权重的计算

由判断矩阵计算被比较元素对于该准则的相对权重。既然矩阵 A 有以上性质，即 n 个元素 W_1，W_2，W_3，$\cdots$，W_n 构成的向量 $W = \begin{pmatrix} W_1 \\ W_2 \\ \cdots \\ W_n \end{pmatrix}$ 是矩阵 A 的特征向量，则可以把向量 W 归一化后的向量 ω 看成是诸元素 W_1，W_2，

W_3，…，W_n 相对于目标的权向量，因此，可以用求 A 的特征根和特征向量的办法，求出元素 W_1，W_2，W_3，…，W_n 相对于目标的权向量。这种用特征向量求权向量的方法称为特征根法。

（五）决策

计算各层元素对系统目标的合成权重，并进行排序。例如，假定上层 A 有 m 个元素，A_1，A_2，…，A_m，且其层次总排序权向量为 a_1，a_2，…，a_m，下层 B 有 n 个元素 B_1，B_2，…，B_n，则按 B_i 对 A_j 个元素的单排序权向量的列向量为 b_{ij}，结果见表 3 – 11。

表 3 – 11　　　　　　　　　元素相对权重的计算

层次	A_1	A_2	…	A_m	B 层总体排序权重（权向量、列向量）
	a_1	a_2	…	a_m	
B_1	b_{11}	b_{12}	…	b_{1m}	$W_1 = \sum\limits_{j=1}^{m} a_j b_{1j}$
B_2	b_{12}	b_{22}	…	b_{2m}	$W_2 = \sum\limits_{j=1}^{m} a_j b_{2j}$
⋮	⋮	⋮	⋮	⋮	⋮
B_n	b_{n1}	b_{n2}	…	b_{nm}	$W_n = \sum\limits_{j=1}^{m} a_j b_{nj}$

通过上述方法就可以将定性判定的结果形成一个定量的数值，从而为进一步比较分析奠定基础。

六、定性与定量指标的结合

前面分别介绍了定量指标和定性指标的处理方法和模型开发方法，在实际模型开发中，可以将定量指标和定性指标一起进行分析和统计回归，得到违约概率模型，也可以分别依据定量指标和定性指标开发统计回归模型，再将两个模型进行整合。选择不同方法的主要考虑因素是数据情况。一般来说，开发模型的定性指标往往是在模型开发过程中重新收集的，样本一般较少，这种情况下就没有办法一起处理开发模型，这就需要考虑定性指标和定量指标的结合问题。

定量模型和定性模型分别计算出客户的定量违约概率和定性违约概率，为了得到最终客户真实的预测违约概率，必须要进行两个处理：定性和定量的结合，违约概率的校准。

这两个步骤分别是为了解决两个不同角度的问题。定性和定量的结合是为了将定性、定量模型的结果综合起来，使客户的违约概率确实能够反映出客户定性、定量两个不同维度的风险特征。这好比将语文考试成绩和数学考试成绩加总后，按照总分成绩或平均分成绩得出综合排名。不同的是，在定性和定量结合过程中，要根据业务经验或数据分析确定定性和定量各自的权重，权重配比不一定是50%：50%。

违约概率的校准是为了保证最终计算出的违约概率整体上和资产组合的违约概率是无偏的。这就像统计全区学生的语文成绩，如果抽样的学生全部来自重点学校，就会导致统计出的平均分高于全区成绩。违约概率的校准采用条件概率原理进行推导，通过计算出违约概率校准系数 K，将模型计算的样本违约概率转化成与资产组合违约概率无偏的真实预测违约概率。

由于这两个步骤解决的是两种不同的问题，在先后顺序上并没有强制性的要求。既可以先校准后结合，也可以先结合后校准，最后都能够保证最终的违约概率是定性和定量各因素作用的综合结果，且与实际资产组合的违约概率无偏。

表 3-12　　　　　　　　　三种定性与定量相结合的方式

序号	结合方法
1	分别根据客户的定性与定量信息估计出客户校准后的定性违约概率和定量违约概率，然后再按设定的权重进行加权平均得到结合后的客户违约概率。
2	分别根据客户的定性与定量信息估计出客户校准后的定性违约概率和定量违约概率，然后根据公式 $logit\ [PD/\ (1-PD)]\ =w_1 \times logit$（定性 PD）$+w_2 \times logit$（定量 PD）求解出结合后的客户违约概率 PD。
3	按设定的权重将定性条件违约概率与定量条件违约概率加权平均后得到客户综合分数，再将其校准到客户的违约概率。

（一）违约概率加权法

这种方法的基本思想是：分别基于定性和定量信息对客户在未来一年

内违约的可能性进行预测，然后再将二者的预测结果按照一定的权重综合，并将综合后的结果作为对客户违约概率的最终估计。采用此种定性与定量相结合方法的原因如下：

1. 在定性与定量结合时，由于定量数据比定性数据要多许多，为了充分利用定量信息，选择了定性、定量指标分别求出违约概率，然后再结合的方式，而没有选择将定量分数与定性分数结合后再求违约概率的方法。

2. 如果定性违约概率和定量违约概率经过校准后，均是对客户违约概率的无偏估计，按照一定的权重加权平均后，仍然是对客户实际违约概率的无偏估计。

（二）外部权重违约概率加权法

这种方法的基本思想是借鉴评级公司关于定性因素和定量因素的权重经验，基于定性和定量信息分别对客户在未来一年内违约的可能性进行预测后，将它们转换为违约分数，采用外部评级公司的权重系数将二者综合，对客户的违约概率进行全面的估计。

（三）违约分数结合法

这种方法的基本思想是首先将客户的定性与定量信息按照设定的权重加权平均进行综合，将综合后的得分视为客户的综合得分，然后再将综合得分映射到客户实际的违约概率。

个人信用评分模型

开发信用模型需要大量的连续数据。在美国等发达国家，一般都已经建立了比较完整的个人信用记录。一个人从出生开始，就有了一个社会保障号，个人的行为记录被比较完整地记录下来，尤其是个人支付税费、水费、房租、消费支出等行为，都有比较完整的记录。这就为定量描述个人的信用行为提供了可能。美国的中介机构和商业银行利用这些行为记录开发了个人信用评分模型，运用于银行的日常经营。这些模型比公司类客户的信用模型出现得还要早，应用也更加成熟。根据评分模型应用领域的不同，这些模型分别称为营销评分卡、申请评分卡、催收评分卡、行为评分卡、反欺诈评分卡等。有的大型银行开发了 700 多个评分卡模型，应用于银行经营管理的各个方面。下面对评分卡模型开发的一些关键问题进行讨论。

一、个人信用评分的变量

开发评分卡需要考虑的变量主要有以下类别：

1. 个人基本信息：主要包括证件号码、性别、民族、国籍、户籍、婚姻、学历、职业、职称、执业资格、行业、工作单位性质、岗位、工作时间、居住时间、联系电话等。

2. 个人经济状况信息：主要包括月收入、家庭月收入、人均月收入、纳税金额、房产宗数、房产总面积、房产价值、其他资产价值。

3. 个人社会信息：主要包括是否拥有信用卡、客户级别、是否参加养老保险、是否参加失业保险、是否享受住房补贴、是否有子女、供养人数等。

4. 个人信用信息：主要包括是否有房贷、是否有车贷、是否有不良记录、贷款利率、偿还方式等。

因为法律和风俗习惯的不同，有些国家不允许使用某些变量，比如性别、年龄、婚姻状况等。就中国的情况来看，婚姻、性别、学历、区域、单位性质等往往是比较显著的变量。比如通过对信用卡数据分析发现，女性的信用一般优于男性。一般来讲，高学历者的信用优于低学历者，但硕士以上的群体信用并不比本科学历的群体好；职业为金融、教育、信息技术等领域的信用优于其他职业群体。在选择变量时，要充分考虑法律法规、风俗宗教等因素的禁忌。

二、个人信用评分模型的构建

1. 目标选择。评分卡的目的一般是将目标对象划分为两类，比如好与坏、优与差、违约与不违约等。在开发评分卡之前，首先要确定的就是评分目的，是用于营销还是审批，是用于定价还是催收。要明确分类的具体标准，比如违约，要定义清楚什么是违约。巴塞尔协议要求逾期 90 天是违约，银行实践中曾将逾期 180 天作为不良贷款的划分标准，开发模型要关注到这些不同。

2. 模型选择。个人信用评分模型可分为线性分类方法和非线性分类方法两种。线性分类方法就是开发一个多元线性回归模型，线性模型的一般形式是

$$P_i = f(\alpha + \beta_i X_i), 0 < \alpha + \beta_i X_i < 1$$

$$P_i = \begin{cases} 1, \alpha + \beta_i X_i > 1 \\ 0, \alpha + \beta_i X_i < 0 \end{cases}$$

线性模型的弊端在于该模型可能出现超过边界的特征值，强制对应到边界上会导致预测结果不准确。因此使用最多的还是非线性分类方法，即 Probit 模型和 Logistic 模型。这两个模型的最大特征是自变量可以是任意值，但输出结果在 0 和 1 之间。一个人违约的概率可表示为 $P_i = \dfrac{1}{1 + e^{-(\alpha + \beta X_i)}}$，违约概率在 0 和 1 之间。

3. 变量转换。对每一个个体而言，其违约概率 P 是观测不到的，观测到的是结果，即违约还是不违约。如果个体违约，因变量 $Y = 1$；如果不违约，因变量 $Y = 0$。

个人信用评分模型用到的变量与公司信用评分有很大的不同，个人评分的变量往往是离散的。比如学历，一般分为研究生及以上、大学本科、大专、中专高中、其他五项。在开发评分卡时，可以根据每一个个体特征将总体分成若干个类别，计算每一类的 $\ln Odds$，用这个转变后的数值进行回归分析，即

$$\ln \frac{P}{1 - P} = -(\alpha + \beta_i X_i)，X 是每一个变量的 \ln Odds。$$

也可以表示成：

$$\ln Odds = -(\alpha + \beta_i X_i)$$

式中，$Odds = PD/(1 - PD)$，简单理解就是坏好比，即坏样本和好样本的比。将这个值赋予每一个个体，建立相应的模型。

表 3 – 13　　　　　　　　个人违约概率的获得过程示例

	正常	违约	合计	违约率（%）	*Odds*	ln*Odds*
研究生以上	8321	54	8375	0.006	0.006	– 5.04
大学	59553	856	60409	0.014	0.014	– 4.24
大专	57283	1518	58801	0.026	0.027	– 3.63
中专/高中	18675	745	19420	0.038	0.040	– 3.22
其他	4521	108	4629	0.023	0.024	– 3.73
	148353	3281	151634	0.022	0.022	– 3.81

对每一备选变量都要进行上述处理。处理后一般先进行单变量分析，观察变量的显著性。如果不显著，可以适当剔除一部分变量，在此基础上再进行多变量分析。

4. Logit 回归。在评分卡开发过程中，经常用到的模型是 Logistic 函数模型，Logistic 模型采用极大似然估计，这个估计方法是无偏的，它能保证每一个个体的违约概率的均值是总体样本的违约概率的无偏估计。

以消费总额、贷款余额、贷款余额/信用额度、还款账期次数为变量，建立 logistic 函数模型，回归方程可以写为

$$\ln Odds_i = -0.8811 xiaofei - 0.7827 daikuan - 0.8747 zhanbi - 0.7899 cishu$$

表 3 – 14　　　　　　　　参数估计值与假设检验结果

	估计值	Wald Chi – Square	Pr > ChiSq
消费总额（xiaofei）	– 0.8811	285.135	< 0.0001
贷款余额（daikuan）	– 0.7827	194.365	< 0.0001
贷款余额/信用额度（zhanbi）	– 0.8747	849.89	< 0.0001
还款账期次数（cishu）	– 0.7899	139.125	< 0.0001

5. *Odds* 比的调整。在开发评分模型时，建模样本和总体会存在一定差异，这就要进行校准，一般的校准方法如下：

第一步，计算总体的 ln*Odds*。

第二步，计算样本的 ln*Odds*。

第三步，计算二者的差 γ。

第四步，将 $\alpha + \gamma$ 作为新的常数项放到公式中。

表 3 - 15　　　　　　　　　　校准距离计算过程举例

	PD	*Odds*	ln*Odds*
样本	0.005	0.005	− 5.293
总体	0.008	0.008	− 4.820
校准距离			0.473

这样新的公式就可以写成

$$\ln Odds_i = -0.8811 xiaofei - 0.7827 daikuan - 0.8747 zhanbi - 0.7899 cishu + 0.473$$

6. PD 与分数的转换。零售评分模型习惯于用分数表示一个客户信用的好坏,这就需要将违约概率或者 *Odds* 转换为一定的分数。这个转换的过程关键是确定两个点,根据这两个点建立转换方程。经验上一般把总体的 *Odd*1 确定为分数的均值,以 0 ~ 1000 分为例,可以将总体的 *Odd*1 确定为 600 分,*Odds* 每增加一倍,分数增加 20 ~ 40 分,具体步长可以根据银行实践调整。

表 3 - 16　　　　　　　　　PD 与分数的转换举例

	PD	*Odds*	ln*Odds*	对应分数
另一点		0.004	− 5.521	620
总体	0.008	0.008	− 4.820	600

根据(620,− 5.521)、(600,− 4.820)两个点,可以确定直线斜率和截距分别为 − 28.5234 和 465,图 3 - 2 就是根据这条直线方程绘制的 ln*Odds* 和分数的转换图。

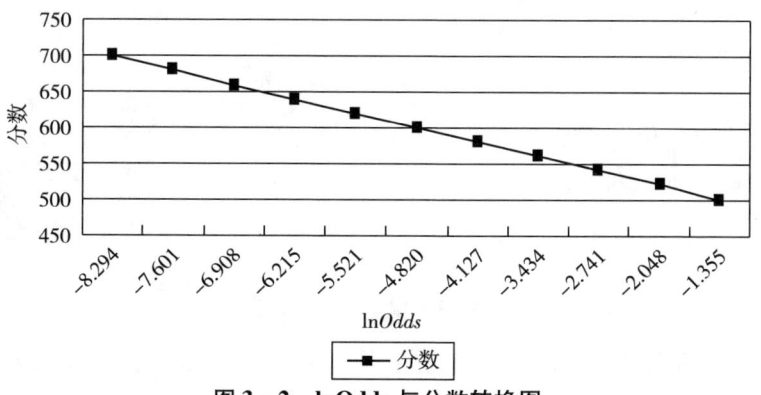

图 3 - 2　ln Odds 与分数转换图

校准

一、问题的提出

利用默顿模型可以直接得到违约概率。但默顿模型的假设条件较多，应用对象局限于上市公司，因此直接应用默顿模型计算违约概率的银行较少，更多的银行采用统计回归模型计量违约概率。利用统计回归方法开发的模型仅仅解决了客户的风险排序问题，这种排序本身没有给出每个客户的违约概率，需要将计量结果通过一定的方式转换为违约概率，这个过程称为校准。经过校准以后，才能将风险排序变为真实的违约概率。

同时，为了进行差别化管理，银行需要把客户分成不同的组。最容易理解、最容易操作的就是根据违约概率从低到高分为不同的区间，这样就相当于把违约概率这把尺子标上了刻度，用这个尺子可以把客户划分到不同的等级里，这种违约概率和等级之间的映射关系有一个专门的称谓——主标尺（见图 3-3）。

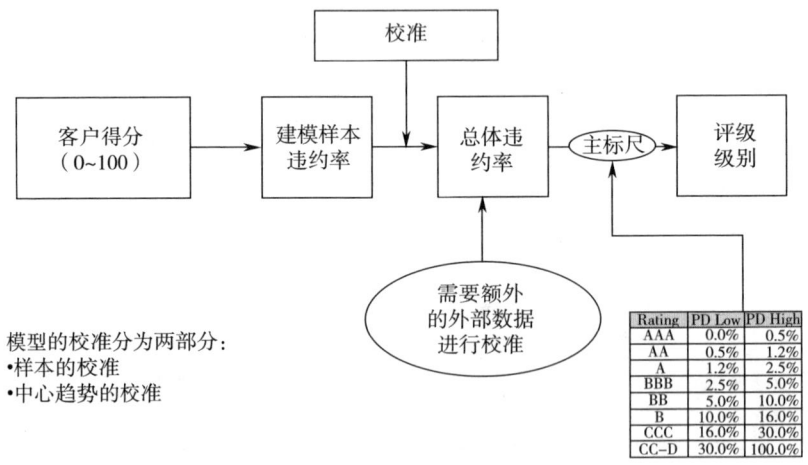

图 3-3　模型校准示意图

建立违约概率模型的过程实质上是对数据进行处理加工的过程，过程开始得到的是原始样本，我们一般假设原始样本能够代表银行的资产组合状态，能够反映银行未来的违约趋势。针对原始样本，银行一般要对这些样本进行清洗。比如有些样本缺乏财务数据，有些样本有财务数据但数据不匹配，清洗样本的过程是使样本数据更加完整、数据质量更好的过程，清洗后的样本用于模型的开发。

分析上述过程可以发现两个问题：第一，原始样本是否能够代表银行的真实资产组合，是否具有预测性；第二，在数据清洗过程中，违约数据和非违约数据都可能被清洗掉，清洗后的建模样本与总体样本是否一致，用数学的语言讲就是清洗后的样本是否具有无偏性，用清洗后的数据建立的模型是否能够代表清洗前的样本。

表 3 – 17   模型样本清洗过程示例

步骤	描述	正常样本数	违约样本数	总样本数	违约率（%）
1	模型样本选择	19361	2779	22140	12.56
2	与财务报表关联	10871	1400	12271	11.41
3	要求具有一年资产负债表与损益表	8397	1192	9589	12.43

表 3 – 17 是一个开发模型中样本清洗的例子，第一行是总体样本，共有 22140 个样本；第二行是与财务报表关联，要求客户必须有财务报表，在这个过程中可以发现有一部分样本被删除，样本减少近 10000 个；第三行是进一步提高要求，必须具有一年的资产负债表和损益表，样本量进一步减少，这时的样本是开发模型的样本。可以看出，从总体样本到建模样本，样本数量发生了很大变化，样本的违约率也发生了变化。这两个问题确实需要研究解决。对前一个问题，主要通过中心趋势来解决，也就是原始样本要能够反映资产组合的特性，要具有跨周期的代表性。对第二个问题，主要通过所谓的模型校准来解决。

校准和主标尺的建立是违约概率模型开发的关键环节。违约概率模型开发时，更多的讨论是如何进行变量的设计和回归分析。现在大家逐渐认识到，要与业务实际进行结合，开发出能够应用于资本计算的违约概率模型，校准和主标尺就显得更加关键。

二、校准的目标——中心趋势

中心趋势（Central Tendency，CT）是资产组合违约率的长期平均值，同时也是 PD 模型校准应盯住的目标，模型的得分需要通过 CT 校准才能转换成违约概率。对中心趋势的估计一般要符合以下原则：

1. 审慎性。中心趋势是对资产组合违约概率的水平的总体判断，在估计时应该充分考虑经济周期因素的影响。

2. 稳定性。确定中心趋势后，一般不应当经常调整。

3. 代表性。中心趋势要能反映资产组合的风险状况，并对银行的未来风险趋势、资本需求具有一定的预测价值。

国内银行在估计中心趋势时，面临的最大问题是跨周期问题。

第一，对中国经济的周期划分存在很大分歧。一种观点认为中国经济是一种快速发展的转型经济，尤其是自 20 世纪 80 年代以来，国内生产总值每年以 10% 的速度增长了 30 年，尽管中间有波动，但单边上扬是一个基本趋势。中国经济还没有形成一个完整的经济周期。周期的认识存在分歧，估计跨周期的中心趋势就无从谈起。个人认为，对周期的讨论不能陷入一种过分教条的路径。周期有各种不同的划分，比如长周期、中周期、短周期等。对银行而言，重要的是经济环境有比较大的起伏和波动，银行的客户在这样的环境中违约概率会发生变化，在考虑这种变化的基础上估计中心趋势就是一种审慎的做法。从某种意义上讲，不存在绝对准确的中心趋势，计量的价值在于一种对趋势的分析和反映。对国内经济发展的分析表明，中国经济有明显的周期性。

第二，对银行的认识存在很大分歧。国内大型银行自 1995 年开始从专业银行向商业银行转型，经过资产剥离（1999 年、2004 年剥离不良资产）、财务重组、股份化改造、公开上市等一系列变革，外部环境、内部治理、经营管理等都发生了很大变化，在估计中心趋势时，银行的违约数据从哪个起点算起，各方面意见不统一。有的认为应从 1995 年算起，1995 年《中华人民共和国商业银行法》颁布，银行开始转轨，应该从 1995 年开始积累数据；有的认为应从 1999 年算起，1999 年通过剥离不良资产和债转股，解决了政策性贷款问题，银行开始成为真正的商业银行；有的认为应从 2004 年算起，2004 年银行开始上市，成为境内外上市的公司，成为新型银行，当然应该从 2004 年算起。个人认为就估计中心趋势而言，其一个隐含意义在于中心趋势的代表性，即能够代表银行未来的风险水平。从这个意义上讲，在估计中心趋势时过早的数据并没有价值，因此不宜从 20 世纪 90 年代算起。如果银行管理基础较好，从 2000 年开始收集各类违约数据，估计中心趋势，应该能够满足审慎性、代表性的要求。

三、中心趋势的估算方法

计算中心趋势有多种方法：

1. 所有观测年份违约率的算术平均。记观测年份共 T 年，计算公式如下：

$$CT = \frac{\sum_{i=1}^{T} PD_i}{T}$$

如果观测年份短，该方法有可能低估 CT 真实值，从而难以得到对 CT 真实值的保守估计。

2. 所有观测年份违约频率的几何平均。该方法假设不同年份违约率独立，推导出其一年的平均违约概率。计算公式如下：

$$CT = 1 - \left[\prod_{i=1}^{T} (1 - PD_i) \right]^{\frac{1}{T}}$$

3. 按照客户数加权平均。该方法对于客户数较多的年份赋予了较大的权重，有利于解决某些年份个别敞口违约率过低而造成不同年份间违约率波动太大的问题。计算公式如下：

$$CT = \sum_{t=1}^{T} \omega_t \times \frac{D_t}{N_t} = \sum_{t=1}^{T} D_t / \sum_{t=1}^{T} N_t, \omega_t = N_t / \sum_{t=1}^{T} N_t$$

式中，D_t 是该资产敞口中第 t 年观察到的违约客户数；N_t 是第 t 年中该资产敞口中非违约活跃客户的数量。

4. 按照时间加权平均。该方法给予最近的观察时点以更大的权重，越远的时点其权重按指数速度递减。当前时点为 n，则之前第 i 个时点的 P_{n-i} 对应的权重为 $(1 - \lambda)\lambda^i$。则 CT 的计算公式为（在 n 较小时，需对权重做归一化处理）：

$$CT = \sum_i (1 - \lambda)\lambda^i \times P_{n-i}, (0 < \lambda < 1, 一般取接近于 1 的数)$$

5. 整体估计。将多个年份的违约客户加总在一起作为分子，把多个年份年初未违约客户数加总在一起作为分母，计算出来的违约概率作为中心趋势的估计。

$$CT = \sum_{t=1}^{T} D_t \Big/ \sum_{t=1}^{T} N_t$$

式中，D_t 是该资产敞口中第 t 年观察到的违约客户数；N_t 是第 t 年中该资产敞口中非违约活跃客户的数量。

6. 中心趋势的调整。如果样本的数据量不足，实际违约发生率较低，可以利用二项检验的正态近似法，在 90% 的置信水平下，计算违约率 p^*，公式如下：

$$p^* \approx \Phi^{-1}(q) \times \sqrt{\frac{PD(1 - PD)}{n}} + PD$$

这里 Φ^{-1} 是正态分布的反函数，q 取 90%。

若 PD 取子组合的 CT_j，那 p^* 就代表更为审慎的 $\overline{CT_j}$。这个更为审慎的长期违约中心趋势是否反映了银行的风险偏好，需要管理层去判断。

在确定中心趋势以后，银行要不断补充新的数据，并通过二项检验等方法评估中心趋势的审慎性。表 3 - 18 显示了某银行模型中加入新数据后，中心趋势所发生的变化，从中可以看出模型开发时的 CT 高于加入新数据后的 CT，原来的校准是审慎的。

表 3 - 18   加入新数据后中心趋势的调整示例

风险暴露类型	开发模型时的 CT 估计			加入新数据后的 CT 估计		
	全部客户数	违约客户数	CT 估计（%）	全部客户数	违约客户数	CT 估计（%）
制造业	21082	559	2.65	47576	836	1.76
建筑业	6393	170	2.66	12585	210	1.67
批发零售业	5653	204	3.61	13978	323	2.31
能源基础设施	4998	118	2.36	11371	183	1.61
其他服务业	3489	123	3.53	9479	175	1.85
房地产开发	8480	456	5.38	16882	608	3.60
事业类客户	6637	297	4.47	12895	359	2.78

四、校准到中心趋势的方法论

下面介绍一种将建模样本的违约概率校准到总体违约概率上的方法。

条件概率是指在一定条件下的概率，一个违约的借款人在样本中的概率等于该借款人在样本中且违约的概率除以该借款人无条件违约概率。

$$P(Sample \mid y = 1) = \frac{P(y = 1 \text{ 且 } Sample)}{P(y = 1)}$$

$$P(Sample \mid y = 0) = \frac{P(y = 0 \text{ 且 } Sample)}{P(y = 0)}$$

根据上面的公式可以推导出：

$$P(y = 1 \text{ 且 } Sample) = P(Sample \mid y = 1) \times P(y = 1)$$

上面这个式子很好理解，左边表示借款人在样本中且违约的概率，右边表示借款人违约概率与违约借款人在样本中的概率的乘积。

同理，$P(y = 0 \text{ 且 } Sample) = P(Sample \mid y = 0) \times P(y = 0)$

建模样本中借款人的违约概率等于该借款人在样本中且违约的概率除以借款人在样本中的概率。

$$P(y = 1 \mid Sample) = \frac{P(y = 1 \text{ 且 } Sample)}{P(Sample)}$$

$$P(y = 0 \mid Sample) = \frac{P(y = 0 \text{ 且 } Sample)}{P(Sample)}$$

二者相除可以得到：

$$\frac{P(y = 1 \mid Sample)}{P(y = 0 \mid Sample)} = \frac{P(y = 1 \text{ 且 } Sample)}{P(y = 0 \text{ 且 } Sample)} = \frac{P(Sample \mid y = 1) \times P(y = 1)}{P(Sample \mid y = 0) \times P(y = 0)}$$

对上式进行变换，就变成：

$$\frac{P(y = 1)}{P(y = 0)} = \frac{P(Sample \mid y = 0)}{P(Sample \mid y = 1)} \times \frac{P(y = 1 \mid Sample)}{P(y = 0 \mid Sample)}$$

上式左边就是无条件违约概率与不违约概率之比，用 $Odds(PD)$ 表示；右边第二项是样本的违约概率和不违约概率之比，用 $Odds(PDs)$ 表示。不违约在样本中的概率等于样本中非违约数量除以总体中的非违约数量。

$$P(Sample \mid y = 0) = ND_s / ND$$

违约且在样本中的概率等于样本中违约数量除以总体中的违约数量。

$$P(Sample\,|\,y = 1) = D_s/D$$

$$Odds(PD) = \frac{ND_S/ND}{D_S/D} \times \frac{PD_S}{1 - PD_S} = \frac{ND_S}{D_S}\frac{D}{ND}Odds(PD_S)$$

$$Odds(PD) \times Odds(D_S) = Odds(PD_S) \times Odds(D)$$

令 $k = \dfrac{Odds\ (D_S)}{Odds\ (D)}$，代入上式可以得到：

$$PD = \frac{PD_S}{PD_S + k \times (1 - PD_S)}$$

如果 $\quad PD_S = \dfrac{e^{a \times Score + b}}{1 + e^{a \times Score + b}}$

那么 $\quad PD = \dfrac{e^{a \times Score + b}}{k + e^{a \times Score + b}}$

上面这个公式说明，如果我们通过回归从样本中得到了借款人的违约概率，要把它对应到总体样本的违约概率，可以通过引入一个系数 K，实现这种变换。

比如某个行业的建模样本平均违约率为 3.87%，而其违约率的中心趋势为 2.66%，则其校准参数 $K = [3.87\%/(1 - 3.87\%)]/[2.66\%/(1 - 2.66\%)] = 1.47$（见图 3-4），利用校准参数 K 可以对统计回归得到的 PD 进行校准（见图 3-5）。

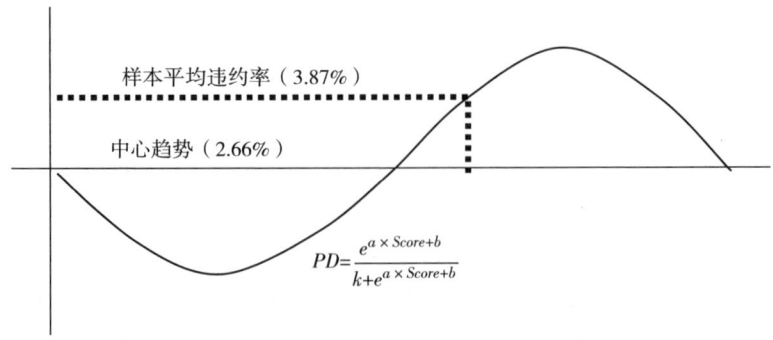

图 3-4　样本违约率与中心趋势示意图

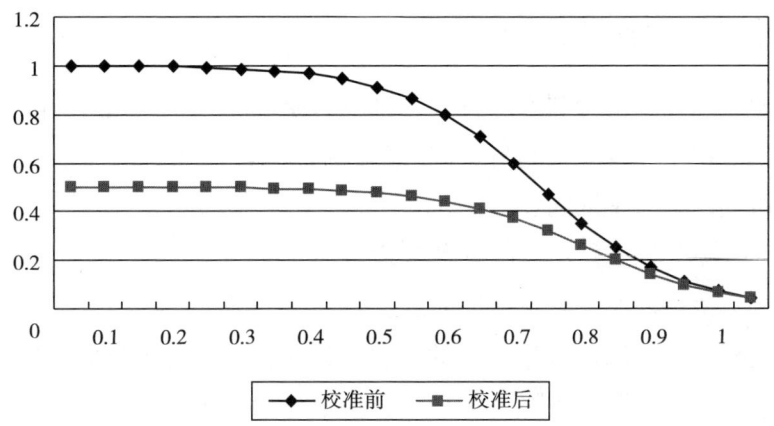

图 3 - 5　样本违约率与校准后总体违约率比例（k = 1. 47）关系

主标尺

一、建立主标尺的原则

建立主标尺应该满足客观性、独立性、统一性、稳定性的要求。客观性是指主标尺只是违约概率与信用等级之间客观对应；独立性是指不同银行的主标尺可以不同；统一性是指全行的主标尺尽量统一；稳定性是指除非客户群和环境发生重大变化，主标尺不宜频繁变动。建立主标尺的原则主要有：

（1）满足巴塞尔协议的要求，如商业银行债务人评级应最少具备 7 个非违约级别、1 个违约级别。

（2）满足银行内部管理的要求，信用风险暴露应在不同债务人级别之间合理分布，不能过于集中，如某级别客户数占比不超过 30%。

（3）能够同外界通用的级别相对应，以便于同行比较和资产管理。

（4）主标尺应具有风险区分能力，不同级别能代表不同的违约风险。

（5）各级别中的客户尽量分散以达到风险区分的目的。

（6）保持评级主标尺的连续性，各信用等级 PD 上下限尽量不调整，确保新旧标尺能够较好地对应，对银行的业务经营和管理不产生大的影响。

二、开发主标尺的方法

确定主标尺有两种基本的方法，第一种是在校准的过程中同时确定主标尺；第二种是先校准得到每个客户的违约概率，再根据一定规则确定每一个等级的违约概率区间。

（一）校准与主标尺同时完成的方法

这种方法是同时考虑主标尺假设、CT 校准和各等级客户分布，通过试错法让主标尺尽量满足这三方面的一些假设条件。总体思路是先对各子资产组合假设一个经验性等级违约分布，再通过对建模样本实际违约率的拟合和整体资产组合的 CT 校准来确定主标尺。

第一步，确定资产组合的分布特征。根据业务需要和历史经验，假设存在一个经验性的各等级客户占比分布，这个分布已知，在实践中经常假设这个分布只有一个顶点，比如假设客户服从正态分布或者贝塔分布。做这种假设是因为好客户或者差客户都是少数，处于中间状态的客户占比较高。如果整体违约概率比较低，则客户分布偏重于低违约一端，类似于贝塔分布（见图 3 - 6）。

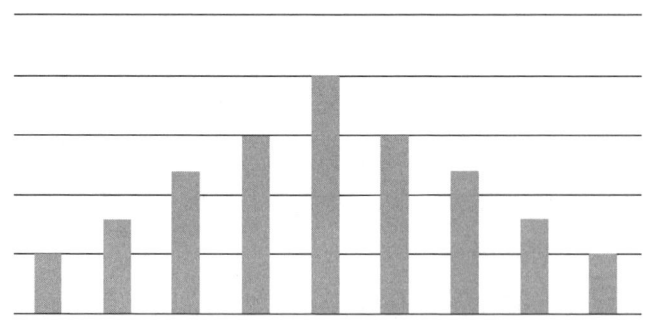

图 3 - 6 经验性的各等级客户占比分布

假设主标尺上的全部等级个数为 N，每一等级 i 内的客户占比为 ω_i，$\sum_{i=1}^{N} \omega_i = 1$。$N$ 和 ω_i 可以通过对银行客户实际情况的分析预先确定。

第二步，确定主标尺各等级对应的 PD 值。为了能够得到每个等级的违约概率，需要建立等级与违约概率之间的关系。比较符合业务逻辑的关系有两个：

第一，各个等级的违约概率的加权平均应该等于整个组合的违约概率。一个贷款组合分成若干份，每一份的违约概率的平均值应该接近或者最好等于整体违约概率，用公式表示就是：

$$CT = \sum_{i=1}^{N} \omega_i \times PD_i \tag{1}$$

第二，每个等级的违约概率区间的对数值与等级成正比。这一结论更多来自评级公司的实践。

$$\ln(PD) = \alpha \times Grade + \beta \tag{2}$$

假设银行已经对各个资产子组合建立了模型，根据模型得分可以对客户的风险高低进行排序。对每一个资产子组合，使用各自的模型对建模样本计算分数并排序，按照假设的经验性等级客户占比分布 ω_i 把排序后样本点分到 N 个等级中，再观察各等级内实际出现的违约样本数并计算各等级的实际违约频率。以资产子组合的个数 $M = 4$ 为例，各个子组合的每个等级的违约概率见表 3 – 19。

表 3 – 19　　　　　各个子组合（模型）样本的违约频率　　　　单位：%

	等级 1	等级 2	等级 3	等级 4	等级 5	等级 6	等级 7	等级 8	等级 9
子组合 1	0.30	0.60	1.20	2.00	4.80	8.80	11.00	19.00	30.00
子组合 2	0.13	0.99	1.70	2.80	3.70	5.90	10.10	16.00	43.00
子组合 3	0.22	0.75	1.95	2.50	4.40	6.70	9.00	22.00	25.00
子组合 4	0.10	0.45	1.40	3.20	5.50	7.50	12.00	13.00	35.00

所有模型（子组合）样本点的等级实际违约频率集中在一起，有 $M \times N$ 个点，利用这些点建立 $\ln(PD)$ 和等级之间的关系，通过回归可以得到 α 和 β（见表 3 – 20）。

表 3 – 20　　　　各个子组合（模型）样本的违约频率的对数值

	等级 1	等级 2	等级 3	等级 4	等级 5	等级 6	等级 7	等级 8	等级 9
子组合 1	−5.81	−5.12	−4.42	−3.91	−3.04	−2.43	−2.21	−1.66	−1.20
子组合 2	−6.65	−4.62	−4.07	−3.58	−3.30	−2.83	−2.29	−1.83	−0.84
子组合 3	−6.12	−4.89	−3.94	−3.69	−3.12	−2.70	−2.41	−1.51	−1.39
子组合 4	−6.91	−5.40	−4.27	−3.44	−2.90	−2.59	−2.12	−2.04	−1.05

利用上述回归方程可以计算出各等级 i 对应的 PD_i，$i=1$，…，N。这些 PD_i 不一定能满足假设（1），因此需要利用整体组合的 CT 对 PD_i 进行校准。

令 $\overline{PD_i} = PD_i \times e^{\Delta\beta}$，将 $\overline{PD_i}$ 代入式（1）。

式（1）中 ω_i 为已知，CT 通过 $CT = \sum_{j=1}^{M} \gamma_j \times CT_j$ 计算得出，γ_j 是各子组合的资产占比，即总资产组合的 CT 由各子组合 CT_j 按资产占比的线性组合得到。

根据 $CT = \sum_{i=1}^{N} \omega_i \times \overline{PD_i}$，可以得到 $CT = \sum_{i=1}^{N} \omega_i \times PD_i \times e^{\Delta\beta}$

根据上式可以计算得出 $\Delta\beta$，用 $\Delta\beta$ 来修正 PD_i，进而得到新的主标尺等级对应关系：$\ln(\overline{PD}) = \alpha \times Grade + (\beta + \Delta\beta)$，即通过 CT 校准来平移最初得到的主标尺等级对应 PD，这样就得到了主标尺上等级所对应的 $\overline{PD}$：

$$\overline{PD} = \exp(\alpha \times Grade + \bar{\beta}), \text{其中} \bar{\beta} = \beta + \Delta\beta \tag{3}$$

使用式（3），可以计算各个等级的设定违约率（见图 3-7）。

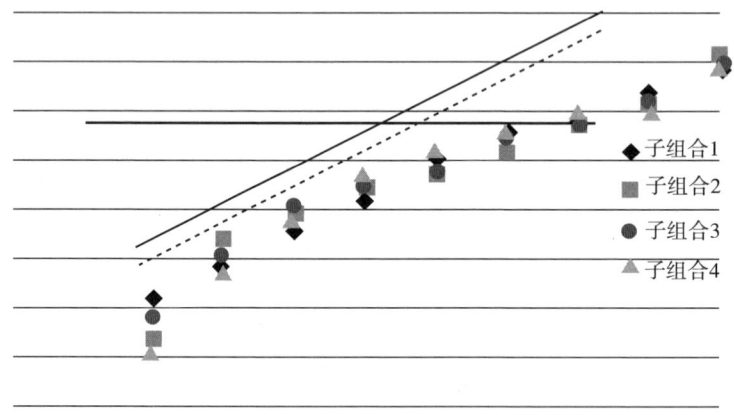

图 3-7 对样本违约率对数值进行拟合与平移

斜线（虚线）为对样本点违约频率对数值的拟合。在该例中，通过 36 个点（$36 = 4 \times 9$）进行拟合，该直线满足式（2）。α 表示拟合直线的斜率，代表模型的区分能力，α 越大区分能力越强。

水平直线代表全部资产组合的 CT 对数值；斜线（实线）表示经校准

后的拟合曲线，由样本拟合的虚线垂直移动 $\Delta\beta$ 得到，从而使等级对应的 $\overline{PD}$ 值满足式（1）。各等级在该斜线上对应的纵轴数值就是经校准后的 $\overline{PD}$，这就是主标尺上设定的等级违约率。

第三步，确定主标尺各等级之间的违约率上下界。第一级的违约区间下限为 0，$PD_1^{\min} = 0$，上限是第一级和第二级的平均值，$PD_1^{\max} = \left[\ln\left(\overline{PD_1}\right) + \ln\left(\overline{PD_2}\right) \right] / 2$，第一级的上限同时是第二级的下限，$PD_2^{\min} = PD_1^{\max}$。依此类推，对 $i = 1, \cdots, N-1$，$PD_i^{\max} = \left[\ln\left(\overline{PD_i}\right) + \ln\left(\overline{PD_{i+1}}\right) \right] / 2$ 且 $PD_{i+1}^{\min} = PD_i^{\max}$，$PD_N^{\max} = 1$，可以得到每一个等级的上下限，这样，一条完整的主标尺就构建完成了。

第四步，确定各个子组合的模型分值到违约率的映射关系。对各个子组合来说，模型得到的仍然是分值，还没有映射到违约率。在构建主标尺的第一步中我们假设各个子组合等级的经验性分布是相同的，能否使用这一分布直接划分各模型的分值到不同等级从而得到违约率呢？答案是否定的，因为在没有对应违约率的情况下，一个组合的得分前 5% 与另一个组合的得分前 5% 无法比较风险大小，必须将各个模型的分值转换成违约率，需要对各个子组合的模型分别校准。对第 j 个资产组合，假设存在如下关系：

$$CT_j = \sum_{i=1}^{N} \overline{\omega_{ji}} \times \overline{PD_i}, j = 1, \cdots, M \tag{4}$$

$\overline{\omega_{ji}}$ 表示资产子组合 j 的实际等级分布为 $\overline{\omega_{ji}}$，假设 $\overline{\omega_{ji}}$ 服从 β 分布，且 $\sum_{i=1}^{N} \overline{\omega_{ji}} = 1$。该式的实际意义是说违约概率的平均值等于对应资产组合的真实违约率（违约中心趋势）。

$\overline{PD_i}$ 是已知的，对 $\forall j$，$\overline{\omega_{ji}}$（$i = 1, \cdots, n$）需要满足 β 分布和式（4）。求解 $\overline{\omega_{ji}}$ 的方法是通过不断调整 β 分布的参数，得到一个 $\overline{\omega_{ji}}$ 序列 $\{\overline{\omega_{j1}}, \cdots, \overline{\omega_{jN}}\}$，通过试错法得到一个最优的 $\overline{\omega_{ji}}$ 序列，$\overline{\omega_{ji}}$ 可能有无穷个解。

在得到满意的子组合 $\overline{\omega_{ji}}$ 后，根据模型得分的排序和 $\overline{\omega_{ji}}$，可以得到该模型分值与等级的映射关系。令 $S_{\overline{\omega_{j1}}}$ 表示得分排序正好在前 $\overline{\omega_{j1}}$ 那个点上的分值，即得分在 $S_{\overline{\omega_{j1}}}$ 之前的客户占比为 $\overline{\omega_{j1}}$，同样定义等级 k 的分界点 $S_{\sum_i^k \overline{\omega_{ji}}}$。这样就得到了模型 j 的分值—等级映射关系（见表 3-21）。

表 3 – 21　　　　　　　　　　模型 j 的分值—等级映射关系

分值	等级
$[0, S_{\overline{\omega_{j1}}})$	1
$[S_{\overline{\omega_{j1}}}, S_{\overline{\omega_{j1}+\omega_{j2}}})$	2
...	...
$[S_{\sum_{1}^{N}\overline{\omega_{ji}}}, 1)$	N

至此，各个子敞口（模型）也得到了等级，能够把模型得分映射到主标尺上，从而得到违约率，进而实现不同模型结果的风险比较。

对这种方法的评价如下：

第一，主标尺构建过程中的基本假设没有验证。

在主标尺的构建的最开始，假设存在一个经验性的等级分布 ω_i，且各个子组合的等级分布相同；在对各个子组合的模型分别进行校准时，最终得到实际等级分布 $\overline{\omega_{ji}}$。一个可能出现的情况是，假设经验性等级分布 $\omega_1 = 5\%$，但全部 $\overline{\omega_{ji}} < 5\%$，$j = 1, \cdots, M$。

第二，部分中间过程在求解时可能无解或解不唯一。

在将 $\overline{PD} = \exp(\alpha \times Grade + \bar{\beta})$ 代入假设（1）进行校准的环节，可能出现校准后的 $\overline{PD_i} > 1$，需要再进行人工调整。

又如 $\overline{\omega_{ji}}$ 是经过试错法得到的，由于 $\overline{\omega_{ji}}$ 服从 β 分布，因此可能有无穷个解，最终解 $\{\overline{\omega_{j1}}, \cdots, \overline{\omega_{jN}}\}$ 的确定带有主观色彩。

第三，某些关键的估计不是无偏估计。

根据 $CT = \sum_{i=1}^{N} \omega_i \times PD_i$，通过平移得到的 $\overline{PD} = \exp(\alpha \times Grade + \bar{\beta})$ 并非是 PD 的无偏估计。

（二）先校准再建立主标尺

如果有条件建立违约概率模型，直接估计客户的违约概率是一种比较理想的解决方案。如默顿模型和穆迪的 EDF 模型等都是很好的违约概率模型的例子，这些模型可以直接输出客户的违约概率。商业银行可以根据各客户群的 PD 分布状况，结合经营管理需要，将违约概率在 [0% ~ 100%] 区间内划分出若干 PD 段，同时为每个 PD 段赋予一个内部评级符号，一般以字母或者数字表示。

1. 各等级切分点的确定。

一种比较常用的方法是不同等级的违约概率间隔的对数与等级呈线性关系，利用这一特点比较容易确定各个等级的上下限。

比如可以根据银行客户实际的违约概率确定第一个等级的违约概率区间［0，0.2］，再确定第二个等级的违约间距为0.25；根据违约间距的对数与等级成正比的关系，可以得到第二个等级的上限为0.45。以此类推，可以求出每个等级的上下限。这样就得到了一个主标尺。由于依等级递推，最后一个等级可能出现PD间距小于前一等级的情况，此时根据业务需要，一般后两级可以合并。

表 3－22　　　　　　　　　　　主标尺确定过程示例

等级	上限	下限	PD 间距	lnPD 间距
1	0.20	0	0.20	－1.609440
2	0.45	0.20	0.25	－1.386290
3	0.76	0.45	0.31	－1.163150
4	1.15	0.76	0.39	－0.940010
5	1.64	1.15	0.49	－0.716860
6	2.25	1.64	0.61	－0.493720
7	3.01	2.25	0.76	－0.270570
8	3.97	3.01	0.95	－0.047430
9	5.16	3.97	1.19	0.175714
10	6.65	5.16	1.49	0.398858
11	8.51	6.65	1.86	0.622002
12	10.84	8.51	2.33	0.845146
13	13.75	10.84	2.91	1.068290
14	17.39	13.75	3.64	1.291434
15	21.93	17.39	4.55	1.514578
16	27.62	21.93	5.68	1.737722
17	34.72	27.62	7.11	1.960866
18	43.61	34.72	8.88	2.184010
19	54.71	43.61	11.10	2.407154
20	68.59	54.71	13.88	2.630298
21	85.93	68.59	17.35	2.853442
22	100.00	85.93	14.07	2.644045

上述方法确定的主标尺切分点是否合适，还需要进行检验，一般可以考虑以下指标：

（1）Bier Score。该指标用于度量预测 PD 的精确度，它表示样本的预测 PD 与真实违约间的差的平方的平均值，表达式为

$$BS = \frac{1}{N} \sum_{i=1}^{N} (PD_i^{forecast} - y_i)^2, y_i = \begin{cases} 1, for\ default\ in\ i \\ 0, for\ no\ default\ in\ i \end{cases}$$

（2）评级所代表的 PD 与预测 PD 之间的均方误差（MSE）。MSE 度量通过校准得到的 PD（预测 PD，是一个连续型的数值）与评级所代表的 PD（一个评级代表一个 PD，是一个离散型数值）之间的平均误差，表达式为

$$MSE = \frac{1}{N} \sum_{i=1}^{N} (PD_{calibration} - PD_{rating\ grade})^2$$

（3）客户评级分布的偏度 $Skewness$。该指标用于度量评级分布的平滑度，其值应为一个接近于 0 的数，大于 0 说明分布右偏，小于 0 说明分布左偏，通过统计检验可以验证切分后的评级分布是否仍近似为正态分布。表达式为

$$Skewness = \frac{1}{n-1} \sum_{i=1} (x_i - \overline{x_i})^3 / SD^3, (SD\ 为\ x\ 的标准差)$$

2. 主标尺各信用等级长期平均 PD 的估计。

目前业内有两种处理方法。一种做法是先评估客户的 PD，再根据 PD 确定客户的信用等级。前面已经提到，默顿模型和穆迪的 EDF 模型都可以直接输出客户的违约概率。另一种做法是先得到客户的信用等级，然后再估计客户的 PD。如果商业银行没有积累足够的违约数据来建立违约概率模型，由于数据的局限性，一般会选择建立统计分析模型，先按照统计分析模型输出的分数确定客户的信用等级，然后再根据内部违约经验或者采用映射外部数据的方法来估计各信用等级的违约概率，并以此作为客户的违约概率。这种方法有一个比较大的局限性：当模型数量在两个以上时，一般无法保证不同模型输出的分数是可比的。因此，根据分数直接划分信用等级带有比较强的主观性。

在划分信用等级后，根据历史数据估计不同信用等级的违约概率是一种常见的方法。要进行这种评估，需要银行积累如下数据：（1）各个客户

在过去几年里信用等级的变化。（2）各个客户在过去几年的违约信息。标准普尔和穆迪公司建立信用等级迁徙变化的方式是分年建立数据库，这样可以分析某一年份里面的客户在各年中的迁徙变化情况，也可以分析每一个信用等级在各年的变化迁徙情况，通过这样的数据分析，可以建立有说服力的违约概率历史数据，根据这些数据校正模型参数，为建立内部评级法奠定坚实的基础。这种方法需要足够多的客户数量和足够长的时间，这时候确定的某个企业的违约率是一个范围，而不是一个值。

一个现实的问题是，有的贷款组合长期违约率很低，称为低违约组合（Low Default Portfolio，LDP），估计这些组合的违约概率比较困难。解决思路是通过建立内部评级与外部评级之间的映射关系，采用外部评级公司的评级结果和违约概率信息。这种方法的主观性较强，内部评级的方法论、评级标准与外部评级公司要保持可比性。

中国银监会颁布的《商业银行资本管理办法（试行）》附件5《信用风险内部评级体系监管要求》对估计各个级别平均违约概率的方法和要求进行了规定：商业银行估计每个级别平均违约概率时，应使用合适的信息、方法并适当考虑长期违约经验。商业银行应采用与数据基础一致的估计技术，确保估值能准确反映违约概率。商业银行可采用内部违约经验、映射外部数据和统计违约模型等技术估计平均违约概率。商业银行可选择一项主要技术，辅以其他技术作比较，并进行可能的调整。针对信息和技术的局限性，商业银行可运用专家判断对估值结果进行调整。

（1）内部违约经验。商业银行可使用内部违约经验估计违约概率。商业银行应证明估计的违约概率反映了授信标准以及生成数据的评级体系和当前评级体系的差异。在数据有限或授信标准、评级体系发生变化的情况下，商业银行应留出保守的、较大的调整余地。商业银行可以采用多家银行汇集的数据，但应证明，风险暴露池中其他商业银行的内部评级体系和标准能够与本银行比较。

（2）映射外部数据。商业银行可将内部评级映射到外部信用评级机构或类似机构的评级，将外部评级的违约概率作为内部评级的违约概率。评级映射应建立在内部评级标准与外部机构评级标准可比，并且对同样的债务人内部评级和外部评级可相互比较的基础上。商业银行应避免映射方法或基础数据存在偏差和不一致的情况，所使用的外部评级量化风险数据应针对债务人的违约风险，而不反映债项的特征。商业银行应比较内部和外部评级的违约定义。商业银行应建立内外部评级映射的文档。

（3）统计违约模型。对任一级别的债务人，商业银行可以使用违约概率预测模型得到的每个债务人违约概率的简单平均值作为该级别的违约概率，商业银行采用的违约概率模型应达到有关模型使用的要求。

对主标尺各等级长期平均 PD 值的基本估计方法有两种：一种是将等级内所有客户的 PD 算术平均值作为估计值，另一种是将等级内所有客户实际出现的违约频率作为估计值。如果在估计 CT 时的数据长度或数据量不足，需要结合经验给予审慎的调整。第一种方法适用于数据时间长度有限、模型表现有待提高的情况，第二种方法适用于数据时间长度充分、模型表现非常好且相对稳定的情况。在使用第一种方法时，为了证明对客户 PD 值的估计在统计上是足够审慎的，应当对主标尺做二项检验。如果主标尺通过了二项检验，则说明客户评级没有低估风险，将其作为等级的长期平均 PD 值是适当的。

在模型应用后，应收集各个等级实际发生的违约案例，计算各个等级的违约频率，按照二项检验的方法比较违约频率与长期平均违约概率的关系，判断长期平均违约概率是否满足审慎性要求。表 3 – 23 是一个例子。

表 3 – 23　　　　　违约概率与长期平均违约概率关系的二次检验　　　　单位：%

等级	等级客户数	等级违约客户数	违约频率	长期平均 PD 值	二项检验的 P 值
1	284	0	0.00	0.39	0.00
2	2904	2	0.07	0.66	0.00
3	5400	15	0.28	0.91	0.00
4	5230	18	0.34	1.17	0.00
5	3156	12	0.38	1.47	0.00
6	3228	18	0.56	1.82	0.00
7	987	6	0.61	2.24	0.00

续表

等级	等级客户数	等级违约客户数	违约频率	长期平均 PD 值	二项检验的 P 值
8	1224	9	0.74	2.55	0.00
9	519	11	2.12	3.87	1.87
10	756	12	1.59	5.54	0.00
11	137	14	10.22	7.43	91.51
12	87	3	3.45	11.53	0.73
13	30	6	20.00	16.86	76.76
14	36	7	19.44	50.14	0.01

　　从以上的二项检验结果看，第 11 个和第 13 个等级的 P 值比较高，其余等级的 P 值都非常低（小于 5%），表明其余等级的长期平均 PD 值估计在统计上是足够审慎的。对 P 值较大的几个等级，要研究具体原因。从数据上看，一个重要的原因是等级内客户数量比较少，一旦出现违约客户，实际违约频率容易偏离违约区间和平均违约概率。

第四讲　违约损失率

违约损失率的概念

内部评级法是巴塞尔协议信用风险资本计量的核心内容之一。所谓内部评级法就是允许银行采用内部开发的风险参数计算监管资本，这些参数包括违约概率 *PD*、违约损失率 *LGD*、风险敞口 *EAD* 和期限 *M*。根据银行内部的风险参数计量监管资本，将增强风险计量的精确性、敏感性和标准化。

关于内部评级法，巴塞尔协议明确提出银行要建立包括客户评级与债项评级的两维评级体系。对实施内部评级法初级法的银行，同时考虑借款人实力和损失程度的评级是可以接受的，这一方法反映了预期损失，只反映违约损失率的评级也是可以接受的。对实施内部评级法高级法的银行，债项评级必须单独反映违约损失率。违约损失率是信用风险计量非常重要的方面，要实现内部评级法高级法，必须开发单独的违约损失率模型。

长期以来，理论界和实务界对于银行内部评级体系的研究主要集中于 PD 层面，而对于 LGD 的研究则比较少见，尤其在中国，对 LGD 的理论研究起步更晚。LGD 的计量与管理是风险管理中的一个难题。这一状况目前正在改变，一些银行已经开发出了基于中国银行业自身数据的违约损失率模型，关于违约损失率的管理水平也已经有了明显提升。

所谓违约损失率是指当一个借款人违约时，一笔特定债项的损失程度。理解这个概念有如下要点：

第一，损失程度是一个比率，而不是一个绝对量。

第二，损失计算的起点是发现借款人违约，终点是直至对该笔债项的追偿行为结束。这与违约概率不同，违约概率一般是指一年后的违约的可能性。

第三，借款人相同，损失率可能不同，这与债项的期限、抵押条件、区域等多种因素有关。

第四，这里讲的损失是一种经济损失，也就是说要考虑时间因素，对未来现金流要用一定的折现率进行折现。

第五，在度量损失时，要考虑债项的回收金额和清收成本。在 Basel Ⅱ 中，第 460 段明确提出在计量经济损失时，应考虑所有的相关因素，包括重要的折扣效应、贷款清收过程中较大的直接成本和间接成本。回收数据，包括回收的各类现金流收入、借款人的还款、抵押物处置收入、担保人的代偿、保证金的扣划等。清收成本，包括与清收相关的直接成本和间接成本，这是最难也最容易引起争议的地方。美国的监管指引中指出，对于能被明确分配到某些债项或者某些类型债项的清算成本，必须反映在银行为这些暴露赋予的 LGD 估计值之中。哪些成本是直接成本，哪些是间接成本，很难界定。欧洲银行业的标准是：此类成本源于运营清收部门的成本、由回收直接引起的外部资源服务成本如法律成本、一定比例的其他运营成本如公司日常开支等。这个定义具体包括什么，看不出来。国内银行的管理会计体系还不完善，还没有将成本分摊到业务部门，分摊到每一笔贷款、每一个客户，也缺乏成本与债项之间的映射。按照一定的规则进行分解是一种可行的替代方案（见表 4－1）。

表 4－1　　　　　　　　　直接成本与间接成本划分规则示例

成本大类	成本小类	分摊原则
直接成本	法律费用	单笔诉讼按照债项逐笔记录，多笔按照金额分摊
	权证费用	单笔办证按照债项逐笔记录，多笔按照金额分摊
	拍卖费用	单笔拍卖按照债项逐笔记录，多笔按照金额分摊
	直接负责客户经理费用	按照负责债项金额逐笔分摊
间接费用	资产保全部门人力费用	按照负责债项金额逐笔分摊
	资产保全部门运营费用	按照负责债项金额逐笔分摊

第六，债项的风险敞口包括本金和利息。如果是分期现金流，要把未来各期应偿还金额进行折现。

初级 IRB 法下违约损失率的确定

根据巴塞尔协议中关于违约损失率的规定，如果银行没有能力建立违约损失率模型，可以采用监管部门确定的违约损失率。在 Basel Ⅱ 中给出了初级法下的违约损失率，核心是三条：（1）对没有抵押的主权、银行、公司高级债权，其违约损失率为45%。（2）对主权、银行、公司的次级债权，其违约损失率为75%。（3）对有抵押的债权，其违约损失率采用比例法确定。下面详细介绍比例法。

表4-2　　　　　　　　违约损失率参数表（比例法）　　　　　单位：%

分类	最低违约损失率	贷款的最低抵质押水平（C*）	对全部违约损失率要求的超额抵质押水平（C**）
合格的金融抵押品	0	0	NA
应收账款	35	0	125
商用房地产/居住用房地产	35	30	140
其他抵押品	40	30	140

表4-2是计算违约损失率非常关键的参数表，但完全理清楚这张表并不容易。

第一列是四类抵质押品，这四类抵质押品担保贷款的违约损失率低于没有抵押的高级债权的违约损失率（45%），比如商用房地产/居住房地产抵押的贷款的违约损失率为35%。但是这四类抵质押品必须要满足一定的条件才能成为合格抵质押品，这些条件包括：（1）合规性。必须有法律文件支持，必须对所有交易方有约束力，并确保在所有相关的国家内可以执行。银行必须经过有效的法律审查对以上要求进行确认，确保有坚实的法律基础能作出上述结论，并重新进行必要的审查以确保其将来可以执行。（2）获得性。银行必须确保在借款人违约、无力偿还或破产时（或借款合同中明确定义的一次或多次信用事件），银行能够有权及时地对交易对象的抵押品进行清算或收为己有。（3）优先性。银行必须采取所有必要的措施满足这些法律需求，以确保银行获得和保持安全、可执行的抵押品权益，如通过在注册机关登记，对抵押品实施扣抵以及其他处置等。（4）独立性。为确保抵押品能够提供保护，交易对象的信用与抵押品的价值不可存在较高的正相关性。（5）匹配性。如果风险缓释的期限比当前的风险敞口的期限短，则产生期限错配。如有期限错配且风险缓释工具的剩余期限不到一年，从资本的角度则不承认风险缓释的作用。如果剩余期限超过一年，在简单法下不承认抵押品的风险缓释作用。在综合法下，可以部分承认。（6）流动性。抵押品应该有可供交易的场所，具有较好的流动性，能够比较快地实现价值。

第二列是违约损失率，表示满足条件下的债项的违约损失率。金融质押品的违约损失率为0，这符合业务常识。应收账款的违约损失率为35%，这一点与国内实践有比较大的差异。国内应收账款用于担保的情况比较有限，常见的有账户质押、收费权质押、保理业务中的应收账款质押。账户质押这种方式并没有得到担保法的支持，主要的原因是账户内的资金是变动的，没有特定化，因此也无法明确资产的范围和价值，无法形成对他人权利的抗辩。收费权主要是高速公路、电网、天然气等基础设施的收费权，这在国内比较多，但国外很少。由于缺乏交易的市场、变现难度大等原因，收费权质押贷款的损失率比较高。保理业务中的应收账款质押最符合 Basel Ⅱ中应收账款抵押品的要求，但国内开展得还不太普遍，而且损失率并不低。房地产抵押贷款的损失率为35%，比没有抵押的损失率少10个百分点，这比较符合有抵押贷款的回收要高于无抵押贷款的回收的业务常识。其他抵押物担保的贷款的损失率为40%。总体而言，这些比例来自欧美国家，与新兴国家的实际情况相差较大。但因为 Basel Ⅱ是一个国际统一资本计量的协议和标准，中国只能按照这个比例执行。

第三列是贷款的最低抵质押水平。其含义是抵质押物的价值与风险敞口的比例必须高于这个最低抵质押水平，才能适用该抵质押物对应的违约损失率。

第四列是超额抵质押水平，表示只有高于这个超额抵质押水平，债项才能全部适用该抵质押物对应的违约损失率。下面举几个例子说明：

第一种情况，债项金额假设为100元，抵押物是商用房地产。如果房地产价值小于 30 元，则该债项视为无抵押物的债项，适用 45% 的违约损失率。

第二种情况，债项金额假设为 100 元，抵押物是商用房地产。如果房地产价值介于 30 ~ 140 元，比如说 70 元，这时债项要进行分解。根据超额抵押水平，70 元抵押物对应的债项价值为：70/超额抵押水平 = 70/140% = 50，也就是说 100 元的风险敞口，50 元可以看作房地产抵押的风险敞口，可以用 35% 的违约损失率。剩下的 50 元风险敞口就是无抵押的风险敞口，适用于 45% 的违约损失率。

第三种情况，债项金额假设为 100 元，抵押物是商用房地产。如果房地产价值大于 140 元，比如说 140 元，则风险敞口得到充分缓释，整体上可以应用 35% 的违约损失率。

有的人会问，35% 和 45% 差别不大，有必要搞这样复杂吗？实际上差别很大，我们后面会讲。在计算资本要求时，违约损失率上升一个百分点，资本要求就同比例上升一个百分点，对资本的影响比违约概率要显著得多。也正因为如此，在初级法下，需要研究如何将押品拆分到每一笔债项上，才能最大程度节约资本。如何充分利用这一规则计算不同贷款的违约损失率，就成为一个非常重要的问题。

2017 年，《巴塞尔 Ⅲ：后危机改革的最终方案》对初级法下的违约损失率提出了新的要求，将原有"无抵押的主权、银行、公司的高级债权，其违约损失率为 45%"，细化为：（1）由不合格抵押品担保的银行、证券公司和其他金融公司的优先债权，其违约损失率规定为 45%；（2）由不合格抵押品担保的其他公司的优先债权，其违约损失率规定为 40%。同时，对违约损失率参数表（比例法）的最低违约损失率进行了调整。

表 4 - 3　　　　　　　调整后违约损失率参数表（比例法）　　　　　单位：%

分类	最低违约损失率	贷款的最低抵质押水平（C*）	对全部违约损失率要求的超额抵质押水平（C**）
合格的金融抵押品	0	0	NA
合格的应收账款	20	0	140
合格的商用房地产/居住用房地产	20	30	140
合格的其他抵押品	25	30	140

押品拆分规则

一、合格抵押和保证的确定

在 Basel Ⅱ中，提出了风险缓释的概念，这一概念与国内经常提到的担保基本相似。Basel Ⅱ中认可的风险缓释有净额结算、抵押、担保、信用衍生工具。

净额结算（Netting）一般与衍生产品交易有关，两个交易对手可能有很多衍生产品交易，双方都可能需要向对方支付保证金，这时，双方可以签订一个协议（国际上指 ISDA 协议），约定保证金之间可以相互抵扣。

在 Basel Ⅱ中，认可的抵押品主要有六种：（1）银行存单。（2）黄金。（3）经认可的外部信用评级机构评定的债券，主权 BB－级，机构 BBB－级，短期债务 A－3。（4）虽没有认可的外部评级，但银行发行的、在交易所交易、有较高资信的银行债券。（5）包含在主要市场指数中的股票。（6）每天公开报价的基金。

从这六种抵押物来看，可以有以下判断：第一，Basel Ⅱ认可的抵押品实质上是国内的质押物，而且还不是全部质物，比如没有汽车。第二，抵押物必须有很强、很快的流动性，要么有交易市场，要么大家都接受，如银行存单。第三，国内广泛使用的土地、房产、机器设备抵押都没有得到认可。

对于担保，Basel Ⅱ规定了几个条件：第一，担保必须是无条件的，不能有免责条件或者提价条件。第二，在违约的情况下，银行可以直接迅速向担保人追偿，而不必首先要求交易对象付款。第三，担保人的义务有文件规定，而且银行可以直接向担保人追偿，不用通过法律手段追偿。第四，担保人的资信必须较高，有主权、公共部门、银行、证券公司、A－级以上的实体。

信用衍生工具主要是指对信用风险能够缓释的金融工具，比如信用违约互换，当发行体违约时，购买信用违约互换合约的一方可以得到赔偿或者将违约债券按约定价格出售给对方。

二、押品和债项的对应关系

一般情况下，押品（或保证）与债项之间是一对一的关系[①]，在这种情况下基本不涉及押品的分配问题。但业务中也存在多个押品（或保证）对应一个债项或者一个押品（或保证）对应多个债项（如最高额抵押、最高额质押、最高额保证），甚至还存在多个押品（或保证）对应多个债项的情况。为了细化管理，节约监管资本，需要根据分配规则将债项、押品（保证）进行拆分，最终形成虚拟的一对一关系。

押品和债项存在四种对应关系：一对一、一对多、多对一和多对多（见图 4 - 1）。

三、押品分配的原则

（一）分配原则

1. 一对一关系的，原则上不需要进行分配。

2. 表外债项按信用风险转换系数折算后的敞口进行分配。

3. 由于一个贷款使用保证后，还可运用押品的风险缓释效应，当它们同时存在时的使用是相对独立的，因此先考虑保证的效果，然后考虑押品。保证的缓释效果体现在 PD 替代，即如果是内部评级初级法下的合格保证人，则直接用保证人的 PD 作为该债项的 PD，非合格保证人的缓释作用暂不予考虑。

4. 在处理过保证后，优先处理金融质押品担保，金融质押品处理后的债项分成完全由应收账款覆盖的部分、完全由商用房地产/居住用房地产覆盖的部分、完全由其他抵押品覆盖的部分及无抵质押部分。

5. 将债项按运用保证后的 PD 排序，PD 高的优先分配。PD 相同，优先分配债项余额，后分配可用金额，最后分配应收利息。

6. 分配给一个押品的（债项余额＋可用金额）最大不超过从合同担保

---

① 本分配规则所称"一对一、一对多、多对一、多对多关系"均指债项对押品的对应关系。

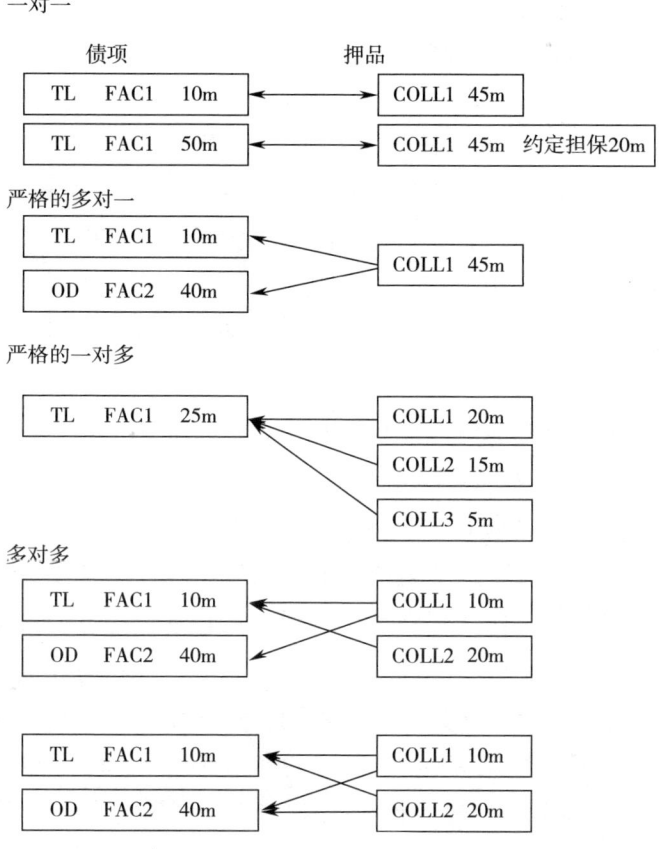

图 4 - 1　押品和债项对象关系示意图

金额。从合同担保金额是指在从合同中约定的押品担保的主合同本金额或最高限额。

押品可分配价值是指将押品的"银行确认价值"进行折算后可用于分配的价值。

押品可分配价值 = 银行确认价值 - （他行已设定担保额/银行规定的相应押品抵质押率上限）。

对于金融质押品，押品可分配价值 = ［银行确认价值 - （他行已设定担保额/银行规定的相应押品抵质押率上限）］ × （1 - Hc）。Hc 为金融质押品的折扣系数。

（二）分配步骤

1. 在进行分配前，必须根据押品的"银行确认价值"计算出押品可分配价值，以押品可分配价值为基础进行分配。

2. 在进行分配前，要先判断是否存在信用部分。对于每一个债项，如果∑从合同担保金额 < ∑（债项余额 + 可用金额 + 应收利息），则差额部分应记录为信用，只分配押品覆盖部分的债项。如果∑从合同担保金额 ≥ ∑（债项余额 + 可用金额 + 应收利息），则信用部分记录为零（即使在押品不足值的情况下，也只会统计为抵质押率不符合要求，而不是信用）。[①]

3. 将所有押品根据风险高低进行排序，风险相同的，押品价值高的优先分配。

4. 针对多个债项（包括多个借款人的情况）对应一个（或多个）共享押品的情况，分配原则是首先优先分配到低信用等级的债项（保证替代后 PD 高的债项），其次优先分配到无币种错配的债项，再次分配到余额小的债项，最后分配到剩余期限较长的债项上。对于存在币种错配的债项，应考虑币种错配折扣，即如果存在币种错配，则押品可分配价值 =（银行确认价值 − 他行已设定担保额/银行规定的相应押品抵质押上限）×（1 − Hfx）。Hfx 为押品与所担保债项存在币种错配时的折扣系数，取 8%。

5. 分配进行到最后，如果最后一个押品不能全额覆盖剩余债项，则由最后一个押品承担剩余债项；分配进行到最后，如果关联债项都已由押品全额覆盖后，仍有富余的押品，分配规则是即使还有其他无关联的未被全额覆盖的债项，也不将这些押品分配给这些债项，这些押品在系统中只按照债项比例分拆押品可分配价值，对应债项余额或可用金额为 0。

四、关于抵押品最优分配规则的证明

Basel Ⅱ 中对于资本要求的计算式为（以公司、主权、银行暴露为例）

$$K = LGD \times \left\{ N\left[\sqrt{\frac{1}{1-R}} \times G(PD) + \sqrt{\frac{R}{1-R}} \times G(0.999) \right] - PD \right\}$$

---

① 注意，对于那些不需要分配的一对一关系，也要按上述方法判断是否存在信用部分。

$$\times \frac{1 + (M - 2.5) \times b}{1 - 1.5 \times b}$$

式中，K 为债项对应的资本需求；PD、LGD 分别为债项对应的违约概率；$N(x)$ 代表标准正态分布函数；$G(x)$ 代表标准正态分布的逆函数；R 为债项对应的相关系数，且 $R = 0.12 \times \frac{1 - e^{-50 \times PD}}{1 - e^{-50}} + 0.24 \times (1 - \frac{1 - e^{-50 \times PD}}{1 - e^{-50}})$；

M 为债项的有效期限，计算公式为 $M = \frac{\sum\limits_{t} tP_t}{\sum\limits_{t} P_t}$，其中，$t$ 表示时间，Pt 表示 t 时刻的现金流；b 为期限调整项，其计算式为 $b = (0.11852 - 0.05478 \times \ln PD)^2$。

从这个公式可以看出，影响资本需求 K 的因素包括违约概率 PD、违约损失率 LGD、债项期限 M。

（一）关于抵质押品分配的理论定理

定理 1：在违约概率、债项期限确定的情况下，资本需求与违约损失率是线性关系，除了部分极端情况，违约损失率越大，资本需求越多。

显然，根据资本需求 K 的表达式，在违约概率、债项期限确定的情况下，K 与违约损失率 LGD 是线性关系，且若：

$$\left\{ N\left[\sqrt{\frac{1}{1 - R}} \times G(PD) + \sqrt{\frac{R}{1 - R}} \times G(0.999) \right] - PD \right\} \times \frac{1 + (M - 2.5) \times b}{1 - 1.5 \times b} > 0$$

则 K 随 LGD 的增加而增加，否则 K 随 LGD 的增加而减少。

注意到，当 $PD > 8.47 \times 10^{-5}$ 时，$b < 0.4$，此时，对于任意期限 M，有 $\frac{1 + (M - 2.5) \times b}{1 - 1.5 \times b} > 0$。

而当 $\sqrt{\frac{R}{1 - R}} \times G(0.999)] > (1 - \sqrt{\frac{1}{1 - R}}) \times G(PD)$

即当 $PD > N\left[\frac{\sqrt{R}}{\sqrt{1 - R} - 1} \times G(0.999) \right]$ 时，有：

$$N\left[\sqrt{\frac{1}{1 - R}} \times G(PD) + \sqrt{\frac{R}{1 - R}} \times G(0.999) \right] - PD > 0$$

根据 R 的表达式：

$$R = 0.12 \times \frac{1 - e^{-50 \times PD}}{1 - e^{-50}} + 0.24 \times (1 - \frac{1 - e^{-50 \times PD}}{1 - e^{-50}})$$

可知 R 介于 0.12 与 0.24 之间，在此区间内，$\frac{\sqrt{R}}{\sqrt{1-R}-1}$ 的最大值为 -3.82，在 $R=0.24$ 时取得。因此，对任意 R，总有：

$$N[\frac{\sqrt{R}}{\sqrt{1-R}-1} \times G(0.999)] < N[-3.82 \times G(0.999)] = 1.8 \times 10^{-32}$$

于是，当 $PD > 1.8 \times 10^{-32}$ 时（此条件很容易满足），必然有：

$$N[\sqrt{\frac{1}{1-R}} \times G(PD) + \sqrt{\frac{R}{1-R}} \times G(0.999)] - PD > 0$$

综上，我们可以得到，资本需求与违约损失率是线性关系，当 $PD > 8.47 \times 10^{-5}$ 时，有：

$$\{N[\sqrt{\frac{1}{1-R}} \times G(PD) + \sqrt{\frac{R}{1-R}} \times G(0.999)] - PD\} \times \frac{1 + (M-2.5) \times b}{1 - 1.5 \times b} > 0$$

此时违约损失率越大，资本需求越多。

定理 2：在违约概率、违约损失率确定的情况下，资本需求与债项期限同样是线性关系，且除部分极端情况外，债项期限越长，资本需求越多。

同样地，根据资本需求 K 的表达式，在违约概率、违约损失率确定的情况下，K 与债项期限 M 是线性关系，由于 $b > 0$，因此若：

$$LGD \times \frac{\{N[\sqrt{\frac{1}{1-R}} \times G(PD) + \sqrt{\frac{R}{1-R}} \times G(0.999)] - PD\}}{1 - 1.5 \times b} > 0$$

则 K 随 M 增加而增加，否则 K 随 M 增加而减少。

当 $PD > 2.93 \times 10^{-6}$ 时，$b < 1/1.5$，$1 - 1.5 \times b > 0$

同样地，$PD > 1.8 \times 10^{-32}$ 时，有：

$$N[\sqrt{\frac{1}{1-R}} \times G(PD) + \sqrt{\frac{R}{1-R}} \times G(0.999)] - PD > 0$$

因此，资本需求与债项期限 M 也为线性关系，且 $PD > 2.93 \times 10^{-6}$ 时，有：

$$LGD \times \frac{\left\{ N\left[\sqrt{\dfrac{1}{1-R}} \times G(PD) + \sqrt{\dfrac{R}{1-R}} \times G(0.999) \right] - PD \right\}}{1 - 1.5 \times b} > 0$$

此时债项期限越长，资本需求越多。

定理3：在违约损失率、债项期限确定的情况下，除去部分极端情况，资本需求随违约概率先增后减，存在资本需求的最大值点。

根据测算，在违约损失率、债项期限确定的情况下，除去部分极端情况（如违约概率过小或债项期限过长），资本需求基本上随违约概率先增后减，并且存在资本需求的最大值点。图4-2、图4-3、图4-4为违约损失率 $LGD = 30\%$，债项期限分别为1、5、20时资本需求随违约概率的变化情况。

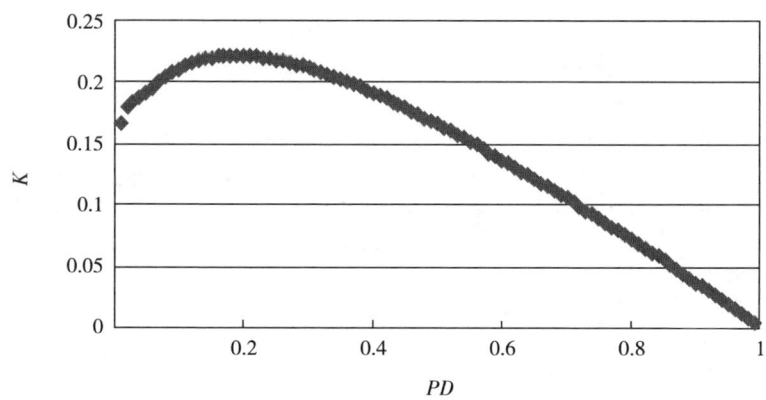

图4-2 K 随 PD 变化图（$LGD = 30\%$，$M = 20$）

定理4：两个 EAD 相等的债项，一个抵押品，使资本需求最少的最优解一般在角点实现（该抵押品全额分配至其中一个债项）。

假设两个债项，EAD 均为1，期限分别为 M_1、M_2，违约概率分别为 PD_1、PD_2。共有抵押品价值为1，该抵押品对应的违约损失率为 LGD_1，无抵押品对应的违约损失率为 LGD_2，该抵押品分别以 a 和 $1-a$ 的比例分配至债项1与债项2，则：

债项1的资本要求为

$$a \times K(M_1, PD_1, LGD_1) + (1-a) \times K(M_1, PD_1, LGD_2)$$

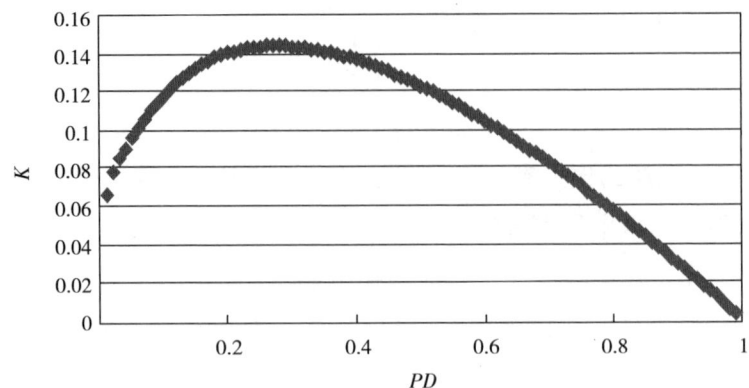

图 4-3　K 随 PD 变化图（LGD = 30%，M = 5）

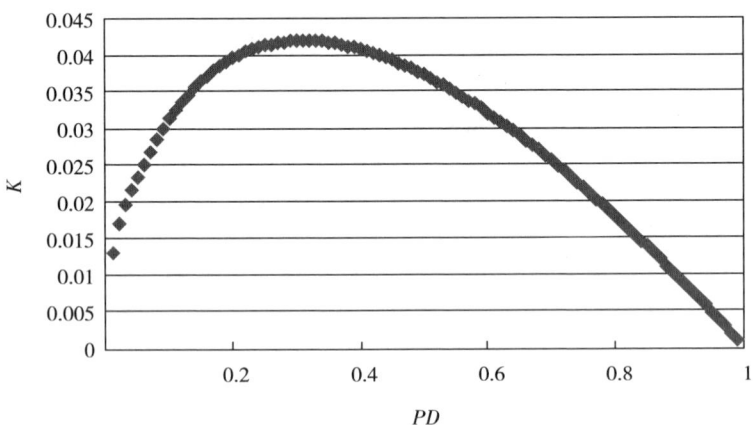

图 4-4　K 随 PD 变化图（LGD = 30%，M = 1）

债项 2 的资本要求为

$$(1 - a) \times K(M_2, PD_2, LGD_1) + a \times K(M_2, PD_2, LGD_2)$$

总的资本要求为

$$a \times K(M_1, PD_1, LGD_1) + (1 - a) \times K(M_1, PD_1, LGD_2) + (1 - a) \times K(M_2, PD_2, LGD_1) + a \times K(M_2, PD_2, LGD_2) = a \times [\, K(M_1, PD_1, LGD_1) + K(M_2, PD_2, LGD_2) \,] + (1 - a) \times [\, K(M_1, PD_1, LGD_2) + K(M_2, PD_2, LGD_1) \,]$$

因此，为使资本总需求达到最小，需要比较 $K(M_1, PD_1, LGD_1) + K(M_2, PD_2, LGD_2)$ 与 $K(M_1, PD_1, LGD_2) + K(M_2, PD_2, LGD_1)$。若前者较小，则应取 $a = 1$，抵押品全额分配至债项 1，否则应取 $a = 0$，抵押品全

额分配至债项 2。若两者相等，则抵押品的分配方式并不会影响总资本需求。

定理 5：若两个债项违约概率相同，期限不同，则一般情况下，抵押品分配至期限越长的债项，总资本需求越小。

根据前述，要想得到较优的抵押品分配规则，我们需比较 K（M_1，PD_1，LGD_1）+ K（M_2，PD_2，LGD_2）与 K（M_1，PD_1，LGD_2）+ K（M_2，PD_2，LGD_1）。若前者较小，则抵押品应全额分配至债项 1，否则应全额分配至债项 2，注意到后者与前者之差为

$$K(M_1,PD_1,LGD_2)+K(M_2,PD_2,LGD_1)-[K(M_1,PD_1,LGD_1)+K(M_2,PD_2,LGD_2)]=[K(M_1,PD_1,LGD_2)-K(M_1,PD_1,LGD_1)]-[K(M_2,PD_2,LGD_2)-K(M_2,PD_2,LGD_1)]$$

考虑资本需求 K 的表达式：

$$K = LGD \times \left\{ N\left[\sqrt{\frac{1}{1-R}} \times G(PD) + \sqrt{\frac{R}{1-R}} \times G(0.999) \right] - PD \right\}$$

$$\times \frac{1+(M-2.5) \times b}{1-1.5 \times b} = LGD \times f(M,PD)$$

因此

$$K(M_1,PD_1,LGD_2) - K(M_1,PD_1,LGD_1) = (LGD_2 - LGD_1) \times f(M_1,PD_1)$$
$$K(M_2,PD_2,LGD_2) - K(M_2,PD_2,LGD_1) = (LGD_2 - LGD_1) \times f(M_2,PD_2)$$

从而

$$[K(M_1,PD_1,LGD_2) - K(M_1,PD_1,LGD_1)]$$
$$-[K(M_2,PD_2,LGD_2) - K(M_2,PD_2,LGD_1)]$$
$$= (LGD_2 - LGD_1) \times [f(M_1,PD_1) - f(M_2,PD_2)]$$

由于无抵押品对应的违约损失率 LGD_2 大于有抵押品对应的违约损失率 LGD_1，因此我们只需比较 f（M_1，PD_1）与 f（M_2，PD_2），若前者较大，则抵押品应全额分配至债项 1，否则抵押品应全额分配至债项 2。

假设现在两个债项违约概率 PD 相同，但期限不同，债项 1 期限 M_1 大于债项 2 期限 M_2，则根据前述资本需求与债项期限之间的关系，一般情况下我们有：

$$f(M_1, PD) > f(M_2, PD)$$

因此，这种情况下，抵押品应全额分配至债项1，即期限更长的债项。

定理6：若两个债项期限相同，违约概率不同，当两个债项违约概率均低于使资本需求达到最大的 PD 时，抵押品分配给违约概率较高的债项为优；当两个债项违约概率均高于使资本需求达到最大的 PD 时，抵押品分配给违约概率较低的债项为优；若两个债项违约概率分布于极值点两侧，则资本需求的最优解不定。

如前所述，当两个债项期限相同，违约概率不同时，我们需比较 $f(M, PD_1)$ 与 $f(M, PD_2)$，根据前面的论述，一般情况下，$f(M, PD)$ 随 PD 先增后减，且存在最大值点。因此，若 PD 小于该极大值点，$f(M, PD)$ 随 PD 单调增，若 PD 大于该极值点，$f(M, PD)$ 随 PD 单调减。

现在假设两个债项违约概率均小于该极值点，且债项1违约概率较高，即 $PD_1 > PD_2$，则有 $f(M, PD_1) > f(M, PD_2)$，从而这种情况下抵押品应全额分配至债项1，即违约概率更高的债项。

假设两个债项违约概率均大于该极值点，同样 $PD_1 > PD_2$，则 $f(M, PD_1) < f(M, PD_2)$，从而这种情况下抵押品应全额分配至债项2，即违约概率更低的债项。

假设两个债项违约概率分布于极值点两侧，则需要具体比较 $f(M, PD_1)$ 与 $f(M, PD_2)$ 以确定抵押品的最优分配规则。

定理7：若两个债项期限不同，违约概率也不同，则同样需要具体比较 $f(M_1, PD_1)$ 与 $f(M_2, PD_2)$ 以得到资本需求的最优解。

在两个债项期限与违约概率均不同的情况下，我们需比较 $f(M_1, PD_1)$ 与 $f(M_2, PD_2)$。实际上，$f(M, PD)$ 是期限 M 与违约概率 PD 的二元函数。图 4-5 是 $f(M, PD)$ 关于期限 M 以及违约概率 PD 的变化曲面。

若两个债项期限与违约概率均不相同，我们可以通过观察 $f(M, PD)$ 曲面图确定抵押品分配规则，若 (M_1, PD_1) 在曲面图上对应的值高于 (M_2, PD_2)，则抵押品应全额分配至债项1，否则抵押品应全额分配至债项2。

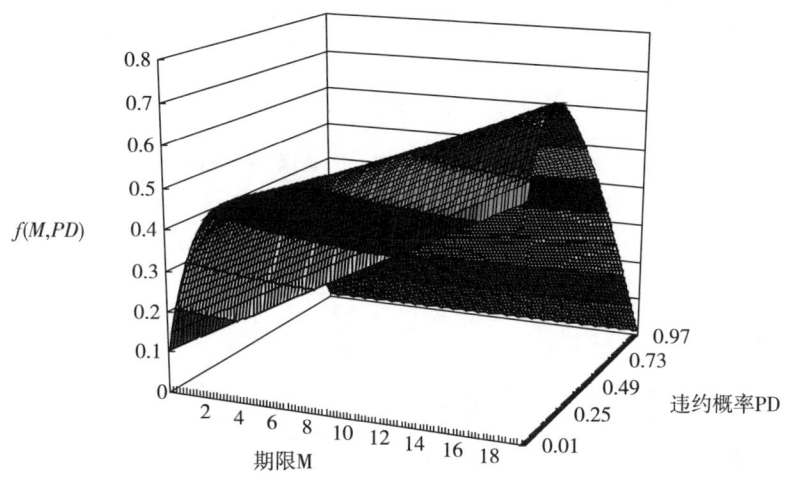

 中包含坐标轴标签：

0.8
0.7
0.6
0.5
$f(M,PD)$ 0.4
0.3
0.2
0.1
0

0.97
0.73
0.49
0.25
0.01
违约概率PD

2 4 6 8 10 12 14 16 18
期限M

图4-5 $f(M, PD)$ 曲面图

定理8：若两个债项期限相同且小于20年，违约概率均小于20%，则抵押品分配至违约概率较高的债项更优。

根据前述，当两个债项 M 相同但 PD 不同时，若两个债项 PD 均小于 $f(M, PD)$ 最大值点对应的 PD 值，则抵押品应分配至违约概率较高的债项，将 $f(M, PD)$ 对 PD 求导，我们可以得到最大值点对应的 PD 值 $\underset{PD}{Max}[f(M, PD)]$。

根据 $f(M, PD)$ 的定义，我们有：

$$f(M,PD) = \left\{ N\left[\sqrt{\frac{1}{1-R}} \times G(PD) + \sqrt{\frac{R}{1-R}} \times G(0.999) \right] - PD \right\}$$

$$\times \frac{1 + (M - 2.5) \times b}{1 - 1.5 \times b}$$

其中，

$$R = 0.12 \times \frac{1 - e^{-50 \times PD}}{1 - e^{-50}} + 0.24 \times \left(1 - \frac{1 - e^{-50 \times PD}}{1 - e^{-50}} \right)$$

$$b = (0.11852 - 0.05478 \times \ln PD)^2$$

从而

$$\frac{\mathrm{d}R}{\mathrm{d}PD} = \frac{-6 \times e^{-50 \times PD}}{1 - e^{-50}}$$

$$\frac{\mathrm{d}b}{\mathrm{d}PD} = 2 \times (0.11852 - 0.05478 \times \ln PD) \times \frac{-0.05478}{PD}$$

而

$$N'(x) = \frac{1}{\sqrt{2\pi}} e^{-\frac{x^2}{2}}, 令 N(x) 的倒数为 G(x), 则:$$

$$G'(x) = \frac{\sqrt{2\pi}}{e^{-\frac{G(x)^2}{2}}}$$

因此，有：

$$\left[\sqrt{\frac{1}{1-R}} \times G(PD)\right]' = \frac{1}{2 \times \sqrt{(1-R)^3}} \times \frac{\mathrm{d}R}{\mathrm{d}PD} \times G(PD)$$

$$+ \sqrt{\frac{1}{1-R}} \times G'(PD)$$

$$= \frac{1}{2 \times \sqrt{(1-R)^3}} \times \frac{-6 \times e^{-50 \times PD}}{1 - e^{-50}} \times G(PD)$$

$$+ \sqrt{\frac{1}{1-R}} \times \frac{\sqrt{2\pi}}{e^{-\frac{G(PD)^2}{2}}} \qquad (1)$$

$$\left[\sqrt{\frac{R}{1-R}} \times G(0.999)\right]' = G(0.999) \times \frac{1}{2 \times \sqrt{R} \times \sqrt{(1-R)^3}} \times \frac{\mathrm{d}R}{\mathrm{d}P}$$

$$= G(0.999) \times \frac{1}{2 \times \sqrt{R} \times \sqrt{(1-R)^3}}$$

$$\times \frac{-6 \times e^{-50 \times PD}}{1 - e^{-50}} \qquad (2)$$

$$N'\left[\sqrt{\frac{1}{1-R}} \times G(PD) + \sqrt{\frac{R}{1-R}} \times G(0.999)\right]$$

$$= \frac{1}{\sqrt{2\pi}} e^{-\frac{\left[\sqrt{\frac{1}{1-R}} \times G(PD) + \sqrt{\frac{R}{1-R}} \times G(0.999)\right]^2}{2}}$$

$$\times \left\{\left[\sqrt{\frac{1}{1-R}} \times G(PD)\right]' + \left[\sqrt{\frac{R}{1-R}} \times G(0.999)\right]'\right\}$$

$$= \frac{1}{\sqrt{2\pi}} e^{-\frac{\left[\sqrt{\frac{1}{1-R}} \times G(PD) + \sqrt{\frac{R}{1-R}} \times G(0.999)\right]^2}{2}} \times \left[\frac{1}{2 \times \sqrt{(1-R)^3}} \times \frac{-6 \times e^{-50 \times PD}}{1 - e^{-50}} \times G(PD)\right.$$

$$+ \sqrt{\frac{1}{1-R}} \times \frac{\sqrt{2\pi}}{e^{-\frac{G(PD)^2}{2}}} + G(0.999) \times \frac{1}{2 \times \sqrt{R} \times \sqrt{(1-R)^3}} \times \frac{-6 \times e^{-50 \times PD}}{1 - e^{-50}})\Big]$$

$$(3)$$

$$\left[\frac{1 + (M - 2.5) \times b}{1 - 1.5 \times b}\right]'$$

$$= \frac{(M - 2.5) \times (1 - 1.5b) + 1.5 \times (M - 2.5) \times b}{(1 - 1.5b)^2} \times \frac{db}{dPD}$$

$$= \frac{(M - 2.5) \times (1 - 1.5b) + 1.5 \times (M - 2.5) \times b}{(1 - 1.5b)^2} \times 2$$

$$\times (0.11852 - 0.05478 \times \ln PD) \times \frac{-0.05478}{PD}$$

$$(4)$$

根据以上四个表达式可以最终求出 $f(M, PD)$ 关于 PD 的导数，为

$$\frac{df(M, PD)}{dPD} = \left\{ \frac{1}{\sqrt{2\pi}} e^{-\frac{\left[\sqrt{\frac{1}{1-R}} \times G(PD) + \sqrt{\frac{R}{1-R}} \times G(0.999)\right]^2}{2}} \times \left[\frac{1}{2 \times \sqrt{(1-R)^3}} \times \frac{-6 \times e^{-50 \times PD}}{1 - e^{-50}} \times G(PD)\right.\right.$$

$$+ \sqrt{\frac{1}{1-R}} \times \frac{\sqrt{2\pi}}{e^{-\frac{G(PD)^2}{2}}} + G(0.999) \times \frac{1}{2 \times \sqrt{R} \times \sqrt{(1-R)^3}} \times \frac{-6 \times e^{-50 \times PD}}{1 - e^{-50}}\Big)\Big] - 1\Big\}$$

$$\times \frac{1 + (M - 2.5) \times b}{1 - 1.5 \times b} + \left\{ N\left[\sqrt{\frac{1}{1-R}} \times G(PD) + \sqrt{\frac{R}{1-R}} \times G(0.999)\right] - PD\right\}$$

$$\times \frac{(M - 2.5) \times (1 - 1.5b) + 1.5 \times (M - 2.5) \times b}{(1 - 1.5b)^2}$$

$$\times 2 \times (0.11852 - 0.05478 \times \ln PD) \times \frac{-0.05478}{PD}$$

对于给定的债项期限 M，令 $\dfrac{df(M, PD)}{dPD} = 0$，即可求得 $\max\limits_{PD} [f(M, PD)]$，表 4-4 为 $\underset{PD}{\mathrm{Max}} [f(M, PD)]$ 随债项期限 M 的变化情况。

表 4-4 　　　　　　　$\max\limits_{PD} [f(M, PD)]$ 随 M 变化情况

M	$\max\limits_{PD} [f(M, PD)]$
1	0.322
2	0.314
3	0.305
4	0.297

M	$\max_{PD}\left[f\left(M,PD\right)\right]$
5	0.288
6	0.280
7	0.272
8	0.265
9	0.257
10	0.251
11	0.245
12	0.238
13	0.233
14	0.227
15	0.221
16	0.215
17	0.211
18	0.206
19	0.202
20	0.198

根据表4－4可知，若两个债项期限相同且小于20年，则当两个债项违约概率PD均小于20%时，抵押品全额分配至违约概率较高的债项对应的资本需求最小。这是我们要论证的一个重要结论。因为银行客户的违约概率一般小于20%，20%的违约概率一般对应到标准普尔的CCC级、穆迪的Caa级、国内银行的不良贷款，对这些贷款的监管资本的计算一般采用其他方式。上述结论的实用价值在于，将押品首先分配给违约概率较高的贷款是一种节约资本的最优选择。

（二）期限因素的影响

1. 两个债项违约概率相同，期限不同时资本需求情况比较。

假设两个债项的违约概率均为10%，有抵押对应的违约损失率为35%，无抵押对应违约损失率为45%，表4－5为不同期限以及不同押品分配规则下对应的资本需求情况。

表4-5　　两个债项 PD 相同、M 不同时对应的资本需求情况

债项1期限	债项2期限	资本需求		
		全额分配至债项1	两个债项各分配1/2	全额分配至债项2
1	2	0.2592	0.2582	0.2571
1	5	0.2869	0.2828	0.2787
1	10	0.3332	0.3239	0.3147
2	5	0.2941	0.2910	0.2880
2	10	0.3404	0.3321	0.3239
2	20	0.4328	0.4143	0.3958
5	10	0.3619	0.3568	0.3517
5	20	0.4544	0.4390	0.4236

从表4-5中可以看出，当两个债项违约概率相同，期限不同时，抵押品全额分配至期限较长的债项所需的资本要求更少。

2. 两个债项期限相同，违约概率不同时资本需求情况比较。

假设两个债项期限均为5年，有抵押对应的违约损失率为35%，无抵押对应的违约损失率为45%，表4-6为不同违约概率以及不同押品分配规则下对应的资本需求情况。

表4-6　　两个债项 M 相同、PD 不同时对应的资本需求情况

债项1PD	债项2PD	资本需求		
		全额分配至债项1	两个债项各分配1/2	全额分配至债项2
0.05	0.1	0.2894	0.2857	0.2819
0.05	0.2	0.3228	0.3153	0.3079
0.05	0.25	0.3278	0.3198	0.3118
0.1	0.25	0.3541	0.3498	0.3455
0.2	0.3	0.3801	0.3795	0.3789
0.2	0.5	0.3490	0.3519	0.3548
0.3	0.5	0.3530	0.3564	0.3599
0.3	0.8	0.2543	0.2687	0.2831

对应表4-4中列示的 $f(M, PD)$ 最大值点情况，若债项期限为5年，则当 $PD = 0.288$ 时 $f(M, PD)$ 达到最大值。

从表4-6中可以看出，若两个债项期限均为5年，当其违约概率均小于 0.288 时，抵押品全额分配至违约概率较高的债项资本需求最低（如表 4-6 中的前四种情况）。当两个债项违约概率位于 0.288 两侧时，有时候分配至违约概率较高的债项资本需求更低（如表 4-6 中的第五种情况），而有时候分配至违约概率较低的债项资本需求更低（如表 4-6 中的第六种情况）。当两个债项违约概率均大于 0.288 时，抵押品全额分配至违约概率较低的债项资本需求最低（如表 4-6 中的第七种、第八种情况）。

违约损失率模型的开发

对 LGD 模型的研究与实践，可大致分为三类：一是对 LGD 驱动因素的研究。大量实证研究表明，债务结构（抵押/保证及清偿优先级别）、经济周期、PD 因素对于 LGD 的影响较为显著，对于行业、规模等因素的影响程度还存在一定的争论。二是对 LGD 量化方法的研究，主要包括四类：市场违约损失率（Market LGDs）、隐含市场违约损失率（Implied Market LGDs）、隐含历史违约损失率（Implied Historical LGDs）和清收违约损失率（Workout LGDs）（BCBS，2005）。三是评级公司和国际银行业的 LGD 建模实践，如穆迪公司的 LossCalc 多元回归模型，某些国际银行建立的基于历史平均法的清收 LGD 模型。此外，非参数法与神经网络法也开始被引入 LGD 的建模之中。综合来看，国外对 LGD 的研究实践相对较为丰富，对 LGD 的一些测算结果也得到了一定的应用。

与国外的研究实践相比，我国学者和银行业对于 LGD 的探索还仅处于起步之中，多数研究还只局限于对国外研究实践的介绍与总结，而基于我国银行业数据的量化研究则相当少。张海宁（2004）研究了 191 个我国大型商业银行违约信贷项目损失率与风险敞口的关系；何自力（2006）利用广东地区某商业银行的抵押贷款处置数据，采用会计回收率对 LGD 进行了量化分析；于晨曦（2007）则使用我国某国有商业银行 2000—2004 年的抵押贷款数据进行了 LGD 的统计分析研究；而汪办兴（2007）则使用主成分法，考虑信用等级、行业、担保方式、规模等 7 个因素，分析了我国某国有商业银行 2002—2005 年 1249 个贷款的 LGD 状况；而叶晓可和刘海龙

（2006）则在考虑贷款回收成本的情况下，利用浙江地区某银行3045笔违约贷款的数据，按规模、期限、担保方式和区域等因素进行了 LGD 的测算研究。

总体来看，国内对于 *LGD* 的研究主要存在以下问题：一是违约损失多为会计意义上的，而不是 Basel Ⅱ 要求的经济损失概念。二是研究样本存在一定的局限性，如样本量较小，只限于抵押贷款或某地区。三是没有考虑贷款回收的时间价值，这与 Basel Ⅱ 的要求相悖。由于 LGD 模型在银行风险管理中处于非常核心的位置，因此，只有解决了 *LGD* 估计问题，才可能解决债项评级问题，才可能提高信贷资产的组合管理水平，才可能开发和应用经济资本管理技术。如何开发 LGD 模型正在成为中国银行业提高风险计量水平迫切需要解决的技术问题。

一、违约损失率的量化方法综述

在 Basel Ⅱ 中，关于自行估计违约损失率的要求有六段，核心要求有两条。第一条是对违约损失率的估算必须十分保守，不能低估损失率，这包括必须考虑整个经济周期，不能小于按照违约加权的长期平均损失率，必须考虑借款人的风险与抵押品风险之间的依赖程度，必须考虑币种错配问题，必须考虑到真实损失有时可能系统性超过估计损失率。第二条是违约损失率必须以历史清偿率为基础，必须有充分的数据基础。

影响违约损失率的因素包括业务类型、债务类型、优先级别、抵押品类型、抵押率、债务人规模、债务人评级、建立客户关系时间、违约持续时间等。在建立违约损失率模型时，也需要考虑分组问题，即建立一个统一的违约损失率模型还是多个违约损失率模型。

对 *LGD* 的研究一般集中在与其紧密联系的另一个概念——回收率（Recovery Rate，RR），即债务人违约后债项的回收程度，两者的关系为 $LGD + RR = 1$。由此提供了分析 *LGD* 的另一个角度，即通过研究 *RR* 可以间接得到 *LGD* 的估计，本书也遵从这一分析思路。

根据 BCBS（2005）的研究，可将目前研究和使用的 *LGD* 测算方法分为四种：市场违约损失率、隐含市场违约损失率、隐含历史违约损失率和清收违约损失率。

市场违约损失率法是根据违约发生后违约债券或可交易贷款的市场价格来计算违约损失率，其一般公式为

$$LGD = 1 - \frac{\text{违约后债务工具市值}}{\text{违约时债务工具面值}} \tag{1}$$

该方法主要反映了债务的市场价值，适用于流动性较好且有二级市场的违约债务。使用市场价值评估回收率具有两个优点：一是能够捕捉到债权人在债务违约后即刻出售债务所得到实际回收额，二是允许市场参与者根据自身的境况评估回收率。穆迪公司的 LossCalcTM（2002）模型使用的就是市场 LGD 法，同时计算债务违约当时和一个月后的 LGD。

另外一种利用市场价格计算 LGD 的方法是隐含市场价格法。该法利用仍在市场交易但未违约债券的信用价差（Credit Spreads）来反映市场对该笔债务的预期损失（Expected Loss）。由于违约概率 PD 与违约损失率 LGD 的乘积反映了债券信用风险的预期损失，因此，在 PD 可以通过特定方法测算出来的情况下，隐含在信用价差中的 LGD 即可求出。而隐含历史违约损失率法则是根据组合或组合的一部分的预期长期亏损率的估计及组合的估计违约概率 PD 推算而得。该方法适用于零售资产的违约损失率（BCBS，2005）。

清收违约损失率方法则是指在债务违约后进行清算，通过累计收回的现金流或者抵押资产变现的现值来计算违约债务的损失程度，其公式如下：

$$LGD = 1 - \frac{\text{折现的回收金额} - \text{折现的回收成本}}{\text{违约时风险暴露}} \tag{2}$$

在实际应用中，清收违约损失率法是一种常用的计算方法。基于现金流的方法分为两种：一种方法是折现现金流方法。这种方法是将贷款违约后收到的净现金流折现成贷款违约时的价格，然后与违约时贷款的票面价值进行比较。这种方法的关键是选择合适的折现率。另一种方法是余额估计法（Balance Estimation Method），如违约贷款的回收信息难以获得，则两个不同时期的贷款余额之差可以作为贷款的实际支出来计算回收率。折现现金流方法和余额估计法十分类似，余额估计法是当回收数据难以得到时的一个简单替换。

二、违约损失率模型开发核心参数的理论分析

（一）LGD 模型开发的技术路线

前面介绍的国外 LGD 模型的开发思路可以分为两个基本分支：市场法和清收法。从理论文献上看，市场法更为普遍一些，很多学者认为建立 LGD 的回归模型比历史平均 LGD 更为科学。因此，中国银行业采用哪种技术路线，是第一个需要研究的问题。笔者认为，清收的历史平均 LGD 模型是当前国内银行比较可行的选择，基本理由是：

1. 市场法不适合国内银行开发 LGD 模型。第一，市场 LGD 法虽然具有一定的优点，但是否能将债务价格作为回收率代理变量还取决于交易市场的有效性。已有的一些研究（Eberhart 和 Sweeney，1992；Altman 和 Eberhart，1994）表明，在某些条件下债券市场能对违约债券有效定价的假设得以成立，但对于违约贷款的市场定价问题却还无法解决。第二，隐含违约损失率方法需要使用复杂的资产定价模型和充足的数据来支持分析，因此该方法目前在债券定价和信用衍生品定价中有一定应用，对于银行贷款资产则较少使用。由于许多金融工具并没有二级市场，故其违约后偿付的真正价值无法由市场估计，因此建立精确的定价模型十分困难，尤其对于各种抵押资产及缺乏流动性的银行抵押贷款，（隐含）市场违约损失率较难适用。第三，国内债券市场不发达，企业债券发行少、交易不活跃，难以作为贷款违约损失率的参考。

2. 建立 LGD 的统计回归模型不适用于目前的国内银行。首先，LGD 本身具有很大的不确定性，同一客户的同类型债项，仅仅因为时间的不同就可能造成 LGD 的剧烈波动，采用回归模型预测 LGD 缺乏理论支持；其次，目前影响 LGD 的因素并没有可接受的分析框架，违约概率和违约损失率的关系很难厘清；最后，缺乏精细的数据支持模型的开发。

3. 相比较而言，历史平均的违约损失率更适合国内银行业的管理实际和需要。第一，银行有能力积累相关的数据。第二，能够比较好地与银行的业务实践相结合，LGD 的结果能够在业务中得到很好的应用。第三，只要资产组合划分得当，LGD 具有较好的稳定性。国外实施 Basel Ⅱ 的银行，

如德意志银行、澳新银行等，都是采用历史平均的 LGD 模型。因此基于清收数据的历史平均 LGD 模型是比较适合国内银行的方法选择。

本书建立的 LGD 测算模型将以清收违约损失率模型为原型，根据我国银行业的现实状况进行参数设定和分析，构造如下的 LGD 模型：

$$LGD_i = 1 - \frac{\sum_j R_{ij}(r) - \sum_j C_{ij}(r)}{EAD_i}, i = 1, 2, \cdots, N, j = 1, 2, \cdots, T \quad (3)$$

式中，$R_{ij}(r)$ 和 $C_{ij}(r)$ 表示第 i 笔债项以贴现率 r 计算的第 j 期债务回收额和回收成本的现值；EAD_i 表示其风险敞口；N 表示债项总数；T 表示债项自违约时起到回收完毕的期限。

（二）关键参数设计

虽然违约损失率法在测算缺乏流动性的金融工具的 LGD 时具有一定的优势，但该方法的测算结果的好坏还取决于相关参数设定的适宜性，主要包括违约定义、损失定义、回收终结状态和贴现率四个方面。

1. 违约定义。不同的违约定义计算的 LGD 会有所不同。违约定义有许多不同版本，大体可分为主观和客观两大类。主观法基于银行内部的主观违约定义，如银行是否将债项认定为问题资产等；客观法根据银行资产的一些可观察特征，如债项的逾期天数等来判定违约。Basel Ⅱ（BCBS，2006）的违约定义包括以上两个方面（至少满足其一）：主观方面是"银行认定借款人可能无法全额偿还银行债务"，客观方面是"债务人对银行的任何实质性信贷债务逾期 90 天以上"。中国银监会在发布的《商业银行资本管理办法（试行）》中给出了与 Basel Ⅱ 一致的定义。这应该是中国银行业开发违约损失率模型的统一定义。本书以某银行的数据为基础，采用银监会确立的违约定义标准。

2. 损失定义。损失定义对 LGD 的测算同样非常重要。需要注意的是违约损失的概念是基于经济损失，而不是会计损失（BCBS，2006）。Basel Ⅱ 定义的经济损失与会计损失不同，在估计违约损失率时，不但要考虑到贷款的本金损失，也要考虑到利息的损失，并且包括债务回收过程中形成的直接成本和间接成本，同时，还必须考虑贴现因素的影响。

可以看出，界定损失的难点在于回收成本的确定。直接成本与特定资产相联系（如抵押品评估费用）；而间接成本则是实施回收过程所必须支付的，但又不与单个资产直接相关的费用（如清收部门的管理费用等）。而在实践当中，如何确定将间接成本分摊给单个资产的办法，将对清收违约损失率的估值产生影响。现实中对违约债项分配直接成本已不容易，间接成本的分配就更加困难（BCBS，2005）。对于我国银行业来说，不良贷款的回收经常需要跨部门协调进行，再加上缺乏有效的回收信息记录与系统支持，成本核算和分摊机制还需要探索和完善，回收违约债项的直接与间接成本很难测算。为初步估算回收成本，我们设计了相应的回收成本测算模板，进行了数据实录，对 2004 年至 2007 年催收到的不良贷款金额和相关催收费用（包括直接与间接成本）进行统计，然后计算单位回收金额所花费的成本，作为计量违约损失率的参数。

3. 回收终结状态。如上述公式所示，一般银行根据回收率（Recovery Rate，RR）来计算 LGD。在运用贷款回收率计算违约损失率时，必须明确清收结束的时间。从理论上讲，清收结束时间应以一笔债项转出资产负债表为标志。现实的问题是，由于我国核销政策的影响，贷款核销实现的难度较大，一般贷款总要在划分为不良很多年以后才可能核销，因此使得贷款清收结束时间较长。按照核销时间判定回收终结状态并不合适。本书认为，回收终结状态可以以违约后的一定时间作为标准。

根据我们的数据统计分析（见图 4 - 6），违约债项在违约后一年内现金回收金额占全部现金回收金额的 72%，两年内占比达到 91%，第三年仅占 9%，因此可以考虑以违约后一定时间作为清收期的终结时间。本书将违约后两年作为清收的终结时间。

4. 贴现率的设定。对清收违约损失率方法来说，贴现率的选择成为一个难点。原则上，所选用贴现率应与回收贷款的风险相符，应反映交易的潜在风险。贴现率可以看作无风险利率加违约日息差、风险相似资产在违约时点利率的总和。在贴现率的设定方面有如下选择：

（1）无风险利率加上风险溢价。一般来说，确定贴现率要考虑两方面的因素：一是担保因素。不同的担保人应具有不同的回收风险，因此，也应该有不同的贴现率。二是债项因素。每个债项的类型都会有所不同，如抵质押

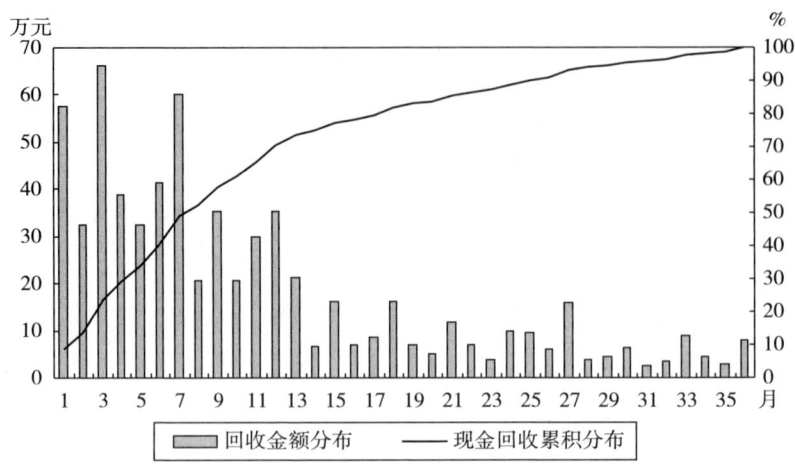

图 4 - 6　单笔违约债项回收金额与时间的关系

贷款，回收的价值相差较大，那么贴现率也应反映这些差异。可以看出，这些因素均反映了潜在的风险溢价水平。因此，对于每笔违约债项来说，风险溢价的水平均可能不同，这就使得贴现率的选择非常困难。对于我国而言，要想确定每笔违约债项的风险溢价则更加困难。这是因为我国的金融市场还不够发达，担保市场与押品处置市场不活跃，无法获取相关的风险溢价数据。

（2）合同利率。采用合同利率的理由是该利率反映了债项的机会成本，能够针对每一笔债项确定贴现率。但应用合同利率存在一定问题，主要是：①清收现金流的风险与原有债项的风险已经不再相同，合同利率不能反映现金流的风险溢价。②清收的时间与债项合同时间不匹配，采用合同利率不尽合理。

（3）银行内部的资金价格。采用内部资金价格的理由是该利率反映了银行内部的资金成本，如果债项不违约，银行回收的资金应该能够得到内部资金价格相应的回报。这一利率具有一定的合理性，问题在于不同银行的内部资金价格不同，容易造成监管资本计算上的不一致。

（4）采用回收期限相对应的银行贷款利率。采取这种贴现率的理由在于，该利率反映了资金的机会成本，反映了信贷市场的平均风险水平，具有一定的普遍性，可以与回收期限相对应，而且不同银行之间相对可比。

经过上述比较分析，可以看出，采用与违约债项回收期限相对应的银行贷款利率作为贴现率，是较为合适的一种选择。因此，本书使用中国人民银行公布的金融机构 1~3 年期贷款利率作为贴现率。

通过对上述四项参数的分析设计，式（3）所示的清收违约损失率可转化为以下形式：

$$LGD_i = 1 - \frac{(1-c)\sum_{ij} R_{ij}(r)}{EAD_i}, i = 1,2,\cdots,N, j = 1,2,\cdots,T \quad (4)$$

式中，c 为衡量单位回收金额所花费的成本；r 为金融机构 1~3 年期贷款利率；EAD 为违约债项风险敞口，包括违约时贷款余额和欠息金额。

三、违约损失率模型示例

（一）模型开发使用的数据

本书使用的数据为某银行在 2002 年 7 月至 2006 年 8 月发生不良的近 2 万笔债项及其违约之后两年的回收处置资料。债项记录由贷款余额、欠息余额、回收金额、行业代码、信用评级、区域、押品及担保等内容构成。此外，通过数据实录，得到不良贷款催收金额及其催收成本信息，包括基本催收费用和专项催收费用，其中基本催收费用是指通过短信、电话和信函等方式催收发生的费用，而专项催收费用是指上门催收、司法催收、抵押物处理以及其他非常规方式①催收发生的费用。有关债项敞口及催收费用的分布状况如表 4-7 所示。

表 4-7　　　　违约债项敞口与催收费用样本分布状况　　　　单位：万元

年份	敞口				催收费用		
	样本数	均值	最小值	最大值	均值	最小值	最大值
2002	4092	381.96	0.004	2401.30			
2003	3901	592.50	0.167	44208.26			
2004	5753	724.77	0.105	51573.76	655.06	0.829	6460.71
2005	3190	994.77	0.084	364017.61	929.77	0.918	8631.95
2006	1527	1273.39	0.344	37242.92	1480.96	0.055	14939.15
2007					1177.12	11.63	10198.58

注：违约债项敞口信息自 2002 年 7 月 1 日起统计，截至 2006 年 8 月 31 日。

---

① 包括以物抵债、贷款重组、核销等方式。

（二）LGD 的整体分布

基于式（4）所示的 LGD 测算模型数据，就可以计算出各个违约债项的 LGD。从整体上来看，LGD 近似 U 形分布（见图 4－7），即违约损失率较低（10% 左右）的债项较多，或者是违约损失率较高（80% 左右）的债项较多，而居于这两者之间的违约损失率分布较低。这与叶晓可和刘海龙（2006）以及何自力（2006）的研究较为相似。但有所差异的是，本书得到 LGD 的最小值并不为 0，而是约在 11%，这也说明，回收成本与时间因素对 LGD 有着较为显著的影响。

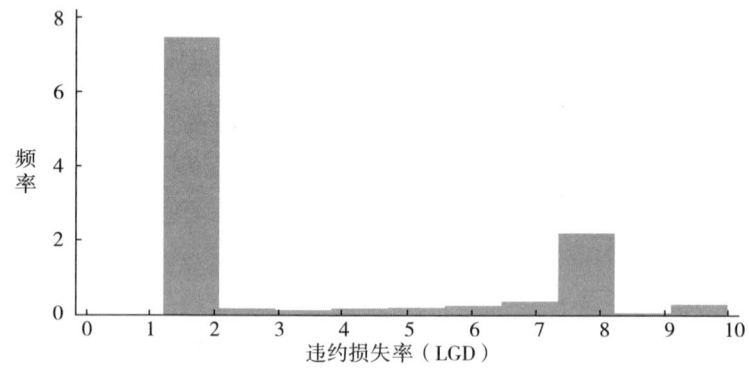

图 4－7 违约损失率（LGD）分布图

为了进一步分析时间与回收成本的影响，可对比考虑时间及回收成本因素前后的 LGD 的变化状况。在考虑回收成本之后，LGD 会升高约 1%；而同时考虑回收成本与贴现率之后，LGD 会升高约 8%（见图 4－8）；而当贴现率升高 1% 时，LGD 会升高约 1%。通过这些对比说明，贴现率对 LGD 的影响较为显著，回收成本以及贴现率的变动也会对 LGD 产生一定的影响。因此，若不考虑这两项因素的影响，LGD 可能会被低估 8% 左右。

（三）LGD 的决策树模型

很多文献都对影响 LGD 的因素进行过综述，综合理论界的研究成果，可以将影响 LGD 的因素概括为四个方面：一是债务的类型和级别的影响，

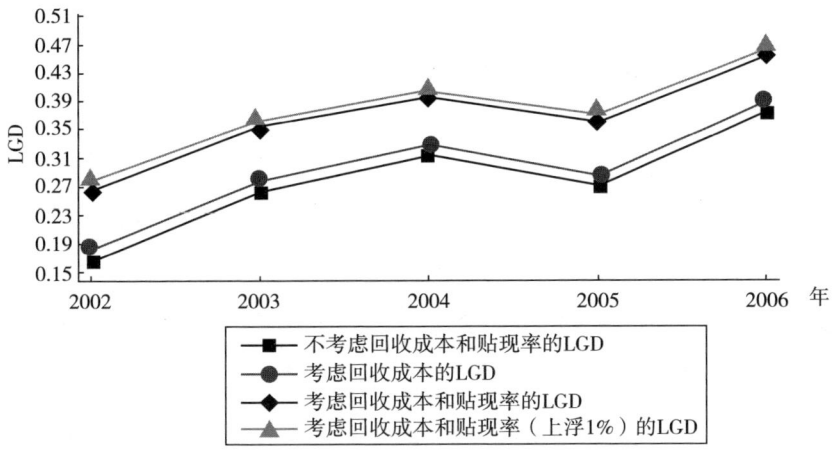

图 4 - 8　回收成本及贴现率对 LGD 的影响

包括债务偿还的优先级与担保品；二是经济周期的影响，这也 Basel Ⅱ 要求考虑的因素之一；三是行业因素；四是违约概率 PD 的影响。

前文探讨过，基于清收的历史平均 LGD 模型比较适合中国银行业的实际。采用决策树开发 LGD 模型是一个选择。本书参考决策树分类原理，对违约债项的 LGD 按照债务类型、抵押物类型、担保人评级、行业以及区域因素进行了交叉分组（见表 4 - 8）。分组的主要依据如下：

第一，银行的贷款一般分为信用贷款、抵押贷款、担保贷款，因此将债务类型作为第一个决策点，有四个分支：抵押贷款、担保贷款、信用贷款和抵押加担保贷款。

第二，对抵押贷款而言，抵押物类型是影响 LGD 的关键因素。参考 Basel Ⅱ 对抵押物的分类，考虑银行实际，将抵押物分为三类：城市房地产、非城市房地产和机器设备及其他。

第三，对担保贷款，重点考虑担保人的信用评级。

第四，对信用贷款，首先区分行业因素，其次考虑区域因素的影响，这是因为我国区域经济差异较大，文化及经营理念表现出一定的地缘性，这可能会对违约债项的回收造成影响。

表 4 - 8 　　　　　　　　　LGD 决策树模型及其估计值　　　　　单位：%

违约债项	债务类型	抵押物及担保评级						LGD
	抵押 34.76	城市房地产						33.11
		非城市房地产						36.53
		机器设备及其他						38.53
	担保 37.10	A 级及以上金融机构及 AAA 级公司						31.21
		AA 级公司						36.85
		A 级公司						38.01
		其他						37.09
	抵押 + 担保							34.05
	信用 30.57	地区　行业	长三角	珠三角	环渤海	中部	西部	
		房地产及建筑业	18.38	29.20	30.27	32.93	29.55	
		制造业	21.33	39.35	32.77	34.76	35.70	
		批发零售业	28.26	35.12	32.22	36.83	41.50	
		其他	21.64	28.90	38.76	32.59	31.34	

对表 4 - 8 分析可以得到如下结论：

第一，债务类型对 LGD 影响比较明显，违约损失率呈现出信用贷款 < 抵押 + 担保 < 抵押 < 担保的特点。信用贷款具有最低的违约损失率，这是因为：一般来讲，若客户的信用品质较好，那么其贷款就较容易，相应的抵押担保要求就较少；而信用品质不好的客户，可能就要求有较多的抵押担保。另外，我国的抵押担保市场较不发达，一旦债务违约，押品及担保的处理和追偿成本较高，这可能会造成通过抵押品或担保回收的可能性较低，从而使得债项的 LGD 较高。对于非信用类贷款，抵押贷款的 LGD 相对较低，反映抵押物能够起到风险缓释的作用。同时，可以看出，风险缓释的手段越多，违约损失率也就相对越小，如抵押 + 担保的违约损失率就小于单纯的抵押或担保。

第二，在债务类型一定的条件下，押品的类型对 LGD 也存在着一定的影响。从抵押品的类型来看，城市房地产的 LGD 具有最低的 LGD；而机器设备类则具有较高的 LGD，这与何自力（2006）的排序较为相似，但估值较其要低。显而易见，机器设备的专用性较高，较房地产更难处置，因此会具有较高的损失率。

第三，本书的 LGD 研究结果与 Basel Ⅱ 中规定的 LGD 参数基本相近，房地产抵押贷款的 LGD 在 35% 左右，其他抵押物的 LGD 在 40% 左右。

第四，从担保来看，担保人的评级对于贷款的回收有一定影响，担保人评级越高，贷款发生损失的程度就低。

第五，对于信用类贷款，本书使用行业和地区标准来进行细分。从行业角度来看，房地产及其建筑业具有最低的 LGD，而批发零售类行业的 LGD 最高。这与 Grossman（2001）的研究较为相似：服务导向型行业的违约损失率要高于资产密集型的行业。而行业在地区上也表现出较大的差异性，无论在哪个行业，长三角地区的 LGD 均明显低于其他各个地区，而中部地区则在各个行业上具有较高的 LGD。从我国的实际情况来看，除行业因素外，区域因素对 LGD 的影响较大，这与国外学者的研究并不相同（Querci，2005）。

（四）PD 和 LGD 的关系

利用本书的数据，可以发现 LGD 与信用等级出现一定的负相关特性（见表 4 - 9），信用等级越高，LGD 就越低。而各种类型的不良贷款在信用等级上的分布呈现出一定的差异，信用类贷款在高等级的分布高于其他类贷款。需要强调的是，PD 和 LGD 存在一定的关系并不否定 Basel Ⅱ 的实施。由于 Basel Ⅱ 要求 LGD 的估计要考虑经济衰退（Downturn）的 LGD 水平，即在计算监管资本时要考虑最坏的 LGD 估计结果，因此，在计算监管资本时，LGD 参数可视为一个常数，而与违约概率无关，这在一定程度上减弱了经济周期对资本充足率的影响。

表 4 - 9　　　　　　　　　LGD 与信用等级的关系　　　　　　　单位：%

信用等级	LGD	按债务类型的样本分布比例（%）			
		信用	抵押	担保	抵押 + 担保
1	36.92	55.19	24.65	23.45	15.76
2	38.73	42.90	68.07	70.24	72.66
3	41.60	1.91	7.28	6.31	11.58

注：信用等级第一级包括最高的 2 个评级，第三级包括最低的 3 个评级；其余为第二级。

四、总结与讨论

上面探讨了 LGD 模型开发的关键技术问题，提出了决策树模型是适合中国银行业实际的模型开发路线，并对 LGD 模型涉及的回收标志、贴现率等核心参数的确定进行了分析和研究，系统完整地提出了 LGD 模型的解决方案。在此基础上，利用不良债项数据，设计了 LGD 模型并对违约损失率进行了实证测算。LGD 测算模型不仅考虑了回收成本的因素，而且考虑了时间因素。时间因素对于 LGD 的影响要较回收成本的高。若不考虑回收成本，LGD 的估值要低约 1%；而忽略时间价值，LGD 估值要低约 7%。可以看出，若不考虑这两项因素，有可能会低估 LGD。此外，对 LGD 的影响因素进行分析发现：与已有研究结果相似，债务类型、行业及信用评级均对 LGD 有较大的影响。但不同的是，在我国区域因素对于 LGD 的影响不可忽视，这在建立我国 LGD 预测模型时必须加以考虑。

相比 PD 模型的开发，LGD 的建模理论难度不大，但 LGD 的影响因素较多，对数据质量的要求较高。国外银行在 LGD 建模时会耗费约 80% 以上的精力在数据的清洗与整合上，笔者在本书的研究过程中深有同感。相比较而言，我国商业银行损失数据的收集与储备严重不足，数据的规范性与标准化程度不高。因此，建立损失数据及其回收成本记录、建立标准化的管理体系是我国商业银行改进风险管理的当务之急。在短期内，要完成 LGD 的初步估算，对现有损失数据的厘清、整理和补录是一个比较现实的办法。在数据积累以及数据质量大幅提高之后，决策树模型、逻辑回归模型等都可以被用于 LGD 的建模。

相对于国外而言，我国的经济体制处于转型之中，商业银行的经营管理变化较快，因此，在 LGD 建模过程考虑的因素可能会更多一些。我国商业银行在改制上市过程中进行的呆坏账剥离、债转股等行为、各个商业银行由于历史原因在区域及行业上表现出一定的专属性特点以及司法行为等因素都可能对 LGD 的建模造成更复杂的影响，批量处置、资产证券化等都会对 LGD 建模方法与样本原则产生重大影响，这就需要商业银行付出更多的努力进行研究和分析，只有这样才能建成适合我国银行业的 LGD 模型。

第五讲　违约风险敞口

违约风险敞口的概念

敞口，英文是 Exposure，大陆翻译成"暴露"，香港银行业翻译成"部位"，台湾银行业翻译成"曝险""担当"。笔者认为"暴露"的译法属于直译，"部位""担当"的译法不易理解，从其本质内涵上讲，"敞口"更为准确一些，因此本书采用"敞口"的译法。

违约风险敞口这个概念开始的时候非常让人费解，以为又产生了一个新的概念和名词，其实通俗地讲，就是贷款余额或信贷余额。准确理解巴塞尔协议提出的违约风险敞口，需要把握以下要点：

第一，风险敞口是指违约时点的本金和利息。在银行信贷管理中，一般将本金和利息分开，日常管理的对象多是本金。在巴塞尔协议中，明确将利息涵盖在内，这就需要将应收利息的数据收集起来。有的银行贷款管理系统没有应收利息数据，这是计量违约风险敞口的一个难点。

第二，可以考虑净额结算，即 netting。Basel Ⅱ 中第 188 条明确规定，可将贷款和存款的净头寸作为计算资本充足率的基础。Basel Ⅱ 提出了四个净额结算的条件：（1）在有完善法律基础支持净额结算协议的相关国家，无论交易对象是无力偿还或破产，均可实施。（2）在任何情况下，能确定同一交易对象在净额结算合同下的资产和负债。（3）监测和控制后续风险。（4）在净头寸的基础上监测和控制相关的风险敞口。

一个客户在银行同时有贷款和存款的情况是普遍的。但从这个定义看，并不能自动将贷款和存款进行简单扣减，主要原因是国内法律并不支持银行冻结或扣划客户存款，除非银行和客户之间有明确约定。

符合这种定义的，只有一个情况，就是保证金，有的贷款有保证金，保证金是可以扣减的。

扣减要考虑两个因素：一是币种是否匹配，币种折扣系数为 8%。二是期限是否匹配。期限折扣系数分为两种，第一种是交易类的期限调整为

$$H = H_{10} \times \sqrt{\frac{N_R + (T_M - 1)}{10}}$$，第二种是一般性信用保护。Basel Ⅱ 中第 143 条规定，如果风险缓释的期限比当前的风险敞口的期限短，则产生期限错配；如果有期限错配且风险缓释工具的剩余期限不到 1 年，从资本的角度则不承认风险缓释的作用。大于 1 年的，调整公式如下：

$$P_a = P \times \frac{t - 0.25}{T - 0.25}$$

$t = \min$（T，信用保护的剩余期限）

$T = \min$（5，风险敞口的剩余期限）

Basel Ⅱ 同意无论采用何种方法，都可以用净额结算后的金额作为计算资本的基础。

第三，违约风险敞口不考虑专项准备和部分核销的影响。对有些贷款，银行会计提专项准备，在会计上，往往把扣除专项准备后的贷款额作为贷款净额。巴塞尔协议对此明确不扣除，其内在的原因是巴塞尔协议将计算所有风险敞口的非预期损失作为资本要求，如果扣除专项准备，非预期损失就不全面。但专项准备超过预期损失部分可以作为二级资本。

第四，表外业务的转换系数。表外项目同样要计提资本，计提的依据是转换后的敞口金额。关于转换系数，新老协议基本相同，相关规定如下：

（1）直接信用替代，包括银行账户上的担保、作为贷款金融担保的备用信用证、承兑以及由于信用衍生出售所产生的、表现为总收益互换或者信用违约互换的金融负债。已经承诺客户、签订贷款合同但尚未支用部分，转换系数为 100%。

（2）与交易相关的或有事项，包括履约保函、投标保函、特定交易的备用信用证。转换系数为 50%。

（3）与贸易相关的或有项，已经签发或确认信用证所产生的负债、商

业汇票的承兑、已签发的提货担保，以及其他与贸易相关的或有项，转换系数为20%。

如果银行在任何时候无须事先通知就可无条件取消承诺，或者由于借款人的信用状况恶化，承诺可有效地自动取消，此时承诺的信用风险换算系数为0。

如果银行采用内部评级法，则转换系数又有所不同，采用内部评级法初级法，承诺、票据发行便利、循环认购工具的信用风险转换系数是75%。

授信额度与额度授信

一、额度授信的概念演化

"授信"这个词是中国香港、台湾地区银行业的用语，大陆一般称为信贷，英文都是Credit。从字面讲，授信就是给予信用，是指银行向客户让渡资金或信用、收取利益补偿的业务，具体包括贷款、承兑、保证、信用证、贸易融资、贴现等。有人将授信理解为"给客户授信额度"，是不准确的。

随着对外交流的增多，国内在某些场合逐渐接受了授信的提法，开始应用"授信"这个词。也有人将授信与银行内部的授权结合起来，称为"双授"。授权和授信构成了信贷管理的两大基石，在一定范围内，二者可以互相补充，使银行既能够有效控制信贷风险，又能够提高信贷服务水平。

额度授信是指银行对客户核定一个额度，在额度范围内，客户可便捷申请使用各类授信业务，这样既可以控制风险，又可以为客户提供高效服务。实施额度授信时给客户核定的额度称为授信额度。

1999年，中国人民银行正式提出了统一授信的概念。所谓统一授信，是指商业银行对单一法人客户或地区统一确定最高综合授信额度，并加以集中统一控制的信用风险管理制度，包括贷款、贸易融资、贴现、承兑、信用证、保函、担保等表内外信用发放形式的本外币统一综合授信。实施统一授信制度，做到授信主体、授信形式、授信币种、授信对象的统一。从这一定义可以看出，统一授信是银行的风险管理制度。要在四个统一的基础上，给每个法人客户确定最高授信额度，这一额度是商业银行在对单一法人客户的风险和财务状况进行综合评估的基础上确定的能够和愿意承担的风险总量。最高授信限额是一个控制限额，自然是银行内部的机密。

1. 商业银行在额度授信方面的探索。

在国内银行界，商业银行较早就开始探索建立额度授信制度。1997年中国建设银行曾制定《中国建设银行授信额度管理办法（试行）》，在该办法中，提出授信额度是"建设银行一次性授予客户，使之可在一定时期内多次便捷使用的若干种信用的控制余额"，同时明确指出"授信额度适用于流动资金贷款、贴现、承兑、保证和进出口贸易融资，但不适用于固定资产贷款、房地产开发贷款和境外筹资转贷款"。这种授信额度是公开的，用授信证书的形式告诉客户。办法提出了"以便捷的方式、简单的手续"办理各项授信业务的要求。但限于当时的认识水平和经营管理条件，没有对如何便捷地提供服务作出明确规定。

1999年，在总结商业银行实践的基础上，中国人民银行提出了统一授信的要求。额度授信的内涵也在发生变化，比如有的银行提出额度授信是"银行对客户确定一个使用各种信用的控制额度，即根据客户的资信情况、信用需求、商业银行提供资金的可能及对风险的把握，给予客户一个使用表内外形式的全部本外币信用的最高限额"，并将授信额度分为一般授信额度和公开授信额度。一般授信额度是"银行通过对每个法人客户确定用于商业银行内部控制的授信额度"，包括固定资产贷款、固定资产性质的房地产开发贷款、境外筹资转贷款、流动资金贷款、贴现、承兑、保证和进出口贸易融资。公开授信额度是"银行在对客户确定用于内部控制的授信额度的基础上，将部分授信额度向客户作出公开承诺，即给予公开额度"，同时规定对客户的公开授信额度不包括固定资产贷款、固定资产性质的房地产开发贷款和境外筹资转贷款。

2. 可循环使用额度。

2000年，中国人民银行在对中国农业银行《关于当前信贷工作有关问题的批复》中指出，银行可以运用"可循环使用信用"的形式解决客户的流动资金需要，"可循环使用信用"方式必须在统一综合授信额度内，确定一个最低综合信用额度或单项信用额度，供客户循环使用。使用"可循环使用信用"的客户应符合以下条件：一是企业信用等级较高；二是在银行开立基本账户或一般存款账户；三是符合国家产业政策，生产经营正常；四是能够落实合法有效担保手续或符合信用贷款条件。

这一批复正式肯定和提出了"循环额度"的概念，是授信额度概念的一大进展，这既是企业的需求，也是授信额度应该包含的内容。

3. 香港银行业的做法。

香港银行业一般将给客户的额度分为四类：信贷限额（Credit Limit）、承诺性便利（Secured Facility）、非承诺性便利（Unsecured Facility）和透支额度（Overdraft）。信贷限额是银行内部制定的限额，不告诉客户；承诺性便利、非承诺性便利、透支额度是公开的，对承诺性便利要收取承诺费，承诺费一般是未使用承诺额的2.5%。透支额度是给客户一个账户，当客户的结算账户未有足够资金时，可透支一定的额度。透支额度的条件比较严格，一般只给特别好的客户。

综上所述，银行推行额度授信，为客户提供额度授信服务，是银行业比较通行的做法，不仅可以有效控制风险，提高银行的信贷管理水平，而且是一种服务创新，可以为客户提供优质的服务，提高服务效率。国内的实践表明，建立和实施额度授信制度是一个逐步发展的过程，商业银行很有必要及时总结实践经验，结合不断发展的客户需求，丰富和完善额度授信的概念，更好地做好额度授信工作。

二、授信额度的划分

前面讲述了授信与额度授信概念的发展过程，可以看出两者是不同的概念。授信是给予客户信用，按银行是否提供资金分成两类：一是给客户提供资金融通，如各类贷款；二是银行让企业用自己的信用来开展业务，比如银行承兑汇票、保函。而额度授信也有两方面含义：一是授信品种，客户可在额度内方便使用各类信贷产品，比如贷款、承兑、保函、信用证和贸易融资等；二是内部管理方式，信贷管理从单纯单笔业务过渡到额度的管理，不是和客户一笔一笔谈，而是考虑最多能提供多少额度。在银行管理实践中，经常有一些误解，主要有：第一，有人认为授信额度是全信用、无担保、无抵押，这不是绝对的。第二，认为授信授权相矛盾。如客户授信额度大，分行授权小，认为二者是矛盾的。授信额度是在分行管辖范围内给予特殊客户相对较大的额度，可理解成一种专项授权，并不矛盾。第三，认为授信之后就不用审批，一授了之，放松后期管理。授信之后还要有一定的程序，不能取消全部审批程序，否则风险比较大。

在具体方案设计上，授信额度至少应该包括五个层次：

第一个层次是授信限额，或者称为授信控制量、一般授信额度。这一额度是银行在对客户综合评价、确定客户承贷能力的基础上，结合银行自身的实际情况确定的限额，这一限额是银行内部的机密，不可告诉客户。而且对客户核定授信限额，是银行的一项重要基础工作，不需要客户主动配合，提供相关资料。在授信限额内，各种具体授信形式的发放仍应由信贷管理部门逐笔审批。

第二个层次是非承诺性额度。这一额度是银行在与客户协商的基础上，公开告诉客户但不承诺提供的额度。这一额度可以通过授信证书、银企合作协议等形式明确下来。因为是非承诺性的额度，客户不需要为这一额度提供担保，但额度的使用需要根据具体业务按银行内部的规定办理，具体审批权限可根据客户信用情况、业务风险大小区别对待。

第三个层次是承诺性可循环额度。这一额度用于优质客户的周转性资金需求，银行与客户签订有关的额度合同、额度担保合同，办理担保手续。审批后额度使用时，由经办行审查提款条件，符合条件的直接办理相关业务。此类业务应该收取承诺费，在目前国内贷款不允许收取承诺费的情况下，可采取利率上浮的方法获取相应的风险补偿。

第四个层次是承诺性不可循环额度。这一额度用于满足优质客户的固定资产贷款需求。与目前的贷款承诺书不一样，这种承诺性额度是银行将单一客户的多个具体固定资产项目集中调查、审批。在承诺额度内，在特定期限内，对特定的项目，客户可自由方便地提款。这种不可循环的额度也需要收取一定的承诺费或利率适当上浮。

第五个层次是透支额度。透支额度仅适用于某些特别好的客户，满足其日常结算的需要。目前要开办此类业务，需要专门的会计核算办法、透支额度合同等相关制度文件。

表5－1简单归纳了五个层次额度的区别。

表5－1　　　　　　　　　　　五个层次额度的差异

	适用对象	用途	期限	担保	利率	提款
授信限额	所有客户	银行风险控制	一般一年一定	不需要	双方协商	按正常程序
非承诺性额度	有良好合作的客户	各类资金需求	一般一年一定	不需要	双方协商	适当简化程序
承诺性可循环额度	优质客户	周转性资金需求	一般一年一定	信用/担保	承诺费或利率上浮	经办行直接提款
承诺性不可循环额度	固定资产贷款需求较多的客户	固定资产项目	根据实际需求确定	信用/担保	承诺费或利率上浮	经办行直接提款
透支额度	黄金客户	日常结算	一般一年一定	信用/担保	承诺费或利率上浮、结算费	经办行

三、授信额度的确定与管理

1. 测算授信额度的思路。

确定企业的授信额度是一门艺术，既需要一定的计量工具，更需要专家的判断，需要根据客户的债务负担能力、需求、银行对客户的授信政策等因素综合确定。这里仅就确定授信额度的技术问题做一讨论。

核定客户授信额度的理论一般是围绕公司债务结构展开的。一个企业不能过度负债，高负债企业的经营行为跟正常企业不一样。在高负债下，明知是一个高风险项目，企业仍会去投资。因为在困难情况下，上马新项目还有一线希望，不投资彻底没戏。投资失败了，大部分损失由债权人承担，这是一种常见的现象和心态。因此，企业的资产负债率和财务杠杆不能过高。这个观点是银行信贷经营的"黄金法则"，既是很多失败案例的经验总结，也是银行业普遍接受的共同法则。

难点在于对一个特定行业、企业而言，其最高的负债率很难从理论上推算出来，但我们可以通过对行业、企业的研究得出经验判断值，在实际中通过逐步调整的方式来确定最高的财务杠杆。

假设事先确定的企业最高财务杠杆为 K，乘以净资产 E 就可得出企业不能超过的负债量，即 $K \times E$，这就是银行可以提供的最大授信量，即总控制额度。银行一般会对这一额度进行调整：

第一，将净资产调整为有效净资产，即能保障银行债务的资产。企业资产负债表上有大量无效资产，如无形资产、待处理资产，要把这些资产减掉，把净资产调整成有效净资产。

第二，好企业和差企业要有所区别。可用信用等级进行调整，一般每一个信用等级定出一个调整系数，范围为 $0.8 \sim 1$。对最大负债量进行调整，计算公式：$CL = E \times K \times V$。

第三，考虑银企合作策略。一个企业的融资需求不能由一家银行提供，银行要综合考虑银企合作历史、客户综合贡献度、未来的信贷策略等，对信贷总量进行调整。

上述方法也存在一些瑕疵，因为企业还贷能力是由未来现金流量决定的，而不是目前的资产负债率。授信额度应该等于未来可用偿还本息的现值除以贷款利息，即贷款额度要小于或等于可还贷资金。这种方法看上去比较完美，但实际应用存在很大困难，第一，对企业未来现金流的估计很困难，这就导致授信额度建立在一个不可靠的基础之上。第二，折现率也很难确定。因此这种方法应用的不很普遍。

核定授信额度还有一个限制条件，流动比率不能小于1，因为一个企业流动比率小于1则意味着企业短贷长用，这是危险信号。因此企业目前流动资产加上短期授信额度，除以短期负债加上短期贷款，必须大于1。

2. 额度授信管理中的争论。

推行额度授信这种管理模式对提高信贷流程效率、控制风险起到了重要平衡作用，但在实践中也存在一些争论，比较典型的争论有：

　　第一，额度使用的审批问题。一种观点认为"对客户的授信额度应当视同对该客户的特别授权，在授信额度内办理各项业务，由经办行信贷经营部门报主管行长审批即可"；另一种观点认为"授信后具体业务仍然需要审批，依据客户信用等级的高低以及信贷业务风险的大小，由不同层次的审批人会议审批"。其实这两种观点并没有本质区别，核心在于审批的方式。笔者认为在额度审批比较完善的情况下，可以简化额度项下支用的审批。

　　第二，固定资产类贷款是否可纳入公开授信额度的问题。一种观点认为"固定资产贷款与流动资金贷款的一个区别就是固定资产贷款执行国家计划。而随着投融资体制的变化，国家的指令性计划已经大大减少，而且企业都是在综合利用资金，除单纯的项目公司外，很难区分企业资金的实际用途，因此应该将固定资产贷款纳入公开授信额度"。另一种观点认为"固定资产贷款期限长、风险较大、政策性强，不能全部纳入公开授信额度，但对重点优质客户，在一定条件下，可将固定资产贷款纳入公开授信额度"。笔者认为将固定资产类贷款纳入授信额度应该不是问题，前提是对客户、项目有详细认真的了解和评估。

　　第三，公开授信额度是否需要签订合同的问题。一种认识认为"公开授信额度仅仅是银行对客户授信需求的公开表态，是单方面的，不具有约束力；如果签合同，则成为一种公开承诺，对商业银行的资金、管理带来困难，因此公开授信额度不需要签合同"。另一种观点认为"客户每次签合同、办抵押，不仅占用大量的人力物力，而且成本和费用较高，因此客户迫切希望能够签一个总合同，每次用款不再签单笔合同，基于这种需求，公开授信额度应该签合同"。这一问题应该围绕客户和市场需求确定，要综合平衡风险和收益，在合同中明确额度支用的条件和方式，不能简单化处理。

违约风险敞口模型的开发

　　违约风险敞口与当前信贷余额的概念有所不同。违约风险敞口取决于两个因素：第一，从现在看，未来一年后是否违约。第二，如果违约，风险敞口是多大。对银行而言，主要有三类产品存在违约风险敞口的问题。

第一类是一次性按期限还款的信贷产品，这类产品有明确的期限和还款计划，还款方式可以多种多样，如一次还款、本息均摊、按季/月还款等。银行大部分的信贷产品，如流动资金贷款、固定资产贷款、个人按揭贷款等都属于这一类。按照定义 $EAD = \dfrac{\text{违约时的敞口}}{\text{非违约时的敞口}}$，对这一类产品，EAD 的比率接近 100%，一般都可以用当前的风险敞口作为违约风险敞口。

第二类是循环额度。即银行给客户一个额度，客户可以根据需要提取支用额度。因此在不同的时点，客户支用的额度是不同的，违约风险敞口也是变化的，比如信用卡的循环额度、给公司客户的透支额度等。一般定义 $EAD = \dfrac{\text{违约时的敞口}}{\text{额度}}$。

开发循环贷款 EAD 模型的步骤与违约概率模型的步骤是相近的，一般分为样本数据清洗、单变量分析、模型构建、校准、验证等几个环节。

第三类是表外业务，比如保函、信用证、承兑汇票等。这类业务客户违约时会形成垫款，违约时的风险敞口与表外业务的名义余额有很大的差异，形成 EAD 的比率一般与下述因素有关：

（1）开户时间，即客户在银行开户的时间长短。统计表明，开户在 6 ~ 12 个月的客户违约时，形成 EAD 的比率最高，一般在 50% 左右。

（2）保证金。无保证金业务的 EAD 比率远高于有保证金的 EAD 比率。一般来讲，80% 无保证金业务在违约时都会形成垫款，平均垫款比率为 45%；而有保证金业务仅有 20% 会形成垫款，平均垫款比率约为 10%。

（3）贷款类型。统计表明，国内银行银行承兑汇票的垫款率在 45% 左右，远高于信用证、保函等产品。

（4）行业。批发零售业、纺织、钢铁等行业的客户违约时，表外业务的垫款比率较高，违约时有 70% 的此类客户的业务会有垫款，垫款比率在 50% 左右。

（5）企业类型。尽管在市场经济中企业的所有制成分并不反映企业的信用情况，但在转型条件下，不同所有制还是表现出不同。相对来讲，民营企业的垫款率较高，这一指标可以有效区分垫款率高低。

（6）LTV 值，即贷款余额/担保品价值。LTV 值越小，说明风险缓释措施充分，相应垫款的比率较低。需要说明的是，符合信用条件的客户往往是优质客户，这类客户违约的概率较低，即使违约，其平均的 EAD 也较低。

在开发此类模型时，一般是把样本按变量进行分组，并进行虚拟变量的转换，再进行多元变量分析。

第六讲　市场风险管理

市场风险的管理逻辑

市场风险管理是个新生事物，巴塞尔协议从 1996 年开始引入市场风险监管资本概念。Basel Ⅱ 第一支柱里的三大风险包括信用风险、市场风险和运营风险；同时协议要求银行建立全面风险管理体系，涵盖信用风险、市场风险、运营风险、声誉风险、战略风险、流动性风险等。市场风险管理逐渐成为银行全面风险管理的重要组成部分。

一、市场风险管理的内涵

市场风险是指因利率、汇率、商品、股票等价格变化导致银行受到的损失。对于银行来讲，防范市场风险就是要防范与其资产、负债密切相关的产品价格的波动，这些因素主要包括：

利率。既包括国内的存款利率和贷款利率，也包括国际上的各种利率。

汇率。即各个国家货币价格的变化。银行在日常经营中，会吸收外币存款，也会发放外币贷款。经营过程中的外币资产和负债都会受汇率波动的影响。

股票价格。虽然当前我国《商业银行法》不允许银行持有企业的股权，股票价格波动对商业银行的影响较小，但是这种影响也不可忽视。

商品价格。与银行联系比较紧密的大宗商品主要有黄金、白银、铂金、铜等。近两年，国内银行都在大力推动贵金属业务，相关产品发展较快。

期权价格。期权是未来的一种选择权利，银行的很多产品都涉及期权或带有期权属性。如近期推出的人民币外汇期权的代客交易，银行代理客户做这种交易的同时，自身也受到其价格波动的影响；某些带有期权特征的存款贷款，比如比较常见的个人住房按揭贷款，由于经济条件的改善，客户可能会提前还款，这种或有属性就类似于一个期权。数据显示，一般20年的个人住房贷款还款时间不会超过10年，6~7年是提前还款的一个高峰期。

以上这些价格波动，就是市场风险。那么市场风险管理，是不是就是管理这些价格的波动呢？从经济学理论来看，价格波动一般由供需关系、中央政府管控等因素决定。对于银行来讲，管理这些价格的波动，已经远远超过一家企业的能力范围，但是银行却可以通过防范这些价格波动对自身造成的影响，从而实现市场风险管理。

二、市场风险与信用风险的区别

（一）市场风险与信用风险有很大的不同

第一，市场风险与银行的资产负债结构有直接关系，而信用风险一般仅与特定资产有关系。比如，贷款有信用风险，但信用风险与发放贷款的资金来源没有关系。市场风险则不一样，发放一笔贷款，约定每年按照固定利率付息一次。如果资金来源是一笔固定利率存款，则当市场利率发生变化时，银行的收益没有变化；如果资金来源是浮动利率存款，则当利率上升时，银行的成本上升，贷款收入不变，利润减少。所以银行的市场风险与资产负债结构有关系。

第二，市场风险的变化更为直接，信用风险的变化则比较缓慢，甚至具有隐蔽性。利率、汇率、商品、股票价格在交易时每分、甚至每秒都在变化，而借款人的还款能力和还款意愿变化非常缓慢，等人们发现时，往往有种突然的感觉。所以在会计处理上，市场风险与信用风险采用了不同的方式。对有市场价格参考的资产，往往倾向于采用盯市 Marked - to - market 的方法，以公允价格记账。对贷款，则因没有可参考的市场价格，一般采用历史成本计账。

第三，市场风险对应的衍生性资产较多，而信用风险对应的工具一般是基础性资产。因为交易性基础资产（如股票、债务）流动性好，基于这些流动性资产，市场上创新了很多衍生产品，比如期货、远期、期权、互换等。衍生产品的复杂性会进一步放大市场风险。对交易性工具，尤其是柜台交易（OTC），同样存在交易对手违约的风险，专业术语称为交易对手的信用风险。

第四，市场风险的管控具有被动性的特点。利率、汇率、商品价格波动是宏观经济、市场供求力量等多种因素的综合表现。银行无力或者不可能控制，多数情况下只能选择被动接受，所以市场风险的管控具有被动性，银行更多的是管控敞口，即将受市场风险因子影响的敞口调整为零或控制在限额内。

（二）正是因为市场风险和信用风险存在上述不同特点，市场风险的管理与信用风险的管理存在较大的不同

第一，市场风险通常按照交易的不同目的划分为不同的账户，针对账户的不同采取不同的管理措施。对以交易为目的、短期持有的金融工具，划分为交易账户，其他则划分为银行账户。对交易账户主要从价格波动上管理市场风险，对银行账户则更多的是从资产负债结构安排上管理市场风险。

第二，市场交易频繁，因此积累了大量的数据，通过对数据进行分析，形成很多市场风险管理的定量工具，比如久期、风险价值、收益率曲线、DV01 等。

第三，信用风险更加强调单笔的概念，要对每一笔业务的情况进行分析和管理，而市场风险更强调组合的概念，从总体上分析市场风险的大小。

三、国内商业银行市场风险管理情况分析

2006—2007 年，国内银行开始探讨怎么做好市场风险管理，处于边实践边摸索的过程。2008 年国际金融危机的发生，使中国银行业认识到市场风险不可小视。可是如何进行市场风险的管理，则基本上无从谈起，例如，运营风险也一直在管理，但总感觉抓手不是特别有效，对于防范风险事件，往往很难起到立竿见影的效果。

尽管如此，在过去几年内，国内银行的市场风险管理也取得一定进展，并形成了三个基本特征：

1. 以金融市场业务管理为主。这也符合一般的直觉认识。讲到市场风险管理，国内银行都把其与金融市场业务管理紧密联系在一起，国内大型银行的市场风险管理部门通常主要针对金融市场业务进行管理。

2. 以应对危机为主。近几年，从次贷危机到2008年国际金融危机，再到衍生出的欧债危机，银行的市场风险管理的很大一部分精力都用在应对这些危机上。次贷危机时，银行对其出风险的证券化债券进行管理；金融危机之后，雷曼等美国一些大型金融机构破产了，债券价格明显下跌，银行又在考虑如何处理这些债券，再后来发生衍生产品垫款的情况，市场风险管理又面对垫款问题；欧债危机出来后，市场风险管理的重心又转移到处理欧元区债券上，应对国别风险。所以说，中国的市场风险管理主要就是应对危机。

3. 以实施巴塞尔协议为主。巴塞尔协议要求市场风险要为计量资本提供支持，在总行层面，须将所有的资产进行账户划分，分成交易账户和银行账户。简单来说，交易账户包括银行通过博取价差来获取利润的头寸，银行账户包括银行长期持有以获取固定收益的头寸。举例来说，银行为了获取价差，短期持有央票、美国国债等，今天买、明天卖，这些债券就应该放在交易账户；投资3年期、5年期的武钢债券，定期收取利息，到期后收回本金，这种债券应该放在银行账户。巴塞尔协议规定：由于银行账户是通过收取本金利息长期持有，不必计量受价格波动的影响，因此不必计量市场风险资本，只需计算信用风险资本；交易账户时刻受价格波动的影响，必须同时计量市场风险资本和信用风险资本。银行为实施巴塞尔协议，就要建立相关的数据集，把交易账户和银行账户划分清楚。对交易账户要记录每天市场价格波动，将盈利状况排序，算出所谓的风险价值（VaR）。如果风险价值是100万元，就需要为这100万元的损失而持有一定的资本。

虽然存在上述三个特征，但是随着国内银行对市场风险管理认识的加深，目前市场风险管理正在逐渐回归一种常态，就是在非危机时期，在正常情况下，银行应该如何管理价格波动风险。

市场风险管理架构设计

一、治理架构

对市场风险管理的架构设计有两种思路，一种思路认为市场风险管理主要是资产负债管理范畴，从结构性角度管理市场风险。基于这种认识，市场风险是资产负债委员会的职责，在资产负债条线建立市场风险的管控架构。另一种思路认为市场风险管理是全面风险管理的一部分，是风险管理委员会的职责，在风险条线建立市场风险的管控架构。

这两种思路都有一定道理，具体采用哪种方式取决于银行自身的历史、资产负债结构、管理重点等。也有一些银行采用一种折中的处理方式，比如 2009 年美国某银行董事会成立了企业风险委员会（Enterprise Risk Committee，ERC），负责董事会层面的风险管理，其主要职责是银行层面各类风险的综合管理（为强调信用风险的重要性，该银行还单独成立了信用风险委员会）。委员会成员为董事会董事，由独立董事担任委员会主席。成立这个委员会的目的是平衡风险与资本的关系，进一步加强银行层面的整体风险管理，尤其是流动性风险、市场风险、声誉风险、模型风险的管控。

在管理层层面，上述美国某银行成立了三个层次的委员会管理市场风险：第一个层次是资产负债委员会（Asset Liability Market Risk Committee，ALMRC），成员有首席财务官、投资总监、司库、会计总监、首席风险官、金融市场业务总监、全球财富管理总监、房屋贷款业务总监、消费和小企业业务总监、信用卡业务总监、国际业务风险总监等。资产负债管理委员会每个月开一次会。

第二个层次是全球市场风险委员会（Global Markets'Risk Committee，GRC）和风险督察委员会（Risk Oversight Committee，ROC）。全球市场风险委员会具有沟通信息和决策两种职能，主要任务是对影响全球市场业务的信用风险、市场风险进行整体性、前瞻性的管理，提出积极的缓释风险的战略。审批职能包括：（1）审批年度市场风险限额。（2）年度限额以外新的、永久性市场风险限额和例外限额。（3）新的市场风险政策和模型验证政策。（4）新产品委员会提请审批的新产品或新业务。（5）审批市场风险管理委员会会议纪要。（6）每年审议委员会成员名单。（7）每年审议委员会章程。审核职能包括：（1）新增加的临时性风险限额。（2）每个月批准的非标准交易和新产品报告。（3）财务部门关于全球银行和市场部门的估值调整、模型保有情况。（4）信用组合情况，包括对冲基金敞口、信用压力情境和交易对手信用风险敞口。（5）信用风险例外报告。（6）评估全球市场业务历史情境、假设情境的恰当性，提出新的假设情境。（7）返回检验的突破情况。（8）VaR 模型方法的重大变化。（9）模型验证指导委员会的成员变化。（10）声誉风险委员会提出的审议事项。信息交流内容包括市场环境、风险轮廓和每个交易员的收益分析。全球市场风险管理委员会负责向资产负债管理委员会提出需要采取的行动、措施和需要提请审批的事项。

全球市场风险委员会由全球市场风险官担任主席，成员包括全球银行和财富风险官、中东欧非市场主管、全球市场副主管、财务、法律、合规、审计、运营、技术和全球市场业务线主管。委员会成员由委员会主席提名，每次有 50% 的成员出席即可开会，但必须有风险管理、全球市场、财务、法律和合规部门的成员参加。全球市场风险管理委员会每个月第一个星期四开会。

第三个层次是全球市场风险委员会下设委员会，分别为声誉风险委员会、模型验证指导委员会、新产品委员会，新产品委员会下设风险论坛。

新产品委员会（New Product Committee，NPC）的主要职责是审批特别复杂或者全新的产品、新的业务、非标准和复杂交易，确定需要提交全球市场风险管理委员会和声誉委员会审议事项。新产品委员会由全球市场风险官担任主席，成员包括财务、法律、合规、税务、风险管理、司库、全球市场业务运营官、中台、技术等部门负责人，每个月开一次会。

声誉风险委员会（Reputation Risk Committee，RRC）由全球银行和市场业务法律官担任主席，成员包括财务、合规、银行风险、市场风险、国际业务、金融市场业务运营官、全球组合战略、投资银行、商业银行、资本市场、业务解决方案等部门负责人或者主管。声誉风险委员会根据需要开会，审批风险论坛因为声誉风险提请审议的产品、交易或者业务。

模型验证指导委员会（Model Validation Steering Committee，MVSC）的主要职责是确保模型验证政策持续合规，由定量风险部总经理担任主席，成员包括风险管理、模型验证员、信用分析师、市场风险方法论、财务、审计、中台、财务定量分析和业务条线的专家组成。模型验证指导委员会每个月都召开会议（见图6-1）。

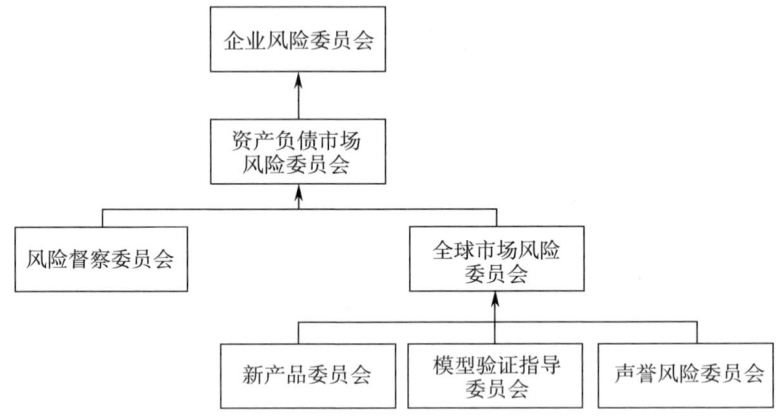

图6-1　美国某银行市场风险治理架构

从这个例子可以看出，在董事会层面，市场风险属于风险管理范畴；在管理层层面，由资产负债委员会统筹管理；在具体的管控层面，又由单独的市场风险管理委员会负责。资产负债与风险相互交叉在一起，这也反映了市场风险管理的复杂性。

二、市场风险管理部门的架构

市场风险管理部门的设置存在三种模式：第一种是在风险板块成立市场风险管理部，负责市场风险管理，与资产负债、金融交易部门相独立。第二种是在资债部门成立市场风险部，与资产负债管理紧密结合。第三种是市场风险管理部门负责交易业务的风险管理，资产负债部门负责结构性风险的管理。尽管存在上述差异，但有如下共同的趋势：第一，金融工具的交易、风险管理、估值、清算等职能相互分离，增强业务或者部门之间的制衡性。第二，加强风险的统一管理，将市场风险作为一种独立的风险类别进行管理。资产负债管理不能替代市场风险管理，银行需要从风险的角度识别、计量、管理市场风险。

市场风险管理部门一般要包括以下职能：

第一，各交易产品线的市场风险管理，比如固定收益、外汇、信用产品等产品线，都要设置专门的风险管理岗位进行管理。对于常规性的交易，原则上由IT系统自动监控管理，并自动生成报表，风险管理人员主要关注非常规性的交易。在美国某知名银行，98%的业务都为常规性交易，大约有2%为非常规性交易，这2%的交易主要为一些新的产品。该银行业务线风险管理部按照业务产品类别和职责划分为八个处室：房贷产品处、信用产品处、利率和汇率产品处、权益和商品处、新产品管理处、自有交易和CVA分析处、企业风险压力测试处、中东和欧洲非洲处。

第二，交易对手信用风险管理。上述美国某银行交易对手和发行体风险管理部分为五个处室，分别为全球按揭产品处、全球交易对手处、全球发行体/不良投资处、全球结构性产品/总收益互换/中间市场处、全球对冲基金/私人银行处。

第三，组合策略与风险计量。主要职责是确定全行的市场风险管理总体目标，识别和计量风险，管理全行市场风险边界；集中掌握、监控、报告全行市场风险状况，沟通风险状况和缓释风险，确保风险状况得到及时有效的沟通并得到恰当的管理；制定市场风险管理政策；报告风险和评估绩效，开展市场风险管理培训等。上述美国某知名银行在市场风险部设立了全球组合战略和定量分析部（Global Portfolio Strategy and Quantitative Analysis，GPS），这是一个核心部门，负责该银行公司和金融市场业务组合的管理、模型的开发和验证。该部门分为六个处室，分别是市场风险分析处（设在纽约）、固定收益和利率产品模型验证处、其他产品模型验证处、信用敞口计量及集中度管理处、信用组合战略分析处、数据质量管理处。

第四，交易业务的运营与合规风险管理。该银行市场风险部门运营风险与合规管理职能分为11个处室，分别为香港合规和运营风险处、政策风险分析处、商业银行合规和运营风险处、投资银行合规和运营风险处、公司业务/金融市场业务合规和运营风险管理处、公司业务/金融市场业务合规和运营风险监督处、系统测试处、组合战略合规和运营风险处、监管合规分析处、中东与欧洲合规和运营风险处、亚太合规和运营风险处。

第五，业务支持和风险报告，主要包括业务分析、风险报告、业务运营及支持等。该银行的这个职能共分为风险治理政策处、报告处、变革管理处、项目管理处、组合分析处、会计处、业务支持处。

要想很好地平衡交易收入和风险，需要一定数量的风险管理人员，一般风险管理人员与交易人员的比例在 1:4 到 1:5。一个风险经理支持 3 ~ 5 个交易员的交易行为，比如美国某银行市场风险管理人员有 565 人，前台交易人员的数量有 2000 人左右。

市场风险管理流程

一、一般交易流程

市场风险管理流程分为两类，一类是对交易过程的风险管理和业务支持，主要包括限额管理、交易系统、估值、风险监测与报告等，这些活动要介入交易流程中。第二类是政策管理，主要包括研究市场、提出组合风险政策与限额、提出风险与收益平衡目标等，这些活动与交易相对独立，频率低一些，一般由风险部门主导。

从价值管理的角度，上述两类流程应该进行一定整合，即以交易和价值链为主导，合理界定风险管理职责，确定风险管理流程。图 6 - 2、图 6 - 3 是某银行在 2006 年前后，组织 60 余人，用了三个月的时间梳理了资金交易业务和相关风险管理端到端的价值链流程图（End to End Value Chan），其中图 6 - 2 主要反映资金交易业务中的风险控制环节，图 6 - 3 全面反映了银行资金交易业务的内容和具体工作，也反映了市场风险管理在整个流程中增值的过程。

上述流程主要分为四大部分：客户关系管理、客户服务、风险及资本

客户选择与准入	新产品审批	模型验证	限额管理	数据质量	风险计量	风险监控	风险报告

端到端关键流程

• 平衡收益与风险 • 建立尽职调查标准 • 建立最低材料要求 • 审核材料 • 审批风险偏好（信用风险额度）	• 建立新产品政策 • 组织风险论坛，推动新产品流程 • 交易后重检和报告	• 建立模型验证程序 • 开发模型 • 模型验证 • 管理已审批通过的产品和模型	• 审核风险偏好 • 启动市场限额程序 • 市场风险限额监控报告 • 信用风险限额监控报告	• 获得头寸、交易、市场和相关数据 • 验证数据的准确性和完整性	• 计算市场风险敏感性 • 计算交易对手信用风险敞口汇总敞口、实施净额结算 • 计算发行体风险敞口	• 每日监控风险敞口和指标 • 向业务条线建议风险对冲策略	• 编制和发送交易台面的报告 • 将敞口数据、风险经理评价信息导入中央数据库 • 生成跨交易台报告 • 专题分析

职责	业务条线 风险条线	业务条线 风险条线	业务条线 风险条线 审计	风险条线	业务条线 中台 风险条线	业务条线 风险条线	业务条线 风险条线	风险条线

图 6-2 资金交易业务风险控制流程

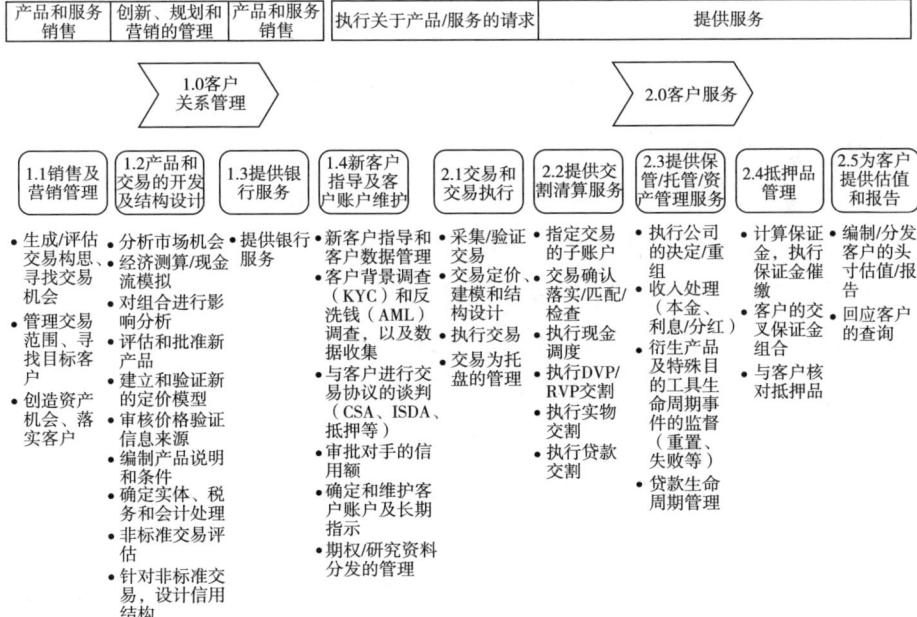

图 6-3 资金交易业务端到端价值链流程图

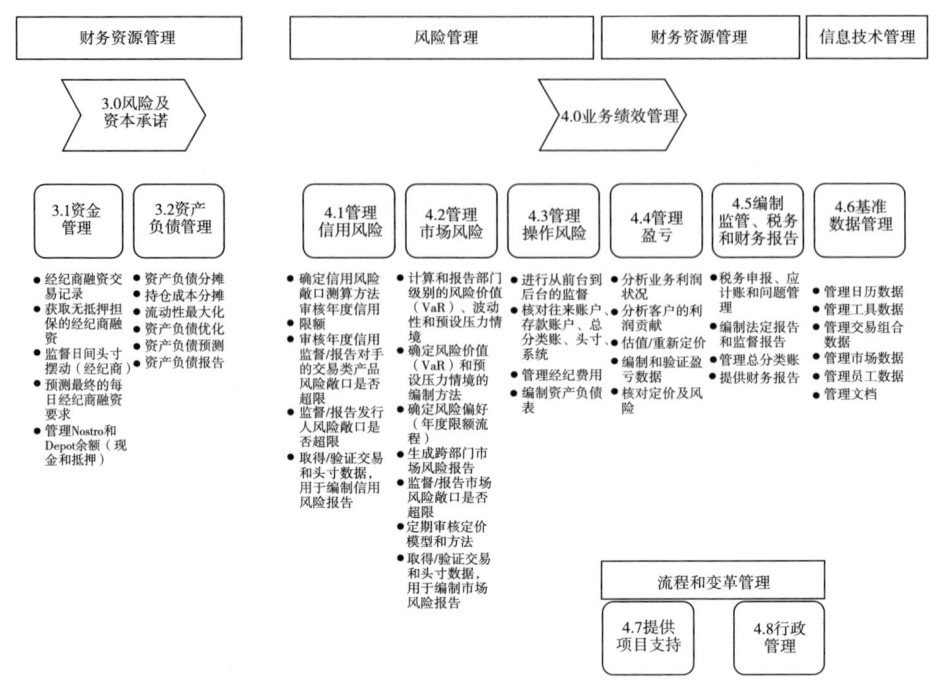

图 6-3　资金交易业务端到端价值链流程图（续）

承诺和业务绩效管理。

1. 客户关系管理。包括销售及营销管理、产品和交易的开发及结构设计、提供银行服务、新客户指导及客户账户维护四个步骤。

风险部门在此阶段要进行客户背景调查（Know Your Customer），调查着重从客户的信用状况着手，全面深入地了解客户的财务状况等信息，完成内部信用评级。内部评级完成后对客户进行授信，评级与授信规模须一致。对于比较复杂的交易，即使是客户希望进行交易，银行也要从客户风险偏好、客户风险承担等方面，审核该客户是否合适以及是否有能力进行该笔复杂交易。

2. 客户服务。包括交易和交易执行、提供交割清算服务、提供保管/托管/资产管理服务、抵押品管理、为客户提供估值和报告五个步骤。该部分流程主要由交易部门执行。

3. 风险及资本承诺。包括资金管理、资产负债管理两个方面。该部分流程主要由资金交易部门和司库（Treasury）部门执行。

4. 业务绩效管理。包括信用风险、市场风险、运营风险管理，损益管理，编制监管、税务和财务报告，基准数据管理等内容。风险管理部门承担这 6 个步骤中的大部分环节。

二、估值流程

金融市场业务最大的特点是其交易产品大部分有相对公开透明的价格，能够每天甚至每时每刻对产品的价值进行重新评价，为交易决策、风险管理、财务核算提供基础，因此估值是金融市场业务重要的管理活动，也是市场风险管理的重要内容。

关于估值，第一个问题是由谁来估值。有三种意见，第一种意见认为应该由中后台估值。交易部门认为自己的主要任务是交易，负责估值既麻烦，又没有独立性，自己不能给自己估值。第二种意见认为应该由财务部门估值。财务部门需要了解交易的盈亏情况，理应财务部门估值。有的银行财务部门会认为自己是使用估值结果的部门，不负责估值。第三种意见认为应该由风险管理部门估值，这样能够保持估值的独立性。有的银行风险管理部门会认为财务部门应该负责估值。

三种意见都从不同侧面反映了估值应该坚持的原则和参与的程度。综合国内外银行的实践，估值的牵头承担部门分为两种：

第一种是财务部门。这种体制安排突出了估值与损益的联系，由财务部门给出独立的价格判断。国际上银行大多采用这种安排。经常遇到的问题是财务部门对某些复杂交易产品缺乏估值能力。

第二种是风险部门。风险部门负责估值既保证了估值的客观性，也发挥了风险计量的长处。这种安排遇到的问题是估值模型验证需要另外的部门负责。

无论是谁负责牵头估值，交易部门自己都要进行估值，自己要知道盈亏，这样才能更好地开展交易。从这个意义上说，估值是一个前中后台共同参与的过程。

关于估值的第二个问题是如何进行估值。不同产品的估值方法差异很大，对固定收益类产品，主要采用现金流折现的方法，因为现金流利率与折现利率不同，价格发生变化，可以采用市场上的成交价格进行估值。这种方法的问题在于成交价格是否有代表性、交易量是否活跃，否则可能发生误判。在金融危机期间，很多债券价格没有成交或者有成交时价格很低，按照这种方法估值，很多银行的资产严重缩水。

对外汇类交易，汇率的可获得性很强、被操纵难度大，一般可以直接从市场上抓取相关数据，直接对外汇交易进行估值。

对衍生产品交易，一般需要采用估值模型。估值模型一般由交易部门或者财务部门开发，风险管理部门对这些模型进行验证，验证通过后，采用这些模型定期进行估值即可。

具体的估值流程安排如下：第一步是数据下载，要保证下载数据的准确可靠。交易头寸数据取自银行资金交易业务系统，市场数据来自外部机构。第二步是完成估值。能够自动完成的，在系统中完成估值过程；不能自动完成的，要进行估值确认。估值频率一般根据产品特点、交易特点和风险特点确定。风险高的，估值频率要高一些；市场活跃的，估值频率也要高一些。第三步，估值结果的使用。风险管理部门基于估值结果进行VaR计量和交易对手风险敞口计量，财务会计部门进行损益核算（见图6-4）。

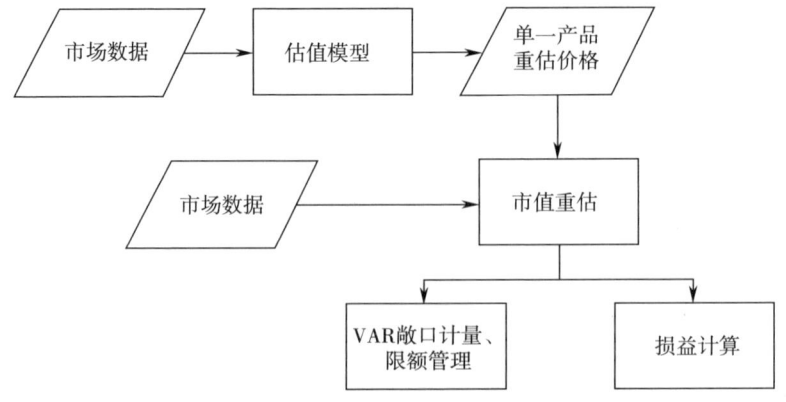

图6-4　资金交易业务的估值流程

新产品审批

交易业务的量很大，种类很多，风险管理不可能取代交易部门自身的管理，因此在管理重点上应该有所区分和侧重，加强新交易的管理是重要的着力点。

一、非标准交易的概念

非标准交易是指与已经审批产品或者产品类别有显著偏离的一个交易或者一组交易。非标准交易一般都具有如下的一个或者多个特征：

1. 不能按照现有的政策、程序、模型输入现有的操作或风险管理系统，比较典型的情况是需要通过扩展表格的方式向现有的系统输入多笔交易。

2. 需要改变现有的财务、风险、操作系统，并且需要人工干预系统操作。

3. 因为附加了复杂或独特特征的某个客户的结构性交易。

4. 需要利用或者建立一个表外的特殊实体。

5. 交易含有较高的声誉或者法律风险。

6. 定价或者对冲模型的复杂性超出了现有风险管理系统。

7. 含有杠杆、多种资产类别、延期支付、嵌入期权等因素的非标准现金流。

8. 不寻常的条款或者条件。

9. 独特的或者客户特定的处理安排。

10. 监管、税收或者会计敏感。

11. 在一个新国家的交易。

12. 包含有一种新的担保。

13. 不按照市场价格交易。

14. 不能按照标准协议文本记录交易。

15. 货币没有得到批准。

16. 交易的期限超出了批准的年限。

业务部门负有识别判断一个交易是否是非标准产品的职责，业务部门应该经常和风险管理部门沟通产品特征，对产品风险保持足够警惕。风险管理部门负有监控新交易的职责，即使业务部门没有提出，风险管理部门也应该及时发现并提出审批要求。

二、新产品/新交易

新产品是指因为期限、币种、区域等因素不同于现有产品，需要审批的非标准交易。比如：（1）市场上新出现的交易品种。（2）新的创新所有权，比如应该考虑知识产权的专利、商标。（3）非标准交易成功交易，不再认为是非标准交易。（4）业务部门从来没有交易过的产品。（5）所在区域从未交易过的新产品，如亚洲、欧洲等。（6）业务部门用于套期的产品。（7）已经批准产品的修改。

具有操作性的判断标准是经过审批的交易名单，凡是交易名单上没有的产品都是非标准交易。非标准产品交易和新产品的区别在于与现有产品的差异程度。非标准交易往往是年限等方面的微小改变，如10年期债券是已审批产品，12年债券可以认为是非标准产品，超过15年是新产品，年限标准一般由业务人员、风险人员讨论确定。这些非标准交易经批准交易后，风险部门要进行监控和报告。

三、新产品审批部门

一般来讲，新产品由风险部门牵头组织审批，具体形式一般采用专家委员会的方式集体决策。比如美国某银行设立了新产品委员会，负责所有新产品的审批。新产品委员会一般由各相关部门的负责人组成，每月召开一次会议。为了提高对业务的支持响应效率和专业水平，新产品委员会成立了多个风险论坛，一般一个业务线组建一个风险论坛，比较复杂的业务线会组建2~3个风险论坛。风险论坛的组成部门与新产品委员会的组成部门基本一致，但人员通常是一些资深专业人员，由风险部门负责人或者产品线风险经理担任牵头人。

风险论坛的主要职责是按照新产品委员会的授权审批新产品，为新产品委员会的决策提供支持。风险论坛会从专业角度进行深入分析和讨论，并进行决策，不能决策的事项由风险论坛提交新产品委员会审批。一般90％的新产品由风险论坛审批，但每次新产品委员会会议都会审议上个月的非标准/新产品以及交易执行情况，新产品委员会有权否决风险论坛审议通过的交易。风险论坛至少一月开会一次。

四、新产品审批流程

审批流程设计主要体现管理者关注哪些风险点，如何平衡风险和收益。业务量大的银行开发了一个专门的模块，用于新产品的审批。比如美国某银行开发了一个专门的系统支持非标准交易和新产品的审批，这个系统称为 NPR，审批流程分为如下步骤：

第一步，交易员登录 NPR 系统，确认是否已审批产品。如果是已审批产品，可以直接交易。如果不在已审批产品清单上，则需要回答一系列问题，比如客户是谁？交易金额多大？敞口多大？风险驱动因素有哪些？回答完这些问题后，将交易提交给金融市场业务部门的运营官。

第二步，运营官根据系统提示和自己的专业判断，该交易属于非标准交易还是新产品交易，是否需要提交风险论坛审批。如果运营官判断不需要风险论坛审批，他提出自己的审批意见，提交市场风险管理部门的业务条线风险经理审核。风险经理判断该交易是否需要提交风险论坛审批。如果风险经理同样认为不需要风险论坛审批，则风险经理签署意见后即可反馈完成交易。如果需要风险论坛或者声誉委员会审批，则提交风险论坛或者声誉委员会审批。

第三步，如果运营官认为需要风险论坛审批，他提出自己的意见提交风险经理（一般是风险论坛主席）审批。风险经理认为需要风险论坛审批，提交风险论坛审批，否则风险经理签署意见即可交易。

第四步，风险论坛审批。如果风险论坛讨论认为需要提交新产品委员会或者声誉委员会审批，则提交上述委员会审批。风险论坛开会会对批准交易的非标准产品进行讨论和审议，认为原意见不恰当的，可能作出新的判断或决定。风险论坛审议交易重点考虑如下内容：（1）法律限制。（2）合规问题。（3）记账报告相关的营运问题。（4）税收问题。（5）风险管理和模型验证问题。（6）估值与价格确认问题。（7）流动性问题。（8）特别融资问题。（9）是否会引入 SPV。（10）有关声誉和资产负债表的监管问题。

第五步，新产品后评价。所有风险论坛或者新产品委员会审批的产品，业务部门在交易后 180 天内完成新产品回顾报告，所有非标准产品在交易后都要在每月新产品委员会会议上讨论，新产品委员会可以作出拒绝类似交易的决定（见图 6-5）。

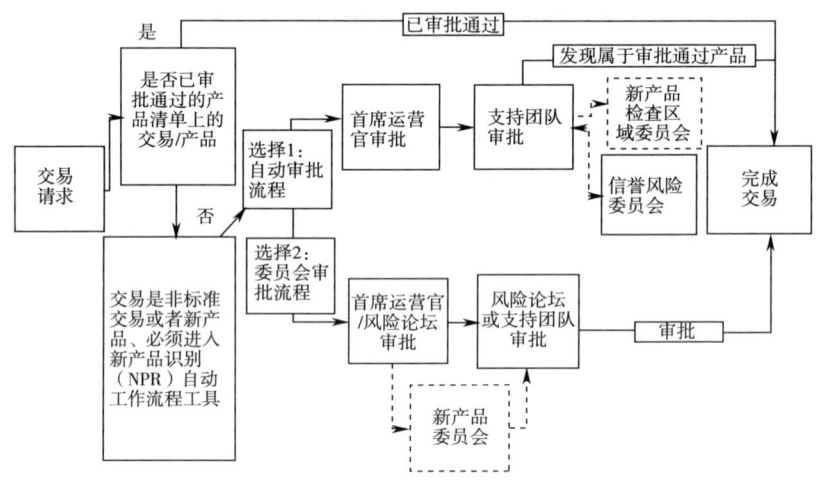

图 6-5　非标准交易（NST）和新产品审批流程

发行体风险管理

发行体风险是指发行人不能按照初始合约支付，证券的价值因为信用事件下降而不是因为市场事件下降。所谓信用事件是指发行人信用状况恶化，市场事件是指利率、汇率等发生变动。存在发行体风险的业务主要有三种情况：（1）购买债券。（2）进入信用违约互换市场，向交易对手卖出某企业的信用违约互换。（3）接受某发行体发行的债券作为抵押品。

一、管理架构

发行体风险与交易对手信用风险不一样，发行体风险一般是指银行持有发行体信用风险直接相关的产品或者工具；而交易对手信用风险则是银行与交易对手开展交易，由于利率、汇率等驱动因素的变化，交易对手可能违约的风险。在管理上，发行体风险一般要纳入统一授信管理，统一管理发行体的信用风险，业务量大的银行可以单独设立管理处室或者团队。比如美国某知名银行市场风险管理线设有发行体和交易对手风险管理部，内部设有 5 个处室，其中一个处室专门负责发行体风险管理。该处室设有 9 个岗位，分别负责不良投资、自有投资、拉美地区发行体、欧洲中东地区发行体、高等级投资、城市债券投资等发行体的风险管理（见图 6 – 6）。

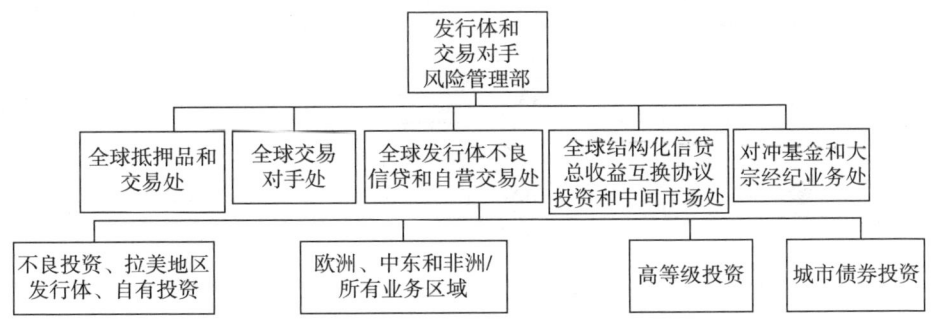

图 6 – 6　美国某银行发行体风险管理组织架构

二、发行体风险限额

国外银行管理发行体风险的主要工具是风险限额，即利用外部评级核定发行体风险限额。以某国际知名银行为例，其限额确定步骤如下：

首先，根据产品的期限、流动性等特征，将产品分为五类：（1）贷款及贷款信用违约互换。（2）债券及信用违约互换。（3）商业票据。（4）可转换债券。（5）权益连结票据。其中主要是前三类产品。

其次，按照穆迪、标普等机构的评级，建立一个限额表格，确定限额的基本原则是同样的等级同样的限额（Same Rating，Same Limit），具体限额确定则需要考虑现有组合的情况、风险偏好等因素由专家确定，并没有具体公式。表6－1、表6－2是商业票据限额表和债券发行体限额表。

表6－1 商业票据限额表

外部评级		产品类别
穆迪	标普	商业票据
A－1	P－1	XXX
A－2	P－2	XXX
A－3	P－3	XX
NR	NR	X

表6－2 债券发行体限额表

穆迪	标普	信用债/CDS（＄MM）
Aaa	AAA	XXXXXX
Aa1	AA＋	XXXXX
Aa2	AA	XXXXX
Aa3	AA－	XXXX
A1	A＋	XXXX
A2	A	XXXX
A3	A－	XXX
Baa1	BBB＋	XX
Baa2	BBB	XX
Baa3	BBB－	XX
Ba1	BB＋	XX
Ba2	BB	XX
Ba3	BB－	XX
B1	B＋	XX

续表

穆迪	标普	信用债/CDS（＄MM）
B2	B	X
B3	B–	X
Caa1	CCC＋	X
Caa2	CCC	X
Caa3	CCC–	X
NR	NR	X

最后，在限额的指定和使用上，要确定明确的规则。（1）一般而言，CP的限额最大，债券其次，贷款类产品最小。（2）各类产品的限额不能互相串用和调剂，基本理由是根据发行体不同的等级确定不同产品种类的限额，不同产品之间的限额没有联系。（3）发行体风险限额与交易对手风险限额、贷款限额不能调剂，基本理由是国外银行一般将这些产品都放在交易账户，持有时间很短，因此不能调剂，这和国内银行将信用类产品归入银行账户的做法有很大不同。（4）发行体限额是全球限额，统一监控，统一使用，不再分解到不同区域。（5）发行体风险暴露限额是按照整个集团公司风险暴露限额的总和来计算的，且整个集团公司级别最低的子公司的评级就是整体的评级，给出与其级别相对应的风险暴露限额。

有的国家监管制度规定，交易员不能利用任何内部信息进行交易，银行内部掌握的信息和内部评级不能用于发行体风险限额的核定。

三、发行体限额例外情况的处理

仍以某国际知名银行的发行体限额例外情况处理流程为例。发行体风险管理团队每天都监控发行体风险限额情况，在限额达到一定临界值时，风险管理团队会及时提醒。一旦发行体的风险敞口超过限额，风险管理人员和业务人员要一起协商，可采取卖出、购买交易保护、例外申请等方式进行相应的处理。业务条线可以有一定期限的处理期，超出处理期就需要例外申请。申请例外交易的流程是：

第一，交易员提交发行体风险例外交易审批表，审批表主要内容是陈述交易申请的基本内容、交易策略、信用分析、预期收益、下降趋势评估，并需要解释需要多少头寸以及持续时间。

第二，业务条线的负责人审批后，提交给风险管理部门的发行体风险管理团队。

第三，发行体风险管理团队的审批人根据政策中的信用审批授权进行审查，通过参考标普（S&P）、穆迪（Moody's）等评级机构对于此发行体的评级信息，充分查找相关信息、与业务条线人员进行充分沟通等方式，作出通过或拒绝例外交易申请的决定。例外事项一般为 3~6 个月，不能超过 1 年，额度不能超过根据信用等级确定的限额的一倍。一个业务条线任何时点上，例外交易不能超过一定数量。

第四，未解决和未审批的例外交易需要每月向全球市场风险委员会报告，由业务条线的高级经理向委员会解释未解决或未审批的原因。

四、发行体风险管理系统

发行体多的银行应该开发信息系统，加强对发行体风险的管理。系统应该突出以下功能：第一，建立单一的、一致的发行体风险视图，敞口涵盖固定收益产品、贷款、CDS、可转换债券等。第二，能够监控单个发行体敞口。第三，自动汇总敞口并根据限额表格，报告超限情况，并处理例外交易。第四，风险管理人员可人工设置发行体的评级情况，一般是因为外部评级机构对评级机构评级不一致或者缺乏外部评级，需要专家确定发行体评级。第五，有专门流程用于建立、审批、更新限额。交易员可以输入需要审批的例外事项，陈述理由，风险管理人员可以通过系统进行审批。通过系统可以看出该发行体需要审批的金额、公司已有债项、截止日期、期限、内部等级、简要描述、机构评级、交易员等信息，审批人可以直接通过系统进行相应的审批。

市场风险报告

风险报告是市场风险管理的重要内容，市场风险报告分为日报、周报、月报、季报、年报等。由于市场的波动,每天都需要报告市场风险情况。下面介绍市场风险报告的基本内容和体例。

一、日报

日报的重点是要突出时效性和动态变化,市场风险日报主要包括如下内容:

1. 风险价值的变化趋势情况。主要分析 VaR 值随时间变化的情况,既包括总体 VaR,也包括各个风险驱动因素的 VaR(见图 6 - 7)。

2. 国家风险。主要是高风险、高波动国家的风险敞口(见图 6 - 7)。

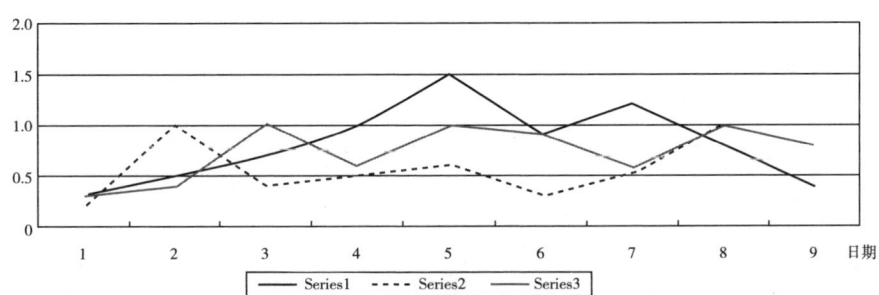

新兴市场 集中度	汇率 10%Rel. Move($mm)	利率IR Dv01($000's)	股票Delta($mm)	IC Dv01($000'S)	HYB&BelowMV($mm)
	11/3 11/4 Delta	11/3 11/4 Delta	11/3 11/4 Delta	11/3 11/4 Delta	11/3 11/4 Delta
拉丁美洲					
墨西哥					
巴西					
东地中海亚洲 大西洋					
中国					
印度					
其他					
中欧					
俄罗斯					
其他					
非洲/中东					
南非					
以色列					

图 6 - 7 市场风险日报示例 1

3. 不同产品不同风险驱动因素的分析,其中包括压力测试分析(见表 6 - 3)。

表6-3　　　　　　　　　市场风险日报示例2

				由风险因素和业务领域得出的每日99%的交易VaR值				
	VaR	压力情景事件	11/4	信用	利率IR	股票	商品	外汇
	11/2 11/3 11/4	11/3 11/4	VaR Delta	VaR Delta	VaR Delta	VaR Delta	VaR Delta	VaR Delta
全球市场								
信用								
不良								
个人住房贷款产品								
商品								
利率和流动性								
股票								
自营交易								
剩余业务								
分散化效应								

4. 组合敞口的变化情况。这张表横栏分析前一个交易日、当前交易日、变化情况三个栏目，纵栏分析各类产品，包括信用产品、不良投资产品、全球抵押贷款交易产品、商品、权益、自营交易等（见表6-4）。

表 6 - 4　　　　　　　　　　市场风险日报示例 3

重要投资组合敞口的变动				
风险因素	指标	前一日	今日	比前一日
全球信用产品				
IG（投资级）	SDV01	0.0mm	0.0mm	0.0mm
以价格为基础的 SIG	MV	0.0mm	0.0mm	0.0mm
主权债利差（美元）	SDV01	0.0mm	0.0mm	0.0mm
市政公债—投资等级	DV01	0.0mm	0.0mm	0.0mm
全球不良				
IG（投资等级）	SDV01	0.0mm	0.0mm	0.0mm
以价格为基础的 SIG	MV	0.0bn	0.0mm	0.0mm
全球抵押交易				
甚于不动产	MV	0.0bn	0.0mm	0.0mm
	SDV01	0.0mm	0.0mm	0.0mm
机构	SDV01	0.0bn	0.0mm	0.0mm
	MV	0.0mm	0.0mm	0.0mm
商业不动产	SDV01	0.0bn	0.0mm	0.0mm
	MV	0.0mm	0.0mm	0.0mm
全球商品				
	SDV01	0.0mm	0.0mm	0.0mm
	Delta - Equiv. mv	0.0mm	0.0mm	0.0mm
全球利率 & 流动性				
利率 IR - G10	DV01	0.0mm	0.0mm	0.0mm
	GAMMA FOR 50BPS	0.0mm	0.0mm	0.0mm
	VEGA：10% rel. shock	0.0mm	0.0mm	0.0mm
汇率 FX - G10	Delta - Equiv. mv	0.0bn	0.0bn	0.0bn
	GAMMA FOR - 2%	0.0mm	0.0mm	0.0mm
	VEGA：+1% rel. shock	0.0mm	0.0mm	0.0mm
汇率 FX - EM	Delta - Equiv. mv	0.0bn	0.0bn	0.0bn
	GAMMA For - 2%	0.0mm	0.0mm	0.0mm
主权债利差（美元）	DV01	0.0mm	0.0mm	0.0mm
全球股票				
股票	Delta - Equiv. mv	0.0mm	0.0mm	0.0mm

续表

重要投资组合敞口的变动				
风险因素	指标	前一日	今日	比前一日
	GAMMA FOR − 5% Delta	0. 0mm	0. 0mm	0. 0mm
	VEGA：+1% abs. shock	0. 0mm	0. 0mm	0. 0mm
全球自营交易（GPTG）				
Equity	Delta − Equiv. mv	0. 0mm	0. 0mm	0. 0mm
利率 IR − G10	DV01	0. 0mm	0. 0mm	0. 0mm
IG（投资级）	SDV01	0. 0mm	0. 0mm	0. 0mm
以价格为基础的 SIG	MV	0. 0bn	0. 0bn	0. 0bn
多数 B + 或之下	每周二更新			

5. 集中度分析。分析利率、汇率、权益的集中度对损益的影响（见图 6 − 8）。

利率IR集中、盈亏、成熟度情况			
DV01($000's)	11/3	11/4	Incr/(Decr)

Vega($mm)	11/3	11/4	Incr/(Decr)

损益与利率变动的关系图表，DV01与时间的关系图表

汇率集中			
（$mm）	11/3	11/4	Incr(Decr)
	Delta Gamma	Delta Gamma	Delta Gamma
G10			
EMLatam			
EM APR			

gamma=盈亏（−2%）−Delta*−2*0.01

权益集中度	
公司名称	股票−25%

图 6 − 8　市场风险日报示例 4

二、周报

周报在时效性的基础上，进一步丰富内容，反映损益和风险情况，主

要内容包括：

1. 基本情况，主要内容包括：各类产品收益和风险的分析，收益要反映本周、本月、本季度、本年的收益，风险要反映目前的风险价值和限额情况，尤其强调的是经济风险价值（Economic VaR），一般的 VaR 是持有 1 天的风险价值，这个指标的持有时间是整个到期日（HTM）或者某个共同的时间。要对交易情况、市场风险边界和收益进行分析，要反映是否存在运营风险和合规问题，要提出重点关注的事项。

表 6－5　　　　　　　　市场风险周报示例 1——概览

	收益情况				交易风险价值（VaR）			经济风险价值	
	本周	本月	本季	本年	本周	上周	限额	本周	上周
信用产品									
按揭产品									
汇率产品									
利率产品									
自营									
总计									

- 本周收益分析　　　● 市场风险边界（Profile）分析
- 资产负债表分析　　● 交易量（Deal Flow）
- 合规和运营风险　　● 优先事项/观察事项/正在出现的风险

2. 市场主要指数变化情况表。交易产品多，要观察的市场指数很多，比如商品交易，金、银、黄金、铜、天然气、原油等都有自己的指数，要进行跟踪分析（见表 6－6）。

表 6－6　　　　　　　市场风险周报示例 2——主要指数变化情况

	最新	历史			比上周	比年初
	11/2/09	10/30/09	10/23/09	12/31/08		
公司债券						
商品						
利率						
汇率						
市场指数						

3. 股票市场的分析，分析主要的头寸和变化（见表6-7）。

表6-7　　　　　市场风险周报示例3——全球权益市场分析

·本周收益与风险敞口分析				
·重要敞口/交易对手集中度分析				
重要风险要素分析				
	本周	上周	比上周	本年底
Daily VaR				
权益风险				
信用风险				
宏观风险综述				

4. 风险价值的深度分析，要分析风险价值与限额的关系，分析压力环境下风险价值的变化，分析各个风险驱动因素在风险价值中的占比（见表6-8）。

表6-8　　　　　　市场风险周报示例4——深度分析

风险价值分析								
	交易风险价值			风险价值限额		经济风险价值		
	本周	上周	本周比上周	本周	交易/限额	本周	上周	本周比上周
总体								
分类								
压力测试分析								
	交易风险价值			风险价值限额		经济风险价值		
	本周	上周	本周比上周	本周	交易/限额	本周	上周	本周比上周
情景1								
情景2								
风险价值风险要素分析								
	总体			利率		汇率		
	本周	上周	本周比上周	本周	本周比一周	本周	上周	本周比上周

三、月报

月报是市场风险管理报告的中枢，要总结市场变化和交易情况，分析风险因素和应对措施，对损益等进行深度分析，一般都比较正式，要通过一定会议形式进行讨论。比如美国某银行市场风险管理委员会每个月的第一个星期四召开例会，会上讨论市场风险月报，该银行有专门的人员负责月报的起草工作。以11月例会为例，会前两个星期即10月16日是数据截止日。报告小组要把各类数据收集完整，发给相关人员分析。一个星期以后，即10月26日是分报告提交日，各个部门要把报告发给报告小组；报告小组编辑整理，形成初稿，于10月28日把汇总好的报告分送给市场风险委员会的各位委员征求意见，10月30日形成修改稿发送各位委员，11月的星期四开会（见表6-9）。

表6-9　　　　　　　　　　　市场风险月报示例

十月						
星期一	星期二	星期三	星期四	星期五	星期六	星期日
9月28日	29	30	10月1日	2	3	4
5	6	7	8	9	10	11
12	13	14	15	16	17	18
				数据截止日		
19	20	21	22	23	24	25
26	27	28	29	30	31	11月1日
分报告提交日	编辑、汇总报告	初稿征求意见	跟进	提交修改稿		

月报的内容一般都是格式化的，下面是某银行月报的内容：（1）上次会议的会议纪要。（2）委员会主席发言。（3）风险与收益分析，主要包括汇总的市场风险报告、关键风险因素、账户流动性分析、观察名单、尾部风险报告、风险降低情况。（4）返回检验情况。（5）限额报告，包括新限额、永久性限额变化。（6）财务报告，包括全球估值调整和递延收益、模型估值调整。（7）信贷重检，包括交易对手信用重检、抵押物报告。（8）新产品报告，包括新的非标准交易、新产品、新业务。（9）附件，包括5个附件：重大收益和损失、信用风险超限报告、市场风险超限平仓报告、审批的市场风险临时限额、发行体超限报告。

市场风险数据管控

市场风险管理涉及大量的交易数据、市场数据，很多数据来自第三方的数据供应商，估值、风险管理、损益核算都与这些数据直接相关，数据管控在市场风险管理中具有特殊的重要性。比如美国某银行在全球组合战略和定量分析部内部设置了数据质量管控团队，负责数据质量管理。这个团队分为4个小组，即技术组、数据质量组、市场风险数据组、信用风险数据组。数据质量管控团队是业务部门和IT部门之间的桥梁，把业务部门的需求转化为IT部门可以理解实现的需求，并把IT部门遇到的问题协调业务人员进行解决和处理。美国某银行还专门开发建立了一个市场风险数据管控的平台QAR（Quantitative Analysis & Research），对市场风险数据进行管控。基本流程是所有的外部数据、交易数据通过一个转换平台转换为内部系统可以接受的、统一的数据，将这些数据加载到QAR。数据管控团队利用QAR处理数据，确保数据的完整性、一致性和稳定性，处理后再进行定量分析和应用。

一、数据下载完整性审查

数据包括头寸数据、参考数据、市场数据、额外冲击数据四类数据。头寸数据就是各类交易的敞口数据，包括名义金额、购买价格、期限等。参考数据是针对特定的交易输入的数据，比如发行者信息指标、业务层级、市场等级、行业分类等辅助数据。头寸数据和参考数据都需要通过数据质量验证流程，参考数据由数据质量经理审核。市场数据包括历史价格、收益率、利差等指标数据以进行每日的计算。为了计量压力环境下的市场风险，还需要输入额外冲击数据进行压力测试。银行与每个数据提供者建立服务协议，包括提供数据的时间、数据质量标准、响应时间以及问题上报要求，通过数据管控流程控制数据质量。

数据管控的第一步是确保下载数据文件的完整性，没有丢失文件。市场风险系统一般会从Bloomberg、路透、Thomson等外部数据系统下载文件，这些数据文件进入银行的数据转换平台。IT 部门人员对这些文件进行审核，主要审核文件的数量是否符合要求，传送的时间是否符合要求，并以红、绿、黄灯的方式显示。

信息技术人员从数据逻辑角度初步审核数据的合理性、规范性，审核的主要内容是数据格式是否符合要求、性质是否符合规范，比如数据项变为文字，文件是空文件等。信息技术部门仅对数据的形式进行审核，不涉及实质内容。如果发现有例外情况，要及时形成相关报告，纳入异议流程（Exception Process）进行处理。一般是信息数据部门和数据提供方沟通，由数据提供方解决。信息技术部门审核完并签署同意后，数据进入业务部门审查环节。

二、数据规范性审核

数据质量管理人员和风险经理根据数据中内含的业务逻辑，判断数据的完整性和准确性，如果发现存在问题也将启动异议流程进行处理，数据完备、质量合格后再进入数据库存储。

这一步主要解决如下几类数据问题：

1. 数据长度差异。计算 VaR 需要 3 年的连续数据，数据小组要检查时间序列长度是否达到 3 年的要求，不足 3 年的数据序列要作为政策例外报告。

2. 异常值。根据时间序列的数据变化，比较每天的变化，检查是否存在异常值。存在异常值的，要与业务部门商量异常原因并进行处理。

3. 空值或零值。这两类值都会使 VaR 值计量出现跳跃或者异常。

4. 平值。时间系列数值长期没有变化或者变化很小。数据管理人员要用专门的工具对上述数据进行清洗，保证数据能够进行分析。

需要强调的是上述过程需要在系统中记录并经过各个产品条线市场风险经理审核。

三、数据完整性审核

经过清洗后的数据传送至有关系统或提供各有关部门使用，用于各产品条线 VaR 值计算、市场数据检索与分析、压力测试、有关分析报告、限额监控等各个方面。审计部门还会按照一定频率对整个数据收集、存储等工作进行审计检查。

四、数据质量保证机制

数据质量关系重大，要保证上述流程的正常运作，需要一定的保障机制，以下是常见的机制：

一是验证机制。所有数据都设置一定的阈值，比如一个交易员修改头寸的数量、净敏感性变化、落在合理阈之外的数据值等。二是例外处理机制。数据出现异常，必须进行审批。数据验证由数据管理经理负责，他们会制定规则并根据数据问题的严重程度进行处理。三是协调机制。一般每个月数据管理人员都会协调核对前台、风险管理、财务部门的数据，确保一致性。

市场风险管理系统

市场风险管理需要信息系统的支持，信息系统开发需要明确功能需求，一般的市场风险管理系统要考虑四个部分：一般性市场风险、特定风险、发行体风险、交易对手信用风险。一般性市场风险是指因为价格的不利变化而形成的损失，通常用 Value – at – Risk（VaR）衡量。VaR 一般是指现有组合头寸在正常市场条件下、在99%的可能性下（置信区间）的最大损失，采用方差—协方差、历史模拟法或者蒙特卡洛模拟法等方法计量风险价值，有的银行采用过去3年的时间内（780个交易日）的情景计量持有一天的风险价值。特定风险是一般性市场风险的补充，是指因为个体的信用利差变化而形成的损失。发行体风险是指发行体违约可能带来的损失。交易对手信用风险是交易对手在合约到期之前有可能发生违约事件而引起损失的风险。

一、系统功能

一般的市场风险管理系统具备如下功能：（1）及时从前台系统上传每

天的交易头寸指标、敏感性、情景等数据。（2）能对数据质量进行检查并跟踪解决问题。（3）建立集中化、共享的市场数据仓库。（4）建立集中化共享的情景设置和情景测试。（5）建立集中化的计算平台，使所有交易员和交易产品都能通过相同计算模型进行计算，保证标准的一致性。（6）能支持多元化、每日 VaR 值计算和压力测试的有效的计算平台。（7）要求所有负责报告每日 VaR 值和压力测试结果的相关工作团队必须进行签收处理，并通过固有的审批工作流加以约束。（8）具有追溯前台和中台系统数据 reconcile back to front – and middle – office systems 的功能，使系统能完整并持续地获取头寸数据。（9）能够支持交易员和公司层面报告的灵活有效的报告环境。

二、系统架构

市场风险管理系统需要综合考虑数据获取、数据质量、风险计量、报告/分析等多方面的功能（见图 6 – 9）。

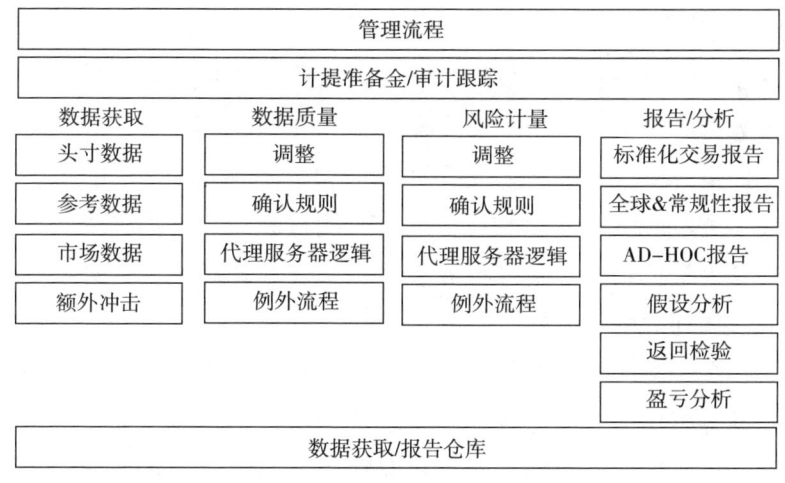

图 6 – 9　市场风险管理信息系统架构

外部市场数据首先进行清洗，经过整理后，进入专门系统对时间序列数据进行审核。经过处理的数据进入时间序列数据库，再用于风险计量。

前面已经讲述了关于数据获取和数据质量审查的内容，下面重点介绍计量和报告。

1. 计量模块。

计量模块能够实现风险价值、压力测试、发行体风险、特定风险等的计量。对于风险价值，需要市场头寸的时间序列，这些时间序列一般是按照实体、风险因素、币种、国别、到期日等排列。对于特定风险，需要将不同产品归结到单一发行体名下，系统要能提供归结的方法和途径。银行需要统一客户编码，每个客户都有一个唯一的识别代号，这样才能整合某个客户的所有交易。

在计量模块，银行需要开发一些计量工具，比如压力情景分析、特定风险、财务分析等。其中情景是风险价值计量的重要部分，要能够实现What－If分析，分析各种假设条件下资产组合的风险价值变化；能够储存时间序列，生成假设情景。

限额监测系统和发行体风险管理系统也是市场风险管理系统必备的内容。

2. 报告模块。

首先，报告模块需要完整的数据，风险计量结果和返回检验结果要返回到报告数据库，报告数据库支持监管报告和内部报告。

其次，报告模块需要一个灵活的报告环境。报告的格式可能经常变化，系统应该能够适应这种变化。报告模块要能够完成三种类型的报告，一是每日的交易风险报告，二是月报或者季报，三是特定报告，即根据管理层的要求提供额外的附加信息。

最后，报告模块要能提供一定深度的分析，比如提供压力测试、返回检验和损益分析功能。压力测试功能主要分析极端市场变化、大额风险敞口对风险价值的影响。返回检验比较风险价值与损益值的大小，确保风险价值计量方法的科学合理。损益分析提供每一个交易台或交易员的损益情况，并能够深入分析损失或者盈利的原因。

第七讲　市场风险计量

敞口

市场风险敞口的概念可以有不同的理解，可以理解为资本计量过程中的风险敞口（Risk Exposure），即银行的风险资产的规模；也可以理解为头寸，比如即期外汇敞口、远期外汇敞口等。本书所讲的敞口既不完全等同于资本计量中的风险敞口，也不等同于业务头寸，而是站在日常市场风险管理的角度，从产品维度介绍几类市场风险分析中常用的敞口概念。

一、外汇敞口

1. 单币种敞口头寸。

单币种敞口头寸是指每种货币的即期净敞口头寸、远期净敞口头寸以及调整后的期权头寸之和，反映单一货币的外汇风险。包括以下几个组成要素：

（1）即期净敞口头寸。即期净敞口头寸是指计入资产负债表内的业务所形成的敞口头寸，等于表内的即期资产减去即期负债。

（2）远期净敞口头寸。远期净敞口头寸主要指买卖远期合约而形成的敞口头寸，其数量等于买入的远期合约头寸减去卖出的远期合约头寸。远期合约包括远期外汇合约、外汇期货合约、外汇掉期业务中的远端头寸等，但不包括期权合约。

（3）期权敞口头寸。由于期权具有或有性，所以通常不直接用期权合约的名义金额作为期权敞口。在业务统计中，银行通常用期权合约名义金额乘以 Delta 值作为期权敞口头寸，与计算资本时银监会的要求有所区别。

计算资本时，银监会要求使用 Delta + 的方法计算期权业务的风险敞口和对应的资本，即用期权的市值乘以该期权的 Delta 得到 Delta 加权期权头寸，然后将 Delta 加权期权头寸加入基础工具的头寸中，此外还要考虑 Gamma、Vega 指标对应的风险资本要求。

（4）其他敞口头寸。如以外币计值的担保业务和承诺等，如果可能执行，又是不可撤销的，也应当计入外汇敞口头寸。

加总上述四项要素便得到单一货币敞口头寸，即

$$敞口头寸 = 即期净敞口 + 远期净敞口 + 期权敞口 + 其他 = 即期资产$$
$$- 即期负债 + 远期买入 - 远期卖出 + 期权敞口头寸 + 其他$$

2. 总敞口头寸。

总敞口头寸反映整个货币组合的外汇风险，一般有三种计算方法：

（1）累计总敞口法。累计总敞口头寸等于所有外币的多头与空头的总和。这种方法认为，不管是多头还是空头，都是银行的敞口头寸，都应该被纳入总敞口头寸的计量范围。这种方法比较保守，在实践中运用的较少。

（2）净总敞口头寸法。净总敞口头寸等于所有外币多头总额与空头总额之差。这种方法主要考虑不同货币汇率波动的相关性，认为多头与空头存在抵补效应。这种计量方法较为激进。

（3）短边法。短边法是一种使用较为广泛的外汇风险敞口计量方法，也被巴塞尔委员会采用。短边法的优点在于既考虑到多头与空头同时存在的风险，又考虑到它们之间的抵补效应。短边法的计算步骤为：首先，分别加总每种外汇的多头和空头（分别称为净多头头寸之和与净空头头寸之和）；其次，比较这两个总数；最后把较大的一个总数作为银行的总敞口头寸。

假如一家银行的外汇敞口头寸如下：

美元多头 100，欧元多头 80，英镑多头 30，新加坡元空头 70，澳大利亚元空头 50。采用短边法计算总敞口头寸时，先计算所有多头头寸：

$$100 + 80 + 30 = 210$$

再计算所有空头头寸：

$$70 + 50 = 120$$

因为多头头寸大于空头头寸，所以将多头头寸 210 作为该银行的总敞口头寸。

除外汇业务外，短边法也被用于计算银、铂等商品类业务的敞口。

二、债券业务敞口

在日常管理中，经常从名义金额（Notional）、市场价值（PV）等角度分析债券业务的敞口。

1. 名义金额。名义金额即债券的票面价值，通常情况下等于债券到期时收到的本金。由于利率、汇率等市场价格处于频繁的变化中，名义金额通常不等于债券的市场价值。但名义金额作为债券上市初期的价值，通过对比市场价值（净价）与名义金额的差异，可以看出在债券存续期内利率、发行体信用、汇率等风险因子对债券价值的综合影响，因此也具有一定的参考价值。

2. 市场价值。市场价值可以通过以下几种方式得到：

（1）盯市（Mark to Market）：按照市场成交价格计值。例如，通过交易对手报价、交易所报价、市场最新成交价等来确定债券的价值。

（2）盯模（Mark to Model）：按照模型计算价值。当市场价格计值存在困难时（如一些流动性差的私募债券鲜有市场报价），银行可以按照数理模型确定债券的价值。即以某一些市场变量为基础，计算出交易的价值。盯模方法容易受到人为的影响，因此，监管机构对此类模型的开发、验证、数据质量等进行了明确规定，以控制模型风险。

三、衍生产品业务敞口

衍生产品的风险敞口计量较为复杂。名义金额、市场价值都不适合作为衍生产品的敞口。这是因为衍生产品的名义金额通常只是合约中明确的计价基础，并不一定会产生真正的现金流。比如名义金额 100 万美元的 IRS，并不一定真的要交割 100 万美元的本金，而是以 100 万美元为基础计算每期固定利息和浮动利息的差额作为交割金额。市场价值虽然代表了当前时点衍生产品的风险敞口，但是由于衍生产品的市场价值是不断波动的，其风险敞口也是在不断波动的，当前时点的市场价值不能代表未来存续期内的市场价值，所以也不适合作为衍生产品的风险敞口。

衍生产品风险敞口的计量方法有三种：系数法、附加因子法（又叫现期风险暴露法）和蒙特卡罗模拟法。目前银监会要求的也是国内同业使用较多的衍生产品风险敞口的计算方法是附加因子法。附加因子法的计算规则如下：

$$EAD = MTM + Add - on$$

式中，（1）MTM 为按盯市价值计算的重置成本与零之间的较大者。（2）$Add - on$ 为反映剩余期限内潜在风险敞口的附加因子。（3）潜在风险敞口的附加因子（$Add - on$）等于衍生产品的名义金额乘以相应的附加系数。银监会在《商业银行资本管理办法（试行）》中规定的除信用衍生产品之外的衍生产品的附加系数如表 7-1 所示。

表 7-1 各类衍生产品的附加系数 单位：%

剩余期限	利率	汇率和黄金	股权	黄金以外的贵金属	其他商品
不超过 1 年	0.0	1.0	6.0	7.0	10.0
1 年以上，不超过 5 年	0.5	5.0	8.0	7.0	12.0
5 年以上	1.5	7.5	10.0	8.0	15.0

在第八讲交易对手信用风险管理部分会对上述三种衍生产品风险敞口的计量方法进行详细介绍，这里不再赘述。

久期

久期是市场风险管理中常用的计量指标，主要适用于债券产品，包括麦考利久期、修正久期、有效久期等多个久期指标。虽然这些指标都有久期的名字，但在含义上和计算方法上却有各自的特点，在实践中经常会被误解误用。

一、麦考利久期

（一）麦考利久期的定义

麦考利久期是债券在未来时期产生的现金流的时间的加权平均值，其权重为各期现金流在现金流总现值中所占的比重，是对债券平均剩余期限的一个测度。

（二）麦考利久期的计算公式

$$D_{麦考利} = \frac{\sum_{t=1}^{T} tC_t/(1+y)^t}{\sum_{t=1}^{T} C_t/(1+y)^t}$$

式中，y 为到期收益率；t 为现金流偿还期；T 为现金流发生的次数；C_t 为第 t 期的现金流。

债券价格 $P = \sum_{t=1}^{T} \frac{C_t}{(1+y)^t}$，将其代入麦考利久期的计算公式，可得

$D_{麦考利} = \frac{1}{P}\sum_{t=1}^{T} \frac{t \times C_t}{(1+y)^t}$。

由此我们可以看出，麦考利久期是以未来时间发生的现金流，按照目前的到期收益率折现成现值，再用每笔现值乘以收到现金流的年限求和，然后以这个总和除以债券目前的价格得到的数值。麦考利久期的计算公式是一个关于加权平均剩余期限的公式，因此也被看成是收回债券成本的加权平均时间。

这里以 2017 年第 14 期国债（019568. SH）为例，介绍麦考利久期的计算方式。该国债票面利率为 3.47%（年付），到期日期为 2022 年 7 月 13 日。2019 年 1 月 17 日该国债价格为 103.7768，剩余期限 3.4849 年，通过统计软件可计算出其到期收益率为 2.8585%。该国债麦考利久期的计算如表 7 −2 所示。

表 7 −2　　　　　　　　2017 年第 14 期国债麦考利久期计算

t	C_t	$t \times C_t/(1+y)^t$
0.4849	$100 \times 3.47\%$	1.659764
1.4849	$100 \times 3.47\%$	4.941414
2.4849	$100 \times 3.47\%$	8.039384
3.4849	$100 + 100 \times 3.47\%$	326.8503
$\sum t \times C_t/(1+y)^t$		341.4909
$D_{麦考利} = 1/P \times \sum t \times C_t/(1+y)^t$		3.2906

数据来源：Wind。

（三）麦考利久期的特点

麦考利久期在一定程度上直观地反映了债券实际期限的长短。特别是当一个债券为贴现发行的无息票债券时，该债券的麦考利久期就是其剩余期限。因为无息票债券的价格 $P = \dfrac{C_T}{(1+y)^T}$，将其代入麦考利久期的公式可得 $D_{麦考利} = \dfrac{1}{P} \times \dfrac{T \times C_T}{(1+y)^T} = \dfrac{1}{P} \times T \times P = T$。

但 T 年期的附息票债券的久期小于 T 年，这是由于持有者不用等到债券的到期日才收到现金流，在第 T 年收回本息前，会先收到 T－1 期的利息。这些早于本金偿付的现金流，导致使用麦考利久期衡量的加权平均剩余期限短于债券的剩余期限。这样一来，麦考利久期可以理解为考虑了债券现金流现值因素后测算的债券实际到期日，它比债券的剩余期限更好地反映了债券投资回收的实际期限。

（四）麦考利久期的适用对象

麦考利久期由于其公式特点，计算时需要使用未来各期现金流的实际金额和期限，因此对于现金流固定不变的固定利率债券比较适用，但对于现金流随市场利率变化的债券，像浮动利率债券和含权债，就不太适用了。

二、修正久期

（一）修正久期的定义

修正久期是衡量债券价格变动对利率变化的敏感度指标，用于量化利率变动给债券价格造成的影响。

（二）修正久期的计算公式

根据修正久期的定义，$D_{修正} = -\dfrac{1}{P}\dfrac{dP}{dy}$。

下面我们从债券定价公式来推导修正久期。已知 $P = \sum\limits_{t=1}^{T} \dfrac{C_t}{(1+y)^t}$，通

过债券价格对到期收益率求导，可得 $\dfrac{\mathrm{d}P}{\mathrm{d}y} = -\dfrac{1}{1+y} \sum\limits_{t=1}^{T} \dfrac{t \times C_t}{(1+y)^t}$，等式两边

同时除以债券价格，可得 $-\dfrac{1}{P}\dfrac{\mathrm{d}P}{\mathrm{d}y} = \dfrac{1}{1+y} \times \dfrac{1}{P} \sum\limits_{t=1}^{T} \dfrac{t \times C_t}{(1+y)^t}$，由修正久期的

定义，可得其计算公式 $D_{修正} = \dfrac{1}{1+y} \times \dfrac{1}{P} \sum\limits_{t=1}^{T} \dfrac{t \times C_t}{(1+y)^t}$。

由于 $D_{麦考利} = \dfrac{1}{P} \sum\limits_{t=1}^{T} \dfrac{t \times C_t}{(1+y)^t}$，可得 $D_{修正} = \dfrac{1}{1+y} \times D_{麦考利}$，代入修正久

期定义，也可得出 $\dfrac{\mathrm{d}P}{P} = -\dfrac{1}{1+y} \times D_{麦考利}\mathrm{d}y$。

出现负号是由于债券价格的变动与利率变动的方向相反。从上面的推导可知：对于给定的到期收益率的微小变动，债券价格的相对变动与其麦考利久期成比例。当然，这种比例关系只是一种近似的比例关系，它的成立是以债券的到期收益率 y 值很小，从而 $\dfrac{1}{1+y}$ 趋近于 1 为前提的。所以说修正久期是在考虑了到期收益率的基础上对麦考利久期的修正，是债券价格对于利率变动敏感性更加精确的度量。由于修正久期比麦考利久期更能直接反映利率变动对债券价格变动的影响，采用修正久期作为度量利率风险的指标更具有科学性和直观性。

之所以强调到期收益率的微小变动，是因为债券价格与到期收益率之间是非线性关系。但在到期收益率变动不大时，这个非线性关系可以近似地看成一个线性关系。假设银行本币债券组合的修正久期为 3.18，其经济含义是，如果到期收益率曲线水平移动 1 个基点，那么债券组合的价格将发生 0.0318% 的波动。修正久期越大，债券价格对收益率的变动就越敏感，收益率上升所引起的债券价格下降幅度就越大，而收益率下降所引起的债券价格上升幅度也越大。可见相同条件下，修正久期小的债券比修正久期大的债券抗利率上升的风险能力强。

这里仍以 2017 年第 14 期国债（019568. SH）为例，介绍修正久期的计算方法，如表 7-3 所示。

表 7 – 3 2017 年第 14 期国债修正久期计算

t	C_t	$t \times C_t / (1+y)^t$
0.4849	$100 \times 3.47\%$	1.659764
1.4849	$100 \times 3.47\%$	4.941414
2.4849	$100 \times 3.47\%$	8.039384
3.4849	$100 + 100 \times 3.47\%$	326.850341
$\sum t \times C_t / (1+y)^t$		341.490903
$D_{修正} = 1/(1+y) \times 1/P \times \sum t \times C_t / (1+y)^t$		3.1992

数据来源：Wind。

（三）修正久期的特点

1. 修正久期与债券要素的关系。

修正久期与债券偿还期呈正向变动关系。债券的偿还期越长，则其久期越大，也就是说，对于到期收益率的相同变动，长期债券价格变动的幅度要大于短期债券。即加息时，长期债券价格下跌更大。

修正久期与债券票面利率呈反向变动关系。债券的票息越低，则其久期越大，也就是说，对于到期收益率的相同变动，低票息债券价格变动的幅度要大于高息票债券。即加息时，低票息债券价格下跌更大。

修正久期与债券到期收益率呈反向变动关系。债券的到期收益率越高，则其久期越小。这是因为一方面对于到期收益率较高的债券，其较长期限的折现因子比较短期限的折现因子降幅更大，从而使得较长期限在久期中所占权重下降，导致久期变小；另一方面，对于修正久期提取的共有因子 $\frac{1}{1+y}$，也会随到期收益率增高而导致久期变小。也就是说，如果到期收益率变动幅度相同，对于低风险债券，例如国债，由于其所对应的初始到期收益率较低，久期较大，其价格变动的幅度要大于企业债、短融等到期收益率较高的信用类债券。即加息时，低风险债券价格下跌更大；或者换个角度，加息后由于债券对应的到期收益率水平变高，则加息后久期会比加息前久期变小。

2. 修正久期与基点价值的关系。

基点价值（PVBP/PV01）所刻画的是到期收益率变动一个基点所对应

的债券价格变化值。虽然两者都是反映债券价格与市场利率的敏感性指标，但基点价值反映的是债券价格绝对变动的额度，而修正久期指标主要反映的是相对变动的幅度。

3. 修正久期的局限性。

修正久期假设价格变化与收益率曲线变动之间是线性关系。但实际上由于债券价格收益率曲线凸性的存在，两者关系是非线性的。因此只有当收益率曲线变动幅度很小时，修正久期所表示的线性关系才能成立。当收益率曲线大幅变动时，用修正久期估计价格的变化就会产生较大的误差。一般来说，当收益率曲线上升，债券价格实际下降的幅度要小于根据久期估算的幅度；当收益率曲线下降，债券价格实际上升的幅度要大于根据久期估算的幅度。

修正久期假设利率的期限结构是平坦的。由于修正久期使用到期收益率对全部现金流进行折现，因此可以从公式中提取统一的因子 $\frac{1}{1+y}$，从而得到与麦考利久期的线性关系。但实际上收益率曲线很少是平坦的，一般期限越长，收益率也越高，收益率曲线大都呈向右上方倾斜的形状。

修正久期假设收益率曲线平行移动，但实际上，不同期限的收益率对市场影响因素的反应是不同的，即不同期限收益率变动的方向和幅度都可能不一致，从而导致收益率曲线变动可呈现出平缓、陡峭和扭曲等各种形态。

修正久期假设债券未来现金流不受收益率曲线变动的影响。此假设对于固定利率债券等现金流固定的债券是成立的，但是对于隐含期权的债券及浮动利率债券，由于其未来现金流一般会随收益率曲线变动而改变，此时修正久期就难以准确反映债券价格的利率敏感性了。

（四）修正久期的适用对象

综合修正久期的上述特点，我们可以总结出修正久期与麦考利久期特质基本相同，也是较适用于现金流固定不变的固定利率债券，不太适用于现金流随市场利率变化的债券，像浮动利率债券和含权债。

三、有效久期

（一）有效久期的定义

有效久期是通过估值公式直接计算不同收益率变动所对应的债券价格变动，来反映债券价格受利率波动的影响程度。由于这些债券价格反映了未来现金流的变动，所以能够有效反映出现金流受利率变动影响的金融工具的利率风险。

（二）有效久期的计算公式

$$D_{有效} = \frac{P_- - P_+}{P_0(y_+ - y_-)}$$

式中，P_0 为债券初始价格；y_+、y_- 为初始收益率加上或减去若干基点后的收益率；P_+、P_- 为收益率上升和下降若干基点后的债券价格。

其计算公式表示有效久期是将收益率曲线向下平移若干个基点得到的现值，减去将收益率曲线向上平移若干个基点的现值，再除以初始的现值与上下变动总基点的乘积。

继续以 2017 年第 14 期国债（019568. SH）为例，讲解有效久期的计算方法，这里设定 $y+ = 2.9585\%$，$y- = 2.7585\%$，即到期收益率上下均平移 0.1%，计算方法如表 7-4 所示。

表 7-4   2017 年第 14 期国债有效久期计算

t	C_t	$y- = 2.7585\%$ $C_t/(1+y)^t$	$y+ = 2.9585\%$ $C_t/(1+y)^t$
0.4849	$100 \times 3.47\%$	3.424515	3.421288
1.4849	$100 \times 3.47\%$	3.332585	3.322977
2.4849	$100 \times 3.47\%$	3.243124	3.227492
3.4849	$100 + 100 \times 3.47\%$	94.10891	93.47338
$P = \sum C_t/(1+y)^t$		104.1091	103.4451
$D_{有效} = (P- - P+)/(P_0(y+ - y-))$			3.1992

数据来源：Wind。

（三）有效久期的特点

虽然有效久期和修正久期都是计量债券价格利率敏感性的指标，但两者在计算公式上存在着一定的差异。当收益率曲线变动时，有效久期衡量的是包含各种因素的最终价格变化，而修正久期只是近似估计收益率微小变动时的债券价格线性变动。对于没有现金流变化的金融工具，在收益率微小变动时两者是基本相等的；但对于现金流不确定的金融工具，或是收益率变动较大时，有效久期则比修正久期更能精确地反映债券价格的利率敏感性。因此有效久期能够较准确地衡量浮动利率债券，或具有隐含期权性质的金融工具的利率风险。

在现金流发生变化的情况下，有效久期就不具备麦考利久期那样的加权剩余期限的经济含义了。另外，在某些特殊情况下，有效久期可能出现负值。

（四）有效久期的适用对象

有效久期使用反映了未来现金流变化的最终价格变动情况进行计算，可适用于全部债券产品，包括固定利率债券、浮动利率债券和含权债等各种债券类型。

（五）有效久期与修正久期的实证比较

固定利率债券的有效久期与修正久期基本一致，而浮动利率债券的有效久期与修正久期存在较大的差异，并且期限越长，差异越大。具体实证结果见表 7 - 5、表 7 - 6。

表 7 - 5 　　　　　　固定利率债券的有效久期与修正久期比较

固定利率债券名称	有效久期	修正久期	差异	剩余到期时间（年）
A	0. 243969	0. 243862	0. 00	0. 252055
B	1. 414772	1. 412802	0. 00	1. 487671
C	1. 837618	1. 836182	0. 00	2. 043836
D	2. 984090	2. 983403	0. 00	3. 315068
E	3. 616131	3. 615945	0. 00	4. 095890
F	4. 616829	4. 615622	0. 00	5. 293151
G	5. 327287	5. 327257	0. 00	6. 208219
H	5. 929871	5. 933079	0. 00	7. 315068
I	7. 922537	7. 934527	0. 01	9. 852055

表 7 - 6   浮动利率债券的有效久期与修正久期比较

债券名称	有效久期	修正久期	差异	剩余到期时间（年）
A	0.032122	0.252258	0.22	0.268493
B	0.237946	1.394971	1.16	1.493151
C	0.016127	1.846844	1.83	2.030137
D	0.375322	2.903492	2.53	3.293151
E	0.147045	3.572256	3.43	4.142466
F	0.414600	4.498325	4.08	5.328767
G	0.041550	4.990432	4.95	6.076712
H	0.043518	7.406695	7.36	9.832877

VaR

风险价值（Value at Risk，VaR）是衡量市场风险的核心指标，自 1996 年摩根大通创造这一概念以来，被全球金融业广泛采纳和应用。尽管在金融危机期间，很多人对 VaR 的作用提出了质疑，甚至有人提出否定 VaR，但更多的机构仍在应用，在进一步完善这一指标。如何认识理解影响风险价值的因素就显得十分重要。计量 VaR 有三种方法：方差—协方差法、历史模拟法、蒙特卡罗模拟法。下面结合历史模拟法对风险价值的影响因素进行分析。

一、观察期的影响

在利用历史模拟法计算 VaR 时，必须指定一个历史观察期，比如一年，其作用在于假设这一年中的情景再次发生时资产可能发生的损失。监管指引对监管资本中风险价值的观察期要求是"计算风险价值采用的观察期长度必须最少为一年（或 250 个交易日）"，监管指引允许银行在保证最低要求并能说明决策的合理性的基础上灵活决定（见表 7 - 7）。

表 7 - 7　　　　　　　　国际银行市场风险计量方法比较

银行名称	方法	观察期	置信水平（%）
摩根大通	历史模拟法	12 个月	原来采用 99，2008 年采用 95
美国银行	历史模拟法	3 年	99
花旗银行	—	N/A	99
汇丰银行	历史模拟法	2 年	99
德意志银行	蒙特卡罗模拟法	N/A	99
美国富国银行	—	250 个交易日	99
西班牙国际银行	历史模拟法	2 年（或 520 日）	99
英国巴克莱银行	历史模拟法	2 年	原来采用 98，2008 年采用 95
三菱日联金融集团	历史模拟法	701 个交易日	99
加拿大皇家银行	历史模拟法	N/A	99

资料来源：各家银行 2008 年年报。

1. 历史观察期长短的影响分析。

过短的观察期会增大随机误差，市场的暂时变动会引起 VaR 值的突然增加。同时，随着时间的流逝，老的情景逐次退出历史观察期，又会引起 VaR 值的突然下降。总的来说，观察期越短，VaR 值的波动性就越大。

过长的观察期同样存在问题。为克服商业循环等周期性变化的影响，历史观察期当然越长越好，但是同时，市场结构性变化的可能性也越大，历史数据就越难用于预测未来的情况[①]。

正因为如此，各家银行会根据自身的偏好进行权衡，1 年至 3 年成为最常用的选择。

2. 选用 2 年历史观察期的优缺点分析。[②]

为了减少这种历史观察期较短导致的问题，可以考虑将内部管理的历史观察期延长至 2 年，这样做的优点有以下几点：

第一，VaR 值将更为平稳。在 1 年的历史观察期下，VaR 值取决于最

---

　　① 一种风险价值的计算方法允许用户设置一个指数衰减因子（λ），近期的组合收益相对远期会被赋予一个较高的权重，这种方法可以在一定程度上平衡较长观察期带来的利弊。可以在条件成熟的时候考虑用这种方法。

　　② 该优缺点的分析同样适用于采用 3 年的历史观察期。

坏的第二大损失和第三大损失。而在 2 年的历史观察期下，VaR 值取决于最坏的第五大损失和第六大损失。由于历史观察期的延长，因此相对于 1 年的历史观察期下的第二大损失和第三大损失，2 年的历史观察期其实是在 1 年历史观察期的前三大损失划分的不同区间内插入了更多的损失值，这使得前几大损失之间的差距不断缩小，因此避免了坏的历史情景退出时带来的 VaR 值剧烈下降。同时，在出现新的坏的情景时，也能够避免 VaR 值的剧烈上升。如表 7 - 8 所示，在 1 年的历史观察期计算的 VaR 值出现剧烈波动时，选用 2 年的历史观察期计算的 VaR 值仍然非常平稳。

表 7 - 8 　　　　　　　　　不同历史观察期的对比

	2010 - 07 - 16	2010 - 07 - 19	2010 - 07 - 20	2010 - 07 - 22
观察期 1 年	37. 88	26. 43	18. 29	18. 51
观察期 2 年	45. 32	45. 38	45. 28	46. 36

第二，可以有效避免异常值的影响。选择 1 年的历史观察期时，只有最坏的 1 个情景会被排出去，因此如果出现 2 个异常值，则会显著地影响 VaR 值的计算。选择 2 年的历史观察期时，最坏的前 4 个情景会被排出去，剩下的情景较为接近，发生的概率也相对较高，因此受异常值的影响相对较小。

第三，对风险的评估更为审慎。在选用 2 年的历史观察期时，前 1 年的坏的历史情景会始终存在于观察期内，这使得风险价值计量时会考虑该情景发生的可能性，对风险的评估相对更为审慎。如表 7 - 8 所示，选用 2 年的历史观察期计算的 VaR 值要高于 1 年的历史观察期计算的 VaR 值，就是因为它考虑了更多一年的情景再次发生的情况。

第四，对内部管理和 VaR 值的预测更为有利。VaR 值的剧烈波动无疑会增加投资和风险管理的难度，尤其是对经济资本进行规划。从影响 VaR 值的因素来看，规模、久期和市场波动是主要因素，其中规模和久期是银行能够控制的，而市场是银行无法控制的。选择 1 年的历史观察期时，年底的 VaR 值取决于 1 年的历史情景，在年初作预测时，影响 VaR 值的前三大情景均需估计，这样预测的难度是非常高的。但如果选择 2 年的历史情景，则在年初作预测时，此前一年的前六大坏的情景将仍然有可能决定年底的 VaR 值。这样年末的 VaR 值的底线就很容易被计算出来。如果预期加息，则 VaR 值可在此基础上相应调高，预测的准确度也会大大提高。

当然，选用 2 年的历史情景也存在一些不足，最主要的是历史数据至少要有 2 年。因此，对于新增的曲线点，由于历史数据积累不足 2 年，无法及时使用，这样就会影响 VaR 值计算的准确性。

二、VaR 值与久期、期限的关系

以某企业债为例，不断延长其到期日，构成除到期日之外其他要素均相同的债券系列。计算后发现其风险价值与久期成很强的线性关系（见图7－1）。

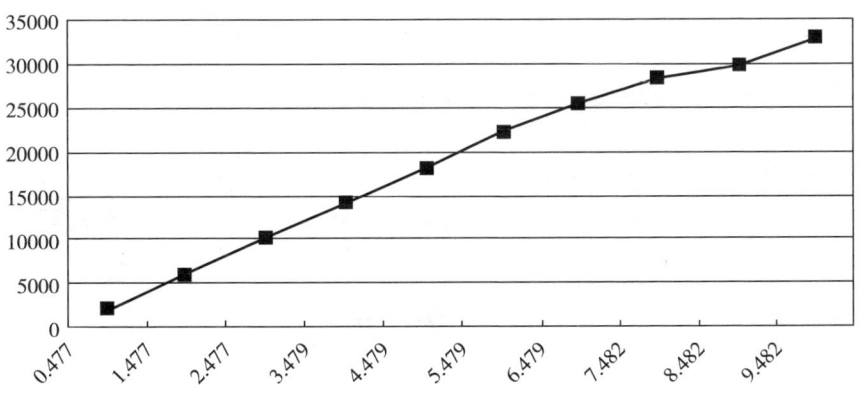

图 7 - 1　风险价值与久期的关系

但是对组合而言，由于各个债券的利率、期限等业务特性相差较大。因此直接的线性相关关系并不一定随时随地都成立。我们选取了 46 笔央行票据头寸，分析每笔头寸的 VaR 与到期期限的关系。分析日为 2008 年 12 月 31 日。考虑到 VaR 与头寸规模有直接关系，用 VaR 除以名义本金进行处理，分析单位名义本金的风险价值与到期期限的关系。

从图 7－2 可以看出，散点呈不规则分布，单位 VaR 与到期期限也没有明显的相关关系。因此对组合来说，VaR 与久期和到期期限的关系是较为复杂的，它取决于具体的组合结构。

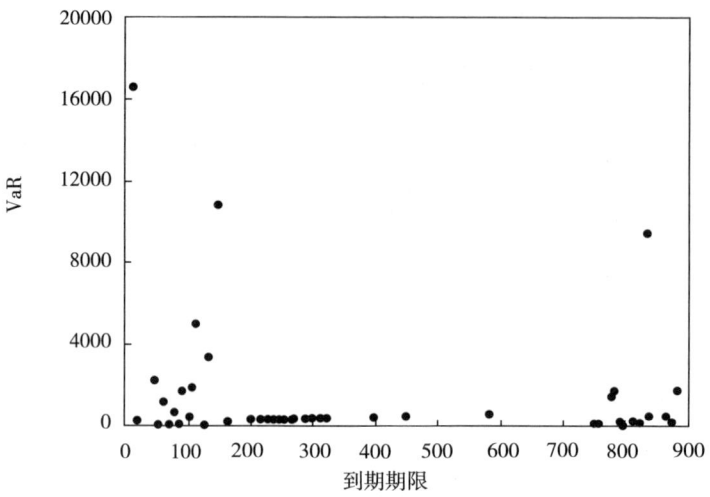

图 7 - 2　单位名义本金的风险价值与到期期限的关系

三、不同收益率曲线与 VaR 之间的关系

选取普通固定利率债券，分别采用无风险收益率曲线（国债收益率曲线）及按信用评级的收益率曲线（AAA，AA），分析日为 2008 年 12 月 31 日（见表 7 - 9）。

表 7 - 9　　　　　　　不同收益率曲线与 VaR 的关系

	收益率曲线	名义金额	VaR
头寸	合计	948909123.6	205943.15
A	国债收益率曲线	316303041.4	88387.75
B	信用债收益率曲线（AAA）	316303041.1	73943.53
C	信用债收益率曲线（AA）	316303041.1	74046.05

从上述示例可以看出，通过不同信用评级的曲线产生的结果有一定的差异。采用 AA 级曲线时的 VaR 值要大于采用 AAA 级曲线时的 VaR 值，说明低评级债券的风险要高于高评级债券的风险。

期望损失

在采用 VaR 确定监管资本要求时，VaR 无法捕获"厚尾风险"等诸多缺陷，尤其是金融机构在 2007—2009 年金融危机中遭受的损失，说明市场风险资本的框架设计不足以确保银行能够承受如此严重的市场困境。作为回应，巴塞尔委员会于 2009 年 7 月针对市场风险框架出台了一系列修订（于 2010 年更新），通常称为巴塞尔协议 2.5 改革。改革通过引入一个额外的根据压力市场条件进行了校准的基于 VaR 的资本要求，考虑了银行在压力时期可能遭受的尾部风险损失。

尽管巴塞尔协议 2.5 框架通过引入压力 VaR 要求更好地考虑了尾部风险，但 VaR 和压力 VaR 指标的设计从根本上忽略了发生概率低于 1% 的损失。这使银行有激励去持有那些具有重大尾部风险但在"正常"情况下只受有限风险的持仓，因此，巴塞尔委员会于 2012 年 5 月建议用期望损失（Expected Shortfall，ES）取代 VaR，并在最终的市场风险改革中确认。

一、VaR 的缺陷

1. 无法捕获厚尾风险

大量金融数据显示，金融收益率分布对比正态分布具有明显的尖峰厚尾性："尖峰"意味着实际分布中，靠近均值的时间更多；"厚尾"意味着极端收益率出现的频率高于正态分布预测。作为一种风险测度指标，VaR存在着根本缺陷：VaR 不能描述风险的分散化特征，无法度量超出特定分位数的损失，它将损失可能发生的概率限定为一个值，因此往往会低估实际的市场风险。以图 7 - 3 为例，两种分布下 VaR 相同，但右图中的风险要显著高于左图。

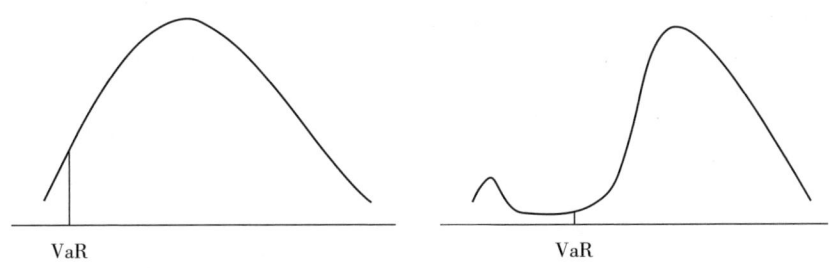

图 7 - 3　VaR 无法捕获厚尾风险

2. 不满足风险测度的一致性要求

Artzner 等（1999）提出了一个合理的风险测度应具备的条件，即一致性风险测度公理化体系。具体而言，一致性共有以下四个属性，全部满足这四个属性的风险测度被称为一致性风险测度。

（1）次可加性：任意随机变量 X、Y，满足 $\rho(X+Y) \leqslant \rho(X) + \rho(Y)$；

（2）正齐次性：任意随机变量 $X, h > 0$，满足 $\rho(hX) = h\rho(X)$；

（3）平移不变性：任意随机变量 $X, a \in R$，满足 $\rho(X+a) = \rho(X) + a$；

（4）单调性：任意随机变量 X、$Y, X \leqslant Y$，满足 $\rho(X) \leqslant \rho(Y)$。

从上述定义可知，VaR 不满足次可加性，所以它不是一致性风险测度。

二、期望损失的定义

鉴于 VaR 的缺陷，为了更准确地进行市场风险管理，巴塞尔委员会于 2012 年 5 月提议用期望损失（ES）取代 VaR。ES 通过考虑超过某个置信水平损失的大小和可能性来衡量头寸的风险，可度量损失超过 VaR 时所遭受的平均损失程度。

ES 的定义如下：

$X \in L^p$（F）是资产组合在未来某一时刻的收益，$0 < \alpha < 1$，则：

$$ES_\alpha = \frac{1}{\alpha} \int_0^\alpha VaR_\gamma(X) \, d\gamma$$

例：某投资组合期初买入价为 100，期末价值预测如表 7 – 10 所示：

表 7 – 10　　　　　　　　　某投资组合期末价值表

概率	期末价值	损益
10%	0	– 100
30%	80	– 20
40%	100	0
20%	150	50

从上表可以计算出不同 α 对应的 ES_α，如表 7 – 11 所示：

表 7 – 11   期望损失表

α	ES$_\alpha$
5%	100
10%	100
20%	60
30%	46.7
40%	40
50%	32
60%	26.7
80%	20
90%	12.2
100%	6

下面以 α = 20% 为例讲解 ES 的计算方法。ES0.2 包含 100 个情景中最差的 20 个，即表 7 – 10 中第一行和第二行各 10 个。第一行中损益为 – 100，第二行中损益为 – 20。利用 ES 公式可得：

$$\frac{\frac{10}{100}(-100) + \frac{10}{100}(-20)}{\frac{20}{100}} = -60$$

表 7 – 12 为不同置信水平下 VaR 值，以供对比。

表 7 – 12   VaR 表

α	VaR$_\alpha$
0% ≤ α < 10%	– 100
10% ≤ α < 40%	– 20
40% ≤ α < 80%	0
80% ≤ α ≤ 100%	50

相比 VaR，ES 可以更好地将厚尾风险纳入考量，同时满足风险测度的一致性要求。巴塞尔委员会已同意将 97.5% 的 ES 用于内部模型法，并且还使用该方法根据修订的市场风险标准化方法校准资本要求。97.5% 的置信水平将提供与现有的 99% 的 VaR 大致相似的风险捕获水平，同时提供许多益处，包括更稳定的模型输出，并且通常对极端异常值观察的敏感性

较低。

三、ES 的计算与校准

巴塞尔协议 2.5 框架假设各银行将能够在 10 天的时间内退出或对冲其交易账户敞口而不会影响市场价格。然而，在压力时期，当整个银行系统持有类似敞口时，市场可能会迅速变得缺乏流动性。这会发生在危机最严重的时候，由于银行无法在短时间内退出或对冲头寸，导致按市值计价的重大损失。为了识别市场流动性不足的风险，ES 计量针对不同的风险因素规定了不同的流动性范围。在这种情况下，"流动性期限"定义为在压力大的市场条件下，在不实质影响市场价格的情况下退出头寸或对冲风险因素所需的时间。ES 计量用于计算在市场压力期间在指定的流动性范围内银行可能遭受的损失。因此，该计量将倾向于给流动性较小的风险因素计算出较高的资本要求。

根据巴塞尔委员会的要求，所有可建模的风险因素均应包含在银行内部、整个公司范畴的 ES 模型中。在计算 ES 时，应使用 97.5% 单尾置信水平，损失分布必须基于相当于相关风险因子 n 天移动的瞬间冲击，其中 n 取决于风险因素的流动性特征。ES 的计算也必须经过压力校准，校准应采用间接法，银行须指定一组与其投资组合相关的风险因子，并使用这组风险因子将投资组合的 ES 值校准到可观察范围内最严重的 12 个月压力时期。

银行自行开发的 ES 模型须满足以下最低标准，个别银行或监管机构可酌情采用更严格的标准。

1. 使用银行层面的内部模型确定市场风险资本要求，银行必须每日计算 ES，采用内部模型法（IMA）的交易平台亦须每日计算 ES 值；

2. ES 必须使用 97.5% 单尾置信水平；

3. 在计算 ES 时，必须进行流动性调整，调整公式如下：

$$ES = \sqrt{\left(ES(P)\right)^2 + \sum_{j \geqslant 2}\left(ES_T(P,j)\sqrt{\frac{(LH_j - LH_{j-1})}{T}}\right)^2}$$

式中，ES 是监管流动性调整后的 ES；T 是基准时长，即 10 日；$ES_T(P)$ 是投资组合 T 日的 ES 值，该投资组合头寸 $P = (p_i)$；$ES_T(P,j)$ 也是投资组

合 T 日的 ES 值,该投资组合头寸 $P = (p_i)$,头寸 p_i 受到的瞬间风险因子冲击为 $Q(p_i, j)$,其余风险因子保持不变。

LH_j 为流动性时长,具体如表 7 - 13 所示。

表 7 - 13　　　　　　　　　　　　流动性时长

j	LH_j
1	10
2	20
3	40
4	60
5	120

ES 值必须校准到压力时期。具体而言,如果相关风险因子进入压力状态,ES 值必须可以复制银行现有投资组合产生的 ES 结果,这相当于是对所有相关风险因子的综合评估,考虑了压力下的相关性指标。此外,该项校准采用基于简化风险因子的间接法。银行必须指定一组投资组合相关的简化风险因子,这组风险因子必须有足够多的监测值,还须满足以下两点要求:

1. 这组风险因子必须经过监管层批准,且必须符合可建模风险因子的数据质量要求;

2. 这组风险因子必须能够解释完整 ES 模型变动的 75% 以上。

校准公式如下:

$$ES = ES_{R,S} \times \frac{ES_{F,C}}{ES_{R,C}}$$

式中:$ES_{R,S}$ 是采用上述简化风险因子计算出的投资组合 ES 值;$ES_{F,C}$ 是采用全部风险因子、基于现有(或最近)12 个月观测值计算得出的 ES 值;$ES_{R,C}$ 是采用简化风险因子计算出的当期 ES 值。

期权风险的计量

一、关于期权定价 B－S 公式的理解

期权是一种权利,期权买方有权利在某一天以约定的价格买入或者卖

出一种金融资产，这种金融资产称为期权的基础资产，可以是股票、货币或者债券等，其中基础资产为货币的称为外汇期权。以美元/人民币看涨外汇期权为例，某个合约的名义本金为 100 万美元，执行日为 2011 年 9 月 1 日，执行汇率为 6.5，则期权的买方在 2011 年 9 月 1 日有权按照 6.5 的汇率从期权卖方手中买入 100 万美元。

期权的价值取决于两个价格：一个是市场价，一个是执行价。二者的差就是期权的价值或者期权的价格，即期权的价值取决于未来的市场价和执行价的差。

以上述外汇期权为例，如果 2011 年 9 月 1 日美元兑人民币汇率为 6.7，高于合约执行价格，则期权买方将行使权利，该期权的执行使买方获得了 20 万元人民币的收益，这也就是 2011 年 9 月 1 日该期权的价值。如果考虑现值，还应该将它折现。如果 2011 年 9 月 1 日美元兑人民币汇率为 6.4000，低于合约执行价格，则期权买方将不会行使权利，此时期权的价值为零。

从这个例子可以看出，要估计期权的价值，需要解决以下问题：（1）如何估计基础资产未来的价格？（2）未来的价格大于执行价格的可能性有多大？（3）未来的现金流如何折现到现在？

B–S 模型在一定假设条件下解决了这个问题，比如假设基础资产的价格服从对数正态分布等。它的结果是：（1）如果知道当前的价格 S，未来的价格为 $S \times P_1$，P_1 是可能性，等于 $N(d_1)$。（2）未来的价格大于执行价格的可能性为：$P_2 = N(d_2)$。（3）未来的现金流折现率分别为：e^{-rT}、$e^{-r_f T}$。

归纳起来，单位期权价值：

$$C = S \times P_1 - K \times P_2$$

折现后为 $e^{-rT} S \times N(d_1) - e^{-r_f T} K \times N(d_2)$

这就是 B–S 公式的核心思想。

仍以上述期权为例，假设当前市场 2011 年 9 月 1 日的即期汇率为 6.6000，$P_1 = 0.75$，$P_2 = 0.65$，在假设无风险利率 $r = r_f = 0$ 的情况下，该期权价值即为

100 万美元 × （6. 6 × 0. 75 – 6. 5 × 0. 65） ＝ 72. 5 万元人民币

二、外汇期权敏感性 Δ （Delta） 含义解读

（一） Δ 的基本含义

Δ 是指外汇期权价值对即期汇率的一阶导数，反映了当即期汇率发生微小变化时，外汇期权价值的变化。根据期权估值公式，单位买入外汇看涨期权与看跌期权的 Δ 值分别为

$$c\Delta = e^{-r_f(T-t)} N(d_1)$$

$$p\Delta = e^{-r_f(T-t)} \left[N(d_1) - 1 \right]$$

其中，c 为看涨期权价格，p 为看跌期权价格。

从 Δ 的公式可以看出，对单位期权而言，Δ 在 ［ – 1 ，1 ］ 之间，其中看涨期权 Δ > 0，看跌期权 Δ < 0，说明即期汇率上升时看涨期权价格上升而看跌期权价格下跌。

（二） 单一币种的组合 Δ

对一笔期权交易来说，其 Δ 值为本金 × 单位 Δ。而对于同一类期权组合（如 USD/CNY 期权组合），其组合内各笔交易的 Δ 值加总可以得到组合 Δ，由下式给出：

$$\Delta_{组合} = \sum_i 本金_i \times 单位 \Delta_i$$

假设组合中各笔交易单位 Δ_i 均相等，为 + 0. 5，则当交易本金总额达到 4 亿美元时，其组合 Δ 值将达到 2 亿美元。

但事实上，往往组合中每笔交易的单位 Δ 值均不同，并且有正有负，因此交易本金总额对于研究期权组合风险作用比较有限。例如假设组合的本金总额为 4 亿美元，但其中 2 亿美元的单位 Δ 值均为 + 0. 5，剩余 2 亿美元的单位 Δ 值均为 – 0. 5，则组合 Δ 值为零，期权组合的价值并不受汇率变化的影响。因此在实践中，比较有操作性的是采用组合 Δ 作为衡量组合风险的工具而非组合头寸的名义金额。

2 亿美元的敞口到底意味着多大的风险？

假设美元对人民币期权组合的 Δ 值为 2 亿美元，当前的美元对人民币即期汇率为 6. 7824，则说明如果美元对人民币汇率上升 1 个 pip （0. 0001

人民币/美元，汇率变化为 6.7825），期权组合的价值将上涨 2 亿美元 × 0.0001 人民币/美元 = 20000 元人民币。如果美元对人民币汇率下降 1 个 pip（汇率变化为 6.7823），期权组合的价值将下跌 20000 元人民币。根据中国人民银行规定，人民币汇率日间波动控制在 1%，以汇率 6.5 计算，日间可能的最大变化为 650 个 pips。假设 USD/CNY 的组合限额设定为 2 亿美元，意味着日间可能承受的最大亏损为 1300 万元人民币。

（三）不同币种的组合的 Δ

上面分析的是一个币种的 Δ，比如人民币美元的期权组合，但银行可能做不同币种的期权，这些 Δ 是不能直接相加的，因为人民币对美元涨，可能对欧元跌，变化的方向不一样。理论上要精细化计算，应该考虑相关性，但相关性在计量上非常难解决，一种简化的方法是分不同的币种分别设置 Δ 限额，比如 5 个货币对，分别设置 4000 万美元的限额，简单加在一起是 2 亿美元，一般会小于 2 亿美元，这样比较审慎和保守。当然把总的 Δ 敞口设置小一些也是一种方法，但这种方法相对不好把握组合价格随市场波动变化的大小。具体每个货币对设置多大的限额，需要再估算。

三、对期权损失限额的理解

从定义可以看出，Δ 是一种敏感性，反映的是即期汇率变动后期权价值的变化情况，它更多反映未来市场变化后可能的盈亏变化，而不反映当前的盈亏。因此对期权组合的风险管理可结合止损限额以及 Δ 限额进行控制，前者反映已发生的损益情况，后者反映未来市场变化情况下的损益变化情况。

如银行卖出期权，收取初始期权费，其损益为初始期权费减当前期权价格。

以卖出美元对人民币看跌期权为例，本金 100 万美元，期限 1 年，即期汇率为 6.5000，执行汇率为 6.5000，人民币升值后，期权价格将上升。理论上若人民币升值到 ∞，即美元对人民币汇率为零，买方行权，银行支付 650 万元人民币，收取了 100 万美元。不考虑初始收取期权费的情况，银行将亏损 650 万元人民币。这就是极端情况下银行的损失。

再以卖出美元对人民币看涨期权为例，本金 100 万美元，期限 1 年，即期汇率为 6.5000，执行汇率 6.5000，人民币贬值后，期权价格将上升。理论上若美元升值到∞，对方行权，银行收取 650 万元人民币，支付 100 万美元。不考虑初始收取期权费的情况下，银行将亏损 100 万美元。

从以上例子可以看出，卖出期权的最大损失为期权的名义本金。但事实上，外汇升值是有一定幅度的。从历史上看，人民币年波动的最大幅度为 6%。考虑人民币在 1 年里变化 10% 的极端情况：在第一个例子中，人民币升值到 5.8500，期权亏损 65 万元人民币；在第二个例子中，人民币贬值到 7.1500，期权亏损为 65 万元人民币。

对于买入期权，当汇率变化较为不利时，期权价格可能会接近或等于零，因此买入期权者的损失上限即为其期权费。

因此，当期权组合达到限额或者止损限额后，应该通过即期结售汇市场进行风险对冲。例如若组合的 Δ 值为 -2.1 亿美元，说明美元对人民币汇率上升 0.0001 后，银行将亏损 21000 元人民币，对此，银行可进行即期购汇 5000 万美元，此时组合 Δ 值将降为 -1.6 亿美元。又如一旦组合达到止损限额，可以通过即期市场进行完全的 Δ 对冲，使组合 Δ 值降为零，从而汇率变化将不再对银行头寸价值产生影响。

CDS

一、CDS 交易合约的基本结构

信用违约掉期（Credit Default Swap，CDS）是 1995 年由美国摩根大通（JP Morgan）首创的由信用卡贷款衍生出来的一种信用金融衍生产品，它可以被看作一种金融基础资产的违约保险合同。CDS 买方（一般为基础资产的拥有方）在合约期限内按合约规定频率支付给 CDS 卖方固定费用（保险费，通常按基本点定价，一般为 CDS 面值 × 点差 × Actual Days/360）；CDS 卖方在合约确定的信用主体或基础金融资产发生信用风险事件时，对 CDS 买方进行损失赔偿。CDS 合约一般期限为 5 年，CDS 交易的结构如图

7 - 4所示。

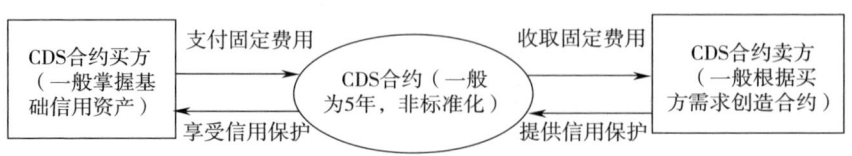

图 7 - 4 CDS 交易结构图

CDS 交易需要关注的要点包括：

（1）市场参与者。国外 CDS 交易参与者类型丰富，不仅包括商业银行，而且包括对冲基金、保险公司、投资银行、共同基金、养老基金和大型企业。商业银行是 CDS 主要的净买方，通过转移贷款或债券的信用风险降低其风险资产权重，达到提高资本充足率的目的；保险公司是主要的净卖方，这与其提供保险获得保险费的性质比较类似。对冲基金、投资银行等机构更多的是从交易和套利的角度参与市场，提高了市场流动性。企业也是 CDS 的重要购买者，其主要目的是减少商业往来中产生的应收账款等债务关系带来的信用风险。

（2）交割结算机制。CDS 卖方承担损失的方法一般有两种：一是实物交割，即一旦违约事件发生，CDS 卖方承诺按基础资产票面价值全额购买买方的违约基础资产。第二种方式是现金交割，即在违约发生时，CDS 卖方按基础债券的点差水平实行轧差交割，并以现金补齐 CDS 买方的资产损失。CDS 交易的会计核算方式与掉期、期权等一般场外交易的衍生产品相似。

（3）估值方法。与 CDS 定价相关的参数主要是基础债券资产的违约概率和回收率（Recovery Rate）。违约概率可以通过违约强度曲线①得到，回收率可以通过基础资产所在评级的历史回收率估计得到。

---

① 正如通过拟合即期利率或远期利率曲线才能对国债等利率产品进行精确定价一样，对 CDS 等信用衍生产品的定价也需要构造违约强度曲线作为定价基础。一般而言，可以选择一些流动性较好的可违约债券或信用掉期的信用利差来构建市场隐含的违约强度曲线，它代表了市场对未来违约事件发生趋势的判断。市场上度量可违约债券的信用利差的标准包括 Z - Spread、I - Spread 和信用评级部门公布的所在评级的信用利差等。

CDS 估值的基本原理就是在假设违约强度不变的情况下，信用利差大概等于违约概率乘以损失率。在此基础上计算 CDS，需分析信用衍生产品的未来现金流，根据信用违约事件的发生概率以及其对未来现金流的影响，计算每一笔现金流的现值，对所有现金流现值求和即可得到该产品的净现值。另外，根据国际市场上 CDS 交易的活跃程度，部分 CDS 产品也可以按照"盯市法"进行估值。

（4）报价机制。CDS 交易虽在场外进行，但仍有多家大型金融机构作为标准合约的做市商进行报价。CDS 报价和信用债券报价相同，均采用信用点差（BPS）方式。一般来说，CDS 价格与基础实体同期限债券信用风险点差应该基本相等，只是因为两者市场参与者不同，供需不同，导致同一个基础实体、同期限的 CDS 与债券的点差可能有所不同。

部分交易商收集报价或部分市场成交价格后，计算 CDS 市场综合报价，图 7－5 显示了交易商 CBIL 对欧元区债务危机相关国家 5 年期国债 CDS 的市场综合报价。其中，希腊 5 年期国债 CDS 报价为 819.21 个基点，表明如果现在为 1000 欧元面值的希腊 5 年期国债提供信用保护，在不发生信用违约事件的前提下，CDS 买方在未来五年每年需要支付 81.92 欧元作为保险金给 CDS 卖方①。

需要说明的是，如果一个发行体的信用状况持续恶化，其 CDS 点差会随之持续变宽。当 CDS 点差拉宽至 1000 个基点以上时，报价规则会出现变化。比如一个发行体的 CDS 报价为 3 个点（Point），意味着以该发行体为基础实体的 CDS 购买者要先支付面值的 3%（一般称为前置费用，Upfront Fee），然后每年再支付固定的 500 个基点的费用。

（5）信用违约事件的确定。对信用违约事件的描述一般会写在双方 CDS 合约中，其中包括金融资产的债务方破产清偿、到期未能偿付、债务重组、债务加速到期、债务提前到期而债务人不履行、拒绝清偿/延期偿还等。在信用事件出现时，交易双方仍会就其定义出现争议，这是 CDS 交易

---

① 该市场价格不等同于 CDS 合约签订时的约定保费。一般合约签订时，保费是固定的（比如担保希腊 5 年期国债是 500 个基点），日后的实际交付是按照每日市场价格（819.21 个基点）与合同约定保费差额 319.21 个基点（819.21－500）的价格，累计三个月（或半年）进行保费支付。

<HELP> for explanation.   Corp   CDS

		Px. Source			CDS (CMAN)			Currency			
Issuer		5Yr	Chg	Time	5Yr	Time	Dec 31	Price	%Chg	Time	%YTD
100) Germany		39.66	+0.4	4:59	38.95	09/24	26.33	1.35	+1.33	9/24	-5.8
101) Greece		819.21	-8.4	4:59	807.45	09/24	283.36	1.35	+1.33	9/24	-5.8
102) Ireland		466.52	-0.4	4:59	463.15	09/24	157.98	1.35	+1.33	9/24	-5.8
103) Italy		191.53	+0.7	4:59	189.55	09/24	109.22	1.35	+1.33	9/24	-5.8
104) Portugal		401.69	+0.4	4:59	389.89	09/24	91.66	1.35	+1.33	9/24	-5.8
105) Spain		225.25	+0.6	4:59	221.24	09/24	113.50	1.35	+1.33	9/24	-5.8
106) United Kingdom		70.59	-0.3	4:59	67.50	09/24	82.50	1.58	+.91	9/24	-2.1

图 7 - 5　欧元区相关国家 5 年期 CDS 报价情况

（资料来源：Bloomberg）

面临的主要法律风险。

如果合同期限内合同约定的信用事件触发，合同即宣告中止，交易双方对合同进行清算并对基础资产进行交割。

（6）CDX 指数。类似于股票指数，CDX 指数由不同参考实体公司的 CDS 价格组成，主要考量现在及未来一段时间宏观环境的整体信用风险。CDX 指数可以让投资者利用市场整体回报水平作为投资 CDS 的参考基准。

CDS 看起来是一种保险，但实际操作上更像一种期权。如同股票期权，CDS 虽然是建立在相关的债券上的，但是它的交易却是完全独立的；作为场外交易，CDS 不受监控，只遵守交易双方私下缔结的法律合同。这些特点决定了 CDS 是一种极易脱离实体经济的衍生产品。

二、CDS 发展过程回顾

1. CDS 的产生发展阶段。

从 20 世纪 90 年代中期开始，美国经济经历了十年繁荣，美国各大金融机构放出大量贷款，它们需要保有大量的资金作为坏账准备。银行为了免受信用风险损失，同时又能释放资金以谋取更高收益，部分保险公司为了发掘新的保费来源，CDS 产品便应运而生。问世之初，由于经济形势较好，债券或企业违约比较少见，加之投资者普遍预期未来几年大公司破产或违约的可能性也很小，所以卖出以大公司债券为基础资产的 CDS 能够获得持续现金收入而承担较小的赔付风险。到 2000 年，CDS 合约面值总额已近 1 万亿美元。

这时候 CDS 市场主要有以下特点：交易主要集中在市政债券和公司债，很少涉及结构性融资工具；市场参与者有限并且相互了解，交易对手风险会得到较好控制；绝大多数信用保护买方的确持有基础资产。总体来看，这个阶段的 CDS 市场运转还是可靠而良好的。例如安然和世通公司破产后，一些持有其债券的 CDS 买方就得到了赔付。

2. CDS 市场投机行为盛行阶段。

2001 年以后，美联储的低利率政策催生了美国房地产市场的迅猛发展，CDS 交易发生了一些重要变化：出现了 CDS 二级市场，大量参与者进入 CDS 市场进行合约买卖；对冲基金、投资银行等机构开始在不持有基础资产的情况下进行 CDS 交易，有些 CDS 合约甚至被转手多达 10 余次；众多交易者财务背景参差不齐，判断合约卖方的财务状况日益困难，交易对手风险大大增加；CDS 交易开始扩展到由"资产池"构成的结构性投资工具领域，如 MBS 和 CDO 等。CDS 投机活动由此开始泛滥。

CDS 的规模在国际金融危机前出现了爆炸式增长，并成为 2008 年国际金融危机的重要推手。2008 年的国际金融危机始于美国次级住房抵押贷款及其证券化产品。MBS、CDO 等高风险次级抵押贷款证券的投资者通过购买 CDS 降低信用风险，CDS 的市场规模快速增长，远远超出其基础资产规模。截至 2007 年底，CDS 市场未清偿合约余额总计 62 万亿美元，远远超过了美国住房抵押贷款市场以及美国国债市场规模，甚至超过了全球当年的 GDP 总额（54 万亿美元）及纽约证券交易所的证券市场价值（50 万亿美元）。图 7 - 6 是 1996 年至 2008 年 CDS 市场规模变化情况。

3. CDS 市场修复调整阶段。

国际金融危机之后，伴随全球信用衍生产品市场的萎缩，CDS 总规模也明显缩小，但对比其他信用衍生产品尤其是与次级贷款关联度高、结构复杂的 CDO 产品，CDS 因其结构相对简单、标准化程度有较大提升、报价

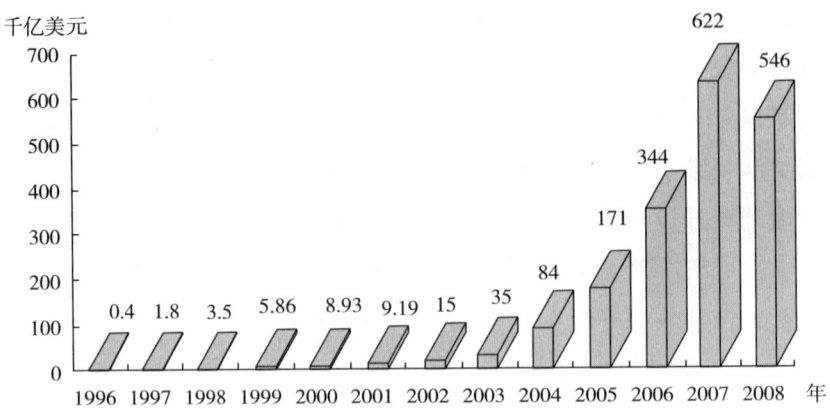

图 7-6　1996 年至 2008 年 CDS 市场规模变化情况

（资料来源：ISDA）

估值比较透明等特点，仍为市场参与者广泛接受。危机后 CDS 交易清算中心①的建立，使 CDS 得到监管的同时，交易也更加透明，其在信用衍生品市场的份额日趋扩大。根据美国证券托管结算公司（The Depository Trust & Clearing Corporation，DTCC）的统计数据，截至 2010 年 9 月 10 日，全部信用衍生产品合约未到期名义本金额为 25.60 万亿美元，其中 CDS 合约为 14.95 万亿美元，占比达到 58.40%。

三、CDS 产品的风险分析

从设计原理上看，CDS 确实可以起到缓释信用风险的作用，其存在也为评价交易对手信用风险提供了依据，具有信用风险价格发现功能。但必须注意到，CDS 本身具备两个巨大的风险隐患，在非正常的市场环境下将会起到风险放大器的作用。

一是其杠杆放大效应。对 CDS 出售者而言，通过获取保费为信用违约

---

① 2009 年 3 月 10 日，美国洲际商品交易所（Intercontinental Commodity Exchange，ICE，在纽约证券交易所上市）得到美国证监会的批准，于同日开始进行信用违约掉期（CDS）的清算，ICE 成为美国首家针对 CDS 相关交易的清算中心。

事件提供担保，其交易基础是基于对违约概率的预期。例如 CDS 保费为 1 亿美元，对基础金融资产的预期违约概率为 1%，该 CDS 所担保的资产总额为 100 亿美元。如果市场环境发生突变，违约概率为最初估计的 1% 一跃而至 30%，CDS 出售者将损失 29 亿美元，为其获得保费的 29 倍，其杠杆效应显而易见。实际上，由于出售 CDS 不需要本金的投资，从理论上讲其杠杆倍数甚至会趋于无穷大。

二是其风险传染效应。对于拥有基础金融资产的 CDS 购买者而言，其交易目的在于转移资产面临的信用风险。而从本质上来说，CDS 的结构设计并没有达到这一目的。表面上看基础资产的信用风险由 CDS 出售者承担，但 CDS 购买者此时承担了出售者的交易对手信用风险，一旦信用违约事件发生后出售者无力偿付资产损失，则购买者仍是最后一个接棒者。CDS 的风险传染效应同样反映在其衍生出的产品上，如合成 CDO，基础"资产池"发生违约时若 SPV 的信用状况出现问题，基础资产的拥有者（CDS 买方）无法得到预期的补偿，只能仍由自身承担损失。由于衍生出的合成 CDO 的风险传染效应实际上已背离了 CDO 机制中 SPV 作为风险隔离机构的初衷，如果不能够得到有效监管与控制，CDS 的风险传染效应极易引发系统性风险。

四、CDS 加剧金融危机的机理分析

随着货币政策的紧缩，房地产市场需求迅速下降，房价大幅下跌，贷款者无力通过出售房产偿还贷款，低信用评分者大量违约；但房贷机构并不会受到太大影响，因多数次级抵押贷款已经打包成 MBS 卖给了 SPV，SPV 也已通过再证券化将 MBS 重新组合成 CDO 出售；CDO 的投资者支付一定的保险费，通过 CDS 合约将风险再次转移，最终的风险由 CDS 的持有者承担。图 7-7 描述了这一过程。

巨大的杠杆效应使得 CDS 卖方濒临倒闭，无力按照 CDS 合约要求偿还债务，价值链开始回流，CDO 购买者支付的保费没有得到应有的保护。除了保费的损失之外，MBS 现金流的损失也只能由 CDO 的购买者自己承担，CDO 持有者同样陷入困境。依此类推，整个次贷价值链的参与者都深陷其中。而任何一个市场参与者的倒下，又将使卖出其 CDS 的机构陷入违约境

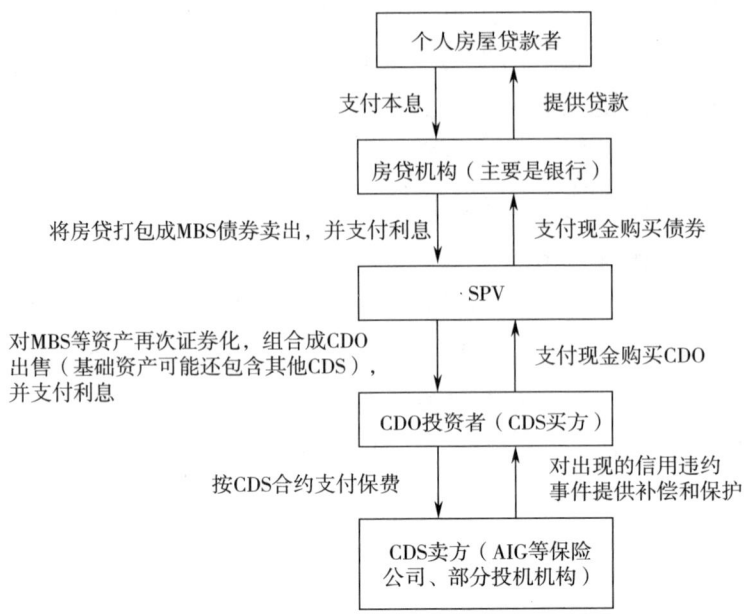

图 7 - 7 CDS 相关交易风险转移结构图

地，以此种方式循环往复，最终导致危机爆发。

以 AIG 为例，为对抗日益下滑的保险业务收益率，AIG 开始介入 CDS 市场，其设在伦敦的专门从事衍生品交易的公司成为 CDS 市场的主力军。截至 2007 年 9 月，AIG 的未清偿 CDS 总额高达 5130 亿美元，其中有 780 亿美元为涉及次级抵押贷款的 CDO 提供保护。次贷危机爆发以来，住房抵押贷款违约率全面上升，重灾区加利福尼亚州的按揭贷款违约率已超过 7.2%，远高于之前 CDS 合约预测的 0.2% 的平均违约概率，AIG 面临着巨大的赔付压力。在 2008 年前三季度，AIG 出现了高达 245 亿美元的净亏损，而在第四季度更是惊爆出 617 亿美元的巨额亏损，濒临破产。AIG 显然无法偿付如此巨额的损失，向其购买保护的 CDO 投资者无法得到相应的偿付，同样面临大量损失，系统性风险由此形成。2008 年 7 月，美林将面值 306 亿美元的 CDO 作价 67 亿美元卖出，同时撤销了对其价值 35 亿美元的买入 CDS 合约的诉讼，以救助受困于其中的债券保险商（CDS 出售者）。

金融危机中，因 CDS 交易双方的信息不对称日益严重，伴随 CDS 交易出现了许多诸如欺诈事件等副产品。高盛欺诈事件就是其中影响最大的案例之一。

2007 年 4 月 26 日，高盛向投资者卖出名为 "ABACUS2007 – AC1" 的合成抵押债务债券①（Synthetic CDO）。为促成交易获得收益，高盛向买方隐瞒了部分重要信息，给投资者造成了巨大损失。高盛欺诈事件主要过程如下：

第一步，对冲基金 Paulson & Co 对美国商用房产市场看空，便希望通过购买 CDS 的方式对冲头寸。高盛接到 Paulson & Co 的需求后，将卖 CDS 的头寸打包成为合成抵押债务债券，而这些 CDS 所担保的抵押债券是 Paulson 对冲基金亲自挑选的最差的、评级过高的房地产抵押债券。

第二步，为顺利卖出这些包含卖出 CDS 的合成抵押债务债券，高盛找到独立第三方 ACA 公司进行 "独立评估" 和券的挑选，使这些债券看起来是独立的第三方评估、制作的。ACA 受到高盛误导，不仅作为独立第三方进行了评估和挑选，而且按照一般程序对债券进行信用增级，以 50 个基点的价格担保了这些债券的优先档（Senior Tranche），共 9.09 亿美元。

第三步，Paulson & Co 对冲基金购买了这些 CDS（相当于做空抵押债券），支付保费；高盛发行这些 CDO，从 Paulson 对冲基金获得 1500 万美元的初始费用，同时获得发行佣金和之后一直持续的 CDO 管理费；投资者购买 CDO，相当于对一系列住房抵押债券发出了信用保险，在正常市场情况下，投资者获得稳定的保费（过程见图 7 – 8）。

最后，美国房地产市场崩溃，抵押债券出现违约，买了 CDS 保险的 Paulson & Co 对冲基金获利，而客户作为保险发行者必须相应支付本金赔偿。因 ACA 担保了债的优先档（Senior Tranche），所以损失最大。而之前 ACA 已被荷兰银行（ABN AMRO）购买，荷兰银行后又被苏格兰皇家银行（RBS）购买，苏格兰皇家银行成了最终的实际担保方。2008 年 8 月 7 日，苏格兰皇家银行将头寸反向平盘，损失 8.41 亿美元。

---

① 这类产品与一般 CDO 债券的不同之处在于里面包含的是信用违约掉期（CDS）等衍生品合约，而不是实质证券。这些 CDS 相当于对抵押债券的保险，由于内部包含的是 CDS 而不是一般的债券，因此被称作合成（Synthetic）抵押债务债券。

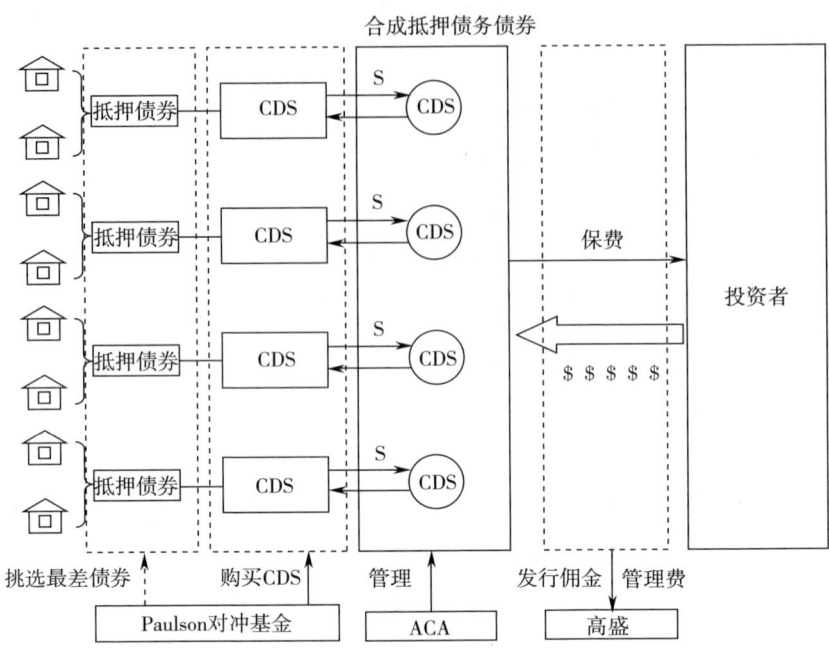

图7-8 高盛欺诈事件图解

高盛的问题在于明知道是 Paulson & Co 对冲基金挑选的抵押债券并做空（购买 CDS），却对外宣称是独立第三方 ACA 对基础资产进行的挑选并管理，在披露真实交易对手及相关情况方面对投资者进行了欺诈。

总的来看，由于缺乏有效监管，投机行为严重，交易规模严重偏离实际基础资产，CDS 在本轮金融危机中起到了推波助澜的作用。

五、国内 CDS 产品的研发情况

虽然 CDS 助推了本轮金融危机，但作为应用广泛的信用衍生产品，CDS 具有分散信用风险、增强资产流动性、扩大金融市场规模、提高金融市场效率等积极作用。信用违约掉期也是巴塞尔资本协议认可的信用风险缓释技术①。

---

① 巴塞尔新资本协议首次将信用衍生品作为合格的信用风险缓释工具，但只认可信用违约掉期和总收益互换提供的信用保护，其他类型的信用衍生工具暂时不予承认。

为分散银行系统信用风险，促进我国信贷及债券市场健康发展，中国银行间市场交易商协会一直致力于研发适合我国情况的信用衍生产品，并于 2010 年推出了"信用风险缓释合约"和"信用风险缓释凭证"两类产品。

对于信用风险缓释合约，在控制风险方面，一是指定标的债务，二是限定标的债务类型。国际上的 CDS 交易一般通过指定基础实体、债务类型和债务特征，把基础实体的一大类债务都纳入信用保护的范围之内。与国际通行的 CDS 交易不同，信用风险缓释合约要指定具体的标的债务，从而使信用风险保护与特定的债务挂钩。国际上的 CDS 对寻求信用保护的债务类型没有限制，完全由交易双方根据需要自行约定，如基于资产支持证券（ABS）的 CDS 交易。为避免交易过于复杂，试点阶段的信用风险缓释合约的标的债务将被严格限定为债券和贷款。

信用风险缓释凭证则是指由基础实体以外的机构创设，为持有人就公开发行的基础债务提供信用风险保护、可交易流通的有价凭证，实质上就是标准化的信用风险缓释合约。

在报价交易方式方面，两类合约可以继续沿用利率互换、远期利率协议等金融衍生产品的报价交易方式，即市场参与者既可以通过全国银行间同业拆借中心的交易系统达成，也可以通过电话、传真等其他方式进行自主报价交易。

市场风险经济资本

市场风险经济资本定义为一年内，在一定置信区间内的可能的潜在损失。这和持有期是一天的 VaR 有很大的不同，前者相当于持有期是一年。将持有期为 1 天的 VaR 转换为持有期为一年的潜在损失，可以采用不同的方法。

一、基于 1 天 VaR 的转化方法

将 1 天的 VaR 扩展到 1 年的 VaR。采用如图 7-9 所示的方法。

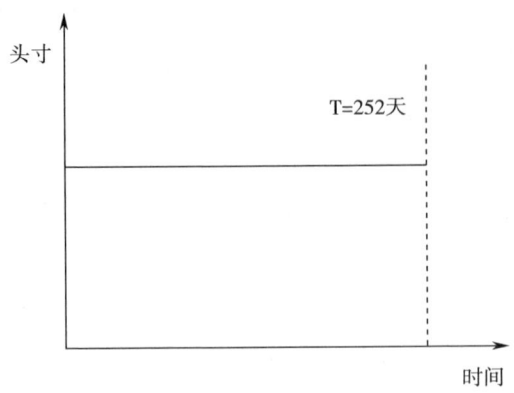

图7-9　1年持有期

假定头寸在1年的期间内，除自然到期外，不发生其他变化，采用时间平方根法则。具体有如下方法：

方法一：在99%置信水平下，计算持有期一天的VaR。然后根据如下转换公式把资产组合市场风险VaR转换为市场风险经济资本：

$$EC_{市场风险} = VaR(99\%,1天) \times \frac{norminv(c,0,1)}{norminv(0.99,0,1)} \times \sqrt{252}$$

这是一种较为谨慎的计算方法，将1天的99%的VaR按新的置信区间进行概率调整，然后再通过时间的平方根法则，扩展到一年的经济资本要求。

在上述公式中，由于置信度调整，资本要求比调整前上升了37.32%，影响较大。表7-14显示了对于不同的置信区间的资本要求的差异。

表7-14　　　　　　　　　　不同置信区间的资本要求差异

置信度（%）	99	99.43	99.93
对应数值	2.326348	2.530192	3.194651
倍数（比较99%）	1	1.087624	1.373247

此外，按上述公式计算的EC结果较大的原因主要是通过时间的平方根法则进行调整，扩展到一年产生了影响，此调整会使资本要求比调整前上升了1487%。

方法二：通过 10 天 VaR × sqrt（25）进行计量。

$$EC_{市场风险} = VaR(99\%,10 \text{天}) \times \frac{norminv(c,0,1)}{norminv(0.99,0,1)} \times \sqrt{25}$$

方法三：直接计算 252 天（一年）的经济资本。

$$EC_{市场风险} = VaR(99\%,252 \text{天}) \times \frac{norminv(c,0,1)}{norminv(0.99,0,1)}$$

三种算法的原理并没有本质的区别，但计算结果存在一定的差异，这是因为时间平方根法则假设交易估值为正态分布，实际分布并不如此，10 天 VaR 与单日 VaR × sqrt（10）的关系并不稳定，有分析认为可能产生 40% 左右的差异。

二、实际持有期方法

上述的假设是建立在头寸不变的基础上。但在实际中，在遭遇损失时，银行会采取相应的措施来缩减头寸。因此，可以用如下的方法来处理。

（一）假设在一年的过程中，发生损失时，银行可以在 90 天内出清头寸

此假设来源于监管假设。内部模型法计量的资本要求公式如下：

$$C = \max\{VaR_{t-1}, m_c \times VaR \, avg\} + \max\{SVaR_{t-1}, m_s \times SVaR \, avg\}$$

式中，C 指市场风险的资本需求；$VaRavg$ 指过去 60 个交易日的平均风险价值；VaR_{t-1} 指根据内部模型计算的上一交易日的 10D 风险价值；$SVaR$ 指压力 VaR；乘数 m_c 和 m_s 的值由银监会根据返回测试的结果决定，通常在 3 到 4 之间。

对于 m_c 的值，有不同的解释。韩国监管机构的解释是，此 m_c 代表了持有期的乘数。10 天的 VaR × 3 相当于 90 天的 VaR，相当于假定的持有期为 90 天，即在 90 天内，除自然到期的情况，没有头寸的变化。而第 90 天后，清空全部头寸，即第 91 天的头寸为零（见图 7 – 10）。

根据此假设，在不考虑压力 VaR 的情况下，此经济资本应为

$$EC_{市场风险} = VaR(99\%,90 \text{天}) \times \frac{norminv(c,0,1)}{norminv(0.99,0,1)}$$

此方法计算得出的数值约为第一种方法的 59.76%，资本要求与监管资本的一般风险部分基本一致。

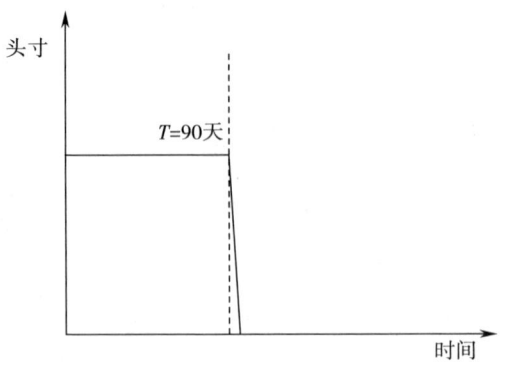

图7-10　90天持有期

（二）假设在一年的过程中，发生损失时，根据不同的头寸的持有期，在持有期内逐渐递减

参见图7-11，某类债券的持有期为10天，在计算时，假定在10天内，每天的头寸均匀递减，直至预设的最低持仓水平。

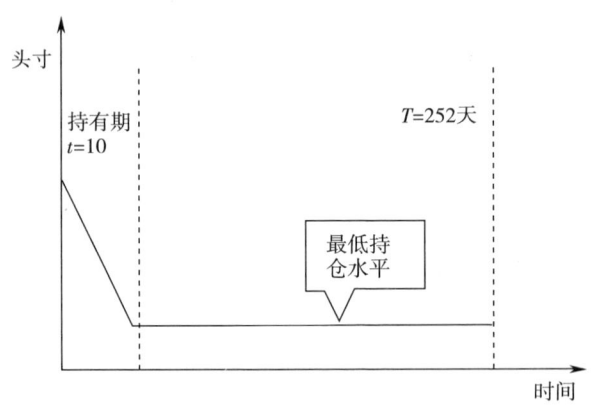

图7-11　10天持有期

头寸不同，流动性不同，持有期也不同。如对于国债及公司债，可以考虑不同的持有期。

持有期的确定方法有两种：

1. 通过历史数据进行计算。

可以在组合层面（如按产品类型）计算流动性期限：

$$流动性期限 = \frac{头寸金额}{流动性期限比率 \times 平均日交易量}$$

式中：头寸金额是指银行持有产品头寸的现值，认为在 1 年持有期内存在最少持仓比率（以百分比表示），因此用于流动性期限计算的头寸金额 = 全部头寸 × （1 - 最少持仓比率%）。

平均日交易量是市场上各金融产品或组合的平均交易量（由一个月的历史数据计算得到）。交易量可以由日交割金额确定。

关于流动性期限比率的计算，并没有很明确的方法，可以根据需要确定相应的计算方法。

流动性期限比率是指假设在不对市场价格产生重大影响的前提下，银行可以进行的交易量占该类产品日交易量的一定百分比。

例如，银行持有 5000 个头寸，市场的平均日交易量是 10000。如果银行的平均交易份额（可视为流动性期限比率）为 10%，则流动性期限为 5000／（10000 × 10%）= 5，所以该产品或投资组合有 5 天的流动性期限，需要基于 5 天流动性期限计算其 VaR 值。

2. 交易员判断。

从交易员的角度确定流动性期限比率。通过对交易员进行调研可以获得相关的流动性期限比率，或是直接得到流动性期限。同时，最小持仓比率（或金额），也需要进行人为判断。

三、混合法

与监管资本计量类似，可采用混合法计量市场风险经济资本，即对一般市场风险采用内部模型法进行计量，对于特定风险采用标准法进行计量。

最低风险经济资本要求 = 一般市场风险资本要求（内部模型法）+ 特定风险资本要求（标准法）

1. 一般市场风险经济资本计算公式：

一般市场风险经济资本 = 正常市场经济资本部分 + 非正常市场经济资本部分 = 99.93% 的 VaR × 正常市场权重 + 平均压力损失 × 非正常市场权重

对于 99.93% 的 VaR 的计算，根据 90 天持有期计算。

2. 特定市场风险经济资本计算公式：

特定市场风险经济资本 = 净头寸市值 × 特定风险资本权数

一个完整有效的经济资本框架包括正常市场下的 VaR、压力测试及特定风险等全部的资本要求。可以采用此经济资本框架，以确保在初期的框架是完整的，然后在未来将不会有经济资本框架上的巨大变化，而仅是进行逐步的改进及细化。

四、经济资本预算

经济资本预算的过程分为三个步骤：业务量分析、风险预测、资本要求。这三个步骤是相互影响的，有的情况下业务量分析在先，有的情况下资本要求在先。

（一）业务量分析

银行可以根据上年年底的按债券品种及到期日的业务量，结合新的业务计划进行调整。主要根据两个维度：一是产品维度，二是到期日维度。具体步骤如下。

1. 获得上年年底债券品种及到期日的业务量，如表 7 - 15 所示。

表 7 - 15　　　　上年末债券品种及到期日的业务量（示例）

产品类别	产品细类	(0, 6M]	(6M, 1Y]	(1Y, 2Y]	(2Y, 3Y]	(3Y, 4Y]	(4Y, 5Y]	(5Y, 10Y]	(10Y, 20Y]	合计
国债及政府债	固定利率	43759	18830	1118	8094	2420	7590	8402	1280	91493
	浮动利率									
公司债	固定利率	7330	20380	1180	28670	4060	31719	42355	710	136404
	浮动利率				100					100
金融债	固定利率			200	1600	50	1340	30		3220
	浮动利率	700		400	625	577	150			2452
央票	固定利率	53900	185221	18789						257910
	浮动利率									
政策性银行债	固定利率	2130	7140	2750	4210	1400	3270	26998	2300	50198
	浮动利率	460	4200	3230	3560	5640	5650	18280		41020
	合计	108279	235771	27667	46859	14147	49719	96065	4290	582797

2. 在上述基础上，明确未来一年的业务量。

可以通过百分比或绝对值的方法，对上年年底的头寸进行调整，获得新的一年的业务量，如表 7 – 16 所示。

表 7 – 16　　　　　　　　　新一年的业务量（示例）

产品组	产品类型	子类型	到期日									
			[0, 0.5)	[0.5, 1)	[0.5, 1)	[1, 2)	[2, 3)	[3, 4)	[4, 5)	[5, 10)	[10, 20)	[20, 30)
人民币债券	国债	固定										
		浮动										
		含权										
	金融债	固定										
		浮动										
		含权										
	公司债	固定										
		浮动										
		含权										
合计												

根据业务量预测，计算出新的一年预测的头寸。

以步骤 2 的表中的各值除以步骤 1 表中的各值，可以得出对应每个产品类型及到期日组合的变化的比率。

选择该产品类型及到期日组合下的全部债券，针对每只债券，将债券的本金乘以此比率，得到新的债券本金。

至此，得到未来的预测的头寸信息。

（二）风险预测

从预测角度看，由于未来的不确定性，可以区分三类不同的情况：

基准情况：基准情况指维持当前风险水平的情况。

预测情况：经过判断得出的最可能的风险水平状况。

压力情况：用以判断在压力情况下的可能的损失。

1. 基准情况。

假定上年的风险波动情况能够在今年维持，则可以通过根据业务量分析得出的头寸信息，以上年的风险因子的变动情况，得出今年的风险价值。此过程类似于根据不同参考期计算压力 VaR 的方法。

2. 压力情况及预测情况。

可以通过压力测试的方式进行，得出压力情况下的结果。

（三）资本计量

经济资本计量涉及三个方面：经济资本的预算，实际经济资本占用的计算、经济资本回报率的计算。

1. 经济资本的预算。

根据上述信息，根据选择的经济资本计量方法，可以得出资本预算。

资本预算应该在一个业务周期开始时进行，并定期进行更新，是一个滚动的过程。每个期间重新产生新的预算。此期间不长于一年（一个会计周期）。

2. 实际经济资本占用的计算。

实际经济资本占用根据定期的实际计算得出的资本进行衡量。需要通过对定期的实际计量结果进行跟踪，采用平均值作为实际经济资本占用计算的输入。

3. 经济资本回报率的计算

在经济资本回报率计算的过程中，应综合考虑计划资本、实际占用资本。基于实际资本，对计划与实际的变差部分进行适当的调整。

（四）资本应用

经济资本需要与限额挂钩，其中 VaR 的部分与 VaR 限额挂钩，压力测试部分与压力测试限额挂钩。

若经济资本预算的资本大，则意味着限额也应较大，若资本较小，则限额也许较小。

资本计算的前提假设需要在管理中实施。若以 90 天的持有期计算出的 VaR 作为全年的 VaR 的资本要求，则潜在的要求是资金业务在全年的累计损失不得超过此数值。若实际的损失已经达到此数值，则应在第 90 天末实现平仓，并不再进行新的交易。

上述管理方法需要与资金交易部门达成一致，以确保经济资本管理手段的最终效果。

第八讲　交易对手信用风险管理

交易对手信用风险管理的概念

交易对手信用风险是金融市场业务的重要风险形态之一，也是近年来风险管理领域的热门话题之一。交易对手信用风险是指交易对手在一笔交易的现金流最后结算之前违约的风险，与违约交易对手的交易或组合具有正的经济价值时，经济损失将会发生。交易对手违约风险是双向的，而且交易的市场价值随时变化。交易对手信用风险主要涉及的业务类型包括场外衍生产品交易、回购业务以及与中央交易对手的交易等。

银行信用风险管理的重点是信贷业务，衍生交易业务的信用风险往往游离于信用风险管理体系之外，容易形成管理的空白点，这与衍生产品的风险程度不相匹配。衍生产品交易作为金融同业之间的重要业务联系之一，是传播金融风险、酿成系统性风险的重要渠道。始于 2008 年国际金融危机，正是因为衍生产品的传染和风险放大作用，导致诸多国际知名金融机构出现巨额损失，甚至破产倒闭，部分金融机构因为政府出手救助才得以逃脱破产命运。

直到 2008 年国际金融危机后，交易对手信用风险管理对银行稳健经营具有重要意义才逐渐成为国际金融业的共识，交易对手信用风险引起前所未有的关注。国内外监管机构也对交易对手信用风险提出了更加严格的要求：巴塞尔委员会提出 CVA 风险资本的计量要求、压力情景下的交易对手信用风险要求，中国银监会也在 2012 年 6 月下发的《商业银行资本管理办法（试行）》中提出了明确的交易对手信用风险加权资产的计量要求，2018 年 1 月又印发了《衍生工具交易对手违约风险资产计量规则》。总之，加强交易对手的信用风险管理对中国大型银行而言将变得越来越重要。

案例：　　　　　　　　　　**雷曼兄弟破产**

在 2008 年国际金融危机之前，雷曼兄弟是美国第四大投行，具有 150 多年的历史，是金融领域当之无愧的百年老店。在 2007 年末，雷曼兄弟衍生产品合约的名义负债总额达到 7380 亿美元，交易对手包括高盛、美国银行、AIG 等知名金融机构。2008 年 9 月，雷曼兄弟宣布破产，其衍生产品交易对手面临巨额损失。

之后，由高盛等 20 多家银行和对冲基金组成的衍生产品债权人向法院提起诉讼，要求雷曼兄弟对其未清算的衍生产品价值进行清偿。经过漫长的诉讼、审理过程，直到 2012 年，雷曼兄弟启动了债务清偿计划，衍生产品债权人获得了每 1 美元拿回 28～32 美分的赔偿，剩余部分确认为损失。

交易对手信用风险的管理架构

一般来讲，交易业务风险管理涉及的业务条线相对较多，比如美国某银行交易对手风险管理职责涉及全球企业与投行业务管理（GCIB）的资本市场业务条线、银行业务条线以及产品管理业务条线、风险管理的银行风险条线以及市场风险条线。其中，产品管理业务条线下设企业债务类产品/金融机构债务类产品团队，银行风险条线下设信用风险管理团队，市场风险条线下设交易对手风险管理团队（包括方法论团队及额度管理团队），分别负责执行相关条线交易对手风险管理职能，如图 8－1 所示（带阴影的为承担交易对手风险管理职能的业务条线/团队）。

一、职责划分

1. 全球资本市场业务条线。

（1）发起企业/金融机构衍生产品及其他交易的方案。

（2）在产品具体结构设计上发挥主导作用。

（3）与其他团队共同评估交易市场风险及对手信用风险，提出额度需求。

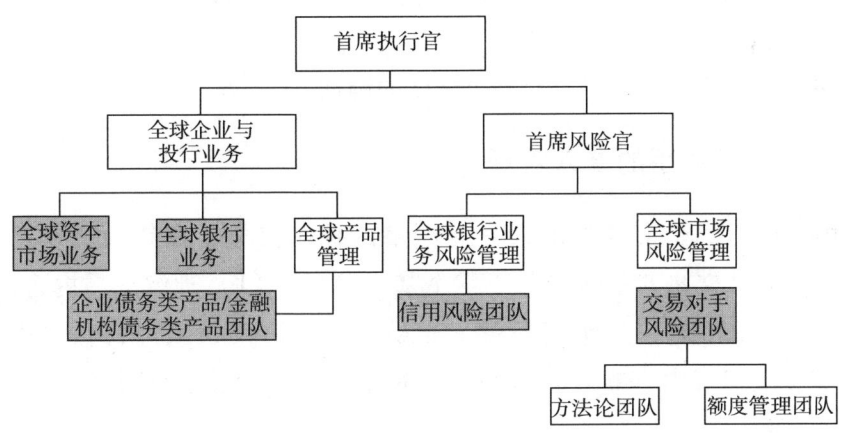

图 8 - 1 交易对手信用风险管理组织架构

2. 全球银行业务条线。

若交易对手在银行同时有信贷类业务，银行业务条线应进行统一授信，并考虑设置交易对手额度。

3. 企业/金融机构债务类产品团队。

（1）根据交易对手现有交易/额度评估交易/额度需求。

（2）制定额度分配计划。

（3）开展尽职调查和信用分析。

（4）起草相关审批文档。

（5）与信用风险团队共同审批，形成交易对手审批备忘录。

4. 信用风险管理团队。

（1）与企业/金融机构债务类产品团队共同评估交易/额度需求，审批交易对手信用文档。

（2）就交易产品结构咨询全球市场风险管理条线意见。

5. 交易对手风险团队。

（1）开发敞口计量方法论，计算潜在敞口，维护潜在敞口计量系统。

（2）形成敞口监控报告，提供给交易前台、信用风险管理人员及高级管理层。

（3）审核信贷审批报告相关内容，将信贷审批报告内容输入交易对手风险管理系统。

（4）在授权范围内进行交易类额度的调剂。

二、交易对手的准入管理

国外银行对于交易的准入具有严格的控制措施。在叙做交易之前，银行必须确认交易对手具备如下三个基本前提：（1）理解交易内含的风险本质。（2）对交易市场条件、交易风险、协议条款进行独立决策。（3）确认交易具有客观背景并与交易对手资产规模、业务性质、风险偏好相适应。

根据交易对手类型以及产品复杂程度，可以建立交易"适合度"矩阵（如表 8－1 所示），用于评估与交易对手合作的业务范围。国外有的银行将产品按照其复杂程度分为四类；交易对手按其业务性质分为三类：机构类、金融类以及公司及其他类。对于每一类别交易对手，根据其自有属性及资产规模进一步细分。机构类交易对手分为大型经纪商/对冲基金/大型养老基金/大型资产管理公司、区域性经纪商/中型养老基金、小型资产管理公司三种，金融类交易对手分为衍生产品交易商/G7 中央银行/大型金融机构及保险公司、区域性银行/中型保险公司/其他中央银行、小型金融机构/小型保险公司三种，公司及其他类交易对手分为大型集团、中型集团、符合 ECP 定义的实体/个人、不符合 ECP 定义的实体/个人、其他类五种。

针对"适合度"矩阵中的不同交易对手及产品类型，通过设置指示灯对交易准入进行识别，其中"绿灯"表示可以放行，"黄灯"表示需要交易人员判断，"红灯"表示需要合规人员审核，"黑灯"表示需要高级管理人员审批。

实质上，交易准入措施对银行来说是至关重要的，2008 年前后国内银行部分衍生产品出现垫款问题，其根本原因就在于未能正确评价客户与产品的"适合度"，导致亏损发生后客户不愿承担从而产生垫款。

表 8 - 1　　　　　　　　　　　　交易匹配度矩阵示例

机构类交易对手	金融机构类交易对手	公司类交易对手及其他类	等级 1	等级 2	等级 3	等级 4
大型经纪商/对冲基金/大型养老基金/大型资产管理公司	衍生产品交易商/G7中央银行/大型金融机构及保险公司		绿灯	绿灯	绿灯	绿灯
区域性经纪商/中型养老基金	区域性银行/中型保险公司/其他中央银行	大型公司客户	绿灯	绿灯	绿灯	预警
小型资产管理者	小型金融机构/小型保险公司	中型公司客户	绿灯	绿灯	预警	合规部门书面回复
		符合 ECP 定义的实体/个人	绿灯	预警	合规部门书面回复	高级管理层审批
		不符合 ECP 定义的实体/个人 符合 ECP 定义的实体/个人	预警	合规部门书面回复	高级管理层审批	高级管理层审批
		未明确的未盈利公司	合规部门书面回复	高级管理层审批	高级管理层审批	高级管理层审批

交易对手敞口计量

交易对手信用风险广泛存在于各类未到期交易，尤其是衍生品交易，如何计量这种风险的大小呢？从原理上讲，与信用风险计量的方法是一致的，要计量交易标的的违约概率、违约损失率和违约风险暴露。

债务人的违约概率的计量方法并没有特别之处，违约损失率和违约风险暴露则要另行分析。违约损失率与债项的期限、担保方式等因素有关。如果自行开发的违约损失率模型有金融交易的样本，模型被证明有效的话，则可以继续使用，否则需要重新开发。

交易对手信用风险计量最特别之处就是违约风险暴露的计量，也就是风险敞口的大小。交易对手信用风险的敞口需考虑当前估值引发的当前敞口，还需考虑未来估值变化所引发的潜在敞口。

一、当前敞口与潜在敞口

1. 当前敞口（Current Exposure）。当前敞口，即如果交易对手违约当前面临的损失，以盯市计量的重置成本表示。金融产品目前价值（MtM）不利于我方时，若对方违约，我方即刻面临信用风险；有利于交易对手时，即使交易对手发生违约，亦不会对我方造成任何损失。故当金融产品价格为正时，则当前暴露额即为当期市场价格；若金融产品价格为负时，则当期暴露额为 0。

当前暴露额以数学式表示：

$$\text{Current Exposure} = \text{Max}(\text{MtM},0)$$

MtM 即重估市值，包括按市场交易价格重估（Mark to Market）以及按模型重估（Mark to Model）。

（1）无保证金交易。对无保证金的交易，重置成本为交易对手违约并且立即关闭交易而面临的损失，计算公式为

$$RC = \max\{V - C;0\}$$

式中，V 为净额结算组合衍生品的盯市价值；C 为银行持有的抵质押品净

额（收到的抵质押品扣除提交的抵质押品）经折扣调整后的价值。

（2）保证金交易。对于保证金交易，重置成本为假设交易立刻平仓或重置，交易对手当下或未来发生违约而面临的损失。值得注意的是，违约之前最后一次抵押品交换和违约之间可能存在一定时间差。计算公式为

$$RC = \max\{V - C; TH + MTA - NICA; 0\}$$

式中，V 为净额结算组合衍生品的盯市价值；C 为银行持有的抵质押品净额（收到的抵质押品扣除提交的抵质押品）经折扣调整后的价值；TH 是一个正的阈值，超过该阈值，交易对手必须向银行提交抵质押品；MTA 为交易对手追加可变保证金最低触发值；NICA 为净独立抵质押品的价值，即在交易对手违约的情况下，银行可以用来抵消风险敞口的抵质押品价值。NICA 不包括银行向分离的、破产隔离账户提交的抵质押品。TH + MTA − NICA 为触发可变保证金补充之前的最大风险敞口，代表银行需保持的抵质押品水平。

假设银行做了一笔衍生品保证金交易，衍生品的市场价值为 100 欧元，收到可变保证金（Variation Margin，VM）100 欧元，不考虑 NICA。TH、MTA 各 10 欧元，合计 20 欧元。

因为 TH + MTA − NICA 为触发可变保证金补充之前的最大风险敞口，本例中一旦衍生品的市场价值超过 20 欧元，就要追加可变保证金。TH + MTA − NICA 为方程括号内最大值，所以重置成本 RC 为 20 欧元。

假设 9 月 5 日某企业与银行做了一笔交易，约定 90 天后买入人民币 455.10 万元，卖出欧元 50 万元，交易到期日是 12 月 5 日。市场数据如表 8 − 2 所示。

表 8 − 2　　　　　　　　　　市场数据

期限	即期	1 周	2 周	3 周	1 个月	2 个月	3 个月
欧元汇率	1.330	1.335	1.340	1.345	1.350	1.355	1.360
人民币汇率	6.83	6.92	7.00	7.08	7.16	7.24	7.32
美元利率（%）	0.44	1.21			1.92	2.08	2.23

如果分析日是 9 月 15 日，这笔交易的当前风险敞口是多少呢？

该笔交易的交易剩余期限为 81/365 = 0.221918 年。根据该期限，分别对欧元远期汇率、人民币远期汇率、美元利率进行插值，得到欧元剩余期限远期汇率为 1.3581，人民币剩余期限远期汇率为 7.2894，美元剩余期限连续复利为 $r_T = 2.19\%$。

客户远期美元损益为

4551000.00/7.2894 − 500000.00/1.3581 = −54716.8（美元）

该笔远期交易市值为

−54716.8 × exp（−2.19% × 0.221918）× 6.83 = −371906（元人民币）

−371906 元就是这笔交易目前的估值，意味着该客户有 371906 元的净支付，是客户欠银行钱。对银行来说，当前敞口为 371906 元。但这并不是风险敞口的全部，因为未来 90 天内汇率的变化可能是多种多样的，交易未来价值的估计是风险管理的关键和难点。

2. 潜在敞口。潜在敞口是指银行在未来各个时点可能面临的客户敞口。与当前客户敞口不同，由于在各个时点（比如一周后、两周后、一个月后等）交易的估值存在不确定性，因此潜在敞口可以有不同的表现方式，一般较为常用的表现方式有"峰值敞口"以及"平均敞口"①。其中，"峰值敞口"是指在一定置信度水平下可能达到的最大敞口，例如 95% 置信度"峰值敞口"表明只有 5% 的可能性银行面临的敞口会超过该数值。

对于一个月后的潜在敞口，假设一个月后交易的估值有 1000 种可能情境，分别为 −500（单位：万元人民币）、−499、−498、…、−2、−1、1、2、…、498、499、500。从客户角度看，估值越小银行敞口越大，因此 95% 置信度"峰值敞口"是从 1000 种估值中选出其中倒数第 50 大的估值，

---

① 一般来说，监管要求交易对手敞口根据"平均敞口"来计量，而银行在内部管理时往往采用"峰值敞口"来计算。星展银行、美国银行在内部管理时都是根据"峰值敞口"来计量交易对手敞口的，只不过它们采取的置信度略有不同。此种方式对银行来说更为保守，实际上在未来任一时点，客户敞口达到或超过该值的可能性不会超过 3%（如果置信区间设为 97%）。

即 –450 万元对应的银行敞口，该敞口为 450 万元人民币。在交易到期之前，每一天都可以计算出一个这样的敞口，通过比较，就可以确定出"峰值敞口"或者"平均敞口"（见图 8 – 2）。

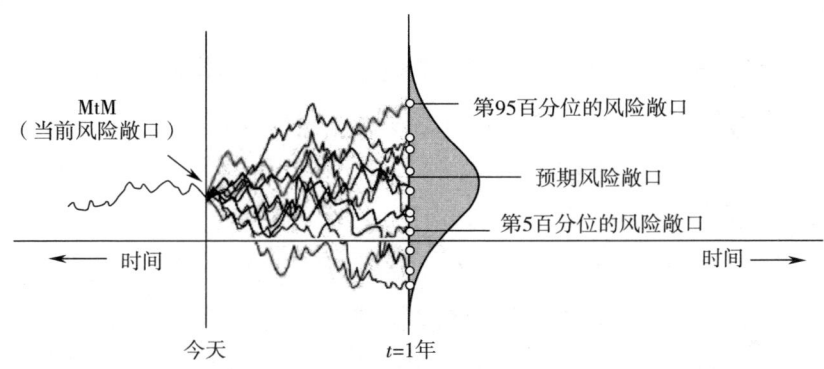

图 8 – 2　潜在风险敞口（1 年节点的模拟值）

潜在风险敞口的计算公式为

$$PFE = multiplier \times AddOn^{aggregate}$$

式中，multiplier 为与超值抵押相关的乘数因子，$AddOn^{aggregate}$ 为全部衍生品交易的总附加敞口。

乘数因子（Multiplier）。出于审慎原因，巴塞尔委员会对 PFE 中随着超额抵押品增加而减少的部分使用乘数因子。当持有的抵押品价值低于衍生工具合约的净市值时，此时重置成本为正，乘数为 1；反之，重置成本为 0，乘数小于 1。

乘数因子计算公式为

$$multiplier = \min\left\{1; Floor + (1 - Floor) \times \exp\left(\frac{V - C}{2 \times (1 - Floor) \times AddOn^{aggregate}}\right)\right\}$$

式中，Floor 为 5%；V 为净额结算组合衍生品的盯市价值；C 为银行持有的抵质押品净额（收到的抵质押品扣除提交的抵质押品）经折扣调整后的价值。

总附加敞口（$AddOn^{aggregate}$）：

（1）净额结算组合层面。在净额结算组合层面计算总附加敞口时，银行仅需将各个资产类别的附加风险敞口进行简单加总，无须考虑资产类别间的风险分散效应，即可得到整个净额结算组合的总附加风险敞口。计算公式为

$$AddOn^{aggregate} = \sum_{\alpha} AddOn^{\alpha}$$

式中，**AddOn** 表示各资产类别下所有衍生交易工具的附加敞口总和。

（2）资产大类层面。银行在计算资产大类层面总附加敞口时，需要确定每笔交易的主要风险因素，并将其归因于利率、外汇、信贷、股权或商品五类资产类别中的一种或多种，然后将该资产类别下的全部衍生交易工具按照不同抵消组合划分，并分别计算每个抵消组合的附加敞口。利率类、汇率类和商品类资产在资产大类层面并不存在附加风险敞口互相冲抵问题。但信用类和股权类资产则引入相关系数 ρ，认可不同信用衍生工具或股权衍生工具中非系统性风险引起的附加风险敞口可以通过冲抵减少。

利率、外汇和商品类：$AddOn = \sum_{j} AddOn_j$

信用、股权类：$AddOn = \left[\left(\sum_{j} p_j \times AddOn_j \right)^2 + \sum_{j} \left(1 - (p_j)^2 \right) \times (AddOn_j)^2 \right]^{\frac{1}{2}}$

（3）抵消组合层面。在抵消组合层面计算附加风险敞口主要有两个关键问题，一是抵消组合的划分，二是抵消组合内部附加风险敞口的冲抵。各资产类别单个抵消组合内附加风险敞口的计算公式如下：

外汇类：$AddOn_j = SF_j \times | EffectiveNotional_j |$

商品类：$AddOn_j = \left[(p_j \times \sum_{k} AddOn_k)^2 + (1 - (p_j)^2) \times \sum_{k} (AddOn_k)^2 \right]^{\frac{1}{2}}$

其中：$AddOn_k$ 为每个商品子类 k 的附加暴露，计算方法为 $AddOn_k = SF_k \times EffectiveNotional_k$；利率、信用和股权类：$AddOn_j = SF_j \times EffectiveNotional_j$

式中：SF 为监管因子；$EffectiveNotional$ 为有效名义本金，商品类为单个商品子类的有效名义本金，其余类型为单个抵消组合的有效名义本金。

巴塞尔委员会对每个资产类别及子类的监管参数予以明确规定，具体如表 8-3 所示。

表8-3 巴塞尔委员会对每个资产类别及子类的监管参数的规定 单位：%

类别	子类	监管参数	监管相关系数	监管波动率
利率		0.50	N/A	50
外汇		4.0	N/A	15
信用，单一	AAA	0.38	50	100
	AA	0.38	50	100
	A	0.42	50	100
	BBB	0.54	50	100
	BB	1.06	50	100
	B	1.6	50	100
	CCC	6.0	50	100
信用，指数	IG	0.38	80	80
	SG	1.06	80	80
股权，单一		32	50	120
股权，指数		20	80	75
商品	电力	40	40	150
	油气	18	40	70
	金属	18	40	70
	农业	18	40	70
	其他	18	40	70

（4）交易层面。单笔衍生工具附加风险敞口的计算主要分为以下几个步骤：

①首先根据实际本金和价格计算调整后的名义本金。

②使用期限因子对调整后的名义本金进行处理；期限因子一般分为两类，一类是用于有保证金安排的期限因子，另一类是用于无保证金安排的期限因子。

③使用监管δ对处理过的名义本金做进一步调整，得到有效名义本金。

④将监管因子乘以有效名义本金即可得到附加风险敞口；计算信用、权益和商品三类衍生工具交易附加敞口时，整体来看，PFE附加风险敞口的计算流程如图8-3所示。

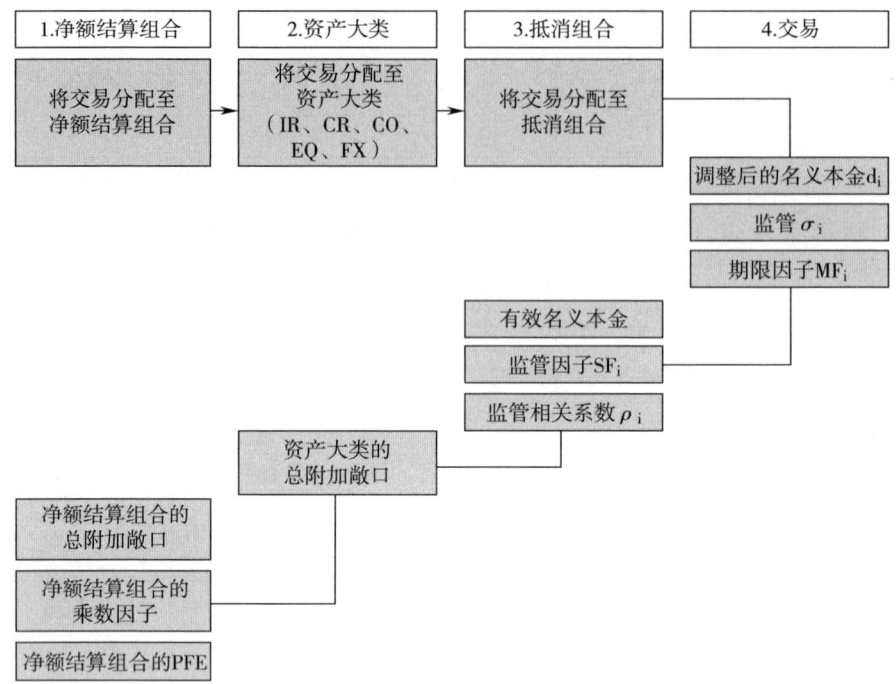

图 8-3　PFE 附加风险敞口的计算流程

二、交易对手信用风险敞口的计量方法

一般来讲，计量交易对手信用风险敞口有三种方法：系数法、因子附加法和模拟法。

1. 系数法，顾名思义，就是针对不同的衍生产品设定一定的信用风险转换系数，据此来度量信用风险的大小。系数设定的依据主要是经验分析。显然这种方法不能准确衡量信用风险的大小，对市场环境和参数的变化也没有敏感性。

2. 因子附加法，也称 ADD-ON 方法。这种方法是对每一笔衍生产品交易进行市值重估，在此基础上，再根据不同的风险驱动因子和期限，附加一定的风险敞口。这种方法比系数法有了一定进步，通过市值重估能够反映市场的动态变化，通过附加一定的风险敞口能够对未来有一定的预测性。但这种方法的准确性不够，对极端或不利情况下风险敞口考虑不充分，并且不能考虑不同交易之间的关联性。

　　巴塞尔委员会对不同风险驱动因素的交易敞口设定了经验性风险附加系数，不同剩余期限内各类衍生交易工具的系数如表 8 - 4 所示。

表 8 - 4　　　　　　　　　附加因子信用转换系数表　　　　　　　　　单位：%

剩余期限	利率	汇率和黄金	股权	贵金属	其他商品
≤1 年	0	1	6	7	10
>1 年且≤ 5 年	0.5	5	8	7	12
>5 年	1.5	7.5	10	8	15

　　对于表 8 - 4 中没有涵盖的远期、掉期、期权或类似衍生品，都归为"其他商品"类。当单个衍生交易工具包含多个风险因素，取转换系数最高的值作为该衍生交易工具的系数。如一笔外币债券，包含利率及汇率风险因素，此时应选择转换系数较高的汇率转换系数来计算附加因子。

　　上例中，交易名义余额为 455.10 万元，风险驱动因素是汇率，附加风险因子为 1%，附加风险为 455.10 万元 × 1% = 4.5510 万元，其风险敞口为 37.1906 + 4.5510 = 41.7416 万元。

　　3. 模拟法，一般是蒙特卡罗模拟法，随机产生风险驱动因子，计量不同情境下风险敞口的大小，再根据惯例目的和需要确定风险敞口。

　　本节所举的例子是汇率产品。假设汇率服从某种期限结构模型，比如常用的 GBM 期限结构模型，可以将汇率表示成

$$FX_{t+dt} = FX_t \times \exp\left[\left(r - r_f - \frac{1}{2}\sigma^2 \right) dt + \sigma dW_t \right]$$

式中，r 为 dt 对应的本币连续利率；r_f 为 dt 对应的外币连续利率；t 为时间；σ 为汇率的波动率；$dW = \varepsilon \times \sqrt{dt}$（$\varepsilon$ 为随机数，服从标准正态分布）。

　　因此，要推算从现在开始未来若干个时间点的汇率，只需要把这些参数代入公式里面就可以了。假设收益率曲线水平：欧元的利率为 4%，人民币利率为 3%，即期汇率为 0.11008（CNY/EUR），汇率波动率为 15%（年波动率），t 为 7 天。

　　按一周的时间往后推算，则从 2009 年 9 月 15 日到 22 日，$dt = 7/365 = 0.019$，其他的时间点依次往后推。很显然，只有 ε 是不确定的，因此，随

机产生一个 ε 的系列，就可以得到一条汇率曲线，如表8－5和图8－4所示。

表8－5　　　　　　　　　汇率曲线模拟示例

	t	ε	FX Rate
2009 － 09 － 22	0. 019	0. 74682	0. 11180
2009 － 09 － 29	0. 038	0. 41771	0. 11276
2009 － 10 － 06	0. 058	0. 74114	0. 11451
2009 － 10 － 13	0. 077	1. 30132	0. 11763
2009 － 10 － 20	0. 096	1. 60029	0. 12160
2009 － 10 － 27	0. 115	0. 74722	0. 12350
2009 － 11 － 03	0. 134	－ 0. 44700	0. 12235
2009 － 11 － 10	0. 153	－ 0. 28280	0. 12162
2009 － 11 － 17	0. 173	0. 59178	0. 12312
2009 － 11 － 24	0. 192	0. 62741	0. 12472
2009 － 12 － 01	0. 211	0. 47564	0. 12595
2009 － 12 － 05	0. 230	－ 0. 75990	0. 12397

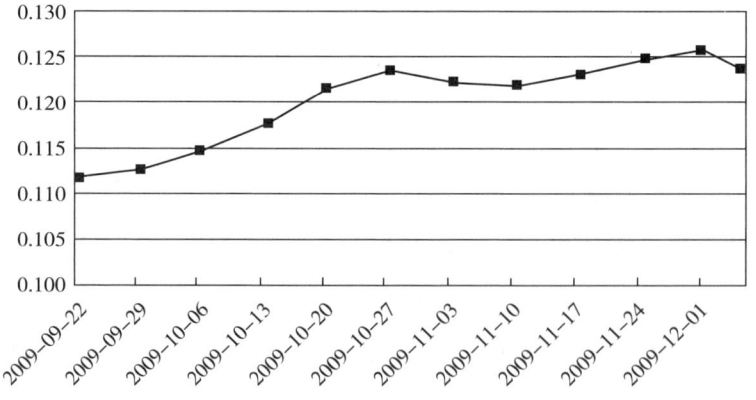

图8－4　GBM 模型的汇率路径（汇率波动率为 15%）

图 8 - 4 为模拟一次的结果。如果模拟多次，比如说 100 次，则可以得到 100 条汇率的路径。实际中可能会模拟 1000 次甚至更多。我们这里以模拟 10 次为例，可以得到图 8 - 5 中的 10 条汇率曲线。

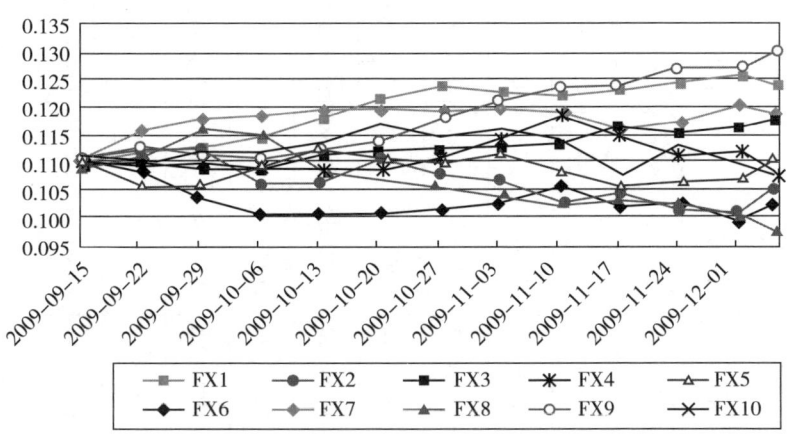

图 8 - 5　GBM 模型模拟得出的 10 条汇率曲线

知道了远期汇率，就可以在未来每一个时点进行估值。这里我们选之前确定的 2009 年 9 月 22 日、9 月 29 日……12 月 5 日为估值点，一共 12 个日期。由于我们模拟 10 次，得到了 10 条汇率的路径，所以一直到到期日，可以得到 12 × 10 = 120 个估值结果。如表 8 - 6 所示。

在 10 × 12 估值结果中，若发现估值结果为正，则以零替代。原因是在此情况下，是银行欠客户钱，不存在交易对手信用风险。替换后的估值结果如表 8 - 7 所示。

对于每一估值时间点所对应的 10 个估值结果进行排序，得出每个点的 90% 置信区间下的峰值暴露（Peak Exposure）。在这里其实也就是第二大的敞口，它意味着在每个点有 90% 的可能性交易对手风险敞口不会超过这个数值。将峰值暴露与名义本金相除，可以得到敞口金额相对于名义本金的比率，参见表 8 - 8 的计算结果。

表 8 - 6　初始估值结果

	FX1	FX2	FX3	FX4	FX5	FX6	FX7	FX8	FX9	FX10
2009 - 09 - 22	84411.94	111121.91	8374.41	-41395.54	-182769.45	-67923.72	239439.67	49069.13	114506.48	-1515.26
2009 - 09 - 29	122052.64	99205.76	-31886.94	10657.65	-155014.87	-279285.74	310953.00	229878.09	54362.42	107724.72
2009 - 10 - 06	188723.13	-157219.01	-48748.67	-49203.66	-30807.15	-433799.79	329589.51	189526.51	47002.17	70806.19
2009 - 10 - 13	304021.50	-156299.04	66060.40	-54410.73	73124.33	-416991.42	360565.84	-78774.43	101313.59	125214.12
2009 - 10 - 20	441886.06	26158.98	85863.37	-69182.61	36205.17	-425532.73	367425.91	-142756.88	152320.99	280643.09
2009 - 10 - 27	504400.84	-103501.46	126065.67	31579.26	-9727.42	-359834.92	343951.18	-184507.65	301941.92	183056.20
2009 - 11 - 03	466066.71	-145533.28	122982.40	179979.92	81470.02	-338711.28	372878.52	-255807.59	421276.00	243739.56
2009 - 11 - 10	441377.42	-333413.46	154310.71	334092.02	-65030.07	-198517.39	345975.72	-347664.50	492141.81	165524.34
2009 - 11 - 17	490876.16	-255133.56	278215.17	204243.51	-208924.22	-350739.82	234665.48	-319990.57	509008.14	-88592.73
2009 - 11 - 24	542764.58	-392481.88	219825.60	60923.77	-153517.09	-336155.19	279813.41	-337367.31	627563.92	112610.11
2009 - 12 - 01	581528.29	-429443.26	254826.40	86874.82	-141042.23	-453983.29	397651.23	-438581.12	607364.28	21286.40
2009 - 12 - 05	517738.84	-213839.92	313844.13	-54401.48	-3261.55	-337946.83	349559.25	-586907.41	703631.77	-75490.55

表 8 - 7　　调整估值结果

	FX1	FX2	FX3	FX4	FX5	FX6	FX7	FX8	FX9	FX10
2009-09-22	0.00	0.00	0.00	-41395.54	-182769.45	-67923.72	0.00	0.00	0.00	-1515.26
2009-09-29	0.00	0.00	-31886.94	0.00	-155014.87	-279285.74	0.00	0.00	0.00	0.00
2009-10-06	0.00	-157219.01	-48748.67	-49203.66	-30807.15	-433799.79	0.00	0.00	0.00	0.00
2009-10-13	0.00	-156299.04	0.00	-54410.73	0.00	-416991.42	0.00	-78774.43	0.00	0.00
2009-10-20	0.00	0.00	0.00	-69182.61	0.00	-425532.73	0.00	-142756.88	0.00	0.00
2009-10-27	0.00	-103501.46	0.00	0.00	-9727.42	-359834.92	0.00	-184507.65	0.00	0.00
2009-11-03	0.00	-145533.28	0.00	0.00	0.00	-338711.28	0.00	-255807.59	0.00	0.00
2009-11-10	0.00	-333413.46	0.00	0.00	-65030.07	-198517.39	0.00	-347664.50	0.00	0.00
2009-11-17	0.00	-255133.56	0.00	0.00	-208924.22	-350739.82	0.00	-319990.57	0.00	-88592.73
2009-11-24	0.00	-392481.88	0.00	0.00	-153517.09	-336155.19	0.00	-337367.31	0.00	0.00
2009-12-01	0.00	-429443.26	0.00	0.00	-141042.23	-453983.29	0.00	-438581.12	0.00	0.00
2009-12-05	0.00	-213839.92	0.00	-54401.48	-3261.55	-337946.83	0.00	-586907.41	0.00	-75490.55

表 8 - 8   峰值暴露及其比率

估值日期	峰值暴露（90%）	峰值暴露/本金（%）
2009 - 09 - 22	67923.72	1.49
2009 - 09 - 29	155014.87	3.41
2009 - 10 - 06	157219.01	3.45
2009 - 10 - 13	156299.04	3.43
2009 - 10 - 20	142756.88	3.14
2009 - 10 - 27	184507.65	4.05
2009 - 11 - 03	255807.59	5.62
2009 - 11 - 10	333413.46	7.33
2009 - 11 - 17	319990.57	7.03
2009 - 11 - 24	337367.31	7.41
2009 - 12 - 01	438581.12	9.64
2009 - 12 - 05	337946.83	7.43

在此例中，最大的峰值暴露对应于 2009 年 12 月 1 日，敞口为 438581.12 元，与本金的比为 9.64%。故该笔交易的交易对手信用风险敞口为 $37.1906 + 455.10 \times 9.64\% = 81.06224$ 万元。

管理水平较高的银行一般通过蒙特卡罗模拟方法计量潜在风险敞口。对于汇率类风险因子，一般采取的随机模型为几何布朗运动（GBM）；对于利率类风险因子采取的模型为均衡均值回归模型（CIR）。各类模型的参数一般通过历史数据估计得到，在产生未来风险因子情景的时候考虑各类风险因子之间的相关性，相关性参数同样通过各类风险因子的历史数据进行估计。此外，由于利率风险因子数量较多并且同一条利率曲线各风险因子相关性较高，需要对同一条利率曲线采取主成分分析方法（PCA），将各个利率风险因子转化为相互独立的主成分因子（一般为 3 个至 4 个），通过模拟这些主成分因子的未来情景产生未来时点的各条利率曲线。

多笔交易的交易对手信用风险敞口计量在方法上与单笔的计算原理类似，但有一些地方需要特别处理。

一是符合一定规则的交易可以首先正负抵消，不纳入计算的范围之内。

二是交易的拆分。出于大规模计算的需要，外汇类产品可以把美元设为基础货币，这样所有的交易就可以分成三类：（1）买入非美元币种，卖出美元。（2）卖出非美元币种，买入美元。（3）买入非美元币种，卖出非美元币种。对于买入非美元币种，卖出非美元币种的交易，可以拆成前二者的组合。

对于外汇类组合的交易对手敞口计算。我们对各币种分别产生 1000 次相互独立的标准正态分布随机数。为了考虑组合计算时币种之间的相关性，对各币种汇率随机数相关性矩阵进行 Cholesky 分解，将 Cholesky 分解后的三角矩阵与独立正态分布随机数矩阵相乘，即可得到具有历史汇率相关性的 1000 次各币种汇率蒙特卡罗随机数，据此可以计算各次蒙特卡罗情景下的交易市场价值。将分解后的交易进行合并，得到原始交易在各个未来时点的市场价值。

根据这些交易市场价值以及交易之间的轧差规则，即可得到当前敞口与时刻 t_1 后的潜在敞口。在模拟 1000 种未来市场价值情形的情况下，对应有 1000 种 t_1 时刻后的未来潜在敞口。根据在未来时刻 t_1 产生的 1000 次潜在敞口，选取其中第 100 大的风险敞口，作为 90% 置信度下银行对未来时刻 t_1 面临客户风险敞口的保守估计。

在实际操作中，国际领先银行一般通过建立随机模型模拟各个风险因子的演变过程，进行 2000 多次的蒙特卡罗模拟，从而得到在未来 65 个时间点（1 周、2 周、3 周……1 个月、2 个月……1 年、2 年、3 年……）各风险因子的 2000 种情景。对于每种情景，根据简化的估值方法得到交易对手每笔交易的估值，并根据 CSA 中的轧差条款计算得到相应的交易对手敞口，通过这 2000 个敞口计算得到 95% 置信度最大潜在敞口（PE）以及平均正敞口（EPE），如图 8-6 所示。

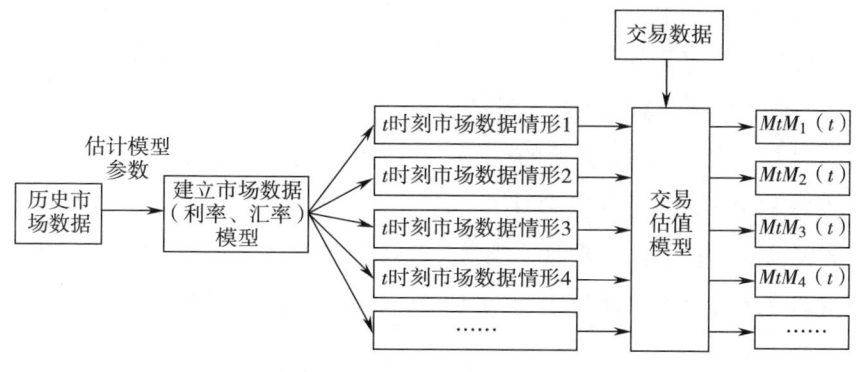

图 8-6 蒙特卡罗模拟法示意图

交易对手信用风险的额度管理

围绕交易对手信用风险敞口的计量，可以从额度设置、额度监控和日常管理、保证金与合格质押品、保证金催收等方面来进行管理。

一、额度设置

交易对手信用额度设置的目的是管理未被抵押品覆盖的风险敞口。对所有交易对手均设定资金交易额度。额度设置一般考虑以下维度：

1. 期限。可以考虑期限结构这一个维度，比如可以分为 5 个期限段，分别为 1 年以下、1 年至 5 年、5 年至 10 年、10 年至 20 年、20 年以上。一般银行的额度期限都设定在 10 年以内。

2. 产品。额度也可以细分到产品上，但细分到产品有两个不利因素：一是随交易组合的变化，交易相关性可能发生较大变动，分产品的额度设置可能会制约一些对组合敞口起到降低作用的产品。二是额度在产品之间的分割与调配需要投入大量的精力。

二、额度监控和日常管理

银行需要成立专门的团队负责交易对手额度监控。监控的主要指标为有抵押潜在最大敞口曲线，监控团队产生的报告提供给管理层、交易对手信用风险管理人员和交易前台。如果敞口超出限额，报告中会提出处理建议，包括增加交易对手额度、与交易对手协商平盘部分交易降低敞口、购买交易对手 CDS 降低敞口等（见图 8 - 7）。

如果与交易对手发生新的交易，由信用风险管理人员计算该笔交易的单独敞口并加总至原组合中。若总敞口未超出信用限额则可进行交易；若总敞口超出信用限额，则将交易输入原交易组合中进行考虑风险相关性的整体敞口计算。如整体敞口仍超出信用限额，则新交易将被否决。

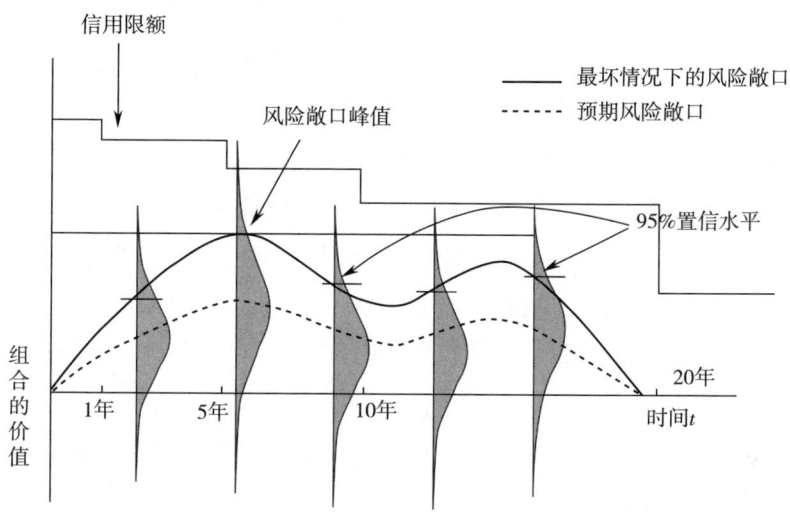

图 8 – 7　交易对手信用风险限额监控

交易信用风险的担保要求

一、合格质押品

客户办理衍生产品交易初期需按照名义本金的一定比例缴纳合格金融质押品。合格金融质押品指银行认可的可降低客户信用风险敞口的优质风险缓释措施，包括现金保证金、存单、黄金、国债、央票、银行类金融债与承兑票据等。根据质押品流动性及价格波动程度的不同，各类合格金融质押品对应不同的折扣系数。

缴纳金额按如下公式确定：

初始合格金融质押品要求 =（初始名义本金 × 交易期限对应信用风险转换系数 × 客户分类调整系数）/合格金融质押品折扣系数。

二、ISDA 和 CSA 协议

国际银行一般将其交易对手分为信用类及抵押类。对于信用类交易对手，只需与其签署国际掉期及衍生工具协会主协议（ISDA），无须交易对手提供抵押品。对于抵押类交易对手，在签署 ISDA 主协议的同时，银行与交易对手同时签署信用支持附件（CSA）。在 CSA 附件中，银行将与交易对手确定交易担保要求，主要包括如下一些方面：

1. CSA 协议覆盖的产品范围及相应的轧差规则。

2. 设定产品重新估值日期、频率以及估值计算方法。

3. 交易双方均为对方设定阈值（Threshold）、最小划转金额（MTA）、取整金额（Round）。当交易估值减去亏损一方已提供的抵押品价值超过阈值与最小划转金额之和时，交易亏损一方将向盈利一方追加抵押品，追加的金额使得交易估值减去抵押品总价值回到阈值以内。同时，为避免小额琐碎的抵押品追加，一般将对追加金额进行取整，例如按照最接近的 10000 美元或 100000 美元进行追加。

4. 确定抵押品追加的宽限期以及突破宽限期的处理方式。例如，将 CSA 协议覆盖的所有交易终止并清算等。

5. 规定合格抵押品类型，一般包括现金、美国国债、政府机构债、公司债、G7 政府债等，针对不同抵押品的信用质量、变现能力以及价格波动性设定不同的折扣系数（Haircut），以此确定在抵押品追加计算中的当前抵押品价值。

6. 对于一些风险较大的交易对手（如对冲基金），银行在与其签订的协议中一般还会要求其提供初始抵押品或独立金额（Independent Amount），后者须加总计算至追加抵押品要求中。对这类交易对手，银行给其阈值通常为零。

三、保证金催收

交易存续期间，银行应及时将各类交易进行市值重估，根据重估结果对交易存续期风险敞口进行测算。对存续期风险敞口达到合格金融质押品追加要求的，应向客户发送追加担保通知，要求客户追加担保。

对于签署了 CSA 协议的交易对手，在任一时点，若模拟出的有抵押风险敞口（风险敞口减去该时点所拥有的抵押物）超过阈值与最小划转金额之和，则应要求交易对手追加抵押品，以使其敞口回到阈值以内。从抵押品催缴到交易对手按要求追加提供抵押品之间往往存在一个延滞期，称为保证金催缴风险期（MPR）。在模拟抵押品时往往"t"时刻的抵押品追加要求在"t+MPR"时刻得到落实，从而降低交易对手风险敞口。一般银行将 MPR 定义为两周，即 10 个工作日。

信用价值调整 CVA

交易信用风险估值调整是交易对手信用风险管理的最新发展，很多国际先进银行都在计算 CVA 并进行 CVA 对冲交易，巴塞尔协议也对 CVA 提出了资本要求。

一、交易对手信用价值调整概念

交易对手信用价值调整（CVA）来源于交易对手违约对估值结果的影响。假设银行与客户做了一笔 100 万元名义金额的利率互换，银行支付固定利率，收取浮动收益，现金流收支情况如表 8-9 所示。假设今天是 2020 年 6 月 21 日，该产品剩余期限内还有 4 期现金流，并且各期现金流相等，则就估值结果而言，由于收入与支出相等，该产品的净现值为零。

表 8-9　　　　　　　　　　　现金流示意表

	2021 年 6 月 21 日	2022 年 6 月 21 日	2023 年 6 月 21 日	2024 年 6 月 21 日
固定收入	1100	1200	1150	1300
浮动支出	-1100	-1200	-1150	-1300

净现值为 0 的估值结果并没有考虑违约的问题。从交易对手违约的可能情况来看，从现在开始到交易结束的四次现金流收支的过程中，交易对手都可能违约。违约之后，可能损失全部应得的现金流，也可能只是损失一部分。假设违约概率是 P，违约回收率是 R，应入现金流为 C，则交易对手违约之后，应入现金流为 $C \times P \times (1-R)$。如果银行继续支付现金流，则考虑了交易对手违约之后，银行持有该产品的估值结果将由 0 变为负数，这种估值结果的变化就是因为考虑了交易对手的违约。所以，为了准确对产品进行估值，应该在不考虑违约的基础上进行一个价值的调整。该调整

项代表了交易对手违约对产品估值的影响，也就是交易对手信用风险的价格 CVA，它可以定义成无风险收益组合的价值与考虑了交易对手违约的组合真实价值的差。

$$PV = PVCreditRiskFree + CVA$$

在交易过程中，不但交易对手可以违约，银行也可以违约。从第三方的角度看，银行与交易对手作为交易的两个方面，都有违约的可能。因此估值的结果除了用 CVA 进行调整之外，还必须考虑银行违约的影响，这种影响被称为 DVA（Debit Valuation Adjustment）。因此，银行与交易对手方对应的不同评级及其违约概率，以及违约之后的违约损失率都会影响最终的估值结果。

目前业界对 DVA 仍存在很大的争议，原因是它使得银行在自身信用恶化时获得收益，并且只有违约时才能实现该收益。假设一家银行去市场发债，债券发行将导致其信用利差扩大。债券发得越多，信用利差扩大的越大，DVA 也越大，则其交易的估值也越大，财务报告越漂亮，这不符合常识。

二、CVA 的计算方法

从权利的角度来看，CVA 相当于交易对手所拥有的看涨期权。在交易对手违约时，交易对手就可以行权。基于期权的原理，可以对 CVA 进行估值。

（一）CVA 的计算方法

我们先同时考虑 CVA 和 DVA 的情况。假设 A 是银行自己，B 是交易对手。在同时考虑双方违约的情况下，存在 B 违约和 A 违约的两个期权。B 从 A 获得的期权的价值就是 B 违约时 A 的期望损失，从 A 的角度看，这被称为信用费（Credit Charge）。相应地，A 从 B 获得的期权的价值就是 A 违约时 B 的期望损失，这被称为信用收益（Credit Benefit）。所以，从广义的 CVA 角度看，可得：

$$CVA = Credit\ Charge + Credit\ Benefit$$

假设某一信用工具，在不违约时收益为 0，违约时收益为 $LDG(t)$，则

在连续条件下，其现值可以表示为

$$E\left[\int_0^T LGD(t)D(t_a,t)\,\mathrm{d}_t PD(t_a,t)\right]$$

式中，E 是风险中性期望；$D(t_a;t)$ 是折现因子；$PD(t_a;t)$ 是违约概率。

按照不同的违约情况，其现金流可以表示成如下的形式：

$$LGD(\tau) = \begin{cases} CE_A(\tau)(1-R_B) & \text{if } B \text{ defaults at } \tau, \text{or} \\ CE_B(\tau)(1-R_A) & \text{if } A \text{ defaults at } \tau \end{cases}$$

式中，RA、RB 是各自的违约回收率，CEA、CEB 是各自的信用风险敞口。

$$\begin{aligned} Credit\ Charge &= -E\left[\int_0^T CE_A(t)e^{-rt}(1-R_B)\mathrm{d}PD_B(t_a,t)\right] \\ &= -E\left[\int_0^T CE_A(t)e^{-rt}(1-R_B)\mid \tau = t\right]\mathrm{d}PD_B(t_a,t) \\ &= -(1-R_B)\int_0^T E\left[CE_A(t)e^{-rt}\right]\mathrm{d}PD_B(t_a,t) \\ &= -(1-R_B)\int_0^T EE_A(t)e^{-rt}\mathrm{d}PD_B(t_a,t) \end{aligned}$$

式中，$EE_A(t) = E\left[CE_A(t)\right]$。

$$\begin{aligned} Credit\ Benefit &= E\left[\int_0^T CE_B(t)e^{-rt}(1-R_A)\mathrm{d}PD_A(t_a,t)\right] \\ &= E\left[\int_0^T CE_B(t)e^{-rt}(1-R_A)\mid \tau = t\right]\mathrm{d}PD_A(t_a,t) \\ &= (1-R_A)\int_0^T E\left[CE_B(t)e^{-rt}\right]\mathrm{d}PD_A(t_a,t) \\ &= (1-R_A)\int_0^T EE_B(t)e^{-rt}\mathrm{d}PD_A(t_a,t) \end{aligned}$$

式中，$EE_B(t) = E\left[CE_B(t)\right]$。

为了简化计算，不考虑风险敞口与违约之间的相关性，这样，就可以通过蒙特卡罗模拟的方法得到每一个时间段的 EE。上述的公式可以被改写成

$$Credit\ Charge = -(1-R_B)\sum_{i=1}^m EE_A(h_i)D(t_a,h_i)P_B(t_a,h_{i-1},h_i)$$

$$Credit\ Benefit = (1 - R_A) \sum_{i=1}^{m} EE_B(h_i) D(t_a, h_i) P_A(t_a, h_{i-1}, h_i)$$

$$P_B(t_a, h_{i-1}, h_i) = P_B(h_i) - P_B(h_{i-1})$$

（二）CVA 计算中的违约概率估计

在上面的 CVA 计算公式中，核心要素是不同时点的违约概率的估计。最常用的方法有两种：一种是利用 CDS 的报价进行推导，另一种是利用信用债的利差曲线进行推导。

1. 基于 CDS 报价的违约估计。

假设 CDS 的名义本金是 N，利差为 C_i，违约回收率为 R，每一时刻的违约概率为 $P(t)$。违约发生在每一时间段的中间，现金流发生在每一个时间段末，则有：

$$V_{CDS} = \sum_{i=1}^{n} D_i \times \left\{ [1 - P(t_i)] \times C_i N + [P(t_i) - P(t_{i-1})] \times \left[\frac{C_i}{2} - (1 - R) \right] N \right\}$$

剔除应计利息，有：

$$V_{CDS}^C = V_{CDS} - C_1 N \frac{T - T'}{t_1 - T'}$$

则得到公允价值的信用利差应该是：

$$s = Fair\ price \Leftrightarrow$$

$$s = \frac{(1 - R) \sum_{i=1}^{n} D_i \times [P(t_i) - P(t_{i-1})]}{\sum_{i=1}^{n} D_i \times [1 - P(t_i)] \times C_i + [P(t_i) - P(t_{i-1}) \times \frac{c_i}{2}] - c_1 \frac{T - T'}{t_1 - T'}}$$

假设违约强度曲线采取如下的形式：

$$1 - P(t) = \exp\left[-\int_0^t h(s)\, ds \right]$$

如果概率曲线水平，则：

$$h(t) = \frac{d}{dt} \log[1 - P(t)]$$

假设在 CDS 的存续期内，违约强度曲线不变，则：

$$P(t_i) = 1 - e^{-h/m}$$

$$P(t_i) = 1 - \exp\left[\int_0^{t_i} h(s)\, ds \right]$$

$$= 1 - \exp\Big[\int_0^{t_{mN_1}} h(s)\,\mathrm{d}s + \int_{t_{mN_1}}^{t} h(s)\,\mathrm{d}s\Big]$$

$$= 1 - \exp\Big(-h_1 \frac{mN_1}{m}\Big)\exp\Big[-h_2 \frac{(i - mN_1)}{m}\Big]$$

$$= 1 - \big[1 - P(t_{mN_1})\big]\exp\Big[-h_2 \frac{(i - mN_1)}{m}\Big]$$

$$P(t_i) = 1 - \big[1 - P(t_{mN_{K-1}})\big]\exp\Big[-h_K \frac{(i - m \times N_{K-1})}{m}\Big]$$

将该公式与前面提到的基于公允价值的信用利差公式相结合，运用试错法可以依次推出各个违约强度曲线并得到相应的违约概率。

2. 基于债券收益率曲线的违约估计。

对于风险债券，其风险因子折现结果应该与用无风险因子折现的结果相同，有：

$$DF_{risk} = R \times (1 - S) \times DF_{riskless} + S \times DF_{riskless}$$

式中，DF_{risk} 为风险曲线计算的折现因子，$DF_{riskless}$ 为无风险曲线计算的折现因子，R 为违约回收率，S 为生存概率。

所以有 $S = (DF_{risk} - R \times DF_{riskless}) / [(1 - R) \times DF_{riskless}]$

假设违约概率与违约强度的关系为

$$S = exp(-H \times t)$$

式中，H 表示违约强度，t 表示距离分析日的时间。

根据该式可得 $H = -ln(S)/t$

令 S_1 表示从 t_0 到 t_1 的生存概率，S_2 表示从 t_1 到 t_2 的生存概率，S_{02} 表示从 t_0 到 t_2 的生存概率，则 $S_{02} = S_1 \times S_2$，相应地，各区间的违约强度可以根据各期间对应的违约概率计算得出。则对于非标准点，有：

$$S_i = S_{is} \times exp(-H_i \times t_i)$$

式中，$S_i = S_{0i}$；S_{is} 表示 i 点对应的前一个标准点的生存概率；H_i 表示 i 点所对应的违约强度；t_i 表示 i 点至前一个标准点的时间。

三、CVA 对资本的影响

巴塞尔协议要求，银行应对与交易对手信用水平下降相关的盯市损失（信用估值调整 CVA 风险）计提资本。如果采用内部模型法，按照巴塞尔协议"增强银行体系稳健性"文件对于强化交易对手信用风险资本监管的要求，银行必须用压力输入因子决定其对交易对手信用风险的资本要求。

巴塞尔委员会对于采用内部模型计算交易对手信用风险资本有严格的监督审批流程。该流程要求银行自证符合数据、系统、流程、分析、报告等方面的要求。比如通过模型校正估算 EE，不仅每天估算，而且对足够的未来时间点进行估算，以准确反映未来的现金流，考虑类似非正态性等分布模型因素。又比如建立严格的初始及年度独立验证流程，以确保 EAD 计算的准确性和可靠性，包括风险输入/输出和返回检验的适当性。

1. 内部模型的运用有很多优势。包括：

（1）改善对企业及其资本要求的管理和理解。

（2）改善结果的对外（对监管机关和评级机构）和对内传播。

（3）改善最低监管资本计提要求。

（4）当前敞口（CEM）法仅使用当前持有的担保品，内部模型法（IMM）则允许根据合同条款预测未来的担保品，因此可大大降低 RWA。

（5）使用 IMM 后，巴塞尔协议 II 将降低对手信用风险的 RWA。

（6）IMM 有助于建立对手压力测试框架，以提高风险管理流程的稳健性。

2. 从国内的要求来看，《商业银行资本管理办法（试行）》已明确要求对于衍生工具交易，需计提 CVA 资本要求，但对与中央交易对手的交易以及证券融资交易，无须计提 CVA 资本要求。其简化公式为

信用估值调整风险加权资产 $= 12.5 \times 2.33 \times \sqrt{h} \times w_i \times M_i \times EAD_i^{total}$

式中：

（1）h 为 1 年期的风险持有期（单位：年），$h = 1$。

（2）w_i 为交易对手 i 所适用的风险权重。表 8-10 为《商业银行资本管理办法（试行）》中明确的交易对手外部评级与风险权重的对应关系。

表8-10　　　　　　交易对手的外部评级与风险权重的对应关系

评级	风险权重 w_i（%）
AAA	0.7
AA	0.7
A	0.8
BBB	1.0
BB	2.0
B	3.0
CCC	10.0

（3）EAD_i^{total} 为交易对手 i 的 EAD。估计 EAD 时可考虑净额结算及抵质押品的风险缓释效果，且应使用 $[1 - exp（-0.05 \times M_i）] / (0.05 \times M_i)$ 的折扣系数进行扣减。

（4）M_i 为对交易对手 i 的交易的有效期限。

四、CVA 的应用

对于国内银行来说，对 CVA 的认识刚刚起步，目前 CVA 主要用于计算资本。但国际金融同业对 CVA 的运用已经较为广泛和成熟。归纳起来，国际金融同业对 CVA 的运用主要集中在以下三个方面：一是计提减值准备，调整交易市场价值。二是根据 CVA 对交易进行定价，确定交易对手点差。三是对于 CDS 流动性较好的交易对手，根据"Δ-均衡"原则购买交易对手 CDS，对冲信用风险。

第九讲　运营风险计量

运营风险的概念

运营风险，英文是 Operational Risk，指由于不完善或有问题的内部程序、人员、系统或外部事件造成损失的风险。从这个定义可以看出，运营风险具有以下特点：第一，运营风险主要来自银行内部，包括人、系统和流程，是银行的整个运营体系不足带来的风险。第二，外部事件，比如外部盗抢侵害带来的风险损失也是运营风险。第三，运营风险不是中文语境下"一线员工失误造成的损失"或者"内部案件的损失"这样的含义。国内普遍把 Operational Risk 翻译为"操作风险"，但操作风险不仅没有涵盖其应有的内涵，而且容易误导，因为很多人会基于"操作风险"这四个汉字进行分析解读，按照自己的理解来阐述操作风险管理，按照中文的字面意义来理解这一风险种类。从这一风险种类的本质上看，翻译为运营风险更为准确，因此本书把它翻译为运营风险，读者在阅读时注意辨析。

运营风险的计量基础

一、运营风险计量的特点

从资本计量的角度来看，运营风险的资本要求是比较难以确定的，在计量上是个难点。在 Basel I 的时候没有对运营风险计量资本，在 Basel II 的时候推出了基本指标法、标准法和高级法，但都不是非常成熟。尤其是 2008 年国际金融危机暴露了现有运营风险资本计量框架的两个主要缺陷：

一是运营风险的资本要求不足以覆盖部分银行发生的运营风险损失。2008年国际金融危机以来，各地监管机构纷纷加大监管力度，监管罚款大幅增加，运营风险的资本要求已不足以覆盖部分银行的运营风险损失，尤其是运用内部模型法估计的损失。二是高级法计量依赖于损失数据，损失数据的收集与性质判断等人为因素过多，存在不当行为以及系统和控制不足，使用内部模型估计运营风险资本要求仍存在很多的困难。Basel Ⅲ将各种方法统一为标准法，也从另一方面说明了其他方法的不成熟。在计量上，运营风险有如下几个特点：

第一，目前运营风险没有预期损失的概念，也就是说没有针对这一风险种类计提减值准备，所有的损失都直接冲减利润，要由资本进行抵御。这种情况未来也许会有变化。

第二，运营风险的损失计量十分复杂。从概念上讲，运营风险的损失与银行运营的复杂性有关，也与银行的管理水平和能力有关，涉及的驱动因素很复杂，包括员工、流程、制度、外部社会因素，比如监管罚款，有一定的偶然性，要进行量化十分困难。不同银行管理架构、管理模式、产品类别差异很大，运营风险计量更难统一。

第三，尽管仍存在一定争议，营业收入成为目前接受的运营风险计量的代理变量。在缺乏更多共识的情况下，运营风险的大小只能找一些代理变量来近似反映。目前相对而言形成共识的是业务规模或者说收入指标。规模大，收入高，产生损失的金额就高。整个运营风险资本计量变革基本都沿着这条线在演进。运营风险的资本要求与收入挂钩，按照收入的一定比例来计量资本要求。比如 Basel Ⅱ 中的基本指标法就是采用银行三年总收入的平均数来计量运营风险资本，计量的比例为15%，如果一家银行总收入三年平均为3000亿元人民币，相应就需要450亿元资本，这个量显然是很大的。一家银行需要450亿元的资本，这与管理的常识不太相符。因为如果一家银行有这么多的运营损失，那么这家银行可能应该整顿。

第四，不同业务条线的运营风险是不一样的。考虑到银行业务比较复杂，种类繁多，同样收入的风险损失是不一样的，在运用标准法计量运营风险资本时，巴塞尔委员会将银行业务分为八个业务线，第一个是公司金融业务，主要是投资银行业务，包括兼并收购、承销、证券化、发行债券、银团、IPO、配股等业务。这类业务的特点是智力密集、高收益、高风险。第二个是交易和销售，实质是金融市场交易性业务，包括交易固定收益、股权、外汇、商品、信贷、回购等金融工具。第三个是零售银行业务，包括个人存贷款业务、私人银行业务、银行卡业务等。第四个是商业银行业务，包括对企业存贷款、项目融资、贴现、保函、承兑、贸易融资等。银行账户的债券投资也归类于这类。第五个是支付清算业务，包括银行作为中介渠道的服务。第六个是代理服务，包括证券投资基金托管、保管箱、代发工资等。第七个是资产管理，包括投资基金管理、资产管理、年金管理等。第八个是零售经纪，包括执行个人客户指令的相关业务。

二、运营风险资本的计量方法

在 Basel Ⅱ 中，有三种方法计量运营风险的资本。

一是基本指标法。基本指标法采用银行三年总收入的平均数来计量运营风险资本，计量的比例为15%，这个比例应该是非常高的。注意这种方法中用的是总收入。

二是标准法。针对不同类别业务的运营风险设置不同的资本系数，公司金融、交易销售、支付清算的系数是18%，商业银行、对公代理业务是15%，零售银行业务、资产管理、零售经纪业务的系数是12%。从这个系数设定可以看出，公司类业务高，零售类业务低，这种方法相比基本指标法没有实质性变化。

三是高级计量法。欧美银行在运营风险计量方面也做了很多研究，其基本思路是统计分析各种运营风险事件产生的损失，通过对这种损失分布的分析确定损失的大小。这种方法称为高级计量法，下面详细介绍这种方法。

根据巴塞尔委员会针对高级计量法（AMA）的调研资料[①]，共有 17 个国家的 121 家银行参与了本次调研，其中有 42 家银行使用 AMA，51 家使用标准法，20 家使用基本指标法，还有 8 家没有反馈信息。

---

① 参见 Results from the 2008 Loss Data Collection Exercise for Operational Risk。

全球范围内实施 Basel Ⅱ 的国际性大银行大部分采用高级计量法进行运营风险资本计量。上述 42 家实施高级计量法的银行中，澳大利亚有 5 家，欧洲有 20 家，日本有 7 家，北美有 10 家。明显地，这些银行中以欧洲的银行居多，这可能与欧洲的银行比较认可 Basel Ⅱ，并较早开始收集损失数据有关（见表 9 – 1）。

表 9 – 1　　　　　　　国际大银行使用高级计量法一览表

序号	银行	国家
1	ANZ	澳大利亚
2	Westpac	澳大利亚
3	Dexia	比利时
4	CIBC	加拿大
5	Credit Agricole	法国
6	BNP Paribas	法国
7	Credit Mutuel	法国
8	Societe Generale	法国
9	Banque de France	法国
10	Deutsche Bank	德国
11	Commerzbank	德国
12	Dresdner Bank	德国
13	Unicredit	意大利
14	Banca Monte Paschi Siena	意大利
15	Intesa San Paolo	意大利
16	Sumitomo Corp	日本
17	Bank Al Maghrib	摩洛哥
18	BMCE Bank	摩洛哥
19	ING	荷兰
20	Rabobank	荷兰
21	First Rand	南非
22	ABSA Bank	南非
23	Nedbank	南非
24	Credit Suisse	瑞士
25	UBS	瑞士
26	Barclays	英国
27	HBOS	英国
28	Lloyds	英国
29	Citi Bank	美国
30	Morgan Stanley	美国
31	JP Morgan Chase	美国

另外，根据国际风险管理协会（PRMIA）于 2008 年 6 月在协议成员内部针对运营风险管理现状作的相应调查，在采用高级计量法计算运营风险资本的机构中，使用损失分布法的机构占比最大。

高级计量法直接以损失数据为基础建立数理统计模型，其结果具有更高的风险敏感性，同时也赋予商业银行在计量资本上的自由度和灵活性，已成为大型国际活跃银行的主要计量方法。根据初步统计，澳新银行、英国巴克莱银行、德意志银行、ING、瑞银集团、美国银行、花旗银行等国际领先银行采用高级计量法计算运营风险资本。

高级计量法能帮助银行提高运营风险管理水平，因而可降低资本要求。根据巴塞尔委员会辖下的运营风险标准制定团队的调查[1]，采用高级计量法的银行所计提运营风险资本普遍要比未采用高级计量法的银行所计提的运营风险资本低。例如 2008 年澳新银行采用高级法计量的运营风险资本占总收入（12159 百万澳元）的 11.8%（1441 百万澳元），比使用基本指标法节约 3.2%；2008 年英国巴克莱银行采用高级法计量的运营风险资本占总收入（23352 百万英镑）的 10.3%（2409 百万英镑），比使用基本指标法节约 4.7%[2]。

表 9 - 2　　　　　高级计量法下两家银行的运营风险资本收入比

银行	澳新银行（百万澳元）		巴克莱银行（百万英镑）	
年份	2008	2009	2008	2009
运营风险资本	1441	1299	2409	2450
总收入	12159	13610	23352	29925
资本收入比（%）	11.85	9.55	10.32	8.19

三、损失事件的种类划分

要计量运营风险，需要把运营风险分成不同的类别，这样有助于捕捉损失事件的特征，寻找影响损失事件的内在因素，刻画损失事件的风险大小。巴塞尔协议同样提供了损失事件的分类表（见表 9 - 3），这个分类有如下特征：

---

① 详见调查报告 Results from the 2008 Loss Data Collection Exercise for Operational Risk。

② 以上数据是分别根据其 2008 年年报的总收入和 RWA 数据计算得到。

表 9 - 3　　　　　　　　　　　运营风险损失事件类型目录

1 级目录	简要解释	2 级目录	3 级目录	编号示例
内部欺诈	故意骗取、盗用财产或违反监管规章、法律或公司政策导致的损失，此类事件至少涉及内部一方，但不包括歧视及差别待遇事件	行为未经授权	故意隐瞒交易	1.1.1
			未经授权交易导致资金损失	1.1.2
			故意错误估价	1.1.3
			其他	1.1.4
		盗窃和欺诈	欺诈/信用欺诈/不实存款	1.2.1
			盗窃/勒索/挪用公款/抢劫	1.2.2
			盗用资产	1.2.3
			恶意损毁资产	1.2.4
			伪造	1.2.5
			支票欺诈	1.2.6
			走私	1.2.7
			窃取账户资金/假账/假冒开户人/等等	1.2.8
			违规纳税/故意逃税	1.2.9
			贿赂/回扣	1.2.10
			内幕交易（不用本行的账户）	1.2.11
			其他	1.2.12
外部欺诈	第三方故意骗取、盗用财产或逃避法律导致的损失	盗窃和欺诈	盗窃/抢劫	2.1.1
			伪造	2.1.2
			支票欺诈	2.1.3
			其他	2.1.4
		系统安全性	黑客攻击损失	2.2.1
			窃取信息造成资金损失	2.2.2
			其他	2.2.3
就业制度和工作场所安全事件	违反劳动合同法、就业、健康或安全方面的法规或协议，个人工伤赔付或者因歧视及差别待遇事件导致的损失	劳资关系	薪酬，福利，劳动合同终止后的安排	3.1.1
			有组织的工会行动	3.1.2
			其他	3.1.3
		环境安全性	一般性责任（滑倒和坠落等）	3.2.1
			违反员工健康及安全规定	3.2.2
			劳方索偿	3.2.3
			其他	3.2.4
		歧视及差别待遇事件	所有涉及歧视的事件	3.3.1

续表

1 级目录	简要解释	2 级目录	3 级目录	编号示例
客户、产品和业务活动事件	因疏忽未对特定客户履行分内义务（如诚信责任和适当性要求）或产品性质或设计缺陷导致的损失	适当性，披露和诚信责任	违背诚信责任/违反规章制度	4.1.1
			适当性/披露问题（了解你的客户等）	4.1.2
			未尽向零售客户的信息披露义务	4.1.3
			泄露隐私	4.1.4
			强制推销	4.1.5
			为多收手续费反复操作客户账户	4.1.6
			保密信息使用不当	4.1.7
			贷款人责任	4.1.8
			其他	4.1.9
		不良的业务或市场行为	垄断	4.2.1
			不良交易/市场行为	4.2.2
			操纵市场	4.2.3
			内幕交易（用本行的账户）	4.2.4
			未经有效批准的业务活动	4.2.5
			洗钱	4.2.6
			其他	4.2.7
		产品瑕疵	产品缺陷（未经许可等）	4.3.1
			模型错误	4.3.2
			其他	4.3.3
		客户选择、业务推介和风险暴露	未按规定审查客户信用	4.4.1
			对客户超风险限额	4.4.2
			其他	4.4.3
		咨询业务	咨询业务产生的纠纷	4.5.1
实物资产的损坏	实体资产因自然灾害或其他事件丢失或毁坏导致的损失	灾害和其他事件	自然灾害损失	5.1.1
			外力（恐怖袭击、故意破坏）造成的人员伤亡和损失	5.1.2

续表

1级目录	简要解释	2级目录	3级目录	编号示例
信息科技系统事件	业务中断或系统失灵导致的损失	信息系统	硬件	6.1.1
			软件	6.1.2
			网络与通信线路	6.1.3
			动力输送损耗/中断	6.1.4
			其他	6.1.5
执行、交割和流程管理事件	交易处理或流程管理失败和因交易对手方及外部销售商关系导致的损失	交易认定、执行和维护	错误传达信息	7.1.1
			数据录入、维护或登载错误	7.1.2
			超过最后期限或未履行义务	7.1.3
			模型/系统误操作	7.1.4
			账务处理错误/交易归属错误	7.1.5
			其他任务履行失误	7.1.6
			交割失误	7.1.7
			担保品管理失效	7.1.8
			交易相关数据维护	7.1.9
			其他	7.1.10
		监控和报告	未履行强制报告职责	7.2.1
			外部报告不准确导致损失	7.2.2
			其他	7.2.3
		招揽客户和文件记录	客户许可/免则声明缺失	7.3.1
			法律文件缺失/不完备	7.3.2
			其他	7.3.3
		个人/企业客户账户管理	未经批准登录账户	7.4.1
			客户信息记录错误导致损失	7.4.2
			因疏忽导致客户资产损坏	7.4.3
			其他	7.4.4
		交易对手方	与同业交易处理不当	7.5.1
			与同业交易对手方的争议	7.5.2
			其他	7.5.3
		外部销售商和供应商	外包	7.6.1
			与外部销售商的纠纷	7.6.2
			其他	7.6.3

第一，损失事件从粗到细分为三级。第一级分为 7 个级别，第二级、第三级则针对第一级的损失事件特点进一步细化，第二级有 20 个类别，第三级有 71 个类别。

第二，损失事件划分带有欧美银行的特征。以第一级为例，分别为内部欺诈、外部欺诈、就业政策和工作场所安全性、客户/产品及业务操作、实体资产损坏、业务中断和系统失败，执行、交割及流程管理。显然就业政策和工作场所安全性在国内银行很少被认为是运营风险，而欧美发达国家非常关注劳资关系、工作环境，因此引起的事件损失被分成一个非常重要的类别。在上述 7 类中，国内银行往往把关注点集中到最后一类，即执行、交割和流程中出现的差错，这其实反映了操作风险这一中文提法对人们思维的误导。

第三，分类是积累数据的基础和标准。在自然界，分类按门、纲、目、科、属、种进行分类，运营风险同样需要分类。银行要给出每一类损失事件的定义、划分标准、收集方法，尤其要与财会数据进行衔接，才能逐步积累充分的损失数据。

根据运营风险损失发生频率和所产生的损失强度将运营风险分为四种类型：A 类为低频、低损风险，B 类为高频、低损风险，C 类为高频、高损风险，D 类为低频、高损风险。对不同类的风险使用不同的风险缓释措施，如图 9 - 1 所示。

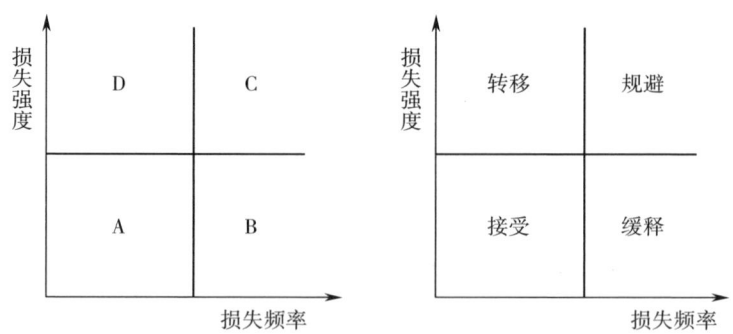

图 9 - 1　不同类的风险使用不同的风险缓释措施

对于 A 类风险，由于损失频率和强度较低，属于能够有效控制和对银行影响较小的风险，银行通常会选择接受并以自身资本作为承担可能损失的准备，同时加强内部运营风险的管理。

B 类风险主要是银行在日常经营过程中发生失误和错误而引起损失的风险，由于发生频率较高，应该加强流程管控，降低其发生频率。由于 B 类风险发生概率大，若疏于管理，此类风险也可危及银行的基本面。

C 类风险在理论上是存在的，但在实际工作中发生的可能性很小，因为作为理性人的商业银行不会允许此类事件的发生，它们会首先选择避免此类运营风险，虽然规避运营风险是一种消极的管理策略，但在特定的条件下，也不失为一种有效的风险管理策略。若无法避免，则可通过风险控制机制将此类风险转移为其他几种类型的风险。

D 类属于低损失频率、高损失强度风险。此类风险虽发生概率较小，但存在潜在重大损失，而且并非所有风险事件都是可控的，例如自然灾害。对于此类风险，银行可采用风险转移工具或措施来减少或消除此类风险带来的损失，同时也可以将此类风险部分转移给第三方。

运营风险 Basel Ⅲ 标准法

2017 年 12 月，巴塞尔委员会发布了《巴塞尔Ⅲ：后危机改革的最终方案》，该方案精简了运营风险框架，用单一风险敏感标准法取代了基于银行内部模型的高级计量法和标准法。

一、业务规模指标（BIC）

Basel Ⅲ 依然沿用了"收入"这一基本思路，但对收入的计算进行了调整：由利息、租金和分红收入（ILDC）、服务收入（SC）和金融收入（FC）三部分组成。

利息、租金和分红收入 ILDC = Min［｜利息收入 – 利息支出｜；2.25% ×生息资产］+分红收入

从这个公式可以看出，利息收入是净利息收入，并且用 2.25% 的利差进行了封顶。

服务收入 SC = Max［其他营业收入；其他营业支出］+ Max［手续费收入；手续费支出］

从这个公式可以看出，收入和支出取单边最大值，这种方式努力体现收入或支出活动的影响。

金融收入 FC ＝ ｜交易账簿净损益｜ ＋ ｜银行账簿净损益｜

从这个公式可以看出，金融收入主要看净损益，体现了交易和市场因素的影响。

这种计算方式背后体现的思路：一是收入为负，运营风险仍然存在。因此 Basel Ⅲ 对交易账户和银行账户的净损益取了绝对值，对"利息收入－利息支出"也取了绝对值。二是简化分类，不再区分八大业务条线。这是由于每家银行的业务划分不一样，将所有银行都按照同一标准划分业务条线来计算运营风险资本，给银行的管理带来了很高的内部成本，而且不同银行业务不同，原有方法可比性不高。三是将"总收入（GI）"改为"业务收入（BI）"。总体上这里的业务收入属于"净收入"，一定程度上适当降低了运营风险的资本要求。

Basel Ⅲ对业务规模的计算要求更为细致，业务规模 BI 进一步细分为 10 个大项 26 个子项目。大项包括利息收入、利息支出、交易账簿净损益、银行账簿净损益等各类损益，子项目则在大项的基础上将各类损益归入不同的业务来源。这一细化对银行数据报表分类的精细化管理提出了更高的要求。

表 9 – 4　　　　　　　　　　　　业务规模 BI 的构成

组成部分	损益表、资产负债表项目	解释	典型子项目
利息、租金和分红（ILDC）	利息收入	所有金融资产的利息收入及其他利息收入（包括融资租赁和经营租赁的利息收入、租赁资产的收益）。	• 贷款、预付账款、可供出售资产、持有至到期资产、交易性金融资产、融资租赁和经营租赁的利息收入； • 套期保值衍生品的利息收入； • 其他利息收入； • 租赁资产的收益。
	利息支出	所有金融负债的利息支出及其他利息支出（包括融资租赁和经营性租赁的利息支出、经营租赁的损毁、折旧和减值）。	• 存款、发行证券、融资租赁、经营租赁的利息支出； • 套期保值衍生品的利息支出； • 其他利息支出； • 租赁资产的损毁； • 经营租赁资产的折旧与减值。

续表

组成部分	损益表、资产负债表项目	解释	典型子项目
利息、租金和分红（ILDC）	生息资产	未偿还贷款、预付账款、固定利息证券（包括政府债券）及租赁资产年末价值的总额。	
	分红收入	未纳入银行合并财务报表的股权、基金等投资的分红的收入，包括子公司、合作企业和联营公司的分红。	
服务（SC）	手续费和佣金收入	咨询和服务业务收入，包括银行作为金融服务外包商所获收入。	• 证券发行、创设、交易、执行客户指令等的手续费及佣金收入； • 清算和结算、资产管理、存托管、信托、支付、结构化金融服务、资产证券化、授信、提供担保、外汇交易等服务的手续费及佣金收入。
	手续费和佣金支出	咨询和服务业务支出，包括银行作为寻求金融服务外包所支出的费用，但不包含物流、IT、人力资源等非金融类服务。	• 清算和结算、存托管、资产证券化、授信、获得担保、外汇交易等服务的手续费和佣金支出。
	其他营业收入	上述项目以外的一般银行类服务收入（不包括经营租赁收入）。	• 投资物业的租金收入； • 非流动资产、持有待售及终止经营业务资产的收益。
	其他营业支出	上述项目以外的一般银行类服务支出及经营过程中的损失事件（不包括经营租赁支出）。	• 非流动资产、持有待售及终止经营业务资产的损失； • 罚款、损毁资产置换等经营过程中损失事件导致的损失； • 为操作损失事件计提的费用。
金融（FC）	交易账簿净损益	• 交易性金融资产和负债的净损益（包括衍生品、债务性证券、权益证券、贷款和预付款项、买空头寸及其他资产和负债）； • 套期保值的净损益； • 汇兑差额的净损益。	
	银行账簿净损益	• 以公允价值计量且其变动计入当期损益的金融资产和负债的净损益； • 不以公允价值计量且其变动不计入当期损益的金融资产和负债（包括贷款和预付款项、持有待售资产、持有至到期投资、以摊余成本计量的金融负债）的已实现净损益； • 套期保值的净损益； • 汇兑差额的净损益。	

巴塞尔委员会认为规模是银行运营风险损失的主要影响因子，针对不同的业务规模，设计了累进制的边际系数（Marginal Coefficients，αi），设置了三个累进层级，各累进层级对应的边际系数随着业务规模增大而上升，规模越大的银行，所需计提的资本越多。

表 9 – 5　　　　　　　　　业务规模与边际系数

档位	业务规模 BI（亿欧元）	边际系数 αi
第一档	BI≤10	12%
第二档	10＜BI≤300	15%
第三档	BI＞300	18%

例如，某银行业务规模为 350 亿欧元，则其业务规模参数 =（10 × 12%）+（300 – 10）×15% +（350 – 300）×18% =53.7 亿欧元。

二、内部损失乘数

规模对运营风险有很大的影响，但同样规模的银行，其管理水平是有差异的，对管理水平高的银行应该给予激励，鼓励银行采取更多有力的措施，加强运营风险的管理。在标准法下，引入了内部损失乘数，如果银行10 年的损失数据比收入计算的资本要求低，则会降低资本要求，通过将收入指标与银行自身内部损失历史相结合，使框架更具风险敏感性。

其基本假设是：遭受过更大运营风险的银行在未来更可能产生运营风险损失。随着时间窗口的移动，运营风险管理水平越好的银行，越能够降低其资本要求，从而体现出一定的激励作用。内部损失乘数（ILM）成为 Basel Ⅲ 运营风险资本计量的另一个核心概念。

内部损失乘数（ILM）为银行平均历史损失和 BIC 的比例因子。

计算公式如下：

$$ILM = \ln\left[e - 1 + \left(\frac{LC}{BIC}\right)^{0.8}\right]$$

式中，LC 代表历史损失，是银行过去 10 年由于运营风险导致的年平均损失额的 15 倍，从 ILM 计算公式可以看出，当 LC 大于 BIC 时，ILM 大于 1，这是因为当银行损失高于业务规模时，计提运营风险资本时要考虑到内部损失，所以计提的数额会更高；相反，当 LC 低于 BIC 时，ILM 小于 1，即相对而言，损失较低的银行须持有的运营风险资本也较低；当 LC 和 BIC 相等时，ILM 值为 1。从公式上看，该乘数用了对数形式，下限为 0.541［完全没有损失的极端情况下，LC/BIC 为 0，ILM = ln（e－1）＝0.541］，是一个增长率下降的递增函数。ILM 随着 LC/BIC 比率的增加而增加，但增速逐渐下降。

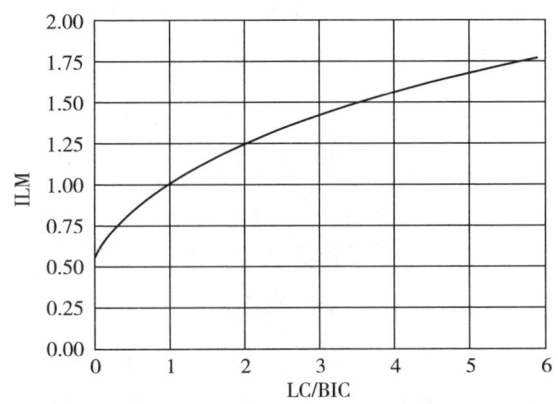

图 9 - 2　损失数据与乘数的关系示例图

在过渡期内，银行如果没有 10 年的高质量损失数据，须使用至少 5 年的数据来计算平均历史损失；若没有 5 年的数据，银行必须只用业务规模单一指标来计算资本要求。

在 Basel III 的新方法下，虽然基于损失数据的一系列复杂的高级法被取代了，但损失数据这一重要的因素却被保留下来。在概念上，运营风险的损失没有预期损失和非预期损失的划分，也没有减值准备，其产生的损失都体现为成本，体现为利润的减少，对资本的消耗。加强运营风险的管理，减少历史平均损失就成为减少资本占用的重要路径。

三、资本计量

运营风险资本（ORC）由业务规模指标（BIC）和内部损失乘数（ILM）共同决定。

$$ORC = BIC \times ILM$$

对于第一档业务规模小于 10 亿欧元的银行，内部损失数据不会影响资本计算。也就是说，其 ILM 等于 1，因此运营风险资本等于 BIC（＝12% × BI）。

为降低银行实施成本，Basel III 最终方案规定各国监管当局可以将管辖境内银行的 ILM 设为 1，但为了保证可比性，所有银行仍必须披露其历史运营风险损失。

新标准法的推出，是运营风险资本计量方法的一种螺旋式发展。新标准法对各银行在运营风险事件的测度、记录和分类上提出了更高的要求。对原来实施高级法的银行来说，可能会产生一定的冲击，但实施新方法的难度不大。对国内银行来说，国内大型银行在原来实施高级法的过程中进行了损失数据的收集与系统建设，这为新标准法实施提供了良好的基础。未来要进一步加强运营风险管理和损失数据收集管理工作，发挥新标准法资本约束对内部管理水平提升的促进作用。

从方法论本身来看，新标准法本身仍存在很多的问题。虽然通过引入损失数据提高了敏感性，但银行业务方向、业务体量和当地法律监管等的不同仍然是巨大的，尤其是近年来监管处罚力度加大，罚款数额不断提高，假设所有银行的损失来自同一个损失分布则总体有可能降低风险敏感度。还有历史损失数据差异带来的资本稳定性问题、历史极端损失的敏感性问题、个体加总的问题等，仍值得进一步研究。

高级计量法

高级计量法是指银行在符合定性和定量标准的前提下，通过内部运营风险计量体系计算监管资本要求。商业银行在使用高级计量法时必须满足下面的定性要求和定量要求。

一、定性要求

1. 商业银行的运营风险计量应成为运营风险管理流程的重要组成部

分，相关计量系统应能促进商业银行改进全行和各业务条线的运营风险管理，支持向各业务条线配置相应的资本。

2. 商业银行的运营风险计量系统应通过验证，验证的标准和程序应符合银监会的有关规定。

二、定量标准

1. 运营风险计量系统应具有较高的精确度，考虑到了非常严重损失事件发生的频率和损失的金额。

2. 商业银行应具备运营风险计量系统的模型开发和模型独立验证的严格程序。

3. 商业银行如不能向银监会证明已准确计算出了预期损失并充分反映在当期损益中，就应在计量运营风险监管资本时综合考虑预期损失和非预期损失之和。

4. 商业银行在加总不同类型的运营风险监管资本时，可以自行确定相关系数，但要书面证明所估计的各项运营风险损失之间相关系数的合理性。

5. 商业银行运营风险计量系统的建立应基于本行内部积累的损失数据、外部损失数据、情景分析、本行的业务经营环境和内部控制四个基本要素。

6. 商业银行应对内部损失数据、外部损失数据、情景分析、业务环境和内部控制四个基本要素在运营风险计量系统中的作用和权重作出书面合理界定。

三、高级计量法的理论框架和总体流程

按 Basel Ⅱ 的规定，实行高级计量法的银行应当使用自己的内部损失数据、外部损失数据、情境分析和定性指标来开发这些模型，依赖其内部体系决定运营风险的资本要求。这样，商业银行利用高级计量法进行运营风险资本计量时有一定的灵活性，但其定量估算方法具有一个基本的理论框架[①]。

---

① 　详见 Operational Risk—A Discussion of Quantification Techniques，AMA 要求的元素。

在 Basel Ⅱ中，巴塞尔委员会将运营风险损失事件分为七大类：内部欺诈、外部欺诈、就业政策和工作场所安全性、执行交割及流程管理、客户/产品及业务操作、业务中断和系统失败、实体资产损失。同时将损失事件所在业务条线分为八大类：公司金融、交易和销售、零售银行业务、商业银行业务、支付和结算、代理服务、资产管理、零售经纪。

采用高级计量法计算运营风险资本以 7 个风险类型和 8 个业务条线所组成的 56 个单元格①为基础，分别计算这 56 个单元格中的运营风险资本然后加总得到银行总的运营风险资本。简单来说，高级计量法的理论框架如图 9-3 所示。

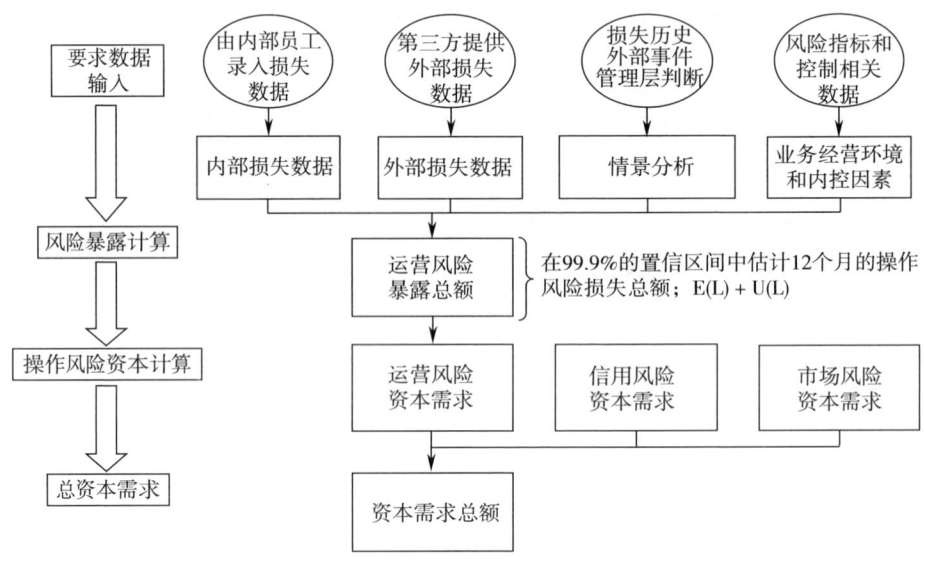

图 9-3 高级计量法的理论框架图

根据高级计量法理论框架的要求，高级计量法资本计量的总体流程主要分为两个部分：

第一部分是通过综合考虑内部损失数据、外部损失数据、情景分析、业务环境和内控因素分别计算每个单元格所需的运营风险资本$ORC_{i,j}$（$i=$

---

① 各个银行可根据银行内部管理的实际需要将这些事件类型和业务条线进行整合，比如德意志银行就将 56 个单元格进行整理后得到 23 个单元格。

1，2，…，8；$j = 1$，2，…，7）。

第二部分是通过考虑不同业务类型/风险类型之间的相关性，将所有 56 个单元格的运营风险资本$ORC_{i,j}$进行加总得到银行总的运营风险资本 ORC。当然我们将$ORC_{i,j}$进行加总时需要考虑不同风险间的相关性，然后采取不同的方法进行加总处理（见表 9-6）。

表 9-6   每个单元格运营风险资本的分布情况

	内部欺诈	外部欺诈	就业政策和工作场所安全性	执行、交割及流程管理	客户、产品及业务操作	业务中断和系统失败	实体资产损失
公司金融	ORC11	ORC12	ORC13	ORC14	ORC15	ORC16	ORC17
交易和销售	ORC21	ORC22	ORC23	ORC24	ORC25	ORC26	ORC27
零售银行业务	ORC31	ORC32	ORC33	ORC34	ORC35	ORC36	ORC37
商业银行业务	ORC41	ORC42	ORC43	ORC44	ORC45	ORC46	ORC47
支付和结算	ORC51	ORC52	ORC53	ORC54	ORC55	ORC56	ORC57
代理服务	ORC61	ORC62	ORC63	ORC64	ORC65	ORC66	ORC67
资产管理	ORC71	ORC72	ORC73	ORC74	ORC75	ORC76	ORC77
零售经纪	ORC81	ORC82	ORC83	ORC84	ORC85	ORC86	ORC87

在采用高级计量法计算运营风险资本时，重要的是计算每个单元格的运营风险资本$ORC_{i,j}$。内部衡量法、记分卡法、损失分布法这三种高级计量方法的最大差异就是各单元格运营风险资本$ORC_{i,j}$计算方法的不同。下面我们重点讲述上述三种计量方法在计算每个单元格运营风险资本$ORC_{i,j}$时的思路。

四、所有单元格运营风险资本的加总

对于某一业务条线下（$i = 1$，2，…，8）风险类型（$j = 1$，2，…，7）的运营风险经济资本要求 $ORC_{i,j}$，银行总体经济资本要求 ORC 在不同风险相关性情况下可以获得：

1. 不同业务线和风险类型的年度损失完全相关。

不同业务线和风险类型的年度损失完全相关，也就是随机变量间相关系数为 1，这些随机变量和的标准差等于各自标准差的和。因此，当不同业务线和风险类型的年度损失完全相关时（不同运营风险间相关系数为1），总体运营风险资本要求等于所有单元格运营风险资本之和。其计算公式为

$$\mathrm{ORC} = \sum_{i=1}^{8} \sum_{j=1}^{7} \mathrm{ORC}_{i,j}$$

如果不同业务线和风险类型的年度损失完全相关，那就意味着所有的运营风险损失事件同时发生，而这是完全不可能的。

2. 不同业务线和风险类型的年度损失相互独立。

不同业务线和风险类型的年度损失相互独立，也就是随机变量间相关系数为0，这些随机变量和的标准差等于各自标准差平方和的平方根。因此当不同业务线和风险类型的年度损失相互独立时（不同运营风险间相关系数为0），总体运营风险资本要求等于所有单元格运营风险资本平方和的平方根。其计算公式为

$$\mathrm{ORC} = \sqrt{\sum_{i=1}^{8} \sum_{j=1}^{7} \mathrm{ORC}_{i,j}^2}$$

不同业务线和风险类型的年度损失相互独立的假设意味着各业务条线下损失事件的发生毫不相关。事实上这一假设不太现实，而且这会低估总体经济资本。

3. 不同业务线和风险类型的年度损失不完全相关。

在大多数情况下，不同业务线和风险类型的年度损失不是完全相关，也不是完全独立。它们之间具有一定的相关性。

一般地，假设上述 56 个单元格的相关性系数矩阵为 $R_{56,56}$，同时 56 个单元格的运营风险资本形成的向量为 ORC，则总体运营风险资本等于 $\sqrt{ORC^T R_{56,56} ORC}$，其中，$T$ 表示转置。

高级计量法的方案选择

一、内部衡量法

内部衡量法是商业银行由简单的自上至下模型向更加复杂的运营风险

资本度量过渡的关键一步。内部衡量法的基本思想就是根据非预期损失与预期损失之间的系数 γ，通过计算预期损失而得到非预期损失。因此内部衡量法主要是估算出预期损失。

首先基于银行内部损失数据估算出 56 个小单元格的运营风险敞口 $EI(i,j)$、损失事件发生概率 $PE(i,j)$、损失事件发生时的损失程度 $LGE(i,j)$，这样通过计算它们之间的乘积得到该单元格的预期损失 $EL(i,j)$；然后通过预期损失与非预期损失的转换系数 γ 得到该单元格的非预期损失 $UL(i,j)$，即该单元格的运营风险资本；最后加总 56 个单元格的运营风险资本得到总的运营风险资本。

单元格的运营风险资本 $ORC_{i,j}$ 的计算公式为

$$ORC_{i,j} = UL(i,j) = \gamma(i,j) \times EL(i,j)$$
$$= \gamma(i,j) \times EI(i,j) \times PE(i,j) \times LGE(i,j)$$

式中，i 表示业务类型；j 表示风险类型；参数 $\gamma(i,j)$ 是将预期损失 EL 转化为非预期损失 UL 的换算因子，由监管部门根据全行业运营风险损失数据统一设定；$EI(i,i)$ 表示业务类型 i 和风险类型 j 的运营风险敞口大小；$PE(i,j)$ 表示业务类型 i 和风险类型 j 对应的损失事件发生的概率；$LGE(i,j)$ 表示业务类型 i 和风险类型 j 给定的损失事件发生时的损失程度。

监管当局根据全行业损失分布数据确定的 Y 值，将适用于所有银行。但是，各银行的损失分布未必与银行业整体的损失分布相同。为解决这个问题，巴塞尔委员会引入了风险特征指数（Risk Profile Index，RPI）来进一步调整不同银行的运营风险资本要求。风险特征指数 RPI 反映了各银行具体风险状况与行业风险的区别，运用 RPI 对运营风险定价的调整计算公式如下：

$$ORC_{i,j} = \gamma(i,j) \times EI(i,j) \times PE(i,j) \times LGE(i,j) \times RPI(i,j)$$

具体来讲，对于厚尾分布的银行，其 RPI > 1；对于薄尾分布的银行，其 RPI < 1。

二、记分卡法

记分卡法主要通过调查和专家分析设计出多项前瞻性的关于运营风险

的指标，并用这些指标来量化运营风险，测算和分配其他方法计算出来的运营风险资本。从这些运营风险计量方式可以知道要量化运营风险，关键在于估计出每一类损失事件的风险指标、损失事件可能性、损失比率三个参数，有了这些参数也就可以计算出运营风险的大小了。用记分卡法计算运营风险的方法可以表示为

$$ORC(i;j) = EI(i;j) \times \omega(i;j) \times RS(i;j)$$

式中，EI 代表风险暴露（Exposure Indicator）；RS 代表风险评分（Risk Score）；ω 是一个比例因子（Scaling Factor）。计算的基础建立在银行的高级管理层所提供的信息之上。记分卡方法目前已经在商业银行中得到广泛运用，银行的大部分自动记分授权问答卷设计都可以视为记分卡法的运用。运营风险管理方面走在全球银行业前列的澳大利亚 ANZ 银行从 2001 年起开始运营风险研究工作，2002 年建立起以记分卡为核心的运营风险评价和管理系统。

采用记分卡方法计算运营风险经济资本时，由于记分卡的数据是根据专家或风险经理评分得出来的，因此完全依赖于他们的直觉和尝试，往往受到人员主观性判断的影响。记分卡方法这种较少依赖于历史数据的分析方法，更多偏重于全面的定性分析，用银行的风险控制能力反映其资本水平。因此，记分卡方法必须建立在良好的定量基础之上，并通过历史数据验证其风险评估和计算结果。

三、损失分布法

损失分布法是由一些著名的金融机构如 J. P. MorganChase、Citigroup、RBC、Financial Group 等组成的行业技术工作小组（ITWG）开发的一套运营风险高级度量模型。损失分布法是基于损失事件频率和损失严重性的有关假设的前提下，对每个单元格的运营风险损失分布进行估计的方法。采用损失分布法计算每个单元格运营风险资本 $ORC_{i,j}$ 时，首先根据历史数据拟合出损失频率和损失严重性的分布函数，然后通过蒙特卡罗等方法模拟出年度损失分布，最后从年度损失分布计算出所需运营风险资本，其简单计

算框架如图9－4所示①。

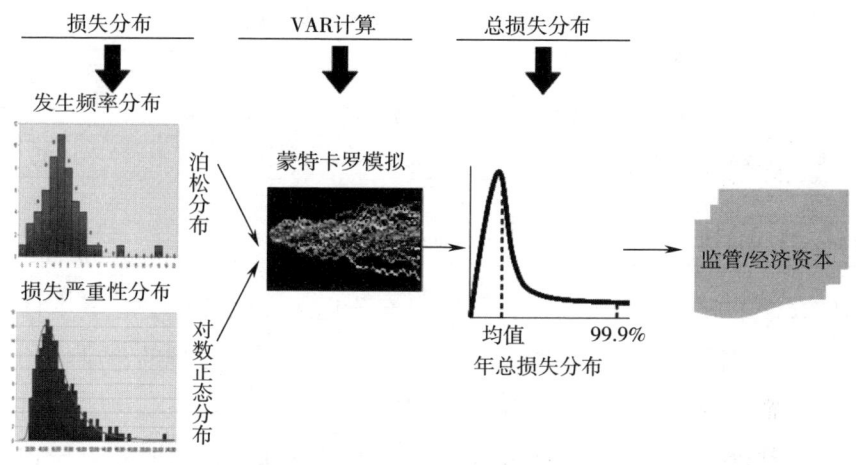

图9－4 损失分布法的计算框架图

商业银行在实施高级计量法的过程中，首先要考虑数据问题，尤其是历史损失数据。这方面数据积累的不足，可能会造成计量结果的准确性打折扣。而记分卡方法则还需要设定完整的定量风险指标数据和定性控制评估方面的数据。所以，要有效地开发和使用运营风险高级计量模型，数据积累是重要的基础工作（见表9－7）。

表9－7 各高级计量模型中所采用的数据类型

模型	采用的数据类型		
	历史损失数据	定量风险指标	定性控制评估
内部衡量法（IMA）	∨		
记分卡法（SCA）	∨	∨	∨
损失分布法（LDA）	∨		

其次，开发和实施运营风险高级计量模型必须要有一定的资源投入。由于不同模型的性质、构建思路不同，所需资源投入的种类与投入量的大

---

① 为了更好地说明损失分布法的计算流程，框架图中描述的发生频率服从泊松分布、损失严重性服从对数正态分布，VaR计算采用的蒙特卡罗模拟方法只是损失分布法中的一种方法，还有其他方法可采用。

小也各有不同（见表9－8）。

表9－8 不同高级计量模型的实施因素比较

模型	实施因素				
	时间	成本	所需损失数据量	所需资源	引进费用
内部衡量法（IMA）	中	低	大	少	低
记分卡法（SCA）	短	高	中	多	高
损失分布法（LDA）	长	高	非常大	中	非常低

综合以上分析，我国商业银行应当充分理解高级计量法在资本计量方面所具有的风险敏感性和前瞻性优势及其对运营风险管理的激励作用，从损失数据的准备情况、人力资源投入要求、成本和费用支出、实施时间的长短等方面进行比较，借鉴国际先进银行的领先实践，同时结合三种高级计量方法的优劣势分析，选择一种适合本行的运营风险高级计量模型，针对实施高级计量法存在的难点和问题等方法展开认真细致的分析和研究，为早日实现高级计量法打下基础。

损失分布法

在前面介绍的三种高级计量方法中，损失分布法为国际活跃银行普遍采纳的方法，下面将以损失分布法为例说明高级计量法进行资本计算的一般流程。简单地说，损失分布法的一般流程是：首先从内部损失数据开始，在补充外部数据的基础上生成发生频率和损失严重性的分布，接着利用情景分析对上述分布进行定量调整，然后通过选择合适的置信水平计算运营风险VaR而得到单个运营风险资本，并在加总单个运营风险资本后根据相关性计算总体运营风险资本，最后根据业务环境和内控因素对总体运营风险资本进行定性调整。在确定好最终资本后，还需要对损失分布法进行模型验证和压力测试工作，以保证该高级计量模型的理论正确、假设合理、数据完整、模型运行情况良好、计算准确、使用分析恰当（见图9－5）。

下面我们将逐一介绍损失分布法计量流程中各阶段存在的难点问题和采用的应对方法。

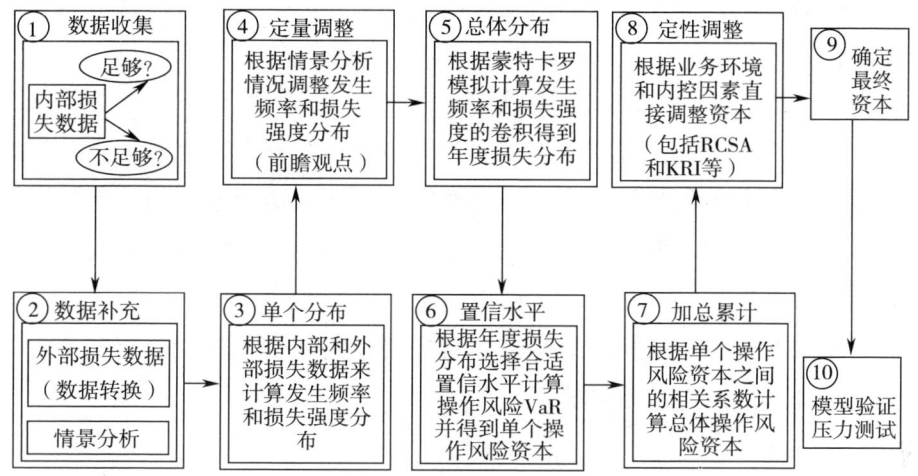

图9-5 损失分布法进行资本计量的计算步骤

一、数据收集

内部损失数据指的是银行内部在历史上所发生的运营风险损失数据，也是高级计量法中最重要的输入数据。内部损失数据的分布情况直接影响银行所需的运营风险资本数量。根据巴塞尔委员会的要求，采用高级计量法计算运营风险资本时，必须具有至少5年的内部损失数据，初次使用必须具有至少3年的内部损失数据。

为了满足高级计量法的数据要求，商业银行必须保证损失数据收集的全面性和准确性。一方面，商业银行应当梳理和统计出运营风险损失发生的会计科目分布情况，这样既可以指导基层人员根据会计科目报送损失数据，又可以帮助上级机构根据会计科目实现对下级机构损失数据报送情况的考核。另一方面，商业银行应当对收集到的损失数据进行清洗和整理，并从中总结出难点问题以供基层人员报送数据时参考。这些问题包括是否属于运营风险损失事件、损失事件分类、运营风险损失的估值和分配等。

二、数据补充

1. 外部损失数据收集。

外部损失数据是一系列其他机构的损失信息，外部损失数据可以帮助我们理解那些没有足够的内部损失数据直接量化的风险。外部损失数据的来源包括外部公开的损失数据和外部数据协会提供的数据两类。

由于外部公开的损失数据的数量非常有限，商业银行可借助数据服务中介的力量。在收集外部数据协会的数据当中，国外金融机构的损失数据由于其管理水平和业务开展情况差异性较大，不太适合于国内银行运营风险资本计量的需要，因此商业银行应当立足于国内，借鉴韩国银行协会成立韩国运营风险数据交换协会（KOREC）的做法（见图9－6），争取在国内监管当局的支持下成立一个共享运营风险损失数据的协会，以满足高级计量法对外部损失数据的要求。

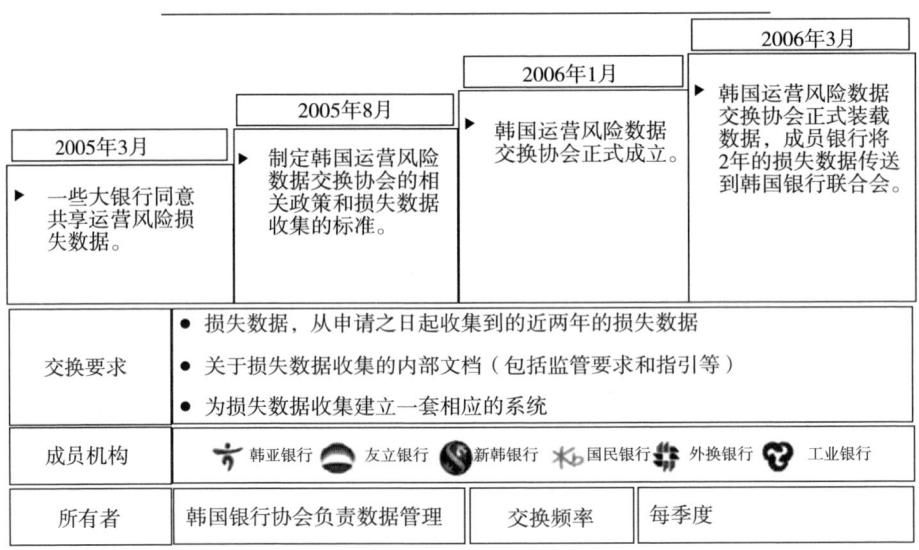

图9－6 韩国运营风险数据交换协会外部数据收集机制

2. 外部损失数据调整和整合。

在收集到所需的外部运营风险损失数据之后，考虑到各个银行之间的差异，不能直接将外部历史数据和内部历史数据库放在一起进入计量模型用来计算运营风险资本，必须对外部历史数据进行调整转换，才能达到所需的数据要求。外部损失数据的调整转换是一个复杂的工作，其中涉及截断（Truncation）、换算（Scaling）等问题。

在对外部损失数据进行调整的过程中，商业银行可在 Ali Samad – Khan 和 P. Medapa 所提出的换算方法的基础上，综合考虑银行总收入、管理水平、业务范围以及通货膨胀等因素，然后对上述因素进行回归分析，最终实现损失数据的调整。

在整合外部损失数据和内部损失的过程中，可采用非统计方法和统计方法，其中非统计方法包括加权平均和调整因子，统计方法包括 bayesian 方法、信度理论、情景数据点等。如果外部损失数据确实不好收集，商业银行也可借鉴亚洲相关银行的经验，将外部损失数据和情景分析结合起来使用，多设计一些情景数据，通过情景分析来弥补外部损失数据的不足。

信度理论（Credibility Theory）又称经验费率理论，是较常用的整合外部损失与内部损失的方法，萌芽于 20 世纪 20 年代，成熟于 60 年代，是非寿险精算学中厘定经验费率最重要的方法。简单来说，在保险业实践中，往往需要对一组保险合同确定一个保费水平。保险公司有关于该组本身的一些理赔记录，同时在与其相关的更大的一组保险合同上有更多的理赔记录。在确定保费的时候，不但要考虑该组理赔记录，还要考虑到集体理赔记录。为确定合理的保费水平，Bühlmann 于 1970 年提出了信度模型。

信度模型利用本保单组合近期损失数据（称为经验数据，据此确定的保费为 PMe）和主观选择的类似险种同期损失数据（称为先验信息数据，据此确定的保费为 PMo），加权平均得出后验保费的估计。公式如下：

$$\hat{\mu} = (1 - Z) \times PMo + Z \times PMe$$

式中，$Z \in [0, 1]$ 为信度因子。

借鉴信度理论的基本思想，就可以实现内部损失数据和外部损失数据的整合。Hans Bühlmann、Pavel V. Shevchenko 和 Mario V. Wüthrich 在利用外部损失数据的基础上使用信度理论估计了运营风险损失的发生频率（泊松分布）和严重性（帕累托分布）分布的参数，从而实现了内外部损失数据的有效整合。

三、单个分布

在整合了内部损失数据、外部损失数据、情景分析数据后，需要采用合适的分布函数来刻画这种数据的发生频率和损失严重性。

1. 发生频率分布。

（1）二项分布。

二项分布是最简单的分布之一，它可用于固定时间间隔中的损失事件的频率建模。

二项分布的概率密度函数为

$$p(x = k) = C_n^k p^k (1 - p)^{n-k}, k = 0, 1, 2, \cdots, n$$

以上表示二项随机变量 x 在 n 次中出现 k 次的概率。

（2）泊松分布。

泊松分布常常被用于寻找在确定时间内损失事件的发生概率。如果在一个确定时间内的损失事件发生的平均数用 λ 表示，那么在这个时间范围内将会有 k 个事件发生的概率为

$$p(x = k) = \frac{e^{-\lambda} \lambda^k}{k!}, k = 0, 1, 2, \cdots\cdots$$

由于泊松分布随机变量的均值等于 λ，因此，通过估算一定时间内的损失事件发生的平均值，就可以得到泊松分布的重要参数 λ。

（3）负二项分布。

负二项分布表示已知一个事件在伯努利试验中每次的出现概率是 p，在一连串伯努利试验中，一件事件刚好在第 $r + k$ 次试验出现第 r 次的概率。

$$p(x = k) = C_{k+r-1}^{r-1} p^{r-1} (1 - p)^k \times p = C_{k+r-1}^{r-1} p^r (1 - p)^k, k = 0, 1, 2, \cdots\cdots$$

根据巴塞尔委员会最近所做的调查，国际活跃银行一般选择泊松分布估计损失的发生频率。

2. 损失严重性分布。

（1）指数分布。

随机变量 x 服从参数为 λ 的指数分布，其概率密度函数和分布函数为

$$f(x) = \begin{cases} \lambda e^{-\lambda x}, x \geqslant 0 \\ 0, x < 0 \end{cases}, \quad F(x) = \begin{cases} 1 - e^{-\lambda x}, x \geqslant 0 \\ 0, x < 0 \end{cases}$$

指数密度函数向右单调减少，由于其下降较快，所有"厚尾"的现象不显著。

（2）对数正态分布。

若随机变量 x 服从对数正态分布，即 $\ln(x)$ 服从正态分布，则 x 具有如下的概率密度函数和分布函数：

$$f(x) = \begin{cases} \dfrac{1}{\sqrt{2\pi}\sigma x}e^{-\frac{(\ln x - \mu)^2}{2\sigma^2}}, & x \geq 0 \\ 0, & x < 0 \end{cases} \qquad F(x) = \begin{cases} \Phi\left(\dfrac{\ln x - \mu}{\sigma}\right), & x \geq 0 \\ 0, & x < 0 \end{cases}$$

这里，$\Phi(x)$ 服从标准正态分布 N（0，1），且是随机变量，可通过参阅标准正态分布分位数表得到 $\Phi(x)$ 的值。

与指数分布相比，对数正态分布具有轻微的厚尾特征。

（3）韦伯分布。

韦伯分布是指数分布的扩展，当 $\alpha = 1$ 时，则为指数分布。韦伯分布有两个参数，而指数分布只有一个参数，因此韦伯分布具有更大的灵活性和厚尾性，其密度函数和分布函数为

$$f(x) = \alpha\beta x^{\alpha-1}e^{-\beta x^{\alpha}} \qquad F(x) = 1 - e^{-\beta x^{\alpha}} \qquad x > 0$$

式中，α（$\alpha > 0$）为形态参数；β（$\beta > 0$）是尺度参数。

当 $\alpha < 1$ 时，韦伯分布具有厚尾性。在再保险模型和资产回报模型中，韦伯分布被认为是最优的分布。

（4）伽玛分布。

伽玛分布是指数分布的另一种扩展形式，当 $\alpha = 1$ 时，则为指数分布。其概率密度函数和分布函数如下：

$$f(x) = \frac{\beta^{\alpha}}{\Gamma(\alpha)}x^{\alpha-1}e^{-\beta x} \qquad F(x) = \Gamma(\alpha;\beta x) \qquad x > 0$$

式中，α（$\alpha > 0$）为形态参数；β（$\beta > 0$）是尺度参数。

（5）贝塔分布。

贝塔分布的概率密度函数和分布函数如下：

$$f(x) = \frac{\Gamma(\alpha + \beta)}{\Gamma(\alpha)\Gamma(\beta)}x^{\alpha-1}(1 - x)^{\beta-1} \qquad F(x) = I(x;\alpha,\beta) \qquad 0 \leq x \leq 1$$

（6）帕累托分布。

帕累托分布的概率密度函数和分布函数形式如下：

$$f(x) = \frac{\alpha\beta^{\alpha}}{x^{\alpha+1}} \qquad F(x) = 1 - \left(\frac{\beta}{x}\right)^{\alpha} \qquad \beta < x < \infty$$

这里，变量 x 的取值范围取决于尺度参数 β（$\beta > 0$），α（$\alpha > 0$）为形态参数。

帕累托分布是肥厚尾分布，可以描述无限大的损失，这对于运营风险损失严重性建模非常具有吸引力。

对于商业银行来说，巨大的损失事件很少发生，但是不能完全排除，因此运营风险建模必须考虑尾部事件的分布情况。上述分布中，一些分布具有薄尾分布性质，另一些则较好地描述了损失事件的厚尾特征。其中指数分布、对数正态分布、伽玛分布和贝塔分布是薄尾分布，而韦伯分布是不厚不薄的中尾分布，帕累托分布则是厚尾分布。

当然，损失严重性分布函数并不仅仅遵循以上描述的单一类型分布，有时候遵循的是混合分布类型。混合分布的优势在于它能适应实际应用中各种形状的损失分布情况。

另外，为了更好地描述损失事件的厚尾分布情况，还可采用 α - 稳定分布。对于超过一定门槛值之上的尾部分布而言，一般可通过极值理论解决，这时可采用分块样本极值模型和超过阈值峰值模型（POT），其中广义帕累托分布是 POT 模型的一种重要方法。

3. 拟合优度检验。

为了检验上述分布函数的拟合程度，需要进行拟合优度检验。拟合优度检验分为两种，第一种是拟合优度的可视检验，第二种是拟合优度的正规检验。

（1）拟合优度的可视检验。

常见的拟合优度可视检验包括分位比较图和评估超额图。

分位比较图也叫 QQ 图，它描绘了适合数据的假设分布分位数下的实证分位数。在一个理想的情况下，若分布被正确选择了，则 QQ 图将会与 45 度线重合。

平均超额图是平均超额函数的图像，对于一个给定的 u 值，平均超额函数的表达式为

$$e(u) = E[X - u | X > u]$$

平均超额图描绘的是不同 u 值下的 $e(u)$ 值。

对于厚尾分布来说，其平均超额图是向上且趋于无穷的；对于薄尾分布来说，其平均超额图是水平的。

（2）拟合优度的正规检验。

对于拟合优度的正规检验来说，一般先要描述零假设和备选假设，其表达式为

H_0：数据服从指定分布。

H_1：数据不服从指定分布。

目前，主要采用卡方检验、Kolmogorov – Smirnov（KS）检验、Anderson – Darling（AD）检验等。

卡方检验所检验的零假设即为所观察事件的相对频率服从指定的分布。从本质上说，卡方检验着眼于理论模型的频率和实际频率之间的差异。其公式是

$$\chi^2 = \sum_{k=1}^{K} \frac{(n_k - En_k)^2}{En_k}$$

KS 检验和 AD 检验以经验分布函数为基础直接比较经验分布函数和拟合的分布函数的垂直差异。我们用 $F_n(x)$ 表示经验分布函数，用 $F(x)$ 表示拟合分布函数。对于顺序统计量 $x_{(1)} \leqslant x_{(2)} \leqslant \cdots \leqslant x_{(n)}$ 来说，我们定义 $z_{(j)} = F(x_{(j)})$，其中 $j = 1, 2, \cdots n$。

KS 检验用 $F_n(x)$ 和 $F(x)$ 的最大垂直差来计算检验统计量，其计算公式是

$$KS = \sqrt{n} \max \left\{ \sup_j \left\{ \frac{j}{n} - z_{(j)} \right\}, \sup_j \left\{ z_{(j)} - \frac{j-1}{n} \right\} \right\}$$

AD 检验往往把大部分权重加在分布的尾部部分，因此当数据是厚尾时，AD 检验变得非常重要。AD 检验有两种类型：上确界型和二次型。上确界型的 AD 统计量计算公式为

$$AD = \sqrt{n} \max \left\{ \sup_j \left\{ \frac{\frac{j}{n} - z_{(j)}}{\sqrt{z_{(j)}(1 - z_{(j)})}} \right\}, \sup_j \left\{ \frac{z_{(j)} - \frac{j-1}{n}}{\sqrt{z_{(j)}(1 - z_{(j)})}} \right\} \right\}$$

二次型 AD 统计量的计算公式为

$$AD^2 = -n + \frac{1}{n}\sum_{j=1}^{n}(1-2j)\ln z_{(j)} - \frac{1}{n}\sum_{j=1}^{n}[1+2(n-j)]\ln(1-z_{(j)})$$

四、定量调整

1. 利用情景分析实现定量调整。

情景分析是为了评估银行低频高损的暴露情况而从业务经理和风险经理获取专家意见的过程，较之内外部损失数据更具有前瞻性，更能反映商业银行将来可能发生的运营风险损失，也更科学地估计出商业银行为抵御运营风险损失而应当具备的运营风险资本数量。情景分析是高级计量法中最重要的一个输入要素和必要环节，其所用的情景数量需要根据 8 个业务条线和 7 个事件类型所组成的 56 个单元格中所收集到的损失数据的数量确定，因此各个实施高级计量法的商业银行在情景分析中所用的情景数量也大不相同。根据巴塞尔委员会最近所做的调查，所有实施高级计量法的银行在情景分析中所用情景数量的中位数是 115 个。

2. 情景分析方法的一般流程。

商业银行应尽早开始情景分析的研究工作，借鉴国外先进银行的成熟经验，按照一定的流程来设计适合商业银行实际情况的情景分析模式和相应情景。首先对那些缺乏损失数据的业务条线/事件类型开展情景分析，然后再逐步过渡到对其他业务条线/事件类型开展情景分析。同时商业银行应当通过业务培训培养出一支情景分析的专家队伍，以便投入高级计量法的模型开发和模型验证当中（见图 9 - 7）。

五、生成总体分布

在得到发生频率分布和损失严重性分布之后，为了计算总体损失分布，一般可采用如下计算方法：

1. 蒙特卡罗模拟方法。

在计算总体损失分布的过程中，最简单和最常用的方法是蒙特卡罗模拟方法，其算法可概括为

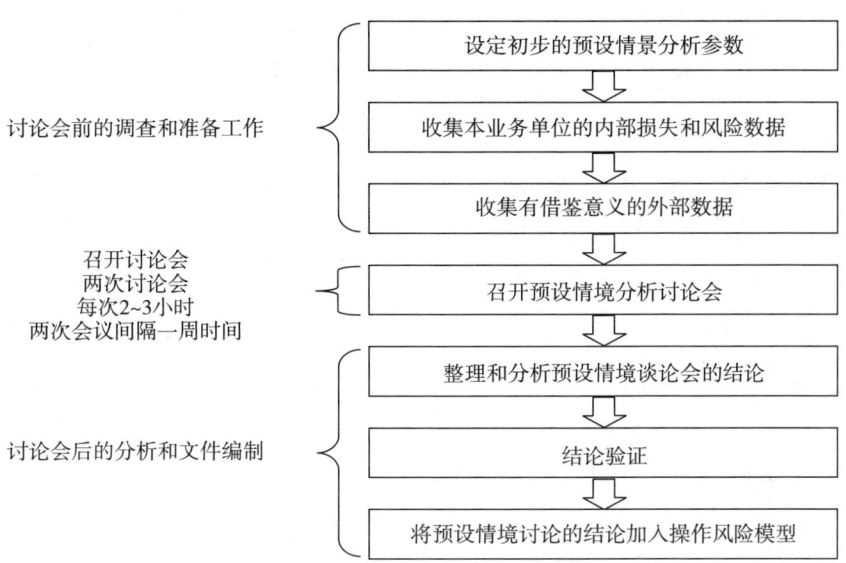

图 9 - 7　情景分析方法的一般流程

（1）从发生频率分布函数中生成一个随机数 n_1（$n_1 = 0$，1，2，……），即模拟出每年发生 n_1 个损失事件。

（2）从损失严重性分布函数中随机生成 n_1 个损失事件的损失金额，这 n_1 个损失金额分别记为 L_1，L_2，$\cdots$，L_{n_1}。

（3）将 n_1 个损失金额 L_1，L_2，$\cdots$，L_{n_1} 分别相加，从而可得到一个年度损失样本 $X_1 = L_1 + L_2 + \cdots + L_{n_1}$。

（4）回到第一步，继续生成损失频率的随机数 n_2，按照第二步和第三步的方法，从而得到另一个年度损失样本 $X_2 = L_1 + L_2 + \cdots + L_{n_2}$。

（5）相应地，将前三步重复 N 次，可得到 N 个年度损失样本 X_1，X_2，$\cdots$，X_N，N 的数目要非常大以反映整个年度损失的分布状况。N 的取值与一定置信水平有关。

（6）从年度损失分布，计算出年度损失中第 99.9% 百分位点的数值以及年度损失的均值，这两个数值的差值就是该业务线下风险类型（基本单元格）所需要的运营风险资本要求 $ORC_{i,j}$。

2. 保险精算法。

精算模型的基本假设是年度总损失 L 不是由单一事件引起的单一损失，

而是一系列损失事件的总结果。下面简单介绍保险精算法：

假设在某个特定年份发生了 n 个损失事件，每个损失事件的损失金额为 x_i，$i = 1$，2，$\cdots$，n，因此总损失 $L = \sum_{i=1}^{n} x_i$。

为理解总损失 L 的构成，我们可将 x 和 n 看作随机变量。x 的分布函数为 g，因此给定一个损失事件已经发生的情况下损失值在 $[x, L + dx]$ 间的条件概率为 $dp = g(x)dx$。

n 的分布函数为 b，因此 1 年内发生 n 个损失事件的概率为 $p_n = b(n)$。

在保险精算模型中，x 是损失严重性，g 是损失严重性分布，n 是发生频率，b 是发生频率分布。

在上述假设下，可将年度损失分布写为

$$f(L) = \sum_{n=0}^{\infty} b(n)g^{(n)}(L) = \sum_{n=0}^{\infty} \left[b(n) \int_{-\infty}^{\infty} g^{(n-1)}(L-y)g(y)dy \right]$$

式中，$g^{(n)}(L)$ 是给定发生 n 次损失事件情况下年度损失的分布，通常在给定 n 值的情况下损失事件是条件独立的。在这一假设下，$g^{(n)}(L)$ 是自身的 n 次卷积。

3. 逆推法。

逆推法是运用数值方法逆推总损失分布函数的特征函数。在保险精算法中，年度总损失为

$$f(L) = \sum_{n=0}^{\infty} b(n)g^{(n)}(L) = \sum_{n=0}^{\infty} \left[b(n) \int_{-\infty}^{\infty} g^{(n-1)}(L-y)g(y)dy \right]$$

上式中最重要的是计算 n 次卷积 $g^{(n)}(L)$。

根据傅立叶变换的性质：

如果要计算 p 和 y 的卷积 $p \otimes y$（$\otimes$ 表示卷积符号），可先计算 $p \otimes y$ 的傅立叶变换 $F(p \otimes y)$，其中 $F(p \otimes y) = F(p) \times F(y)$。

然后计算 $F(p \otimes y)$ 的傅立叶逆变换从而得到 $p \otimes y$，用公式表示为

$$p \otimes y = F^{-1}[F(p \otimes y)] = F^{-1}[(F(p) \times F(y))]$$

因此，逆推法的计算部分可运用傅立叶变换和 Heckman – Myers 逆推法来完成。

六、置信水平选择

根据巴塞尔委员会的要求，运营风险计量方式必须采用信用风险 IRB 法相当的稳健标准，因此置信水平应该不低于 99.9%。由于外部评级公司（如标准普尔、穆迪、惠誉）建立了评级和违约率的对应关系，因此置信水平的设置可与银行的外部评级结合起来。比如具有 AA - 评级的银行可采用 99.98% 的置信水平以反映银行的评级状况（见表 9 - 9）。

表 9 - 9　　　　　　　　评级与置信水平的对应关系　　　　　　　　单位：%

评级	AAA	AA +	AA	AA -	A +	A	A -
置信水平	99.9920	99.9916	99.9916	99.9849	99.9664	99.9467	99.9456

七、加总累计

在将 8 个业务条线和 7 种事件类型所组成的 56 个运营风险资本进行加总累计的过程中，必须对不同业务条线和事件类型组合之间的相关性进行考虑。根据 Chapelle、Grama、Hubner 和 Peters（2004）的研究，考虑相关性有可能明显地降低资本占用，事实上可能会减少 30% ~ 40%。

在运营风险中，可将相关性划分为以下三种类型：第一是频率相关性，第二是损失严重性的相关性，第三是总损失之间的相关性。其中最重要的是总损失之间的相关性。

为了度量总损失之间的相关性，目前有三种办法：第一种是以参数得出相关结构的 copula 法，第二种是一般冲击模型（Common Shock Model），第三种是因子模型（Intensity Based Factor Model）。在这三种方法当中，copula 函数是使用最多的方法。copula 函数包括广义的相关系数，并能用来对线性相关性之外的高级相关性结构进行建模。copula 函数也能被用于研究尾部相关性，因此在对极值间的相关性建模时，它也是非常有用的。

copula 函数是一个多维函数，通过两个或更多的随机变量间的相关性结构将它们的边缘分布函数连接起来。令 $F(x_1, x_2, \cdots, x_d)$ 为 d（$d \geqslant 2$）维联合分布函数。$(x_1, x_2, \cdots, x_d)$ 是随机变量 $(X_1, X_2, \cdots, X_d)$ 的观测值，令 $F_1(x_1) = P(X_1 \leqslant x_1)$，$F_2(x_2) = P(X_2 \leqslant x_2)$，$\cdots$，

$F_d(x_d) = P(X_d \leqslant x_d)$ 为各自的边缘分布函数。copula 函数是介于 [0, 1] 的多维分布函数 C，其形式如下：

$$F(x_1, x_2, \cdots x_d) = P(X_1 \leqslant x_1, X_2 \leqslant x_2, \cdots, X_d \leqslant x_d)$$
$$= C(F_1(x_1), F_2(x_2), \cdots F_d(x_d))$$

目前，一些常用的二维 copula 函数有：

1. 高斯 copula 函数。

$$c(u,v) = \int_{-\infty}^{\Phi^{-1}(u)} \int_{-\infty}^{\Phi^{-1}(v)} \frac{1}{2\pi\sqrt{1-\rho^2}} \exp\left\{-\frac{s^2 - 2\rho st + t^2}{2(1-\rho^2)}\right\} ds dt$$

式中，ρ 为简单的线性相关系数。高斯 copula 函数没有右尾和左尾之间的相关性，且其无法捕获运营风险数据中可能出现的联合极端观测值。

2. t – copula 函数。

$$c(u,v) = \int_{-\infty}^{t^{-1}(u)} \int_{-\infty}^{t^{-1}(v)} \frac{1}{2\pi\sqrt{1-\rho^2}} \left(1 + \frac{s^2 - 2\rho st + t^2}{d(1-\rho^2)}\right)^{-\frac{d+2}{2}} ds dt$$

式中，ρ 为简单的线性相关系数，d（$d \geqslant 2$）为自由度。t – copula 函数的右尾和左尾的相关性随自由度 d 的增加而减少，因此在尾部相关性建模中非常有用。

3. 阿基米德 copula 函数。

（1）Gumbel copula 函数。

$$c(u,v) = \exp\left\{-\left[(-\ln u)^\theta + (-\ln v)^\theta\right]^{\frac{1}{\theta}}\right\}$$

式中，参数 θ 大于或等于 1，控制了相关性的大小，$\theta = 1$ 时表示独立的情况。Gumbel copula 函数具有右尾相关性，因此可被用于模型中存在极值的情况。

（2）Clayton copula 函数。

$$c(u,v) = (u^{-\theta} + v^{-\theta} - 1)^{-\frac{1}{\theta}}$$

式中，参数 θ 大于 0。Clayton copula 函数具有左尾相关性。

（3）Frank copula 函数。

$$c(u,v) = -\frac{1}{\theta} \ln\left(1 + \frac{(e^{-\theta u} - 1)(e^{-\theta v} - 1)}{e^{-\theta} - 1}\right)$$

式中，$-\infty < \theta < +\infty$，$\theta = 0$ 表示两变量独立，$\theta > 0$ 表示两变量正相关，

$\theta < 0$ 表示两变量负相关。Frank copula 函数既不具有右尾相关性，也不具有左尾相关性。

八、定性调整

情景分析是直接进行运营风险发生频率和损失严重性分布函数的计算，并对发生频率和损失严重性分布函数进行定量调整。由于运营风险损失事件发生后，商业银行都会采取内控措施提高运营风险管理水平，另外商业银行的经营环境也会发生变化，因此需要增加业务环境和内控因素对总体运营风险资本要求定性调整。业务环境和内控因素建立了运营风险资本估计与未来运营风险损失分布之间统计关系，但它的重要性要次于内部损失数据、外部损失数据和情景分析。根据国际活跃银行的领先实践，一般采用风险自我评估和关键风险指标作为衡量业务环境和内控要素的指标，当然也可采用审计评价和监管考核的情况作为衡量业务环境和内控水平的要素（见图9-8）。

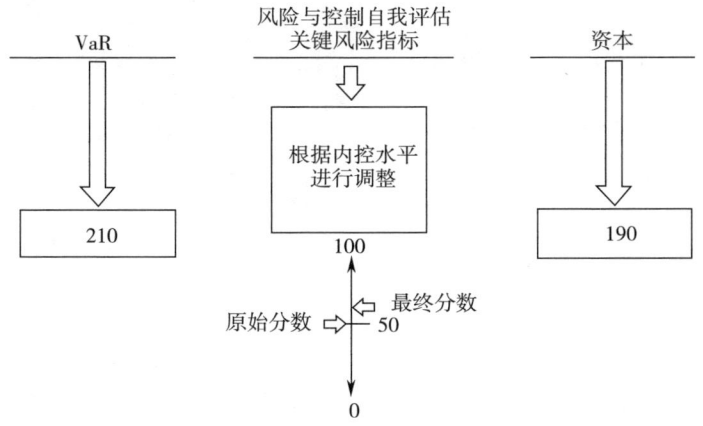

图9-8 利用业务环境和内控因素进行定性调整示例图

九、确定最终资本

经过前面所述的各个计算步骤后，得到的总体运营风险资本就是最终的总运营风险资本。上述计算过程是基于内部损失数据进行计算，并综合考虑了外部损失数据的补充、情景分析的定量调整、业务环境和内部控制的定性调整，同时采用数理统计的方法，因此最终的总运营风险资本能充分反映银行运营风险管理状况，并具有良好的风险敏感性、前瞻性。

十、模型验证和压力测试

在模型开发完成、投入实施前，需要对模型进行验证。银监会规定在模型使用过程中应至少每两年对模型进行一次全面验证，为高级计量体系继续使用或全面优化提供依据。当运营风险状况、运营风险管理体系的方法论或假设、业务环境和内部控制因素发生重大变化、发生重大的运营风险损失时，商业银行应及时启动全面验证，对高级计量体系的准确性、稳健性和敏感性进行评估。评估可采取基准检验、返回检验、压力测试等验证方法。验证主要通过对高级计量体系政策、流程、数据和输入数据、模型假设、参数以及建模过程进行验证，确保高级计量体系的准确性、稳健性和灵敏性。

第十讲　信贷授权

在银行业，授权既是一个非常普遍和具有较长历史的现象，又是经常引起讨论的问题。在中国现代银行刚刚兴起的 20 世纪早期，一些银行研究者就对授权问题进行过争论，有过很多精彩的论断。比如著名银行家裕孙认为"总行对分行的管理，既不能太宽，也不能太严，失诸太严，行务难免丛生；失诸太宽，则行务散漫，缺乏统一；行务丛生，其害不过利益减少，行务散漫，则难免隐伏危机"。从现代银行业的实践来看，如何对分支机构授权仍然是银行管理中必须解决的重要问题之一。有效解决授权问题，不仅可以妥善解决内部风险控制与业务运行效率之间的矛盾，而且可以大大提高银行的综合经营管理水平；不仅有重要的理论探讨意义，而且有重要的实践价值。下面运用经济学中的委托代理理论、机制设计理论就信贷授权的动因、授权的对象、授权额度的确定和授权的激励约束机制等问题进行分析和探讨。

信贷授权的动因

作为一个利益主体，银行对信贷业务采取授权管理的最主要、最直接、最根本的原因是节省决策成本，比如智力成本等决策直接成本，决策失误成本、机会成本等间接成本。这些成本难以根本消除，并且随着决策量的增加，决策的间接成本上升很快。当决策边际成本超过边际收入时，银行有两种选择：一种是对超过临界值的信贷业务全部否决，不再审批；另一种是将一部分决策委托给代理人决策。这一过程可用图 10 - 1 简单说明。

收益曲线表示，随着决策量的增加，收益增加但增速边际递减，成本随着决策量的增加而增加但增速却在边际递增，在 X_0 处二者增速相等，即

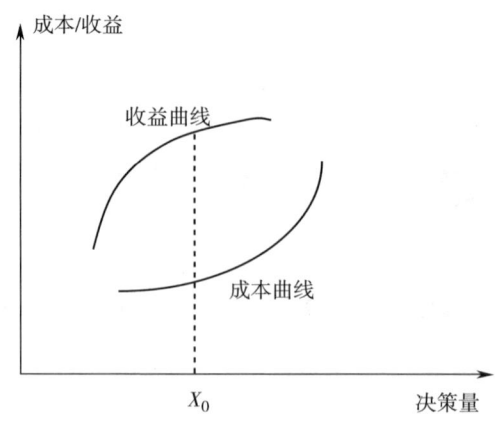

图 10 – 1　决策量与决策成本/收益的关系

边际收益等于边际成本，银行实现最大利润。这也是一个转折点。

为什么会存在决策成本呢？

1. 时间的有限性。时间对决策人而言是有限的，即使决策人专门从事信贷决策，在极端情况下，其一天用于决策的时间为 24 小时，但是决策人往往还有其他事务需要处理。决策人将时间用于信贷决策将影响其他事务的处理，其他事务的收益构成了决策人决策的机会成本，对高层决策人而言，这种机会成本很高。

2. 信息成本。信息成本主要指信息的搜索成本（Seeking Cost）。决策是需要信息的，信贷决策更是如此，不仅需要借款人的经营、管理、财务、战略等信息，还需要借款人竞争对手、宏观环境、未来变化趋势等方面的信息，获得这些信息都需要成本。更为关键的是有些决策信息决策人难以用较低的成本获得，而这些信息对决策又十分关键，授权有信息优势的代理人决策就成为一种必然。

3. 专业技能。信贷业务与一般的商品交易活动不同，银行办理信贷业务让渡了银行资金或信用的使用权，其收益体现在未来，而且仅仅是让渡金额的一定比例，银行能否收到本息是未来的事情，就注定了信贷业务是一种蕴含风险的业务。资金作为一般等价物的特性又给回收资金带来了很大的难度和不确定性，因此信贷业务的决策人员需要拥有一定的专业技能。

技能的形成需要投入，也就有成本，信贷审批应该由具备专业技能的人员决策。

4. 市场竞争。决策是银行赢得客户、创造价值并提供服务的一个环节。在买方市场条件下，决策效率的高低是银行是否有竞争力的核心要素之一。在空间分散、层级存在的情况下，决策环节能否适应市场和客户的需求十分关键，如果决策失误，将直接给银行带来损失；如果决策失去机会，也同样给银行带来损失。

总而言之，时间的有限性和信息成本特性决定了信贷授权的必然性，竞争条件的存在使决策在一个变化的动态环境中，更增加了决策的复杂性。美国芝加哥大学商学院的教授 Harris 和西北大学商学院教授 Raviv 对组织内决策权问题进行研究，认为授权主要依赖于决策人的私人信息和决策偏好。比如有两个人，一个是董事长，一个是总经理，两个人有不同的决策信息、决策偏好。总经理可能偏好于更大规模的投资，以取得好的业绩；董事长倾向于更为稳健的投资，以保持稳定的发展。如果集权，则可能导致总经理信息优势的丧失，如果分权则可能导致决策结果产生偏差。他们认为最优的决策取决于双方信息的重要性、偏好的程度以及信息交流的充分性。美国产业经济学家 Tirole 和 Aghion 的研究认为，决策存在真实授权和形式授权两种情况。真实授权是指决策由谁实际确定，形式授权是指形式上谁是决策人。要实现真实授权，关键取决于信息。只有有信息，才能实现形式受权人与真实受权人的统一。总的来讲，信贷业务应该由那些在时间、信息、专业技能方面有比较优势的人员进行决策，这就意味着银行管理者与信贷业务决策者会分离，也就需要进行授权管理。

信贷授权的对象

按照授权人和受权人的属性，信贷授权的授权人和受权人可以有四种基本情况：授权人和受权人是机构，授权人和受权人是个人，授权人是机构、受权人是个人，或者授权人是个人、受权人是机构。就信贷授权而言，国内银行的授权人和受权人是针对机构的，国外很多银行的受权人是个人。

下面对这两种情况进行分析比较。

1. 机构信贷授权。

按照商业银行授权授信管理暂行办法的规定，商业银行的授权是指商业银行对其所属业务职能部门、分支机构和关键业务岗位开展业务权限的具体规定。商业银行应该在法定经营范围内对有关业务职能部门、分支机构及关键业务岗位行授。授权时要考虑分支机构的经营管理水平、风险控制能力、主要负责人业绩等，实行差别授权。从这些规定可以清楚地看到，国内银行包括大型银行目前的信贷授权是机构对机构的授权，银行的法定代表人签发的授权书是代表机构签发的，授权人和受权人都是机构。

2. 个人信贷授权。

个人信贷授权是指个人或者机构将信贷业务的审批权限授予个人的授权管理方式。国（境）外一些知名的银行都采用这种个人信贷授权的方式，美国的花旗银行、大通银行，英国的巴克莱银行，香港的汇丰银行，加拿大的蒙特利尔银行都是将信贷业务的审批权授予个人。花旗银行在全球任命了500多位高级信贷主管从事信贷审批工作，一笔贷款经过两个或两个以上的个人签字就能发放。

3. 机构信贷授权与个人信贷授权的比较。

不同的银行采用不同的授权模式是与其存在的市场环境、经营状况、历史沿革等内外部环境相适应的，两种授权模式在思想理念、评价内容、审批程序、外部环境等方面都有很大的不同。

从思想理念上看，机构信贷授权认为一定业务权限是一级机构正常开展业务的客观需要，这种需要不单单依赖于个人，而且信贷业务从营销、审批到后期的管理是一个复杂的系统工程，是一个整体，信贷业务的运行状况依赖于整个机构不同部门的参与，需要整个机构对信贷业务的整体状况负责。而个人信贷授权则认为信贷审批是一个技术含量、知识含量较高的专业性工作，审批人员达到一定的分析业务、识别风险的水平和能力，就可以有权限审批信贷业务。审批权限仅仅是个人能力的函数，而与决策的地点、空间无关。另外审批环节对整个业务运作有决定性影响，对信贷业务的评价、分析、风险识别等都需要时间、经验、能力的积累，因此由一些专业人员进行决策是必要的。

从评价的内容上看，机构信贷授权一般考察机构的经营管理水平、风险控制能力、主要负责人业绩等。个人信贷授权则主要审查被授权人的信贷业务经验、过去经办过的项目的质量、对市场的了解、职业道德以及审批资格考试的结果等。

从审批的程序看，机构信贷授权一般采用集体讨论决策的方式。在具体的决策方面有多种形式，有的采取集体审议、个人决策方式，有的采取记名投票的方式，有的采取不记名投票的方式。个人信贷授权一般采取个人决策制，为了保证相互制约和平衡，一般至少需要两个或两个以上有审批权限的人审批，但也不宜过多，一般不宜超过四个。

从适用的环境来看，机构信贷授权是我国商业银行采取的方式，而个人信贷授权是国外银行采取的方式，两者产生的背景环境有很大的不同。国内银行从本质上讲是以国家信用为支撑的银行，银行还没有真正按照企业的模式运作。尤其是大型银行成立的初期，银行是作为政府机构或事业单位存在的，银行的各级机构都需要有自己存在的必要支撑和保障条件，各类决策权就是一项主要的内容。同时国内市场对决策人员的约束机制也不健全，个人权限扩大经常导致权限失控，产生败德行为，因此一般倾向于采取集体决策的方式，以加强制约。而国外银行是在相对成熟的市场经济条件生存发展的商业性机构，有明晰的专业分工，有追求价值最大化的内在动力，有比较完善的制约机制，因此采用了个人授权的方式。

4. 大型银行信贷授权模式的选择。

信贷决策体系是银行重要的基本运行体系，国有大型银行的信贷授权制度正在逐步完善，在未来的改革发展中，建立"机构信贷授权为主、个人信贷授权为辅"的授权模式将是大型银行未来一定时期的有效选择，其基本理由是：

（1）在一定时期内，大型银行仍将保持总分支行的组织架构。分支行尤其是一级分行将仍然是经营管理的主体，仍然是一个利润中心。一级分行要完全对本行业务的拓展、效益、质量等负责，既是决策人，又是责任人，拥有信贷审批权以及转授审批权的权力是分行经营管理活动的必需。

（2）大型银行尚未建立明晰的专业分工体系，缺乏具体的岗位描述，缺乏明确的专业区分，缺乏对专业人员激励约束机制，因此全面建立以个人信贷授权为基础的信贷授权体系的条件尚不具备。

（3）过分依靠对内部资产质量、业务规模的评估作为机构信贷授权基础不完全适应现实的需要，对受权机构的评价还需要考虑市场因素、外部环境、领导班子等因素，这在某种意义上讲已经包含了部分个人信贷授权的因素，体现了机构信贷授权和个人信贷授权的结合。

（4）目前在一些银行推行的专家审批制度已经初步具备了个人信贷授权方式的基础，这种制度为建立个人信贷授权方式做好了人才、制度、程序等方面的准备。可以将这种方式理解为机构将信贷审批权授予下级机构，下级机构将审批权授予本级的审批人会议，审批人会议将决策权授予审批人。当然这种审批权是依附于机构存在的，与审批人没有直接的联系，这说明目前的专家审批制度还不是纯粹意义上的个人信贷授权模式。

（5）内外部约束机制不健全制约着对个人给予信贷授权。审批行为难以监督，存在"隐藏信息"和"隐藏行动"，容易产生败德行为。国外银行对这种行为的制约机制有三个方面：一是银行内部的制约。银行内部制定详细严格的程序和规范防范败德行为。二是市场制约。个人出现败德行为，一旦被发现，审批人不仅在该银行难以谋职，在整个银行业都难以继续找到工作。三是法律制约。国外对经济犯罪行为的严厉处置保证了良好的市场秩序。而国内在上述三个方面做得都还很不够，因此现在建立个人信贷授权制度的外部环境还不很成熟。

总之，从信息、专业技能、效率等方面考虑，建立个人信贷授权制度是必要的，大型银行目前的审批人制度也为个人授权体系的建立奠定了基础。但是由于大型银行将在一段时间内保持总分行的管理体制，内外部对个人的管理制约机制不健全，全面建立个人授权制度的条件尚不具备，因此在一定时期内坚持对机构信贷授权的基本框架，同时探索个人信贷授权模式将是未来大型银行的一种切实可行的信贷授权方案。

信贷授权的额度确定

在明确授权人和受权人之后，如何科学设定信贷授权的大小便成为信贷授权的核心问题，也是一个难题。近年来，大型银行对分行的授权大小一直处于变动之中，也一直是一个争论较多的话题。下面对如何确定信贷授权的大小进行讨论。

1. 授权额度的成本收益分析。

前面的分析表明，授权人授权受权人决策是因为受权人在信息、能力、时间方面具有比较优势，能够节省成本。当授权的边际收入高于授权的边际成本时，采取授权这种方式就是有效的。反之，当授权的边际收入低于授权的边际成本时，授权就是无效的。

从成本收益角度分析，授权人授权的收益主要包括：（1）授权人时间节约带来的机会成本的减少。（2）与不授权相比，授权人信息收集成本的减少。（3）决策效率提高带来的机会收益的增加。

授权人授权的成本主要包括：（1）从信息经济学的理论来看，授权人将信贷决策权授予受权人，构成了委托代理关系，存在一定的代理成本，即受权人损害授权人利益行为带来的损失。（2）决策水平下降导致贷款的损失增加。

假设授权收益的大小与授权额度大小呈正相关，即授权越大，收益也越大。但收益的增长不是无限的，在授权额度大于一个临界额度后，授权收益基本趋于稳定。根据这种特征，可以假设收益是授权额度的幂函数，指数小于1，即 $R = aX^n + b$，$0 < n < 1$，$a > 0$，$b > 0$，a、b、n 是常数。

授权的代理成本主要由监督成本、代理人的败德行为造成的损失构成，其大小更大程度上决定于组织的控制能力和受权人的道德水平，因此可以将代理成本假设为 d，是一个常数。决策水平差异带来的损失成本是授权额度 X、决策水平差异系数 k 的函数，综合两者，成本函数 $L = kX + d$。

根据授权收益与成本之间的关系可以确定授权额度的大小。临界授权额度相当于在成本最小的情况下，求收益的最大：

$$\max R - L$$

$$\text{s. t. } R = aX^n + b$$

$$L = kX + d$$

上述规划的最优解就是最优的授权额度，见图 10 – 2。

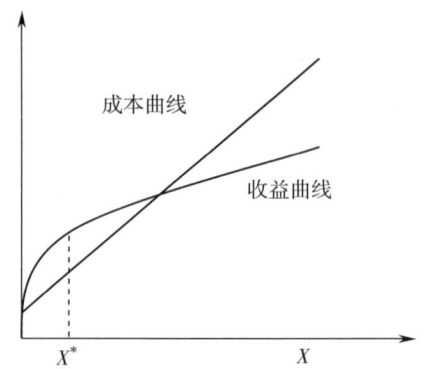

成本曲线

收益曲线

X^* X

图 10 – 2　授权收益与成本的关系及最优授权额度

从图 10 – 2 可以知道，当授权额度超过 X^* 时，授权带来的边际收益就小于授权带来的边际成本，X^* 是授权额度的临界点。临界授权额度与代理成本、授权人与受权人对风险成本的识别差异、授权收益函数的特征等因素有关。代理成本越大，授权的临界额度越小，识别风险的差异越大，临界授权额度越小，收益函数梯度变化即凸性会越大，临界授权额度越小。

2. 从成本收益的角度进一步讨论授权额度的确定。

上面的讨论仅仅给出了一个原理，与在实践中如何确定授权额度还有一定距离，但沿用上述思路，可以寻找可行的确定授权额度的方案。

首先可以假定授权收益的函数形式是确定的，与授权额度大小无关，因此重点探讨授权成本。进一步假定授权代理成本是一个常数，与授权额度无关①，变化的主要有决策成本。前面的分析已经表明，决策成本取决于受权人与授权人决策水平的高低，也就是对信贷风险识别水平的高低。风险的大小可以用信贷业务的损失程度反映，损失程度与信贷额度存在经验性的关系，可以进一步假定这种关系系数可以通过历史经验进行统计总结。

---

① 实际上代理成本与授权大小有关，但与决策成本相比，决策成本是主要的。

这种关系用系数表示可以定义为 EGD，进而授权成本可以写为

$$L = k_1 \times EGD \times X + d$$

式中，k_1 代表水平差异；EGD 代表损失程度；X 代表信贷业务额度大小。

通过求解上述最优规划，可以得到

$$X^* = \left[K_1 \times EGD \times \frac{1}{n} \times \frac{1}{a} \right]^{\frac{1}{n-1}}$$

通过上面的公式可以定量求得授权额度。

（1）单笔业务/单户业务的授权额度。

上面的公式适用于具体单笔业务授权额度的确定。公式里有若干个系数，确定这些系数是确定最优授权额度的关键。

$K_1^{\frac{1}{n-1}}$ 代表风险识别能力，这种能力取决于决策专家的水平，可以用一个新的系数 k_i 表示。

$EGD^{\frac{1}{n-1}}$ 代表信贷业务的风险程度，取决于经济环境、客户信用状况、机构的管理水平、担保条件、期限、品种等因素，可以用一个新的系数 EGD_i 表示。

由 n、a 等系数确定的量 $\left(\frac{1}{na} \right)^{\frac{1}{n-1}}$ 可以认为是决策的基准额度，用 Y_i 表示。基准额度可以通过分析受权机构的业务结构得到，比如授信总量授权，可以分析每户企业的授信总量，根据其分布以及需要确定基准额度。

根据受权机构 i 的业务数据分布和管理水平，确定基准额度 Y_i，Y_i 大于所有业务中 $r\%$ 的业务数额，用概率公式表示即是 Y_i（$p \geq r\%$）。

根据上述分析，改写公式（1），可以将授权额度表示如下：授权额度 $= k_i \times EGD \times Y_i$（$p \geq r\%$）。

根据不同分行的管理水平，确定不同的 r 值。如果对分行的评估分为 A、B、C、D、E 五级，A 级表示分行管理水平较高，E 级表示分行管理水平较差，B、C、D 为中间级别，可以选用不同的数据（见表 10 – 1）。

表 10 – 1 　　　　　　　　r 与不同分行评估结果的关系示例

分行级别	A	B	C	D	E
r	95	90	85	80	75

上述数据可以根据实际情况和政策导向进行调整。

（2）总量授权。

上面的讨论适用于单项业务，但是授权收益和成本存在总量问题，也就是说从单笔业务而言，上述方案较好地平衡了收益和成本的关系。但从总体上讲，受权人在授权额度内审批的业务的成本可能会超过授权人能够承受的限度，没有实现收益和成本之间的平衡，因此需要从总量上考虑授信额度问题。

与上面的讨论类似，受权机构的授权成本与决策成本、代理成本有关，而决策成本、代理成本与授权额度、决策水平差异、信贷业务风险程度有关，可以要求受权人决策信贷业务的总损失为 L，$L \geqslant \sum k_i \times EGD_i \times Y_i = K \times AEGD \times$ 授权审批总额。

授权审批总额 $\leqslant L \div K \div AEGD$。

L 可以通过区分不同的分行分别确定。

$AEGD$ 代表平均的损失率，可以根据不同分行的实际情况确定。

K 代表分行的决策水平系数，该系数用来反映不同分行的决策水平。

通过测定不同的系数可以解决不同信贷业务的授权问题。现实业务中还存在一些情况，尽管一些分支机构授权权限不大，但这些机构采取化整为零的方式，往往也审批了大量的业务，总量风险可能很大，而且导致业务小额度化的现象。如果从总量上进行适当控制，就可以体现差别，比较好地解决上述现象，更好地控制风险。

举一个例子，如果一家分行过去5年信贷损失率为5%，分行的决策水平系数为0.8，总损失为100亿元，那么分行的授权审批总量限额为 100 ÷ 5% ÷ 0.8 = 2500 亿元。

对受权人的激励约束

前面已经分析过，信贷审批行为是一种专业化水平相对较高、存在信息不对称的行为。在信息不对称的约束下，如何设计有效的机制减少"败德行为"，使委托人的收益最大化，是审批体制需要考虑的一个重要问题。

从信息经济学的角度分析,首先需要参与性约束条件,也就是受权人愿意从事审批工作,其从事审批工作获得的效用要大于不从事审批工作的效用。这就要求审批行为获得的正向激励要大于负向激励。举个例子说明就是,如果审批决策失误,受权人会受到严肃处罚;如果审批决策丧失了市场机遇,受权人也会受到严肃处罚,这就会大大降低受权人审批行为的效用,甚至导致无人从事审批决策的可能。其次需要激励相容条件,也就是受权人作出客观公正负责任的决策应该是他的最优选择。如果正向激励不足,受权人可能存在损公肥私、舞弊等"败德行为"的动机。如果负向激励即约束不力,受权人可能出现不负责任等现象。如果负向激励过大,则可能存在追求个人无风险、丧失市场机遇的行为;如果正向激励过大,则加大了委托人的成本,引起激励约束机制的不公平。

从激励的手段上讲,激励可分为收入激励和股权激励。收入激励包括工资、年薪、奖金、收入分成等形式,职务提升等可以认为是收入激励的中间形式;股权激励包括管理层持股、员工持股、股票期权等。收入激励与股权激励的主要区别在于:收入激励是一种即期的激励方式,所得与贡献之间存在直接的相关性,适用于短期激励;股权激励是一种远期的激励方式,所得与贡献之间直接的关联性不明显,适用于较长期的激励。在收入激励的不同方式之间,工资、奖金更多用于易于观察的直接生产者的激励,而年薪和分成激励更多用于脑力劳动、劳动与成果不易观察的管理者的激励。

信贷审批行为的上述特征说明对受权人不适用简单的工资奖金的激励方式,可以考虑采用年薪或分成的激励方式。因为信贷资产质量存在一定隐蔽性和远期显现的特征,因此将一部分激励转化成股权激励是必要的。可以考虑将一部分激励与未来的效益状况挂钩考核。在激励的同时,要完善对受权人的约束机制,对丧失市场机会的逆向选择问题给予一定的处罚,从而使受权人的行为更加符合授权人的价值取向。

从上述分析可以看到,要使上述探讨的方案能够解决实际问题,还需要与实践相结合,做进一步的工作,核心工作是根据实际样本确定不同授权系数。需要强调的是,授权问题非常复杂,而且授权在很大程度上是一种实践性很强的艺术，公式并不能解决所有问题，上面的讨论只是为进一步完善解决授权问题提供一个思路，并不能作为唯一的方式，更多的关于授权的问题还需要在实践中深入细化。

第十一讲　准备金管理

银行是通过经营和管理社会风险而获得发展和价值创造的特殊企业，比如通过吸收短期资金用于中长期贷款，就承担了其中的流动性风险；将社会资金发放贷款，银行就承担了信用风险。在这种经营风险的过程中，产生损失是客观必然的，那么如何来应对损失呢？在风险管理中从预防或者说防御的角度，已经形成了基本的应对方法，即通过准备金来抵御预期损失，通过资本来抵御非预期损失。前面讲过银行的资本分为一级资本和二级资本，一级资本是在破产的情况下具备吸收损失的能力，二级资本是在持续经营的条件下具备吸收损失的能力。如何建立准备金管理体系是风险管理中非常重要的环节，它构筑了银行抵御和防范风险的护城河。

已实现损失与预期损失

2008 年国际金融危机之后，基于已实现的损失计提准备金受到了多方的质疑。传统观点认为，编制财务报表的基本原则是权责发生制，必须针对已经发现的、确确实实存在的损失来计提准备，这样才能够比较客观准确地反映当期的损益，既不至于夸大损失，又避免粉饰财务报表。但是在2008 年国际金融危机发生期间，很多金融机构的金融资产，比如持有的大量证券化产品、CDO 等复杂衍生产品，其账面的内在价值已经大幅度缩水，或者根本就没有客观地反映市场的变化。按照已实现损失的方法计提的损失准备很少，根本没有能力抵御在危机期间产生的大量损失，导致投资者蒙受巨大损失。2008 年的金融危机对人们的思想有一个很大的冲击，那就是如果一个金融工具在未来面临着很大的不确定性，当前的财务报表就可能系统性地高估了收入，低估了潜在的风险，这对会计报表的使用者是一种不负责任的行为。正因为如此，国际社会要求改变这一方法的呼声日渐高涨。

巴塞尔委员会2006年提出预期损失的概念，并逐渐在实践中得到了广泛的认同，尤其是其发展出来的一整套的计量工具和方法，同样在会计界得到了很多专家的认可，这为按照预期损失计提准备提供了理论和方法的基础。

在准备金计提方法改革时，最初的方案是统一模式，本质上是对每一个金融工具整个存续期的预期损失进行计量。采用按初始经信用调整的实际利率对预期的现金流量进行折现来计量摊余成本，这个全新的减值会计方法，通过单一综合的计算确定账面金额、利息收入和减值利得或损失，能够如实地反映预期信用损失。但这一方法引起了比较大的争议，第一，按照这个方法就需要对所有的金融工具估计全部的预期现金流量，这在会计体系里面是很难做到的，需要整合相关的风险管理信息。在银行内部，一般是两个不同的体系在处理这件事情，整合难度很大。第二，对整个生命周期进行预期损失的计量本身就比较难，尤其是对长期限的金融工具，任何试图描述预期信用损失的模型都将面临计量的不确定性。第三，对整个存续期的风险损失进行计量也可能导致成本过早过高增加，采用这一方法的会计主体的财务表现将有很大的下滑及波动性。

最终采用的方案是分阶段差异处理模式。在初始时先确认一个预期信用损失，当信用风险在后期显著增加时，确认存续期的预期信用损失。这种方法既引入了预期损失的概念，又避免了悬崖效应，同时降低了评估信用风险增加的成本，方便实务操作。

由于可操作性强，这种划分不同阶段、基于预期损失来计提损失准备的思想得到了越来越多的认同。经过几年的努力，2014年7月，国际会计准则理事会发布了《国际财务报告准则第9号——金融工具》（IFRS 9），于2018年1月1日生效。最终的会计准则吸收了预期损失的概念，并给出了原则性的计量预期损失的方法。信用损失不必再等到发生信用事件时才予以确认，取而代之的是，会计主体始终需要核算预期信用损失及其变动。预期信用损失的金额应在每一报告日进行更新，以反映自初始确认后信用风险的变化，从而更及时地提供有关预期信用损失的信息。IFRS9 的发布与实施标志着从基于已实现的损失计提准备金发展到了基于预期损失计提准备金，减值准备领域发生了根本性变革。

为了与国际会计准则协同，中国于 2017 年 3 月发布了《企业会计准则22 号——金融工具确认与计量》《企业会计准则 23 号——金融资产转移》《企业会计准则第 37 号——金融工具列报》这三个准则，可以理解成是中国版的 IFRS9。按照要求，H 股上市银行及"A + H"上市银行自 2018 年 1月 1 日起需要施行新准则，其他 A 股上市银行自 2019 年 1 月 1 日起施行，其余非上市银行自 2021 年初起施行新准则，鼓励有能力的银行提前实行。

总的来说，由于新会计准则的实施，银行准备金会有不同幅度的提升。一是需要计提减值准备的金融资产由原先"已发生损失"的资产扩展到全部金融资产，基数变大，这会导致准备金进一步增加。二是对信用风险已经显著增加的金融资产，新准则要求计提的损失准备由未来 12 个月的预期信用损失，变为整个存续期的预期信用损失，损失准备理论上会有所增加。

资产三分类

一、从四分类到三分类

在 IFRS9 以前，金融资产按照持有的目的和资产的特点分成四类，即以公允价值计量且其变动计入当期损益的金融资产，包括交易性金融资产和指定为以公允价值计量且其变动计入当期损益的金融资产、持有至到期投资、贷款和应收款项、可供出售金融资产。持有至到期型资产是指投资者以持有资产到期为目的获得固定本金和利息收入的资产。交易型资产主要是指投资者以博取交易价差为目的而持有的金融工具。可供出售的资产介于两者之间，投资者主要是为了获取固定的收益，但在特殊情况下，也可以进行出售和交易，但一般比例不超过 5%。可供出售类资产要进行估值，其盈亏变化计入资本公积。贷款及应收款是一种特殊的资产类别，这类资产流动性比较差，是银行的传统业务。这种以交易持有目的划分资产类别的方法比较主观，不同金融机构划分的可比性也比较差，影响了会计信息的可比性。

为了进一步地简化金融工具的处理，进一步提高财务报表的透明度，IFRS9 根据企业管理金融资产的业务模式和金融资产的合同现金流量特征，将金融资产划分成三类，即以摊余成本计量的资产，以公允价值计量其变动计入综合损益的资产和以公允价值计量其变动计入损益的资产。

二、分类的依据

金融机构应该根据下面两个标准进行金融资产的分类，一是管理金融资产的业务模式，二是金融资产的合同现金流量特征。

1. 业务模式。资产分类的两个条件，首先应该考虑业务模式。企业管理金融资产的业务模式，是指企业如何管理其金融资产以产生现金流量，简单地说就是收取合同现金流量，还是出售金融资产，或者两者都有。业务模式是一项事实，而不仅仅是认定，通常可通过为实现业务模式的目标而开展的活动进行观察。可观察的证据包括但不限于：一是如何评价及向关键管理人员报告业务模式及在该业务模式中持有的金融资产的业绩，二是影响业务模式业绩的风险，特别是管理此类风险的方式，三是业务管理者获得报酬的方式。以金融机构发放贷款为例，本质上是获取贷款的本金和利息，但是当信用风险增加的时候，也不排除对外的出售，尽管存在出售的历史，但仍然可以认定为应该以摊余成本方式计量。业务模式应当在反映如何对多组金融资产一起进行管理、以实现特定业务目标的层次上确定，并非取决于管理层对单项金融工具的持有意图。

2. 合同现金流量特征。金融资产的合同现金流量特征，是指金融工具合同约定的反映相关金融资产经济特征的现金流量属性。

以收取合同现金流量为目标，且该金融资产的合同条款规定在特定日期产生的现金流量仅为对本金和以未偿付本金金额为基础的利息的支付，满足这两个条件，应当分类为以摊余成本计量的金融资产。一般来说，原来分为持有到期、贷款和应收款的金融资产，基本对应以摊余成本计量的金融资产。

既可能以收取合同现金流量为目标，又可能以出售该金融资产为目标，同时金融资产在特定日期产生的现金流量仅为对本金和以为偿付本金金额为基础的利息的支付，这一类的资产应该分类为以公允价值计量，且其变动计入其他综合收益的金融资产。这个类别的资产，类似于原来的可供出售资产，但其估值变动将会影响损益表。

其他类别的资产应当归类为以公允价值计量及其变动计入当期损益的金融资产，判定企业持有该金融工具的目的是否是交易性，一是看取得相关金融工具的目的是否为了近期出售或回购，二是看是不是非套保的衍生工具，三是看是否有证据表明近期实际存在短期获利的模式。满足三个条件之一，就可以判定为有交易性质。

三、现金流量测试

任何一项金融资产在进行分类时都要开展现金流量的测试，主要是评估资产未来的现金流模式是否符合本金加利息的特征，不能通过该测试的资产按以公允价值计量变动计入损益类别核算。

通过现金流量测试的再根据情况划分为以摊余成本计量的金融资产和以公允价值计量变动计入其他综合收益的金融资产。

损失准备的计量

一、三阶段划分

新会计准则使用预期信用损失模型替代已发生损失模型，以及时足额确认预期信用损失。准备金完全基于对未来风险的预期，不再分为用于弥补尚未识别的可能性损失的一般准备与用于弥补已发生的专项损失的专项准备。根据准则可以将金融资产根据信用风险状况分为三个阶段：

阶段一，适用于初始确认风险未显著增加的资产或组合。对于具有较低信用风险的金融工具，可以假设信用风险自初始确认后未显著增加。需对报告日后 12 个月内可能发生的信用损失提取准备，即 12 个月预期信用损失（12 - Month Expected Credit Loss）。

阶段二，适用于信用风险自初始确认后已显著增加但尚未发生信用减值的金融工具。需对该资产整个生命周期预期信用损失提取准备，即生命周期预期信用损失（Life Time Expected Credit Loss）。一般情况下，逾期30天以上的金融工具应划分至第二阶段。

阶段三，适用于初始确认后已发生信用减值的金融工具。一般违约超过90天即被归为第三阶段，需持续确认生命周期预期信用损失。金融资产发生信用减值的证据包括：（1）发行方或债务人发生重大财务困难；（2）债务人违反合同，如偿付利息或本金违约或逾期等；（3）债权人出于与债务人财务困难有关的经历或合同考虑，给予债务人在任何其他情况下都不会作出的让步；（4）债务人很可能破产或进行其他财务重组；（5）发行方或债务人财务困难导致该金融资产的活跃市场消失；（6）大幅折扣购买或源生一项金融资产。

二、信用风险显著增加的认定

在每一个资产负债表日计量损失准备，需要对每一项资产或某一个资产组合做两个基本的判断，一是风险是否处于较低的水平，二是风险是否显著增加。如果信用风险处于较低水平，并且至初始确认后并未显著增加，那就按照未来12个月内预期信用损失的金额计量损失准备。未来12个月内的预期信用损失，是指资产负债表日后12个月内可能发生的金融工具违约事件导致的预期信用损失，是整个存续期预期信用损失的一部分。如果信用风险显著增加，则应当按照该金融工具整个存续期内预期信用损失的金额计量其损失准备。

1. 信用风险显著增加的确定

在判定信用风险显著增加时，考虑的是违约风险的相对变化，而不是违约风险变动的绝对值。特别要强调的是，要考虑的是金融工具预期存续期内发生违约风险的变化，而不是预期信用损失金额的变化。要考虑无须付出不当成本或努力便可获得的及可能影响金融工具信用风险的合理及可支持的信息，但无须完整无遗地搜寻所有信息。

在评估信用风险的变化时，除考虑逾期外，应重点关注以下可能相关的信息：

一是内外部价格等信息，包括：（1）自初始确认后信用风险的变化导致的信用风险内部价格指标的显著变化，包括但不限于若特定金融工具或具有相同条款及相同交易对手方的类似金融工具在报告日作为新工具源生或发行时将产生的信用利差；（2）自初始确认后信用风险的变化，导致若现有金融工具在报告日作为新工具源生或发行，该工具的利率或条款将发生显著不同的其他变化（例如，更严格的契约、增加抵押品或担保的数额或更高的收益保障率）；（3）特定金融工具或具有相同预计存续期的类似金融工具信用风险的外部市场指标的显著变化。信用风险市场指标的变化包括但不限于：信用利差、针对借款人的信用违约互换的价格、金融资产的公允价值小于其摊余成本的时间长短或程度；以及与借款人相关的其他市场信息，如借款人的债务及权益工具的价格变动等。

二是评级相关信息，包括：（1）金融工具外部信用评级的实际或预期的显著变化。（2）对借款人实际或预期的内部信用评级下调，或内部用于评估信用风险的行为评分下降。如果内部信用评级和内部行为评分可与外部评级对应或可通过违约调查予以证明，则更为可靠。

三是外部环境等不利影响，包括：（1）预期将导致借款人履行其偿债义务的能力发生显著变化的业务、财务或经济状况的现有或预测的不利变化，例如，实际或预期的利率增加，或者实际或预期的失业率显著上升。（2）导致借款人履行其偿债义务的能力发生显著变化的借款人所处的监管、经济或技术环境的实际或预期的显著不利变化，例如，由于技术变革导致对借款人所销售产品的需求下降。

四是借款人经营成果的实际或预期的显著变化。例如，导致借款人履行其偿债义务的能力发生显著变化的实际或预期的收入或毛利率下降、经营风险增加、营运资金短缺、资产质量下降、资产负债表杠杆比例提高、流动性、管理问题、业务范围或组织结构变更（如业务分部的终止经营）。

五是相关资产信用风险的变化，包括：（1）同一借款人的其他金融工具信用风险的显著增加。（2）作为债务抵押的担保品价值或者第三方担保或信用增级质量的显著变化，其预期将降低借款人按合同规定期限还款的经济动机或者影响发生拖欠的概率。例如，如果房价下降导致担保品价值下跌，则在某些地区，借款人将有更大动机拖欠抵押贷款。（3）借款人的股东（或个人的父母）所提供的担保（若该股东或其父母具有动机和财务能力通过注入资本或现金避免拖欠）质量的显著变化。

六是行为变化，包括：（1）预期将降低借款人按合同约定期限还款的经济动机的显著变化，例如母公司或其他关联公司的财务支持减少，或者信用增级质量实际或预期的显著变化。信用质量增级或支持包括考虑担保人的财务状况，对于证券化中发行的权益，次级权益预计能否吸收预期信用损失（如证券化基础贷款的预期信用损失）。（2）贷款文件的预期变更，包括预计违反合同的行为，而可能导致契约豁免或修订、免息期、利率阶梯式增长、要求提供额外抵押品或担保，或对工具的合同框架作出其他变更。（3）借款人预期表现和行为的显著变化，包括组合中借款人的还款行为的变化（如延迟支付合同款项的预计数目或金额增加、预计接近或超出信用授信额度或每月支付最低还款额的信用卡持有人的预期数量增加）。（4）主体对金融工具的信用管理方法的变化，即信用管理是基于金融工具信用风险变化新呈现的迹象。主体的信用风险管理实践预计将变得更为积极或着重于工具的管理，包括更密切地监控或控制有关工具，或者主体对借款人实施特别干预。

对于信用风险显著增加的确定，会计准则采用了基于原则的方法，并没有指定规则或者界限。其内在的原因是：

第一，信用分析是一种多因素的整体分析，而且在进行该分析时主体的数据可获得程度各不相同，包括具体因素是否相关、与其他因素相比的权重、金融工具的特征、客户以及地理区域等。很难用一套"放之四海而皆准"的尺子回答信用风险是否显著增加。

比如宏观经济近期持续恶化，对 A 公司生成现金流和去杠杆化的能力产生进一步的负面影响，公司违约概率提高，可能会导致需要重组贷款或者调整合约。公司债券的交易价格已经下降，且新发放贷款的信用保证金已经提高，与同行业的公司相比，这种债券价格的下跌或贷款信用保证金的提高，很可能是由公司特有的因素造成的，而与市场环境的变化无关，因为市场的准利率仍保持不变。这些因素就反映出自初始确认后，信用风险已经显著增加，应该在整个存续期预期信用损失。即使该贷款的内部风险评级没有调整，结论依然如此，是否调整风险评级本身并不是确定自初始确认后信用风险是否显著增加的决定性因素。

如果该公司尽管当月销量下降，但与初始确认时的预期相同，预计在接下来的数月中销量将得到改善，考虑到公司层面对当前债务再融资的灵活性提高以及支付股息的能力提高，公司的重组会提高信用等级，则可以认为最新的发展情况尚不足以证明需要变更其内部信用风险级别，可以认定信用风险并没有显著增加。

第二，准则的意图不是制定具体或机械的方法以评估信用风险的变化，因为合适的方法会视主体的完善程度、金融工具和数据可获得程度的差异而有所不同。比如对于具有高的抵押物的金融资产，由于经济衰退，A公司的收入和营业利润下降，可以认定信用风险已经显著增加，但整个存续期的信用损失，因为有比较高的抵押，预期从资产担保收回的金额比较高，预期信用损失可能很小。

第三，准则没有采用将绝对的信用风险等级作为确认信用风险显著增加的标准，因为不同机构信用等级的定义、内涵、级别划分差异很大，信用级别与最后的损失也不能画等号。但是准则建议针对特定金融工具的投资组合，确定所能接受的最大初始信用风险，以此作为判断信用风险是否显著增加的方法。比如，如果银行建立了内部的风险评级体系，对借款人都有不同的评级，当对某一个组合确定了其信用风险评级的接受标准之后，如果这个组合里面借款人的风险评级显著低于可接受的标准，可以理解成信用风险会显著增加。

2. 逾期因素的考量

毫无疑问，逾期是信用风险显著增加的标识，但如果风险管理系统极度依赖逾期信息，按照逾期信息管理金融工具组合可能会导致较信用风险显著增加的实际发生时间来说，识别出信用风险显著增加的时间会有所延迟。信用风险管理系统应该捕捉广泛的信息，并且前瞻性地揭示风险变化。

如何运用好逾期信息，有以下要点：

第一，如果逾期超过 30 日，表明信用风险已经显著增加。一般应该按照整个存续期的预期信用损失确认损失准备。这一规则确定了一个基本底线，逾期超过 30 日，一般需要对整个存续期计提信用风险损失。但也不能完全依赖逾期 30 日这一标准，逾期 30 日前也应可能尽早地识别信用风险的变化情况。

第二，这一标准是可以推翻的。如果在无须付出不当成本或努力的情况下，可以获得合理及可支持的信息，表明即使合同付款逾期超过 30 日，信用风险至初始确认后仍未显著增加，也可以推翻上述假设。也就是说，一般情况下应该认为是显著增加，除非有一些非常明显的特殊理由。比如，如果是 100% 保证金的相关业务，而且保证金能够覆盖逾期的本金和利息。又如，如果未能付款是由于行政监督而并非借款人的财务困难所致，或者主体能够获得的历史证据表明，发生拖欠的风险显著增加与金融资产付款逾期超过 30 日之间不存在相互联系，但有关证据表明若付款逾期超过 60 日则两者存在相互关系。

3. 组合基础上的评估

对于某些金融工具而言，企业在单项工具层面无法以合理成本获得关于信用风险显著增加的充分证据，而在组合基础上评估信用风险是否显著增加则是可行的。对于没有办法识别信用风险是否显著增加的单项金融工具，可以使用宏观经济指标的变化等综合信息确定一定的金融工具的组合，在这个基础上判断信用风险是否显著增加。

以个人住房贷款和信用卡贷款为例，它们采取的是基于信用评分的审批标准，信用评分在可接受水平之上的贷款会自动通过审批，因为银行认为借款人能够按照合同约定履行贷款偿还义务。

在甲地区，银行每月使用自动化的行为评分，对每笔抵押贷款进行评估，评估模型给予了以下的参数：当前和历史的逾期情况、客户的负债水平、贷款抵押率指标、客户在银行的其他金融工具的行为表现、贷款规模以及贷款自发放起的已存续时间，银行通过评估发现当住宅房产价值下跌时，客户没有强烈的经济动机按期偿付贷款，拖欠风险将上升。在这种情况下，银行可以根据贷款抵押率指标，针对行为评分进行调整。贷款抵押率指标高的抵押贷款对于住宅房产的价值变化更为敏感，如果行为评分变差，银行就能够在抵押贷款逾期之前，识别出至初始确认后，个别客户的信用风险显著增加，根据这一标准就可以识别出单笔贷款，按整个存续期预期信用损失确认损失准备。

但如果银行不具备自动化评分的能力，针对一些贷款组合，则可以根据历史的拖欠样本以及不同类型贷款的损失经验来统计它们的历史损失率，根据历史损失率来计提损失。可以根据逾期状态追踪这种拖欠的风险，对于逾期 30 日以上的所有贷款，按整个存续期预期信用损失确认损失准备。根据不同的逾期情况，可以得到不同的拖欠率，形成一个准备矩阵。

如果某一个信贷组合有共同的风险因素，也可以针对这个风险因素进行组合管理，比如一个客户群体主要依赖原煤的生产，那原煤出口量的下滑将会影响相关的借款人，可以将这个群体作为一个组合。

随着时间的推移，组合里面金融工具的拖欠风险将出现差异，直至金融工具拖欠或全部收回，总的来讲，希望分组的子组合更适于确认程序及预期信用损失，分组能小则小。

此外，企业为评估信用风险变化而确定的金融工具组合，可能会随着单项资产层面以及组合层面的信用风险相关信息的可获得性的变化而变化。例如，如果由于企业信息系统的建设，过去无法获得的个人信用的变化信息现在变为可获得，企业就应当从以组合为基础的评估变更为以单项工具为基础的评估。

三、预期信用损失的计量

预期信用损失是指以发生违约的风险为权重的金融工具信用损失的加权平均值。信用损失是指企业按照原实际利率折现的、根据合同应收的所有合同现金流量与预期收取的所有现金流量之间的差额，即全部现金短缺的现值。企业应当以概率加权平均为基础对预期信用损失进行计量。用公式表达如下：

$$ECL = \sum_{i=1}^{n} \left[\alpha_i \times \sum_{j=1}^{n} \frac{j \text{ 期合同现金流} - j \text{ 期预期现金流}}{(1+r)^{j-1}} \right]$$

式中，α_i 为该金融资产发生减值的可能性；n 为该金融资产共有 n 种减值可能；m 为该金融资产共有 m 期现金流；r 为实际利率。

从公式可以看出，对预期信用损失的计量要考虑通过评价一系列可能的结果而确定的无偏概率加权金额，要考虑货币的时间价值。需要说明的是，这种可能性分析是在无须付出不当成本或努力的情况下，可获得的有关过去事项、当前状况以及未来经济状况预测的合理及可支持的信息。

对上述公式的理解，有以下几个重点：

第一，预期信用损失是多种不同情况下的损失加权平均。企业对预期信用损失的估计，是概率加权的结果，应当反映多种发生信用损失的可能性以及不发生信用损失的可能性（即便最可能发生的结果是不存在任何信用损失），而不是仅对最坏或最好的情形作出估计。通俗地理解，对于预期信用损失的估计应该考虑各种不同的结果，并且进行相应的加权。

第二，要估计发生信用损失的各种可能性，但不必识别所有可能的情景。在进行相关评估时，应当考虑外部的经营环境，债务人或发行人的相关的未来信息，考虑所有合理且有依据的信息，包括前瞻性的信息，但如果要付出不当的成本才能得到，这种情况和信息是不需要的。

第三，违约的判定应当与内部针对相关金融工具信用风险管理目标保持一致，也就是说，相关的违约定义应该保持一致性。在计量监管资本时，巴塞尔委员会给出了违约的相关定义，这是各家银行采用巴塞尔协议来计量监管资本的基础。同样，减值损失计量时关于违约也应该采用同样的定义。

第四，允许估计方法的多样性。银行可以采用多种技术来计量预期损失，可以用违约率的方法，也可以用损失率的方法。对预期值的计算，不要求是一项严谨的数学运算，即要求识别所有单一可能的结果及其概率，可以通过代表性的样本来确定预期值，无须详细的统计模型。在某些情形下，运用相对简单的模型可能足以满足上述要求，而不需要使用大量具体的情景模拟。

对于某些金融工具而言，企业在单项工具层面无法以合理成本获得关于信用风险显著增加的充分证据，而在组合基础上评估信用风险是否显著

增加则是可行的，可以采取以组合方式计提贷款减值，其基础公式为

EL（预期损失）= PD（违约概率）× LGD（违约损失率）× EAD（违约风险暴露）

如果一笔贷款自初始确认风险没有显著增加，它的违约概率是 0.5%，违约的损失率是 25%，预期信用损失率就是 0.5% × 25%。一个较大的具有共同风险特征的金融工具组合（如小额贷款）的平均信用损失，可能是概率加权金额的合理估计值。

从预期信用损失的计量过程来看，预期信用损失受预期宏观经济因素变动的影响，房价指数、失业率、GDP、利率等都会对模型产生影响。经济低迷会增加信用风险，导致整个生命周期预期信用损失增加，准备金提高；经济好转会使信用风险降低，准备金随之减少。因此准备金计提会出现明显的亲周期性。

四、迁移模型与滚动率模型

在考虑组合特性进行组合分析时，或者对暂时延用旧会计准则的未上市中小银行来说，迁移模型与滚动率模型是两个重要的方法。以下以原会计准则下组合减值的计算为案例，对这两种方法进行介绍。

1. 迁移模型

● 将贷款按业务类型和风险特征，划分为若干具有类似信用风险特征的组合，并对每一组合内的每笔贷款划分风险等级。对每一组合内的每笔贷款划分风险等级可采用贷款五级分类标准或其他合理的风险分类标准。

● 将各组合中期初每一风险等级贷款余额重新划分风险等级后迁移至本期，形成本期不同风险等级贷款。

● 用本期不同风险等级贷款分别除以迁移前相应风险等级期初贷款余额，求得迁移率。

● 采用合理的方法确定每个组合中较高风险等级贷款的损失率。

● 根据迁移率和相应的较高风险等级贷款的损失率推算出各组合中其他风险等级贷款的损失率。

● 用资产负债表日各组合中各风险等级贷款账面余额乘以对应级别的损失率，即可得出各组合中各风险等级贷款期末采用组合测试方式估计的

原会计准则下减值损失。

具体案例如下：

某银行将贷款按照业务类型划分为若干具有类似信用风险特征的组合，对每一组合内的每笔贷款采用贷款五级分类标准划分风险等级。2××0年初某组合贷款五级分类余额及迁移至2××0年末后贷款五级分类余额如表11－1所示。

表11－1　2××0年初至年末某贷款组合五级分类等级迁移数据

单位：百万元

2××0年初贷款	迁移至2××0年末后贷款五级分类							
五级分类	正常	关注	次级	可疑	损失	核销	收回	合计
正常 1500	1380	55	25	32	8	0	0	1500
关注 960	28	890	16	15	11	0	0	960
次级 1080	0	150	800	30	40	0	60	1080
可疑 1200	2	5	10	950	153	0	80	1200
损失 460	0	0	5	10	350	0	95	460
合计 5200	1410	1100	856	1037	562	0	235	5200

根据表11－1可计算出2××0年初至年末某贷款组合五极分类等级迁移率，计算出结果如表11－2所示。

表11－2　2××0年初至年末某组贷款组合五级分类等级迁移率

2××0年初贷款		迁移至2××0年末后贷款五级分类				
五级分类（百万元）		正常	关注	次级	可疑	损失＋核销
正常	1500	92.00%	3.67%	1.67%	2.13%	0.53%
关注	960	2.92%	92.71%	1.67%	1.56%	1.15%
次级	1080	0.00%	13.89%	74.07%	2.78%	3.70%
可疑	1200	0.17%	0.42%	0.83%	79.17%	12.75%
损失	460	0	0	1.09%	2.17%	76.09%

根据该银行历史损失数据，损失类贷款的损失率为95%。根据迁移率和确定的损失类贷款的损失率，依次可以计算可疑类、次级类、关注类和正常类的损失率。具体如下：

- 可疑类损失率＝可疑类转损失类迁移率×损失类损失率＝12.75%×

$95\% = 12.11\%$

- 次级类损失率 = 次级类转可疑类迁移率 × 可疑类损失率 + 次级类转损失类迁移率 × 损失类损失率 = $2.78\% × 12.11\% + 3.70\% × 95\% = 3.85\%$
- 关注类损失率 = 关注类转次级类迁移率 × 次级类损失率 + 关注类转可疑类迁移率 × 可疑类损失率 + 关注类转损失类迁移率 × 损失类损失率 = $1.67\% × 3.85\% + 1.56\% × 12.11\% + 1.14\% × 95\% = 1.34\%$
- 正常类损失率 = 正常类转关注类迁移率 × 关注类损失率 + 正常类转次级类迁移率 × 次级类损失率 + 正常类转可疑类迁移率 × 可疑类损失率 + 正常类转损失类迁移率 × 损失类损失率 = $3.67\% × 1.34\% + 1.67\% × 3.85\% + 2.13\% × 12.11\% + 0.53\% × 95\% = 0.88\%$

根据各类损失率和 $2××0$ 年末各类贷款余额计算组合贷款在原会计准则下减值损失，如表 11 – 3 所示。

表 11 – 3　　　　　$2××0$ 年某组贷款组合测试估计的减值损失

$2××0$ 年末贷款五级分类余额（百万元）		损失率	贷款减值损失（百万元）
正常	1560	0.88%	13.7
关注	1000	1.34%	13.42
次级	1120	3.85%.	43.18
可疑	1210	12.11%	146.56
损失	500	95%	475
合计	5390	100%	691.86
综合损失率	12.84%		

这种算法存在一定缺陷，主要在于计算迁移率时只考虑高质量贷款向低质量贷款迁移，没有考虑上迁因素。

2. 滚动率模型

滚动率模型主要应用于原会计准则下信用卡透支贷款的减值测试，是在组合层面通过计算信用卡透支贷款在不同风险级别之间的滚动率和损失率，以确定当期贷款原会计准则下减值结果的方法。

- 按照透支逾期天数将透支分为多个级别。
- 收集过去至少一年中每个级别透支每个月末的余额数据。

• 分别计算每月每一级别透支余额向下月下一个级别迁移的比率，并用加权平均的方法计算每一级别透支余额的平均月度迁移率。

• 分别计算最高风险级别透支每个月的回收率，采用加权平均的方法计算其平均月度回收率。

• 根据最高风险级别透支的平均月度净损失率（1－平均月度回收率）和各级别的平均月度迁移率推算出各级别透支的净损失率。

• 用资产负债表日透支贷款各级别的账面余额乘以对应的净损失率，得出原会计准则下减值损失。

具体案例如下：

2×××年7月末，某银行采用组合测试方式计算该银行信用卡透支贷款原会计准则下减值损失。

按照透支逾期天数的不同将透支分为八个级别。没有逾期的透支为级别C0，逾期1~29天的为C1，逾期30~59天的为C2，逾期60~89天的为C3，逾期90~119天的为C4，逾期120~149天的为C5，逾期150~179天的为C6，逾期180天以上的为C7。收集2×××年1—7月每个级别透支每个月末的余额数据，以及逾期180天以上的透支每个月的回收金额，具体数据如表11-4所示。

表11-4 2×××年1—7月末信用卡透支贷款余额的各级分布　单位：千元

逾期时间（天）	级别	1月31日	2月28日	3月31日	4月30日	5月31日	6月30日	7月31日
正常	C0	1165328	1391852	1629635	1936478	2197537	2310684	2506352
1~29	C1	206827	218693	220472	241365	258491	271638	282583
30~59	C2	59864	65927	68319	89684	96731	101304	110268
60~89	C3	29752	32851	36941	37653	42105	49865	52310
90~119	C4	20832	28561	28306	29837	31683	37291	44315
120~149	C5	9879	12736	16975	18368	23039	24391	28116
150~179	C6	6996	9026	11938	13069	14003	17102	18305
180天以上	C7	5220	6136	8060	11000	12860	13016	16131
	C7回收额	1600	1800	2000	4200	3700	1900	3800

分别计算每月每一级别透支余额向下一级别迁移的比率（月度迁移率）和该比率连续 6 个月的均值（平均月度迁移率），同时计算逾期 180 天以上的透支每个月的回收率和连续 6 个月的平均回收率，计算结果如表 11－5 所示。

表 11－5　2×××年 1—7 月末信用卡透支贷款余额的月度迁移率　单位：%

月度迁移率	2 月 28 日	3 月 31 日	4 月 30 日	5 月 31 日	6 月 30 日	7 月 31 日	6 个月均值
C0－C1	18.77	15.84	14.81	13.35	12.36	12.23	14.56
C1－C2	31.88	31.24	40.67	40.85	39.19	40.59	37.28
C2－C3	54.88	56.03	55.11	46.95	51.55	51.64	52.69
C3－C4	96.00	86.16	80.77	84.14	88.57	88.87	87.42
C4－C5	61.14	59.43	64.89	77.22	76.98	75.40	69.18
C5－C6	91.37	93.73	76.99	76.24	74.23	75.05	81.27
C6－C7	87.71	89.30	92.14	98.40	92.95	94.32	92.47
C7 回收率	29.34	24.81	38.18	28.77	14.60	23.56	26.54

表 11－5 中有关数据的具体计算如下：

2 月 28 日 C0 向 C1 的迁移率：$18.77\% = 218693/1165328 \times 100\%$

3 月 31 日 C0 向 C1 的迁移率：$15.84\% = 220472/1391852 \times 100\%$

C0 向 C1 的平均月度迁移率为

$14.56\% = (18.77\% + 15.84\% + 14.81\% + 13.35\% + 12.36\% + 12.23\%)/6$

其他月度迁移率及平均月度迁移率计算依此类推。

2 月 28 日 C7 回收率：$29.34\% = 1800/6136 \times 100\%$

3 月 31 日 C7 回收率：$24.81\% = 2000/8060 \times 100\%$

其他月度 C7 回收率依此类推。

C7 平均回收率：$26.54\% = (29.34\% + 24.81\% + 38.18\% + 28.77\% + 14.60\% + 23.56\%)/6$

计算各级别透支的净损失率。C0 变化到 C7，需经过 C0 向 C1、C1 向 C2、C2 向 C3、C3 向 C4、C4 向 C5、C5 向 C6 和 C6 向 C7 共 7 次迁移，这 7 次平均月度迁移率的连乘积即为 C0 的毛损失率，扣除 C7 的平均回收率之后，即可得到 C0 的净损失率。其他级别透支的净损失率的计算依此类

推。具体计算过程为

C0 净损失率 = 14.56% × 37.28% × 52.69% × 87.42% × 69.18% × 81.27% × 92.47% × （1 - 26.54）= 0.95%

C1 净损失率 = 37.28% × 52.69% × 87.42% × 69.18% × 81.27% × 92.47% × （1 - 26.54）= 6.56%

C2 至 C7 依此类推。结合 7 月末信用卡透支余额，计算出原会计准则下贷款减值损失，结果如表 11 - 6 所示。

表 11 - 6　　　　　　　2××× 年 1—7 月末信用卡透支

贷款组合测试估计的减值损失　　单位：千元、%

逾期时间（天）	级别	7 月末透支余额	净损失率	贷款减值损失
正常	C0	2506352	0.95	23926.64
1 ~ 29	C1	282583	6.56	18528.2
30 ~ 59	C2	110268	17.59	19396.26
60 ~ 89	C3	52310	33.38	17462.27
90 ~ 119	C4	44315	38.19	16922.41
120 ~ 149	C5	28116	55.20	15520.54
150 ~ 179	C6	18305	67.93	12433.88
180 天以上	C7	16131	73.46	11849.38
总额		3058380		136039.57

五、贷款损失准备金的新增与回拨

一笔贷款损失准备金的新增等于在核算期间内该笔贷款新增的减值损失：假设期初贷款的减值损失为 L_0，期末的减值损失为 L_1，则损失准备金的新增等于 $L_1 - L_0$，如果 $L_1 - L_0 < 0$，则称为损失准备金的回拨。下面讨论几种情况：

第一种情况：如果在这个过程中，这笔贷款可能会收回部分本金，但只要该笔贷款编号不变，上述计算方法同样适用。

第二种情况：如果该笔贷款核销，则冲销等额准备金，并没有新的损失发生。

第三种情况：对一个机构或者单元而言，可能有很多笔贷款，在核算期间内，可能有的贷款从别的机构或者单元转入，也可能转出到别的机构或者单元。贷款转出，准备金也同样转出；贷款转入，准备金也同样转入。也可以这样理解，准备金转入，等同于准备金新增；准备金转出，等同于准备金回拨。但对这两个机构的上级而言，该笔贷款既不存在新增，也不存在回拨。

要进行这种区别，需要对这笔贷款进行标识，使每一笔贷款都有一个唯一的编号。各个时点的减值损失都要有记录，将期末的贷款和期初的贷款进行正向和反向比对。如果期末有但期初没有，一种可能是新增贷款，另外一种可能是转入。转入时减值损失作为贷款的基本元素，转入时的减值损失和期间新增的减值损失统一算做新增。如果期初有而期末没有，可以有三种可能：一是收回，二是核销，三是转出。收回和转出都可以看作要回拨，但核销需要单独标记。

比如一笔贷款 L 从 A 划转到 B，对 A，回拨减值损失 L；对 B，新增减值损失 L；对 A + B 而言，该笔贷款减值损失没有变化，新增回拨都为 0。这里的关键因素是新增和回拨不是各个机构的简单加总，而是对资产组合中减值损失进行比对。

举例来说，从个人住房贷款转为房地产开发贷款，原来这些个人住房贷款有减值损失，已经提取了拨备，但期末没有这些贷款，原来提取的减值损失就应该回拨。转为房地产开发贷款时，这些贷款本身就应该直接确定减值损失。对转出机构而言，回拨减值损失等于增加了利润；对转入机构而言，增提减值损失等于减少了利润，考核时要给予考虑。

如果一笔贷款进行重组，比如借新还旧、调整期限、压缩额度等，可以认为是新贷款，也可以认为是老贷款。如果看作两笔贷款，需要回拨和新增同时增加；如果看作一笔贷款，则同时为零。

综合上面的分析可得出以下结论：

第一，无论是根据现状，还是未来的发展趋势，按照国际会计准则进行准备金管理，是一个基本原则。

第二，银行要积累迁徙数据，建立对现金流量的预测制度，将减值损失或者现金流量预测表作为资产质量分类的基本表格，夯实管理的基础。

第三，从审慎原则出发，动态调整抵质押物折扣系数表，提高折扣系数。

第四，随着银行资产质量分类的实时化，建立实时的准备金计提制度。

第五，健全准备金管理制度，风险部门负责损失率的测算，财务会计部门负责准备金的账务处理，信息中心负责准备金数据的统计与发布。

第六，将准备金/总贷款作为考核指标。准备金/总贷款 = 正常类贷款×计提比例/总贷款 + 不良贷款×LGD/总贷款 = （1 - 不良率）×计提比例 + 不良率×LGD = 计提比例 + （LGD - 计提比例）×不良率。笔者2006年曾提出了这个概念，2010年这一指标被监管部门称作拨贷比。

这样，在不提高不良率的前提下，提高计提比例有助于形成稳健经营的文化。如果不良率提高，该比例也提高。

拨备覆盖率、拨贷比与信贷成本

一、拨备覆盖率

拨备覆盖率 = 准备金/不良贷款，假设银行的贷款就分为正常贷款和不良贷款两类：

准备金 = 正常类贷款×计提比例 + 不良贷款×LGD（违约损失率）

拨备覆盖率 = 正常类贷款×计提比例/不良贷款 + LGD = （1/不良率 - 1）×计提比例 + LGD

从这个公式可以看出，拨备覆盖率与不良率成反比：不良率越高，1/不良率越小，拨备覆盖率也就越低；不良率越低，1/不良率越大，拨备覆盖率也就越高。拨备覆盖率与LGD成正比：损失率越大，拨备覆盖率越高。综合起来看，银行资产质量越好，拨备覆盖率应该高；预期损失率高，拨备覆盖率应该高。

在使用拨备覆盖率时，应注意以下几个方面：

第一，拨备覆盖率超过100%，说明银行提取的减值准备金足够弥补不良贷款全部损失的成本。总体上说，减值准备是比较充分的。

第二，拨备覆盖率过高没有实际意义。从前面公式可以看出，如果不良率趋近于零，拨备覆盖率会无穷大。

第三，这个指标在应用上存在自相矛盾的地方。一家好银行，理所当然资产质量好，同时贷款的损失率低，这样的银行拨备覆盖率会比较高。比如一家银行有1%的不良率，资产质量对拨备覆盖率的贡献为99%；不良贷款的损失率如果是1%，则拨备的覆盖率为100%。但如果是3%的不良率，资产质量对拨备覆盖率的贡献大约为32.3%，大大下降，低于99%。如果是4%的不良率，资产质量对拨备覆盖率的贡献大约为24%，也就是说资产质量下降，拨备覆盖率下降。这是正面的意义。但如果一家银行不良贷款的损失率是100%，则拨备覆盖率也可以达到100%，但这显然不是一家好银行的特征。反过来讲，同样都是100%的覆盖率，银行可能是好银行，也可能是很差的银行（见图11–1）。

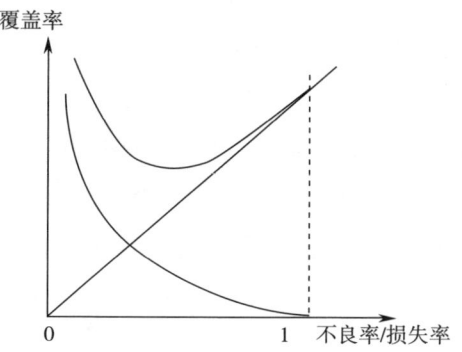

图 11–1　拨备覆盖率与不良率的关系图

二、拨贷比与信贷成本

$$拨贷比 = \frac{准备金余额}{贷款余额}$$

$$信贷成本率 = \frac{当年计提的准备金}{贷款平均余额} = \frac{当年计提的准备金}{0.5 \times （年初贷款余额 + 年末贷款余额）}$$

这两个指标反映了银行计提的准备金与资产总量之间的关系，对应国际上并没有统一的标准，国内监管部门提出拨贷比应大于2.5%也只是一个经验性的要求。

拨贷比的含义是说银行总的资产的损失比率是多少，也就是根据历史经验看，银行当前资产潜在的损失率。信贷成本则反映当年发生的损失占总资产的比例，国内银行近些年一般在0.5%左右。信贷成本高，说明资产当年的损失比率比较大，当年的利润率将会受到影响。

三、拨贷比与拨备覆盖率的关系

拨贷比和拨备覆盖率有着密切联系：

$$拨贷比 = \frac{准备金余额}{贷款余额} = \frac{准备金余额}{不良余额} \times \frac{不良余额}{贷款余额}$$

$$= 拨备覆盖率 \times 不良率$$

从上式可以看出，在拨备覆盖率一样的情况下，不良率高的银行，拨贷比也相应会高一些。刚推出这一指标时，有学者指出拨贷比这一指标会导致逆向选择，对不良率低的银行不公平，这其实有一定误解。

$$拨贷比 = 计提比例 + （LGD - 计提比例）\times 不良率$$

影响拨贷比的核心因素是正常类贷款的计提比例，该比例越高，（LGD - 计提比例）越小，不良率的影响越小。就上式而言，不良率的贡献不超过其指标本身，仅仅是其自身的一部分，不良率高的银行并没有占太多的便宜。

对一家不良率1%的银行而言，要达到2.5%的拨贷比，则拨备覆盖率应在250%以上。

准备金与监管资本、资本底线

一、准备金与监管资本

在正常情况下，准备金影响监管资本通过以下两个途径：一是如果银行计提了过多或过少的准备金，则直接影响银行的净利润。净利润分配后，一部分可作为所有者权益的一部分，从而增加资本。二是监管调整。如果银行多计提了准备金，则净利润减少，资本相应地也会减少，这意味着不鼓励银行多计提准备金。从审慎的角度出发，这显然不利于银行的稳健经营，因此巴塞尔协议、国内外监管机构都专门就这个问题进行了明确。

（一）巴塞尔委员会关于准备金计入银行资本的监管规定

1. Basel Ⅰ规定：符合一定条件的一般准备/一般贷款损失准备可作为二级资本，其上限是加权风险资产的1.25%。设定上限的原因主要是为了防止银行过多计提准备金，影响报表真实性。

2. Basel Ⅱ规定：

（1）标准法：在标准法下，一般准备金可以包括在二级资本中，但是不能超过风险加权资产的1.25%。

（2）内部评级法：内部评级法下，不再将一般准备金（普通贷款损失准备）计入二级资本。在使用内部评级法计量除资产证券化风险暴露和股权风险暴露外的其他类别风险暴露时，银行应比较合格准备金总额与预期损失总额之差。如果预期损失总额小于合格准备金总额，银行可将差额部分计入二级资本，但最多不超过信用风险加权资产的0.6%。合格准备金是指IRB法下风险暴露的各项准备金之和（专项准备、部分冲销、资产组合的一般准备金，如国别风险准备金或一般准备金）。

（二）银监会关于准备金计入银行资本的监管规定

在银监会下发的《商业银行资本管理办法（试行）》中，也提出了超额贷款损失准备金计入资本的具体要求，这些规定与巴塞尔委员会的规定基本上是一致的。

1. 权重法。

商业银行采用权重法计算信用风险加权资产的，超额贷款损失准备可计入二级资本，但不得超过信用风险加权资产的1.25%。这里所指的超额贷款损失准备是指商业银行实际计提的贷款损失准备超过最低要求的部分。贷款损失准备最低要求指100%拨备覆盖率对应的贷款损失准备和应计提的贷款损失专项准备两者中的较大者。

2. 内部评级法。

商业银行采用内部评级法计算信用风险加权资产的，超额贷款损失准备可计入二级资本，但不得超过信用风险加权资产的0.6%。超额贷款损失准备是指商业银行实际计提的贷款损失准备超过预期损失的部分。

举例来说，如果一家银行贷款余额为 10 万亿元，有 1000 亿元不良贷款，实际计提了 2500 亿元的准备金。按准备金计提指引应计提 1500 亿元准备金，则按照标准法规定，最低要求是计提 1500 亿元准备金（1500 亿元和 1000 亿元中的大者），超额损失准备则是 1000 亿元（2500 亿元 − 1500 亿元 = 1000 亿元）。

如果银行的信用风险加权资产是 6 万亿元，按标准法可计入二级资本的上限是 $60000 \times 1.25\% = 750$ 亿元。如果内评法计量的信用风险加权资产也是 6 万亿元，内部评级法可计入二级资本的上限是 360 亿元。二者相差还是比较大的。

二、准备金与资本底线

（一）资本底线的概念和计算方法

资本底线是 Basel Ⅱ 中提到的一个概念，它的意思是说，在过渡期采用内部评级法与采用标准法计量的资本充足率或风险加权资产不能相差过大。采用内部评级法计量的资本要求不能低于一个底线，这个底线是按标准法计量的资本要求的特定比例。以内部评级初级法为例，第一年是 95%，第二年是 90%，第三年是 80%。

资本底线的计算方法如下：

第一步，首先计算标准法的资本需求。设此时的风险加权资产为 RWA_1，资本扣除项是 C_1，计入二级资本的准备金为 a_1，资本要求为

$$CR_1 = RWA_1 \times 8\% + C_1 - a_1$$

资本底线 $= \partial \times CR_1$，∂ 是底线比例。

$RWA_1 \times 8\%$ 是按照标准法计算的资本净额最低要求，加上资本扣除项 C_1，减去计入二级资本的准备金 a_1，得到 CR_1，CR_1 是剔除贷款损失准备金因素后，按照标准法需要保有的资本总额最低要求。资本底线实际上是剔除贷款损失准备因素后，按照标准法计算的资本总额最低要求与调整系数 ∂ 的乘积。

第二步，计算内部评级法下的资本需求。设此时按新框架计量的风险

加权资产为 RWA_2，准备金与预期损失之间的差额为 a_2，资本扣除项为 C_2，资本要求为

$$CR_2 = RWA_2 \times 8\% + C_2 - a_2$$

第三步，计算过渡期的风险加权资产总额。

$$RWA = \text{Max} \times (\partial \times CR_1 - CR_2, 0) \div 8\% + RWA_2$$

如果 CR_2 大于或等于 $\partial \times CR_1$，则内部评级法下计算的风险加权资产 RWA_2 可以直接作为过渡期风险加权资产总额来计算资本充足率。如果 CR_2 小于 $\partial \times CR_1$，则在过渡期内需要将二者之差转换为风险加权资产，加入用内部评级法计量的风险加权资产中。

可以这样理解资本底线，如果内部评级法的风险加权资产小于标准法下风险加权资产的特定比例，则应将小于的部分加回。换句话讲，内部评级法下的风险加权资产最少是标准法下的特定比例，这样就避免了使用高级方法后，在过渡期内风险加权资产下降幅度过大。

（二）贷款损失准备与资本底线的关系

将上述资本底线公式因素分解后，可将过渡期风险加权资产的计算公式转化为

当 CR_2 大于或等于 $\partial \times CR_1$ 时，$RWA = RWA_2$

当 CR_2 小于 $\partial \times CR_1$ 时，

$$\begin{aligned} RWA &= (\partial \times CR_1 - CR_2) \div 8\% + RWA_2 \\ &= [\partial \times CR_1 - (RWA_2 \times 8\% + C_2 - a_2)] \div 8\% + RWA_2 \\ &= \partial \times CR_1 \div 8\% - RWA_2 - C_2 \div 8\% + a_2 \div 8\% + RWA_2 \\ &= \partial \times CR_1 \div 8\% - C_2 \div 8\% + a_2 \div 8\% \end{aligned}$$

从上述公式中可以看出：

1. 当 CR_2 大于或等于 $\partial \times CR_1$ 时，过渡期风险加权资产总额与内部评级法下风险加权资产相同，不受计入二级资本的贷款损失准备因素影响。

2. 当 CR_2 小于 $\partial \times CR_1$ 时，在其他因素不变的情况下，内部评级法下计入二级资本的贷款损失准备越多，则需加回的风险加权资产越多，过渡期风险加权资产总额越大。

第十二讲　经济资本

经济资本的基本概念

银行在经营的过程中，不可避免会产生各种各样的损失，损失有大有小。如果从统计的意义上分析，可以将损失划分为预期损失和非预期损失，非预期损失也可称为意外损失。对于预期损失，可以通过提取损失准备金，提前做好应对的准备，在利润中消化。对于非预期损失，首先要靠利润消化，利润无法消化则要靠资本吸收。因此银行的资本必须要能够吸收非预期损失，否则从财务上讲银行就处于技术性破产的状态。在风险管理中，一定条件下的非预期损失被称为风险资本或者经济资本，经济资本的提法更加普遍一些。经济资本是在给定的风险容忍水平下，吸收所有风险产生的潜在损失所要求的成本。

如何定量描述经济资本的大小呢？一般采用图12-1来表述。横轴代表损失率；纵轴代表频率；曲线代表损失率的概率密度分布函数；曲线下的面积代表累计的损失；A线左边的面积代表预期损失（Expect Loss，EL）；A线和B线之间的面积代表损失的标准差；A线和C线之间的面积代表意外损失，一般是标准差的一定倍数，这部分损失称为经济资本（Economic Capital，EC）；C线右边的面积代表极端损失。

从图12-1可以看出，经济资本取决于三个因素：第一，损失的分布特征，曲线形状对经济资本影响很大。第二，风险容忍水平，也就是C线的位置。第三，损失方差的大小。

经济资本（风险资本）EC可以通过下面的公式确定：

$$p(x \leqslant EC + EL) = \alpha$$

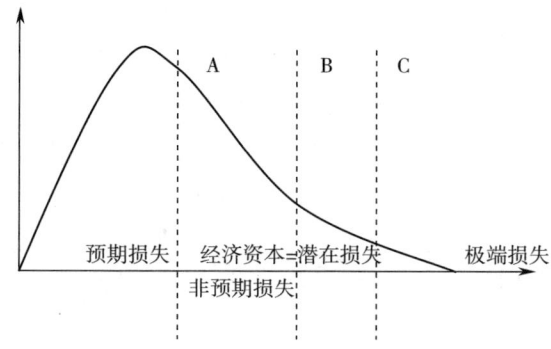

图 12 - 1　损失分布概率密度图

上式的含义是，银行的损失小于预期损失和经济资本的概率为 α，换句话说，我们有 α 的把握能确保银行的损失小于预期损失和经济资本之和。前面已经提到，经济资本 EC 是损失标准差的一定倍数，这个倍数称为资本乘数 CM。经济资本等于资本乘数乘组合的损失标准差，$EC = CM \times UL$，因此上面的公式可以改写为

$$p\left(\frac{x - EL_p}{UL_p} \leqslant CM\right) = \alpha$$

如果确定了损失 x 的分布特征，就可以确定经济资本 EC。在实践中，损失率大小介于 (0, 1)，通常不是正态分布，表现出偏峰、厚尾的特征，其背后的含义是较小的损失率出现的可能性大，较大的损失率出现的可能性小，因此尖峰更靠左一些。一般认为 Beta 分布可以很好地模拟损失率的分布，因此很多银行都采用 Beta 函数计算经济资本。Beta 分布的概率密度函数为

$$f(x, \alpha, \beta) = \frac{\Gamma(\alpha + \beta)}{\Gamma(\alpha)\Gamma(\beta)} x^{\alpha-1}(1 - x)^{\beta-1}, 0 < x < 1$$

准确计量信用风险的最大难点在于贷款损失分布比较复杂，解析分析工具不多，因此采用模拟技术模拟贷款损失的分布，就成为目前计量贷款损失的重要方法。目前模拟信用风险主要有两种方法。

一种是历史模拟法，就是根据历史上的损失数据，确定贷款组合的预期损失和非预期损失。预期损失可以通过贷款组合的损失平均值计算。非

预期损失的确定比较复杂，因为非预期损失不仅与损失的标准差有关系，而且与损失分布的形状有关系。与正态分布不同，贷款损失的分布具有明显的非对称分布且有明显的肥尾，损失率最大为1，最小为0。在统计学中，Beta分布可以具备这种特点，概率密度函数是定义在 [0, 1] 上的函数族，其密度函数是

$$f(x, \alpha, \beta) = \begin{cases} \dfrac{\Gamma(\alpha + \beta)}{\Gamma(\alpha)\Gamma(\beta)} x^{\alpha-1}(1 - x)^{\beta-1}, 0 < x < 1 \end{cases}$$

$$\mu = \frac{\alpha}{\alpha + \beta}, \sigma^2 = \frac{\alpha\beta}{(\alpha + \beta)^2(\alpha + \beta + 1)}$$

式中，Γ 函数在 [0, 1]，其函数表达式为

$$\Gamma(s) = \int_0^\infty e^{-x} x^{s-1} dx, s > 0$$

对一个贷款组合，可以计算得到其损失的均值和方差，通过上述列式可以计算得到分布的参数 α 和 β，这就可以得到贷款组合的损失分布 Beta 函数的概率密度函数，根据银行的容忍水平（置信水平、置信区间），可以确定贷款组合的非预期损失。

另外一种方法是蒙特卡罗方法（Monte Carlo），又称随机抽样或统计试验方法，属于计算数学的一个分支。蒙特卡罗方法的基本原理及思想如下：当所要求解的问题是某种事件出现的概率，或者是某个随机变量的期望值时，可以通过某种"试验"的方法，得到这种事件出现的频率，或者这个随机变量的平均值，并用它们作为问题的解。具体贷款组合的损失分布可以通过蒙特卡罗模拟解决。

蒙特卡罗模拟贷款组合的损失分布分为三个过程：第一，产生随机变量。产生的方法很多，用随机数发生器可以做到这一点，高质量的随机数发生器可以做到上百万次甚至上亿次不重复。假设公司的资产价值取决于两个资产回报，共同因素的回报 X 和特质性因素的回报 Y，公司的价值为 $Z = pX + \sqrt{1 - p} \times Y$。

第二，建立贷款组合内各个贷款损失的生成函数。一般假设违约损失率 LGD 是事先确定的常数，关键分析贷款是否违约。前面已经分析过，企

业是否违约的标准就是企业资产价值是否大于贷款本息。利用贷款期权模型，如果企业资产价值就是第一步产生的随机数，就建立了违约的模型。假设资产价值为 $T = \Phi - 1 (PD)$，$Z < T$ 则违约。

第三，根据多次模拟产生的违约损失，得到违约损失的分布。根据损失的分布特征和风险容忍水平，确定经济资本的大小。下面详细介绍这些方法。

单笔贷款的经济资本

任何一笔贷款的损失可以分为预期损失（Expect Loss，EL）和非预期损失（Unexpect Loss，UL）。一笔贷款的预期损失等于违约概率、违约损失率、违约敞口的乘积。因为违约概率、违约损失率都是统计变量，乘积服从一定的分布，在上述三者相互独立的情况，预期损失才可以写成三个变量的乘积。

$$EL = EAD \times LGD \times PD$$

损失分布一般是偏正态分布，非预期损失是指贷款损失波动的方差，也有的认为是方差的一定倍数。这里按非预期损失是预期损失的方差进行推算，在 PD、LGD 相互独立并且违约概率服从（0，1）二项分布的前提下，计算公式如下：

$$UL = EAD \times \sqrt{PD \times \sigma_{LGD}^2 + LGD^2 \times \sigma_{PD}^2}$$

具体推算过程如下：

任意随机变量 x 的方差有如下计算公式：

$$D(x) = E(x^2) - [E(x)]^2$$

所以 $D(EL) = D(PD \times EAD \times LGD) = EAD \times D(PD \times LGD)$

在 PD、LGD 相互独立的条件下，首先用方差公式展开：

$$D(PD \times LGD) = E(PD^2 \times LGD^2) - [E(PD \times LGD)]^2$$

上式化简的难度在于第一项是违约概率和违约损失率平方的期望，解决的方法是利用方差公式，加上并减去 $[E(PD)]^2 E(LGD^2)$

这样公式就可以表示为

$$D(PD \times LGD)$$

$$= E(PD^2)E(LGD^2) - [E(PD)^2E(LGD)^2] - [E(PD)]^2E(LGD^2)$$
$$+ [E(PD)]^2E(LGD^2)$$

$$= E(LGD^2)[E(PD^2) - (E(PD))^2] + E(PD)^2[E(LGD^2) - E(LGD)^2]$$

$$= E(LGD^2)D(PD) + E(PD)^2D(LGD)$$

还需要对 LGD 平方进行化简，还是采用上面的方法，加减一项，得：

$$D(PD \times LGD)$$

$$= E(LGD^2)D(PD) + E(PD)^2D(LGD) - E(LGD)^2D(PD)$$
$$+ E(LGD)^2D(PD)$$

$$= D(LGD)D(PD) + PD^2D(LGD) + E(LGD)^2D(PD)$$

如果违约概率服从（0，1）的二项分布，则：

$$D(PD) = PD \times (1 - PD)$$

$$D(PD \times LGD) = D(LGD)D(PD) + PD^2D(LGD) + E(LGD)^2D(PD)$$

$$= D(LGD) \times PD \times (1 - PD) + PD^2D(LGD) + LGD^2 \times PD \times (1 - PD)$$

$$= D(LGD) \times PD + LGD^2D(PD) = PD \times \sigma_{LGD}^2 + LGD^2 \times \sigma_{PD}^2$$

上式的含义是：预期损失的方差与 PD、LGD 的大小及其方差有关，一项是违约概率的方差，一项是违约损失率的方差，其前面的系数分别是 PD 和 LGD 平方。

因此 $UL = EAD \times \sqrt{PD \times \sigma_{LGD}^2 + LGD^2 \times \sigma_{PD}^2}$

举例如下：如果一笔贷款 100 万元，违约概率 $PD = 1\%$，$\sigma_{PD} = 1\% \times 99\% = 0.99\%$，$LGD = 20\%$，$\sigma_{LGD} = 25\%$，则：

$$UL = 100 \times \sqrt{1\% \times 0.25^2 + 0.2^2 \times 0.0099^2} = 21.53 \text{ 万元}$$

贷款组合的经济资本

一、多笔贷款经济资本的基本公式

两笔贷款的预期损失可以直接相加，但两笔贷款的非预期损失不能直接相加，原因在于两笔贷款组合产生了组合效应，两笔贷款的组合非预期损失小于两笔贷款非预期损失之和。

假设一家银行的贷款组合（Portfolio）中有 n 笔贷款，每一笔贷款预期损失为随机变量 X_i，$i = 1, 2, \cdots, n$。

$$EL_p = E(\sum X_i) = \sum E(X_i) = \sum EL_i$$

信贷组合的预期损失等于单笔信贷资产预期损失的和。

再分析非预期损失，二维随机变量的方差、协方差公式如下：

$$D(X + Y) = D(X) + D(Y) + 2\text{cov}(X, Y)$$

$$\rho_{x,y} = \frac{\text{cov}(X, Y)}{\sqrt{D(Y)} \sqrt{D(X)}}$$

其含义是两笔贷款违约、形成损失的相关性。

$$D(\sum X_i) = \sum D(X_i) + \sum_{i=1,n} \sum_{j=i,n} 2\rho_{i,j} \sqrt{D(X_i)} \sqrt{D(X_j)}$$

$$= \sum_{i=1,n} \sum_{j=1,n} \rho_{i,j} \sqrt{D(X_i)} \sqrt{D(X_j)} = \sum \sum \rho_{i,j} UL_i UL_j$$

因此，$UL_p = \sqrt{\sum \sum \rho_{i,j} UL_i UL_j}$。

从这个式子可以看出，信贷组合的非预期损失不等于每笔贷款非预期损失直接相加之和，而是与非预期损失的相关性有关。要计量一个贷款组合的非预期损失，需要先计量每一笔贷款的非预期损失，同时要计量任意两笔贷款之间的相关系数。对于大型银行，贷款组合中至少都有 10 万户借款人，需要计量的相关系数将是天文数字，因此还需要研究如何对相关系数进行简化估计。通常情况下相关系数小于 1，因此信贷组合的非预期损失远远小于单个资产非预期损失之和。相关系数计量准确性如何，直接关系到经济资本的准确性。

二、利用贝塔分布求解经济资本

通过选取样本数据，可以估计整体的均值 $\mu = EL_p$ 和方差 $\sigma = UL_P$。当样本数据足够大的时候，估计值是总体的无偏估计。

贝塔分布的形态由 α、β 两个参数决定，α 决定峰度，β 决定厚度。贝塔分布的概率密度函数如下：

$$f(x,\alpha,\beta) = \begin{cases} \dfrac{\Gamma(\alpha+\beta)}{\Gamma(\alpha)\Gamma(\beta)}x^{\alpha-1}(1-x)^{\beta-1}, 0 < x < 1 \\ 0, x \leqslant 0 \text{ 或者 } x \geqslant 1 \end{cases}$$

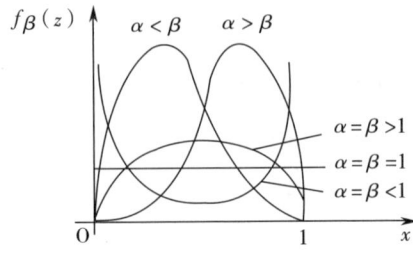

图 12 – 2　贝塔分布的概率密度图

$\alpha<\beta$ 时的偏锋厚尾形态符合信用风险损失的特征：大部分情况下的损失较小，但是有可能发生较大损失。估计值如下式：

$$\alpha = \frac{\mu^2 \times (1-\mu)}{\sigma^2} - \mu$$

$$\beta = \frac{1-\mu}{\mu} \times \alpha$$

式中，μ 是信贷组合的预期损失；σ 是信贷组合预期损失波动度（见图 12 – 3）。

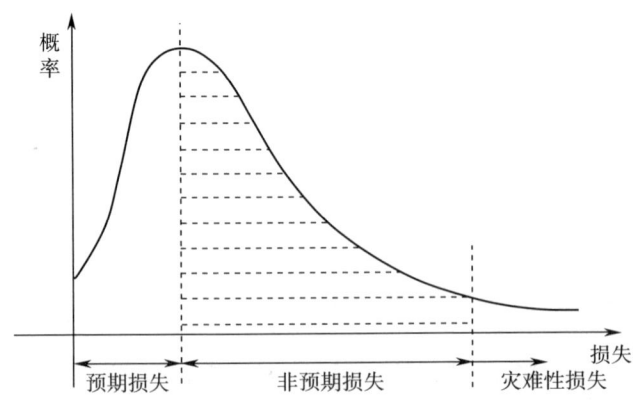

图 12 – 3　常见信贷业务的损失曲线

商业银行根据内部的风险偏好、监管要求以及外部评级结果设定风险容忍度，即破产的可能性（置信水平）。

在已知组合损失分布和置信水平的基础上，可确定资本以覆盖在一定容忍度水平下的损失额。

$$P(X - EL_p \leq EC) = z$$

$$P(\frac{X - EL_p}{UL_p} \leq \frac{EC}{UL_p}) = z$$

设 $F(z) = CM$，F 是服从参数 α、β 的贝塔分布累计函数的反函数，则 $EC = CM \times UL_p$。

针对一定的信贷组合，可以逐笔确定其预期损失和非预期损失。如果知道其相关系数，就可以确定组合的预期损失和非预期损失，进而可以确定贝塔分布的参数 α、β。在一定的置信水平下，可以反求出资本乘数 $CM = F(Z)$，这样就可以确定这个特定组合的经济资本。

相关系数问题

前面已经提到，违约相关系数在计算非预期损失中非常关键。银行的客户多种多样，它们存在于共同的经济环境，经营着类似的产品和服务，因此这些客户的违约存在一定的相关性。更为复杂的是因为相关性的存在，会导致贷款组合的非预期损失不再等于单个资产非预期损失之和。如果不考虑贷款之间的相关性，计算确定的经济资本就是不准确的，就无法计量组合的集中水平和分散化程度。研究贷款之间的相关性，就是要回答，如果一笔贷款违约，对贷款组合中的其他贷款产生什么影响？不同贷款违约的关联性如何？下面分析一下相关系数问题。

一、资产相关性

解决违约相关性问题，需要引入资产相关性的概念。这两个概念有联系，但又不同。资产相关性是回答两个公司资产收益率之间的关系，这种关联的状态较多，资产质量存在多个级别，多种组合，会有多种相关性，相关性会高一些。违约相关性是回答两个公司违约的关系。相比而言，违约状态少一些，相关性会小一些。一般讲资产相关性在 20% ~ 35% 之间，但违约相关性要小很多，一般为 2% ~ 10%。

　　一个企业的违约概率取决于两个因素：宏观因素和特质性因素。宏观因素可以看作行业，特质性因素就是企业特有因素。

　　假设两个公司 a 和 b，每一个公司的资产回报 X_i 可以分为两部分，共同经济因素决定的回报 Z 和公司特质性因素决定的回报 Y_i：

$$X_i = \alpha_i Y_i + \beta_i Z$$
$$X_j = \alpha_j Y_j + \beta_j Z$$

　　假设 1：X_i、Y_i、Z 都服从标准正态分布 $N(0,1)$，其方差都等于 1。这个假设可以这样理解：客观经济或公司因素都可以进行归一化处理，经过变换后服从正态分布。

　　根据上述假设，可以得到以下关系：

$$\alpha_i^2 + \beta_i^2 = 1$$
$$\alpha_j^2 + \beta_j^2 = 1$$

　　假设 2：企业特质性因素确定的回报率相互独立，β_i、β_j 相关性为零，其含义是企业特质性因素互不相同，比如一个企业的管理水平与另一个企业的管理水平没有关联。特质性因素与宏观因素之间也是相互独立的，则两个公司之间的资产协方差为

$$\text{cov}(X_i, X_j)$$
$$= \text{cov}(\alpha_i Y_i + \beta_i Z, \alpha_j Y_j + \beta_j Z)$$
$$= \text{cov}(\alpha_i Y_i, \alpha_j Y_j) + \text{cov}(\alpha_i Y_i, \beta_j Z) + \text{cov}(\beta_i Z, \alpha_j Y_j) + \text{cov}(\beta_i Z, \beta_j Z)$$
$$= \beta_i \beta_j$$

$$\rho(X_i, X_j) = \frac{\beta_i \beta_j}{\sqrt{Var(X_i) Var(X_j)}} = \beta_i \beta_j$$

　　假设 3：任意两个公司之间的资产相关性都相同，假设都是 ρ。

　　在这个假设基础上，很容易得到 $\beta_i = \beta_j = \sqrt{\rho}$，因此 $X_i = Y\sqrt{\rho} + Z_i\sqrt{1-\rho}$。

在这些假设基础上，Oldrich Vasicek（2002）推导出了一定假设条件下的贷款组合的损失分布和违约概率。假设贷款到期日 T 时借款人的资产价值下降到其债务合约价值 F 以下，则贷款发生违约。

$$\frac{dA_i}{A_i} = \mu_i dt + \sigma_i dx$$

借款人在 T 时的资产价值可以表示为

$$A_i(T) = A_i \exp\left\{\left[\mu_i - \frac{\sigma_i^2}{2}\right]t + \sigma_i \sqrt{T}x_i\right\}$$

第 i 笔贷款违约的概率是：

$$P_i = \text{Prob}\left[A_i(T) \le F_i\right] = P(X_i < \alpha_i) = N(\alpha_i)$$

$$\alpha_i = \frac{\ln(F_i/A_i) + (\frac{1}{2}\sigma_i^2 - \mu_i)T}{\sigma_i \sqrt{T}}$$

$N(\cdot)$ 是标准正态分布函数。

假设任意两家借款公司的资产价值的相关系数为 ρ，L_i 表示第 i 个贷款的损失率。如果借款人违约，则 $L_i = 1$，否则 $L_i = 0$。

无条件违约概率和条件违约概率是两个不同的概念，无条件违约概率是条件违约概率对系统风险因素所有可能值的加权平均。

违约概率可以看作在每一个共同因素条件下的违约概率的期望值。在给定的经济背景下，先求出每个已知情景下的违约概率，然后求其平均值，就是无条件的违约概率。

$$p(y) = P(L_i = 1 \mid Y) = P[Y\sqrt{\rho} + Z_i \sqrt{1-\rho} < N^{-1}(PD) \mid Y]$$

$$= N\left(\frac{N^{-1}(PD) - Y\sqrt{\rho}}{\sqrt{1-\rho}}\right)$$

$L_i = 1$ 表示在某种经济状态下客户违约，各个不同状态是独立同分布变量，根据大数定律，观察到的组合违约概率收敛于期望值 $p(y)$，即 $PD = P(y)$。

二、违约相关性

（一）违约相关性一般公式

得到资产相关性以后，再分析违约相关性。假设两个公司违约概率记为 $P(D_i) = EDF_i$，$P(D_j) = EDF_j$。

根据协方差定义，违约事件的相关性为

$$\rho_{ij} = \frac{\sigma_{ij}}{\sigma_i \sigma_j}$$

假设违约过程是一个两状态的事件，服从二项式分布，两笔贷款之间的违约相关系数可以用公式表示如下：

$$\rho_{i,j} = \frac{P(D_i, D_j) - EDF_i \times EDF_j}{\sqrt{EDF_i(1 - EDF_i)} \times \sqrt{EDF_j(1 - EDF_j)}}$$

$$P(D_i \times D_j) = EDF_i + EDF_j - P(D_i + D_j) = JDP$$

JDP 实际上就是回答两个公司的资产回报同时低于违约点的概率为多少。如果资产回报服从正态分布，给定违约点，JDP 可以表述为

$$JDP = \frac{1}{2\pi\sqrt{1-\rho^2}} \int_{-\infty}^{N^{-1}(PD_A)} \int_{-\infty}^{N^{-1}(PD_B)} \exp\left(-\frac{x_i^2 - 2\rho x_i x_j + x_j^2}{2(1-\rho^2)}\right) dx_i dx_j$$

式中，ρ 是资产相关系数。

$$JDP = \int_{-10}^{D_b} \int_{-10}^{D_a} \frac{1}{2\pi S_a S_b \sqrt{1-\rho^2}}$$

$$\exp\left\{-\frac{1}{2} \times \frac{1}{1-\rho^2}\left[\left(\frac{x}{S_a}\right)^2 - 2\rho\left(\frac{xy}{S_a S_b}\right) + \left(\frac{y}{S_b}\right)^2\right]\right\} d_x d_y$$

计算 JDP 中需要确定的参数主要是资产相关系数、每一种资产收益的波动性，上式的含义就是两种资产同时违约的概率。针对上市公司，才比较方便确定这些参数。

（二）违约相关性的简化算法

上面的公式是两两求解违约相关性，显然不可取，一些专家研究了简化的处理方式。一种思路是一个信用等级内部都是一个违约相关性。在

From Basel 1 *to Basel* 3[①] 中介绍了这样一种方法。

假设一个公司 X 所在的信用等级的平均违约率为

$$\mu_{rating} = \mu(X_i), \sigma(X_i) = \sqrt{\mu_{rating} \times (1 - \mu_{rating})}$$

违约数量为 $D_{rating} = \sum(X_i)$，假设在一个信用等级内的各个公司违约的方差一样：

$$\sigma^2(D_{rating}) = \sum \sum \rho_{i,j} \sigma(X_i) \sigma(X_j) = \sum \sum \rho_{i,j}(\mu_{rating} - \mu_{rating}^2)$$

如果这个信用等级内有 N 个公司，剔除自身的相关系数，其平均的相关性系数为

$$\bar{\rho} = \frac{\sum \sum \rho_{ij} - N}{N \times (N-1)}$$

$$\sigma^2(D_{rating}) = [\bar{\rho} \times (N^2 - N) + N] \times (\mu_{rating} - \mu_{rating}^2)$$

定义 $\sigma^2(DR_{rating}) = \sigma^2(D_{rating})/N^2$

$$\bar{\rho} = \frac{\dfrac{\sigma^2(DR_{rating}) \times N}{(\mu_{rating} - \mu_{rating}^2)} - 1}{N - 1}$$

如果 N 足够大，可以得到：

$$\bar{\rho} = \sigma^2(DR_{rating})/(\mu_{rating} - \mu_{rating}^2)$$

如果用平常的概念和符号表示，则：

$$\bar{\rho} = \frac{\sigma^2(D_{rating})}{(\mu_{rating} - \mu_{rating}^2) \times N^2} = \frac{\sigma^2(PD)}{PD - PD^2}$$

从这个简化公式可以看出，平均违约相关性等于一个信用等级违约概率的方差除以违约概率与违约概率平方的差，这样就可以计算一个信用等级内部的违约相关性。

不同信用等级之间的相关性可以认为是 0。

上述公式也可以推广到行业之间。行业内部违约相关性高，行业之间违约相关性大大降低，也可以认为是 0。

---

① Laurent，B. From Basel 1 to Basel 3：the Integration of State of the Art Risk Modeling in Banking Regulation. Palgrave macmillan，2006.

（三）分行业估计违约相关性

至此，我们基本完成了贷款组合信用风险度量的理论框架，可以基于违约概率、违约损失率、相关性等概念计量单笔和组合的经济资本。这个框架有一些不完善和需要细化的地方。比如，关于违约状态问题，在上面的分析中，都是假设只有两种状态：违约和不违约。但实际上，有可能是多种状态，在不违约状态，可以划分为多个信用等级；再比如，期限问题上面的分析都是一期，实际上可能会是多个时期，这些都需要更深入的研究分析。

假设两个公司 a 和 b，每一个公司的违约概率 R 可以分为两部分，行业因素决定的违约概率 R_h 和公司特质性因素决定的违约概率 R_t。假设 R_a、R_b、R_h、R_t 服从标准正态分布为 $N(0, 1)$，其方差都等于 1：

$$R_a = \omega_h^A R_h^A + \omega_t^A R_t^A$$

$$R_b = \omega_h^B R_h^B + \omega_t^B R_t^B$$

假设特质性因素确定的违约概率是相互独立的，特质性因素违约概率与行业因素违约概率之间也是相互独立的，则两个公司之间的违约相关性为

$$\mathrm{cov}(R_a, R_b)$$

$$= \mathrm{cov}(\varpi_h^A R_h^A + \varpi_t^A R_t^A, \varpi_h^B R_h^B + \varpi_t^B R_t^B)$$

$$= \mathrm{cov}(\varpi_h^A R_h^A, \varpi_h^B R_h^B) + \mathrm{cov}(\varpi_h^A R_h^A, \varpi_t^B R_t^B) + \mathrm{cov}(\varpi_t^A R_t^A, \varpi_h^B R_h^B)$$

$$+ \mathrm{cov}(\varpi_t^A R_t^A, \varpi_t^B R_t^B)$$

$$= \mathrm{cov}(\varpi_h^A R_h^A, \varpi_h^B R_h^B)$$

$$= \varpi_h^A \varpi_h^B \mathrm{cov}(R_h^A, R_h^B)$$

$$\rho(R_a, R_b) = \frac{\mathrm{cov}(R_a, R_b)}{\sqrt{Var(R_a) Var(R_b)}} = \varpi_h^A \varpi_h^B \mathrm{cov}(R_h^A, R_h^B)$$

因为 $Var(R_a) = Var(R_b) = Var(R_h) = Var(R_t) = 1$，所以

$$\rho(R_a, R_b) = \frac{\varpi_h^A \varpi_h^B \mathrm{cov}(R_h^A, R_h^B)}{\sqrt{Var(R_h^A)} \sqrt{Var(R_h^B)}} = \varpi_h^A \varpi_h^B \rho(R_h^A, R_h^B) = \varpi_h^A \varpi_h^B \rho_{h_A h_B} \circ$$

两个行业的违约相关性可以通过统计的方式得到，这样就可以得到两

个客户之间的违约相关性。

三、单笔债项的经济资本贡献

经济资本配置是经济资本占用计算的逆过程，我们要求出单笔债项、单个客户、单个产品对组合经济资本的边际贡献。

单笔债项 i 的边界贡献 $RC_i = \dfrac{UL_i \sum\limits_j \rho_{ij} UL_j}{UL_\rho}$

债项 i 的经济资本 $EC_i = CM \times RC_i$

证明：根据可加定理，$UL_\rho = \sum\limits_i RC_i = \sum\limits_i UL_i \dfrac{\partial\ UL_p}{\partial\ UL_i}$

$$RC_i = UL_i \frac{\partial\ UL_p}{\partial\ UL_i} = UL_i \frac{\partial\ \left[\sum\sum \rho_{ij} UL_i UL_j\right]^{1/2}}{\partial\ UL_i}$$

$$= UL_i \frac{\sum\limits_j \rho_{ij} UL_j}{\left[\sum\sum \rho_{ij} UL_i UL_j\right]^{0.5}} = \frac{UL_i \sum\limits_j \rho_{ij} UL_j}{UL_\rho}$$

从上面式子可以看出，一笔债项给整个组合带来的经济资本取决于存量债项的相关系数以及该债项自身的非预期损失。

风险限额

有了经济资本，就为确定某一个地区、某一个行业、某一个产品的风险限额提供了基础。一个地区、一个行业、一个产品以及它们的组合都可以看成是一个贷款组合，根据经济资本目标可以确定它们的风险暴露或者风险限额。常用的方法主要有两种：比例法和线性规划法。

（一）比例法

下面以确定行业的风险限额为例说明基本的思路如下：

第一步，确定银行在新年度的经济资本。从表面上看，这应该是"果"而不能成为"因"。但是，从战略的角度看，将确定的经济资本作为分析的起点也是可以的。银行的董事会根据自己的风险容忍程度、资产的损失分布和资产组合确定总的应该保有的经济资本。从操作的角度看，可以这样确定，根据银行目前的资产组合，按照行业划分为若干个"资产池"，确定这些"资产池"的损失分布，计算"资产池"的非预期损失，确定"资产池"之间的相关系数，计算总的非预期损失：

$$UL_p = \sqrt{\sum \sum \rho_{i,j} UL_i UL_j}$$

在确定银行破产的概率区间后，按照下面的公式确定总的经济资本：

$$p\left(\frac{x - EL_p}{UL_p} \leqslant CM\right) = \alpha$$

在新的年度，可以假设经济资本在现有的基础上增长一定的比例，得到新年度的经济资本。

第二步，确定各个行业在分配经济资本方面的权重。权重的确定有多种方法：

1. 根据行业的预期损失，具体公式如下：

$$w_i = \frac{EL_i}{\sum EL_i}$$

2. 根据行业的风险贡献，具体公式如下：

从简化的角度看，一个行业的贷款可以认为是一笔贷款，按照下面的公式确定风险贡献：

$$RC_i = \frac{UL_i \sum_j UL_j \rho_{i,j}}{UL_p}$$

接着计算单个资产组合的风险贡献在总的风险贡献中的占比：

$$w_i = \frac{RC_i}{\sum RC_i}$$

第三步，按照权重占比计算各个行业分配的经济资本，再根据分配的经济资本确定每个行业的风险敞口，也就是风险限额。

（二）线性规划法

这种方法实际上是研究如何分配经济资本，使得银行的风险调整的资本回报率最大，即 *RAROC* 最大。还以行业为例，假设总的经济资本已经确定，为 EC，有 n 个行业参与分配，每个行业的风险限额即风险敞口为 EAD_i，则有以下规划：

$$\max RAROC = \frac{\sum R_i - EL_i - EC_i \times r}{\sum EC_i}$$

s. t. $EL_i = EAD_i \times LGD_i \times PD_i$，其中，LGD、PD 都是已知常数。

$$\sum EC_i \leqslant EC$$

$$EC_i = CM \times UL_i$$

$$UL_i = EAD_i \times \sqrt{PD_i \times \sigma_{LGD}^2 + LGD_i^2 \times \sigma_{PD}^2}$$

通过求解上述线性规划，可以得到 EAD，就是各个行业的限额。

如果这个资产组合中新增加一笔贷款，如何确定其非预期损失呢？基本思路是将组合的非预期损失对该笔贷款的非预期损失求偏导，得到其风险贡献：

$$RC_i = UL_i \frac{\partial\ UL_p}{\partial\ UL_i} = UL_i \times \frac{1}{UL_p}(2UL_i + 2\sum_{j \neq i} UL_j \rho_{i,j}) = \frac{UL_i \sum_j UL_j \rho_{i,j}}{UL_p}$$

这个公式意味着，一笔贷款的风险贡献除了与其自身的非预期风险相关外，还与其所在的组合有很大关系。因此在确定一笔贷款的经济资本时，一定要注意组合的确定是否合理。

对银行而言，产品、区域、行业都可以作为划分资产池的维度。但产品、区域内的贷款情形千差万别，相关系数缺乏稳定性，用来衡量非预期损失，缺乏准确性、可靠性，因此当前的重点应该是研究行业违约相关系数，根据行业违约相关系数确定经济资本。

如果现有的组合中增加一笔新的业务，这笔新业务为 k，它属于某个标记为 γ 的行业，其预期损失和非与其损失分别表示为 e 和 u。

这笔业务可能有两种情况，第一种是新客户，银行的新业务是对全新的客户开展的，银行以前没有对它的风险暴露。第二种是老客户，银行的新业务是对已有客户开展的，银行的资产组合中有对它的风险暴露。已知银行现有资产组合为 $A = (a_1, a_2, a_3, \cdots, a_n)$，新的一年可以增加的贷款总额是 M，问题是银行如何进行行业分配，能够实现效益的最大化。

目标函数：可以有两种选择，一种是经济增加值，另一种是风险调整的回报率。经济增加值为线性，暂且用经济增加值。

$$EVA = 收入 - 预期损失 - 经济资本 \times 门槛回报率$$

$$EVA = (A + M) \times r - \sum (a_i + x_i) \times PD_i \times LGD_i - \sum EC_i \times h$$

约束条件：各个行业贷款总额之和不超过 $A + M$。

$$\sum (a_i + x_i) \leqslant A + M$$

各个行业经济资本之和不超过限定值，$\sum \sum \rho_{ij} EC_i EC_j \leqslant EC$

各 个 行 业 经 济 资 本 $EC_i = CM \times UL_i = CM \times (a_i + x_i) \times$
$\sqrt{PD \times \sigma_{LGD}^2 + LGD_i^2 \times \sigma_{PD}^2}$

行业的 PD 采用平均违约概率，LGD 采用平均 LGD，波动率每个行业都可以计算得到，行业之间的违约相关性系数可以采用拟合的方法得到。

第十三讲　压力测试

压力测试概述

一、压力测试的兴起

压力测试作为一种方法，最早用于医学、工程学和计算机软件编程设计中，泛指测试某个系统在极端情景下恢复能力的系统评估方法。20 世纪 90 年代初期，一些全球性的银行开始在其内部的风险管理实践中使用压力测试技术评估其资产组合在极端风险下的表现。最初，这种压力测试主要针对交易账户的市场风险头寸在极端市场环境下开展定量分析，后来渐渐从市场风险领域扩展到信用风险、流动性风险以及运营风险领域，乃至对全面风险开展整体性压力测试。通过压力测试，可以对测试对象面临的主要风险具有更加清晰的感性认识，对可能的最为极端的不利情景具有较为充分的思想准备，帮助银行分析在极端情景下实际风险是否满足风险偏好的设定，提前采取调整措施或者制定应对预案。中央银行和监管部门同样非常关注压力测试，希望通过压力测试了解金融体系的稳定性，以便采取有针对性的调控措施。现在压力测试已经成为金融业重要的风险管理工具。

2008 年国际金融危机使压力测试理论和方法受到了全球的更大关注。2009 年 1 月，巴塞尔委员会公布了《稳健的压力测试实践和监管原则》，首次全面系统地阐述了银行业压力测试的标准和规范，使人们更加认识到压力测试的重要性。在遭受次贷危机的严重冲击之后，美国政府在 2009 年 2 月公布的金融稳定计划中包含了备受关注的"压力测试"项目，美联储、财政部下属的货币监理署（Office of the Controller of the Currency）、联邦存款保险公司（Federal Deposit Insurance Corp.）和储蓄机构监理局（Office of Thrift Supervision）共同组织这次压力测试。据美联储公布的报告，逾150位联邦监管官员、检查人员及经济学家参与了压力测试。压力测试结果公布后，投资者比较全面地了解了美国大型银行未来的资本状况，对各种极端情况有了了解，重新恢复了市场信心。此后，欧洲主要国家也开始推进金融机构的压力测试，希望能够借鉴美国模式提高市场的透明度和信心。压力测试成为金融危机之后最热门的专业词汇之一。

国内银行自2006年前后开始探索压力测试的理论和方法，一些大型银行对整体资产组合、特定资产组合的信用风险开展了压力测试，积累了一些经验。2008年监管部门下发了压力测试的指引，组织银行业开展了一系列压力测试，对宏观决策、监管政策、银行经营都起到了一定参考作用。有的银行还专门开发了压力测试系统，国内银行的压力测试水平和能力快速提升，与国际领先银行的差距正在逐步缩小。

二、压力测试的四个要素

压力测试就像四位一体的金字塔，位于下面基础的三个角的第一个是压力测试的对象，第二个是压力测试的情景，第三个是压力测试的逻辑，位于顶端的就是压力测试的目标。压力测试的核心就是这样一个金字塔，所有压力测试的工作概括起来就是围绕这四个要素开展。

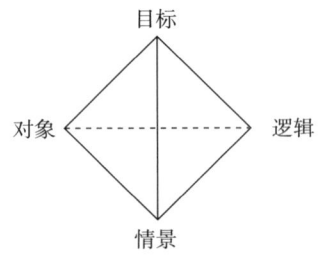

图 13 – 1　压力测试金字塔

金字塔塔尖是压力测试的目标。开展压力测试工作，首先要明确、界定压力测试的目的到底是什么。比如作房地产压力测试，房地产压力测试的目的是什么？从商业银行的角度讲，有可能定位成如果房地产市场出现比较大的变化，比方说房价下跌 30％，甚至 50％，银行的资产质量是个什么情况，银行有多大的损失，这就是压力测试的目标。再比方说 FSAP 评估，它作压力测试的目的，就是要通过测试金融体系的脆弱性，评估金融体系的稳定性。具体到商业银行，就是要评价在压力情况下，银行的流动性怎么样，银行的资本充足率怎么样。美国 2009 年开展压力测试，首先界定压力测试的目标是要解决 19 家机构在金融危机的情况下到底会产生多少损失，这些机构需要从资本市场上筹集多少资本、补充多少资本的问题，这就是它的目标，后续的很多工作都要围绕这个目标来确定。压力测试之前，很重要的工作，就是首先要把目标确定好。

金字塔下面三个角，一个叫对象，以房地产压力测试为例，就是要确定做压力测试的对象是什么。说起来房地产的压力测试似乎很简单，仔细分析就会发现很多事情还需要进一步界定，比如房地产市场的变化对银行的影响是全方位的，测试的对象是个人贷款还是公司贷款，这些都要评估。假如要作房地产市场变化对公司类贷款的影响，又要进一步细化分析，是作房地产开发的贷款还是土地储备的贷款，要不要考虑房地产上下游的影响，怎么界定上下游，房地产的上游是哪些，下游又是哪些。房地产业和全社会 70 多个行业有关，界定对象的时候，又怎么界定这些行业呢？房地产的压力测试，要不要考虑以房地产为抵押的贷款呢？如果贷款是借给石油公司的，但是石油公司的贷款可能是以房产或土地作抵押，那么房地产市场的变化对资产质量产生影响时，要不要考虑这些以房地产作为抵押的贷款呢？

确定目标和确定对象之间是一个互动的过程，考虑了对象之后可能会进一步修正目标。开始界定压力测试的目标说是房地产市场的变化对银行资产质量的影响，经过互动调整，有可能会将目标调整成房地产市场的变化对房地产贷款的影响。也有可能明确测试的目标是看房地产市场的变化对银行整个资产质量的影响，那就要逐步梳理出个人贷款、公司贷款、以房地产作抵押的贷款。在做压力测试的时候，一定要把对象界定清楚，对象界定不清就会对后续很多工作带来影响。做压力测试的时候要把对象和目标搞清楚，这是一对关系。

金字塔下面还有两个角，一个是情景，一个是逻辑。相对来讲，情景和逻辑是作压力测试的技术工作。首先说情景。情景是什么呢？2008年国际金融危机是一个情景，现在持续进展的欧债危机是一个情景，房地产的持续深度下跌也是一个情景，中国经济转型也是一个情景。但是大家会发现这些情景的表述之间差异很大，有的很宏观，有的很具体。以欧债危机为例，怎么描述欧债危机这个情景？"欧猪五国"（希腊、意大利、爱尔兰、葡萄牙、西班牙）退出欧元区，欧元区GDP负增长，欧元和美元的汇率关系下跌到1.1或1.2，欧元崩溃，哪一个代表了欧债危机情景？做压力测试的时候容易忽视情景设计，情景是做压力测试很重要的技术环节。把情景设置好，是压力测试中很关键的一步。

情景和目标、对象也是互动的关系，确定情景的时候，对目标和对象也有影响。比方说中国经济衰退这样一个情景，这是一个宏观的情景，目标很容易确定成金融体系的稳定性，或者一家银行总的资产质量。在中国经济衰退或是经济转型这样一个情景下，将水泥行业的资产质量变化作为目标，情景和目标之间有些不匹配，还需要继续做一些转化工作。比方说什么叫经济转型，经济转型过程中涉及怎样的经济调整，经济调整对水泥行业又会产生怎样的影响。情景会进一步影响测试的目标和对象。

再说逻辑，逻辑起什么作用呢？就是把这些汤料煲汤，把目标、对象、情景揉在一起，是将目标、对象、情景联系起来展现的结果。压力测试就是这么一个金字塔，一个四面架构，建设这个金字塔需要基础支持，需要管理层重视，需要信息、数据、系统等必要的技术支持。

三、压力测试的一般流程

压力测试一般可以分为六个步骤：

1. 压力测试目标确定。压力测试前，要根据管理需要，确定压力测试的目的。不同的压力测试目标不一样，常见的目标有资产质量、流动性、资本充足率。

2. 根据目标确定压力测试技术方案。压力测试的方法很多，不同的目的需要不同的技术路线。比如要了解总体资产质量的变化，可以采用自上而下的统计方法，因为这样能比较快地给出一个基本概念。但如果要了解某个行业的情况，自下而上的方法要好一些，这样可以有针对性，并了解每一户企业的情况。

3. 设计压力测试情景。压力测试情景的设计很重要。有人认为压力测试情景就是要看极端情况，实际上这种认识不全面。压力测试目的是了解在压力情况下的变化，极端情景只是一种情景，实践中更重要的是可实现的压力情景，这样更有利于管理。

4. 收集数据并整理。压力测试数据要求很高，既需要宏观经济数据，又需要银行内部信贷数据，还需要市场交易数据。有的数据是年度数据，有的数据是月度数据。开展压力测试，最大的困难来自数据。没有高质量的数据，好的压力测试设想很难实现。数据整理的方法与开发违约概率模型的方法是一样的，要把各类异常值、缺失值等处理好。

5. 模型开发。根据经济学原理，选择变量建立压力测试模型，常用到模型包括线形回归、Logistic 回归、默顿模型等。根据开发出来的模型，分析在压力环境下的目标值。

6. 措施建议。压力测试是为决策服务的，做完压力测试，需要向有关方面报告压力测试结果。根据压力测试结果，银行应该分析压力测试结果是否可靠、是否能够承受压力测试结果、应该采取哪些有效的管理措施。

四、如何看待和合理运用压力测试结果

对国内银行来说，压力测试仍然处于起步阶段，要想对银行的微观经营管理以及监管部门的宏观控制发挥更大的作用，需要进一步发展和完善压力测试的技术，培养压力测试的文化。

第一，压力测试还很不成熟，还需要多开展跨学科的研究，完善方法论的体系。比方说做汽车的碰撞试验，在汽车实验室作实际的测试，车是否能经受住实际的冲击，马上能得出一个判断。但是压力测试还做不到这一点，这是一个没有解决的难题，需要进一步完善计量方法，以便更加科学地设计压力情景，增加压力测试结果的说服力。

第二，要进一步提升压力测试的整合能力。监管机构和金融机构的决

策层最为关心的是压力情景下，整个金融机构/银行的资本充足情况、盈利性、资产质量的变化。未来需要开展资产负债表层面的整合性压力测试，反映压力情景下资产负债表、损益表的综合影响。这是一个巨大的挑战。这需要跨部门的配合，以及解决多方面的技术难题。目前国内金融机构所开展的压力测试都是在局部探讨，整合性还不够。

第三，不仅要知其然，还要知其所以然。自下而上能提供更多压力测试的细节，能够解决一些问题，但如果不能把这些变化的原因找出来，把银行的薄弱环节找出来，提出的措施就很难有针对性。如果对业务没有深刻的了解，也提不出解决问题的有效方法，压力测试就变成了摆设，不能解决具体的问题。要想真正发挥压力测试的作用，就不但要知其然，还要知其所以然，要深入了解压力测试的内在机理和逻辑。只有充分认识压力测试的局限性才能更好地发挥压力测试的效果，解决现实问题。此外，还要把握压力测试的分寸，过犹不及，避免成为杞人忧天的笑话。

压力测试情景设计

压力情景（Economic Scenarios）设计是全行整体性压力测试过程的起点，是压力测试工作的核心环节。

一、压力测试情景的原则

在设计压力测试情景中，尤其应该关注以下问题：

第一，高级管理人员要深度参与情景设计。很多银行往往是在完成压力测试以后将压力测试结果报告管理层，这种做法会产生很多不良后果，比如管理层被动接受压力测试结果，对压力测试工作认可度低；管理层不认同压力测试情景，压力测试工作产生返工现象；管理层关心的问题得不到回应，压力测试工作的有效性下降。

第二，压力测试的情景要考虑可信性。很多人认为压力测试就是假设一些极端情况，分析在这些极端情况下会产生哪些结果。还有的人把情景简单划分为轻度情景、中度情景、重度情景。这种情景设计都存在问题。

比如，像杞人忧天一样假设一些不可能存在的情况，在管理上的意义并不大。分轻、中、重假设一些情景，情景指标是一个变化方向，实际上各个指标之间有内在的逻辑联系，任意假设一些不存在的指标数值，大大降低了压力测试结果的可信度，使压力测试工作的可用性大大降低。因此在设计压力测试情景时，国外银行都非常强调情景应该是一些可信的、可能发生的、有压力的情景。

第三，压力测试情景要考虑一致性。随着压力测试工具的广泛应用，银行的资产负债、流动性管理、资本管理、资产质量等都可能用到压力测试。情景不一样，各种压力测试的结果就不能进行汇总整合，因此越来越多的银行开始探索在银行层面设计统一的压力测试情景。

第四，压力测试情景要考虑指标之间的关联性。最突出的例子是宏观经济指标的关联，GDP、居民消费物价指数、利率、房地产价格、汇率等都是一些常用的指标。根据宏观经济理论和运行实际，这些指标之间是相互关联的，银行可以运用宏观经济模型发现指标之间的关系，根据这些关系推测一些指标变化会导致其他指标如何变化。

二、压力测试情景的制定流程

第一步，要确定压力测试情景的负责部门。在银行内部，战略研究部门、资产负债管理部门、风险管理部门都可能成为压力测试情景的负责部门。国内一般由风险管理部门负责，主要原因是风险管理部门最早研究、实践压力测试工作，对压力测试技术方法相对比较熟悉。国外有的银行由研究部门负责，主要是这些部门有很强的宏观经济研究把握能力。比如美国某银行专门有压力情景设计团队（Scenario Generation Team，SGT）负责银行的经济分析和定量预测工作。该部门有强大的定量研究能力，设有首席经济学家职位，有一个20多人的定量分析团队。由该部门负责情景的设计，能够保持一定的独立性，使情景的设计更加客观，容易被相关部门接受。

第二，压力测试情景设计团队要开展一系列内外部调查，确定各特定资产组合相关的风险因子和市场关注点，开发定量和定性（假设）情景。

这些压力情景应该包括关键变量和业务描述。

第三步，管理层审议压力测试情景。有的银行专门成立了压力情景领导小组，由首席财务官、首席风险官等组成。管理层要研究确定几种压力情景，比如经济衰退、通货膨胀等。一般确定五个情景，首先要确定基准情景，即未来最可能发生情景；在基准情景基础上提出两个定量产生的情景、两个主观假设情景。压力情景设计团队针对每一个情景，研究如何刻画这种情景，提出主要的指标，分析业务会发生什么变化、外部会发生什么变化，每种情景发生的可能性和合理性，再报管理层批准。

第四步，压力情景设计团队将所批准情景的有限变量标准扩展生成一套完整的压力测试情景变量集。压力情景设计团队针对每个情景开发全套宏观经济和市场变量，与之前创建的关键变量和业务描述保持一致。这样，全行压力测试和每个业务条线所要求的预测过程的所有输入就生成了。最终提交的压力测试情景变量集须由压力情景设计团队经济学家和各领域专家管理人员全面评审，以确保各变量是可观察的，并且数据无误。

第五步，正式提交情景设计。压力情景设计团队将整套压力情景经济变量提供给压力测试部门使用。这时候提供的情景既包括关键经济变量，也包括宏观经济和市场/流动性风险描述，这样有利于将压力测试与关键业务决策关联起来。

三、定量经济情景设计流程

定量经济情景设计是基于大量历史数据及其关系创建统计模型，在此基础上设计的压力测试情景，一般是围绕基准情景产生一系列、广泛的经济结果。

1. 基准情景的设计。

在设计定量情景时，首先需要捕捉当前经济环境未来一段时间最可能出现的情况，这就是基准情景。产生基准情景的方法主要是内外部的调查分析。从外部讲，要综合考虑外部政府监管机构、研究机构、投资银行、商业银行对经济形势的分析和判断，综合归纳它们对未来经济的看法，得出基准情景。从内部讲，就是要把管理层、各个业务部门的意见充分收集起来，得到基准情景的判断。

基准情景一般包括 20 个左右经济指标，其中 5 个左右指标是核心指标。比如美国某银行压力测试的基准情景包括 25 个变量，核心指标主要有 GDP、失业率、消费物价指数、联邦资金利率。核心指标一般来自外部第三方知名的、业内广泛接受的经济调查。联邦资金利率指标采用联邦资金期货价格。

2. 派生变量生成。

以这些核心指标作为输入项，开发另外的定量模型生成压力测试所需要的其他剩余派生变量。基准情景的派生变量尽可能采用市场或外部专家的意见，比如利率、申请破产率、标准普尔 500 的估计。对于与宏观经济变量关联性不强或不一致的变量（如标准普尔 500），就需要引入一个模型误差的附加冲击，以提供压力情景的足够的变动性。冲击的力度根据关键变量的相对严重性确定。

3. 定量经济情景分析注意的问题。

第一，确保经济变量路径和冲击在不同情景间的一致性。情景的产生要采用一套严格的、可重现的方法路径，所提供的结果应是现实可能的、与历史上发生的情况是一致的或有说服力的。创建经济变化结果的概率分布采用定义明晰、可复验的方法。

第二，根据外部调查和市场意见构建情景，反映专家的及时预测结果和随机事件，而不是引入一个假定的内部观点。

第三，允许通过改变经济变量的模拟路径，保持创建更多情景的灵活性；能够支持敏感性分析和反向压力测试。

四、定性经济情景设计流程

定性情景设计，也称假设情景设计，作为定量情景设计的补充。

定性情景一般由压力情景设计团队的经济学家在银行内部进行调查，了解业务线管理人员认为影响业务的最主要变量及其严重程度，也会征求内外部经济学家、政策制定者、监管部门的意见。定性假设情景设计适合于反映打破历史上的关联性或者经济环境的特殊压力特征的情景。

为了创建压力测试所需的全套变量，核心指标或派生指标模型可能需要关键经济学家的定性情景变量作为输入。

核心变量往往作为产生假设情景的输入。比如滞胀情景，就可能需要经济学家关于 GDP、消费者物价指数、房屋价格趋势的预测假定，并作为输入指标，利用现有的定量情景模型产生其他派生情景变量指标。

五、情景的选择

开展压力测试的情景不宜过多，国外银行经常采用 5 ~ 6 个情景开展压力测试。比如在 2008 年国际金融危机后，有的银行设计了如下的情景。

基线情景（Baseline）：基线情景是指未来一段时间经济环境最可能出现的情况，包括经济开始逐渐复苏、住房价格开始稳定、美联储（Federal Reserve）可能逐步加息。

中等衰退：严重的经济衰退已终止，但经济仍处于无就业复苏，各季 GDP 增长率低于 2%，并且住房复苏不稳定。

严重衰退：非常微弱的无就业复苏将持续很长时间，住房价格继续下跌，美联储货币政策操作非常谨慎。

二次衰退：跟政策制定者有关，具有现实可能性；比 1982 年发生的二次衰退更为严重；在 3 个季度 GDP 适度健康增长后，经济重新进入衰退。

滞胀（Stagflation）：油价骤升抑制经济增长，同时驱动通货膨胀上行；通货膨胀及通货膨胀预期驱使长期利率以及抵押贷款利率上升；给全球经济和金融市场带来重压。

六、经济情景模型

情景选择完成以后，下一步需要解决压力测试所需指标的问题。比方说房地产压力测试，可能需要房屋销售的价格、销量、库存量，以及 CPI 的变化、货币政策等，这些都是做压力测试需要的变量。而情景是一种宏观的情景，需要在这两者之间找到一定的联系。找到这种联系的方法很多，可以用专家判断的方法，也可以利用宏观经济学理论来建立这样一种情景，比方说用情景生成器。情景生成器就是宏观经济模型，确定核心变量后通过它派生其他变量。比如有 GDP 之后，派生投资、出口、消费，进而判断工业的增速、原材料的增速、交通的投资、利率的变化、进出口的变化，利用宏观经济学中这些变量的逻辑关系建立情景生成器。以下介绍几种主要的宏观经济情景模型。

（一）宏观经济情景的 VaR 模型（向量自回归模型）

1. VaR 模型的定义。

VaR 的含义为向量自回归，其基于数据的统计性质建立模型，VaR 模型通过把系统中每一个内生变量作为系统中所有内生变量的滞后值的函数来构造模型，从而将单变量自回归模型推广到由多元时间序列变量组成的"向量"自回归模型。VaR 模型是分析与预测多个相关经济指标的最容易操作的模型之一。其常用于预测相互联系的时间序列系统及分析随机扰动对变量系统的动态冲击，从而解释各种经济冲击对经济变量的影响。

2. VaR 模型的一般表达式。

$VaR(p)$ 模型的数学表达式是：

$$y_t = \emptyset_1 y_{t-1} + \cdots + \emptyset_p y_{t-p} + H_{x_t} + \varepsilon_t, t = 1, 2, \cdots, T$$

式中，y_t 是 k 维内生变量列向量；x_t 是 d 维外生变量列向量；p 是滞后阶数；T 是样本个数。$k \times k$ 维矩阵 $\emptyset_1$，$\cdots$，$\emptyset_p$ 和 $k \times d$ 维矩阵 H 是待估计的系数矩阵。ε_t 是 k 维扰动列向量，它们相互之间可以同期相关，但不与自己的滞后值相关且不与等式右边的变量相关。

3. 脉冲响应函数的基本思想。

在实际应用中，由于 VaR 模型是一种非线性的模型，它无须对变量做任何先验性约束，因此在分析 VaR 模型时，往往不分析一个变量的变化对另一个变量的影响如何，而是分析当一个误差项发生变化，或者说模型受到某种冲击时对系统的动态影响，这种分析方法称为脉冲响应函数方法。脉冲响应函数的基本思想可概述如下。

用时间序列模型分析影响关系的一种思路，是考虑扰动项的影响是如何传播到各变量的。下面先根据两变量的 VaR（2）模型来说明脉冲响应函数的基本思想。

$$\begin{cases} x_t = a_1 x_{t-1} + a_2 x_{t-2} + b_1 z_{t-1} + b_2 z_{t-2} + \varepsilon_{1t} \\ z_t = c_1 x_{t-1} + c_2 x_{t-2} + d_1 z_{t-1} + d_2 z_{t-2} + \varepsilon_{2t} \end{cases} \quad t = 1,2,\cdots,T$$

式中，a_i，b_i，c_i，d_i 是参数，扰动项 $\varepsilon_t = (\varepsilon_{1t}$，$\varepsilon_{2t})$，假定是具有下面这样性质的白噪音向量：

$E(\varepsilon_{it}) = 0$ 对于 $\forall_t$，$i = 1, 2$；

对于 $\forall_t$，$var(\varepsilon_t) = E(\varepsilon_t \varepsilon'_t) = \sum = \{\sigma_{ij}\}$；

对于 $\forall_t \neq s$，$i = 1, 2$，$E(\varepsilon_{it} \varepsilon_{is}) = 0$。

假定上述系统从 0 期开始活动，且设 $x_{-1} = x_{-2} = z_{-1} = z_{-2} = 0$，又设于第 0 期给定了扰动项 $\varepsilon_{10} = 1$，$\varepsilon_{20} = 0$，并且其后均为 0，即 $\varepsilon_{1t} = \varepsilon_{2t} = 0$（$t = 1$，$2$，$\cdots$），称此为第 0 期给 x 以脉冲。下面讨论 x_t 与 z_t 的响应，$t = 0$ 时：

$$x_0 = 1, z_0 = 0$$

将其结果代入

$$\begin{cases} x_t = a_1 x_{t-1} + a_2 x_{t-2} + b_1 z_{t-1} + b_2 z_{t-2} + \varepsilon_{1t} \\ z_t = c_1 x_{t-1} + c_2 x_{t-2} + d_1 z_{t-1} + d_2 z_{t-2} + \varepsilon_{2t} \end{cases}$$

$t = 1$ 时：

$$x_1 = a_1, z_1 = c_1$$

再把此结果代入

$$\begin{cases} x_t = a_1 x_{t-1} + a_2 x_{t-2} + b_1 z_{t-1} + b_2 z_{t-2} + \varepsilon_{1t} \\ z_t = c_1 x_{t-1} + c_2 x_{t-2} + d_1 z_{t-1} + d_2 z_{t-2} + \varepsilon_{2t} \end{cases}$$

$t = 2$ 时：

$$x_2 = a_1^2 + a_2 + b_1 c_1, z_2 = c_1 a_1 + c_2 + d_1 c_1$$

继续这样计算下去，设求得结果为

$$x_0, x_1, x_2, x_3, x_4, \cdots\cdots$$

称为由 x 的脉冲引起的 x 的响应函数。同样求得：

$$z_0, z_1, z_2, z_3, z_4, \cdots\cdots$$

称为由 x 的脉冲引起的 z 的响应函数。

4. 多变量 VaR 模型的脉冲响应函数。

将上述讨论推广到多变量的 $var(p)$ 模型上去，可得：

$$y_t = (I_k - \phi_1 L - \cdots - \phi_p L_p)^{-1} \varepsilon_t, t = 1,2,\cdots,T$$

$$= (I_k + A_1 L + A_2 L^2 + \cdots\cdots)\varepsilon_t$$

可以求出多个变量的扰动项增加，所产生的脉冲响应及最后的稳定值。

通过 VaR 模型可以产生上千种模拟，调整模拟分布使模拟结果与前述外部调查或基准情景的核心指标预测值保持一致。国外有的银行尝试产生 5000 多个模拟，采用主成分分析法对这些模拟结果进行基于百分点的分组排序，不同分组结果代表不同的经济环境，如严重萧条、温和增长、强劲复苏等。

（二）宏观经济情景的联立方程模型

1. 联立方程模型的原理。

联立方程属于结构性方法，它是以经济理论为基础描述变量关系的模型。联立方程系统是相对于单方程计量经济学模型而言的，它以经济理论为基础，以揭示经济系统中各部分、各因素之间的数量关系和模型的数值特征为目标。

（1）模型的一般表达。

联立方程模型的一个共同特征是，它们都包含了若干内生变量，而且在给定了联立方程中的外生变量之后，就可以使用联立方程对内生变量进行模拟、评价和预测。

一般的联立方程系统形式是：

$$f(y_t, z_t, \Delta) = u_t, t = 1, 2, \cdots, T$$

式中，y_t 是内生变量向量；z_t 是外生变量向量；u_t 是一个可能存在序列相关的扰动项向量；T 表示样本容量。估计的任务是寻找未知参数向量 Δ 的估计量。

（2）联立方程的变量划分。

对于联立方程系统中的每个方程，其变量仍然有被解释变量与解释变量之分。但对于整个联立方程系统来讲，由于各个经济变量之间的关系已经不是单方程所描述的那样简单的单向对应关系，而是联立关系，同一个变量，虽然在这个方程中作为被解释变量，在另一个方程中则可能作为解释变量，所以已经不能用被解释变量和解释变量来划分变量。一般来讲，我们将变量分为内生变量和外生变量两大类，外生变量与滞后内生变量又被统称为前定变量，也成为先决变量。内生变量被视为随机的，而前定变量则被视为非随机的。

内生变量：在联立方程系统中，每个相互或共同依赖的变量，称为内生变量，每个内生变量都用一个方程表示。内生变量影响系统且受系统影响，与外生变量的最大区别是，它是具有某种概率分布的随机变量。内生变量是被研究系统的内在组成部分，也是联立方程系统内在决定的。

外生变量：一般是确定性变量，其变化不是由联立方程系统确定的。外生变量是联立方程系统外决定的变量，影响系统但是本身不受系统的影响。

先决变量：外生变量和滞后内生变量统称为先决变量或前定变量，包含滞后内生变量的方程的误差项可以假定不存在序列相关。

（3）估计方法。

联立方程的估计方法分为单方程估计方法和系统估计方法。单方程估计方法是，考虑到任意方程间对系统中的参数的限制条件下，最小化所有方程的残差平方和获得参数估计。如果没有方程间的参数约束条件，这种方法等同于使用单方程最小二乘法估计每个方程。

芬兰银行（2002）采取建立宏观变量的单因子时间序列模型的方法来生成宏观经济情景。例如，可以建立宏观经济变量的 2 阶单变量自回归模型（AR（2））：

$$x_{it} = k_{i0} + k_{i1}x_{i,t-1} + k_{i,t-2}x_{i,t-2} + \varepsilon_{it}$$

式中，x_{it} 表示 GDP 等宏观经济因子；k_i 是对第 i 个宏观因子估计出的回归系数；ε_{it} 随时间相互独立且服从正态分布。

2. 宏观经济模型。

宏观经济模型是以整个国民经济系统为研究对象，它是在宏观总量上把握和反映国民经济系统的运行机制和性能的。

国民经济系统与宏观经济模型的关系为：国民经济系统是一个有机的整体，即各个经济部门是一个相互联系、相互依赖、相互制约的有机整体，因此各经济部门必然是协调地、均衡地发展。在宏观经济变量之间，必然存在着客观的数量关系。模型就是用描述社会再生产过程中总体或各经济部门在规模、速度和比例上的相互衔接关系。这种关系最终体现在社会总供给和总需求之间的平衡性和动态性。

制作宏观经济计量模型的宏观依据，是国民经济系统中客观存在的综合均衡关系。国民经济系统中各个部门之间处于相互依赖、相互联系、相互制约的矛盾运动之中。模型的制作就是用数学语言描绘被考察的系统，正确反映系统的各个部门之间矛盾运动的发展过程。制作宏观经济模型，一般包括总体框架设计和个体设计两部分内容。

总体框架设计是指整个模型分几个模块和模块之间的联系设计，一般用模型框图或流程图描述。个体设计是指具体经济行为的变量选择以及变量之间的因果关系的描述，一般用行为方程或定义方程描述。

3. 宏观经济模型示例。

一般的宏观经济模型常常包含上百个变量和方程，下面举一个例子说明模型的开发与设计。宏观经济从总需求的角度看，国内生产总值由城镇居民消费、农村消费、政府消费、存货、固定资产形成总额，以及净出口构成；从总供给的角度看，国内生产总值由各产业产出合计构成（见图 13-2）。

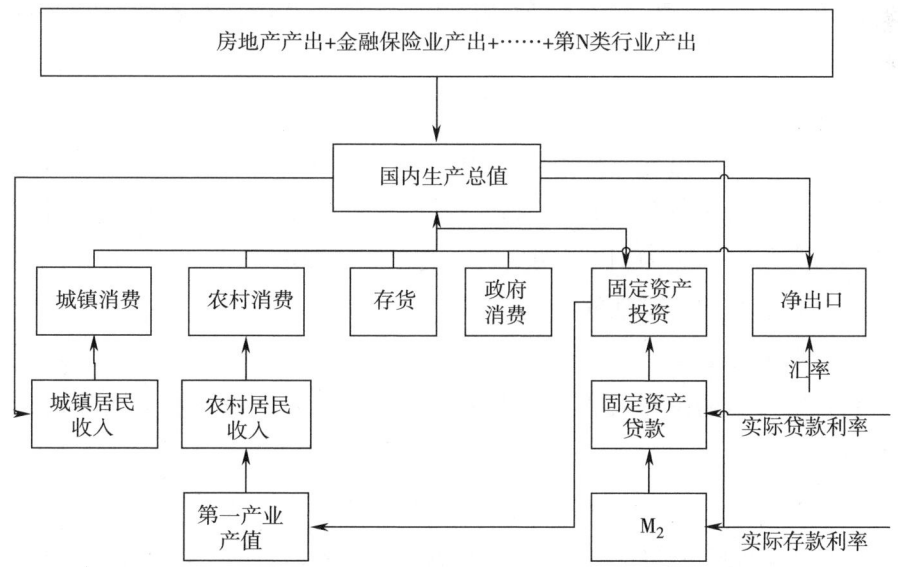

图 13-2 中国宏观经济模型简化流程图

（1）恒等方程

$$Y = CR + CU + IG + CG + I + NX$$

式中，Y 代表国内生产总值；CR 代表农村消费；CU 代表城镇居民消费；IG 代表存货；CG 代表政府消费；I 代表固定资本形成总额；NX 代表净出口。该模型求解方程中，限于时间约束，将 IG 和 CG 定为外生变量。

（2）城镇居民消费方程

根据凯恩斯经济理论中的消费理论，将影响城镇居民消费的主要因素设定为城镇居民收入，以及居民上期消费（消费刚性原理），可得如下方程：

$$CU = \alpha_0 + \alpha_1 EU + \alpha_2 CU_{-1}$$

式中，CU 代表城镇居民消费；EU 代表城镇居民收入；CU_{-1} 代表上期城镇居民消费。经过数据处理，得到如下形式的回归结果：

$$\ln(CU_t/P3_t) = 0.36 + 0.16\ln(EU_t/P3_t) + 0.8\ln(CU_{t-1}/P3_{t-1})$$
$$(t = 3.37)(t = 2.28) \qquad (t = 9.7) \quad R^2 = 0.99$$

模型数据处理：首先，根据城镇居民消费的理论方程，将城镇居民的消费 CU_t、城镇居民的收入 EU_t，以及前期消费 CU_{t-1} 除以城镇居民消费价格指数 $P3$，将三项指标的名义值转换为实际值。其次，对各指标值进行对数化处理。

方程含义：

城镇居民消费的收入弹性为 0.16，表示收入每增加 1%，消费就会增加 0.16%，意味着城镇居民收入对消费的影响不是很显著。而上期消费的弹性为 0.8，表明城镇居民当期消费受前期的消费水平的影响较大，说明城镇居民消费水平具有刚性的特点。

（3）城镇居民收入方程

将影响城镇居民收入的主要因素设定为国内生产总值和上期收入，可得如下方程：

$$EU = \alpha_0 + \alpha_1 Y + EU_{-1}$$

式中，EU 代表城镇居民收入；Y 代表国内生产总值；EU_{-1} 代表上期城镇居民收入。经过数据处理，可能得到如下形式的回归结果：

$$\ln(EU_t/P3_t) = 0.03\ln(Y_t/P2_t) + 0.97\ln(EU_{-1}/P3_{t-1})$$
$$(t = 27) \qquad (t = 2) \quad R^2 = 0.99$$

模型数据处理：首先，根据城镇居民收入的理论方程，将城镇居民的收入 EU_t、前期城镇居民的收入 EU_{t-1} 除以城镇居民消费价格指数 $P3$，将国内生产总值 Y_t 除以 GDP 平减指数 $P2$，将三项指标的名义值转换为实际值。其次，对各指标值进行对数化处理。

方程含义：国内生产总值每增长 1%，则城镇居民的实际收入增加 0.03%。城镇居民的当期实际收入水平与前期收入密切相关。

（4）农村消费方程

与城镇居民消费方程设置原理一致，将影响农村消费的主要因素设定为农村收入和农村居民上期消费，可得如下方程：

$$CR = \alpha_0 + \alpha_1 ER + \alpha_2 CR_{-1}$$

式中，CR 代表农村消费；ER 代表农村收入；CR_{-1} 代表上期农村消费。经过数据处理，可能得到如下形式的回归结果：

$$\ln(CR_t/P4_t) = 0.48 + 0.50\ln(ER_t/P4_t) + 0.42\ln(CR_{t-1}/P4_{t-1})$$
$$(t = 4.62) \quad (t = 6.55) \quad (t = 5.25) \quad R^2 = 0.99$$

模型数据处理：首先，根据农村居民消费的理论方程，将农村居民的消费 CR_t、农村居民的收入 ER_t，以及农村居民前期的消费 CR_{t-1}，分别除以农村居民消费价格指数 $P4$，将三项指标的名义值转换为实际值。其次，对各指标值进行对数化处理。

方程含义：农村居民消费的收入弹性为 0.5，表示收入每增加 1%，消费就会增加 0.5%，意味着农村居民收入对消费的影响较为明显。而上期消费的弹性为 0.42，表明农村居民当期消费受前期的消费水平的影响，较城镇居民较小。

（5）农村居民收入方程

将影响农村收入因素设置为农业产值和上期农村收入值，可得：

$$ER = \alpha_0 + \alpha_1 Y1 + \alpha_2 ER_{-1}$$

式中，ER 代表农村收入；$Y1$ 代表第一产业产值；ER_{-1} 代表上期农村收入。经过数据处理，可能得到如下形式的回归结果：

$$\ln(ER_t/P4_t) = 0.36\ln(Y1_t/P1_t) + 0.64\ln(ER_{t-1}/P4_{t-1})$$
$$(t = 2.84) \qquad (t = 6.25) \qquad R^2 = 0.99$$

模型数据处理：首先，根据农村居民收入理论方程，将当期农村居民收入 ER_t、前期农村居民收入 ER_{t-1} 除以农村居民消费价格指数，将当期第一产业增加值除以第一产业平减指数，将三项指标的名义值转化为实际值。其次，对各指标进行对数化。

方程含义：农业总产值对农村居民收入的影响弹性为 0.36，即第一产业产值增长 1%，则农村居民实际收入增加 0.36%。农村居民收入与前期收入较为密切。

(6) 第一产业产值方程

将影响农业产值的因素设置为固定资产投资和农业税，因此有如下方程，即

$$Y_1 = \alpha_0 + \alpha_1 Y1_{-1} + \alpha_2 I + \alpha_3 T$$

式中，$Y1$ 代表第一产业产值；I 代表固定资产形成总额；T 代表农业税，包括农业税、牧业税、耕地占用税、农业特产税和契税。

经过数据处理，可能得到如下形式的回归结果：

$$\ln(Y1_t/P1_t) = 0.56 + 0.06\ln(I_t/P5_t) - 0.02\ln(T1_t/P1_t) + 0.88\ln(Y1_{t-1}/P1_{t-1})$$
$$(t = 3.8)(t = 6.2) \qquad (t = 7.7) \qquad (t = 6.0) \qquad R^2 = 0.99$$

模型数据处理：将当期农业产值和前期的农业产值 $Y1$，以及农业税 $T1$ 分别除以第一产业平减指数 $P1$；将固定资产投资 I 除以固定资产投资价格指数 $P5$，将这四项指标的名义值转化为实际值。

方程含义：固定资产投资对于第一产业产出促进作用不明显，固定资产投资每增加 1%，则第一产业产值增加 0.06%；农业各税对第一产业产出的影响为负，说明增加农业各税将减少第一产业产出，但影响不大。

(7) 广义货币需求方程

根据凯恩斯的货币需求理论和 IS – LM 模型理论，将影响货币需求的因素设定为国内生产总值和存款利率。

$$M_2 = \alpha_0 + \alpha_1 Y + \alpha_2 RD$$

式中，M_2 代表广义货币；Y 代表国内生产总值；RD 代表存款利率。

经过数据处理，可能得到如下回归结果：

$$\ln(M_{2t}/P6_t) = -2.85 + 0.007[RD - 100(P6_t/P6_{t-1} - 1)] + 1.5\ln(Y_t/P2_t)$$
$$(t = 12) \quad (t = 1.8) \quad\quad (t = 37) \quad R^2 = 0.99$$

模型数据处理：将广义货币需求 M_2 除以居民消费价格指数 $P6$，将国内生产总值分别除以 GDP 平减指数 $P2$，获得对应指标的实际值；同时，为了反映人们持币的真实成本，将其实际存款利率转化为 $RD - 100$（$P6_t/P6_{t-1} - 1$）。

方程含义，一年期存款利率每上升 1%，则人们对广义货币的需求增加 0.007%，真实国内生产总值每增加 1%，广义货币增速为 1.5%。

（8）固定资产贷款方程

举例如下：

$$\ln(DL_t/P5_t) = -1.49 - 0.01(RL - 100(P5_t/P5_{t-1})) + 0.88\ln(M_{2t}/P6_t)$$
$$(t = 3.57) \quad (t = 2.0) \quad\quad (t = 2.1) \quad R^2 = 0.97$$

模型中：将固定资产贷款 DL_t 除以固定资产投资指数，将广义货币除以消费价格指数。

方程含义：该方程表示广义货币供给量增加 1%，则固定资产贷款增加 0.88%。

（9）固定资本形成总额方程

将影响投资的因素设定为国内生产总值、贷款利率，以及资产贷款量的函数，可得如下方程：

$$I = \alpha_0 + \alpha_1 Y + \alpha_2 Y_{-1} + \alpha_3 RL + \alpha_4 DL$$

式中，Y 代表广义货币；RL 代表贷款利率；DL 代表固定资产的贷款量。

经过数据处理，可能得到如下回归结果：

$$\ln(I_t/P5_t) = -3.36 + 1.65\ln(Y_t/P2_t) - 0.58\ln(Y_{t-1}/P2_{t-1})$$
$$(t = 3.5) \quad (t = 6.8) \quad\quad (t = 1.2)$$
$$+ 0.0015(RL - 100(P5_t/P5_{t-1} - 1)) + 0.20\ln(DL_t/P5_t)$$
$$(t = 5.0) \quad R^2 = 0.99$$

模型数据处理：将固定资产投资 I_t 除以固定资产投资指数 $P5_t$，将固定资产贷款 DL_t 除以固定资产投资指数，将国内生产总值除以 GDP 平减指数。

方程含义：真实的国内生产总值增加 1%，则固定资产投资增加 1.65%。

（10）净出口方程

将影响净出口的因素设置为国内生产总值、汇率以及外商直接投资，则存在以下方程：

出口： $X = \alpha_0 + \alpha_1 Y + \alpha_1 HR + \alpha_2 FDI$

进口： $M = \alpha_0 + \alpha_1 Y + \alpha_1 HR + \alpha_2 FDI$

净出口： $NX = X - M$

式中，X 代表出口；M 代表进口；NX 代表净出口；Y 代表国内生产总值，HR 代表汇率。

假设实际得到如下回归方程：

出口方程： $\ln X = -11.39 + 2.03\ln Y + 0.82\ln HR - 0.13\ln FDI$

进口方程： $\ln X = -9.98 + 1.89\ln Y + 0.09\ln HR - 0.13\ln FDI$

模型中：HR 代表汇率，FDI 代表外商直接投资。

方程含义：该方程显示，若 GDP 变动 1%，则出口增加 2.03%，进口增加 1.89%。

（11）房地产产出方程

将影响房地产产出的因素设置为国内生产总值和房地产投资开发额度，可得如下方程：

$$YH = \alpha_0 + \alpha_1 Y + \alpha_2 TH$$

式中，YH 代表房地产行业产出；Y 代表国内生产总值；TH 代表房地产投资开发额度。

假设实际得到如下回归方程：

$$\ln YH = -1.54 + 1.75Y + 0.32TH$$

$$R^2 = 0.97, \ D.W. = 1.95$$

式中，YH 代表房地产产值；TH 代表房地产投资。

方程含义：该方程表示名义国内生产总值增加 1%，则房地产产值增加 1.75%。

压力测试的逻辑设置

压力测试中的逻辑，就是要把压力测试目标和对象之间的关联找出来，这是压力测试的专业性、技术性的体现。建立逻辑的方法，可以分为自上而下方法（Top－Down）、自下而上方法（Bottom－Up）以及自上而下和自下而上相结合的方式。

一、自上而下方法

自上而下方法是将压力测试的对象看作一个整体，直接研究在外部环境发生变化的情况下，这个整体的性质会发生怎样的变化，在测试过程中不考虑其内部结构和压力测试情况下的内部变化。这种方法大多用于宏观压力测试或测试对象的内部结构不是非常清晰的情况，如宏观经济压力测试。Thomas C. Wilson（1997）给出了信用风险宏观因素模型，该框架成为很多信用风险压力测试模型的基础。Wilson 模型框架下模型表达式如下：

$$\ln\left(\frac{p}{1-p}\right) = \alpha + \beta_i x_i$$

式中，$\vec{x} = (x_1, \cdots, x_i, \cdots, x_n)$ 是自变量向量，代表多个风险因子；p 是模型的因变量，可以是违约率以及其他需要进行测试的承压变量。这是典型的自上而下的压力测试模型。

自上而下的方法有一定的合理性。事物之间的关联很复杂，一步步地去推导逻辑关系是很难的，就像宏观经济学和微观经济学的关系一样。宏观讲总供给、总需求的关系，这种宏观的理论能不能用微观的供求关系理论推导出来呢？有很多学者一直试图去搭建这样的桥梁，从微观的理论推导宏观经济方程，但目前这个逻辑框架还是没有完全搭建起来。自上而下的方法挑战在于对过程的解释。

第一，被解释变量和解释变量之间到底有没有必然的联系，这是一个挑战性问题。GDP 从 2002 年开始，尽管有波动，但是总体上还是很高的，有很明显的两个起伏点。2008 年第四季度，由于全球经济的影响，GDP 增速到了 6.9% 的水平，在 4 万亿元政策的刺激下，很快又有了两位数的增长。随后又有所回落，2012 年第一季度回落到 8.1%。但是银行的不良率在过去几年是单边下降的，尤其是大型银行，在各种因素的影响下，不良率是下降的。根据这些历史数据，把 GDP 和不良率建立了联系之后，这个方程能不能得到合理解释呢？数据表明 GDP 和不良率不相关。有的人从管理的经验说，这个不对，过去的数据不支持这个判断。这是压力测试工作面临的挑战。

第二个挑战是得到回归方程之后，又能怎么办呢？又能采取什么措施呢？这个方程里面有 GDP、CPI、M_2，对于银行来讲，哪个指标是银行能控制的呢？能管理的呢？一个也管不了。大型银行有十多万亿元的资产，仍然管控不了影响资产质量的这些变量，这样的压力测试又有什么应用价值呢？面对这样的情况银行会束手无策，这就是黑箱方法的一个挑战，做了之后找不出解决问题的办法。比如压力测试结果显示经济增速下降的情况下，银行的不良率今年会有所上升，但压力测试不能给出解决这一问题的办法，这是自上而下方法面对的另一个挑战。

二、自下而上方法

要解决自上而下方法的缺陷，就必须考虑自下而上方法。自下而上方法是通过分析风险因素和单个测试对象的承压指标之间的变化关系，得到每一个个体的变化，在考虑个体变化相关性的基础上，汇总得到整体的结果。这种方法能够得到压力因素对整体内每一个个体的变化，有利于理解压力测试的变化过程，适用于个体不太多的压力测试对象。比如 KMV 在 Merton 方法的基础上开发了估计违约概率或 EDFs（Expected Default Frequency）的 Merton – KMV 信用模型，该模型也可以用于压力测试。Pesaran 等（2004）提出了结构化模型，IMF（2007）给出了基于财务报表的信用风险压力测试模型等。这些模型都是自下而上的压力测试模型。

对银行来讲，自下而上的压力测试就是对每个企业做压力测试分析，把每个企业在压力情况的变化汇总起来，得到压力测试的结果。这种方法的好处是可以告诉银行在压力情况下，哪个企业好，哪个不好；哪个企业违约，哪个企业不违约。以分析汇率变化对进出口企业贷款的影响为例，人民币汇率的波动幅度放宽，企业面对的汇率波动明显加大，汇率的波动对企业的经营状况、对银行的资产质量会产生什么影响，这是压力测试的目的。把每一户企业的财务报表拿出来，分析人民币升值的情况下，企业未来的损益变化、各项财务指标变化、现金流变化情况，然后分析是否能够还款、能不能履约。这种方法的工作量很大，要开发相应的测试工具。再比方说政府融资平台，分析政府融资平台在房地产价格下降、成交量下跌情况下，政府融资平台的违约率变化情况。也可以采用这种方法分析财政收入与房地产的关系，分析政府融资平台资产负债率的变化，根据这个变化分析违约率的变化。

相比自上而下方法，自下而上的压力测试方法能够向银行提供更多的管理信息。加大自下而上方法的应用力度，已经成为银行业开展压力测试的一种趋势。

三、自上而下和自下而上相结合的方法

自上而下和自下而上结合的方法一般适用于比较大的压力测试对象，其包含的个体很多，采用自下而上的方法将需要投入太多的资源，这时可先对整体采用自上而下的方法，对整体中的部分资产组合，再采用自下而上的方法深入分析。比如银行可以对整体资产组合采用 Wilson 的方法分析违约率的变化，再针对房地产行业等特别关心的资产组合进行自下而上的压力测试。

一个良好的压力测试应该具备三个特征：准确性、解释性和可操作性。所谓准确性是指压力测试的结果必须准确，只有这样才能为政策建议提供依据；所谓解释性是指压力测试模型要能对变量之间的因果关系以及变量的变化过程具有一定的解释性，而不是一个缺乏中间过程的"黑箱"；所谓可操作性是指根据压力测试的过程和结果可以得出针对性的政策建议，而不是结论归结论，建议归建议，相互没有逻辑联系。

按照这样的标准去审视现有的一些模型，可以看到压力测试理论和实践还处于起步阶段，比如最常见的 Wilson（1997）的 Logistic 模型，可以建

立违约率与宏观经济变量 GDP 之间的关系，但我们无法找到 GDP 影响违约率的逻辑联系，更无法了解中间的影响机理，从而难以提出有针对性的解决措施。从压力测试本身的目的出发，一个有效的压力测试方法应该尽可能地实现自上而下和自下而上相结合。这样一方面可以降低模型构建的复杂程度，另一方面又能够最大限度地提供更多的有用信息。

四、压力测试中逻辑设置应注意的技术问题

不管是哪种压力测试方法，从根本上说必须重视分析与解释力。以个人贷款为例，个人住房贷款的不良率和个人收入有关，借款人的收入比月供少，很可能还不了款；还和房子的价值有关，假设房子的价值比贷款还要小，那借款人就会干脆不还。做压力测试的时候选择解释变量，就是要分析这些问题，不同的对象、目标、情景下，逻辑怎么讲，是要分析的。模型实际上是逻辑的载体和表现，逻辑讲不圆，压力测试结果就很苍白没有解释力。

这些解释变量和经济衰退有什么关系呢？就要利用数据进一步挖掘。以房子价值和宏观经济的关系为例，贷款房屋价值比（LTV）这个指标显然和房地产市场有关，把情景指标和解释指标很好地衔接起来，这就是压力测试的逻辑。压力测试的四个顶点——目标、对象、情景、逻辑很好地解决了，这就是一个好的压力测试。

设置目标的时候，也需要注意目标和逻辑之间的关系。例如，以 GDP 作为压力测试的解释变量，不良率作为被解释变量，银行的不良率一直在下降，GDP 是有起伏的，一个是直线的，一个是起伏的，数据回归就没有意义。要解决这个问题，可以换一种方式。比方说不良率和违约率是不一样的，不良率反映的是一个时点的状态，但是违约率不是这个概念，违约率是一个时期概念，1 万个客户年初是正常的，到年底有 100 个违约了，违约率就是 1%。违约率是期间变化率，虽然说不良率一直在下降，但银行的违约率有可能就是变化的，不妨去寻找过去几年里违约率是否有波动和起伏。如果它的波动起伏和 GDP 的波动有一定联系的话，解释力就相对好一些。这就是讲逻辑，把对象、目标、情景怎么有效地结合起来，这个工作需要业务经

验和计量能力的结合，所以压力测试工作，不是对数据的简单回归分析。好的压力测试必须建立在对业务的深刻理解上，必须把逻辑讲圆。

违约概率的压力测试模型

一、Wilson 模型

Wilson 模型属于自上而下压力测试模型的一种，其基本思想是外部环境的变化和压力测试目标之间存在一种内在联系，这种联系可以通过多元回归的方式表达。比如银行的不良率与宏观经济指标有关，可以通过历史数据找到这种关系。模型的基本表达式如下：

$$\ln\left(\frac{npr_{t,m}}{1 - npr_{t,m}}\right) = \alpha + \vec{\beta}\,\vec{X}_{t,m}$$

式中，α 代表截距项；$\vec{\beta}$ 是自变量的系数项向量；$\vec{X}_{t,m}$ 分别代表宏观经济指标的各向量；$npr_{t,m}$ 代表不良率。

开展这样的压力测试要注意以下问题：

第一，宏观经济变量的选择。压力测试情景中的核心变量应该作为备选指标，这些指标的频率要一致，比如统一选取季度指标或者年度指标。一般不考虑滞后期指标，因为选择滞后期指标后，压力测试的结果将有滞后性。滞后期过长，测试结果与管理期望存在较大差异，所以如果要采用滞后期指标，滞后的期数一般不超过 2 期。

第二，回归形式。可以采用多元线形回归，也可以采用 Logit 回归。Logit 回归的优点在于被解释变量的变化在 0～1 之间，线性回归则变化范围较广。对不良率、违约率而言，采用 Logit 回归更好一些。

第三，被解释变量。根据压力测试目标的不同，被解释变量可以选取违约率、不良率等。

下面是一个例子，压力测试对象是整个银行的不良率，选取的指标有 GDP 增速、真实利率、M_2 增速，模型的调整后拟合度很高，R^2 约为 0.96。详见表 13－1。

表 13 - 1 压力测试模型构建关系表

模型估计				
变量	系数	标准差	t 值	P 值
Intercept	- 0.784151	0.129254	- 6.066722	0.0000
GDP 增速	- 19.152210	1.591309	- 12.035510	0.0000
真实利率	4.740739	1.112399	4.261724	0.0003
M_2 增速	- 4.407315	0.998765	- 4.412764	0.0002
R - Square		0.965483		
Adj R - Sq		0.960777		

从压力测试结果来看，各压力指标对不良率的影响程度不同，GDP 增速每下降 1 个百分点使不良率上升 0.59 个百分点，其影响约为真实利率、M_2 增速的 4~5 倍（见表 13 - 2）。

表 13 - 2 贷款质量在压力下的敏感性分析

压力指标变动	不良率上升（%）
GDP 增速 ↓1%	0.59
真实利率 ↑1%	0.14
M_2 增速 ↓1%	0.13

通过这个模型，可以得出不同压力情景下的测试结果。比如在人民币高升值情景、滞胀情景及衰退情景下，如无针对性措施，不良率将在一段时期后由 0.98% 分别上升到 4.12%、3.95%、5.55%，上升幅度分别为 319.53%、302.27%、464.98%（见表 13 - 3）。

表 13 - 3 各情景下贷款不良率变化

资产质量情景设计	不良率（%）	不良率增幅（%）
基准情景		
低增长温和通胀情景	2.94	198.89
压力情景		
高增长情景	2.04	107.55
高增长高通胀情景	1.91	94.57
人民币高升值情景	4.12	319.53
滞胀情景	3.95	302.27
衰退情景	5.55	464.98

压力测试结果显示，宏观经济波动对于全行贷款的质量影响显著。Wilson 压力测试模型能从总体上判断变化的趋势，但其最明显的弱点是解释性不好，很难分析判断是哪些因素导致了不良率的变化，应该采取怎样的措施应对这种变化。

二、宏观默顿模型

1. 基本原理。

默顿模型的基本原理是根据企业资产价值与负债的关系判断企业的违约概率。假设在一年内，如果一个公司的总资产价值低于其总负债价值，则该公司违约。假设资产价值符合正态分布，用 A 代表资产，D 代表负债，如果 $A < D$，客户违约（见图 13 – 3）。

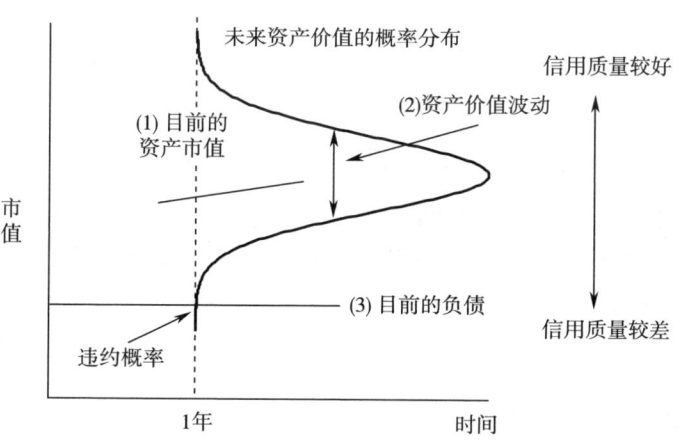

图 13 – 3　企业市值与违约概率的关系

将 A 进行标准化处理，$A_i = \dfrac{A - \mu}{\sigma} < \dfrac{D - \mu}{\sigma} = c_i$，用 A_i 满足标准正态分布，c_i 称为违约临界值。客户的违约概率和违约临界值满足以下关系：

$$PD_i = \text{Prob}(A_i < c_i) = N(c_i)$$

$$c_i = N^{-1}(PD_i)$$

2. 资产价值与宏观变量关系。

问题的难点在于如何刻画宏观经济变化与企业价值之间的关系，宏观

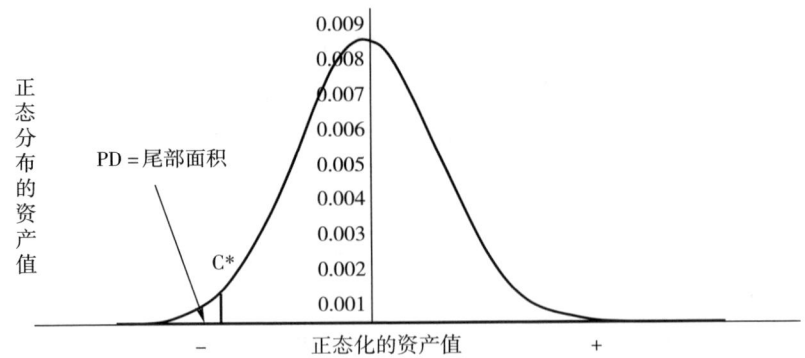

图 13 – 4 正态标准化的资产价值、违约临界值和违约之间的关系

默顿模型假设标准化的单一借款人资产价值和标准化的整体经济资产价值的相关系数为 α_i，借款人资产价值表述为整体经济资产价值的函数：

$$A_i = \alpha_i A + \sqrt{1 - \alpha_i^2} \varepsilon_i$$

式中，$\varepsilon_i \sim N(0, 1)$，$A$ 的分布也是 $N(0, 1)$。

这个思想其实就是巴塞尔协议中的单因素模型原理。代表整体经济资产价值情况的 A 可以看作宏观经济状态，宏观经济状态可以通过计量技术构造成宏观经济变量（比如 GDP、利率、房地产价格、出口）的函数。

$$A_i = \beta_1 \times \Delta GDP + \beta_2 \times Interest\ Rate + \beta_3 \times \Delta RE\ Price + \beta_4 \times \Delta Export + \varepsilon$$

将这一假设代入上面的违约模型，即可推导出整体经济压力情景（$A_{stressed}$）下的客户违约概率。

用 $PD_{i,stressed}$ 表示借款人在压力情景下的违约概率；$PD_{i,normal}$ 表示借款人的长期平均违约概率；$A_{i,stressed}$ 表示在压力情景下借款人 i 的正态标准化后的资产值，当 $A_{i,stressed} < N^{-1}(PD_{i,normal})$ 时，客户违约。

即　　　　　　$$\alpha_i A_{stressed} + \sqrt{1 - \alpha_i^2} \varepsilon_i < N^{-1}(PD_{i,normal})$$

即　　　　　　$$\varepsilon_i < \frac{N^{-1}(PD_{i,normal}) - \alpha_i A_{stressed}}{\sqrt{1 - \alpha_i^2}}, \quad \varepsilon_i \sim N(0, 1)$$

所以　　　　　$$PD_{i,stressed} = N\left(\frac{N^{-1}(PD_{i,normal}) - \alpha_i \times A_{stressed}}{\sqrt{1 - \alpha_i^2}} \right)$$

式中，$PD_{i,stressed}$ 为借款人在压力情景下的违约概率；$PD_{i,normal}$ 为借款人的长期平均违约概率，可以采用银行内部评级体系计量的结果；N 表示标准正态分布累积密度函数，$N-1$ 为其反函数；α_i 为借款人和整体经济的资产价值相关系数；$A_{stressed}$ 为压力情景下表示宏观经济整体信贷质量的变量，取决于具体的压力情景。

如果能够得到如下关系式：

$$A_i = \beta_1 \times \Delta GDP + \beta_2 \times \Delta Interest\ Rate + \beta_3 \times \Delta RE\ Price + \varepsilon$$

那么压力情景下的资产价值为

$$A_{stressed} = \beta_1 \times \Delta GDP_{stressed} + \beta_2 \times \Delta Interest\ Rate_{stressed} + \beta_3 \times \Delta RE\ Price_{stressed} + \varepsilon$$

该公式构建了借款人违约概率和整体经济情况之间的联系，将该公式代入 $PD_{i,stressed}$ 的计算公式，可得：

$$PD_{i,stressed} = N\left(\frac{\begin{array}{c}N^{-1}(PD_{i,normal}) - \alpha_i \times (\beta_1 \times \Delta GDP_{stressed} + \beta_2 \times \Delta Interest\ Rate_{stressed} \\ + \beta_3 \times \Delta RE\ Price_{stressed} + \varepsilon)\end{array}}{\sqrt{1-\alpha_i^2}}\right)$$

3. 模型校准。

在上述计算受压后违约概率的公式中，还需要校准常数项 ε 在各压力情景下的取值。这个过程需要引入一个必要的补充条件来实现。

计算受压 PD 的公式应该在各种程度的压力情景下均成立，也包括不受压的情景，即当各宏观经济变量均处于历史平均水平的水平（$A=0$）。这时应该有 $PD_{i,stressed} = PD_{i,normal}$，也就是说不受压的情景下的 PD 应该等于长期平均 PD。通过设置这一限制条件，可以进行 ε 的校准。

我们引入校准因子 δ，$\delta = \alpha_i \varepsilon$

$$PD_{i,stressed} = N\left(\frac{N^{-1}(PD_{i,normal}) - \alpha_i \times (\hat{A}_{stressed} + \varepsilon)}{\sqrt{1-\alpha_i^2}}\right)$$

$$= N\left(\frac{N^{-1}(PD_{i,normal}) - \alpha_i \times \hat{A}_{stressed} - \alpha_i \varepsilon}{\sqrt{1-\alpha_i^2}}\right)$$

$$= N\left(\frac{N^{-1}(PD_{i,normal}) - \alpha_i \times \hat{A}_{stressed} - \delta}{\sqrt{1-\alpha_i^2}}\right)$$

因此，当 $\hat{A}_{stressed} = 0$ 时，

$$PD_{i,stressed} = N\left(\frac{N^{-1}(PD_{i,normal}) - \delta}{\sqrt{1 - \alpha_i^2}}\right) = PD_{i,normal}$$

$$\rightarrow \frac{N^{-1}(PD_{i,normal}) - \delta}{\sqrt{1 - \alpha_i^2}} = N^{-1}(PD_{i,normal})$$

$$\rightarrow N^{-1}(PD_{i,normal}) - \delta = \sqrt{1 - \alpha_i^2} \times N^{-1}(PD_{i,normal})$$

$$\rightarrow \delta = (1 - \sqrt{1 - \alpha_i^2}) \times N^{-1}(PD_{i,normal})$$

总结一下，计算 $PD_{i,stressed}$ 的最终公式为

$$PD_{i,stressed} = N\left(\frac{N^{-1}(PD_{i,normal}) - \alpha_i \times A_{stressed} - \delta)}{\sqrt{1 - \alpha_i^2}}\right)$$

式中，$\delta = (1 - \sqrt{1 - \alpha_i^2}) \times N^{-1}(PD_{i,normal})$。

三、微观默顿模型

微观默顿模型的原理和宏观默顿模型的原理是相同的，主要是对资产价值的处理采用了另外的一种处理方法。下面介绍一下这种方法。

1. 违约概率计算。

根据前面所述，公司的违约概率即为债务到期时（T 时刻），资产价值小于公司债务价值的概率：

$$PD = \Pr(V_A^T \leqslant X_T) = \Pr\left(\frac{V_A^T - E(V_A^T)}{E(V_A^T)\sigma_A} \leqslant \frac{X_T - E(V_A^T)}{E(V_A^T)\sigma_A}\right)$$

式中，$E(V_A^T)$ 为（T 时刻）公司资产价值的期望；X_T 为 T 时刻公司的债务价值。

定义 $V = \dfrac{V_A^T - E(V_A^T)}{E(V_A^T)\sigma_A}$，$V \sim N(0, 1)$；$DD = \dfrac{E(V_A^T) - X_T}{E(V_A^T)\sigma_A}$，表示违约距离（公司资产价值距离违约点的标准差数），因此可得：

$$PD = N(-DD) = 1 - N(DD)$$

2. 模型参数估计。

从上述方程可以看出，要计算公司的违约概率，必须求得两个关键参数公司资产价值 V_A 和资产价值波动率 σ_A。由于这两个值不能从市场上直

接获取，需要寻找其他方法。

公司股权可以看作买入一份欧式看涨期权，即公司所有者（股东）持有一份以公司债务面值为执行价格、以公司资产市场价值为标的欧式看涨期权。如果负债到期时公司资产市场价值高于其债务面值，公司偿还债务；当公司资产市场价值小于其债务面值时，公司选择违约（如图 13 – 5 所示）。

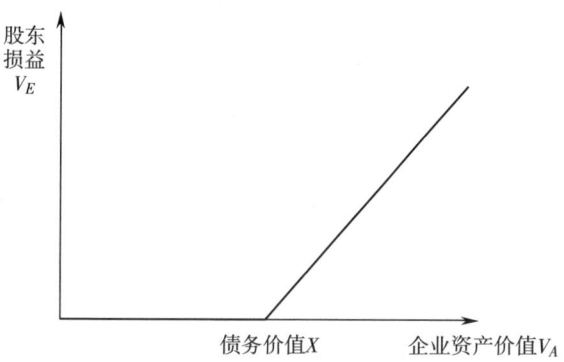

图 13 – 5 公司股权与企业资产价值的关系

根据期权定价的 Black – Scholes 公式，公司的权益价值 V_E 与公司的资产价值 V_A 的关系为

$$V_E = V_A N(\mathrm{d}1) - e^{-rT} X N(\mathrm{d}2) \tag{a}$$

式中，$\mathrm{d}1 = \dfrac{\ln\left(\dfrac{V_A}{X}\right) + \left(r + \dfrac{\sigma_A^2}{2}\right)T}{\sigma_A \sqrt{T}}$；$\mathrm{d}2 = \mathrm{d}1 - \sigma_A \sqrt{T}$；$r$ 为无风险利率；X 为公司总负债；$N(\cdot)$ 为标准正态分布函数。

权益价值波动率 σ_E 与资产价值波动率 σ_A 的关系为

$$\sigma_E = \frac{V_A}{V_E} \Delta \sigma_A \tag{b}$$

式中，Δ 为避险比率，$\Delta = N(d1)$。

求解联立方程组（a）和（b），可以根据公司的权益价值 V_E 和权益价值波动率 σ_E 求得上市公司的资产价值 V_A 和资产价值波动率 σ_A。

为此，需先对上市公司权益价值 V_E、权益价值波动率 σ_E 等参数进行估计，股权价值与股权价值波动率可以由股票市场数据计算得到，通过 Black – Scholes 期权定价公式构造股权价值与资产价值、股权价值波动率与资产价值波动率之间的关系，求得资产价值和资产价值波动率。

（1）权益价值的估计。

理论上，上市公司的权益价值为公司的股票数量与每股股价的乘积。由于我国上市公司所发行的股票分为流通股和非流通股两种，而非流通股没有市场价格，无法对其进行定价，这给精确计算上市公司的股权市场价值带来了一定难度。对于非流通股市值的确定，可以用公司每股净资产乘以非流通股股数来估计。

上市公司的权益价值 V_E 的估计方法为

上市公司股权益价值 = 流通股市场价值 + 非流通股市场价值

流通股市场价值 = 每日平均收盘价格 × 流通股股数

非流通股市场价值 = 每股净资产 × 非流通股股数

选择国内房地产行业上市公司总资产和公司资产价值建立回归模型，模型如下：

$$\ln \hat{V}_A = 4.58 + 0.82\ln(TA)$$
$$(p = 0.00)(p = 0.00)R^2 = 0.945$$

式中，V_A 表示公司资产市场价值；TA 表示公司资产账面价值。该回归模型的含义是公司抽象的资产价值与公司的账面价值相关。一般来说，公司账面价值越大，企业的资产价值也越大。系数 0.82 表示公司资产账面价值变动 1%，公司资产市场价值变动的百分比。

（2）权益价值波动率 σ_E 的估计。

σ_E 为公司股权价值的年波动率，由股票日对数收益率的波动率估计得到。股票的日对数收益率 $\mu_i = \ln\left(\dfrac{P_{t-1}}{p_t}\right)$，日收益率的波动率 $\sigma_\mu = \sqrt{\dfrac{1}{n-1}\sum_{t=1}^{n}(\mu_i - \bar{\mu})^2}$，式中，$n$ 为一年中的交易日数，$\bar{\mu}$ 为日收益率的均值，最后 $\sigma_E = \sqrt{n}\sigma_\mu$。

选择房地产行业上市公司的公司销售收入和公司资产市场价值的波动率建立回归模型，模型如下：

$$\hat{\sigma}_A = 0.98 - 0.032\ln(Sales)$$

$$(p = 0.00)(p = 0.00)R^2 = 0.924$$

式中，σ_A 表示资产价值波动率；$Sales$ 表示公司总销售收入。该回归模型的含义是公司资产价值的波动性受公司企业规模影响，此处用销售收入作为公司规模的表征。一般来说，公司销售收入越多，企业规模越大，企业资产价值波动性越小，企业经营也越稳健。系数 -0.032 表示公司销售变动 1%，资产价值波动率变动的百分比。

（3）无风险利率 r 的估计。

可以使用金融机构一年期定期存款利率作为无风险利率。

根据上述参数，可计算得到上市公司的资产价值 V_A 和资产价值波动率 σ_A，在此基础上建立上市公司的资产价值 V_A 与公司账面价值之间的模型、资产价值波动率 σ_A 和销售收入之间的模型关系，再进一步通过账面价值和销售收入估计非上市公司的资产价值 V_A 和资产价值波动率 σ_A，从而将违约概率的计算推广至所有隶属于房地产行业的公司。

3. 宏观经济情景与公司总资产关系。

首先建立 GDP 与总资产的关系。

根据 1997 年至 2009 年我国房地产行业总资产和 GDP 数据进行估计，得到方程估计结果如下：

$$\ln TA_{industry} = 13.34935[\ln(GDP_t) - \ln(GDP_{t-1})] - 0.578370\ln(interest) + 9.715240$$

$$P = 0.00 \qquad\qquad R^2 = 0.99$$

该回归模型的经济含义是 GDP 增长率变化和基准利率变化对房地产行业总资产有重大的影响，其中，GDP 增长率和房地产行业总资产之间的影响关系是正向的，而利率和房地产行业之间的影响是负向的。

其次建立行业总销售收入传导方程。根据 1997 年至 2009 年我国房地产行业总销售收入、GDP、CPI 以及固定资产投资数据，方程的估计结果为

$$\ln\left(\frac{TS}{CPI}\right) = 4.476170\left[\ln(GDP_t) - \ln(GDP_{t-1})\right]$$

$$+ 8.486461\left[\ln(invest_t) - \ln(invest_{t-1})\right] + 7.113914 \quad (2)$$

$$P = 0.00 \quad R^2 = 0.99$$

该回归模型的含义是 GDP 增长率变化和固定资产投资变化对房地产行业经过 CPI 折算以后的行业销售收入的影响，系数 4.476170 表示当 GDP 增长率变动 1% 时，CPI 折算以后的行业销售收入变化情况。

这样就实现了从宏观经济指标到违约概率的推导。

违约损失率的压力测试模型

违约损失率的压力测试需要更广泛的数据和视角，难度也更大一些。下面是一个简单的思路：

$$LGD_{stressed} \approx 1 - 回收率_{stressed}$$

$$\approx 1 - 回收率_{normal} \times \frac{抵押品价值_{Downturn}}{抵押品价值_{normal}}$$

$$\approx 1 - (1 - LGD_{normal}) \times \frac{抵押品价值_{Downturn}}{抵押品价值_{normal}}$$

$$\approx 1 - (1 - LGD_{normal}) \times (1 + \Delta 房价)$$

因为房地产是最重要的抵押品，所以这里以房价的下跌来近似估测抵押品价值的下降。从上面的公式可以看出，如果目前的违约损失率为 40%，房价下跌 30%，则压力情况下的违约损失率提高 12 个百分点。

表 13 - 4 为穆迪评级统计的债券回收率数据。

表 13 - 4	债券回收率年度数据 （穆迪）		单位：%
年份	有担保	无担保	平均
1982	72.50	35.79	54.15
1983	40.00	52.72	46.36
1984	—	49.41	49.41
1985	83.63	60.16	71.90

续表

年份	有担保	无担保	平均
1986	59.22	52.60	55.91
1987	71.00	62.73	66.87
1988	55.40	45.24	50.32
1989	46.54	43.81	45.18
1990	33.81	37.01	35.41
1991	48.39	36.66	42.53
1992	62.05	49.19	55.62
1993	—	37.13	37.13
1994	69.25	53.73	61.49
1995	62.02	47.60	54.81
1996	47.58	62.75	55.17
1997	75.50	56.10	65.80
1998	46.82	41.63	44.23
1999	43.00	38.04	40.52
2000	39.23	23.81	31.52
2001	37.98	21.45	29.72
2002	48.37	29.69	39.03
2003	63.46	41.87	52.67
2004	73.25	52.09	62.67
2005	71.93	54.88	63.41
2006	74.63	55.02	64.83
2007	80.54	53.25	66.90
2008	57.98	33.80	45.89
平均值	58.56	45.49	51.46
标准差	21.06	11.17	11.70

资料来源：穆迪 *Corporate Default and Recovery Rates*，1920—2008，以上数据不包括次级债。

从表13-4可以看出，债券的违约损失率要高于贷款的违约损失率。根据上述历史数据，10年一次情景对应-1.28σ，20年一次对应-1.64σ，25年一次对应-1.8σ，相应的压力情景的债券回收率如表13-5所示。

表 13 – 5   压力情景下的债券回收率

冲击程度	转化成标准差冲击	回收率（%）	LGD（%）
10 年 1 次	-1.28σ	36	64
20 年 1 次	-1.64σ	32	68
25 年 1 次	-1.80σ	30	70

基于投入产出模型的压力测试

一、投入产出表的应用原理

投入产出表在 20 世纪 30 年代产生于美国，它是由美国经济学家瓦西里·里昂惕夫（W. Leontief）在前人关于经济活动相互依存性的研究基础上首先提出并研究编制的。投入产出表是以产品部门分类为基础的棋盘式平衡表，用于反映国民经济各部门的投入和产出、投入的来源和产出的去向，以及部门与部门之间相互提供、相互消耗产品的错综复杂的技术经济关系。表 13 – 6 为简化投入产出表，对于国民经济中的各个产业，通过投入产出分析，可以知道其中间投入是多少，增加值是多少，每一个行业的产值有多少构成最终消费，又有多少形成了其他行业的中间投入。

表 13 – 6   开放经济条件下的简化投入产出表

		中间使用	最终使用				进口	总产品
		$1,2,\cdots,n$	消费	资本形成	出口	合计		
中间投入	$1,2,\cdots,n$	x_ε	c_i	in_i	ex_i	y_i	$-m_i$	x_i
增加值		v_j						
总投入		x_j						

通过投入产出表，可以分析一个部门投入变化的全面影响，该变化既影响行业自身的产值，又通过影响其他行业中间投入的变化进而影响其他行业的最终产值。这一框架可以发现宏观经济影响信用风险的机理和过程。比如一个行业销售收入发生变化，通过投入产出模型，可以计算其产出的减少对其他行业产出的影响，再通过产出影响评估资产质量。

2009 年以来，我国经济面对的最主要挑战之一是进出口大幅下降，这是影响 GDP 下降最主要的因素。考虑完全开放条件下的投入产出模型 $AX + I + C + E - N = X$，其中 A 是投入产出直接系数矩阵，I 为投资，C 为消费，E 为出口，X 为总产出，N 表示进口；将出口和进口合计得到净出口 EN，则 $AX + I + C + EN = X$。所以 $X = (I + C + EN) / (1 - A)$。假设 $I + C$ 不变，根据各行业进出口情况假设净出口下降的比率，各行业可以相同，也可以不同。作为简化，令其相同。用一个系数矩阵 T 表示 EN 的变化幅度：

$$T = \begin{bmatrix} 1 + t_1 & 0 & \cdots & 0 \\ 0 & 1 + t_2 & \cdots & 0 \\ \vdots & \vdots & \ddots & \vdots \\ 0 & 0 & \cdots & 1 + t_n \end{bmatrix}$$

如第一种产品净出口增加 10%，则 $t_1 = 0.1$；第二种减少 20%，则 $t_2 = -0.2$，如此一来，可以得到 $X = (I + C + T \times EN) / (I - A)$。将净出口变化前后的数据代入，即可以算出净出口变化后各行业总产出的变化情况。

如果不考虑进出口的同时变化，仅考虑出口的单边变化，把进口数计入 $I + C$ 中，用系数矩阵 T 表示出口 E 的变化，各行业可以相同，也可以不同。为了简化，令其相同，则 $X = (I + C + T \times E) / (I - A)$，同样可以算出出口变化后各行业总产出的变化情况。

二、建立各部门产出变化对资产质量的影响机制

从国民经济核算角度考虑，可以近似地将总产出增长率映射到企业主营业务收入增长率或者销售收入增长率的变化上。这样，可以先通过投入产出模型考虑出口下降后各行业收入的下降，将此结合到根据各行业违约数据建立的违约方程，可以得出各行业违约概率的变化，通过一定的映射函数得到该行业的不良贷款率。最后，可根据行业信贷规模对每一行业赋予一定的权重，将各行业损失进行加权汇总，得到对整个资产组合的整体影响（见图 13 - 6）。

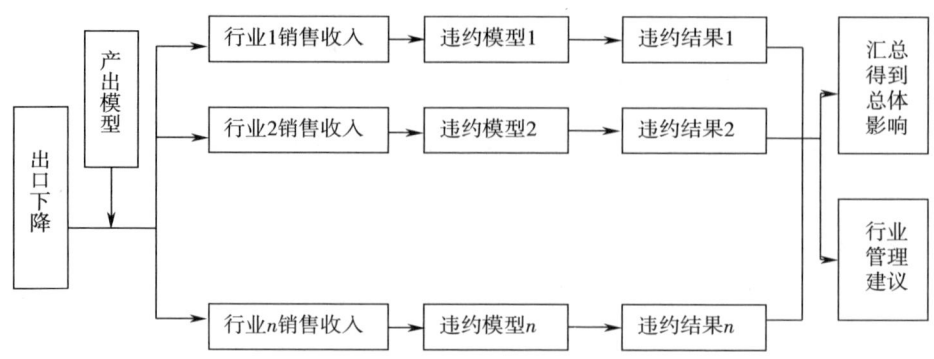

图 13 - 6　基于投入产出法的压力测试流程

三、基于行业产出变化找出受影响最大的企业

在得到行业产出变化的基础上，还可以进一步深化到企业层面。对于每一个企业，可以构建该企业销售收入与行业销售收入增长率之间的线性方程：$sale_{it} = f(SALEt, other_{it})$，其中 $SALE$ 表示行业销售收入均值，$other_{it}$ 代表影响企业销售收入的其他因素。从宏观计量的角度来看，这一数据结构属于典型的非均衡面板数据：既有同一年内大量样本的截面数，又有不同年份之间的时间序列数据。我们采用变截距的回归模型 $Y_{it} = \alpha_i + X_{it}\beta + u_{it}$，因此最简单的计量模型可以表示为

$$sale_{it} = \alpha_i + \beta_1 SALE_t + u_{it}$$

如果考虑前期收入的滞后影响，则可以建立计量模型：

$$sale_{it} = \alpha_i + \beta_1 sale_{it} - 1 + \beta_2 SALE_t + u_{it}$$

模型中的截距项 α_i 则反映了每一个企业自身的特殊性。通过估计模型中每一个企业的截距项，我们可以找出受影响最大的企业，这就为我们采取相应的行业防范措施和针对性的企业授信管理提供了直接的参考依据。

四、基于投入产出模型的压力测试实证分析

（一）基于投入产出表的行业影响分析

由于投入产出关系具有稳定性，一般 5 年编制一次投入产出表，采用

国家统计局网站上公布的 2005 年投入产出表进行计算。根据 2008 年的 GDP 和消费、出口等情况，先按 2005 年投入产出表的比例关系进行数据同比例分配。假设 2009 年出口下降情况分别为 10%、20% 和 30%，根据 $X = (I-A)^{-1}(I+C+T\times E)$ 可以计算出出口变化后各行业的总产出，据此得到各行业的总产出变化情况如表 13-7 所示。

表 13-7　　　　　　　　　出口降幅与各行业产出下降情况　　　　　　　单位：%

	-10	-20	-30
农　业	-2.15	-4.29	-6.44
采掘业	-6.82	-13.64	-20.46
食品制造业	-1.83	-3.67	-5.50
纺织、缝纫及皮革产品制造业	-6.35	-12.70	-19.04
其他制造业	-5.30	-10.60	-15.90
电力、燃气及水的生产和供应业	-4.23	-8.46	-12.68
炼焦、煤气及石油加工业	-5.07	-10.15	-15.22
化学工业	-6.41	-12.82	-19.23
建筑材料及其他非金属矿物制品业	-2.28	-4.57	-6.85
金属产品制造业	-6.20	-12.39	-18.59
机械设备制造业	-6.41	-12.82	-19.23
建筑业	-0.25	-0.50	-0.75
邮电运输业	-3.90	-7.81	-11.71
批发零售贸易、住宿和餐饮业	-4.01	-8.01	-12.02
房地产业、租赁和商务服务业	-2.40	-4.80	-7.20
金融保险业	-2.93	-5.85	-8.78
其他服务业	-1.06	-2.13	-3.19

从表 13-7 可以发现，受到影响比较大的行业是采掘业，纺织、缝纫及皮革产品制造业，金属产品制造业，机械设备制造业这些对出口依赖性比较大的行业，而建筑业、食品制造业等行业受到的影响则比较小。

（二）从行业违约方程到行业不良率

我们以机械设备制造业为例继续进行违约方程的构建。由于企业的规模大小不一，直接的产出绝对数并不具有可比性，因此一般用产出除以企业规模来消除这种差异。企业违约与否，不仅取决于产出减少的程度，而且与企业原有的产出基数密切相关。只有当产出与资产规模的比值减少到一定的程度，企业才会发生违约。因此，我们以产出/总资产来构建 Logistic 方程。在不考虑资产规模变化的情况下，该指标的行业变化率就等于行业总产出的变化。实际计算中我们用销售收入作为总产出的替代指标，用销售收入/总资产作为变量，基于 2007 年的财务数据，得到 Logistic 模型：

$$\ln\left(\frac{\pi}{1-\pi}\right) = 1.783755 - 1.614716(sale/asset)$$

$$(0.000) \quad (0.000)$$

从检验结果看，该模型的各项指标均通过显著性检验，因此可以用做压力测试的模型。假设机械设备制造业平均不良贷款率为 3.59%，平均销售收入/总资产比率为 142.81%。以这两个指标为基准，得到如表 13-8 所示的不良率变化。以同样的方法计算不同的行业并加权汇总即可得到银行受到的全部影响。

表 13-8 　　　　　　　　**出口下降比率与不良率变化** 　　　　　　　　单位：%

	销售收入下降	平均销售收入	不良率	不良率上升
基准		142.81	3.59	—
出口下降 10	-6.41	133.66	3.93	0.34
出口下降 20	-12.82	124.50	4.28	0.69
出口下降 30	-19.23	115.35	4.63	1.04

（三）从行业影响到个体分析

在研究每个企业受到的影响时，我们采用上市公司的公开财务数据构建宏观模型。选取机械设备制造业上市公司 2001—2008 年的财务数据，采用变截距固定效应模型，我们得到：

$$sale_{it} = 0.6792407 + 0.3090999\ SALE_t$$

$$(0.000) \quad (0.025)$$

$$sale_{it} = 0.3095623 + 0.5420598 sale_{i(t-1)} + 0.2057243\ SALE_t$$

$$(0.000) \quad (0.000) \quad (0.066)$$

两个模型的各项指标均通过显著性检验。其差异在于后一个模型由于考虑了前期销售收入的影响，行业销售收入的影响要小一些，其系数

0. 2057243 明显小于前一个模型中的 0. 3090999。

　　基于变截距固定效应模型的特殊性，两个模型中的常数项为平均数，每一个公司相应地还有一个反映自身特质的常数项。通过计算固定效应模型中的相对截距项，我们得到样本中每一个企业的总截距，据此计算各企业的销售收入变化情况。根据表 13 – 8 的测算结果，在出口下降 10% 时，机械设备制造业总产出下降 – 6.41%。以此为标准，采用模型 1 的回归结果，表 13 – 9 列出了根据第一个模型计算出的销售收入比率最低的五家企业以及销售收入变化率最大的五家企业。

表 13 – 9　　　　　　　　　　个体销售收入变化情况　　　　　　　　　　单位：%

最低销售收入比前五名			销售收入比下降前五名		
公司代码	销售收入预测值	销售收入下降幅度	公司代码	销售收入预测值	销售收入下降幅度
××××××	13. 35	– 48. 00	××××××	43. 35	– 58. 77
××××××	24. 02	– 51. 04	××××××	57. 03	– 55. 38
××××××	27. 12	4. 61	××××××	29. 26	– 52. 35
××××××	29. 26	– 52. 35	××××××	24. 02	– 51. 04
××××××	30. 95	– 9. 34	××××××	91. 47	– 49. 47

　　从表 13 – 9 的统计来看，销售收入最低的样本企业的销售收入均低于行业的平均值，说明这些企业违约的概率很大，因此应该进行重点监测。从变化率上看，在销售收入最少的五个企业中，销售收入均出现了不同程度的下降，但我们也看到了某企业的销售收入反而上涨。同样，考察销售收入比下降前五名的情况，可以发现有些销售收入状况很差的企业降幅很大，而有些销售收入状况很好的企业降幅也很大，降幅与销售收入的高低并不是一一对应的。当然，从风险控制的角度来看，我们的监测重点应该是那些绝对值和相对值情况都比较差的企业。面板模型无疑为我们找出这些企业提供了一个有效的工具。

　　这种方法的特点是：（1）具有全局整体性。在投入产出模型的框架下，宏观经济的变化被反映到各个行业的变化上，并且这种变化具有理论上的传导合理性，实现了宏观传导的有效分解，通过基于行业权重的汇总又有效地反映了银行所受到的系统影响。（2）缓解了数据期限的限制。分解模型在大样本截面数据的基础上对时间序列的要求相对较低，这较好地适应了我国银行业数据积累时间较短的现实。（3）实践指导性更强。基于面板模型的特殊性，我们既可以找出受影响最大的行业，还可以通过行业方程进一步找出受影响最大的企业，从而可以采取针对性措施。

整体性压力测试

2008 年国际金融危机以后，为应对金融危机、稳定金融市场，美国财政部公布了奥巴马政府以资本援助计划（Capital Assistance Program，CAP）为核心内容的第二次金融救援计划，并宣布由美联储（Federal Reserve Bank，FRB）牵头，联合财政部及下属的货币监理署（OCC）、联邦存款保险公司（FDIC）、储蓄管理局（OTS）等美国金融监管部门，开始实施监管资本评估计划（Supervisory Capital Assessment Program，SCAP），要求美国 2008 年末资产超过 1000 亿美元的 19 家最大银行控股公司（BHCs）都要接受政府组织的压力测试，以全面评估在高风险压力情景下各大银行控股公司的资本需求。在该轮救市计划中，美国政府将压力测试提升到了一个全新的高度——一个站在整个金融系统稳定的高度实施的全局性测试，根据压力测试结果，决定对各大银行的注资方案。

正是在此大的背景下，美国的大型银行开始探索整体性压力测试，有的银行组建了专门的整体性压力测试部门（Enterprise Stress Testing Group，EST Group），建立了整体性压力测试的政策和程序，每个季度组织开展整体性压力测试，为董事会、管理层在金融危机情况下的决策提供了重要支持。

一、整体性压力测试的目的与定位

整体性压力测试是为了评估银行在各种情景下的综合财务状况，评价目前行动计划与战略的适当性，管理银行的资产负债、资本和流动性，支持资本和流动性应急计划，提高对外部事件的敏感度，在银行经营预测活动中评估银行所面临的风险和机遇，实现银行经营决策、行动、计划的主动管理。

与一般性的压力测试相比，整体性压力测试有如下不同或者特色：

第一，整体性压力测试提供了统一的情景设置。以往银行主要针对某些产品、某些业务领域开展压力测试，各个业务部门关于情景的设计各不相同，结果难以整合，新的整体性压力测试为各个业务条线的压力测试提供统一的情景。涉及的压力情景包括周期性因素如宏观经济波动情景（Macroeconomic Scenarios）、流动性事件（Liquidity Event）、资本市场冲击或压力（Capital Market Shock／Stress）。

第二，整体性压力测试的目的和承压对象涉及多个方面，包括评估银行层面的风险与资本的匹配程度、对收益和流动性的影响程度。单项压力测试的承压对象一般是一个微观指标，比如不良率、违约率等，整体性压力测试对象则是要评价银行的资本（Capital）、收益（Earnings）和流动性（Liquidity）。

第三，整体性压力测试提供了银行整体层面的评价视角。单项压力测试仅仅涉及一个业务，而整体性压力测试则是测试银行总的业务开展情况，评估银行的资产负债表和损益表，范围比一般性压力测试要广很多。

整体性压力测试部门的主要职责为：一是负责对压力测试结果进行独立的评估和分析；二是负责协调全行层面的压力测试工作，涉及风险、财务、司库及各业务条线；三是端到端压力测试过程的所有者，负责组织监控从压力情景工作组（Scenario Working Group）直至向董事会提交压力测试结果（Final Board Output）整个压力测试过程的实施；四是提升银行的财务管理水平。

二、整体性压力测试的治理结构

一般而言，整体性压力测试由董事会、资产负债管理委员会负责，因为其测试的对象是资本和流动性，并且需要与风险委员会联动。美国有的银行专门成立了企业风险管理委员会（Enterprise Risk Committee，ERC），整体性压力测试结果要定期向企业风险管理委员会汇报。在企业风险委员会下设有资产负债及市场风险管理委员会，具体负责指导整体性压力测试工作。首席风险官和首席财务官负责具体推进整体性压力测试。表 13 – 10 是有关人员的职责。

表 13 – 10　　　　　整体性压力测试治理结构中的职责分工

整体性压力测试总监（EST Executive）	端到端的企业级压力测试过程和管控治理的所有者。 在一个控制框架（Control Framework）下执行压力测试过程，以满足监管和治理要求。 负责管理整体性压力测试部（EST Group），确保专家资源充足。 压力测试执行工作组主席；压力情景领导小组秘书。 监控、复查（Review）、审批、文档、报告及/或升级例外处理。 复查、评估（Assess）、汇总和生成压力测试结果报告给董事会（BOD）、资产负债及市场风险管理委员会（ALMRC）、风险监督委员会（ROC）。 确保与全行层面相关部门主管的合适承诺（Appropriate Engagement）得以满足。
整体性压力测试风险总监（EST Risk Executive）	履行对全行压力测试过程的独立风险评价。 评价全行压力测试过程控制计划（Control Plan）的充分性（Adequacy）和有效性。 确保对控制薄弱点的补救措施计划得以开发和执行。 参加压力情景领导小组（EST Scenario Working Group）和压力测试执行工作组（EST Operations Working Group）。 评估 EST 总监提交的文档化的本次与上次压力测试之间的差异分析。 根据压力测试政策和治理文件，评估和签署压力测试及提交件的合规性文件。
公司投资部（CIG）	建立模型开发（Modeling）的质量、特征和返回测试标准。 创建假设和定量的压力情景（Hypothetical and Quantitative Scenarios），以及需要考虑的假定条件（Assumptions）。 提供对压力情景的定性描述。 定义模型集（the Suite of Models），并决定相应模型部署所需的必要行动（Required Actions for Model Disposition）。
首席风险官（CRO）和首席财务官（CFO）	对压力情景领导小组（EST Scenario Working Group）建议的压力情景进行评估和审批。
具体压力测试部门（Forecast Owners）	按照压力测试政策和治理文件的要求进行压力测试。 执行压力测试，并按照压力测试的任务目标和期限要求，向整体性压力测试部门（EST Group）提供压力测试结果。 维护压力测试结果的支持性文档。

整体性压力测试结果的服务和报告对象包括董事会及其委员会、外部监管机构、内部高级管理层等。

整体性压力测试需要银行各个部门的参与，主要涉及的部门包括资产负债管理部、财务部、风险管理部、研究部、战略管理部、各个业务条线等。

为较好地落实整体性压力测试工作要求，美国某银行成立了两个小组和一个部门，具体是压力情景领导小组、压力测试执行工作组和整体性压力测试部。

1. 压力情景领导小组。

压力情景领导小组的使命是开发设计定量和假设的情景，确保不同的业务条线和资产组合能采用一致的经济和市场情景开展压力测试。

压力情景领导小组的成员有首席会计官、银行司库、首席投资官、公司投资部首席经济学家、流动性风险管理总监、全球市场及公司业务/投资银行业务总监、全球消费及小企业业务总监、房屋贷款和保险业务总监、全球组合战略总监、整体性压力测试风险总监及各业务条线总监。

压力情景领导小组的职责是：（1）向首席风险官和首席财务官提出每一轮压力测试适用于各业务条线和不同资产组合的定量和假设情景。（2）对所建议情景的书面解释。（3）在整个压力测试循环中保证经济和市场情景假设的内在一致性。（4）保证市场风险、流动性风险采用的情景与整体性压力测试的情景一致。

2. 压力测试执行工作组。

压力测试执行工作组的使命是确保整体性压力测试管控和政策能在各个业务条线和支持部门有效执行，包括但不限于资产负债、收入、费用、资产质量、市场风险、交易对手风险、证券、股权、资本、流动性和风险。

压力测试执行工作组的成员有整体性压力测试总监、计划与预测总监、整体性压力测试副总监、整体性压力测试风险总监、整体性压力测试财务总监、整体性压力测试技术总监、银行计划总监、全球组合战略商业总监、全球组合战略市场风险总监、全球组合战略交易对手风险总监、信用卡损失预测总监、房屋贷款损失预测总监、准备金总监、资产负债管理总监、资本管理总监、流动性风险管理总监、各业务条线财务总监、公司投资部总监。

压力测试执行工作组的主要职责包括：（1）确保整体性压力测试各项政策和管控措施的有效执行。（2）确保多代压力测试增进计划的有效执行，并对压力测试结果进行监测。（3）在每轮压力测试具体执行过程中提供指导和交流平台。（4）促进压力测试过程中审计和监管问题的解决。（5）汇总各个业务条线的问题和关注点，对压力测试部门内部不能解决的问题，提升问题级别，向风险监督委员会报告。

3. 整体性压力测试部门职责。

整体性压力测试部门负责端到端的压力测试过程，其主要职责包括：（1）利用公司投资部（CIG）的定量预测结果，指导全行整体性压力测试情景的开发。（2）与各业务条线和管理控制部门沟通整体性压力测试的具体任务、时间点、交付件、情景等因素，并给予指导和控制。（3）确保各业务条线和管理控制部门能够利用现有业务模型和流程产生压力测试预测。（4）在与银行计划、准备金管理部门协调的情况下，对各部分压力测试结果汇总、评估，产生全行压力测试结果报告。（5）向管理层报告整体性压力测试结果并提出建议。

压力测试管控和政策方面，通过制定压力测试政策和治理文件，设定全行压力测试的最低标准和需求，包括适用范围、端到端流程和控制、政策文件要求、压力测试频次、相关岗位角色和职责、压力测试监测和报告、压力测试结果整合、问题报告流程。

压力测试管控提供监督职能，促进各项工作达到规定标准的评估具有一致性和可解释性：确定谁做决策、定义控制范围和具体责任、提供决策方法和依据的过程、澄清角色和责任（比如谁实施和监测决策的执行）、按照治理要求建立执行/监测/评估的规程、制定问题和争议的升级过程。

压力测试管控的管理方面：治理架构和规程持续建立；压力测试会议皆邀请关键部门参加，并且确保关键的讨论、决策和后续行动文档化和可跟踪；相关政策文档能够被压力测试管控和风险总监调阅监控，并且满足内部审计和监管部门的评审。

压力测试管控的实施方面：企业级的压力测试政策和治理文件由一个交叉职能的团队负责，压力测试的每个环节要求以文档化剧本的形式描述具体的过程，压力测试政策、治理文件和流程须确保根据监管和风险控制的需求进行更新和优化升级。

三、整体性压力测试流程

第一，整体性压力测试部门要与银行财务、准备金管理部门共同决定可交付的压力测试实施时间进度。

第二，压力测试情景研究团队通过咨询各业务条线主管和控制管理部门主管，基于经济学家的第三方调查数据构建压力情景。

第三，压力情景领导小组选择决定压力情景，报首席风险官和首席财务官批准。批准后，整体性压力测试部门通过压力测试论坛向全体参与者分发压力情景、相关变量、日程表和具体压力测试任务。

第四，针对每一个压力情景（如基线情景、中等衰退、严重衰退、二次衰退、滞胀等），分别对资产负债表、损益表、资本及流动性相关内容进行压力测试预测。

1. 关于资产负债表预测。

资产负债管理部门经与各业务部门和管理控制部门磋商后，基于压力情景预测初始的资产负债表。资本管理部门基于资产负债表预测风险加权资产（RWA）。整体性压力测试部门负责从全行层面对资产负债表进行汇总和评估，根据需要进行调整压力测试预测结果。

在压力情景下，信用风险加权风险资产会随着信贷质量波动，但波动幅度一般比实际违约概率变化幅度要小。为将压力情景合理传导到加权风险资产，对压力 PD 进行周期性调整，公式为

调整后的压力 PD（用于计算 RWA）

$=$ 长期 $PD + \omega \times$（压力情景下的实际违约率 $PD -$ 长期 PD）

对于 LGD 而言，在内部评级法初级法下，LGD 采用的是监管要求下的根据押品价值计算的 LGD，因此，在压力情景下不需要对 LGD 进一步施压。

2. 关于损益表预测。

业务条线/风险部门：个人业务条线负责预测零售贷款组合的资产质量和损失。组合风险管理部门负责预测商业贷款组合的资产质量。

准备金管理部门负责预测所需的减值准备和准备金。

金融交易和市场风险管理部门负责确定市场风险和交易对手信用风险压力测试。

金融交易部门负责预测可供出售债券和持有到期债券的头寸，以及预测交易性净利息收入。

资产负债管理部门负责根据压力情景规定的收益率曲线预测核心净利息收入、资产负债表、不良资产。预测净利息收入主要运用动态收益模拟方法，考虑压力情景下资产负债业务变化和新增情况。假设利率发生一定幅度变动，以其对未来一段时间内净利息收益的影响来衡量利率风险水平，评估压力情景对短期盈利（净利润）的影响，进而评估对资本的影响。根据情景设定情况、压力测试时点存量业务余额、期限分布和目标资产负债余额预测值，计算设定情景下测试区间每个会计期间存量和增量业务余额。根据资产负债产品计息规则、利息支付频率和重定价频率、各情景下存量和新增业务余额和价格执行情况，计算基准情景下测试区间内净利息收益。压力情景下净利息收入和基准情景下净利息收入绝对差额是对净利息收益的冲击。

各业务条线负责预测非利息收入和支出，其预测结果提供给经营计划部门整合。

财务经营计划部门负责决定预计股息和每股收益。

财务税务部门负责预测递延所得税资产（DTA）。

整体性压力测试部门负责将所有预测结果汇总，对全行层面损益表评估，根据需要调整压力测试预测结果。

3. 关于资本和流动性预测。

资本管理部门负责预测资本比率（Capital Ratios），流动性管理部门（Liquidity Management）负责预测不需筹资保持流动性的期限和现金头寸。

4. 关于压力测试报告的汇总与整理。

整体性压力测试部门负责将压力测试结果汇总，形成关于收益、资产负债、资本、流动性相关的全面财务状况分析报告。在整合汇总过程中，EST 部门尽可能充分利用各业务单元已有的报告生成过程，高度重视各中间结果的数据标准化工作。EST 部门不仅与各相关部门充分沟通，而且各领域分析人员要负责对压力测试结果进行独立评价。

整体性压力测试部门要将压力测试报告及建议措施向董事会、管理层报告。

四、整体性压力测试报告

压力测试结果汇总和报告是完成全行整体性压力测试过程的集中展现。压力测试结果报告是建立在全行统一的宏观经济情景基础之上的。整体性压力测试部门负责将各压力测试结果汇总分析及报告，并对压力测试结果进行合理性分析。

Table of Contents

Section Number	Title	Section Number	Title
1.0	Executive Overview	8.3	Stress Losses - Equity Investments
2.0	Process	8.4	Stress Losses - AFS/HTM Security Losses
3.0	Methodology	9.0	AQ Summary / Incremental Provision
4.0	Scenarios	9.1	Card Services AQ
5.0	Balance Sheet	9.2	Home Equity AQ
6.1	NII - Core	9.3	Mortgage AQ (includes SOP 03-3)
6.2	NII - Trading	9.4	Dealer Financial Services AQ
6.3	Service Charges	9.5	Other Consumer AQ
6.4	Investment Banking Income	9.6	Commercial Asset Quality
6.5	Investment & Brokerage Services	10.0	Capital / RWA
6.6	Mortgage Banking Income	11.0	Liquidity
6.7	Equity Investment Gains	12.1	LOB Segment: Deposits
6.8	Trading Account Profits	12.2	LOB Segment: Card Services
6.9	Card Income	12.3	LOB Segment: Home Loans
6.10	Gains (losses) on Sales of Securities	12.4	LOB Segment: Global Markets
6.11	Insurance Premiums	12.5	LOB Segment: Global Banking
6.12	Other Income	12.6	LOB Segment: GWIM
6.13	One-Time Gains and Credit Spreads	12.7	LOB Segment: Principal Investing
6.14	Global Banking and Global Markets Supplement	12.8	LOB Segment: Other
7.0	Expenses	13.1	Legal Entity: BANA
8.1	Stress Losses - Market Stresses	13.2	Legal Entity: FIA
8.2	Stress Losses - Counterparty Risk	14.0	Appendix
		15.0	Glossary

图 13 - 7　压力测试报告示例

压力测试结果报告的内容包括：

1. 对损益表的影响：资产质量变坏和压力损失冲击。

2. 对资产负债表的影响：涉及贷款、准备金、交易对象、现金、存款、股权。

3. 对资本的影响：涉及风险加权资产、资本、杠杆比率、敏感度。

4. 对流动性的影响：主要指筹措所需资金的时间。

CCAR 与 EPS 压力测试

一、CCAR 与 EPS 的推出

美国金融监管机构对 2008 年爆发的国际金融危机进行了深刻反思，认为金融危机暴露出金融机构在风险量化实践中存在的诸多不足，最突出的一点是对于极端事件关注不够，对于这类事件给银行资本充足率造成的冲击、对银行持续经营能力形成的挑战，以及风险在不同金融机构之间的快速扩散缺少有效管控。针对次贷危机中出现的监管真空和监管漏洞，美国金融监管当局出台了一系列补救措施，建立、健全了以法案为主体的长效机制。2010 年，美联储推出《综合资本压力分析与回顾》（*Comprehensive Capital Analysis and Review*，CCAR），旨在保证大型银行在各类经济和金融压力下仍有足够的资本和流动性，确保运营正常，其适用范围最初为 19 家在美银行控股公司，后范围不断扩大至 35 家（含大型在美外资银行）；2014 年，美联储推出《对银行控股公司和外国银行机构的强化审慎标准》（*Enhanced Prudential Standards for Bank Holding Companies and Foreign Banking Organizations*，EPS，简称《强化审慎标准》），进一步管理银行系统性风险，开展更严格的资本和流动性压力测试，其适用范围为在美金融机构（含在美外资银行）。这两个文件都对压力测试提出了一系列的监管要求。

二、CCAR 及其压力测试要求

1. CCAR 简介。

美联储提出的综合资本分析审查监管体系 是美国银行业为了提高金融

机构的风险应对能力，开始以压力测试为基础，全面评估银行的各项业务及资产的抗风险能力，进而在风险预测的基础上优化业务及资产结构的一项监管改革计划，重点关注金融机构抵御实质性非预期损失的能力，以及大型金融机构在极端不利情景下持续经营的能力。

美联储认为资本对于金融机构抵御风险、持续经营具有极其重要的作用，资本数量不足一方面导致金融机构吸收损失的能力下降；另一方面影响市场信心，进而引发危机。为此，美联储 CCAR 监管以资本为核心和落脚点，要求每个金融机构都建立一套科学、有效的风险管理体系和资本管理体系，确保资本管理体系扎实稳定运行，确保资本保持充足。

2011 年美联储要求美国总资产达到 500 亿美元的金融控股公司都要制定资本规划并提交美联储审查，资本规划应包含四个方面的内容：一是未来九个季度内基准情景和压力情境下银行资本来源和资本使用，预计收入、损失、准备金以及资本总额、资本充足率等指标的变化情况，以及在基准情景和压力情景下将资本充足率维持在较高水平的行动计划；二是详细的资本充足率评估过程，确保评估方法科学准确，评估过程严格规范，评估结果科学合理；三是完善的资本管理政策，确保资本规划、资本发行、资本使用和资本分配等各种资本管理行动有章可依；四是可能的对银行资本充足率或流动性产生实质性影响的业务变化，针对各种变化和冲击的应急预案。即 CCAR 是一种"Forward – looking"的资本规划，即面向将来而非现在或过去。

2. CCAR 主要内容及其压力测试要求。

美联储对于资本规划的制定过程有严格的规范，具体包括七个方面，在这七个方面里面，很多都对压力测试提出了明确的要求。

（1）基础风险管理。基础风险管理是美联储 CCAR 审核关注的重点之一，要求金融机构建立有效的风险识别、计量、管理和控制程序，以支持资本规划的制定。在基础风险管理中，美联储特别强调风险的识别，认为国际金融危机爆发的重要原因就是金融机构未能充分识别全部经营活动产生的风险，未分析外部环境变化时各类经营活动的风险大小和风险特征。对于风险识别，美联储的要求主要有四个方面：一是全面性，要求能够识别企业全部经营活动所产生的各类风险，包括表内项目和表外项目产生的各类风险暴露，以及在压力情景下经济和金融市场变动导致的风险等；二是规范性，要求建立标准化的风险识别流程，定期更新风险评估结果，重估风险暴露，考量各种压力情景下风险暴露的变化；三是及时性，对于各类风险变化，无论是战略风向的改变所导致的，还是新产品上市、规模增加、集中度或资产质量的变化所导致的，都应能够及时捕捉并进行计量和评估；四是充分性，风险识别不能忽略该金融机构特有的经营活动或特殊的资产负债结构导致的特定风险。

（2）内部控制。美联储要求金融机构建立完善的 CCAR 内部控制体系，覆盖金融机构资本规划制定的各个流程环节和要素，包括风险计量和管理信息系统、损失和收入估计模型和技术、资本规划报告流程、资本充足率决策流程等。

内部审计和模型独立验证是内部控制的重要组成部分，内部审计需重检资本规划制定的全部流程，审计人员需就资本规划过程的所有方面（包括缺陷）定期向高管层和董事会汇报。模型独立验证需满足美联储《模型管理监管指引》的要求，覆盖所有直接或间接用于损失、收入、费用预测的模型及细分子模型。验证关注的要点包括理论、概念的合理性，基线值的确定，建模过程的持续监控，产出结果的分析，压力情景下模型的适用性，模型存在弱点或不确定性情况下的结果调整流程。模型验证需使用敏感性分析、基线方法或挑战者模型，努力弥补返回检验压力测试模型的不足。

（3）公司治理。董事会决定资本充足率水平和资本行动方案，对资本规划负最终责任。董事会应至少每个季度听取一次资本规划方面的报告，报告内容包括当前资本充足情况和承压后的资本充足情况，预计资本目标的完成情况，资本规划中的各类情景设计细节，资本规划的限制因素、各种假设以及不确定性，资本规划中采取的缓释措施或审慎处理措施，资本规划中各个关键环节的分析报告，前期资本规划的执行情况等。

高管层负责在董事会的授权下执行资本规划，并对资本规划的执行效果向董事会负责。高管层需要确保资本规划执行处于有效控制之下，确保金融机构设定的压力情景覆盖各类实质性风险；负责向董事会提供资本相关建议并确保所建议的资本目标有充分的分析支持，符合重要股东、债权人、监管机构等相关方的期望；识别资本规划的缺陷和潜在局限性，评估影响并制定应对措施。

金融机构应详细记录董事会和高管层针对资本充足率、资本行动方案等内容作出的各类决策，记录支持资本决策使用的各类信息。

（4）资本管理政策。资本管理政策应重点明确以下内容：资本构成和资本充足率目标；普通股股息率、资本分配指标等资本管理定量指标；影响资本分配规模、时间和形式的关键因素和指标；资本决策所需的材料，如报告、压力测试结果等；缩减股息分配或中止股票回购计划的触发条件；将普通股股权置换成其他形式的资本所考虑的因素；达不到资本充足率目标时的应对措施；资本管理中相关个人和团队的角色和责任。其中，资本目标的制定应考虑未来经济变化、金融机构财务状况、压力测试的潜在影响、资本计划的不确定性等因素，应符合风险偏好、风险政策以及内外部利益相关者的期望，应确保在压力情景下能够持续经营。

资本管理政策应包含资本应急计划，详细说明在经济衰退、市场环境或财务状况恶化的情况下，如何通过缩减或中止股息分配或股票回购等手段，将资本充足率保持在较高水平。资本应急计划还应定义一组指标以确定应急计划触发条件，这些指标应能够对资本状况恶化提供早期预警。应急计划应充分考虑压力情景下资本筹集和保护行动失效的风险，如压力情景下市场可能失效，金融机构无法进行债券或股票发行、资产出售。

（5）情景设计。压力情景设计应基于金融机构特有的业务模式、资产负债结构、区域分布、资产组合特征和收入驱动因素等确定，反映宏观经济、金融状况对金融机构关键风险和特有风险的影响，具体方法可选择内部模型法或第三方结果。如果采用内部模型法，应将模型结果与专家判断相结合来确定压力情景和各类变量，如果使用第三方结果，则应将第三方定义的情景与金融机构风险状况和特有风险相结合。

金融机构应规定指标选择的流程，所选取的指标应能够覆盖所有的实质性风险，并能反映环境变化的影响。情景设计应清晰地描述所设计的情景如何作用于金融机构特有风险和实质性风险，还应解释每一个情景如何对金融机构特有风险进行施压，以及各情景指标之间如何相互作用。

（6）损失、收入和费用的估计方法。对于压力情景下损失、收入和费用的估计是压力测试和情景分析的基石，金融机构应建立规范的估计流程和严谨的估计方法，确保估计结果的审慎性以及与各类情景的一致性，各种情景下收入、损失、费用的估计结果应有历史经验的支持，全部估计过程应透明和可重复。金融机构可将模型或其他定量方法作为估计的基础，但在数据有限、标的为新产品或新业务或其他情况下，可借助管理人员经验估计或其他定性方法进行调整，但应确保所有调整都有足够的支持依据，并且透明、可重复。

对于损失的估计，不同风险暴露类型可选择不同的方法。对于零售业务和批发业务信用风险的损失估计，可选择预期损失法、评级迁徙法、滚动率模型、成熟性模型、核销模型、映射标尺法；用于出售债券和持有到期债券的损失估计，可采用压力测试的方法；对于营运风险的损失估计，可使用回归模型法、修正损失分布法、情景分析法、历史平均法、法律风险暴露法等；市场风险和交易对手信用风险的损失估计，可采用概率法生成潜在收入或损失的分布，或用确定值方法，在特定压力情境下生成一个具体的损失估计值。

对于净利息收入的估计，既要考虑当前余额和结构，还要考虑资产组合的变化特征，包括但不限于提前还款比率、业务变化幅度、收益率曲线变化导致的重新定价，交易的上下限，买入期权，贷款表现的变化等；非利息收入的估计可使用多种方法并结合基线分析来确定估计结果。非利息支出的估计应充分考虑压力情景对非利息支出的影响，包括经济衰退时各种费用的上升。

（7）资本充足率影响评估。压力情境下影响资产负债表项目规模和构成的因素有很多，如某一时点的贷款余额和用于出售债券的头寸，影响因素包括期初值、一段时间内的买入和卖出、到期金额、提前偿还金额以及违约金额等。鉴于计算复杂、涉及内容多，可以选择直接预测压力情境下每个季度末项目大类余额的方法。金融机构需建立起压力情境下收入、费用、表内外资产余额之间的关联关系。

风险加权资产的估计应基于资产负债表各个项目的估计结果以及对风险情况的判断，对于信用风险暴露，应使用监管公式估计各类资产的风险加权资产；对于交易资产暴露，应将压力情景转化成风险指标的变化从而推算风险加权资产的波动。

在压力环境下金融机构需始终维持足够的损失准备金，准备金的数量应根据资产规模、结构、压力情境下的风险特征等因素确定。如果金融机构确认损失的时间较晚，若采用净核销模型，则需要设置足够多的准备金应对压力情景期间未能及时确认的损失。

金融机构应建立规范的、持续的操作流程，汇总损失、收入、费用、风险加权资产、损失准备金的估计结果，综合评估承压后的资本充足率变化。

三、EPS 及其压力测试要求

1. EPS 简介。

美联储于 2014 年 2 月公布了《对银行控股公司和外国银行机构的强化审慎标准》，将大型外国银行在美国分行和独立法人实体都纳入监管范畴，主要受规范个体包括美国银行控股公司（U. S. Bank Holding Companies，BHC）及在美国设有营运机构的外国银行组织（Foreign Banking Organizations，FBO），按经营规模（全球合并总资产及 FBO 于美国营运机构的合并资产规模）和复杂程度不同设计了严格程度不同的监管要求，主要涉及治理架构、资本比率、资本压力测试和流动性管理等。其中强化外资银行审慎标准规则主要通过加强外资银行对其在美国设立的附属公司、分支机构等在管理模式、风险控制、压力测试、债务与流动性限额等方面的监管要求，以达到防范金融危机发生，降低美国金融体系风险，保持美国金融体系稳定等目的。

2017 年 7 月 1 日起，根据美联储发布的 EPS 规则，符合条件的银行需向美联储每年提供集团资本压力测试报告。

2. EPS 及其压力测试要求。

根据全球合并总资产及 FBO 于美国营运机构之合并资产规模划分，EPS 相关要求如表 3 – 11 所示。

表 13 – 11   EPS 相关要求

EPS 相关要求		全球合并总资产	大于100亿美元小于500亿美元	大于500亿美元	大于500亿美元	大于500亿美元
		在美国合并资产	小于500亿美元	小于500亿美元（分支机构及非分支机构）	大于500亿美元（分支机构及非分支机构）	大于500亿美元（非分支机构）
U. S. IHC	为所有的在美国分支机构创建IHC，由董事会及董事会风险管理委员会管理的美国分支机构除外					✓
风险管理	负责美国分支机构运营的风险管理委员会应每年进行认证		✓	✓		
	在 IHC 的董事会或 FBO 的董事会建立一个美国风险管理委员会以监控美国地区的运营风险情况，且需要最少一名独立董事				✓	✓
	任命一名美国首席风险管负责美国地区运营（也可作为 IHC CRO）				✓	✓
资本及压力测试	符合母国年度资本监管要求。如果全球合并资产大于 500 亿元，需要提供资本达标（巴塞尔协议相关标准和要求）的相关证明		✓	✓		
	FBO 必须符合母国压力测试相关要求，以避免在美国资产进行调整		✓	✓	✓	✓
	BHCs 及 FBO 必须满足美国资本监管的相关要求，并证明其在合并基础上也满足巴塞尔协议关于资本的要求。				✓	✓
	对美国以风险为基础的资本规则采用标准化方法					✓
	符合 CCAR 及 DFAST 压力测试要求					✓

续表

EPS 相关要求		大于100亿美元小于500亿美元	大于500亿美元	大于500亿美元	大于500亿美元
	全球合并总资产	大于100亿美元小于500亿美元	大于500亿美元	大于500亿美元	大于500亿美元
	在美国合并资产	小于500亿美元	小于500亿美元（分支机构及非分支机构）	大于500亿美元（分支机构及非分支机构）	大于500亿美元（非分支机构）
流动性	FBO 必须拥有流动性风险管理标准，执行内部流动性压力测试并将结果报告给美联储。FBOs 必须达到分支机构的相关要求以避免资产调整。		✓	✓	✓
	在美国保持流动性缓冲以应对30天的流动性压力测试			✓	✓
	每年向董事会报告每国内部压力测试结果（以合并或在美国运营分支机构为基础）		✓	✓	✓
负债权益比率限额	FSOC 是否对 FBO 对美国金融稳定性的影响作出评估			✓	✓
监管报告	额外的关于 IHC 架构及资本和压力测试的报告				✓

四、CCAR 和 EPS 对压力测试的贡献与挑战

CCAR 与 EPS 展现出对压力测试更为全面、动态的监管要求，例如不断扩大的压力测试的对象范围；综合多个维度对压力测试提出的全方位要求，包括风险管理、内部控制、公司治理、资本管理政策、压力情景设计、估计方法与模型选择等多个方面，充分考虑多种影响因素和情景以及定期进行压力测试等。CCAR 与 EPS 对压力测试的高标准严要求有利于弥补监管漏洞，提高金融机构的抗风险能力，防范金融危机发生，保持金融体系稳定。

与此同时，压力测试在实施过程中面临的难度也将相应提高：一是需要多部门配合完成工作，二是需要使用涉及多个系统的模型和数据，三是需要大量专家判断的支持。因此，对部门之间的协作、数据的获取和模型的选择、系统间的交互以及专家判断都提出了新的考验。

第十四讲　模型验证

根据特定样本开发出的风险模型，还不能直接应用于实践，因为有些问题还需要解答：第一，这些模型对样本外的群体是否适用？第二，模型的风险排序能力是否强？第三，模型的风险排序能力是否稳定？第四，模型给出的风险参数是否审慎和准确？回答和解决这些问题，需要银行建立一套模型验证体系。下面就模型验证的工具和方法进行介绍。

模型区分能力

模型区分能力是指模型将违约与非违约客户区分开的能力。如何衡量这种区分度，有哪些可以借鉴采用的指标？解决这个问题并不难，因为在其他领域已经有比较成熟的指标和应用可以借鉴，最常见的是 ROC（Receiver Operating Characteristic）、CAP（Cumulative Accuracy Profile）、KS 值、CIER、Somers'D 等。

1. ROC 曲线。

ROC 是一种老的测试方法，其最早用于心理学和医学，比如一种试剂作用于不同患者，反应各不相同，这种试剂是否能将真正的患者识别出来。识别的准确率又称为命中率，就反映了这种试剂的区分程度。假设 DD 是准确预测的数量，TD 是样本中违约数量，ND 是错误预测的数量即将非违约的个体放入违约的数量，TN 是样本中非违约数量，那么命中率 $Y_1 = DD/TD$，误中率 $X_1 = ND/TN$。以误中率为 x 轴，命中率为 y 轴，即可绘制 ROC 曲线。如果模型没有区分力，落在 45 度直线上。理想情况是将所有违约的企业区分出来，命中率100%。一般情况是在二者之间。ROC 曲线下的面积代表了模型的区分能力，这个面积是命中率对误中率的积分，也就意味着对每个误中率下有多大的命中率，其积分代表着总的命中率（见图 14 – 1）。

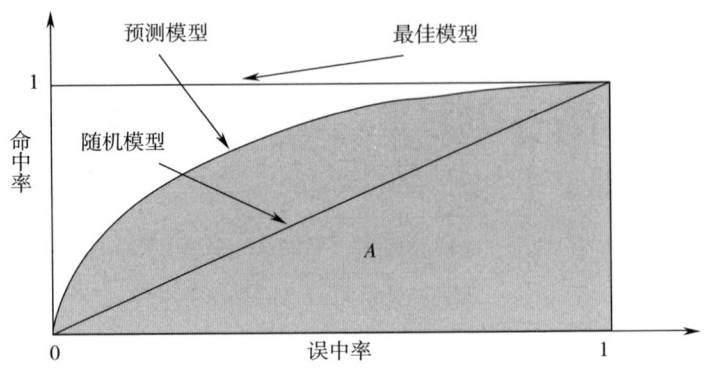

图 14 – 1　ROC 曲线

绘制 ROC 曲线的步骤：

（1）制作模型预测的结果交叉分类表（见表 14 – 1）。

表 14 – 1　　　　　　　　模型预测结果交叉分类表

预测 实际	违约	正常	实际总户数	预测正确率
违约	DD	DN	$TD = DD + DN$	DD/TD
正常	ND	NN	$TN = ND + NN$	NN/TN

$$平均预测正确率 = （DD/TD + NN/TN）/2$$

如果违约概率预测值大于分界点（Cut Off Point），则该户为违约户；如果违约概率预测值小于分界点，则该户为正常户（见表 14 – 2）。

表 14 – 2　　　　　　　　ROC 曲线变量定义表

预测 实际	违约	正常
违约	$Y_1 = DD/TD$	$Y_2 = DN/TD$
正常	$X_1 = ND/TN$	$X_2 = NN/TN$

ROC 曲线为不同分界点下，Y_1 与 X_1 之间的关系。

（2）绘制 ROC 曲线并计算指标值。

分别以 0.95、0.9、…、0（切割的单位可以更细，如 0.99、0.98、…、

0）为分界点，求出此时的 X_1 与 Y_1，以 X_1 为横轴，Y_1 为纵轴，即可绘制出 ROC 曲线。

第一，ROC 曲线越往左上，即 ROC 曲线下的面积越大，表示该模型的正确性越好。

第二，ROC 曲线上的点可能在 45 度线上方，也可能在 45 度线下方，在上方意味着此时判断的正确率大于误中率。

第三，根据相关的研究，若曲线下的面积为 0.5，则代表模型不具区别能力。此时意味着把一个好客户判定为违约的比率与把一个违约客户判定为违约的比率是相同的。若曲线下面积为 0.7 ~ 0.8，代表模型的区别能力是可接受的；若曲线下面积为 0.8 ~ 0.9，代表模型有很好的区别能力；若面积在 0.9 以上，则代表模型有相当优越的区别能力。

表 14 – 3　　　　　　　　　　ROC 值与模型区分能力的关系

ROC（%）	评价
50	无区分力
70 ~ 80	可接受
80 ~ 90	优秀
90 以上	杰出

2. 准确率和 Gini 系数。

准确率（Accuracy Ratio，AR）和 Gini 系数是衡量违约概率模型区分能力的常用指标。一个模型有区分能力，用数学语言可以有几种表达：第一，按照模型预测的结果排序，模型给出的排序结果越接近实际的排序结果，则说明模型的准确率越高，区分力越强。第二，如果模型给出一个违约排序结果，按不同比率截取样本数，其中包含的违约样本越快地被筛选出来，就说明模型的区分力越强。比如在 5% 的样本中，识别出的违约个数在违约样本中占比越高，模型识别能力越强。最好的情况是违约样本会最先被筛选出来，很快达到 1，这是一个理想模型。比较差的情况是取一定比例的样本，违约样本以同样的比例被筛选出来，这说明模型没有识别能力。如果违约样本的比例低于样本选取比例，这说明模型很差，把违约客户判定为非违约客户，把非违约客户判定为违约客户。上述情况可用图 14 - 2 描述。

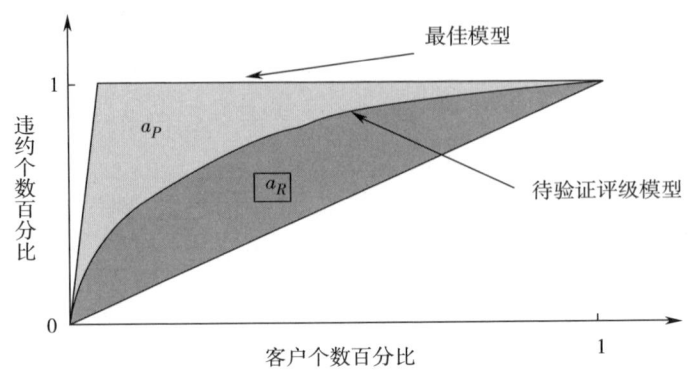

图 14 - 2　模型区分能力曲线示意图

如果 45 度线与完美模型之间的面积是 a_P，实际模型与 45 度线之间的面积是 a_R，则准确率指标定义为 $AR = a_R / a_P$。

图 14 - 2 中的曲线又被称为 CAP（Cumulative Accuracy Profile）能力曲线。从前面的定义可以看出，AR 是 CAP 曲线和 45 度线之间的区域与介于 45 度线和完美模型之间的区域的比率。对于 CAP 曲线可以这样理解：当逐步排除评级差的客户时，违约客户也应以相应的比例被排除。CAP 曲线上的一点（10%，50%）可以解释为当 10% 的评级最差的客户被排除时，有 50% 的违约客户被排除。越有效的模型在一定的排除差客户百分比下，排除的违约客户百分比越高。因而，模型越有效，能力曲线越弯向左上角。

直观地理解，用违约概率模型给出的排序，实际违约客户的违约概率越高，排在前面的越多，AR 值就越高。如果有较多违约概率低的客户实际表现是违约，则模型的 AR 值会快速下降。

AR 值和 ROC 是有关联的两个指标，$AR = 2ROC - 1$，一般认为 AR 值大于 0.3 的模型基本可以接受。

AR 和 AUC 的推导关系如下：

假设模型的输出如表 14 - 4 所示。

表 14 – 4		模型输出结果	
评分	好客户数	违约客户数	总数
n	A_1	B_1	$A_1 + B_1$
$n-1$	A_2	B_2	$A_2 + B_2$
$\vdots$	$\vdots$	$\vdots$	$\vdots$
$\vdots$	$\vdots$	$\vdots$	$\vdots$
1	A_n	B_n	$A_n + B_n$

令 $A_0 = 0$，$B_0 = 0$。

此时，ROC 曲线第 i 个点的横、纵坐标为

$$\begin{cases} x_i = A_1 + \cdots + A_i \\ y_i = B_1 + \cdots + B_i \end{cases}$$

根据 ROC 曲线的 AUC 值计算方法，计算 ROC 下面积：

$$S_{ROC} = \sum_{i=1}^{n} \frac{1}{2}(y_i + y_{i-1})(x_i - x_{i-1}) = \sum_{i=1}^{n} \frac{1}{2}\big[2(B_1 + \cdots + B_i) - B_i\big] \times A_i$$

ROC 图形的总面积：$S_1 = (A_1 + \cdots + A_n)(B_1 + \cdots + B_n)$

归一化：

$$AUC = \frac{S_{ROC}}{S_1} = \frac{\sum_{i=1}^{n} \frac{1}{2}\big[2(B_1 + \cdots + B_i) - B_i\big] \times A_i}{(A_1 + \cdots + A_n)(B_1 + \cdots + B_n)}$$

计算出 AR 值：

$$AR = 2AUC - 1 = \frac{\sum_{i=1}^{n} \frac{1}{2}\big[2(B_1 + \cdots + B_i) - B_i\big] \times A_i}{(A_1 + \cdots + A_n)(B_1 + \cdots + B_n)} - 1$$

AR 值在经济学中还有一个名字叫 $Gini$ 系数，它是反映社会中贫富差距的指标。一般的 $Gini$ 系数的横轴是家庭数比例（从低收入家庭开始计算），纵轴代表该比例家庭拥有的财富占社会总财富的比率，$Gini = A/(A+B)$（见图 14 – 3）。

将 $Gini$ 系数 0.4 作为收入分配差距的警戒线。

$Gini$ 系数的算法与 AR 值的算法是一个轴对称图形，差别的原因在于 AR 值是将违约概率从高到低排列，图形在 45 度线上方；而 $Gini$ 系数是将收入从低到高排列，图形在 45 度线下方。

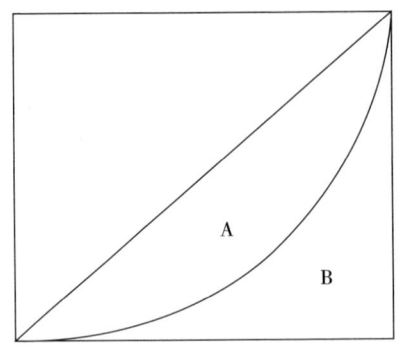

图 14 – 3　Gini 系数示意图

3. KS 检验。

KS 值也是检验信用风险模型区分能力的常用指标。它的基本思想是将样本分为违约和非违约两个群体。使用模型计算这两个群体的评分，检验这两个群体的信用评分分布是否有显著差异。两个信用评分分布的峰值之间的差距越远，表明模型的区分度越高（见图 14 – 4）。

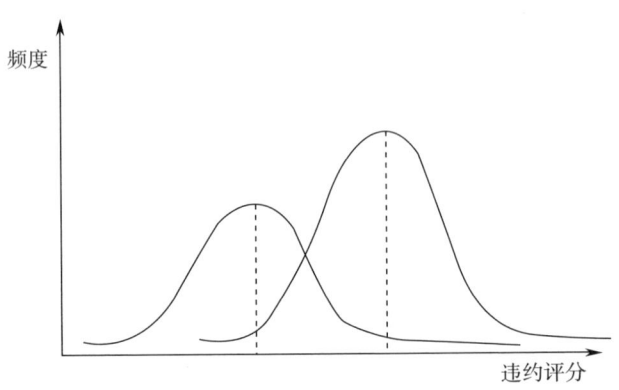

图 14 – 4　KS 检验示意图

数学上的 KS 检验是这样描述的：设 N_1 是样本中违约客户的个数，N_2 是样本中正常客户的个数，将模型预测的违约概率划分为 N 个区间，设 f_i、g_i 分别为一个区间内预测的违约概率小于某个值 b_i 的违约客户和正常客户的个数。

$$k - s = \max\left\{\frac{f_i}{N_1} - \frac{g_i}{N_2}\,\middle|\, i = 1,2,\cdots,N\right\}$$

$K\text{-}S$ 数值介于 $[0,1]$，数值越大，区分力就越强。

实际工作中，可按照以下步骤计算 KS 值：第一，计算正常户和违约户在各评分段下的累积比率。第二，计算各阶段累积比率之差。第三，找出最大的累积比率之差，即 KS。一般来讲，KS 值 >0.2，表示模型基本可用。

4. CIER。

CIER（Conditional Information Entropy Ratio）这个指标衡量的是引入信用模型所反映的企业违约状况的不确定性的变化量，与没有信用模型时企业违约状况的不确定性的比较，其公式为 $CIER(A) = \dfrac{H_0 - H_1(A)}{H_0}$。

如果用 P 表示评级对象实际的违约概率，则记：

$$H_0 = -[P\log(P) + (1-P)\log(1-P)]$$

通过评级之后，如果用 P_i 表示信用模型 A 反映的各个级别的违约概率，W_i 表示相应级别的权重，则记：

$$H_1(A) = -\sum_i W_i[P_i\log(P_i) + (1-P_i)\log(1-P_i)]$$

H_0 为不考虑信用模型时企业实际违约状况所导致的不确定性，即信息熵；$H_1(A)$ 为使用信用模型 A 反映出的企业违约状况所导致的不确定性。

$CIER$ 反映的是模型减小不确定性的能力，而这个能力与模型的效果直接相关，这个指标越大说明模型越好。特别地，当 $CIER = 0$，即 $H_1(A) = H_0$ 时，说明相对于我们已经知道的信息，模型 A 没有提供更多关于企业违约的不确定性的信息，那么这个模型就没有起到任何预测作用；当 $CIER = 1$，即 $H_1(A) = 0$ 时，说明模型 A 预测企业违约时没有任何不确定性，那么这个模型就具有完美的预测能力。实际应用中，$CIER$ 的值是介于 0 和 1 之间的。

对于 $CIER$ 指数来说，没有统计方法来衡量取值标准，最好的方法是根据实践经验由专家设定判断标准，例如满足要求的模型 $CIER$ 需要达到 0.5 等。

5. Somers'D。

Somers'D 为序次相关指标。在介绍这个指标之前，需要说明和谐对和不和谐对的定义。

在因变量取值只有 0 和 1 时（如记录客户违约状态的变量），对于两个不同因变量组成的观测数据对，当因变量为 1 的预测事件概率大于因变量为 0 的预测事件概率时，则称该数据对为和谐的；反之，当因变量为 0 的预测事件概率大于因变量为 1 的预测事件概率时，则称该数据对为不和谐的。如果一个观测数据对既不是和谐的也不是不和谐的，就称为结。Somers'D 的公式如下：

$$Somers'D = \frac{nc - nd}{t}$$

式中，t 为不同因变量组成的观测数据对的总数，nc 是和谐对的数量，nd 是不和谐对的数量。在实际应用中，Somers'D 的取值范围是介于 -1 和 1 之间的。

相对来说，如果一个模型在这个指标上取得较高数值，就意味着有较强的预测能力。反之，当这个指标值较低时，就说明模型的预测能力较差。

对于 Somers'D 指数来说，没有统计方法来衡量取值标准，实践中认为模型 Somers'D 需要达到 0.6 以上。

审慎性验证

模型验证的第二项任务是检查违约概率在不同评级段中的估测质量。可以采用多种方法完成这一任务，如使用统计检验来检验零假设（H_0），H_0 是与备择假设（H_1）相对立的。基于统计检验及一定的置信水平，零假设或者被拒绝，或者被接受，但这一决定可能导致不同种类的错误。

第一类错误（错误 α）在零假设被错误地拒绝时发生，也就是说假设本身成立，但检验拒绝了该假设。这一错误发生的概率是由置信水平控制的。对于给定的置信水平 α，第一类错误发生的概率是 $1 - \alpha$。

第二类错误（错误 β）在零假设被错误地接受时发生，也就是说备择假设是正确的，但是检验通过了零假设。这类错误的概率取决于备择假设下检验的分布，因此在很多情况下很难计算。

1. 卡方检验。

卡方检验可以一次同时对多个级别进行检验，但样本需要满足独立性（违约事件在风险级别之内和风险级别之间相互独立）以及呈正态分布的假设。它是对如下零假设进行测试：

H_0：所有风险级别中的 PD 估计是正确的。

相应的备择假设是：

H_1：风险级别中的 PD 估计至少有一个是不正确的。

卡方检验的验证抽样需要包含代表性的好客户和坏客户样本。好客户和坏客户的比率需要与样本中好客户和坏客户的比率相同。对各数据需要设定违约标志和评级级别。

若用 p_0，$\cdots$，p_k 表示在风险等级 0，1，$\cdots$，k 中预测的客户违约率，这里风险等级的总数为 $k+1$，则卡方统计量定义如下：

$$T_k = \sum_{i=0}^{k} \frac{(n_i p_i - \theta_i)^2}{n_i p_i (1 - p_i)}$$

式中，n_i 代表风险等级 i 中债务人的数量；θ_i 代表在评级级别 i 中违约债务人的数量。

根据中心极限定理，对所有的 i，当 $n_i \rightarrow \infty$ 时，若所有 p_i 是真实的违约概率，则 T_k 的分布会收敛于一个自由度为 $k+1$ 的卡方分布。

为了使测验结果的正确，数据要遵从以下规则：

$n_i p_i \geqslant 1$ 对所有的风险等级成立。

$n_i p_i \geqslant 5$ 对最少 80% 的风险等级成立。

同时，若要上面的收敛成立，还需要一个假设条件：所有的违约事件不管在同一个级别内还是在不同级别内都相互独立。

2. 二项检验。

在模型对于每个评级等级进行 PD 估计之后，二项检验是对估计结果正确性检验的必需步骤，它所基于的假设是评级等级中的各个违约事件之间是独立的。

对于每个评级等级，需要所有客户的违约情况和 PD 估计值。

H_0：评级等级的 PD 是正确的。

H_1：评级等级的 PD 是错误的。

下面是针对 PD 校准结果二项检验的关键性步骤的说明：

确认每个信用等级的评级客户数 N_K，违约概率 PD_K 及实际违约的评级客户数 D_K。假设有 K 个信用等级，每个等级的违约概率为 PD_k，在不同的信用等级中，各有 N_k 个评级客户数，该等级中实际违约的评级客户数为 D_k。

求出临界值。若该等级的授信群体符合二项分布 B（N_K，PD_K），则在置信水平（$1-\alpha$）下，存在两个临界值 $d_{K,U_{\alpha/2}}$ 与 $d_{K,L_{\alpha/2}}$，使得在该等级中实际违约户介于临界值之间的概率为 $P[\,d_{K,U_{\alpha/2}} \leqslant D_k \leqslant d_{K,L_{\alpha/2}}] \geqslant 1-\alpha$，临界值 $d_{K,U_{\alpha/2}}$ 与 $d_{K,L_{\alpha/2}}$ 为

$$d_{K,U_{\alpha/2}} = \min\left\{ d : \sum_{i=d}^{N_K} C_{N_K}^i PD_K^i \left(1-PD_K\right)^{N_K-i} \leqslant \frac{\alpha}{2} \right\}$$

$$d_{K,L_{\alpha/2}} = \max\left\{ d : \sum_{i=0}^{d} C_{N_K}^i PD_K^i \left(1-PD_K\right)^{N_K-i} \leqslant \frac{\alpha}{2} \right\}$$

判断每个等级的实际违约评级客户数与临界值之间的关系。若 $D_K > d_{K,U_{\alpha/2}}$ 或 $D_k < d_{K,L_{\alpha/2}}$，则拒绝该等级的 H_0 假设。

在样本数 n 很大时，因为次方数太高，所以二项分布下的临界值很难计算。由于二项分布在样本数 n 很大时会趋于正态分布，一般而言，如果 $n \times p \geqslant 10$，则可以用正态分布代替二项分布，所以也可以在正态分布的假设下决定临界值。检验的步骤如下：

确认每个信用等级的评级客户数 N_K，违约概率 PD_K 及实际违约的评级客户数 D_K。

假设有 K 个信用等级，每个等级的违约概率为 PD_k，在不同的信用等级中，各有 N_k 个评级客户数，该等级中实际违约的评级客户数为 D_k。

在每个等级中找出二项分布趋于正态分布时的平均数 μ_K 与标准差 σ_K，$\mu_K = N_K \times PD_K$，$\sigma_K = \sqrt{N_K \times PD_K \times \left(1-PD_K\right)}$。

决定显著水平 α 后，找出标准正态分布在该显著水平下的 Z 值（见表

14 – 5）。

表 14 – 5　　　　　　　　显著水平与标准正态分布下的 z 值

显著水平 α	置信水平（1 – α）	$Z_{\alpha/2, Upper}$	$Z_{\alpha/2, Lower}$
0.01	0.99	2.576	– 2.576
0.05	0.95	1.960	– 1.960
0.1	0.90	1.645	– 1.645

求出临界值。标准正态分布下：

$$Z_{\alpha/2, Upper} = \frac{d_{K, U_{\alpha/2}} - \mu_K}{\sigma_K}$$

$$Z_{\alpha/2, Lower} = \frac{d_{K, L_{\alpha/2}} - \mu_K}{\sigma_K}$$

移项处理后：

$$d_{K, U_{\alpha/2}} = Z_{\alpha/2, Upper} \times \sigma_K + \mu_K$$

$$d_{K, L_{\alpha/2}} = Z_{\alpha/2, Lower} \times \sigma_K + \mu_K$$

判断每个等级的实际违约评级客户数与临界值之间的关系：若 $D_K >$ $d_{K, U_{\alpha/2}}$ 或 $D_k < d_{K, L_{\alpha/2}}$，则拒绝该等级的 H_0 假设。

3. 可靠性图表。

模型校准的质量能够通过可靠性图表体现。图 14 – 5 中的两条曲线分别代表实际违约率和预测违约率，并在各个评级等级中相互对应。理

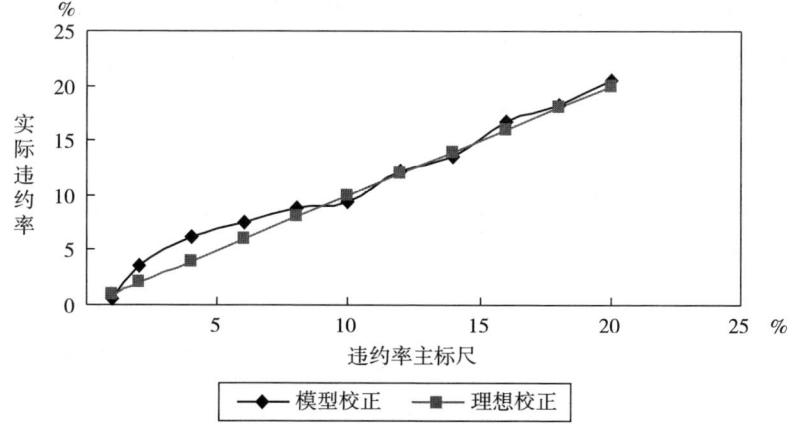

图 14 – 5　可靠性图表

想的校准曲线结果，应当在违约主标尺和实际违约率构成的二维图中呈现对角线形态。一般来说，校准曲线离对角线越近，评级系统的校准结果越好。

在图 14-5 中好客户的违约率被低估，而评级较低的客户的违约率则与预测的违约率很接近。

4. 赫芬达尔指数。

赫芬达尔指数计量了样本在不同评级中的集中度。

验证样本应当在验证期间具备对总体样本的代表性。同时，每一个客户都需要评级的信息。

赫芬达尔指数定义为

$$H = \sum_{i=1}^{k} \alpha_i^2$$

式中，k 为评级等级的数量；α_i 为总体样本在评级等级中的分布，即 $\alpha_i \geq 0$ 且 $\sum_{i=1}^{k} \alpha_i = 1$，$i = 1, \cdots, k$。

H 的取值范围取决于评级等级的数量：其上限永远为 1，这只有当所有的样本都集中在一个评级时会取到；当样本在所有评级中平均分配时，H 达到最小值，也就是 $\frac{1}{k}$。例如，一个在 15 个评级中正态分布的样本的 H 大约为 15%，而有 15 个评级的样本的最小 H 为 6.67%。

对于赫芬达尔指数来说，没有统计方法来计算置信区间，最好的方法是根据实践经验由专家设定取值的标准，例如可以接受的 H 值最大为 20% 等。

模型稳定性验证

1. 区分能力。

区分能力的计算可以以不同的时间段作为基础。如果评级模型是在 12 个月的时间跨度下建立的，随着时间段长度的增加，模型的区分能力将会有所下降。

在达到一定的限度后，区分能力将随时间段长度的增大而逐渐减弱而非骤降。高质量的评级模型应当能在 3 年或更长的时间段上体现出良好的区分能力。

2. 条件变化。

评估模型使用中基本情况是否发生变化需要考虑很多定性因素，主要是经济、政治和法律的发展变化对评级模型及其各个组成部分的影响。其他一些变动因素还可能包括经营战略的变化、经营范围向其他市场领域的扩张以及组织结构的变化等。

经济的变化一方面体现在由于经济周期引起的违约率在经济繁荣期和衰退期之间的波动，另一方面，技术进步等其他因素也会引起客户的细分。特别是，对于主权和国家的评级与政治环境关系密切，高质量的评级模型应当体现这方面的因素。

法律环境变化的例子包括贸易仲裁的变化和会计准则的变化等，这方面问题对于大型企业尤为突出，因为越来越多的企业正面临从本地会计准则向国际财务报告准则转换的情况。此外，破产法和破产程序的变化也是法律环境变化的一个例子。

评估这些变化对于模型量化的影响需要全面分析模型的各项参数，因此应当在评级模型改进阶段进行。如果随着环境变化，模型的表现越来越差，通常需要改进评级模型。

（1）总体稳定性分析。

此项分析是通过将各个评级等级得分的分布与模型开发样本相对比，分析样本分布是否发生了重大变化，并判定是否需要因此而依据样本的新风险特征开发新的模型。

为了完成相应的特征分析，需要选取一个验证期的总体的代表样本和一个基期样本。

PSI（总体稳定性指数）的计算公式如下：

$$PSI = \sum_i (val_i - ref_i) \times \log(val_i/ref_i)$$

式中，val_i 和 ref_i 代表评级类别 i 在验证期的总体和基期的总体中所占的比例。

对于 *PSI* 来说，没有统计方法来计算取值标准，最好的方法是根据实践经验由专家设定取值的标准，一般可以接受的 *PSI* 值最大为 25%。

（2）特征分析。

特征分析建立在总体稳定性分析的基础上，试图揭示目前的总体样本与过去的总体样本相比发生了哪些变化。只有在发现总体发生变化的时候才会进行特征分析。

分析应说明模型的哪些特征导致评级分布的转移，并量化转移的程度。分析过程中应当针对每个模型特征比较客户特性发生变动的百分比和没有发生变动的百分比。

对于选择出来的特征，分析应当说明其当期的数量、当期的百分比、相关的打分值以及验证期总体和上一期总体得分之间的差异。该特征下的得分差异代表该特征对于得分分布的影响程度。

为了完成特征分析，模型验证员需要选取一个验证期代表样本和一个基期样本。

每个特征的贡献得分差（Attribute Score Difference，ASD）用如下公式计算：

$$ASD_i = (val_i - ref_i) \times score_i$$

式中，val_i 和 ref_i 代表特征 i 在验证期的总体和基期的总体中所占的比例。$score_i$ 是特征 i 的值。整个模型的特征的得分差（Total Score Difference，TSD）被定义为

$$TSD = \sum_i ASD_i$$

对于 *TSD* 来说，没有统计方法来计算取值标准，最好的方法是根据实践经验由专家设定取值的标准，例如可以接受的 *TSD* 值最大为 25% 等。另外，在 *TSD* 值过大时，与业务人员讨论也有助于发现某些特征发生变化的原因。

3. 参数相关性。

在开发评级模型时通常会通过检验，从大量潜在的风险因素中选取很小的一部分来开发模型。应当确保所选的风险因素间几乎不存在相关性，否则将不利于增强模型的区分能力。

　　模型验证的过程中也应当考虑这些风险因素间的相关性是否发生了变化，以确保它们之间没有形成强相关性。

　　但是，对于变量的相关性处理也有特殊情况。假定在单变量分析时找到了一个区分能力很强的变量，它在模型中所占的比重很大，这种情况会导致模型高度依赖于此变量相关的信息的可获得性。假如可以预期这个风险变量并不总是可知的，为了避免由于信息缺失导致模型质量的严重下降，模型验证人员可以选择在模型中增加一个与此变量高度相关的变量，并将原变量的权重在两个变量中分配。这个例子说明在对相关性分析作出判断之前，应该阅读模型开发文档以了解模型开发时风险变量选择的根据。

　　验证样本应具有足够的数量和代表性，以满足对模型所有风险变量相关性矩阵进行计算的需要。用 k 代表模型中风险变量的数量，用 n 代表样本的容量，那么相关性矩阵的计算如下：

$$c_{i,j} = \frac{\dfrac{1}{n-1} \sum_{l=1}^{n} (s_{i,l} - \mu_i)(s_{j,l} - \mu_j)}{\sigma_i \times \sigma_j}$$

式中，$c_{i,j} = c_{j,i}$（$i \neq j$）表示风险变量 i 与风险变量 j 之间的相关性；μ_i 和 σ_i 分别表示第 i 个风险变量样本的均值和标准差；$s_{i,l}$ 表示将风险变量 i 在数据集 l 中的得分值。

　　对于这个参数来说，没有统计方法来计算取值标准，最好的方法是根据实践经验由专家设定取值的标准，例如所有 $c_{i,j}$ 值都要小于50%等。

　　4. 时间序列。

　　如果评级模型使用已经有足够长的时间，模型验证人员可以从模型质量的时间序列来分析行为模型。这一分析可以为评级系统质量的评价提供有价值的信息。因此，尽量多地收集评级系统的信息对于长期评价模型表现至关重要。

　　在进行时间序列分析的时候，需要基于模型连续几年的表现判断模型的效果，例如连续三年表现值降低，则需要改进模型等。

　　风险区分能力。对于模型的风险区分能力，需要使用相应指标（例如Gini、AUC、KS等）比较模型在长期的表现，通过这种定量的指标很容易发现模型表现的降低。

模型校准。在模型校准的时间序列分析中，只需要进行中心趋势验证，因为卡方检验和二项检验的结果在长期无法比较。

模型稳定性。在模型稳定性的时间序列分析中，可以进行总体稳定性分析。

5. 转移分析。

评级模型在长期的表现可以通过评级客户转移到不同评级等级的情况进行分析，这种转移情况可以通过基于代表样本或总体样本建立转移矩阵反映。在不同的时间段建立转移矩阵，然后比较不同时间点的转移矩阵，即转移矩阵的时间序列分析。

假设：最稳定的模型，在其他条件不变下，同一评级客户前后期的评级等级应当维持不变（见图 14-6）。

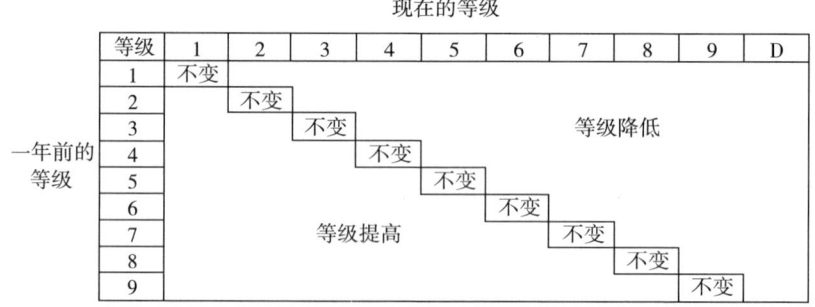

图 14-6 评级转移情况示意图

稳定性分析的步骤：

（1）建立转移矩阵。

$P_{i,j}(\Delta_t)$ 为经过 Δ_t 期之后，评级由 i 变为 j 的概率。如果期初评级为 i 的评级客户有 n_i 个，经过 Δ_t 期之后，这 n_i 个评级客户变成 j 评级的有 $n_{i,j}$ 个，则转置概率为 $P_{i,j}(\Delta_t) = \dfrac{n_{i,j}}{n_i}$。

例如，若第一年在等级 5 的评级客户有 10 个，经过一年之后，这 10 个评级客户有 2 个变成等级 4，有 3 个变成等级 6，5 个维持原等级 5，则针对等级 5 的转移矩阵见图 14-7。

现在的等级

等级	1	...	4	5	6	...	D
1							
...							
5	0	0	2/10	5/10	3/10	0	0
...							
9							

一年前的等级

图 14 - 7　等级 5 的转移矩阵

（2）观察转移矩阵。

主要观察转移概率是否随着等级变动的幅度加大而递减，等级大幅度的变动是否属于合理范围。建立三年（以上）的转移矩阵，实际转移矩阵中：

客户评级变动是否有回复的情况（如评级在第二年调高，而在第三年回调；或评级在第二年调低，而在第三年回调）。回复的比率越高，则代表模型的稳定性越高。为衡量评级变动的程度，可计算转移矩阵的 SVD 值（Singular Value Decomposition，奇异值分解方法），作为评估评级稳定性的量化指标。

SVD 值的计算方式说明如下：

假设有 k 个评等等级（不含违约等级），P 为实际的转移矩阵（$k \times k$），I 为 $k \times k$ 的单位矩阵，定义流动性矩阵为 $\tilde{P}$，$\tilde{P}$ 代表实际矩阵与单位矩阵之差，即 $\tilde{P} = P - I$，$\tilde{P}'$ 为 $\tilde{P}$ 的转置矩阵，利用奇异值分解方法计算 $\tilde{P}'\tilde{P}$ 的平均奇异值（Average of the Singular Value）为

$$M_{SVD} = \frac{\sum_{i=1}^{k} \sqrt{\lambda_i}}{k}$$

式中，λ_i 是矩阵 $\tilde{P}'\tilde{P}$ 的特征值（Eigenvalue），M_{SVD} 值越小，代表评级变动的幅度越小，评级越稳定。对于 M_{SVD} 来说，没有统计方法来计算取值标准，最好的方法是根据实践经验由专家设定取值的标准，例如最大 M_{SVD} 值为 0.5 等。下面举一个计算 M_{SVD} 的例子（见表 14 - 6）。

表 14 – 6 转移矩阵 单位：%

一年后 原等级	1	2	3	4	5	6	7	D
1	49.01	24.39	11.14	7.15	3.60	2.82	1.86	0.03
2	15.71	37.92	19.86	12.10	6.38	4.19	3.51	0.33
3	4.65	15.24	35.11	19.65	11.75	7.29	5.48	0.83
4	1.85	6.28	16.20	33.23	18.15	12.48	10.15	1.66
5	0.97	2.58	7.61	18.42	35.24	19.02	12.74	3.42
6	0.62	1.40	3.84	11.04	16.47	41.36	19.77	5.50
7	0.47	0.79	1.68	5.79	8.37	15.66	57.67	9.57

定义 P 代表以上矩阵，$\widetilde{P}$ 代表其与单位矩阵之差，即 $\widetilde{P} = P - I$，$\widetilde{P}'$ 为 $\widetilde{P}$ 的转置矩阵，则 $\widetilde{P}'\widetilde{P}$ 的平均奇异值如下：

$$M_{SVD} = \frac{\sum_{i=1}^{k} \sqrt{\lambda_i}}{k} = 0.5913$$

因为只用一个转移矩阵无法给出评级模型效果的很多信息，所以需要比较在不同时间段的转移矩阵以衡量模型效果。将转移矩阵情况与宏观经济情况比较可以发现模型表现的问题，例如在经济增长时期却发现评级结果有向更差等级转移的趋势，说明模型本身可能存在问题。

市场风险模型验证

对市场风险 VaR 值模型的定量验证方法中，最简单的方法就是观察组合的理论（实际）损益是否超出所估计的 VaR 值，超出的次数越多，模型的表现越差。但单纯的突破次数评价存在一定的缺陷，并不能真正做到对模型的全面评估，如无法对突破的幅度进行衡量。因此，这里从多个角度提供以下六种方法，供验证时参考采用。

一、二元损失函数

使用二元损失函数（Binary Loss Function，BLF）可以衡量特定期间的

组合实际损失超过 VaR 值估计值的次数。若在 t 时点，第 i 个 VaR 模型估计值的二元损失函数设定为

$$L_{i,t+1} = \begin{cases} 1 & if \quad -\Delta V_{i,t+1} > VaR_{i,t} \\ 0 & if \quad -\Delta V_{i,t+1} \leqslant VaR_{i,t} \end{cases}$$

$L_{i,t}$ 虚拟数表示实际损失超过 VaR 值估计值（$-\Delta V_{i,t+1} > VaR_{i,t}$）的次数，若除以总样本数，即为失败率，也就是平均二元损失函数值。若 VaR 模型能满足给定的置信水平，如 95%，那么平均二元函数值应等于 0.05；若为 99%，则平均的二元损失函数应等于 0.01。

二、覆盖风险乘数

当 VaR 模型的失败率不等于所设定的显著水平时，则表示 VaR 值估计值存在偏误。如果失败率大于显著水平，就表示 VaR 值估计值可能低估风险；反之，失败率小于显著水平，则表示 VaR 值估计值可能高估风险。为进一步分析 VaR 值估计值相对于实际损失的偏离程度，可将 VaR 值估计偏差改为对应的等价乘数（Equivalent Multiplier）表示，之后再利用乘数的大小比较 VaR 模型估计的精确度。此乘数即为覆盖风险乘数（Multiple Obtain Coverage，MOC）MOC_i，其转化计算方式如下：

$$F_i = T_i \times \alpha, F_i = \sum_{t=1}^{T_i} \begin{cases} 1 & if \quad -\Delta V_{i,t+1} > MOC_i \times VaR_{i,t} \\ 0 & if \quad -\Delta V_{i,t+1} \leqslant MOC_i \times VaR_{i,t} \end{cases}$$

式中，T_i 表示第 i 个 VaR 模型的样本总数；α 表示其设定的显著水平。当乘数 MOC_i 大于 1 时；代表 VaR 值估计值低估风险；当乘数小于 1 时，表示 VaR 值估计值高估风险。乘数越接近于 1，VaR 模型的准确性就越高。

三、平均未覆盖损失比率

当实际损失超过 VaR 值时，VaR 值估计值就无法提供更多的信息反映可能发生损失的大小。而平均未覆盖损失比率（Average Uncovered Losses to VaR Ratio，AUL）指标则可用于分析 VaR 值估计值无法覆盖实际损失时，实际损失的平均值水平，从而能为风险管理者提供极端损失风险的定量信

息。AUL 在概念上类似于计算条件风险值（Conditional VaR，CVaR）与 *VaR* 值的比率：

$$AUL_i = \frac{1}{M}\sum_{m=1}^{M} X_m = \frac{CVaR_{i,t}}{VaR_{i,t}}$$

式中，$X_m = \Delta V_{i,t+1}/VaR_{i,t}$，当 $-\Delta V_{i,t+1} > VaR_{i,t}$；$M$ 为实际损失超过 *VaR* 值的次数。*AUL* 的特性在于捕捉尾部极端损失风险，可用于评估发生极端重大事件时的损失程度。值得注意的是，*VaR* 值估计的正确性将影响 *AUL* 指标的有效性。如果资产回报率服从正态分布且 *VaR* 模型能够完全正确捕捉资产价值波动风险，那么在 5% 的显著水平下，*AUL* 指标值应为 1.25；而在显著水平 1% 之下，其 *AUL* 指标值应为 1.14。因此，若计算所得的 *AUL* 值大于上述数值，即表示资产回报率分布具有厚尾特性；反之，若 *AUL* 值小于指标值，则资产回报率的尾端分布较正态分布更薄。

四、最大未覆盖损失比率

上述平均未覆盖损失比率 *AUL* 是衡量实际损失超过 *VaR* 的平均损失情况；而最大未覆盖损失比率（Maximum Uncovered Loss to VaR Ratio，MUL）则是考察样本观察期内最坏状况发生时产生的最大损失金额：

$$MUL_i = \max\left\{\frac{\Delta V_{i,t+1}}{VaR_{i,t}}\right\} \quad if \quad -\Delta V_{i,t+1} > VaR_{i,t}$$

对此衡量指标而言，较长的样本期间所估计出来的 *MUL* 会较为保守、准确。

五、无条件覆盖似然比检验

假设每日估计的 *VaR* 值与投资组合的实际损益均为独立变量，那么在观察 T 天后，实际损失超过 *VaR* 值的累积失败次数 N 将服从二项分布。以此概念可推导似然比检验，以零假设作约束条件下的似然函数极大值与无约束条件下的似然函数极大值的相对比率构建无条件覆盖似然比检验（LR Test of Unconditional Coverage，LRuc）统计量 LR_{uc}，从而对 VaR 模型的准确性进行统计检验。检验的零假设为

$$H_0 : p = \alpha$$

式中，p 为 VaR 模型的失败率；α 为 VaR 模型所设定的显著水平。则有：

$$LR_{uc} = -2\ln[(1-p)^{T-N}p^N] + 2\ln\left[\left(1-\frac{N}{T}\right)^{T-N}\left(\frac{N}{T}\right)^N\right] \sim \chi^2_{1,\alpha}$$

六、独立性似然比检验

假设模型能准确地捕捉投资组合回报率的条件分布及其波动性，那么实际损失超过 VaR 估计值的例外事件应该是独立随机地分布在样本观察期内。因此，利用独立性检验（LR Test of Independence，LRind）统计量 LR_{ind} 可检验 VaR 模型发生例外事件的独立性，从而判断模型的准确度。LR_{ind} 的检验零假设及其统计量如下：

$$H_0 : \pi_{01} = \pi_{11} = \pi, LR_{ind} = 2(\ln L_A - \ln L_0) \sim \chi^2_{1,\alpha}$$

式中，$L_A = (1-\pi_{01})^{T_{00}}\pi_{01}^{T_{01}}(1-\pi_{11})^{T_{10}}\pi_{11}^{T_{11}}$，$L_A = (1-\pi)^{(T_{00}+T_{10})}\pi^{(T_{01}+T_{11})}$，$\pi_{01} = T_{01} / (T_{00} + T_{01})$，$\pi_{11} = T_{11} / (T_{10} + T_{11})$，$\pi = (T_{01} + T_{11}) / (T_{00} + T_{01} + T_{10} + T_{11})$。而 T_{ij}（$i=0,1$；$j=0,1$）则表示状态 i 后状态 j 所发生的次数，状态 1 表示投资组合实际损失超过 VaR 估计值；状态 0 表示实际损失未超过 VaR 估计值。α 表示 LR_{ind} 统计量的显著水平。

第十五讲　系统性风险管理

　　2008 年国际金融危机后，理论界和实务界开始了新一轮的总结和反思，金融体系系统性风险成为一个非常热门的话题。2010 年 5 月 20 日，美国参议院通过了金融监管改革法案，加强系统性风险的管理和监管成为其中一个重要的内容。如何认识系统性风险？如何管理系统性风险？欧美国家正在采取哪些措施？中国银行业又可以吸取哪些经验和教训？这些都成为人们关心的问题，也是迫切需要回答的问题。本讲拟对上述问题进行研究和思考，以期对中国金融体系的健康发展有所裨益。

系统性风险的概念

　　综合目前关于系统性风险的讨论，有如下三种不同领域的认识：

　　第一类是在金融投资领域。一个金融工具的风险可以分为两类：一类是特质风险，是金融工具本身特有的风险。通过有效的组合，可以很好地分散或抵消这些风险。另一类是系统性风险，也有人称为市场风险、系统风险，比如通货膨胀等。这类因素是所有金融工具都面临的，不能通过组合的方式进行分散或抵消。20 世纪 80 年代，William Sharp 等提出了资本资产定价模型（Capital Asset Pricing Model，CAPM），根据该理论人们可以定量地刻画股票的系统性风险有多大，衡量指标称为贝塔系数。在这个领域，系统性风险一般是指宏观经济环境变化的风险，是所有投资者被动接受的客观存在。

　　第二类是单一金融机构本身的风险管理。金融机构面临多种多样的风险，比如信用风险、市场风险、运营风险、战略风险、声誉风险等，上述风险是从单一风险驱动因素角度作的风险种类划分。对金融机构而言，由于客户结构、业务结构、资产负债结构等不合理，在外部环境发生变化时大量资产形成很高比例的损失，这是一种更严重、威胁更大的风险，有专家称之为系统性风险。2008 年，国际金融危机导致需求大幅萎缩，中国东南沿海地区的出口企业大面积陷入停工、半停工状态。这种变化对银行的影响是系统性的，既有信用风险，又有流动性风险，还涉及声誉风险。如何应对这种系统性风险的挑战，关系到银行的长治久安。

第三类是整个金融体系的系统性风险。在 2008 年国际金融危机期间，贝尔斯登、雷曼兄弟破产，这些机构破产给全球带来了全面影响。美国财政部、美联储紧急救助了 AIG，之所以救助，原因在于 AIG 是众多机构的交易对手，在信用违约掉期市场是绝对的卖方，AIG 破产将带来更多机构破产。一个金融机构的破产或市场的失效将带来整个金融体系的混乱，这种潜在的风险称为系统性风险，这种机构或市场被认为具有系统重要性。全球金融界讨论的系统性风险主要是这个意义上的风险。

G20 伦敦峰会上，相关工作组提交的报告认为系统性风险是指金融体系部分或整体损伤导致金融服务的失败，从而给实体经济带来严重的负面影响。①

美国参议员多德（Dodd）在向参议院就金融监管改革法案所做的说明中指出"这次经济危机给金融监管引入了一个新的名词——系统性风险，一个金融机构不能履行义务，将给金融体系和更广义的经济体系带来严重的负面影响。在当前互相联系的全球经济中，一些人的问题变成了每个人的问题，一些金融机构的破产影响了成千上万的无辜的人们的经济安全，他们的房子、工作、养老，一夜之间灰飞烟灭"。

维基百科中定义系统性风险是指因为单个实体、集团或系统的一部分的风险导致整个金融系统或市场的崩溃，也可以说（系统性风险）是指金

---

① Systemic risk as a risk of disruption to financial services that is (i) caused by an impairment of all or parts of the financial system and (ii) has the potential to have serious negative consequences for the real economy.

融体系的不稳定性、潜在灾难，因为系统或市场是相互联系、相互依赖的。① 本讲下面的研究主要围绕这个内涵进行。

单一机构导致系统性风险的机制

单个金融机构、部分市场的问题能够导致整个金融体系出现问题，关键在于金融机构之间是相互依赖、相互连接的，这种连接机制就是系统性风险的根源。综合分析自 20 世纪 80 年代以来的主要金融危机，可以看到这种连接机制主要有以下四类：

第一，不同金融机构的风险敞口依赖于共同的因素（Common Factor）。比较典型的例子是 1982—1983 年的拉美危机。拉美国家在发展的过程中，向欧洲、美国的大型银行大量借款，借款主体主要是一些具有主权特征的大型企业，不同银行的风险敞口集中于共同的借款人，由于这些借款人丧失了还款能力，导致这些银行同时面临损失，债务危机引发了银行危机。

第二，市场参与者之间相互依赖，尤其是一些机构成为连接的中枢。2008 年金融危机中的 AIG 是最典型的例子。信用违约互换（Credit Default Swap，CDS）是一种新型金融衍生产品，② AIG 是 CDS 的主要卖方，是这个市场的连接中枢，如果它破产，尽管买方支付了保费，但仍然不可能获得补偿，很可能引发这些 CDS 的买方进一步违约破产。

第三，全球金融市场之间相互关联。亚洲金融危机是一个典型的例子。从泰国开始，亚洲金融危机席卷了马来西亚、印度尼西亚、韩国、中国台湾、日本、中国香港等国家和地区，这些国家和地区的资本市场大幅下挫，货币大幅贬值，GDP 或地区生产总值大幅衰退。最意想不到

---

① Systemic risk is the risk of collapse of an entire financial system or entire market, as opposed to risk associated with any one individual entity, group or component of a system. It can be defined as "financial system instability, potentially catastrophic, caused or exacerbated by idiosyncratic events or conditions in financial intermediaries". It refers to the risks imposed by interlinkages and interdependencies in a system or market, where the failure of a single entity or cluster of entities can cause a cascading failure, which could potentially bankrupt or bring down the entire system or market.

② 这种交易的标的是某个公司是否违约，买方支付费用，但在违约事件发生时获得补偿，卖方获得相当于保费的收入，但在违约事件发生时补偿买方本金损失。

的是，到了 1998 年，亚洲金融危机的阴影传到了俄罗斯市场，俄罗斯债券市场大幅下跌，这导致由两名诺贝尔经济学奖获得者领衔的美国长期资本管理公司陷入困境，美联储不得不施以援手。市场互动在这次金融危机中同样明显，多个市场相互关联下跌，几乎是 2008 年国际金融危机的预演。

第四，依赖于共同的金融基础平台。现代金融越来越多地建立在少数几个交易平台之上，纽约期货交易所、伦敦期货交易所等是主要的期货期权交易场所，路透、彭博等是主要的信息中介，国际清算银行是中央银行之间的清算平台，每个国家的金融交易也依赖一些核心平台。这些基础平台出现问题，将会带来全面的影响。

从上述分析可以看出，产生系统性风险的机制在于金融体系已经成为相互联结、相互影响的网状结构。一个金融机构出现问题，会将其影响通过这种网状结构迅速传递到市场参与者，使金融机构之间、金融机构与实体经济之间互相影响，形成灾难性的后果。

系统性风险及系统重要性的衡量

（一）系统性风险的衡量

系统性风险是因为单个机构或部分市场的问题给金融系统整体带来的混乱，衡量这种系统性风险的指标主要有以下几个：

第一，出现问题的金融机构的数量或占比。问题在于，截至目前，没有人能给出多少个机构出现问题或多大比例的金融机构出现问题可以认为是系统性风险，很大程度上还是依赖主观判断。

第二，金融体系的损失。在 2008 年国际金融危机中，很多机构对损失进行了估计。国际货币基金组织估计从 2007 年到 2010 年金融机构的损失高达 4.1 万亿美元。在 1997 年亚洲金融危机期间，不同国家和地区的损失占 GDP 或地区生产总值的比例在 10% ~ 30% 之间。表 15 - 1 是对银行危机成本的统计。

表 15 – 1　　　　　　　1977—2002 年银行危机财政成本与产出损失

	危机次数	危机平均持续时间（年）	平均不良贷款比率	平均财政成本占 GDP 比例（％）	产出损失（中值,％）
全部危机	33	4.3	26.7	15.0	23.1
银行系统性危机	10	4.6	23.7	7.8	15.7
银行危机和货币危机同时发生	23	4.2	28.2	17.4	32.2

资料来源：IMF 及有关文献，转引自：范小云. 繁荣的背后［M］. 北京：中国金融出版社，2006.

第三，金融市场的波动性。当发生系统性风险时，金融市场指数都大幅下跌，根据金融市场指数的波动性，也可以衡量系统性风险的大小。2008 年国际金融危机期间，道琼斯指数从 2007 年 10 月 4 日的 14034 点跌到 2009 年 3 月 6 日的 6626 点，下跌了 52.7%。哈佛大学罗果夫和马里兰大学莱因哈特对过去 200 年来全球主要金融危机的关键指标进行统计分析，金融危机导致的股票价格平均下跌幅度是 55.9%，股市最高跌幅达到 90%，最低跌幅亦超过 30%。

（二）系统重要性的衡量

到目前为止，人们对系统性风险的衡量标准并没有形成一致意见，从一定意义上讲，研究系统性风险的目的是如何管理和控制系统性风险。在 2008 年国际金融危机之后，欧美国家主要从哪些机构可能导致系统性风险入手解决系统性风险的衡量问题，系统性风险的衡量问题转化为如何识别、衡量哪些机构具有系统重要性（Systemic Importance）。经过一段时间研究，目前衡量系统重要性的指标主要有：

第一，规模。这是最直接、最容易采集、最容易实施的衡量指标，可以采用总资产规模等绝对量指标，也可以采用市场份额占比等相对量指标。表 15 – 2 是国际清算银行一份研究报告对系统性风险的研究结果。表中有 3 家大银行，市场占比是 40%；小银行的市场占比为 60%。左边第一列的数字表明，一家大银行的规模是小银行的 1.11 倍（40%/3/60%/5），但一家大银行系统的重要性是小银行的 1.25 倍。随着小银行数量的增多，当一家大银行的规模是小银行的 5.5 倍时，一家大银行系统的重要性是小银行的

17 倍。可见在金融体系中，金融机构系统重要性的增长速度远远快于规模的增长速度。

表 15 – 2   系统性风险和系统重要性的测量

	低风险系统（所有银行：PD = 0.1%）					高风险系统（所有银行 PD = 0.3%）				
	ns = 5	ns = 10	ns = 15	ns = 20	ns = 25	ns = 5	ns = 10	ns = 15	ns = 20	ns = 25
3 家大银行	43%	57%	63%	66%	68%	42%	52%	57%	59%	61%
小银行	57%	43%	37%	34%	32%	58%	48%	43%	41%	39%
总预期尾部风险价值	9.8 (100%)	9.4 (100%)	9.3 (100%)	9.25 (100%)	9.23 (100%)	16.7 (100%)	15 (100%)	14.7 (100%)	14.4 (100%)	14.3 (100%)

注：ns 为小银行的个数。系统性风险被认为是 99.8% 置信水平下的每一美元价值所面临的总预期尾部风险价值。前两行显示每组银行在总预期尾部风险价值中的占比。

资料来源：国际清算银行：BIS 报告，No. 308 Attributing Systemic Risk to Individual Institution。

第二，共同因素的风险敞口。给定一个共同因素，比如美国次级按揭贷款，如果一个银行持有的美国次级按揭贷款以及基于次级贷款的衍生产品越多，风险敞口越大，这个银行越容易承受极端的损失，从而对金融体系带来影响。

第三，系统性风险的边际贡献值。这种方法的核心是将所有银行看作一个体系，每个银行违约都会产生损失。在一个条件下可以得到一个损失值。在很多情境下，这样的银行体系就存在一系列的损失值，按照一定的置信区间，可以得到银行组合的风险价值或预期的尾部损失值（Expect Shortfall），每个银行的边际贡献就是这个银行的系统性影响。

这三种确定判断金融机构系统重要性的方法各有千秋。按照规模确定系统重要性最直观，也最容易实施，但相对比较片面。具有系统重要性的金融机构一般都比较大，但大的金融机构未必都具有系统重要性。按照共同因素的风险敞口确定系统重要性比较直观，但需要确定共同的风险因素，需要有充分的、各个金融机构之间可比的数据。按照边际贡献值确定系统重要性比较客观，能定量比较不同金融机构的重要性，但计算比较复杂，结果相对比较抽象，其有效性还需要实证支持。

从实践上看，根据规模确定系统重要性仍是经常用的方法，在规模的基础上，考虑金融机构产品和服务可替代性、考虑金融机构相互之间连接性，给出系统重要性的评价。在 2009 年的 G20 峰会上，相关工作组提出一个确定系统重要性的框架和指导意见，就采用了这种思想。这种方法的难点是如何确定临界值，国家不同、金融体系的不同结构、金融产品之间的关联性等可能导致临界值有很大差别。

2009 年初，美国确定对总资产在 1000 亿美元以上的 19 家银行开展压力测试，1000 亿美元就是一个重要的临界值，这个指标也是在综合分析的基础上确定的。根据《多德—弗兰克法案》，美国依据规模将银行分为三类：一是资产规模大于 500 亿美元的银行均为系统性银行，二是资产规模大于 1000 亿美元的银行应参加美联储的压力测试，三是资产规模大于 2500 亿美元的银行被认定为国际活跃银行。国际金融协会的研究表明，全球资产规模大于 2500 亿美元的银行有 80 家，大于 1000 亿美元且小于 2500 亿美元的银行有 63 家。

（三）确定系统重要性的方法

确定系统重要性不仅要有标准，还需要一定的方法。目前主要有三种方法：网络分析法、组合风险分析法、压力测试和情景分析法。

网络分析法：这种方法的核心是将各个金融机构看作一个相互联系的网络，各个金融机构之间通过风险敞口相互连接。当一个金融机构破产时，会对其他机构产生影响，开始风险传染过程，新的机构可能出现问题，进而导致更大的损失，最后系统将达到稳定状态。通过分析不同机构破产导致的损失，可以得到具有系统重要性的机构。这种方法可以动态模拟风险传染过程，但需要收集金融机构之间的敞口数据，建立相应的传染模型（见图 15 - 1）。

组合风险分析法：这种方法是将金融体系的风险与某些共同风险因素挂钩，分析这些因素如何从一个机构影响到另外一个机构。分析模型一般采用公共数据，比如证券市场指数或者衍生品指数。可以自下而上地分析，也可以自上而下分析；可以一次分析一个机构，也可以分析多个机构。这种方法需要建立共同风险因素与金融机构失败之间的联系，难点在于数据的稳定性，因为危机情况下的数据一般非常少，难以建立有说服力的数据关系。

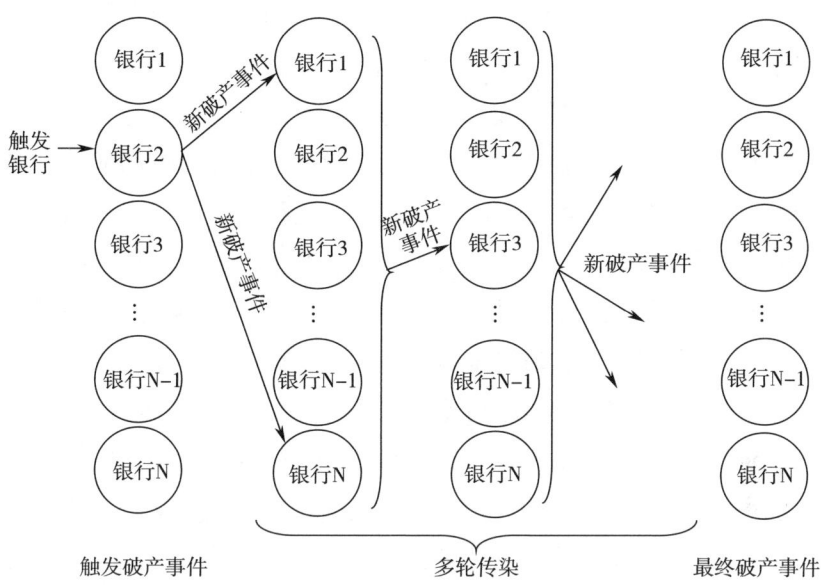

资料来源：IMF，参见 Marquez 和 Martinez（2009）关于相似的网络分析示意图。

图 15 - 1　网络分析法示意图

压力测试和情景分析法：这种方法根据不同经济状态的假设，分析金融机构的表现，找出金融体系的薄弱环节和具有重要影响的机构。市场条件可能影响金融机构，金融机构反过来影响市场条件，形成若干个循环，压力测试一般分析一个循环。

系统重要性银行

一、系统重要性银行的确定

2008 年的国际金融危机是一次系统性的风险事件，为了防止类似系统性风险的再次发生，以欧美监管机构为代表的金融监管部门进行了系统的思考和反思，在金融稳定理事会的组织讨论下，逐渐形成了全球系统重要性银行的监管体系，成为防范系统性风险的一个重要切入点。这一监管思想的核心是系统性风险，这类风险是因一些具有全局性影响的金融机构的倒闭而产生的，如果能够防止此类大型的金融机构经营失败带来的严重负外部性问题，那就能够在一定程度上防范系统性风险。

如何确定系统重要性银行呢？综合来看，有两种主要的意见：第一种意见是根据规模确定系统重要性银行。采用规模的方法比较清晰明了，但比较适用于单个国家。在一个国家内部，规模从一定程度上决定了一家银行在金融体系中的地位和影响。另外一种意见认为，简单依靠规模很难区分银行的重要性，典型的例子是中国的大银行与欧美的大银行。从总资产的角度讲，二者基本在一个量级水平，但对全球金融体系的影响根本不可同日而语。因此新兴市场国家在巴塞尔委员会讨论系统重要性银行的标准时，坚决反对这种单纯依赖规模确定系统重要性银行的做法。经过反复讨论，经过全球多方位的研讨，逐渐形成了一套被各国基本接受的识别方法，这个方法就是从金融机构的规模、结构和业务的复杂度、与其他机构的关联性以及可替代性的角度，来识别具有系统重要性的机构。巴塞尔委员会的全球系统重要性银行的评估指标体系分为五个方面，全球活跃性、规模、相互关联性、替代性和复杂性，这五个维度的权重都是一样的，都是 20%。在全球活跃性的维度，主要考量跨境资产和跨境负债规模，主要是看调整后的表内外资产余额，相互关联性考察金融机构间的资产负债、发行证券和其他的融资工具，可替代性考察通过支付系统或代理行结算的支付额、托管资产、有价证券的承销额，复杂性考察场外衍生产品名义余额、第三层级资产、交易和可供出售证券。

全球系统重要性银行的确定有自己的特色。首先，不需要各家银行去申请，是由监管部门主动测算公布的。其次，指标的衡量标准是一种相对标准，每一项得分都是根据某一家银行在大约 75 家银行里的占比计算得出的。最后，有确定入围的门槛。目前确定总分 130 分以上的银行列为全球系统重要性银行。一般全球系统重要性银行在 30 家左右。

二、系统重要性银行的管理

对全球系统重要性银行提出了更高的、更严格的监管标准，主要要求包括更高的资本附加、制定恢复和处置计划更高的管理要求。

在更高的资本要求方面，全球系统重要性银行分为 5 个档次，最低的要求是1%，接下来依次分别为1.5%、2.0%、2.5%和3.5%。除此之外，还要进一步提出总损失吸收能力的标准，进入全球系统重要性的银行，要逐步建立损失吸收能力的衡量标准，并且要逐步达标，总损失吸收能力的标准为逐步达到18%，第一阶段要达到16%。这个比例包括8%的资本充足率要求，但不含资本留存缓冲、逆周期的缓冲，以及全球系统重要性银行附加资本要求。资本留存缓冲一般是2.5%，逆周期缓冲为1%，系统重要性银行为1.5%，加在一起是5%，这也意味着对全球系统重要性银行来讲，资本要求将会达到20%以上。另外对全球系统重要性银行也提出了更高的杠杆率的监管标准。

在恢复和处置计划方面，要求全球系统重要性银行制定恢复和处置计划，又称为生前遗嘱，包括恢复计划和处置计划，恢复计划是一个自救的计划，要求银行根据一定的条件，在危机的时刻建立应急的预案，能够恢复自己的流动性和资本要求，保持自身正常经营。在制定恢复计划的时候，要设置相应的触发指标和触发的标准。常用的指标包括资本充足率、最短生存期、流动性覆盖率、不良贷款率、流动性缺口等。一旦触发了恢复计划的条件，按照提前制定的措施，实施自救恢复的选项一般包括流动性和资本类的选项，可以通过债券出售、发行存单、短期融资、向央行获得流动性支持等方式获取流动性，可以通过减少股利分配、出售风险资产、发行二级资本工具等方式提高资本的充足性。要运用压力测试的工具，判断不同情况下各种恢复选项对解决流动性和资本不足的可用性和实现程度。恢复计划还要有相应的决策机制，有相关的沟通协调的策略。处置计划是一种他救的方法，在恢复计划无法执行或者无效的情况下，银行已经不能通过自身的努力摆脱危险的状态，这种情况下就需要监管部门介入，挽救银行，确保其处于持续经营的状态。经常用到的处置方法包括剥离或者出售相关的资产，剥离银行的一些非核心业务，进行重组或者进行注资。监管部门希望银行制定了恢复和处置计划，要有比较高的可执行性，因此金融稳定理事会联合巴塞尔委员会经常组织对全球系统重要性银行恢复和处置计划的可处置性进行评估。

在更高的管理要求方面，对系统重要性银行提出要进一步加大对大额风险暴露的管控，进一步加强对风险数据的治理。

对系统重要性金融机构进行特别的监管，并且建立恢复和处置计划，这是欧美监管机构的一个特别做法，它的出发点有一定的合理性，并且希望建立市场化的处置机制。中国也在推进相关的监管要求落地，并且考虑中国的一些特殊情况进行必要的调整，难点在于如何提高系统重要性银行的恢复和处置计划的可执行性，否则很可能变成一种形式上文档。2019 年英国央行和审慎监管局联合发布了可处置性评估框架，要求从财务资源的充足性、经营连续性和业务重组协作与沟通能力三个方面对银行恢复和处置计划的可执行性进行评估。在财务资源的充足性方面，要考虑自有资金和合格债务的最低要求，在估值方面要求银行能够快速获取数据进行及时准确的估值，在处置中的资金要求方面，要求对流动性的分析、流动性缺口的供给能力以及资金的管理调拨能力进行评价。在经营的连续性方面，要考虑处置中金融合同的连续性、运营的连续性以及接入金融市场基础设施的相关要求。协作与沟通重点是保证足够的专业人才要有有效的监督和及时的决策，要有详细的与监管部门和利益相关方的沟通计划。

三、全球系统重要性银行主要监管要求

进入系统重要性银行名单，银行将面临更多的监管要求。既包括资本、恢复和处置计划，也包括风险偏好、数据报送等更广泛的要求。

表 15-3　　　　　全球系统重要性银行主要监管要求

监管要求	具体事项
附加资本要求	根据全球系统重要性由低到高的顺序，将入选银行分为五档，不同档次将附加不同资本要求，且主要针对核心一级资本，其中，第一档银行面临额外 1% 的资本要求，第二档为 1.5%，第三档为 2%，第四档为 2.5%，第五档为 3.5%。该要求自 2016 年 1 月 1 日起生效，2019 年 1 月 1 日达标。
总损失吸收能力（TLAC）标准	所有入选全球系统重要性的银行，在 Basel Ⅲ 第一支柱监管资本的基础上，要增加符合条件的高级债权数量，以提高损失吸收能力，即第一支柱监管资本加上该部分债权的数量与风险加权资产（或杠杆率分母）之比，最低要达到 16%（6%），2019 年开始生效实施，2022 年最低要求提高到 18%（6.75%）以上。新兴经济体有 6 年的宽限期，在 2025 年最低达到 16%（6%），2028 年达到 18%（6.75%）。

续表

监管要求	具体事项
恢复与处置计划相关要求	（1）自名单公布 6 个月内将组建危机管理团队（CMG），主要由银行经营涉及国家的监管机构人员组成； （2）自名单公布 12 个月内制定恢复计划； （3）自名单公布 12 个月内制定处置策略并经 CMG 审批。 （4）自名单公布 18 个月内制定针对该全球系统重要性银行的跨境监管合作协议； （5）自名单公布 18 个月内针对该全球系统重要性银行制定可操作的处置计划； （6）自名单公布 24 个月内由 CMG 针对该全球系统重要性银行开展可处置性评估并建立相应的流程。
数据报送要求	入选银行要根据通用数据模板按周、按月、按季持续提供日常经营信息和关键风险指标，涉及全行经营管理的各个方面，包括明细和汇总级数据。例如，全球系统重要性银行需要报送前 50 大交易对手的交易明细信息等。
风险偏好	全球系统重要性银行应当建立与自身规模和业务复杂程度相符的风险偏好框架。 风险偏好框架是指风险偏好制定、交流、监测过程中涉及的政策、流程、控制和体系，包括风险偏好声明、风险限额及相关人员的职责。 风险偏好框架要与业务规划、战略制定、资本规划、薪酬机制相协调。附属机构风险偏好声明要符合集团的风险偏好框架和风险偏好。
大额风险敞口	（1）全球系统重要性银行应当在并表基础上，计量和设定单一客户和关联客户的大额风险敞口，并向监管部门报告。风险敞口应当考虑银行账户和交易账户内的所有表内外敞口，以及需计提资本的交易及交易对手信用风险的各类工具。 （2）全球系统重要性银行之间的风险敞口不应超过合格一级资本的 15%。 全球系统重要性银行应当自入选之日起 12 个月内开始实施大额风险敞口要求，至 2019 年 1 月 1 日前全面达标。
流动性风险管理	（1）全球系统重要性银行应当根据自身规模、业务复杂性及全球活跃程度等系统重要性，建立流动性风险管理架构，包括流动性风险管理的策略、政策和程序，按本外币合计和重要币种对流动性风险加强识别、计量、监测和控制，以保持集团具有充足的流动性。 （2）全球系统重要性银行应当对流动性风险实施并表管理。全球系统重要性银行应当在集团和法人层面进行流动性风险压力测试，建立流动性应急计划，必要时对重要币种和境外主要业务领域单独开展压力测试，制定专门的应急计划。

续表

监管要求	具体事项
监管强度	（1）非现场检查 ①针对集团、法人机构和主要业务条线进行风险和财务分析，评估风险状况是否符合银行自身风险偏好和监管期望，判断银行风险变化趋势以及经营目标实现能力； ②关注银行发展战略和商业模式变化，重点监测规模和收益异常变动的业务条线和分支机构的风险状况，充分了解银行经营模式创新和产品创新相关风险； ③加强同质同类比较分析，通过同业比较，查找差异，发现潜在风险领域。 （2）现场检查 ①至少每三年开展一次全面检查，根据需要可进一步提高全面检查的频率； ②加大对全球系统重要性银行资本和流动性充足状况的专项检查频率； ③强化对集团层面风险管理状况的现场检查和评估，查找并表管理的薄弱环节； ④对于规模和收益异常变动的业务条线和分支机构，增加对其合规性和风险管理状况的现场检查频率。 （3）日常监管沟通 ①加强与银行董事会、高级管理层和中级管理层的日常沟通； ②列席银行董事会会议； ③增加与独立董事单独会晤的频率。 必要时，监管机构可就全球系统重要性银行内部的重大政策制定和经营活动对董事会和高级管理层提出质询。 此外，还包括重大收购审批、评估风险文化、并表监管、压力测试及模型风险评估等要求。
资源配置	（1）商业银行董事会对全球系统重要性银行满足更高监管要求承担最终责任。董事应具备相应的经验、能力和素质。 （2）商业银行高级管理层熟悉全球系统重要性银行的监管规定，清晰界定全球系统重要性相关工作的部门职责分工，提供充足资源支持。 （3）商业银行要明确相关工作的牵头部门和配合部门，安排专人负责全球系统重要性银行相关工作，专职人员的数量要与银行的重要程度和监管要求的复杂程度相匹配。

欧美国家对系统性风险管理的新举措

一、美国对系统性风险的监管措施

国际金融危机后，美国对金融体系进行了认真的反思，奥巴马政府推动提出了金融监管改革法案，系统性风险管理是其中的重要内容，其主要内容包括：

第一，成立金融稳定监督委员会。这个委员会的主要职责是识别、监测和解决大型复杂金融机构、产品和服务带来的系统性风险，对可能威胁金融稳定的大型复杂金融机构，从资本、流动性、杠杆率、风险管理等方面向监管机构提出更严格监管规则的建议。

第二，金融稳定监督委员会由 9 人组成，这 9 个人分别来自美联储（FRB）、美国证券交易委员会（SEC）、货币监理署（OCC）、联邦存款保险公司（FDIC）、美国商品期货交易委员会（CFTC）、联邦住房融资中心（FHFA）、消费者金融保护局、财政部，另选一名独立人士作为成员，主席由来自财政部的人员担任。

第三，金融稳定监督委员会有权决定如果非银行金融机构失败对金融体系稳定性产生影响，则该机构交由美联储监管；当一个大型复杂公司对金融体系产生威胁时，可以批准美联储关于要求该机构剥离一些控股公司的决策。上述决策需要委员会三分之二成员投票同意。

第四，在财政部成立一个金融研究办公室，招聘有丰富经验的经济学家、会计师、律师、前监管专家、其他专家等支持委员会的工作。同时要向社会、向国会定期公布经济的风险状况。

二、欧洲关于系统性风险的监管措施

欧盟、英国也采取了一系列监管系统性风险的措施。欧盟专门成立了系统性风险监管委员会，负责欧盟各国系统性风险的管理与协调。

英国对系统性风险提出如下的监管措施：

第一，成立金融稳定委员会，由财政部、金融服务监管局（FSA）、英格兰银行的负责人组成，负责对系统性风险进行评估，但没有制定规则的权力。将金融机构的规模、相互联系度、市场份额占比作为衡量系统重要性的关键指标。

第二，针对具有系统重要性的金融机构提出附加监管资本的要求，FSA 甚至提出要根据金融机构的业务风险轮廓和组织架构计量附加监管资本。对整体性的金融集团要求增加资本，这种政策的含义是金融集团容易掩盖风险，通过这种方式鼓励金融机构的业务简单化。

第三，附加监管资本的计算方式有两种：一种是标准法，根据金融机构的信用等级设定一个比例或系数；另一种是风险预算法，以金融机构在不同经济阶段导致的金融体系风险的增加（用风险价值衡量）作为计提资本的依据。

第四，对流动性风险管理提出新要求。银行要测试单一流动性、市场范围流动性出现问题的情况下，是否能够满足流动性要求。

从欧美国家已经采取的管理系统性风险的措施可以看出，加强系统性风险管理已经成为共识，由专门的人员、专门的委员会专门负责系统性风险的识别、监测、应对是这些国家提出的共同的应对措施。这些对中国金融体系改革和发展具有重要的借鉴意义，但也存在一定的局限性和争议。

第一，金融体系出现系统性问题，形式上是金融机构引起的，但金融是实体经济的镜像，金融机构出现问题的本质原因在于实体经济，解决系统性风险的关键是解决实体经济的健康发展，这才是根本的治本之策。欧美推出的系统性风险管理措施中没有对实体经济的稳健发展提出针对性措施。

第二，在全球化的条件下，生产社会化程度进一步提高，中国制造已经成为其中的一个重要环节。借助计算机等信息技术，全球化生产的计划性、组织性都空前提高，但需求的波动性也在增强，供需之间的失衡问题仍将存在，严重的情形就是经济危机，造成系统性风险。从这个意义上讲，系统性风险是不可避免的，如何应对系统性风险、将系统性风险的影响控制在可接受的水平，是另外一个重要问题，欧美国家对这方面的措施考虑不足。

第三，客观看待资本对防范系统性风险的作用。在这些措施之中，比较明确的、具有实践价值的是对具有系统重要性的机构额外提出资本要求。增加资本要求有助于控制金融机构业务规模的扩张，但是巴塞尔资本协议已经就监管资本问题提出了系统的安排。巴塞尔协议中对信用风险、市场风险、运营风险提出了明确的计量监管资本规则，对缺乏统一规则的银行账户利率风险、流动性风险、战略风险、声誉风险也要求计量监管资本。金融危机后，巴塞尔委员会再次对交易对手的信用风险、资产证券化资产、市场风险、集中度风险提高了资本要求。金融机构导致系统性风险的基本因素都已经得到了充分体现，从系统重要性角度再提出资本要求有重复和叠加的问题。其实，资本只是约束银行、防范系统性风险的必要条件，并不是充分条件，增加资本的要求有时可能导致或加大系统性风险。银行资本要求增加，银行不得不减少贷款，在经济低迷时期，这会进一步导致企业现金流紧张，违约客户增加，银行经营进一步恶化，从而加大系统性风险，因此，过度提高对大型银行的资本要求可能适得其反。

中国银行业如何防范和应对系统性风险

1997 年的亚洲金融危机时，中国银行业因为资本管制、对外开放程度低等因素而躲过一劫。2008 年国际金融危机时，中国银行业因为过去 10 年内专注于重组改制、境外业务和外币投资少而损失有限。在这两次危机期间，中国银行业发生了脱胎换骨的变化，建设银行、中国银行、工商银行、农业银行等大型银行都成功在上海、香港两地上市交易，市值排名靠前，资产质量大幅改善，基本接近国际领先水平。进入新常态以来，经济增速换挡，资产压力资加，中国银行业是否能够在未来发展得更好，是一个严峻的挑战。我们应该未雨绸缪，认真总结和吸取两次金融危机的教训，建立系统性风险的防范和应对机制。

第一，健全系统性风险监管体系。系统性风险监管的核心是对具有系统重要性金融机构的管理。目前国内金融体系还处于发展时期，具有系统重要性的机构比较清晰，相关监管机构要完善相应的监管制度，中央银行在现有金融稳定职责的基础上要加强系统性风险的监测和统筹。现在国内金融机构有进一步混业经营的趋势，而且已经出现了中信、光大、平安这样的混业金融集团。对这些金融集团，目前分业监管的体制容易形成"三个和尚没水吃"的局面，形成监管真空。现实的选择有三个：一是在现有体制下，明确金融集团的监管主体，建立主监管制度，比如可指定某个监管机构监管某个金融集团的系统性风险。二是由中央银行成立一个系统性风险监管的机构，负责金融集团的监管。三是改变现有的"一行三会"体制，比照英国、澳大利亚等国家的模式成立一个金融监管机构，负责所有金融机构的监管。

第二，在一定时期内坚持分业经营的策略。改革开放以后的一段时间，中国金融业实行了事实上的混业经营模式，银行开办了信托、租赁等多种业务，但损失巨大、教训深刻。从 1995 年开始，中国金融业基本采取分业经营、分业监管的模式。从 1999 年美国通过《金融现代化服务法案》后，国内关于混业经营的思想逐渐占据主流和上风。这次金融危机之所以产生严重的系统性风险，花旗等金融机构出现巨大损失，重要原因是投行业务和商业银行的相互影响，因此美国提出了沃尔克法则，限制银行的自营交易、投资对冲基金等。客户可以从金融混业集团得到全方位的服务，但混业经营容易使一个行业的问题传染到另外一个行业，从而导致系统性风险。在经营发展与监管能力得到同步提升之前，继续坚持分业经营的模式。

第三，控制房地产泡沫。系统性风险的来源之一在于所有银行对共同因素持有的风险敞口过于集中，发展中国家和地区在发展中普遍面临的一个陷阱就是房地产陷阱。日本、韩国、中国台湾等几乎所有国家和地区都受到房地产泡沫的严重影响，银行在房地产泡沫中损失惨重。其根本原因在于出口导向的政策有助于经济摆脱贫困状态，但很难实现从"制造"向"创造"的转型，发展中国家积累的财富将投向证券或房地产，形成资产泡沫。中国目前正处于房地产泡沫的酝酿阶段，中国银行业必须对房地产行业保持高度警惕，将房地产行业的贷款控制在一定比例以内。

第四，加大交叉性金融风险管理。交叉金融风险简单概括就是交叉金融业务引发的风险。它不是独立的风险类型，它能产生的一个核心原因就是在于它的连接性和传染性，是因为交叉性金融业务让不同的金融机构、不同的金融市场、不同的交易主体相互之间形成了非常复杂的连接链。交叉性金融业务不是洪水猛兽，而是我们国家过去十多年里非常重要的金融创新，是整个中国金融业改革开放过程中的一个重大进步，对社会发展、金融发展和风险管理都带来了很大的推动。交叉金融满足了经济社会的资金需求，促进了社会的发展，加速了利率市场化的推进。但同时交叉金融业务交易结构复杂，增加了整个体系的系统性风险，影响了宏观经济调控的政策，推高了企业的财务杠杆水平，加大了整个社会的套利行为。要通过风险隔离、产品穿透、集中托管、加强评估等方式，不断夯实交叉金融风险的管理水平，防范金融同业导入风险。

第五，控制与管理银行的杠杆率和资本充足率。杠杆率控制的核心对象是银行表外业务，通过杠杆率的设定将银行表内外总的资产与资本比控制在合理水平，通过资本充足率的设定将银行的损失控制在合理水平，确保银行的财务状况稳健可持续。

第六，强化具有系统重要性的银行的持续经营能力。马克思在《资本论》中明确指出，银行的利率水平反映的是平均的利润水平，银行的利润水平也只是社会的平均利润水平。因此无论是监管部门，还是银行的股东，都应该确立恰当的利润水平目标，鼓励银行提高损失抵补水平，加大人力资源投入，投资建立可靠的基础设施和运营体系，培育自己的核心竞争能力，这也是防范系统性风险的关键所在。

总之，系统性风险问题的研究还处于发展阶段，未来将会受到越来越多的关注，管理的理念和方法将出现很多创新，需要我们投入充足的精力跟踪研究。同时，中国经济未来将面临资源、人口红利、技术等多方面的挑战，只有全方位做好准备，中国的金融业才可能平稳度过下一次的系统性风险造成的危机。

第十六讲　整体性风险管理

风险管理理论与实践的历史沿革

在讲整体性风险管理之前，我们先简要回顾一下银行业风险管理的发展历程中的几个里程碑式的事件。第一是布雷顿森林体系的崩溃。从第二次世界大战结束后到20世纪70年代，全球汇率相对稳定，美元跟黄金挂钩（一盎司黄金兑换35美元），其他国家货币跟美元挂钩，所以汇率风险很小。1972年之后，美国开始无力承担兑换职责，当时一盎司黄金兑换35美元，现在兑换1500美元，变化很大。如果按照现在的价格，一盎司黄金35美元，换来黄金在市场上以1500美元再卖掉，大多数国家就富了，美国肯定早就破产了，所以美国终止了这个体系。之后全球汇率就进入了波动时代，导致银行汇率风险大幅增加，并推动了外汇交易市场快速发展。这是一个很重要的事件。

第二个重要事件是20世纪70年代期权定价公式——B－S模型的出现。过去的衍生产品比如远期、互换、期货是线性的。比如说签订一份远期合同，约定在未来的时间按照某个价格进行买卖，其花费只与价格和数量有关系，这是线性的产品。而期权产品的风险特性是非线性的。简单说，甲方给乙方两块钱购买一个权利，以铜为例，这赋予买方以7000元每吨买铜的权利。这两元钱的权利对应的未来买入铜的价格是不确定的，不再是线性的。期权的出现使金融衍生产品领域发生了质的变化。期权这个产品怎么定价？B－S模型解决了期权产品如何定价这个难题。B－S模型说的是可以假设标的资产未来价格服从对数正态分布，有了分布之后就能推测这个产品未来的价格和发生概率，就可以得到未来价格的期望值，未来收益折现到现在，就是期权的价值。B－S公式出现后，金融界通过B－S模型计算期权价值，为衍生产品交易提供重要的价格参考。原来这个权利值多少钱是不知道的，现在有个公式可以直接计算。所以这个公式出现后，期权市场发展非常快。这是风险管理领域一个里程碑式的事件。

第三个里程碑事件发生在1974年，经济学家罗伯特·默顿发表了一篇文章，这篇文章的核心思想有两点：第一点是认为银行的企业客户贷款违约概率是可以算出来的。他认为一家上市企业的价值每天都是波动的，当企业价值比负债小（也就是资不抵债），这家企业将破产、违约。例如，假设银行给一家上市公司发放两亿美元贷款，那么可通过观察上市公司市值变化判断违约可能性，一旦企业价值小于两亿美元，企业就违约、破产。银行在企业贷款中的收益为：当企业价值高于一定值，银行收益就是恒定的；如果低于某个值，银行的收益就会减少直至把两亿美元的贷款全部损失。这种风险收益特征跟期权的特征是完全相符的，因此可以用期权定价的思想来计算企业违约概率。这一思想为判断一个企业违约不违约架起了一座桥梁，在当前计算企业违约概率、经济资本、压力测试等风险管理领域有着深入的应用。现在很多风险管理工作都是基于这个思想。信用风险能够用期权定价的方式来表达，这是默顿模型第二个重要的思想。默顿和发明B－S模型的学者之一布莱克后来成立了一家公司，利用专业知识在市场上套利，这家公司就是美国的长期资本管理公司（LTCM）。这家公司在1998年破产的时候，引发了美国金融市场的很大波动。

对风险管理理论和实践有较大推动作用的事件还有1988年巴塞尔协议的推出，第一次提出了资本充足率的概念。2004年Basel Ⅱ的发布，真正确立了资本与风险之间的动态联系机制，构建了以三大支柱为核心的资本监管体系。

此外，VaR概念的创立也是风险管理领域一个很重要的进展。1994年，摩根大通提出了VaR值概念（风险价值）。VaR的诞生是从JP摩根的CEO给风险管理部门提出的一个问题开始的。这位CEO关心，能不能用一个指标衡量银行各类交易的风险有多大，而这个指标就是VaR。假定JP摩根公司在2004年置信水平为95%的日VaR值为960万美元，其含义指该公司可以以 95% 的把握保证，2004 年某一特定时点上的金融资产在未来 24 小时内，由于市场价格变动带来的损失不会超过 960 万美元。或者说，只有 5% 的可能损失超过 960 万美元。与传统风险度量手段不同，VaR 完全是基于统计分析基础上的风险度量技术，它是 JP 摩根公司计算市场风险的产物。但是，VaR 的分析方法目前正在逐步被引入信用风险管理领域。

2008 年的国际金融危机对风险管理产生了新的推动作用。全球银行业正在结合危机的经验教训，对风险管理理念和方法进行新的调整和优化。下面我们通过分析次贷危机的经验教训来探讨一下整体性风险管理的必要性。

从次贷危机看整体性风险管理的必要性

2008 年起，全球金融市场发生了重大的变化，一系列事件让人眼花缭乱。从美国"两房"危机、雷曼兄弟破产、AIG 公司被接管、美林公司被收购，到高盛和摩根斯坦利公司性质发生转变，很多我们耳熟能详的公司在金融版图上消失了。这次危机使世界各国金融机构损失惨重，也为我们上了一堂生动的案例课。

本次金融危机有一个显著的特点，即多种风险的相互作用、相互叠加使危机愈演愈烈。如果用数学算式来概括次贷危机的话，应该是"次贷危机 = 信用风险 + 市场风险 + 流动性风险"。事实上，次贷危机是多种风险相互作用、相互叠加的结果，不能简单地将次贷危机定义为流动性危机或信用危机。为更深入地了解多种风险相互交织和作用的过程，我们首先了解一下次贷产品的生产链条，再逐一分析各类风险在次贷危机演变过程中所扮演的角色。

一、次贷产品的生产链条

次贷产品的生产链条可以划分为三个阶段，涉及美国房贷市场、住房贷款的证券化和基于住房抵押贷款证券产品的 CDO 市场。首先，次贷危机起源于美国的个人住房抵押贷款。在低利率政策和房地产市场欣欣向荣的背景下，美国商业银行和房屋抵押机构放松了放款标准，向信用评分低于620分的高风险客户提供住房按揭贷款，即次级住房抵押贷款。其次，这些贷款在美国的证券化市场被组装成MBS，被投资银行等金融机构购买。最后，金融机构把证券化后的次级住房抵押贷款通过各种信用增级手段进行包装、美化，再次进行打包、分层，产生出各种层级的CDO产品。其中信用等级高的部分被银行、保险公司、养老基金等投资者购买，信用等级低的部分被有着激进风险偏好的对冲基金购买。

在这三个阶段中，最复杂也是最致命的是最后一个阶段，即证券化产品的再次证券化。如果说前面的市场都是一次性市场，那么市场发展到了第三个阶段时，已经具备了自我复制、自我循环的功能。一些投资机构购买了CDO后，再次以CDO为基础发行CDO。在这个自我复制、自我循环的过程中，金融的泡沫一步步扩大。这看似一场充满鲜花、美酒的资本盛宴，很少有人看到此时地下的火山岩浆正在蓄积着迸发的力量，只需要一个小裂缝就会形成一场海啸、一场地震、一场火山爆发。这个转折就发生在2006年和2007年之交。

2006年，美国房地产市场在经历多年的升值之后，价格出现下降态势。同时，美联储开始改变货币政策方向，美国进入加息通道。一些借款人的财务负担明显提高，而随着房价下跌，使借款人的负债额超过房屋价值，次级住房抵押贷款的高风险特性开始显现，以次级按揭贷款为基础的生产链条开始断裂。

二、借款人的信用风险是次贷危机的起源，信用风险在危机中不断扩大

次贷危机发源于借款人的信用风险。截至2008年6月底，次级按揭贷款的违约率由危机初期的13%左右上升至18.67%。与此同时，优质贷款（Prime）和中间级别贷款（Alta-a）的违约率也大幅上升。违约60天以上的Alt-a贷款占全部Alt-a贷款的比例由2006年底的不足2%上升到2008年9月底的14.04%，正常贷款的违约率也上升到3.93%。

随着借款人信用风险的不断恶化，从事房贷业务的机构和银行的信用

风险也不断积聚。例如，次贷危机爆发之后，"两房"公司 CDS 点差①不断攀升，由危机前的 10 个基点左右，上升至 2008 年 2 月份的接近 100 个基点。高盛、摩根斯坦利等大投行的 CDS 点差也在不断走宽，其中，摩根斯坦利公司的 CDS 点差由 2007 年的 20 个基点左右上升至 2008 年 9 月中旬的 1200 个基点，显示市场对其信用风险的极度忧虑。

三、信用风险开始向市场风险转化，资产价格出现剧烈波动

信用风险的变化很快在资产价格上得到反映，演化为市场风险。次贷危机发生后，全球各主要股市均作出反应。截至 2008 年 10 月 15 日，道琼斯工业指数为 8577 点，相比于 2007 年 10 月的高点（14043 点），下跌幅度接近 40%。全球其他主要股指也纷纷出现巨幅下调（见表 16 - 1）。

表 16 - 1　　　　　　　次贷危机中全球主要股票指数表现

指数名称	危机爆发前高点 （2007 年中期）	2008 年 11 月 17 日 （北京时间）	变动幅度 （%）
美国道琼斯工业指数	14000	8497.31	-39
日经 225 指数	18000	8522.58	-53
法国 CAC 指数	6100	3297.89	-46
德国 DAX 指数	8000	4720.27	-41
英国富时 100 指数	6700	4230.42	-37
香港恒生指数	32000	13529.53	-58
韩国 KOSPI 指数	2050	1078.32	-47

四、市场恐慌促使流动性风险爆发

在市场繁荣的时候，流动性风险很少被关注，因为有充分的资金支撑金融体系的运作，各种金融工具可以很方便地销售。但危机发生时，我们原来看到的汹涌澎湃的海洋瞬间干涸，很多金融机构无法在市场上筹集资金，美国、欧洲的很多中央银行采取一系列措施缓解流动性困境，但是收

---

① 即信用违约合约（Credit Default Swap）点差，可以用来反映市场对某公司的信用风险的评价。点差越大，违约风险越高。

效甚微。

美元 LIBOR 和美联储目标利率之间的点差迅速扩大，是次贷危机中市场流动性缺失的一个表现。通常，美联储宣布调整利率后，美元 LIBOR 也会随之调整，且两个利率之间的点差基本是稳定的。但是在次贷危机发生后，LIBOR 和美联储目标利率之间的点差在迅速扩大。这是因为，虽然美联储宣布降息，但是投资者仍缺乏放款意愿，在市场上想要拿到资金，需要付出的成本远远高于美联储公布的基准利率。

部分次贷相关产品的投资者存在严重的资产负债期限不匹配问题，这是导致流动性风险的重要原因。对欧美的很多金融机构来说，存款在资金来源中所占比重很小，大部分资金需要靠发行商业票据（CP）筹集。当商业票据市场萎缩时，资金来源难以维继，同时，筹集的短期资金主要用于投资 CDO、MBS 等长期资产。次贷危机发生后，这些产品在市场上既没有报价，又没有买主，流动性迅速收缩，导致这些机构很快陷入困境。

整体性风险管理的内涵

一、整体性风险管理的概念

整体性风险管理是对影响银行价值的众多风险因素进行辨识和评估，如对不同机构之间、各个业务条线之间、各类风险之间的风险进行评估和整合，并在全行范围内实行相应的战略以管理和控制这些风险。整体性风险管理是对传统风险管理的超越，它的目标是把银行面临的所有风险都纳入一个有机的具有内在一致性的管理框架中，其根本优势在于能够提高企业价值，降低银行面临的总体风险，防范系统性风险。整体性风险管理中的"整体"体现为对各风险类型、业务/产品类型、业务流程的全覆盖，也体现为银行各层级、部门、机构全员参与风险管理过程。

二、整体性风险管理的两大流派

整体性风险管理思想可以分成两大主要流派，第一个流派是 COSO，第二个流派是巴塞尔委员会。COSO 是美国的一个民间组织，全名叫作"防止财务报告欺诈委员会"，这个委员会是美国的会计师、注册会计师学会、上市公司协会联合成立的。成立这个委员会的目的是防止上市公司的财务报表欺诈或披露虚假信息。美国安然事件发生之后，美国通过了《萨班斯—奥克斯利法案》，这个法案谈的都是内部控制、财务欺诈、财务报表不实等内容。委员会经常发一些研究性质的文件，最著名是《企业内部控制整合框架》。在美国这些文件是参考性质的，但在中国被财政部和证监会认可。财政部认可这些文件是因为中国注册会计师协会由财政部主管，COSO 是美国注册会计师协会下属委员会制定的，所以中国会计师协会借鉴这个材料后，经财政部发布就上升到部门规章的层次了，中国的企业需要据此建立内部控制制度。这些文件的执行力就从民间上升到了部门规章的层面。证监会推行 COSO 的原因是国内很多公司在美国上市要达到《萨班斯—奥克斯利法案》的要求和美国上市公司内部控制的要求。另外，中国的很多银行也在 A 股上市，证监会对 A 股上市企业要求建立完善的内部控制制度。由于监管机构的推动，银行的董事会、管理层对建立内部控制体系高度重视，许多银行按照内控要求建立了具体的职能部门。内部控制体系的内容之一是风险管理框架，提出了风险管理的基本要素，目前关于整体性风险管理的很多管理思想就来自 COSO 的内部控制要求。

设立巴塞尔委员会的初衷是在银行面对的风险越来越大，不规范竞争越来越多的情况下，建立一个统一的监管平台实现相互沟通。巴塞尔委员会 1988 年通过的《关于统一资本计量和资本标准的国际协议》提出了基于资本充足率监管的框架。最初巴塞尔协议只是针对计算信用风险（主要针对贷款业务），后来陆续扩展到市场风险、运营风险。2004 年 Basel Ⅱ 提出银行需要管理各类风险，包括信用风险、市场风险、运营风险、声誉风险、合规风险、战略风险等，这就要求银行逐步建立整体性的风险管理体系，成为银行整体性风险管理的另外一个源流。如何实现整体性风险管理，有的银行按照 COSO 的要求进行，有的银行按照巴塞尔委员会的规定进行。COSO 的关注点是内控，着眼于流程。COSO 中最核心的是风险识别、计量、管理、控制、报告的流程化处理方式。巴塞尔协议的核心是怎么管理损失和资本，要建立一套管理体系去计量不同风险的损失大小，然后用足够的资本去抵御风险，形成了以计量为基础的整体性风险管理体系。

实际上，整体性风险管理体系的建立，需要把两者结合起来。首先，从满足监管要求的角度看，COSO 和巴塞尔委员会的监管要求都得落实，如果各起炉灶，各搞一摊，对银行来讲是很大的资源浪费。其次，这两套管理体系在本质上是相通的，只是从不同的角度去阐述整体性风险管理这件事情。最后，在实践中二者也能够很好地结合。仔细推敲整体性风险管理这个词，整体性风险管理在英文里面实际上没有一个非常对应的词，在COSO 体系中称作企业风险管理框架，即 ERM，国内有的翻译成全面风险管理，有的翻译成企业级风险管理，也有人翻译成整体性风险管理。巴塞尔委员会强调整体性风险管理是各类风险的管理，是全面的风险管理。所以整体性风险管理这个词本身就是对巴塞尔委员会和 COSO 管理思想的融合。银行要结合两者不同的侧重推进整体性风险管理体系的建设。

三、整体性风险管理的内涵

随着金融体系的不断深化和发展，各类金融机构、金融市场、金融产品之间的关系变得日益紧密和错综复杂，导致各类风险相互交织、相互作用的关系也更加明显。这为风险管理提出了一个难题，同时也给予我们一个重要的启示，即在金融体系日益复杂的条件下，做好风险管理工作，需要加强整体性的风险管理。整体性风险管理应当是跨部门、跨产品、跨风险种类、跨账户、跨管理职能、跨周期、跨市场的风险管理。

（一）整体性风险管理应当是跨部门的风险管理

资产证券化是欧美银行业的一个创新。通过资产证券化，金融机构能够将住房抵押贷款等流动性差的资产从资产负债表中剥离出去。然而，很多开展了资产证券化的商业银行，如花旗、美林等，同样在次贷危机中损失惨重。我们不禁要问，为何已经从资产负债表中转移出去了的资产还会对银行造成如此严重的影响？一个重要的原因是，这些商业银行的投行部门又从市场上买回了大量的房贷产品。也就是说一个部门在卖出房贷相关产品的时候，另一个部门在买回这些资产。可见，对风险的管理如果仅仅局限于某一个部门时，这种风险就不可能得到有效控制。所以整体的市场风险管理首先是站在一个金融机构整体层面、集团层面的跨部门的管理。

（二）整体性风险管理应当是跨产品的风险管理

很多时候风险管理是针对单一的业务条线、单一的产品的。比方说，对于 GE 公司这样的多元化经营的客户，公司部在给 GE 发放贷款，投资部门可能在同时购买 GE 公司的债券。两者之间如果没有很好的整合的平台时，往往各有各的策略，各有各的主张，风险就不可能得到有效的控制。所以说整体性的风险管理应当是跨产品的风险管理，要建立一个统一的、整体化的客户视图，对客户风险暴露进行统一的管理。

（三）整体性风险管理应当是跨风险类别的风险管理

风险可以划分为多个类别，如信用风险、市场风险、运营风险、声誉风险、合规风险、利率风险、流动性风险等。从专业化的角度考虑，对风险自然而然应当进行分类别的管理，这在一定阶段、一定程度上是必需的。但是，如果仅局限于单一风险管理，是很难做好风险管理工作的，很难真正有效地管理风险。从次贷危机中可以看到，多种风险相互作用、相互交织、相互叠加的趋势日益明显，这就需要我们进行跨风险种类的风险管理。

以市场风险和信用风险的关系为例，过去认为市场风险就是价格的变化，只要管理好价格的变化，只要能在价格变化中赚取价差，获得收益就够了，至于市场风险背后是什么东西，银行可以不管不问。但是事实证明，这种理念是错误的，如果我们投资时缺乏对交易对手的风险评估，这种损失有可能会非常惨重。比如购买了次级债、雷曼兄弟公司债等债券，开始的时候是为了获取固定收益，现在就不得不承受雷曼兄弟破产的风险。

（四）整体性风险管理应当是跨账户的风险管理

整体性风险管理应当是资产负债表层面的管理。以市场风险为例，银行的所有资产划分为交易账户和银行账户。因为交易账户采取盯市的计价方式，容易受价格波动的影响，银行通常把市场风险管理重点放在交易账户。事实上，交易账户和银行账户只是资金放置方式或簿记的不同，银行实际承担的风险并没有实质差异。比如，把大量的 CDO、次债产品放在交易账户，当市场发生不利变化时，想卖出这些债券很难找到买主，要么选择长期持有，要么大幅度亏损。这时，交易账户和银行账户又有多少实质性差异？再比如，放在银行账户的金融工具，当发生重大风险时，作为投资者，既定的投资策略不可避免地会发生变化，银行账户的一些投资（即使是划分为持有到期资产的）也不可避免地发生一些交易。因此对市场风险的管理应该从分账户的管理向整合交易账户和银行账户的方向转变，至少应该作一个重要的补充。

（五）整体性风险管理应当是跨管理职能的风险管理

实践证明，仅风险管理部门管理风险是不够的。在本次危机中，全球最著名的投资银行有的宣布破产、有的被收购兼并，可以说损失惨重。传统意义上讲，投行是金融中介服务机构，为企业做顾问、做设计，本身不直接承担风险。但是欧美的许多投行的经营文化和薪酬机制决定了投行会在市场中产生异化行为。很多投行经营的文化就是业绩至上、唯利是图，采用激进的薪酬激励方式，当年赚取的利润，当年分配完毕，根本没有长远的打算。在这样的经营文化和薪酬安排下，过分追求风险的行为导致了今天的危机。所以对市场风险的管理应当是跨管理职能的管理，必须从战略上、从薪酬机制的安排上进行统筹安排。投行的分配机制，尤其是高管的薪酬安排，应当有约束机制。美国7000亿美元救助法案在通过的时候，很多议员提出的措施和条件之一，就是限制金融机构高层管理人员的薪酬。

（六）整体性风险管理应当是跨周期的风险管理

银行应该运用跨周期的理念、居安思危的文化来管理风险。比如，市场风险管理中最常运用的管理工具是风险价值（Value at Risk，VaR）模型。巴塞尔资本协议要求 VaR 模型至少采用一年的样本期。但很多危机事件发生的周期不是一年，而是更长的时期，因此，VaR 模型无法评估银行在极端不利的情况下所能承担的风险。在进行市场风险管理时仅仅依靠一年数据的 VaR 模型是不够的，还要依靠压力测试，把这个长周期的方法和理念引入对风险价值的管理和控制过程中，更加全面地评估银行可能承担的风险。

（七）整体性风险管理应当是跨市场的风险管理

随着国际金融全球化的推进，主要国际金融市场之间的联系更加紧密，次贷危机中各国金融体系发生的连锁反应就是一个很好的证明。因此，风险管理工作的关注点不应该局限于单一的市场，而是应当在充分研究各个金融市场之间相关性的基础上，以跨市场的眼光进行风险管理。比如，买了美国的国债或公司债，不能仅仅关注美国的债券市场，欧洲金融市场、亚洲金融市场都会对其产生影响。从另一个角度讲，我们的投资也可以在市场方面进行适当的多元化、分散化，防止因过分专注于一个市场或一个领域可能带来的系统性的危机。

整体性风险管理的难点

从国际金融危机爆发的根源及演变趋势看，全球银行业都面临着一些共同的风险管理难题，如风险偏好的确定和执行、组合风险管理、表外业务管理、小概率事件管理、整合风险管理和相关性风险管理等。目前国际活跃银行相当关注这些问题并致力于寻找解决之道。我国银行业未来要实现向整体性风险管理的跨越，也不可避免地要面对这些问题。

一、风险偏好的确定与传导

建立整体性风险管理体系首先要明确银行风险偏好。有人把风险偏好翻译成"风险胃口"，它的核心思想是说这家银行面临多大风险，愿意承受多大的风险，这就叫银行风险偏好。这个词看上去很陌生，实际上含义并不复杂。银行的管理层需要经常去思考这个问题，银行面对的主要风险有哪些，这些风险有多大，银行能够承受多大的风险。假如银行一年创造利润30亿元，如果产生的损失超过30亿元，肯定是不行的。那么如何描述这个可承担的风险总量的大小呢？如果用不良率可以表示为不超过1%。但是信用风险、市场风险、运营风险的度量工具不一样，有没有一个综合性的指标来反映风险总量的大小？目前国际银行业正在逐渐用经济资本来衡量总体风险，即用各类风险产生的非预期损失加总后的结果来衡量风险的大小。比如说，银行有 3000 亿元资本，产生的意外损失最多不能超过 3000 亿元，这是目前表示风险偏好最核心的指标。从这个指标可以推导银行经济资本的大小，当然要回答这个问题和这家银行损失的分布特点有关系。银行各类损失分布的形状可能不同，有的可能是正态分布，有的可能是 β 分布，有的可能是另外一种分布，有的根本不服从某一特定分布，这都有可能。如何表示经济资本的大小呢？从计量上讲，算经济资本时将损失分成三个部分：第一部分是预期损失，第二部分是意外损失或非预期损失，第三部分是灾难性损失。对于预期损失我们可以通过减值准备抵补，减值准备已经体现在当期利润中了。非预期损失要用资本弥补。对于极端损失资本也无法抵补，这种情况下银行就要破产。这时需要建立恢复与处置计划，也就是快要破产情况下先卖哪些资产、先卖哪些网点，还有哪些资产可以处理，通过自我救赎应对极端风险。美国或者欧洲的恢复和处置计划主要由存款保险公司处理。对上述三类损失处理的核心在于对意外损失、非预期损失的处理，要用资本来弥补，确定保有多少资本是合适的。确定资本就需要确定置信区间。（经济）资本的大小反映了银行不同风险偏好。不同风险偏好可以换算成银行在多大概率下不破产，这个指标又可换算成标准普尔或穆迪对银行的评级。比如说如果一家银行标准普尔的评级是 A 级，就意味银行有 99.65% 的可能不会发生破产。AA 级的非违约概率是 99.95%，反过来说也就是有万分之五的概率破产，一万家银行有五个破产或一万年有五年会破产。

有了衡量总量的指标之后，还有不良率、经济资本分配、信用风险经济资本占比、市场风险占比、运营风险占比等各个层面的指标可以用于刻画风险偏好，再加上银行监管的一些主要指标，就构成了风险偏好的核心内容。

银行在设定和执行风险偏好的过程中经常会遇到三个问题。第一是风险偏好跟战略之间的关系。总的来讲风险偏好是体现战略的，银行应当先有战略再有偏好，风险偏好应服从于战略。第二是用什么指标来表示风险偏好。前面提到可以用目标评级、经济资本、各类风险占比、不良率、拨备覆盖率、腕骨指标等组成的分层次的、定量和定性相结合的指标体系去表述和刻画银行的风险偏好。第三是怎么贯彻落实风险偏好。风险偏好不只是案头文件，银行需要把风险偏好指标分解到年度工作计划中，体现在各类政策文件里，否则风险偏好就是一纸空文。

二、组合风险管理

未来各家银行风险管理水平的差距主要体现在组合风险管理方面。虽然中国银行业在单项交易风险管理方面取得长足进步，但是在组合风险管理方面尚处于初步尝试阶段。主要原因有以下几个方面：一是组合管理的管理理念相对较新。很多金融机构的风险管理仍更多考虑的是单个客户、单个行业贷款风险状况，对"好"的客户或行业存在扎堆投放现象，加之传统"发放—持有"的经营模式，往往造成风险累积与效率损失，这种管理理念上的转变需要一个过程。二是组合风险计量水平仍有待提高。虽然近年来国内不少金融机构已经开始研究以经济资本、风险限额定量分析为基础的组合风险计量方法，但是还存在诸多瓶颈，例如，数据的真实性和完整性不够，相关性计量可靠性较低，压力测试和情景分析不充分，缺乏风险整合和风险集中度的衡量工具，等等。导致组合风险管理的关键指标，如经济资本、RAROC等目前都仍处于探索阶段，尚未在业务流程中获得全面应用。三是管理架构和机制不能满足组合管理需要。目前国内银行业大多还在实行分散化、层级化的管理模式，组合管理目标很难在经营流程中得到完整体现。四是主动组合管理手段不足。目前我国商业银行还缺乏市场化的贷款转让、证券化等通道，信用衍生产品市场也尚未形成。由于手段有限，一定程度上制约了主动组合管理的开展。

三、表外业务风险管理

近年来银行表外业务获得长足发展，其业务量与表内业务量的比例接近1:1。但表外业务的管理在全球银行界都是个难点，主要体现在几个方面：一是表外业务风险敞口不清，由于外延模糊，加上计量手段不足，很难说清表外业务的风险敞口到底多大。二是表外业务的监管规则不明，巴塞尔委员会、国际会计准则、国内会计准则、中国人民银行和中国银监会均有各自的规定，但缺乏统一的标准。三是表外业务的管理基础薄弱，由于缺乏统一的管理系统，大量数据需要手工填报，无法保证数据的准确性，在此基础上进行的表外业务管理先天不足。四是思想认识不一致，有人认为表外业务是低风险业务，不会给银行带来颠覆性的系统性风险，从而忽视对表外业务的管理。

四、小概率事件风险管理

对于高频低损的"主体风险"，各银行通过日常管理都积累了很多经验和心得，而小概率的"尾部风险"由于突发性强，缺乏规律性，而且一旦发生，往往会给银行带来巨大损失，甚至导致银行关闭，因此成为银行管理的重点和难点。但小概率事件管理能力是真正衡量一家银行运营风险管理实力水平的重要标准，业务持续性管理就是专门针对小概率事件进行的、确保关键业务持续运营或及时恢复的一整套管理办法。

五、相关性风险

经济科技的发展使银行面临的各种风险间的相关性明显增强，信用风险、市场风险、运营风险等风险类别之间、银行内部风险与外部风险之间、银行风险与客户风险之间、不同客户之间的风险等，常常产生"1＋1＞2"的效果。通过对不同风险相关性的研究，可大大降低因单一风险引发系统性风险的可能性，提高风险管理的有效性。银行经营注重通过多元化经营来分散和降低组合层面的总体风险。多元化经营既包括业务模式的多样化，也包括授信对象的多样化。除了考虑组合的分散，"不要把所有鸡蛋放到同一个篮子"外，还要看"这些篮子是否系在同一根绳子上"，这是对组合内在相关性问题的最好诠释。此次金融危机中不少金融结构就是购买了基于同一"资产池"的不同等级的债券，或是与同一基础资产有关联的不同债券（特别是那些经过多次证券化和衍生交易安排的债券），这些资产之间本身就存在很大的相关性，表面的分散化安排并不能产生实质性效果。

巴塞尔委员会关于建立整体性风险管理体系的新要求

2008 年国际金融危机之后，巴塞尔委员会发布的一系列文件都反复重申，新的资本协议的核心内容和框架有助于提高银行体系的稳定性；"三大支柱"的体系是合理的，但需要进一步完善。尤其是针对金融危机中发现的资产证券化产品的过度杠杆化、资本套利、信息不透明等问题，要求银行建立全面的整体性风险管理体系。在《新资本协议框架改进方案》中，巴塞尔委员会主要围绕资产证券化敞口的风险管理提出了改进方案。

第一，在第一支柱中，资产证券化风险敞口的风险权重保持不变，提高再证券化产品的风险权重。整体而言，再证券化产品的风险权重比证券化产品提高一倍或更高，比如采用标准法，AAA 级到 AA - 级证券化敞口的风险权重是 20%，再证券化的风险权重为 40%。如果采用评级基础法，则单独设置了再证券化敞口的风险权重。同样信用等级、同样优先级的再证券化的系数是证券化敞口系数的 2～3 倍，比如 AAA 级优先级再证券化敞口系数是 20%，证券化敞口系数是 7%。对 1 年以内证券化流动性便利（如 ABCP）的转换系数从原来的 20% 调整为 50%。证券化敞口的风险系数保留下来，说明原来的方案有合理性；进一步加大再证券化敞口的系数，则说明原来的方案有缺陷，低估了再证券化敞口的风险。

第二，银行要建立银行层面的风险管理体系。在第二支柱完善方案中强调，风险管理首先是董事会、管理层的责任，银行要能够突破部门、业务种类、风险种类的限制，实现风险的整合；银行要有恰当的政策、程序和限额，从整体上管理风险；要有管理风险的信息系统，及时全面地识别、计量、监测、报告风险；要建立健全的内部控制体系；要改革薪酬管理体系，建立风险与长期回报的关系。这些要求的核心是银行要能够管控所有风险，最大的亮点就是要求银行整合各类风险的管理，能够在银行层面实现跨账户、跨业务条线、跨风险种类的管理。

第三，进一步加大信息透明度。在第三支柱修改方案中，要求银行进一步披露交易账户的资产证券化风险敞口、表外工具、资产支持的流动性便利、再证券化敞口、证券化敞口的估值、各类管道机构的相关信息。

　　虽然从目前来说，上述监管政策的调整对国内银行的直接影响不大，但如何建立整体性的风险管理体系将会成为未来一个时期的工作重点，比如如何整合境内外机构的管理、如何整合信贷业务和金融市场业务的管理、如何整合信用风险和市场风险的管理、如何整个各个法人的管理等，都是非常有挑战性的难题。

第十七讲　巴塞尔协议的是是非非

巴塞尔协议作为欧美银行业推出的资本监管规则，是否符合中国的实际情况，是否能应用于中国，是否有利于中国银行业的稳定发展，是否存在偏见和阴谋，一直是理论界和实务界不断争论的问题，比较典型的有阴谋论、无用论、超前论观点，下面对这些论点逐一分析。

阴谋论：巴塞尔协议与日本萧条

1989 年日本实施巴塞尔协议之后，1990 年股市发生崩盘，银行体系爆发危机，经济陷入衰退，随后 10 年经济一直萎靡不振。有人认为，1988 年巴塞尔协议是针对日本的阴谋，因为日本在 1990 年发生了经济危机，从时间上看正是在实施巴塞尔协议之后不久。而之后的 Basel Ⅱ等是针对中国的阴谋，中国一定要加强防备，绝不能掉以轻心。从强调国家的金融安全角度来说，这种分析可供参考；但就资本协议而言，建议应客观地对待这个问题。我们在前面的分析中提到，日本的经济危机是其内在经济模式所决定的必然结果。那么，日本经济危机的发生与"广场协议"和巴塞尔协议是否有关系呢，实施巴塞尔协议真是日本经济危机的罪魁祸首吗？下面我们对这个问题进行分析。

一、"失去的十年" 与巴塞尔协议

日本 1989 年宣布实施巴塞尔协议，要求大银行在 1992 年达到要求。从图 17 – 1 中可以看出，1988 年时日本的泡沫经济已经接近顶峰，因此，实施巴塞尔协议不是经济泡沫形成的原因。

在银行贷款方面，日本银行 1989 年的表现说明资本要求并没有影响到贷款的投放（见图 17 – 2）。

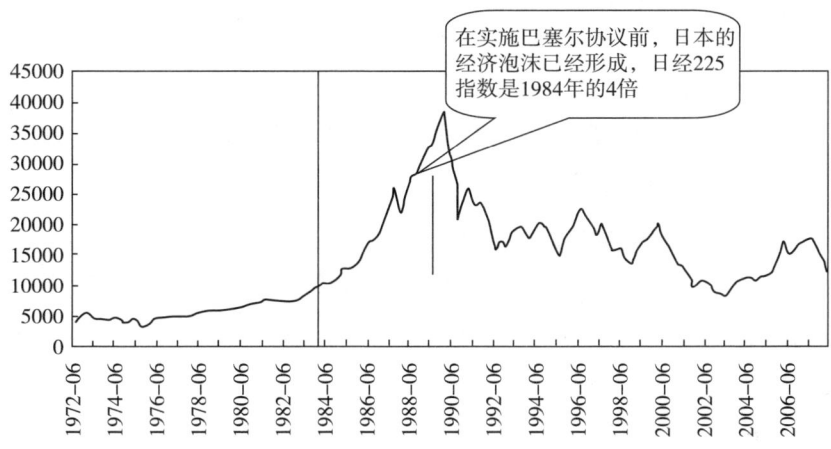

图 17－1　日经 225 指数走势图

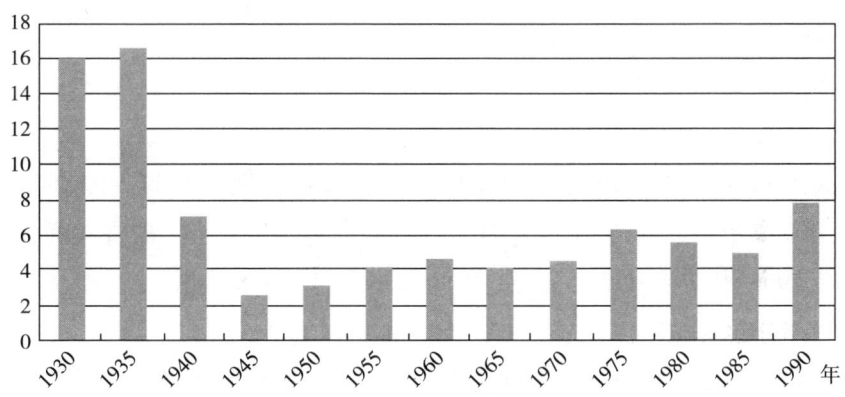

图 17－2　日本城市银行和地方银行的资本比率①

（资料来源：青木昌彦：《日本主银行体制》，1998）

从资本/资产可以看出，日本银行的资本充足率在 1985—1990 年是上升的，1989 年的贷款额并没有比 1988 年有明显的减少。1988 年国际银团的贷款规模为 1260 亿美元，1989 年降到 1210 亿美元，1990 年降到 1080 亿

---

① 　资本比率 $= \dfrac{资本 + 储备 + 盈利}{资产}$ 。

美元。按照 1988 年巴塞尔协议安排，其实施也设置了过渡期，1992 年达到要求即可。因此，巴塞尔协议不是泡沫破灭的导火索，可能只是时间上的巧合。

那么，巴塞尔协议的实施与日本经济危机长时间的持续萧条有必然联系吗？很多学者对此问题进行了研究。

表 17 – 1　　　　1988 年资本协议实施后日本银行业资本充足率、

盈利水平和资产扩张情况　　　　单位：万亿日元,%

年份	资本充足率	盈利水平	资产余额	贷款余额
1989	9.9	1.9	943.6	
1990	9.5	1.8	927.6	424.3
1991	8.4	2.5	914.4	445.8
1992	9.6	2.5	859.5	460.3
1993	10	−0.4	849.8	472.3
1994	9.1	−2.2	845.0	477.8
1995	9.5	−7	948.2	482.7
1996	9.3	−1	856.0	482.3

从表 17 – 1 中可以发现，日本银行业的盈利水平在 1989—1992 年基本稳定，1991 年贷款新增 21 万亿日元，贷款没有明显减少。而贷款增长减缓出现在 1993 年以后，那么是否是因为资本充足率的限制呢？下面，我们可以参考部分学者的论证。

Woo（1999）利用最小二乘法对 1990 年 3 月至 1998 年 3 月间日本 79 家商业银行的资产扩张、贷款增长和资本充足率关系进行了横截面回归分析。Woo 使用了风险资本比例（BIS）、调整后的风险资本比例（假定未实现的隐藏储备全部实现）和市场资本比例三个资本充足率指标。实证分析的结果表明，在 20 世纪 90 年代的大多数时间内资本监管对资产规模扩张和贷款增长的约束效应并不显著。

Horiuchi 和 Shimizu（1998）对 1990 年 3 月至 1995 年 9 月间日本 21 家大银行的实证研究结果不支持风险资本引起"信贷紧缩"的观点。他们认为，由于日本商业银行与工商企业之间的特殊的银企关系，商业银行可以轻松地通过向其关联企业或保险公司发行次级债务工具筹集资本。到 1995

年9月底，日本前21家大商业银行次级债务工具余额达12.3万亿日元，抵消了40%的隐藏储备的下降。次级债务工具的发行使得商业银行的资本充足率能够维持在最低资本要求以上，缓解了资本损失的严重性，避免了信贷紧缩。

Kim和Moreno（1993）利用向量自回归模型分析了1970—1983年和1984—1993年两个时段股票价格变化对银行信贷的影响。1970—1983年，银行信贷增长主要决定于信贷资金的来源，其他因素包括产出、利率、物价水平、日经指数等对银行的信贷行为影响都很小。1984—1993年，日经指数的变化与贷款增长显著正相关。对各种因素影响能力的深入分析结果表明，该时期影响银行贷款供给的主要因素包括信贷资金来源和股票价格变化两个方面。这可能有两种解释，一种是增长—贷款，一种是增长—资本—贷款（见图17－3）。

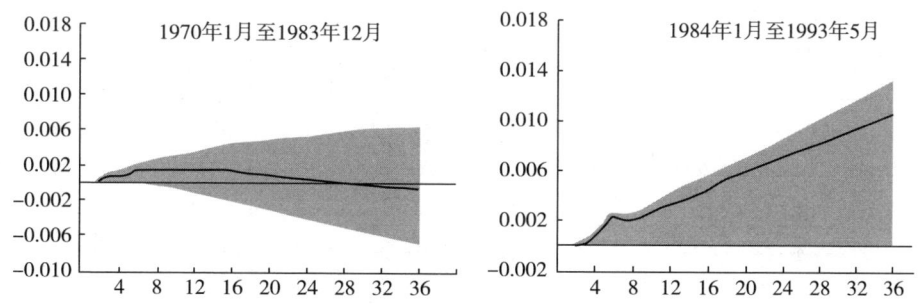

图17－3 日本股票价格变化对日本银行信贷的影响

通过以上分析，我们得出几点认识：

第一，实施巴塞尔协议不是日本经济泡沫产生和破灭的原因，也不是直接诱因。

第二，日本银行业贷款投放更大程度上取决于存款。

第三，泡沫后日本银行业的贷款投放增长速度有所下降，但这种下降很大程度上不是日本银行资本不足造成的，换句话说，日本长期处于萧条的根本原因不在于资本约束。

第四，日本银行实施了巴塞尔协议，但其变通措施使资本约束力明显下降。

二、"失去的十年"与"广场协议"

汇率升值是日本经济发展的必然结果。从图 17-4 可以看出，从 1971 年开始日本汇率一直在升值，"广场协议"只是过程中的一段，1971 年、1977 年的升值幅度超过"广场协议"，近 20 年汇率变动不大。日本汇率走势分为四个阶段，在 1989 年左右处于一个相对均衡的状态。从经济学理论上讲，如果一个国家的经济实力不断在发展、壮大，贸易一直处于顺差，那么这个国家的货币一定会升值，这是客观规律，是不以人的意志为转移的。因此，货币升值是经济发展的必然结果。

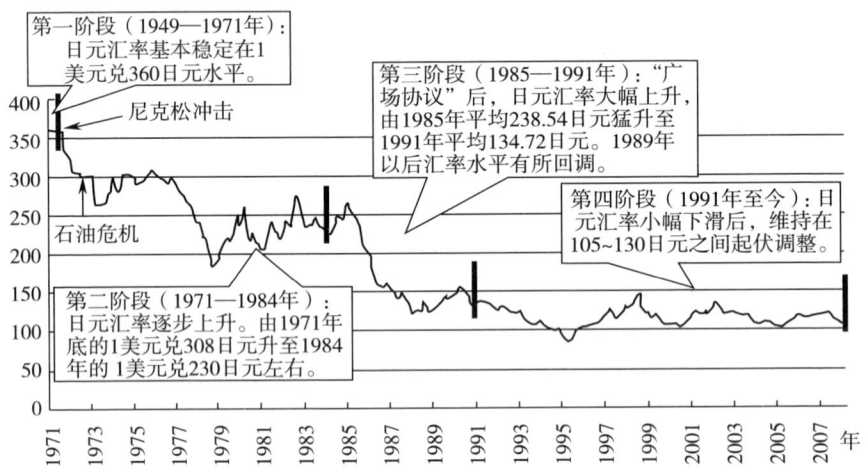

图 17-4　日本汇率走势图（1971—2007 年）

在汇率升值的过程中，日本经济结构不断调整优化，实际 GDP 增长率的波动与汇率变化的关联性不明显。签订"广场协议"后，虽然日本实际 GDP 增长率在 1986 年有所下滑，但是很快恢复到了"广场协议"签订前的水平，并没有因为汇率调整而出现经济增长的大幅下滑（见图 17-5）。

另外，从图 17-6 可以看到，日本汇率的升值并没有带来日本进出口的减少。尽管有波动，日本进出口一直处于增长状态，尤其是出口，在"广场协议"后，出口很快得到恢复。因此，日本的出口与汇率之间没有必然的联系。通过数据统计分析，二者的相关性很小，仅为 0.2～0.3。

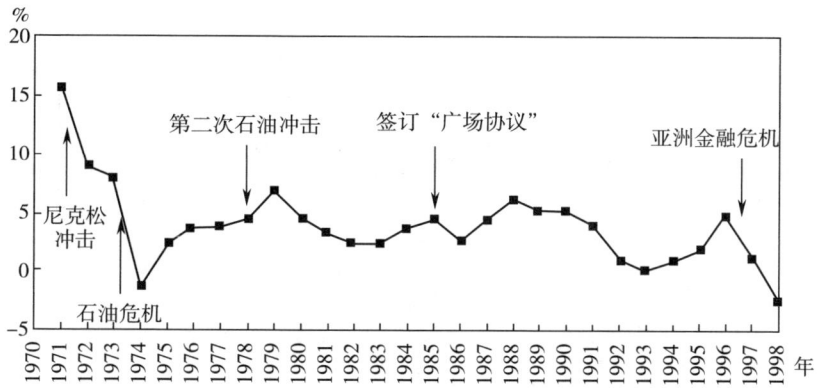

图 17-5 日本实际 GDP 变化

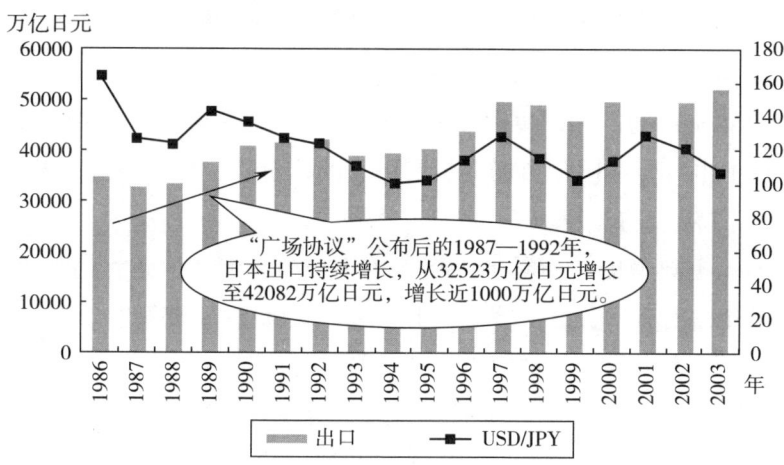

图 17-6 日元汇率与出口额变化（1986—2003 年）

广场协议签订初期（1986—1990 年），日本外贸余额有所减少。但是在 1989—1994 年日元持续升值的过程中，日本贸易余额大幅增长，并超过"广场协议"前的水平（见图 17-7）。

在日本的经济发展过程中，汇率因素对日本调整经济结构起到了积极作用。

1. 汇率升值后，日本加大了产业结构调整力度，附加值低的产业转移到其他国家，日本企业在国外直接投资增加，比如日本汽车工业在美国占

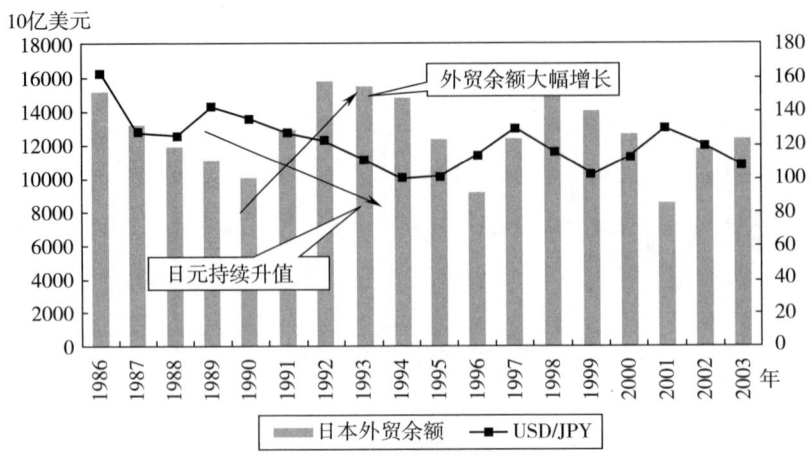

图 17 - 7　日元汇率与外贸余额（1986—2003 年）

据 21% 的市场份额。

2. 日本出口的产品，集中在汽车和电子电气等高技术产品，需求弹性较小，日本出口商在国际市场上具有一定的议价权，出口产品价格上升后，海外需求下降幅度有限。

3. 日本是典型的"贸易加工型"国家，由于资源匮乏，需要大量进口原材料以支撑出口增长。汇率上升后，进口原材料价格降低，进一步降低了出口产品的生产成本，缓解了出口产品价格上涨的压力。

4. 日本大力采取资源节约措施，效果明显。据统计，在两次能源冲击之间，日本的能源消耗减少了 0.4%，石油供给量减少了 21.5%，同期国民生产总值上涨了 33.5%，工业生产增长 17.9%。在 1980 年前后，每 1 万美元工业产值消耗的能源，日本仅需 3.5 吨标准煤，而美国为 8 吨，中国当时要消耗 23 吨。在第二次石油冲击中各主要发达国家经济均有不同程度下滑，唯独日本例外。

从图 17 - 8 中看出，1984 年开始日经指数开始快速上升，1987 年末日元升值告一段落，1988 年 1 月日元汇率开始回落，持续至 1990 年 4 月，但日本泡沫却继续膨胀。

从上述分析可以看出，在汇率升值后，日本 GDP 平稳增长，进出口继续增长，汇率贬值阶段日本的经济泡沫继续膨胀。而且，"广场协议"中

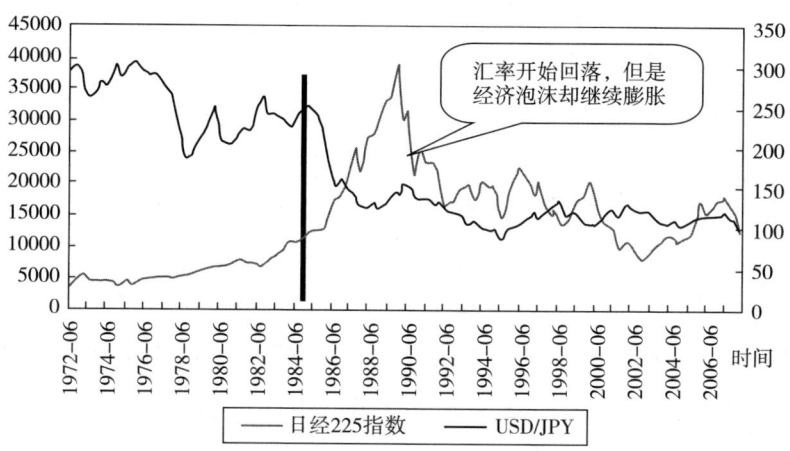

图17－8　汇率与日本泡沫经济的关系

其他国家的货币也大幅升值，但并未出现严重的经济泡沫（见图17－9）。因此，认为汇率的升值导致日本经济泡沫的论断还需要进一步探讨。

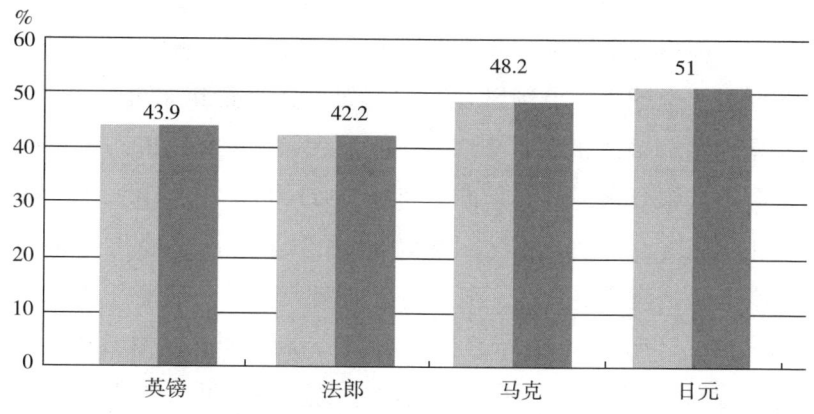

图17－9　"广场协议"前后世界主要货币对美元的升值幅度
（1987 年 12 月与 1985 年 6 月末相比）

　　总之，将日本经济危机归结为"广场协议"，缺乏有说服力的数据和事实支持。"广场协议"并不是造成日本经济危机的根本原因，反而，银行的过度贷款和经济周期所起的作用可能更大。

　　1988 年巴塞尔协议的推出，可能存在日本银行快速膨胀引起国际社会担心的因素，但很难证明该协议导致了日本的经济危机。那么，新的资本协议是专门针对中国的制定吗？Basel Ⅱ产生于 1999 年，那时乃至现在的中国银行业在国际市场的影响力很小，认为发达国家为限制中国银行业的全球发展而专门制定该协议不免有些牵强。而且，资本协议的规则是用来规范银行经营行为的，使资本更好地抵御非预期损失，从某种意义上讲是一种普遍的、客观的道理，被很多国家采纳。实施协议能够提高风险管理水平，能够提高对非预期损失的抵御能力，这正是提高银行稳健性的表现。所以，认为实施协议能让中国银行业进入萧条和危机的观点，从目前的分析来看并无内在的逻辑。阴谋论的提法缺乏事实依据，更多的是一种臆测。

无用论：巴塞尔协议与 2008 年国际金融危机

2008 年 9 月，中国银监会正式发布了中国银行业实施 Basel Ⅱ 的第一批监管指引，标志着中国银行业在实施 Basel Ⅱ 的征途上又迈出了坚实的一步。与此同时，全球金融市场风云变幻，发生了近百年来最严重的金融危机。这次全球性金融危机源自 2007 年 4 月爆发的次贷危机，而 2007 年对于很多国际著名银行来说，又是准备实施 Basel Ⅱ 的关键年份。英国的巴克莱银行、汇丰银行、渣打银行，德国的德意志银行，瑞士的瑞士银行（UBS）、瑞士信贷集团（CS），澳大利亚的澳大利亚联邦银行（CBA）、澳大利亚国民银行（NAB）、澳新银行（ANZ），新加坡的大华银行、星展银行，都先后宣布自 2008 年 1 月 1 日起正式实施 Basel Ⅱ。这些实施 Basel Ⅱ 的银行在这次全球金融危机中的表现参差不齐，有些银行损失惨重，有些银行损失相对较小，如何看待 Basel Ⅱ 对防范金融危机的作用成为学术界、银行业讨论的热点问题。

香港金管局的观点为我们提供了一种解释，即 Basel Ⅱ 提供的是一种保险或是让银行的风险事件、风险管理得到有效的控制和提高，但它并不是一个担保，也就是说 Basel Ⅱ 不能担保银行不出问题，正如它不是包治百病的灵丹妙药。这是对 Basel Ⅱ 的客观评价。那么，次贷危机和法国兴业银行事件的发生与 Basel Ⅱ 有何关系呢？不仅无关，反而说明它们没有很好地实施 Basel Ⅱ。比如次贷危机，美国某银行将大量次级贷款过分衍生化，变成债券卖到市场上，其根本动机是资本套利，通过这个过程银行可以少占用资本。然而资本套利正是 Basel Ⅰ 的一个弊端，这种"一刀切"的做法给银行资本套利提供了空间。所以美国在实施 Basel Ⅱ 时不是很积极，次贷危机发生在美国也是一种必然。兴业银行交易员事件是因为运营风险造成的，而运营风险正是银行必须加强管理的内容，也是 Basel Ⅱ 提出要求加强管理的内容，如果很好地实施 Basel Ⅱ 从某种意义上讲对防范这些风险会起到积极作用。所以不能简单地因为有风险事件发生，就认为 Basel Ⅱ 的思想和方法是无用的。

下面对实施 Basel Ⅱ 的本质内涵、基本作用和实施 Basel Ⅱ 的银行在危机中的表现差异等问题进行讨论，以加深对资本约束机制与金融稳定关系的本质认识，吸取金融危机的经验教训，进一步增强中国金融体系的稳定性。

一、此次金融危机再一次证明资本约束对于维护金融体系稳定具有重要意义

资本约束机制是金融体系稳定的关键因素。改善资本约束机制是巴塞尔协议一贯的目标和核心，Basel Ⅱ 同样体现了这种精神。此次金融危机再一次证实：强化资本约束非常重要。

2008 年国际金融危机的震源在美国，诱因是次贷危机。对于次贷危机产生的原因，曾任中国建设银行副行长的朱小黄在一篇论文中指出，次贷危机祸起杠杆失控。这个判断切中要害。深入分析可以发现，杠杆失控的原因之一在于监管体系中对很多金融机构的膨胀没有完善的资本约束机制，具体体现在下述机构和环节。

1. 住房按揭贷款公司。在美国的个人住房贷款市场上，除了商业银行外，还存在大量大大小小的住房按揭贷款公司。由于其资本金很少，资金来源主要靠出售贷款，其经营行为没有严格的资本约束。贷款被出售后，从资产负债表内转移到表外，但实际上这些贷款出售后，住房按

揭贷款公司仍需承担回购责任，从实质上讲风险并没有被转移走。缺乏资本约束导致这些公司过度发放贷款，降低了贷款的门槛和标准，蕴含的风险很高。

2. 房地美和房利美。这两个政府信用支持的公司同样面临资本不足的问题，其资本金仅为 810 亿美元，而其担保和发行的债券高达 5 万多亿美元，杠杆率高达 60 多倍。

3. 投资银行。在住房贷款证券化交易过程中，投资银行原本作为中介存在，不应有重大损失，但包括美林、雷曼兄弟等在内的投行，为获取高额收益，在市场上发行短期融资工具，并将筹来的资金投资于 ABS、CDO 等金融衍生工具，杠杆率高达 30 倍以上，这些投资银行一直缺乏资本要求和约束机制。

4. Conduits、对冲基金、结构性投资机构（SIV）等资产证券化产品的投资机构。这些机构从货币市场筹集短期资金投资 CDO 等中长期产品，不仅信息不透明，而且资本接近于零，资产负债结构严重失衡。

5. 资产证券化业务。资产证券化是 20 世纪的重大金融创新，其内在动因之一就是进行资本套利。资产被证券化后，证券化资产被转移至表外，不再计入风险资产，也就不再需要占用资本，商业银行就可以以同样的资本撬动更多的资产业务。

正是这些机构和环节缺乏资本制约，导致金融产品过度膨胀，远远超过了实体经济的规模。当虚拟经济的发展过度超越实体经济时，经济体系就要对这种偏差进行纠正，经济危机就是这种调整的表现形式。那么如何约束虚拟经济的过度发展、防范这种重大系统性风险？资本约束机制是一种非常重要的手段。1988 年巴塞尔协议关于资本充足率 8% 的要求就是建立资本约束机制的努力和尝试。但巴塞尔协议的资本约束机制仅限于商业银行、投资银行、对冲基金、贷款公司、管道公司等上述机构都没有资本约束，其狭隘的适用范围、简单化的处理方式在证券化创新面前显得苍白无力。从这个意义上讲，这次金融危机的发生不但不是巴塞尔协议的过错，而且表明金融监管制度安排存在重大缺失，完善资本约束机制是亡羊补牢的根本性措施之一。

二、Basel Ⅱ 吸纳了风险管理理论的新进展，使资本约束机制更加科学完善

现代风险管理理论横跨经济学、金融学、数学和信息技术等多个领域，在过去 20 年得到了突飞猛进的发展，取得了一系列具有里程碑意义的成果，突出表现在：一是界定了违约概率、违约损失率、违约风险暴露等一系列基础概念，使金融同业在风险管理理论和实践方面具有了共同的话语平台。二是对风险参数的计量更加准确，多元线性回归、Logistic 回归、人工神经网络等分析技术应用于风险模型的开发，并逐步成熟。三是组合管理理论发挥了对风险管理实践的指导作用。以对单因素渐进模型等模型的应用为代表，人们对资产组合的信用风险具有了定量测度的能力，并且明确提出资本的内涵意义是应对非预期损失。四是一批商用软件成功开发，加大了风险管理理论的应用推广力度。

Basel Ⅱ 在资本约束机制设计方面，仍然采用 1988 年巴塞尔资本协议关于银行资本充足率不得低于 8% 的要求，但在实质内容上吸纳了风险管理领域的研究成果，体现出了一种系统性改进和完善，有了根本性的变化和创新。

1. 监管资本有了更加清晰的经济内涵。Basel Ⅱ 从概念和理论上明确监管资本的经济本质是抵御银行的非预期损失。

2. Basel Ⅱ 扩大了资本约束机制覆盖的风险范围，即不仅包括信用风险，还涵盖了市场风险、运营风险、资产证券化的风险、交易账户的信用风险，而且在第二支柱中提出要对银行账户利率风险、流动性风险、集中度风险、剩余风险等建立资本约束机制，体现了更为广泛的管理视角。

3. 资本要求更有针对性、灵活性。与 1988 年资本协议"一刀切"的安排有所不同，Basel Ⅱ 对不同风险的资本要求作出了不同的安排，并努力体现高风险、高资本要求的原则，尽管还有不少不足之处，但较之原来"一刀切"的方案，已经体现了质的进步。

4. 更加关心风险管理的基础建设，力求进一步解决资本约束机制的完备性问题。通过加强银行自身的风险管理，促进资本约束机制发挥作用。

在实施 Basel Ⅱ 的过程中，需要注意两个问题：第一，Basel Ⅱ 中高级资本计量方法需要模型，但这种要求不是统一硬性要求，银行可以选择标准法计量资本，也可以选择内部评级法计量资本。尤其需要强调的地方在于，模型只是高级计量方法的一个部分，模型管理制度、业务风险管理制度、风险治理结构等均是采用高级方法的必要条件和关键内容。Basel Ⅱ 共有 688 条，其中有关资本计量的不足 150 条，80% 以上的规定都是关于银行风险管理方面的要求。第二，采用 Basel Ⅱ 不一定会降低对银行的资本要求。从方法论来看，资本要求的高低主要取决于客户信用风险的大小和银行风险计量水平的高低，并不存在采用一种方法的资本要求必然高于或低于另外一种方法的情况。从实践情况看，已经实施 Basel Ⅱ 高级计量方法的银行，在 Basel Ⅱ 实施前后，资本充足率并没有明显降低，总体上保持平衡。

从这次金融危机来看，Basel Ⅱ 也存在一些急需改进的地方，比如交易账户的新增风险问题、资本计量的假设与前提是否符合实际、是否能够保证银行之间资本充足率的可比性等。很多研究人员也在试图不断改进 Basel Ⅱ，推出新的版本。但毫无疑问，Basel Ⅱ 标志着银行业风险管理进入了一个新的阶段，有利于金融体系的稳定。

三、经营战略和风险偏好的重大转型是一些银行在本次金融危机中发生巨大损失的主要原因

实施 Basel Ⅱ 有助于银行提高风险管理水平，但它并不是银行经营管理、银行风险管理的全部。实施 Basel Ⅱ 的银行在这次危机中表现不同，并不是 Basel Ⅱ 没有发挥作用，而是银行在经营管理的战略和风险偏好等基本问题上出现了偏差，这才是银行表现差异的根本原因。

在国际金融危机中，银行的损失表现情况大体上可以分为三类：

1. 投资银行。高盛、摩根士丹利、美林、雷曼兄弟等投资银行都是百年老店，这次危机中的次级贷款、证券化、CDO、合成 CDO 等一系列眼花缭乱的产品和创新，都是这些银行的杰作。投资银行传统上仅从金融产品的发行中收取中介费用，本不该有巨大损失。但出于贪婪的本性和不恰当

的制度设计，这些缺乏监管的投行从资本市场、货币市场上筹集短期资金，投资于自己设计发行的 CDO 等金融衍生产品，从而带来了严重损失。

2. 投资银行业务占重要地位的银行。2005 年和 2006 年，花旗银行在投行业务和资产证券化相关的金融衍生产品方面的收入达到了其集团年度总收入的 30% 左右。瑞士银行（UBS）、巴克莱银行（Barclay）也存在类似的情况。从业务结构上看，这些银行已不再是传统意义上的商业银行，经营战略与风险偏好已发生了重大转型。在次贷危机发生后，积极投身于投资银行业务和金融衍生产品交易就成为这些银行发生巨额损失的关键因素。

3. 经营战略仍以传统商业银行业务为主的银行，如美国银行、汇丰银行、摩根大通银行等，在本次金融危机中损失可控。澳大利亚、新加坡的银行同样在次贷危机中损失较小，它们在实施 Basel Ⅱ 方面都处于比较领先的水平，而且经营战略比较稳健，投资银行业务比重较低，这些银行在此次金融危机中经受住了市场考验。

从以上三类银行的对比可以看出，银行损失的根本原因，并不是实施 Basel Ⅱ，而是银行战略与风险偏好的巨大差异。当一家银行忘记了风险底线，试图片面追求过高的收益时，就必然承担着高的风险，其资本就会超过对风险的承受能力，而这正是危机的基本来源之一。

四、客观看待资本约束与 Basel Ⅱ 对金融体系的作用

资本约束机制非常重要，Basel Ⅱ 在完善资本约束机制方面取得了长足进展，但是毫无疑问，对资本和 Basel Ⅱ 的作用不能过分夸大。通过这次金融危机，尤其需要强调以下几个问题。

（一）资本并不能解决所有风险问题

在金融危机中，一些发生问题的金融机构，其资本充足率并没有明显低于 8% 的水平，有的明显高于 8%。但是在动荡的资本市场环境下，这些机构的流动性出现了问题，最终导致破产或被收购。在 Basel Ⅱ 中，对流动性风险提出了管理的准则，有些国家的监管机构也对流动性风险提出资本要求，但实践表明，资本并不能有效应对流动性风险，解决流动性风险问

题。因此，如何建立科学完善的流动性风险管理机制、加强流动性管理，是全球金融机构面临的重要课题。

（二）对不同风险的相互作用必须充分关注

国际金融危机爆发的直接原因是金融机构过度投资金融衍生工具。这些工具基本上列入了交易账户。银行对交易账户的风险管理以市场风险为主，对其中蕴含的信用风险、运营风险往往关注不够。Basel Ⅱ 对交易账户信用风险有一些原则性的规定，但缺乏可操作性。金融危机后，巴塞尔委员会针对金融危机中反映出来的问题，先后提出了《流动性风险管理的稳健原则》《交易账户信用风险监管指引》等技术文件，力求加强相关领域的风险管理，这也反映了 Basel Ⅱ 一直在不断改进完善当中。

（三）金融与实体经济的和谐互动仍将是一对矛盾

CDO 等金融产品成为此次危机中的"毒药"，许多金融机构深受其害。其创新和泛滥来源于监管的纵容，也来自贪婪与工具的本性。但是金融创新对于资源的优化配置和风险的分散还是有积极作用的，不能因噎废食。如何保证金融与实体经济的平衡是一个需要研究解决的难题。

（四）政府和市场的边界将引发更多的研究和讨论

这次金融危机反映了欧美金融机制和以银行自律为重心的市场监管机制存在内在的缺陷。尽管欧美银行都建立了风险管理体系，一次次发生的交易员违规事件和本次次贷危机表明，这些措施安排在利益机制面前，都显得苍白无力。审慎的监管必不可少。格林斯潘在 2008 年 10 月 23 日的国会听证会上承认："我错误地认为银行及其他机构的自利机制能最好地保护他们自己股东和权益。"① 加强政府监管在所必然，但政府管制的边界在哪里，如何避免监管管制越界替代市场约束，都是需要深入研究的问题。

总之，Basel Ⅱ 尽管只是一个银行监管文件，但其蕴含的思想和内容对商业银行自身的风险管理有重要的意义。尽管发生了国际金融危机，但此

---

① "I made a mistake in presuming that the self - interest of organisations, specifically banks and others, was such that they were best capable of protecting their own shareholders and the equity." Alan Greenspan, the House of Representatives Oversight Committee , October 23, 2008.

次危机进一步彰显了 Basel Ⅱ 所代表的思想和原理的正确性和方向性。国内银行实施巴塞尔协议所取得的成果也充分说明，在巴塞尔协议的引领下，国内银行通过高级法及其系列监管规定的达标，提高了风险管理能力，进一步提升了竞争能力，危机已成为中国银行业全面发展的新机遇。

超前论：中国银行业是否具备实施巴塞尔协议的条件

这种观点认为，现在中国的银行不具备实施 Basel Ⅱ 的条件，因此，即使搞了巴塞尔协议也无法实现其要求。在某种程度上这种观点不无道理。我国目前的法治基础、社会环境以及银行自身的系统和数据的确存在一定差距，但并不意味着实施 Basel Ⅱ 这项工作不能开展。因为 Basel Ⅱ 很重要的管理思想是提高银行的风险管理水平、加强风险管理体系的建设，这正是我们目前要做的工作。比如我们的数据不好，不实施 Basel Ⅱ 就很难了解数据差距何在，没有良好的数据则无法达到 Basel Ⅱ 的要求。在这样一个死循环过程中，最重要的是要迈出第一步，只有通过做这项工作才能不断地改进我们的管理和不足。举个例子，建设银行 2003 年开始着手 PD 模型的开发，其实当时的管理水平、数据条件等客观条件比现在差很多。但随着模型的开发及在实践中的逐渐应用，我们不断加深认识和了解并具备了对模型进一步更新和完善的条件，如目前对公敞口评级模型的升级优化工作，这项工作又促进了 Basel Ⅱ 实施工作的开展。所以，超前论的基本观点带有"等、靠、要"的消极思想，一味地等待将永远无法迈开实施的第一步。

下面对国内外现在实施 Basel Ⅱ 的状况做一个简单介绍。从表 17-2 中欧洲、亚洲、澳大利亚等国家和地区的银行实施 Basel Ⅱ 的情况可以看出，这些银行大体上信用风险都采用内部评级法高级法，市场风险采用内部模型法，运营风险大部分采用高级计量法。亚太地区实施 Basel Ⅱ 的情况，中国香港、日本较为领先，已于 2007 年开始实施；其次是新加坡、韩国、印度、新西兰、马来西亚、巴基斯坦、菲律宾 2008 年实施；更晚的是中国、印度尼西亚和泰国，在 2009 年以后实施。

表 17－2 欧亚部分银行 Basel Ⅱ 的实施状况

银行名称	信用风险	市场风险	运营风险	Basel Ⅱ实施情况	
				启动时间	批准时间
德意志银行	内部评级法高级法	内部模型法	高级计量法	2002 年	2007 年
德国邮政银行	内部评级法高级法	内部模型法	标准法	2001 年	2006 年 12 月
瑞士联合银行	内部评级法高级法	内部模型法	高级计量法	2003 年	2007 年
瑞士信贷银行	内部评级法高级法	内部模型法	高级计量法	2000 年	2007 年
巴克莱银行	内部评级法高级法	内部模型法	高级计量法	2002 年	2007 年 6 月
渣打银行	内部评级法高级法	内部模型法	高级计量法	2002 年	2007 年
荷兰合作银行	内部评级法高级法	内部模型法	高级计量法	1996 年	2007 年 4 月
澳大利亚国民银行	内部评级法高级法	内部模型法	高级计量法	2004 年	2008 年 9 月
东亚银行	内部评级法高级法	内部模型法	标准法	2003 年	2007 年 12 月
中国银行（香港）有限公司	内部评级法高级法	内部模型法	标准法	2007 年	NONE
星展银行	内部评级法高级法	内部模型法	高级计量法	2005 年	2007 年

资料来源：欧洲银行实施 Basel Ⅱ 考察报告（2007 年 8 月）。批准时间根据各行年份进行了补充。

对实施 Basel Ⅱ，可以用地震理论来类比。按照地震理论，处于地震断裂带的地区受灾最为严重，而高质量的建筑则是抗震中的重要因素。我们将经济危机或金融危机看作一次经济领域的大地震，那么 Basel Ⅱ 的实施对于应对这样的危机有一定的启示作用。通过实施 Basel Ⅱ，能让银行在经济地震发生时不处于地震带上，是实施 Basel Ⅱ 的很大成功；如果银行的风险管理体系和整个管理体系能够经受住八级强震，也能为我们提供极大的生存机会。如果做到了这两点，就是成功实施 Basel Ⅱ 的重要标志。

巴塞尔协议的本质

很多人认为巴塞尔协议就是一种计算资本充足率的方法，或者是由三个支柱构成的一套监管体系或者是监管文件。这些其实只是巴塞尔协议的表象，实际上巴塞尔协议的本质包括三个方面的重要内容。

第一，巴塞尔协议标志着风险管理思想的重大变革。这个变革是通过资本抵御风险，变成以风险管理体制管理风险。1988 年的协议提出，银行的资本充足率不能低于 8%，核心资本充足率不能低于 4%。给人感觉如果银行达到了 8% 的要求，这家银行就是稳健的、好的银行。但是实际上这并不是必然的。很多破产倒闭的银行资本充足率都不低于 8%，自然就会有人怀疑这个资本充足率的有效性。Basel Ⅱ 包括六百多段的文字要求，里面真正涉及资本充足率计算的也就是一两百段内容，其他部分更多的都是关于风险管理体制建设的要求。也就是说，Basel Ⅱ 里面是希望银行能够建立一个比较稳健、完善的风险管理体系，再配合着资本充足率的要求进一步实现稳健的银行体系的目标，这是巴塞尔协议的第一个核心内容，就是要靠完善的风险管理体系来管理和抵御风险。

第二，巴塞尔协议代表了全面风险管理的架构。传统的以资本充足率为核心的银行管理理念主要围绕信用风险进行管理，而新的巴塞尔协议里面提出银行要管理好三大基本风险：信用风险、市场风险和运营风险。之所以提出这三大风险不是说其他风险不重要，而是相对来说国际金融领域在这三大风险类型的计量规则上形成了一些共识。

除了这三大风险以外，像银行账户利率风险、集中度风险、声誉风险以及流动性风险也都是银行需要管理和实践的内容。Basel Ⅲ 还提出要加强对交易账户信用风险的管理。2008 年次贷危机很大一部分问题就出在交易账户的风险控制上。投资银行或者商业银行，购买了大量次贷产品后，将这些产品簿记在交易账户，并按照传统的方式管理、识别这些头寸的市场风险。危机的教训告诉我们，对这些交易账户的管理不能单单针对市场风险进行管理，还需要管理其中的信用风险。对于这部分信用风险，巴塞尔协议提出了框架和要求，但没有给出更细致的规则，这也是需要进一步完善的地方。但无论怎么讲，Basel Ⅱ 给出了一个全面风险管理的体系，为银行建立风险管理体系提供了一个参照。

第三，巴塞尔协议比较完整地吸纳了当今风险管理的实践和理论的精华，真正地使风险管理从定性的管理向定性与定量结合的管理转变。在过去二十年里，风险的计量方法、工具发生了很大的变化，取得了长足的进步，最突出的进步体现在对信用风险的计量上。过去对信用风险的计量，就是给出一个信用评级，一百多年的历史都是如此。直到 20 世纪 70 年代末开始逐渐有学者和一些有实践的银行开始研究如何定量刻画信用风险，经过一二十年的努力产生了一批重要的成果，包括默顿的模型以及如何管理资产组合的风险管理模型，这些模型的出现为我们管理信用风险提供了重要的工具。巴塞尔协议吸纳了这些重要的成果，提出了一个科学化的框架，将如何管理风险，如何管理资本，变成了一个可计量的、科学化的东西。这有点像牛顿的经典力学，巴塞尔 II 基本上达到了经典力学的框架，在经典力学阶段不能回答所有的问题，还需要未来进一步的发展，去产生比方说相对论力学或者其他的概念或者工具来解决它。

需要强调的是，巴塞尔协议尽管体现了很大的进步，但并不是一个完美无缺的东西，比如它对交易账户信用风险的管理还需要改进，同时在实践的过程中还有很多很多的假设。比如说它假设一个银行的资产组合是一个无限分散的组合，它假设每一个债项跟这个组合的相关性都是唯一的，再比如它假设资产价值的分布要有一定正态分布，等等，这些假设和前提有时候并不符合现实的客观环境，也未必适用于每家银行，因此需要客观、全面地来认识巴塞尔协议。既要认识到巴塞尔协议本身也有缺陷，也不能因为其有缺陷就不实施。

小结：通过实施巴塞尔协议实现与先进管理实践的接轨

通过前面的分析，笔者认为巴塞尔协议是银行业监管和风险管理思想的集中体现，对中国银行业有重要的应用价值。尽管各方面争论很多，可谓"横看成岭侧成峰，远近高低各不同"，但道理在争鸣中越辩越清。2012年 6 月 8 日，中国银监会发布了《商业银行资本管理办法（试行）》，可以算是对这种争论暂时做了一个小结：放下争论，抓紧实施。通过实施巴塞尔协议，不断提高中国银行业的监管水平和风险管理水平，这才是真正的应对之道。

通过实施巴塞尔协议，银行到底能获取什么东西。实施巴塞尔协议，绝不是说简单地为了算资本充足率，为了节约资本，对银行而言这不是本质，本质的问题还是要提高银行的风险管理能力、核心竞争力。就像刚才讲过的一样，风险管理本身要实现风险与收益的平衡，通过平衡风险与收益来实现业务的发展。

第一，从战略层面来讲，通过实施巴塞尔协议，能够提供一些定量、计量的工具和方法，这样就会对银行制定战略提供有力的帮助。有了战略之后，辅之以风险管理的工具也有助于搞好资源的分配，比如说如何分配资本，如何在重点发展领域进行重点的倾斜，如果没有定量化的工具是很难实现的。这是第一个方面，就是对战略的实施和制定都会起到很重要的帮助。

第二，从经营层面来讲也会起到很重要的作用。比如要拓展市场，拓展客户，首先要了解市场，了解客户，了解客户的风险在哪里，了解市场回报有多少，风险和收益能不能平衡。回答这些问题就需要有一些工具，在实施巴塞尔协议的过程中这些工具就为回答这些问题提供很重要的帮助。

再比如说定价，就银行最基本的产品——贷款而言，怎么给贷款定价，在定价的过程中如何考虑资金成本，如何考虑运营成本，如何考虑风险成本，如何考虑风险回报，如果没有这些工具的话，对于客户化精细化的定价就无从谈起。再比如说风险预警，在经营过程中如何能够给银行、给管理者提供一个比较及时有效的预警信号，如果缺乏一些工具的话，这种预警也无从谈起。通过实施巴塞尔协议，实施过程中产生的工具和方法可以为银行的经营和管理带来很重要的变化。

第三，巴塞尔协议的实施会对银行基础设施的建设带来很大的促进作用，最明显的就是数据。如果没有数据，也就无从谈到管理。通过实施巴塞尔协议，在整个数据方面都会有很大的提高。无论是国内银行还是国外银行，通过做这方面的工作都会有很多体会。数据的完整性、及时性、准确性提高了，就为管理提供了基础。在这个过程中同样会改进 IT 系统、规章制度、流程，这些都会对银行管理水平的提升以及核心竞争能力的提升起到很大的促进作用。这也是国内外很多银行实施巴塞尔协议的一个根本原因和动力。

风险管理是一个良心工程，对一个金融机构来讲，就像一个城市的下水道一样，或者就像一个建筑的地基一样，外面是看不到的，但是它决定了一个城市、一个建筑的良好运转。实施巴塞尔协议是中国银行业向整体性风险管理迈进的一个契机，也是这个良心工程的一部分。从目前国内金融机构实施巴塞尔协议的情况看，可以划分为三个阶段：第一个阶段，"独上高楼，望尽天涯路"。实施初期各金融机构对巴塞尔协议并不熟悉，在摸索中渐渐加深对巴塞尔协议的熟悉和了解。第二个阶段，"蓦然回首，那人却在灯火阑珊处"。经过几年的努力，风险管理能力伴随着巴塞尔协议的逐步实施得到一定提升。第三个阶段，"革命尚未成功，同志仍需努力"。实施巴塞尔协议是一个没有尽头的事业，一方面风险管理是一个持续的过程，另一方面巴塞尔协议本身也处于不断的调整和优化中，实施 Basel Ⅱ 带来的技术红利有力推动了风险管理的专业化水平，而今，Basel Ⅲ 的实施又已经在路上，我们必须再接再厉，持续推进。

第十八讲　风险管理的"囚徒困境"

风险管理的困境

风险管理并不是一个历史悠久的概念。中国银行业自《商业银行法》颁布以来，随着大型银行的股改上市、巴塞尔协议的实施、2008 年国际金融危机的影响，风险管理的理念日渐深入人心。国内的金融机构逐步建立了风险管理体系，有的金融机构设了首席风险官、内控官，建立了风险管理部门，也开始探索运用风险管理的工具，银行业的风险管理实现了一次飞跃。

但在风险管理快速发展的过程中，也遇到一些新的难题，甚至是困境。这些困境伴随着风险管理一路走来，也将深刻影响风险管理未来的发展。

一、价值困境

风险管理要创造价值，但让别人认同风险管理创造价值是不容易的。如果风险管理做得好，已经消除了风险隐患，一切都平安无事，人们会感觉不到风险管理的价值，不会将这种平安无事归功于风险管理。如果风险管理做得不好，出了很大的风险事件，甚至发生了金融危机，人们就会重视风险管理，认为风险管理很重要、很有价值，但此时带来的损失已经很大了，得到这种重要性的评价又有什么意义呢，这并不是风险管理者所期望的，甚至可以说是风险管理的失败，这样风险管理的价值何在呢？

这种现象可以看作风险管理的价值悖论。这种悖论还可以用一个很有名的故事来阐述。说是魏文王问扁鹊：你家兄弟三个，谁的医道最高？扁鹊答："长兄病视神，未有形而除之，故名不出于家。仲兄治病，其在毫毛，故名不出于闾。若扁鹊者，镵血脉，投毒药，副肌肤，故名闻于诸侯。"扁鹊说自己是治已病，他哥哥是治未病，医术更高，但却寂寂无名。普通人只能看到危险而看不到隐患，但防微杜渐，未雨绸缪才是更高的智慧。这就形象地说明了风险管理的价值悖论。这种悖论的存在，使得在实践中很多人对风险管理存在误解，甚至偏见，认为风险管理是一种投入、一种约束、一种成本，是发展的障碍。如何走出这种困境，需要进一步更深层次的文化理念认同，需要风险管理彰显出自身的价值。

二、博弈困境

博弈困境主要体现在银行与外部竞争过程中风险底线坚守的困境。在动态环境下，金融市场存在激烈的竞争，甚至是过度的竞争。面对经营业绩的压力，如果坚守底线，有可能将眼前的机会拱手让与竞争对手；如果突破底线，又面临风险失控的危险。

面对这个问题，银行究竟应该如何选择？这里用博弈论里经典的"囚徒困境"模型进行分析。假设 A、B 两家银行在市场上竞争，每家银行可以有两种基本的策略：一种是坚守风险管理的底线，另一种是不坚守风险管理的底线，或者说降低风险管理的要求，比方说贷款担保人条件、利率、期限限制等其他管理要求。如果两家银行都坚守底线，市场份额是平分的，银行的风险也得到了有效管理，两家银行获得的收益都是 2。如果某一家不坚守底线，迎合了客户的需求，很可能这家银行就赢得了市场，赢得了客户。不坚守底线的银行将获得市场全部收益 3，坚守底线的银行获得的收益为 0。如果两家银行都不坚守底线，市场份额和第一种情况一样，也是平分的，但是银行得到的收益均为 1，要比第一种情况少（见图 18-1）。

		B银行	
		坚守底线	不守持底线
A银行	坚守底线	（2，2）	（0，3）
	不坚守底线	（3，0）	（1，1）

图 18-1　客户营销竞争的"囚徒困境"

从这样一个简化的模型可以看出，两家银行都放弃风险管理的要求是一个均衡状态，在过度竞争的市场上，很容易导致风险管理底线的放弃，这是市场选择的结果。在上述模型中，如果说 B 银行坚守底线的话，对 A 银行来讲不坚守底线是一个最优的策略，因为 3 大于 2。同样，如果 A 银行不坚守底线，对 B 银行来讲，不坚守底线也是一个最优的选择，双方都不坚守底线是一个均衡状态，也就是说在动态竞争环境下，坚守风险管理的底线是不可能的，风险管理者是明知不可为而为之，这是一个困境。

三、市场困境

市场经济运行的内在机制是优胜劣汰，通过市场这一无形的手不断地让市场出清，让每一个市场主体努力变得优秀。银行需要通过加强风险管理，避免被市场淘汰，这是基本的内在逻辑。但在国内外，这一机制在金融业都受到了质疑，甚至难以实现，因为银行业是一个具有很强外部性的行业，市场机制无法完全发挥作用，无法真正实现有效的优胜劣汰。2008 年发生的国际金融危机进一步强化了金融机构"太大而不能倒"这样一种认识。过去我们讲 too big to fail，现在小银行、小机构也不能倒，这几乎成为一种共识。在这种背景下，存款人在选择一家银行的时候，可能并不会真正考虑不同银行的风险，或者考虑一下这家银行到期是否能够兑付存款。理财产品也是一样，投资人到银行购买理财产品的时候，并不真的担心这些理财产品到期能不能兑付。因为在现实中，银行往往会通过各种各样的方式去保证理财产品的到期兑付，这几乎成为国内金融市场默认的潜规则。在这样一种理念下，在没有破产压力的情况下，银行有时并不真正承受破产的压力，在这样的环境下，银行如何有内在动力去培养风险管理的能力，如何坚持风险管理标准，值得思考。

四、资本困境

现代风险管理理论的一个基本逻辑是风险资本的匹配，资本成为银行经营管理的内在约束。银行经营管理客观上会有风险、会有损失，资本是抵御这种损失的最后一道屏障，资本必须大于风险，大于预期损失，这是一个基本的逻辑，所以说资本是一个非常稀缺的资源，是内在的硬约束。但在现实中我们看到，在快速竞争、动态竞争的环境下，市场往往体现的是"增长—增加资本—继续增长—继续扩充资本"的循环。一方面，我们看到的是大家都在说资本重要，资本约束越来越强，另一方面，大家又在不停地用发债等方式补充资本，变相地创造出一些不能吸收损失的金融工具当资本，好像一发债，资本不足的问题就解决了，资本的约束就被突破了。资本并没有成为增长或者是风险的一个硬约束！而资本约束又恰恰是传统风险管理理论的基石，如果资本本身不构成硬性约束的话，又应该在什么基础上开展风险管理呢？

五、系统性风险困境

系统性风险管理困境的本质是，对于一个金融机构来讲，系统性风险是内生的还是外生的？在传统的经济理论中，非系统性风险是可以通过管理予以避免的，而系统性风险是难以通过管理完全消除的。比如在经济体系中，实体经济和金融体系失衡，实体经济中产能严重过剩，存在房地产泡沫等重大的潜在风险隐患，单一的金融机构并没有能力去解决这些问题。我们要银行防范系统性风险，但这恰恰是一个银行个体难以胜任的。另外，巴塞尔委员会推出了一系列关于系统重要性银行的监管文件，力图解决"太大而不能倒"的问题，它的基本思路是：金融机构首先解决好自身的问题，要做好经营失败的准备，要制定恢复和处置计划，要制定生前遗嘱。这个方法看起来很美，但是一个金融机构遇到困境需要资本、需要流动性的时候，这些问题往往不是靠自身能够解决的，在危机出现的时候必须借助外力，需要央行和监管部门出手，所以银行自身制定的这些方案操作性都不强。从另外一个维度来讲，像危机等极端事件毕竟属于小概率事件，一个正常的经营机构在正常的环境下按照危机的状态来采取措施，无形中增加了经营成本，一般的经营机构是做不到的。退一步讲，就算每一家金融机构都努力去防范自身的经营失败问题，但是不是能够解决银行业存在的风险，也是一个未知数。

六、计量困境

计量困境的核心在于，风险计量是用数据来预测未来，但历史数据能不能说明未来存在的挑战？谈到计量，不可避免地涉及计量方法、计量模型，涉及计量的准确性，对于计量，有怀疑，有迷信，但更需要客观看待。在巴塞尔协议的实施过程中，国内银行的风险计量技术得到了快速的发展，在度过巴塞尔协议实施的蜜月期之后，风险计量就陷入停滞状态，甚至处于争议与置疑之中。一是一些业务创新发展得太快，连历史数据都没有，就更谈不上利用历史数据去建模了。没有数据就无法构建模型，没有数据就无法进行预测，因此又回到专家的经验判断上。二是数据质量不高，对计量结果产生不利影响。三是模型本质上都是基于历史的数据去预测未来，都是有前提条件的，基于历史数据得出的统计规律可能具有代表性，但在激烈变化的市场环境中，规律可能是随时变化的，数据并不一定能说明未来。就像股市一样，很多人看 K 线图，基于 K 线图去预测未来的股市走势，这种方法不能说完全无效，也不能说完全有效。客观世界永远是复杂多变的，风险计量在反映客观世界、预测未来方面要走的路仍然很长。

风险管理的现实挑战

如果说困境可能是一些长久性的带有哲理性的问题，外部的挑战则更多的是一些现实性问题，考量着每一家银行的现实抉择。

一、全球宏观经济金融环境不确定性加大

目前全球已经进入一个矛盾错综复杂的发展阶段。一方面，作为一个有全球影响力的大国，中国必然受到各种各样事件的影响。怎样有效应对这些事件，也是国有大型商业银行必须考虑的，例如，全球化何去何从、地缘政治冲突能否平歇、贸易、科技、金融冲突的问题及一系列事件都是经济金融环境不确定性加大的表现，这从根本上决定了风险管理面临的复杂化挑战。另一方面，负利率、负油价，美国股市短期内四次熔断，很多

匪夷所思的现象超出了理论的框架甚至人们的想象，新的风险事件层出不穷，挑战传统的风险认知。

二、中国经济进入新的发展阶段

从经济的发展走势上看，对中国改革开放 40 多年可以有两个基本的判断。第一个判断就是过去 40 多年中国的经济发展速度处于高速或者中高速状态。GDP 增速最低出现在 1988—1989 年间，大约是 4%。2008 年国际金融危机时有所下降，虽然第四季度最低是 6.1%，但全年仍然有 6.6%。另一个较低的年份是 1982—1983 年间，约为 5%。总体上 GDP 平均增速是在 9.8%。从 2016 年开始，逐渐进入 6%~7% 之间。第二个判断就是在未来的一段时间，L 形的可能性还是比较高的。GDP 增速将保持在 4%~6% 的速度发展，经济发展进入了一个新的阶段。我国要走高质量发展的道路，从高速增长进入中高速增长阶段，这是我们未来面对的一个挑战。与经济发展新阶段相对应，现阶段面临的潜在问题也非常突出。在社会负债、金融领域、微观领域都有很多表现。第一，全社会负债水平太高，M2/GDP、企业负债、政府债务都处于比较危险的区域。第二，经济金融结构不均衡，金融业过热，实体经济支持不足。第三，微观领域房地产、金融市场以及银行自身的问题都很多。这些问题对银行的经营与风险管理产生严重的冲击，守牢资产质量，打赢防范化解重大风险的攻坚战任重道远。

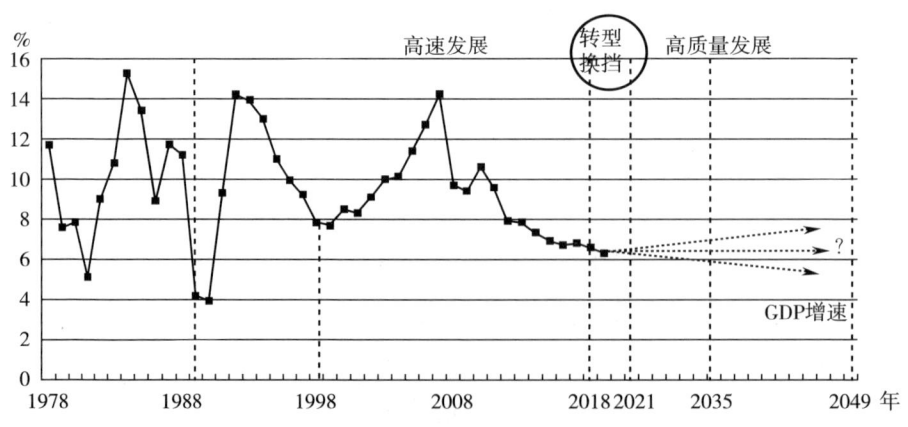

图 18-2　1978—2018 年中国 GDP 增速及预测

三、互联网金融及科技发展考验银行的服务能力

现在银行还面临新的业态——金融科技的挑战。英国作者杰姆斯·汉考克和肖恩·里奇蒙德在《消失的银行》一书中指出，金融科技时代的全面到来，将终结传统零售银行时代，老式银行将不复存在。书里描述了三大趋势：一是现代科技的变化；二是新一代消费者的变化，以年轻客群为主的消费群体转变了传统的消费理念和思想观念；三是社会富裕程度发生了变化。新兴金融科技公司不仅囊括了老式零售银行所有的业务，而且还会开发更简明、更高效、更能满足新时代客户需求的业务，从而取代老式零售银行。过去几十年的历史上有很多经验教训，柯达、诺基亚公司的教训我们必须要吸取。

目前，以阿里和腾讯为代表的互联网科技型的企业持续地向金融领域渗透，在金融的某些领域发挥了很大的作用，银行已经慢慢滑落到了一个附属和被支配的地位。在这样一个竞争的环境下，银行确实要有清醒认识。以支付结算领域的教训为例，大家应该可以感受到，现在大街小巷刷卡消费的越来越少了，甚至早点摊都可以微信、支付宝收款。可以说在支付结算领域，至少在中国，颠覆我们的不是银行，而是行业外的企业。

银行最根本的业务是支付结算，支付业务是获客的源头，是培育客户习惯、形成客户黏性的最有效方式，是利率市场化条件下银行低成本资金的最主要来源。没有支付，就没有客户行为的数据，理财、消费、信贷等高利润业务也就失去了基础。支付业务不牢，银行的客户之根将被动摇，低成本资金更是无源之水、无根之木。因此在新的技术方面，一定要加强使用，快速改变、改变慢或不改变都会被别人取代。马云曾说：银行不改变，我就改变银行。比尔·盖茨很早前就指出：银行是 21 世纪的恐龙。面对着这种新的业态与挑战，银行必须主动应对。只有用科技改变我们自己，才能够真正在 21 世纪立足。

四、监管的强度在增加

国际金融危机爆发以来，国际金融监管改革不断深化，Basel Ⅲ一揽子

监管改革措施的最终定稿，大幅提升了未来全球银行业务的监管标准和要求，各国监管机构的监管力度持续加强，对于银行业的经营管理和风险管控提出了更加严格的要求；另外，社会公众也对银行业在环保、气候变化等社会责任履行方面提出了越来越多的要求，这些监管改革和变革要求将深刻影响银行的风险管理体系。

风险管理的技术机遇

巴塞尔协议的实施使中国银行业风险管理迎来第一次技术红利，推动了风险管理的全面提升。新技术的运用，智能风控的建设，使银行业有望迎来第二个技术上的爆发期，成为银行业应对前述困境和挑战的利器。

一、科学技术的四次革命

科学技术的进步对世界发展进程产生重大影响，科学技术是推动历史发展的巨大力量。人类历史上先后发生了三次技术革命。

第一次技术革命以蒸汽机的发明为重要标志。蒸汽机的发明和应用，使人类社会实现了机械化，并陆续运用到冶金、采矿、交通运输业等各个行业，极大提升了生产力和生产效率。蒸汽机的发明和应用使英国迅速崛起，一跃成为世界头号资本主义强国。

第二次技术革命是以发电机、电动机为代表的电的发明，使人类进入了"电气时代"。电从无到有，从生产、传输、存储，到驾驭和运用，都是科学技术的重大成就。电灯、录音设备、放映机等电器的广泛应用均是围绕电的重大发明。

第三次技术革命是以电子计算机和互联网为代表的"信息技术革命"。计算机的出现使人类的思考计算能力产生革命性的进步，随着计算机的不断发展，出现了互联网、手机，使得全球信息和资源交流更为迅速。

当前我们正处在第四次技术革命的前夜。这次新技术革命以两大技术为标志，一是人工智能，二是基因技术。人工智能是研究如何让计算机去完成以往需要人的智力才能胜任的工作。简单地说，就是对人的意识、思维的信息过程的模拟。而基因工程是要让外源基因在受体细胞中能够正常复制和表达，使之按照人们的意愿稳定遗传。两种技术的结合就是让机器人真地成为"人"。

二、新技术的震撼力

1. 人工智能。

人机对弈。谷歌人工智能程序阿尔法围棋（AlphaGo）就是基于深度学习技术研究开发的。为了测试阿尔法围棋的水平，谷歌于 2016 年 3 月向围棋世界冠军、韩国棋手李世石发起五番棋挑战，AlphaGo 以总比分4:1战胜李世石。后来，谷歌又推出阿尔法围棋升级版，并邀请世界排名第一的围棋世界冠军、中国棋手柯洁于 2017 年 5 月与之进行三番棋大战，AlphaGo 以总比分 3:0 战胜柯洁。阿尔法围棋程序神经网络和机器学习在过去十年里取得跃进式发展，让人工智能做到了许多之前只有人脑才能做到的事。人工智能一旦真正掌握了自我学习能力、自我设计程序的能力，还要多久战胜人类大脑已经成为人工智能发展最发人深思的问题。

类人机器人。2017 年 10 月，在沙特阿拉伯主权投资基金举办的投资大会上，"女性"类人机器人索菲亚（Sophia）被授予沙特阿拉伯国籍，并接受大会主持人采访。索菲亚由香港科技公司汉森机器人研发制造，采用人工智能和谷歌的语音识别技术，号称可模拟超过 62 种面部语言。对于索菲亚在央视财经频道《对话》节目中的表现，媒体称很难区分是人还是机器。

智能翻译。目前谷歌翻译（Google Translate）可提供 80 种语言之间的即时翻译，支持任意两种语言之间的字词、句子和网页翻译。科大讯飞公司的智能翻译软件能够将语音转化成文字，还能够识别多种方言，极大提升了语言处理工作效率。机器翻译的快速发展将导致职业翻译面临失业，一些翻译工作将会逐渐被机器取代。

2. 基因生物工程。

结构生物学技术。2017 年诺贝尔化学奖授予冷冻电镜领域学者，以表彰他们对冷冻电子显微镜技术发展作出的突出贡献。借助冷冻电镜，能够获得原子级分辨率的蛋白结构。在新技术的帮助下，下一步科技可以对原子进行人工调整，按照理论设计的模式来排列原子序列，从而构成不同性质的材料。当前生物科学家正在研究基因编辑及重组，可以将基因 DNA 片段整合到另一个体细胞 DNA 分子中，从而获得供体细胞部分遗传性状达到修复缺陷基因的目的。

克隆猴诞生。2017 年 11 月 27 日，世界上首只体细胞克隆猴"中中"诞生。这是人类第一次使用体细胞（分化细胞）的核作为供体而获得克隆猴。克隆猴就是利用猴的细胞复制出相同个体的过程。

人类头部移植手术。2017 年 11 月，意大利神经学家赛尔焦·卡纳韦罗在奥地利首都维也纳召开新闻发布会，宣布成功完成世界第一例人类遗体头部移植手术。而活人头部移植手术到底能否成功、是否长久，还有待人类继续探究。

三、风险管理运用新技术的可能性

1. 大数据时代为智能风险计量创造了有利环境

对好客户和坏客户进行准确分类是银行风险计量关注的重点，比如客户评级、评分就是在对客户进行分类，事前筛选出高违约风险的客户。传统的风险计量大多采用逻辑回归或决策树的方法。例如，对公客户评级模型使用的是逻辑回归的方法，个贷评分卡模型则主要使用决策树方法。逻辑回归的优点是：易于理解，可以直接看到各个变量的权重；实现简单，速度快。不足之处有：对数据和场景的适应能力有局限性；容易欠拟合，一般准确度不太高；不能很好地处理大量多类特征或变量。决策树的优点是：直观、易于理解；需要准备的数据量不大。不足之处有：容易过度拟合；结果不稳定，易受数据变化的影响。

统计回归的方法在原来的环境和数据条件下是好的方式，可以解释、对数据要求不高，能够满足好坏两分法的需要。例如，人工神经网络模型在 20 世纪即被提出，但是之前很少用于风险计量，因为和逻辑回归相比，在建模样本数据规模有限的情况下，神经网络模型的效果并不优越，而且

"黑箱"也很难被解释和理解。

大数据时代为神经网络模型赋予了新的生命，以卷积神经网络为代表的深度学习技术在图像识别和分类领域已经被证明具有高效的能力。此外，像随机森林等集成学习算法也在模型泛化能力方面显示出了明显的优势。除了有历史违约数据的客户群外，像"快贷"这种新业务，在没有历史违约数据的情况下，我们也希望有科学的计量手段支持风险管理。这时可以考虑应用"聚类"算法，发现数据的内在性质和规律，根据客户的风险特征进行分群，为进一步的分析和决策提供量化支持。

2. 人工智能和区块链等新技术为银行风险管理打开了广阔空间

在海量的数据、强大的算法以及高性能运算平台的支撑下，图像识别、语音识别、自然语言处理、知识图谱等人工智能技术不断取得突破，在一些具体应用上也取得了令人瞩目的成绩。人工智能技术的发展为全面风险管理提供了新的工具和手段，如应用爬虫技术实时监测负面网络舆情，是声誉风险管理的重要手段。指纹识别、掌纹识别、虹膜识别、声纹识别、静脉识别等生物技术用在门禁系统、客户验证等环节，可以实现智能安保和防范欺诈风险。基于网络或媒体中的舆情信息进行情感分析可以建立舆情预警模型，及时发现负面评价较多的客户。利用手机拍照、语音录入等方式，上传现场调查或贷后检查结果，可以提高风险管控效率。利用来自不同数据源的信息绘制知识图谱并建立业务专家规则，通过对数据不一致性的检测，可以帮助识别潜在的欺诈风险。另外，还可以利用知识图谱发现风险客户的特征规律，进而寻找与之具有类似特征的客户。利用一个深度学习网络生成加密算法，同时应用另外的深度学习网络去攻击它，通过反复对抗，搭建安全度更高的系统防火墙。

除了人工智能技术之外，区块链和物联网，也有各自施展的空间。例如，通过区块链平台进行实时跨境金融交易、记录跟踪权证发行情况的监控，可以有效防范操作和欺诈风险。利用物联网，可以通过传感节点，有效防范因非法入侵或意外灾害造成的财产损失；对于印章、发票、凭证等重要物件，甚至企业的日常生产经营情况，也可以进行24小时实时感知和跟踪。

3. 几大领域的技术及可能应用领域

人工智能、基因技术、物联网、区块链等科学技术变化为金融科技创新提供了巨大可能，这就要求我们保持对新技术的敏感度，及时了解和运用科技手段来提升服务能力。

人工智能是指计算机像人一样拥有智能能力，是一个融合计算机科学、统计学、脑神经学和社会科学的前沿综合学科，可以代替人类实现识别、认知、分析和决策等多种功能。人工智能研究的领域主要有五层，最底层是基础设施建设，包含数据和计算能力两部分，数据越大，人工智能的能力越强。往上一层为算法，如卷积神经网络、LSTM① 序列学习、Q - Learning②、深度学习等，都是机器学习的算法。第三层为重要的技术方向和问题，如计算机视觉，语音工程、自然语言处理等。还有一些类似决策系统，像强化学习，或者一些大数据分析的统计系统，这些都能在机器学习算法上产生。第四层为具体的技术，如图像识别、语音识别、机器翻译等。最顶端为行业的解决方案，如人工智能在金融、医疗、互联网、交通和游戏等上的应用，即它能带来的价值。

（1）网络爬虫

网络爬虫是一个自动提取网页的程序，按照系统结构和实现技术，大致可以分为以下几种类型：通用网络爬虫、聚焦网络爬虫、增量式网络爬虫、深层网络爬虫。其中，通用网络爬虫又称全网爬虫，主要为门户站点搜索引擎和大型 Web 服务提供商采集数据。聚焦网络爬虫又称主题网络爬虫，是指选择性地爬行那些与预先定义好的主题相关页面的网络爬虫。和通用网络爬虫相比，极大地节省了硬件和网络资源，保存的页面也由于数量少而更新快。增量式网络爬虫是指对已下载网页采取增量式更新和只爬行新产生的或者已经发生变化网页的爬虫，它能够在一定程度上保证所爬行的页面是尽可能新的页面。减少了时间和空间上的耗费，但是增加了爬

---

① LSTM（Long Short - Term Memory），即长短期记忆网络，是一种时间递归神经网络，是解决长序依赖问题的有效技术。

② Q - Learning 是强化学习的主要算法之一，是一种无模型的学习方法，它提供智能系统在马尔可夫环境中利用经历的动作序列选择最优动作的一种学习能力。

行算法的复杂度和实现难度。深层网络爬虫的目标是下载深层网页信息。Web 页面按存在方式可以分为表层网页和深层网页。其中，深层网页是那些大部分内容不能通过静态链接获取的、隐藏在搜索表单后的，只有用户提交一些关键词才能获得的 Web 页面，例如那些用户注册后内容才可见的网页就属于深层网页。网络爬虫技术在银行风险管理中的可能应用领域包括以下几个：

①网络舆情监测。网络舆情具有传播快、影响大的特点，应用爬虫技术实时监测负面网络舆情是声誉风险管理的重要手段。

②客户全景画像。利用爬虫技术可以在互联网上搜索抓取与目标客户相关的各种信息，及时了解客户诚信记录和最新变化，用于反欺诈、风险预警和智能化模型开发。

③挖掘内部信息价值。银行内部业务流程系统和管理系统会随时产生大量有价值的信息，但其中有些并没有被存储到数据库里（可能需求设计人员不需要这些信息，也可能当时不具备处理某些数据类型的能力，例如非结构化数据，存下来也没办法用）。对于这种情况，可以应用爬虫技术及时抓取，进一步挖掘内部信息的价值。

（2）随机森林

随机森林是一种比较新的机器学习模型。20 世纪 80 年代 Breiman 等发明决策树的算法，2001 年 Breiman 把决策树组合成随机森林，即在变量的使用和数据的使用上进行随机化，生成很多决策树，再汇总决策树的结果。随机森林的基本单元是决策树。随机森林的名称中有两个关键词，一个是"森林"，另一个是"随机"。"森林"很好理解，一棵叫作树，那么成百上千棵就可以叫作森林了，这样的比喻还是很贴切的。每棵树按照如下规则生成：（1）随机且有放回地从总体训练集中抽取 N 个训练样本，作为该树的训练集；（2）随机地从 m 个特征中选取 m 个特征子集，每次树进行分裂时，从这 m 个特征中选择最优的。随机森林中的"随机"就是指这两个随机性。两个随机性的引入对随机森林的分类性能至关重要。由于它们的引入，使得随机森林不容易陷入过拟合，并且具有很好的抗噪能力。随机森林技术在银行风险管理中的可能应用领域包括以下几个：

①让评分模型有更稳定的预测能力。分类问题是风险计量关注的重点，比如个人客户评分（目前，我们主要采用比较传统的决策树方法开发评分模型），其实就是在对客户进行分类，事前筛选出高违约风险的客户。相比决策树方法，随机森林具有显著优越的泛化性能，能够让评分模型在实际应用中具有更为稳定的预测能力。

②高维数据建模。大数据能够让我们从更多的维度来识别客户风险，但是维度的增加，以及历史数据或外部数据本身的不完整性（比如会有很多缺失数据），都要求采用新的方法予以应对。随机森林技术简单、容易实现、计算开销小，可以不需要做特征选择，对数据的适应能力很强。

③识别关键风险因子。应用随机森林技术，可以对海量交易业务数据进行分析，从中识别影响资产价格变化的关键风险因子，用于监测或风险限额管控。

④通过人脸识别、姿势识别防范欺诈风险。利用随机森林方法，可以进行人脸识别和姿势识别，进而可以用在门禁、客户验证等环节，防范欺诈风险。其实，所有的分类任务都可以应用随机森林算法。

（3）深度学习

机器能否像人类一样具有学习能力呢？1959 年美国的塞缪尔设计了一个下棋程序，这个程序具有学习能力，它可以在不断的对弈中改善自己的棋艺。4 年后，这个程序战胜了设计者本人。又过了 3 年，这个程序战胜了美国一个保持 8 年之久的冠军。

机器学习虽然发展了几十年，但还是存在很多没有良好解决的问题，例如图像识别、语音识别、自然语言理解等。一般来说，机器学习去解决这些问题的思路都是这样的：通过传感器来获得数据，然后经过预处理、特征提取、特征选择，再到推理、预测或者识别。中间的三个部分概括起来就是特征表达。良好的特征表达对最终算法的准确性起着非常关键的作用，而且系统主要的计算和测试工作集中在这一部分。但这部分实际中一般都是由人工完成的。然而，手工地选取特征是一件非常费力、启发式（需要专业知识）的方法，能不能选取好很大程度上靠经验和运气，而且它的调节需要大量的时间。既然手工选取特征不太好，那么能不能自动地学习一些特征呢？深度学习就是用来做这个事情的。那它是怎么学习的呢？怎么知道哪些特征好、哪些不好呢？

2006 年，加拿大多伦多大学教授、机器学习领域的泰斗 Hinton 和他的学生在《科学》上发表了一篇文章，开启了深度学习在学术界和工业界的浪潮。这篇文章有两个主要观点：①多隐层的人工神经网络具有优异的特征学习能力，学习得到的特征对数据有更本质的刻画，从而有利于可视化或分类；②深度神经网络在训练上的难度，可以通过"逐层初始化"来有效克服，在这篇文章中，逐层初始化是通过无监督学习实现的。

当前多数分类、回归等学习方法都是浅层结构算法，其局限性在于有限样本和计算单元情况下对复杂函数的表示能力有限，针对复杂分类问题其泛化能力受到一定制约。深度学习可通过学习一种深层非线性网络结构，实现复杂函数逼近，表征输入数据分布式表示，并展现了强大的从少数样本集中学习数据集本质特征的能力。而多层的好处是可以用较少的参数表示复杂的函数。

深度学习的实质是通过构建具有很多隐层的机器学习模型和海量的训练数据来学习更有用的特征，从而最终提升分类或预测的准确性。因此，"深度模型"是手段，"特征学习"是目的。区别于传统的浅层学习，深度学习的不同在于：①强调了模型结构的深度，通常有 5 层、6 层，甚至 10 多层的隐层节点；②明确突出了特征学习的重要性，即通过逐层特征变换，将样本在原空间的特征表示变换到一个新特征空间，从而使分类或预测更加容易。与人工规则构造特征的方法相比，利用大数据来学习特征，更能够刻画数据的丰富内在信息。基于大量的训练数据和足够的计算能力，深度神经网络在很多任务中（尤其是图像处理、语音处理、自然语言处理）取得了非常优异的性能。深度学习技术在银行风险管理中的可能应用领域包括以下几个：

①客户舆情分析。情感分析是自然语言处理问题中一个非常经典的应用。基于网络或媒体中的舆情信息进行情感分析，可以建立舆情预警模型，及时发现负面评价较多的客户。

②风险智能问答系统。利用自然语言处理技术，可搭建智能化风险政

策或模型技术检索平台，降低模型研发门槛，能够让更多的人高效率开发模型。

③提高现场检查效率。利用图像处理、语音处理等技术，可以直接利用手机终端完成现场检查等信息的上传。

④违约预测和欺诈识别。深度学习能够提高分类或预测的准确性，在积累大量相关数据后，可以进行违约预测和欺诈（或异常行为）识别。

⑤通过人脸识别、姿势识别防范欺诈风险。利用深度学习技术，可以进行人脸识别和姿势识别，进而可以用在门禁、客户验证等环节，防范欺诈风险。

⑥搭建安全度更高的系统防火墙。利用一个深度学习网络生成加密算法，同时应用另外的深度学习网络去攻击它，通过反复对抗，搭建安全度更高的系统防火墙。

（4）强化学习

机器学习算法大致可以分为三种：监督学习（如分类）、非监督学习（如聚类）和强化学习。强化学习关注的是智能体（Agent）如何在环境中采取一系列行为，从而获得最大的累积回报。

假设要构建一个像 AlphaGo 那样的学习下围棋的智能体。此时，不能使用监督学习，原因主要有两个：首先，请一位老师带领我们遍历许多棋局并告诉我们每个位置的最佳棋步的代价非常昂贵；其次，在很多情况下，根本就没有最佳棋步，一个棋步的好坏依赖于其后的多个棋步。整个过程唯一的反馈是在最后赢得或是输掉棋局时才产生。在强化学习中，智能体被置于某一环境中。对应围棋的例子，棋手是智能体，环境是棋盘。在任何时候，环境总是处于某种状态，该状态来自一组可能的状态之一，对于围棋，状态指的是棋盘的布局状态。决策者可以做一组可能的动作（棋子的合法移动）。一旦选择并做了某一动作，状态就随之改变。问题的解决需要执行一系列的动作，之后才得到反馈。

强化学习是在尝试的过程中学习到，在特定的情境下选择哪种行动可以得到最大的回报。与其他机器学习算法不同的地方在于：①其中没有监督者，只有一个回报信号；②反馈是延迟的，不是立即生成的；③时间在强化学习中具有重要的意义。强化学习采用的是边获得样例边学习的方式，在这个过程中，非常重要的一点在于"在已有当前模型的情况下，如何选择下一步的行动才对完善当前的模型最有利"，强化学习非常像是"试错学习"，在尝试和试验中发现好的策略。强化学习技术在银行风险管理中的可能应用领域包括以下几个：

①提高模型的自学习、自适应能力。获取新的数据来源后，直接在已有模型基础上加入新数据（可以选择不同的样本起始点，选择不同的分类算法），根据预测效果决定是否优化升级原有模型，而不是从变量分析开始重新研发模型。而且这一过程可以考虑通过程序自动执行，提高风险模型的自学习、自适应能力。

②制定长期结构优化方案。应用强化学习技术，可以对长期结构优化问题进行模拟分析，并确定最优方案。

（5）知识图谱

Google 为了提升搜索引擎返回的答案质量和用户查询的效率，于2012年5月16日发布了知识图谱。有知识图谱作为辅助，搜索引擎能够洞察用户查询背后的语义信息，返回更为精准、结构化的信息，更大可能地满足用户的查询需求。知识图谱旨在描述真实世界中存在的各种实体或概念及其关系，其构成一张巨大的语义网络图，节点表示实体或概念，边则由属性或关系构成。

举个例子，建设银行就是一个实体，中国建设银行股份有限公司也是一个实体，它们之间的关系是简称和全称的关系；银行则是一个概念，是建设银行的属性；与建设银行相关的，还有三大战略、金融科技、风险管理、计量模型等一系列实体或概念。

计算机一直面临着这样的困境——无法获取网络文本的语义信息。尽管近些年人工智能得到了长足的发展，在某些任务上取得超越人类的成绩，但离一台机器拥有一个两三岁小孩的智力这样一个目标还有一段距离。这距离的背后很大一部分原因是机器缺少知识。为了让机器能够理解文本背后的含义，我们需要对可描述的事物（实体）进行建模，填充它的属性，拓展它和其他事物的联系，即构建机器的先验知识。机器拥有了先验知识以后，当它再次看到"建设银行"，它就会"想"："这是一家正在推进金融科技战略的国有大型商业银行"。这和我们人类在看到熟悉的事物会做一些联想和推理是很类似的。知识图谱技术在银行风险管理中的可能应用领域包括以下方面：

①识别"系客户"。基于企业客户之间的各种关联关系，利用知识图谱技术，准确识别"系客户"，实现由单一客户风险管控向"系客户"风险管控的转变。

②风险预警。总结已出险客户的特征，寻找与之具有类似特征的客户，进行风险预警。同时，对于那些已经出险或潜在风险极高的客户，也可以向与其关系密切的企业（客户经理）发出警示。

③反欺诈。利用来自不同数据源的信息绘制知识图谱，并建立业务专家规则，通过对数据不一致性的检测，可以帮助识别潜在的欺诈风险。

④风险知识问答系统。利用知识图谱技术，可以建设风险知识问答系统的知识库，实现智能化问答。

（6）区块链

区块链的概念听起来复杂而神秘，但可以以"微信接龙"的例子来讲解，帮助读者理解。人们利用微信群发布聚会消息，想参加聚会的人在消息下面进行名字接龙，这就类似区块链。在这个过程中，首先聚会没有召集人，是去中心化的；其次参加人员的信息同步保存到群里每个人的手机上，实现完整同步记账，其他人不可能再去修改信息。这就是区块链的一些基本特征，当然跟真正的区块链系统还不一样，但可以比较形象地诠释区块链的本质。

区块链产生于美苏"冷战"防御系统技术，用来甄别计算机控制传递信息的真假。美国计算机科学家莱斯利·兰伯特提出点对点通信中消息不可靠问题，后来形成了拜占庭将军问题。在战争时候，拜占庭帝国派出10支军队去攻打敌人的阵营，依靠通信兵相互通信来决定进攻意向。但在有叛徒的情况下，便无法保证信息的真实性以达成一致的协议，这一直是个难题。直到2008年11月，一位自称中本聪的人发表了"比特币：一种点对点的电子现金系统"一文，阐述了基于P2P网络技术、加密技术、时间戳技术、区块链技术等的电子现金系统的构架理念，解决了去中心化和共识信任机制问题。随着区块链技术方法和运行过程公之于众，区块链技术开始在全世界蔓延。

比特币是区块链的第一个应用。以比特币区块链运行过程来介绍以加深理解（其实就是一个记账过程），进行比特币交易时：第一步，每一笔交易为了让全网承认有效，必须广播给每个节点；第二步，每个节点要正确无误地给这十分钟的每笔交易盖上时间戳并计入区块；第三步，每个节点要通过解 SHA256 难题去竞争十分钟区块的合法记账权，并争取得到 25 个比特币奖励，解题时间长短根据答题平均时间相机调节；第四步，如果一个节点解开了难题，十分钟盖时间戳区块交易将向全网公布，并由其他节点核对；第五步，全网其他节点核对该区块记账的正确性，没有错误后他们将在该合法区块之后竞争下一个区块，多个区块逐渐形成区块链，这样就形成一个合法记账的区块单链，也就是比特币支付系统的总账—区块链。

现代加密技术引用解决了信息签名问题，即非对称加密。非对称加密算法的加密和解密使用不同的两个密钥。这两个密钥就是我们经常听到的"公开密钥"（公钥）和"私有密钥"（私钥）。公钥和私钥一般成对出现，如果消息使用公钥加密，那么需要该公钥对应的私钥才能解密；同样，如果消息使用私钥加密，那么需要该私钥对应的公钥才能解密。非对称加密的作用是：保护消息内容，并且让消息接收方确定发送方的身份。比如，将军 A 想给将军 B 发送消息，为防止消息泄露，将军 A 只需要使用将军 B 的公钥对信息加密，而将军 B 的公钥是公开的，将军 B 只需要用自己的私钥解密即可。这既解决了消息加密，又解决进入系统验证身份等问题，形成去中心而实现共识的生态体系。区块链技术在银行风险管理中的可能应用领域包括以下方面：

①集团内部风险信息的实时共享。传统的信息共享有两个痛点：第一，要么是统一由一个中心进行信息发布和分发，要么是彼此之间定时批量对账（典型的每天一次），对于有时效性要求的信息，难以达到实时共享；第二，信息共享的双方缺少一种相互信任的通信方式，难以确定收到的信

息是否是对方发送的。其中第一点是我们需要重点解决的。比如，我们要求海外分行和子公司定期报送负面客户名单，由总行汇总后再向全行发布，因此时效性较差。对此，即可应用区块链技术解决，每个机构可实时发布负面客户名单，实现风险信息的实时共享。

②特殊风险事件的保密核查。利用非对称加密算法，优化系统保密核查功能，实现针对特殊风险事件的点对点核查与反馈，即使系统管理员也无法从后台获取重要信息。

③防范欺诈风险。例如，对应收账款、仓单、抵押权证等的分布式记账，但是这一目标的实现需要相关实体的共同参与。

四、主动防控金融科技风险

金融科技在提高资源配置效率、服务能力和风险管理水平的同时，也加剧了银行业乃至整个金融体系的波动性，带来了新的管理课题，其数据化、智能化的风险管理特征还可能从实质上改变银行主要风险的权重和分布，信息技术风险、网络风险、模型风险等日益凸显。在运用金融科技打造"智慧风控"体系的同时，我们也应注意防范金融科技带来的新的风险。要通过安全元件、可信执行环境、同态加密等技术，强化区块链、数字货币的交易安全。要构建云安全运营平台，深度融合金融交易数据、物联网设备环境数据、外部威胁情报数据，精准识别设备交易安全风险，主动应对网络攻击入侵，提升与上下游机构、国家级安全专控队伍、行业安全公司等联防联控能力。要构建全方位一体化数据安全保护体系，特别是增强客户姓名、账号、身份证等隐私数据保护能力，打造集中存储分析、数据沙箱便捷使用的封闭环境，完善敏感数据使用溯源等机控措施。

风险管理的发展展望

成功应对上述种种挑战，提升银行业的风险管理能力，需要多方面的努力。一方面，监管机构需要努力推动建立公平、合理的竞争秩序和市场环境；另一方面，银行自身应该思考和探索如何在动态竞争的环境下提升风险管理水平，提高风险管理体系的柔性、适应性和有效性。在未来一段时间，银行业的风险管理应该重点关注解决下面的问题。

一、价值创造成为风险管理生存与发展的目标与动力

银行要为社会创造价值，银行的业务要创造价值，这是一个持续经营的根基。道理上也很简单，银行必须得挣钱，一个业务总不挣钱也不行，当然有些业务马上要求挣钱也不行，那样就没有战略眼光了。风险管理体系建设必须要坚持价值创造这一原则，否则风险管理就失去了存在的意义。

围绕 EVA 创造价值。如何来衡量银行是否挣钱？就是 EVA 必须是正的。同样，风险管理也要围绕 EVA 的公式来做文章。收入要能够覆盖风险，覆盖支出里面的减值准备、经营费用，覆盖经济资本的资本回报。做任何一项业务，都要用这个公式看看风险收益能否平衡。风险管理、各个业务条线都要有这种思维，不是说不挣钱的业务就不做，而是要考虑未来是否有前景，短期一单不挣钱，客户整体能挣钱也行。比如贷款审批的时候，把 EVA 写到申报书里面，就是一种落地的方式。

融于流程创造价值。传统上风险管理属于三道防线中的第二道防线，这是国内大型银行股改上市时借鉴国外先进同业实践逐步形成的概念。三道防线的界定并不是风险管理工作顺序的界定，而是前中后台在共同管控风险过程中角色的相对分工。风险管理要摆脱第二道防线的认识偏差，主动融入业务流程。在银行的价值创造过程中，无论是在业务拓展、巩固优势、培育新的利润增长点方面，还是在减少减值支出和监管处罚方面，抑或是在降低资本消耗、提高资本集约化水平方面，风险管理都要嵌入其中的每一个环节、每一个要素，发挥支持作用。

集约化响应创造价值。数字经济时代，银行的业务模式正在发生根本性的变化，风险管理数字化、线上化、智能化，敏捷响应需求，快速融入业务流程，必须构筑适应风险管理的数字化架构安排，尤其是阿里提出的"大中台、小前台"的中台战略，再一次引发人们对新时期风控中台的思考。风险管理如何融入中台建设当中，成为中台的一部分，为数字化经营保驾护航。架构的设计并没有统一的标准。各银行的基因也不一样，一个

有效的架构设计，应该服务战略、专业专注、分工协同，重点是在传统架构的基础上，结合数字经济、外部实践，不断完善银行的风控架构。要善于借鉴，如用户化的理念、共享化与复用的理念、模块化组件化的理念和系统化的理念。要重视几个方面的调整，如风控架构的厚度问题、风控架构的靠前问题、能力与职责匹配问题、服务粒度问题、银行和 IT 行业的组织与文化的差异化问题。核心是能力的建设、共享和复用。通过构建与新经济相适应的风控架构，集约化、敏捷响应，提升风险管理的价值创造能力。

主动作为创造价值。银行的风险管理不是去消灭风险，而是去主动经营风险、选择风险、安排风险，这是银行风险管理的基本理念。用个不太恰当的比喻，就像是在刀尖上跳舞。艺高才能人胆大，有金刚钻才能揽瓷器活儿。只有风险管理能力提升了，才能把一个银行经营好。主动方面更需要有更大作为，无论是在思想认识上还是体制机制建设上，主要体现在：一是主动设定风险偏好，健全管理框架，在顶层设计中将风险偏好设定与服务实体经济、服务战略转型、服务价值创造紧密结合起来。只有这样，银行才能成为好银行、伟大的银行，成为基业长青的百年老店。二是主动担当社会责任，围绕支持服务实体经济进行转型创新，用金融这一"温柔的手术刀"破解社会难点痛点。在支持实体经济的过程中，风险是客观存在的，如果因为有风险就躲避不做，实体经济得不到金融的支持陷入困境，反过来这将是银行经营发展中最大的风险。皮之不存，毛将焉附？所以，破解这些难题需要主动担当的战略远见和周密的战略部署，在更广阔更坚实更根本的基础上强化风险管理。

二、以整体性风险管理提升系统性风险防范水平

随着外部市场的波动、风险形态的变化，银行面临的风险越来越多。对金融机构来讲，过去耳熟能详的是巴塞尔协议中提到的信用风险、市场风险、运营风险、声誉风险等，这是对风险种类的一种划分。我们常说信用风险确保资产质量、市场风险防范市场波动、声誉风险防范负面新闻对股价的影响，还有利率风险、流动性风险等，强调全面风险管理，风险管

理在范围上要包含所有类别的风险。现在还有欺诈风险、模型风险等。原来我们说信用风险是根本，现在市场风险、流动性风险、声誉风险也可能是致命的。必须在更广阔的范围内加强各类风险的管理。

　　强调全面的风险管理，还包括特定内涵和管理手段。主要包括：风险文化的建设和培育；战略层面风险偏好的设定，明确结构安排和风险承担边界，平衡资本、收益和风险；集团风险敞口全貌的监测与报告；风险管理体制机制的设计安排；新的风险形态如何融入风险管理体系，避免管理真空；风险计量工作的整体规划和开发推进；风险管理信息系统建设的统筹，确保信息完整、系统兼容共享、数据获得及时，为风险分析、预警、预控、决策等提供强有力的支撑；风险管理队伍建设；内外部重大风险问题的前瞻性研究，等等。

　　强调全面的风险管理，必须依靠专业化的风险管理能力。每一类风险都有自身的特点，也有相应的管理模式与管理方法，必须扎根风险，专业专注。强调全面风险管理，还必须突出重点，守牢底线，大型银行尤其要强调系统性风险管理。在平常讲的风险种类里面，并没有系统性风险。之所以现在把系统性风险作为一个很重要的内容来讲，是因为对银行来讲，尤其是大型银行，单一的风险种类必须要管，但更主要的如何管好系统性的风险，这是结构上的问题、整个体系上的问题，以及在外部发生巨大变化的时候，怎么能够让银行比较稳定，不破产，不去找国家救助。这种风险的防范应该作为一个历史性任务。

　　提升全面风险管理的效率，提升系统性风险的防控水平，未来要特别注重整体性风险管理，以整体性风险管理提升银行的系统性风险防控能力。整体性风险管理有以下几个特点：

　　第一，整体性风险管理是以客户为本的管理。即在银行内部，一个客户的所有业务都要能够清晰地统一展现出来。这个要求似乎并不高，但是在现实的实施过程中会面临各种各样的问题。例如，目前大多数银行能够将一个客户名下的多笔贷款业务整合起来管理，但是还不能将理财业务的信息也统一整合起来管理。此外，理财业务中既有银行自身发行的理财产品，还有代销的理财产品，是否能识别出来；同业中该客户的信贷业务是否能够识别；未来该客户的资产证券化业务是否能够识别。这些问题都是整体性风险管理需要解决的问题。整体性风险管理要求把某一客户的全部数据都归集起来，对银行的信息系统、管理系统的要求较高。如果不能收集客户维度的全面信息，就很难做到在客户层面去平衡风险和资本的关系，很难针对是否要争取某一客户作出客观、恰当的决策。

第二，整体性风险管理是集团层面的风险管理。目前银行普遍制定了全球化、综合化银行集团的战略目标。银行、基金、保险、信托、租赁等业务呈现越来越明显的混业经营趋势。此外，大型银行也纷纷在海外建立分行、子公司。在这种背景下，风险管理需要从集团的视角进行管控。只有这样，银行才能够适应快速发展、变化的外部环境。

第三，整体性风险管理需要融入业务流程。整体性风险管理不能就风险管理谈风险管理。外部市场在变化，风险管理只有融入业务的流程，才能真正发挥作用。在传统的质量管理理论中有一句经典的话，产品的质量不是检测出来的。换句话说，风险管理不能变成一个监测部门或检验部门，风险管理需要体现在银行提供产品和服务的过程中。

第四，整体性风险管理是价值创造的过程。在整体性风险管理中，风险管理部门与业务部门共同协作、共同创造价值。风险管理为业务经营提供管理工具、方法，帮助业务部门发现市场机会，主动迎接市场挑战。在整体性风险管理中，风险管理部门参与了价值创造，与业务部门共同分享价值，风险管理获得持续发展的动力，成为整个银行、整个集团发展的内在动力。

三、深化新技术应用，构建智能风控体系

当前正处于以人工智能和基因技术为代表的第四次科技革命机遇期，5G 进入商用，将移动互联网推进至移动物联网阶段，服务对象从人与人通信拓展到万物互联。新兴技术带来的变化与产生的新空间前所未有，正在推动金融业从 1.0 时代的"信息科技 + 金融"与 2.0 时代的"互联网 + 金融"向 3.0 时代的"智能金融"转型。在风控领域，数据可获得性、可分析维度和密度得到极大丰富，成本降低，高阶机器学习算法、实时分布式

计算和流计算技术的成熟，使得银行有条件突破传统数据分析的技术性能瓶颈，实现实时前瞻的风险监测、深入广泛的风险洞察与全局最优的风险决策。

智能风控的主要实践目前已经比较丰富了。从技术维度看，大数据、人工智能、5G、物联网、移动互联、区块链等技术都可以用于风险的管控，从场景维度看，客户准入、评级评价、信贷审批、贷后预警跟踪、催收、反欺诈、反洗钱、员工行为、交易自动化与监控等都有合适的技术与方法、技术与场景的结合，确保了智能风控落地的成效。

智能风控体系已经逐渐变成金融机构竞争的主战场，国内外许多金融机构都提出了这样的战略方向。从全球来看，银行业这几年在科技上的开支越来越高，比如摩根大通的技术投入占其总收入的9%。智能合同平台（COIN）能在数秒内完成长达12000页的年度商业信贷合同审查，使用实时分析计划，低成本实现小微企业贷款审批。高盛使用实时分析来监控交易欺诈。花旗银行投资Feedzai，可实时查找、消除所有商业渠道中的欺诈行为，迅速提醒客户。BBVA（西班牙对外银行）和MIT利用自动特征工程方法，提出了深度特征合成技术，从每个卡交易中自动获得200多个新特征，全面描述每一条交易行为，较传统方法减少了54%的误报率。Lending Club使用机器学习进行评分和风险管理。Paypal使用深度学习技术来监测付款风险。

从国内情况看，工商银行自主研发了全集团一体化风险管理信息系统，实现对4000多家境内外机构客户和业务信息集中管理，实现统一风险视图和画像；打造智慧化风险管理大数据应用生态链，研发了精准的人工智能交易反欺诈模型，采用业内主流的神经网络、GBDT、随机森林和高维度机器学习技术，实现了对反欺诈的事前、事中、事后全流程监控和"一点触发、全面布控"。农业银行基于DIKW① 层次体系，打造全面性、智能型、全流程的信用风险监控系统，通过一整套高内聚、低耦合的逻辑和物理模型，解决了数据的全面性和数据到信息的转换问题。中国银行搭建中银慧

① DIKW 即指 Data、Information、Knowledge、Wisdom。

聚大数据应用平台，构建企业级数据湖存储和处理海量异构数据，在应用层面实现 PB 级大数据可视化探索，建立数据沙箱推动全员分析和应用数据。招商银行搭建"天秤"零售风控系统，自动抓取多维度数据，实时判断客户风险等级，相应采用不同的核实身份手段，并将外部欺诈与伪冒交易实时扼杀，交易风险决策响应速度达到 30 毫秒以内，风险资损率控制在百万分之一量级①。兴业银行创新"核贷宝"，通过 Python 技术智能生成征信报告；"黄金眼"以随机森林算法为核心，构建 100 余条预警规则和评分模型，利用图关联技术可视化展现客户的股东、担保、交易等关联关系；引进 RPA 技术，陆续实现了数十条业务流程自动化。光大银行开发了"滤镜"风险预警系统，并建立了"智能风控中心"②。平安银行构建体系化知识图谱工具，将非结构化数据转化为知识图谱，打通数据流转、技术工具、图谱构建、图谱推理、顶层应用全流程；将微表情技术应用于贷款业务中，在大脑有机会控制面部运动之前，辨识 54 种短暂、不自主的微表情，从而察觉客户是否说实话。江苏银行开发的"物联网智能贷后监控预警平台"依托自主研发的区块链平台"苏银链"，将物联网工控信号数据同步至贷后监控预警平台，对仓储监控数据进行实时分析、核对。微众银行在"微粒贷"业务中，应用机器学习技术构建高维信用模型开展评级，贷中通过"极光守卫"等产品，完成异常支付监测、短信验证和资金流向监控，完成异常行为的预警和处置；贷后采用多层次催收模型提升回款率；累计发放贷款 3000 亿元，不良率仅为 0.32%。蚂蚁金服探索建立由 Perception、AI Detect、Evolution、AutoPilot 四大模块构成的 AI 驱动的智能风控引擎 AlphaRisk。氪信科技基于 Shapley Value 的特征贡献度累加算法以及特征知识图谱，构建可解释人工智能模型，清晰反映每个用户行为特征对于用户信用评分构成的影响。

　　风控体系怎样才能算是智能？"智能"是指具备决策、推理的能力。银行要解决战略发展中的一些业务痛点，也迫切需要智能技术的应用。比

---

① 资料来源于招商银行官网。自 2016 年 2 月上线至报道日（2019 年 4 月 28 日）。
② 建立时间为 2018 年 8 月。

如小微企业贷款能够实现一分钟贷款甚至秒贷，这背后就需要强大的风险识别技术来支持。如果没有这些技术，就没有办法解决风控的问题。再比如信贷管理方面，贷前调查、贷后管理的任务非常繁重，信息不真实的情况很常见。怎么解决这类问题呢？如果能够深度运用物联网、图像识别等技术，全面收集和挖掘数据，就能大大提高工作效率，提升管理效果。智能风控的本质特征是解放和发展人的能力，即通过自动化实现减负，从大量重复性低价值活动中解放人力资源用于高级活动；通过智能化扩大认知、辅助决策，发现表象下的本质，减少决策偏见和错误，从局部择优提升为全局择优。智能风控具有以下特征表现：

一是自动（Automated）。不仅指以信息化手段替代手工作业，例如尽调、授信申报、贷后检查材料的自动生成等，也指数据自动采集清洗、特征自动选取、模型自动迭代、评级自动完成、流程自动控制、策略自动配置，形成标准化、组件化、参数化的数字化流程，以降低管理成本、减少人工干预、消除决策偏见，最大化捕捉大数据效益。

二是实时（Actual Time）。实现大规模的数据在线采集和校验，侦测实时开展、毫秒级下达风控任务，及时识别风险、启动预案。

三是精准（Accurate）。即实现对风险的精准识别、精准感知、精准评估、精准决策。能够在复杂的风险视图中精准锁定风险点，精准通知、精准打击；同时，能针对不同客户、业务、机构提出差别化策略，避免形成千篇一律、"一刀切"的现象。

四是敏捷（Agile）。敏捷是数字化管理中的首要能力，对外要做到敏捷感知，敏捷响应客户风险偏好；对内要能够敏捷开发、敏捷协同，在出险后迅速反哺模型，实现高频迭代。

在此基础上，逐步具备自感知、自分析、自决策、自迭代、自适应的能力，这样才能有智能的特征。

打造具备这些特征的风控体系，需要自下而上、由内到外地提升。这个体系最下层就是内外部的数据，同时还要用到物联网等技术产生更多的数据。在万物互联的时代，芯片可以跟很多事物互联。如果芯片跟客户的生产生活连接起来，它就会产生很多数据。获取数据之后，要对数据进行清洗和整合。数据整合力是建立智能风控体系的一个基础。在这个基础上还要培养平台能力，平台能力的核心就是算法和算力。算法涉及图像的识别、声音的识别、文本的识别，对各种各样非格式化数据进行处理。有了算法和数据之后，还要有足够的计算能力。平台建设既可以运用现成的工具，也可以自主研发。

在这个平台上还需要建设各种集约化的功能，特别是风险管理能力所包含的预警、反欺诈、测算、压力测试等能力。实现这些功能的系统组件应该是可通用的，是服务于各个领域的。风险管理组件的标准化，就像造飞机一样，需要零部件标准化，在这个基础上组装不同的机型。智能风控平台的建设需要在建好各种各样的组件功能的基础上，进一步提升平台的场景应用能力。

四、不断完善风险计量技术，夯实风控硬实力

风险计量的发展伴随整个现代金融发展的过程，从国内外商业银行风险管理的发展路径来看，经历了从定性到定量、从经验到技术的过程。风险计量已经成为现代银行风险管理的基本依据。20 世纪 50 年代，马科维茨模型与资产组合定价理论 CAPM 奠定现代金融理论的基础性框架。随后在此基础上发展起来的资产定价理论（Sharpe，1964；Ross，1976）以及 Black – Scholes 期权定价模型，有效推进以交易和组合管理为目的的风险定价及管理实践；市场风险的 VaR 计量引领风险计量从区分好坏发展到计量损失大小。尤其是信用风险的计量，从区分好坏到评估损失多少，在整个风险计量体系中发展最为丰富。首先是区分客户好坏，形成了专家法、基于传统统计模型方法以及神经网络、机器学习三大类较为丰富的评级理论体系。在评级基础上进一步发展了对损失的衡量，这些技术的发展与运用，推动了巴塞尔委员会风险计量高级法的演进。

近年来，随着大数据技术的发展，机器学习等模型方法逐步在信用风险领域被使用，通过监督学习来解决回归和分类的问题，通过无监督学习来解决聚类问题，神经网络模型、支持向量机模型等方法有力推动了信用风险建模的发展，但也产生了预测能力和解释能力权衡的问题。同时，传

统巴塞尔计量体系在长期的发展过程中存在的一些不足也日益明显，需要我们不断地进行理论探索，完善发展。结合目前的实践和需求，下述四个方面是我们在未来必须重点解决的问题。

1. 信用风险的返回检验理论

根据《商业银行资本管理办法》，商业银行应当进行返回检验，运用统计方法分析内部评级结果和风险参数的估计值，对违约概率、违约损失率、违约风险暴露等参数的准确性、审慎性、稳定性、区分能力等进行检验。准确性是指内部评级能够有效区分风险，每个等级或资产池的实际违约率、损失程度和风险暴露与所估计的风险参数一致。审慎性验证是指所采用政策和标准能够辨别内部评级、风险分池和量化估值的数据来源不确定程度，以及内部评级和风险参数量化的保守程度，以保证实际结果不明显超出风险参数的估计值。区分力验证是指评级模型对于评级对象风险大小进行有效排序的能力。稳定性验证是指在风险不变的情况下，所采用的评级政策和标准能够保持评级与所估计的风险参数总体上不发生变化。

从目前来看，信用风险的返回检验还存在很大的挑战，一是信用风险的评级要满足跨周期的要求，但定期投产后验证每两年开展一次，验证数据最多只有两年的积累，不能覆盖完整的经济周期，可能导致模型验证结果跟长期平均值有偏差。二是由于数据积累时间短，违约样本不全，也会导致模型验证结果与实际值有一定偏差。

2. 大数据计量理论

近年来，以大数据应用为标志的计量快速发展。用更大量、更多维的数据，通过自动化的方式计量、刻画客户风险水平与特征，机器学习、模型自动迭代等成为大家关注的热点。但大数据计量也存在一些问题，一是计量的领域，从区分好坏到更多领域的计量，如欺诈的计量、洗钱的计量等，新领域的计量仍处于发展之中。二是模型的相关性或因果性的问题。随着业务发展与变化越来越快，可使用的数据越来越多，行业内开始逐步探索其他机器学习算法在评分卡模型上的应用，比如 xgboost、LightGBM、神经网络等，但是这些方法的可解释性比较弱，达不到业务与监管的要求。三是模型的泛化能力。除了可解释性，这些机器学习算法常常表现得不够稳定，即在模型开发样本上表现良好，但是实际场景应用时下降不少，也就是在泛化能力方面需要特别小心。四是不同浓度数据的处理问题。大数据技术必然要求使用更多维的原始数据，这些多维的原始数据对于每一个样本不一定有同样的饱和度，按传统做法可能是对模型进行细分，这样开发的模型又难以随客群及数据的变化而灵活调整，所以开始出现了根据不同数据类型进行模型分层、再聚合的做法，但是效果如何还有待观察。

3. 相关性计量理论

经济资本计量中的客户违约相关系数主要存在以下几个问题：一是风险传染因素考虑的并不细致，缺乏事件相关性分析，例如上下游产业联动和竞争、行业内竞争效应、企业替代性、突发公共事件等。二是公司类客户个体差异较大，仅以行业和信用等级作为组合维度估计相关性必然造成风险平均化，采用何种粒度拆分组合能够既可操作又相对精确，仍需不断探索。三是不同经济周期下的相关性问题，常见的行业和信用等级维度的相关性差异不大，缺乏精准性和灵活性，无法充分体现经济周期不同阶段的影响；自上而下的压力测试中，转移矩阵是真实情景下的违约概率变动情况，而压力测试却依赖对非真实情景的设定，需要构建更有效的压力情况下的相关性系数以实现压力分解；还有交叉风险相关性，各类风险之间以非线性的方式相互联系、相互触发、相互作用、相互加强，应加强交叉风险的相关性研究，提高风险计量的全面性和整体性。

4. 中长期计量理论

现有的 PD 计量是在巴塞尔的理论体系下建立的。Basel Ⅱ 违约概率要求能够反映经济周期的影响，违约期限结构为未来 12 个月 PD。IFRS9 违约概率要求具备前瞻性的预测，违约期限结构为全生命周期 PD，违约期限结构会超过 12 个月，其中减值损失 PD 是引入宏观经济形势预测的前瞻性时点值；同时第二阶段信贷业务要求按照资产的剩余年限计算预期损失，需要计算第 N 年累计违约概率及历史长期平均第 N 年累计违约概率。巴塞尔协议要求用于非零售违约概率的数据观察期不得低于 5 年，即包含经济周期中的波峰、波谷，但其中并未包含当前对未来经济的预测，而反观 IFRS9 减值中对于违约概率的预测需考虑当前对于未来宏观经济的预测。从目前的常见思路看，一种是基于常用的模型方法新建一套满足 IFRS9 要求的预期损失率模型，另一种是将巴塞尔体系下的未来 12 个月 PD 进行期限调整，在方法论上都需要进一步研究完善。

五、融合 COSO 风控理念，夯实风控内部基础

银行全面风险管理体系建设的框架基础有两大主要来源：一是美国反虚假财务报告委员会下属的发起人委员会（The Committee of Sponsoring Organizations of the Treadway Commission，COSO）发布的《企业风险管理框架》（*Enterprise Risk Management Framework*，ERM），二是巴塞尔委员会出台的一系列监管文件。

2001 年，美国安然公司破产事件使得企业的全面风险管理进入管理视野，2004 年美国 COSO 的《企业风险管理框架》正式发布，将内部控制与企业风险管理相结合，提出了一个各类企业通用的风险管理框架。2004 年 4 月，美国 COSO 委员会颁布《企业风险管理框架》（*Enterprise Risk Management Framework*），从内部控制的角度出发，首次提出了全面风险管理的定义、管理过程和实施要点，将企业全面风险管理从理念层面延伸至实践操作层面。2004 版本在概念上提出了风险偏好和风险容忍度，在观念上提出了风险组合观，在目标上增加了战略目标，在内容上增加了目标设定。2014 年，COSO 对 ERM 框架进行了全面升级，并于 2017 年正式发布 ERM—Integrating with Strategy and Performance，将全面风险管理重新定义为：组织在创造、保持和实现价值的过程中，结合战略制定和执行，赖以进行管理风险的文化、能力和实践。ERM（2017）采用五要素 20 项原则框架，其中五个要素包括治理和文化、战略和目标设定、绩效实现、审阅和修订以及信息沟通报告，从之前将风险管理工作定义为"一个流程或程序"提升至"一种文化、能力和实践"，并着重强调风险管理的目标在于实现组织创造、保持和实现价值，强调风险管理工作融入企业的所有业务流程和核心价值链，更加强调对价值创造的重要意义。

与 COSO 相对的是巴塞尔委员会出台的一系列文件，对银行业全面风险管理起到了更加直接的作用。2008 年国际金融危机后，国际监管机构充

分吸取危机的深刻教训，按照简单性、可比性和一致性的基本原则，对2004 年巴塞尔委员会发布的 Basel Ⅱ 进行了全面修订和补充，形成了资本、流动性和系统重要性金融机构等宏微观审慎框架。2012 年，巴塞尔委员会修订出台的《有效银行监管核心原则》要求：银行建立的全面风险管理体系要与其业务规模、性质、复杂程度、风险状况以及市场变化相适应，能识别、评价、监测、控制和缓释各项实质性风险，并能根据风险状况评估总体的资本充足程度。之后，巴塞尔委员会和金融稳定理事会针对公司治理、风险偏好、风险文化和风险报告等全面风险管理要素陆续发布了一系列政策文件，提出了更具体的要求。Basel Ⅲ 进一步强化了对商业银行全面风险管理的要求，对商业银行的风险治理、管理流程及数据 IT 等提出了更高的标准，进一步强化风险管理的全面性和主动性。

从实践来看，COSO 的 ERM 框架是针对企业风险管理提出的，虽然为银行的风险管理体系建设奠定了基础，但真正进行统一与规范的是巴塞尔委员会制定的一系列协议。但我们也应该看到，随着经济现实的变化，巴塞尔体系下的风险管理面临的挑战也越来越大。一是基层管理与基础管理薄弱，内控文化缺失，只有风险管理与内部控制紧密结合，才能从根上解决风险隐患，提升风险管控的有效性；二是数字经济蓬勃发展，新的业务形态、新的风险形态不断涌现，不管是风险计量也好，还是风险控制也好，都必须积极面对挑战；三是理论体系完善的需要。巴塞尔协议从资本损失平衡的角度提出了风险管理的思路，传统上，银行的风险管理跟进巴塞尔监管要求更多一些，巴塞尔监管要求在计量技术上也更强一些，但计量仅仅是风险管理的一部分，也有一些风险是难以量化的，COSO 体系的评估也具有一定的指导意义，COSO 体系强调的内部流程是未来风险管理体系完善的重要方面。要吸收二者的优势，通过系统、全面、持续的体系化建设，从风险战略、治理架构、文化理念、流程机制、技术和人才等方面构造完整的全面风险管理体系，真正构筑全面主动智能的风控体系。

附录　巴塞尔协议中的专有词汇中英文对照

英文全称	中文释义	英文缩写
Advanced IRB Approach	高级 IRB 法	AIRB
Advanced Measurement Approaches	高级计量法	AMA
Asset value Correlation	资产价值相关性	AVC
Asset – backed Commercial Paper	资产支持商业票据	ABCP
Asymptotic Single Factor Model	渐近单因素模型	
Available Stable Funding	可用稳定资金	ASF
Back Testing	返回检验	
Bank for International Settlements	国际清算银行	BIS
Banking Book	银行账户	
Basel Capital Accord	巴塞尔资本协议	
Basel Committee on Banking Supervision	巴塞尔委员会	BCBS
Beta Distribution	贝塔分布	
Brownian Motion（Wiener Process）	布朗运动	
Central Counterparties	中央交易对手	CCPs
Common Equity Tier 1	核心一级资本	CET1
Commodities Finance	商品融资	CF
Commercial Paper	商业票据	CP
Committee on Payment and Settlement System	支付结算体系委员会	CPSS
Concentration Risk	集中度风险	
Confidence Level	置信度	
Counterparty Risk	交易对手风险	
Counterparty Credit Risk	交易对手信用风险	CCR
Credit Conversion Factor	信用转换系数	CCF
Credit Default Swap	信用违约互换	CDS
Credit Risk Mitigation	信用风险缓释	CRM

续表

英文全称	中文释义	英文缩写
Credit Valuation Adjustment	信用估值调整	CVA
Cumulative Default Rate	积累违约率	CDR
Current Exposure Method	当前敞口法	CEM
Current Market Value	市场现值	CMA
Default	违约	
Default Correlation	违约相关性	
Deferred Tax Assets	递延税资产	DTAs
Deferred Tax Liabilities	递延税负债	DTLs
Debit Valuation Adjustment	债务估值调整	DVA
Delivery – versus – payment	货银同步交收	DvP
Exposure at Default	违约风险敞口	EAD
Export Credit Agency	出口信贷机构	ECA
External Credit Assessment Institution	外部信用评级机构	ECAI
Expected Exposure	预期风险敞口	EE
Expected at Default	预期损失	EL
Expected Positive Exposure	预期正敞口	EPE
Foundation Internal Ratings – based Approach	初级内部评级法	FIRB
Historical Simulation Method	历史模拟法	HS
High – volatility Commercial Real Estate	高波动性商业房地产	HVCRE
Internal Models Approach	内部模式计算法	IMA
Internal Model Method	内部模型法	IMM
Income – producing Real Estate	产生收入的房地产	IPRE
Interest Rate Risk	利率风险	
Incremental Risk Charge	新增风险资本	IRC
Incremental VaR	新增风险价值	IVaR
Leverage	杠杆	
Leverage Rate	杠杆率	
Liquidity Coverage Ratio	流动性覆盖率	LCR
Liquidity Risk	流动性风险	
Loss Given Default	违约损失率	LGD
Loan – to – value	贷款价值比	LTV

续表

英文全称	中文释义	英文缩写
Effective Maturity	有效到期日	M
Mark – to – market	盯市	MtM
Market Risk	市场风险	
Marginal VaR	边际风险价值	MVaR
Migration Risk	迁移风险	
Monte Carlo Simulation	蒙特卡罗模拟	
Multilateral Development Bank	多边开发银行	MDB
Net Stable Funding Ratio	净稳定资金比例	NSFR
Obligor Rating	债务人评级	
Object Finance	物品融资	OF
Off – balance Sheet Items	表外项目	OBSI
One Factor Model	单因素模型	
Operational Risk	运营风险	
Over the Counter	场外交易	OTC
Payment – versus – payment	贷款同步交收	PvP
Parametric / Variance – covariance Method	参数法/方差—协方差法	
Point – in – time Rating	时点评级	
Poisson Distribution	泊松分布	
Position	头寸	
Probability of Default	违约概率	PD
Project Finance	项目融资	PF
Potential Future Exposure	未来潜在风险敞口	PFE
Potential Future Risk	未来潜在风险	PFR
Public Sector Entity	公共部门实体	PSE
Quantitative Impact Study	定量影响测算	QIS
Qualifying Revolving Retail Exposure	合格循环的零售风险敞口	QRRE
Risk Adjusted Return on Capital	风险调整后资本收益率	RAROC
Ratings – based Approach	评级基础法	RBA
Recovery Rate	回收率	
Regulatory Capital	监管资本	
Required Stable Funding	所需的稳定资金	RSF

续表

英文全称	中文释义	英文缩写
Risk Capital	风险资本	
Risk Weighting	风险权重	
Risk – weighted Assets	风险加权资产	RWA
Scenario Analysis	情景分析	SA
Small and Medium – sized Enterprise	中小企业	SME
Special Purpose Entity	特别目的机构	SPE
Special Purpose Vehicle	特殊目的实体	SPV
Specialized Lending	专业贷款	SL
Specific （Idiosyncratic）Risk	特定风险	SPR
Stress Testing	压力测试	
Structured Investment Vehicle	结构性投资工具	SIV
Standardized Method	标准法	SM
Supervisory Formula	监管公式	SF
Trading Book （Trading Amount）	交易账户	
Threshold	阈值	
Through – the – cycle Approach	跨周期评级	
Unexpected Loss	非预期损失	UL
Value – at – risk	风险价值	VaR
Volatility	波动性	
Wrong – way Risk	错向风险	

参考文献

［1］Andrew R. S. 大而不倒［M］. 巴曙松，陈剑等译. 北京：中国人民大学出版社，2010.

［2］Chris M. 银行资本管理：资本配置和绩效测评［M］. 王洪，漆艰明等译. 机械工业出版社，2005.

［3］巴曙松. 巴塞尔新资本协议研究［M］. 北京：中国金融出版社，2003.

［4］巴曙松，朱元倩. 巴塞尔资本协议Ⅲ研究［M］. 北京：中国金融出版社，2011.

［5］陈忠阳. 违约损失率（LGD）研究［J］. 国际金融研究，2004（5）.

［6］陈颖，甘煜. 巴塞尔协议Ⅲ的框架、内容和影响［J］. 中国金融，2011（1）.

［7］多米尼克·卡瑟利. 挑战风险［M］. 朱泱，张胜纪，译. 北京：商务印书馆，1999.

［8］范小云. 繁荣的背后：金融系统性风险的本质［M］. 北京：中国金融出版社，2006.

［9］弗兰克·H. 奈特. 风险、不确定性与利润［M］. 北京：商务印书馆，2006.

［10］李文泓. 关于宏观审慎监管框架下逆周期政策的探讨［J］. 金融研究，2009（10）.

［11］林葭蕃. 银行学概要［M］. 台湾：三民书局，1964.

［12］刘春航，李文泓. 关于建立宏观审慎监管框架下逆周期政策机制的思考［J］. 比较，2009（4）.

［13］罗平. 巴塞尔新资本协议研究文献及评述［M］. 北京：中国金

融出版社，2004.

[14] 企业内部控制规范 [M]. 北京：中国财政经济出版社，2010.

[15] 王胜邦. 资本约束与信贷扩张：兼论资本充足率监管的宏观经济效应 [M]. 北京：中国金融出版社，2008.

[16] 王胜邦. 国际金融危机与金融监管改革 [M]. 北京：中国金融出版社，2013.

[17] 王胜邦，陈颖. 新资本协议：信用风险的建模、计量和验证 [M]. 上海：上海远东出版社，2008.

[18] 杨军. 系统性风险管理 [J]. 风险管理，2012（2）.

[19] 杨军. 系统性风险将成为未来风险管理焦点 [J]. 风险管理，2012（6）.

[20] 杨军，牛佳耕，武剑. 银行风险管理变局 [J]. 中国外汇，2012（12）.

[21] 杨军. 风险、资本、收益的平衡管理 [J]. 风险管理，2011（3）.

[22] 杨军. 中国版巴塞尔3的挑战 [J]. 财经，2011（9）.

[23] 杨军. 把握巴塞尔协议的本质内涵，建设全面风险应对体系 [J]. 金融会计，2011（5）.

[24] 杨军. 系统性金融风险的产生与化解 [J]. 中国金融，2011（6）.

[25] 杨军，程建伟. 基于投入产出法的信用风险压力测试研究 [J]. 投资研究，2010（7）.

[26] 杨军. 金融危机后国际银行业监管规则的新动向 [J]. 中国金融，2010（11）.

[27] 杨军，胡颖. 次贷视角下的银行整体风险管理 [J]. 中国外汇，2009（6）.

[28] 杨军. 全球金融危机背景下对实施新资本协议问题的重新审视 [J]. 中国金融，2009（8）.

[29] 杨军. 财务杠杆、信号博弈与信用风险识别 [J]. 金融研究，

2004（2）.

［30］杨军，姜彦福. 国有商业银行改革的关键：完善银行治理结构［J］. 清华大学学报（哲学社会科学版），2003（3）.

［31］杨军，王现成. 西方银行微观经济学的新发展［J］. 金融参考，2003（1）.

［32］杨军. 关于信贷授权若干问题的探讨［J］. 投资研究，2003（3）.

［33］杨军. 关于债转股若干问题的研究［J］. 管理世界，2003（3）.

［34］杨军，张淑艳. 风险价值与商业银行风险管理［J］. 国际贸易问题，2002（11）.

［35］杨军，黄建强. 西部生态治理与市场为主体的投融资体制［J］. 投资研究，2001（6）.

［36］杨军. 商业银行授信业务定价问题研究［J］. 管理世界，2001（3）.

［37］杨军，姜彦福. 银行贷款审批中的道德风险及其防范［J］. 清华大学学报（哲学社会科学版），2001（3）.

［38］杨军. 商业银行授信业务定价若干问题的研究［J］. 现代商业银行导刊"WTO 中国金融"专刊，2000.

［39］杨军. 关口前的银行业［J］. 资本市场，2000（1）.

［40］张季风. 挣脱萧条——1990—2006 年的日本经济［M］. 北京：社会科学文献出版社，2006.

［41］国际财务报告准则第 9 号：金融工具（汉英对照）［M］. 中国会计准则委员会组织，译. 北京：中国财政经济出版社，2015.

［42］Altman, E. I. , Kishore, V. Almost Everything You Wanted to Know about Recoveries on Defaulted Bonds. Financial Analysts Journal, 1996,（Nov/Dec）.

［43］Altman, E. I. , Kishore, V. Defaults and Returns on High Yield Bonds：Analysis through 1997. Working Paper S－98－1, Salomon Center, New York University, 1998（Jan）.

［44］Altman, E. I. Default Recovery Rates and LGD in Credit Risk Modeling and Practice: An Updated Review of the Literature and Empirical Evidence. Working Paper, New York University, 2006.

［45］Arrow, K. J. The Role of Securities in the Optimal Allocation of Risk Bearing［J］. Review of Economic Studies, 1964（31）: 91 – 96.

［46］Basel Committee on Banking Supervision. The New Basel Capital Accord. Basel, Switzerland: Bank for International Settlement, Apr. 2003.

［47］Basel Committee on Banking Supervision. Studies on the Validation of Internal Rating System. Working Paper, No. 14, Basel, Switzerland: Bank for International Settlement, 2005.

［48］Basel Committee on Banking Supervision. The Management of Liquidity Risk in Financial Group. Basel, Switzerland: Bank for International Settlement, May. 2006.

［49］Basel Committee on Banking Supervision. Principles for Sound Liquidity Risk Management and Supervision—Final Document. Basel, Switzerland: Bank for International Settlement, Sep. 2008.

［50］Basel Committee on Banking Supervision. Range of Practices and Issues in Economic Capital Modeling. Basel, Switzerland: Bank for International Settlement, Nov. 2008.

［51］Basel Committee on Banking Supervision. Basel II Capital Framework Enhancements Announced by the Basel Committee. Basel, Switzerland: Bank for International Settlement, Jul. 2009.

［52］Basel Committee on Banking Supervision. Liquidity Risk Management and Supervisory Challenges. Basel, Switzerland: Bank for International Settlement, Sep. 2010.

［53］Basel Committee on Banking Supervision. Basel III Rules Text and Results of the Quantitative Impact Study Issued by the Basel Committee. Basel, Switzerland: Bank for International Settlement, Dec. 2010.

［54］Basel Committee on Banking Supervision. Final Report on the Assessment of the Macroeconomic Impact of the Transition to Stronger Capital and Liquidity Requirements. Basel, Switzerland: Bank for International Settlement, Dec. 2010.

[55] Basel Committee on Banking Supervision. Basel Ⅲ: International Framework for Liquidity Risk Measurement, Standards and Monitoring. Basel, Switzerland: Bank for International Settlement, Dec. 2010.

[56] Basel Committee on Banking Supervision. Monitoring Tools for Intraday Liquidity Management—Final Document. Basel, Switzerland: Bank for International Settlement, Apr. 2013.

[57] Carey, M. Dimensions of Credit Risk and Their Relationship to Economic Capital Requirements. InFrederic, S. Mishkin ed. , Prudential Supervision: What Works and What Doesn't, University of Chicago Press, 2001.

[58] Cox, J. , Ross, S. The Valuation of Options for Alternative Stochastic Processes [J]. Journal of Financial Economics, 1976 (3): 145 – 166.

[59] Credit Metrics. Technical Document. JP Morgan, 1997.

[60] Credit Suisse. CreditRisk +: A Credit Risk Management Framework. Credit Suisse Financial Products, 1997.

[61] Engelmann, B. , E. Hayden and D. Tasche (2003b). Testing Rating Accuracy. Risk, 16, No. 1: 82 – 86.

[62] Gordy, M. A Risk – factor Model Foundation for Ratings – based Bank Capital Rules. Board of Governors of the Federal Reserve System, Oct. 2002.

[63] Laurent, B. From Basel 1 to Basel 3: The Integration of State of the Art Risk Modeling in Banking Regulation. Palgrave Macmillan, 2006.

[64] Lisa, K. M. Integrated Risk Management for the Firm: A Senior Manager's Guide. Working Paper, 2002.

[65] Merton, R. Rational Theory of Option Pricing [J]. Bell Journal of Economics and Management Science, 1973 (4): 141 – 183.

[66] Merton, R. On the Pricing of Corporate Debt: The Risk Structure of Interest Rates [J]. Journal of Finance, 1974 (28): 449 – 470.

［67］ Michael, K. O. Internal Credit Risk Models: Capital Allocation and Performance Measurement. Risk Books, 1999.

［68］ Michael, K. O. A Guide for Financial Practitioners. The Basel Handbook, Risk Books, 2005.

［69］ Pieter, K. , Idzard V. E. Economic Capital: How it Works and What Every Manager Should Know. Elsevier Inc. , 2009.

［70］ Risk – Based Capital Standards: Advanced Capital Adequacy Framework. Federal Reserve Bank, 2006.

［71］ Taylor, J. Risk – grading Philosophy: Through the Cycle Versus Point in Time ［J］. The RMA Journal, 2003.

［72］ Treacy, W. F. Credit Risk Rating at Large U. S. Banks. Federal Reserve Bulletin, 1988, 84（11）: 897 – 921.

［73］ Vasicek, O. Credit Valuation. Net Exposure 1, 1977（1）.

［74］ Vasicek, O. The Loan Loss Distribution. Technical Report, KMV Corporation, Dec. 1997.

［75］ Wilson, T. Portfolio Credit Risk Ⅰ. Risk 10, 1987（9）.

［76］ Wilson, T. Portfolio Credit Risk Ⅱ. Risk 10, 1997（10）.

［77］ Zaik, E. , Walter J. , Kelling, G. , James C. RAROC at Bank of America: From Theory to Practice. Journal of Applied Corporate Finance, 1996, 9（2）: 83 – 92.

［78］ Committee of Sponsoring Organizations of the Treadway Commission. Enterprise Risk Management—Integrating with Strategy and Performance , COSO, 2017.

［79］ Basel Committee on Banking Supervision, Basel III: Finalising Post – crisis reforms, Basel , Switzerland: Bank for International Settlement, December 2017.

［80］ FeFederal Reserve System: Enhanced Prudential Standards for Bank Holding Companies and Foreign Banking Organizations, GAO – 14 – 544R: Apr 25, 2014.

［81］ Basel Committee on Banking Supervision, Minimum Capital Requirements for Market Risk, Basel , Switzerland: Bank for International Settlement, 14 January 2019.

后　记

　　人生像长河中的行船，可能在江阔水平中航行，也可能进入急流险滩；可能一帆风顺，也可能九曲十八弯；可能"野渡无人舟自横"，也可能"门泊东吴万里船"。2007 年，正在为实现不良"双降"目标而努力的我突然接到了一个电话，让我到朱小黄首席风险官办公室开会，行里成立巴塞尔协议办公室，调我到风险管理部工作。不经意间，我接触到了巴塞尔协议，从此上了巴塞尔协议这条船，没想到一干就是七年。在此期间，在张建国、朱小黄、庞秀生、赵欢、黄志凌、曾俭华等多位建设银行行领导的领导下，参与组织巴塞尔协议 II、巴塞尔协议 III 的实施，作为银监会新资本协议规划组专家之一参与了一系列监管指引的研究制定工作。人生就此踏入了一条不知深浅的陌生河流。

　　2007 年，我和吴建政、怡颖、李志强、刘海龙到德意志银行、瑞士银行、瑞士信贷银行、巴克莱银行等欧洲银行学习巴塞尔协议 II 的实施经验，当时的感觉是"独上高楼，望尽天涯路"。这次西游对我影响最大之处，是不再对巴塞尔协议充满神秘感。到了巴塞尔小镇，看到了国际清算银行总部大楼，这座大楼就在一个公交站边上，像一个发电厂的电站。看着这个普普通通的建筑，不禁有种失望，传说中的巴塞尔协议就产生在这样一座很普通的大楼吗？在地下过道中竟然见到一个牌子，上写四个字"诸事顺利"，这是不是预言中国的银行肯定能实施巴塞尔协议？当时德意志银行有关人士讲他们从 1996 年前后开始探索，经历了十年的时间。我想我们发挥一下后发优势，应该会快一些。现在看来，当时的梦想真的实现了。

　　在德国、英国、瑞士，银行家们都对次贷危机忧心忡忡。我们当时还有些不以为然，认为次贷规模不大，影响会逐渐过去。没想到 2008 年发生了百年一遇的金融危机，国际上对巴塞尔协议的质疑铺天盖地，国内同样也认为巴塞尔协议没用，模型不行。在这种情况下，我写了《金融危机背景下对实施新资本协议的思考》，明确提出金融危机不是因为实施巴塞尔协议产生的，反倒是因为资本约束机制不完善造成的，力主中国银行业应该以实施巴塞尔协议为契机，加强风险管理，建立相对完善的风险管理体系。

"两岸猿声啼不住，轻舟已过万重山。"在争议中，巴塞尔协议实施的步伐稳步前行。因为与业务结合紧密，2008 年、2009 年、2010 年，建设银行的信用、市场、操作风险的资本计量工具陆续更新上线，具备了实施新巴塞尔协议的能力和条件。也正是在这一个过程中，巴塞尔协议 III 匆匆忙忙地登上了历史舞台。针对巴塞尔协议 II 和巴塞尔协议 III 的关系、是实施巴塞尔协议 II 还是巴塞尔协议 III 的争议，我陆续写了《金融危机后国际银行业监管规则的新进展》和《系统性风险管理》两篇文章，厘清二者的关系和实施思路，对上述问题进行了分析探讨。

2012 年 6 月，《商业银行资本管理办法（试行）》的发布标志着中国银行业的资本监管进入一个新阶段，它集国内外资本监管的各类要求于一身，一个正文、17 个附件，洋洋洒洒近 15 万字，创下了监管制度的新纪录。银监会在 2012 年完成了对大型银行实施资本计量高级方法的验收评估。正可谓"青山遮不住，毕竟东流去"，中国银行业实施巴塞尔协议的方向更加明确，历史的车轮终将滚滚向前。

在组织实施巴塞尔协议的过程中，我不仅遇到了 2008 年国际金融危机、欧债危机的挑战，而且见证了中国银行业一波三折地推进实施巴塞尔协议的曲折历程。在这一充满艰辛的过程中，我常常面临各种各样的问询，什么是巴塞尔协议？为什么是 8%？欧美都发生金融危机了，搞巴塞尔协议有什么用？巴塞尔协议是不是针对中国银行业的阴谋？时至今天，这样的问题仍然不时见诸报端，甚至出自名家之口。我也常常需要在各种不同的场合宣讲对巴塞尔协议的认识和理解。实事求是地讲，在这一博大精深、浩如烟海的领域，我这样一个初来乍到者想理解把握巴塞尔协议的全貌，确实有些不自量力。在过去七年里，我边学、边干、边想、边讲，陆陆续续形成了这十八讲的内容。也正因为是不同时期的讲解，其中难免会有重复之处，尽管进行了统一，但仍存在不一致的地方。

整理这本讲义，动力来自于朋友同事的鼓励。有的同事讲，你讲的时候明白了，过了一段时间又不清楚了。面对工作推进中遇到的困惑，我便想把它整理出来，希冀对理解巴塞尔协议有些帮助，供各位关心、关注巴塞尔协议和风险管理的银行业同仁参考，希望其中的谬误不误导探索者。在收集书稿的过程中，程建、胡颖做了艰苦细致的整理修改工作，程建伟、李超、陈永兵、杨双悦通读了初稿并提出了修改意见。怡颖、李志强、吴建政、程建、陈硕、武绘、关键、潘垚垚、余丽华、朱良平、周志明、钱爱莉、李明、梁伟、程建伟、胡颖、杨云超、李飞燕、龙鸣、黄昶君、刘海龙、潘俊武、李超、屈华、苏波、焦鹏等同事参与了讲课课件的准备工作，很多内容都是他们的智慧与贡献。

感谢中国银监会副主席王兆星百忙之中为拙著提笔作序，奖携后进；感谢陈颖、王胜邦两位专家拨冗点评指导；感谢张建国、朱小黄、庞秀生、黄志凌、曾俭华、任德奇、刘桂峰、田国林、杨爱民、丰习来、刘静芳、刘方根、王燕等多位领导的指导和帮助。在这一过程中，有幸结识了陈颖、王胜邦、刘春航、廖岷、范文仲、李文泓、丁慧、巴劲松、梁晓钟、綦相、宋李健、刘瑞霞、曹劲、刘震、田继敏、张守川、章彰、黄党贵、刘堃、文兵、高志兵、张波、党均章、赵先信、俞勇、胡罡、冯燮刚、陈忠阳、梁世栋、金亮、徐鹏、黄亮、夏秋、林学冠、徐小平、周轩、马菱、李敏、屈文星、崔维琪、王新华、林天南、葛蔚、周轩、袁新文、石智勇、王晓龙、李伟、张光华、温胜利、陈翀等一大批视野开阔、专业精深、组织推进巴塞尔协议的领导和朋友，从他们那里学到了很多东西，并与他们形成了深厚的友谊，这些是我一生的财富。

感谢中国金融出版社查子安先生的慧眼和鼎力相助，他审阅了很不成形的初稿并给予了鼓励和支持，感谢张铁先生的悉心指导，从封面、版式、内容、结构安排等诸专业领域给笔者全方位的帮助，感谢多位不知名的审稿人、编辑等专家，他们默默无闻地为本书的付梓作出了令人感动的奉献。

已过四十不惑的年龄，对未来、对人生自然多了几分"宠辱不惊，闲看庭前花开花落；去留无意，漫随天外云卷云舒"的恬淡。人到中年，上有老下有小，做这些业余兴趣工作，牺牲的是对上老下小的陪伴与关心，妻子胡萍承担了大部分家务，对自己父母、岳母、妻子、女儿，心中多是感恩与愧疚。孩子即将开始初中阶段的学习，与孩子一起学习、成长，心中总有一种暖意，仿佛又重新回到了自己童年的上学时代。每当孩子在嘲笑我、赶开我的时候，自然有一些失落，但这表明孩子一项项能力在超越我，在独立成长。长江后浪推前浪，一代代新人将站在历史舞台的中心。希望这本小册子能为新的探索者提供一些帮助！交稿时的心情就像考试后交卷一样，遗憾和错误并存，疏漏、重复、谬误之处还请各位读者、专家批评指正！

杨军

2013 年 11 月于北京

二版后记

《风险管理与巴塞尔协议十八讲》出版以来，得到了许多专家读者的鼓励和肯定，2014年被评为中国银行业优秀研究成果一等奖。一个相对比较专业领域的著作能够出版就已经很不容易了，没有想到还有再版的可能。这次能够再版主要有三个方面的原因。

一是张铁主任的指点和鼓励。2020年新冠肺炎在全球肆虐，居家隔离、弹性办公既是特殊时期的要求，也是有效防范传染的现实选择。相对而言，大家读书的时间就多了。有的朋友说疫情期间开始阅读多年想读而未读的书籍，有的朋友想重新阅读一些曾经读过的经典书籍。有一天一个朋友给我发微信，说他在网上订阅《风险管理与巴塞尔协议十八讲》，客服告诉他缺货，仅有的两本库存还需要加价购买，问我是否还有多余的书寄给他看看。我手头也没有存书，便联系了出版社张铁主任，看出版社是否还有库存，张铁主任说两次印刷都已经售罄，建议我考虑再版，说这也是很多读者给他的反馈。正是张铁主任的鼓励和建议，再版《风险管理与巴塞尔协议十八讲》就成了我应该完成的一个作业。

二是监管实践与理论的变革发展。自2008年国际金融危机爆发以来，银行业发生了很多变化，书中确实有很多地方需要重新修订。首先说巴塞尔协议。2008年巴塞尔委员会就开始对巴塞尔协议的相关内容进行修订，2017年正式颁布了《巴塞尔协议Ⅲ》的最后版本。这次修订有很多变化，比如提出了系统重要性银行监管的整体框架，完善了原来的信用风险标准法，对市场风险做了彻底修订，运营风险的资本计量方法也做了修改。其次看国际会计准则。国际会计准则理事会发布了《国际财务报告准则第9号——金融工具》，对金融工具的分类、损失准备的计提、套期会计进行了全面的修改。与过去不同，损失准备完全建立了以预期损失为基础的方法体系。最后还有内部控制。2017 年 COSO 发布了新的企业内部控制指引，其中包括企业风险管理整合框架，内部控制成为风险管理的一个有机的组成部分。这些标准和指引的重新发布，都标志着风险管理理念和方法的一次大的更新，《风险管理与巴塞尔协议十八讲》里的有些内容需要做相应的调整和修改。

三是新冠疫情催生新的风险管理理念和方法。2020 年的新冠疫情，对全球的政治经济文化格局都将产生巨大的影响。就风险管理而言，风险管理的理念和思想开始被越来越多的人接受和认知，风险管理的方法成为社会治理的一个基本方法。我们现在所处的社会已经是风险社会，整个地球甚至可以称为风险地球。处理风险的理念、方法、手段、工具都有很多的相似性。同时这次新冠疫情也对风险管理是一个巨大的推动。传染病的防治就是风险管理的现实案例，风险源的识别、感染个体的检测、风险的监测预警体系、重大突发事件的应急管理、业务连续性管理、传染链条的溯源等，要比银行现有的风险管理技术和方法丰富很多。银行风险管理需要进一步吸纳这些思想和成果，不断地创新和发展。

此次再版得到了很多专家和同事的支持。陈忠阳教授欣然为此次再版作序。陈教授长期在风险管理领域辛勤耕耘，在讲台上传授风险管理的知识，联系业界同仁一起研究风险管理问题，多次举办各种会议论坛，搭建沟通交流的平台，为中国风险管理技术方法的提升不懈奔走，他是我非常敬重的专家。老领导、前辈朱小黄先生多次鼓励我持续研究优化，积极宣讲本书，相关内容曾经在他主持的蒙格斯公众号进行连载刊发，王丹做了很多的编辑和修订，她的修订成果也体现在这次再版的书稿中。程建伟博士协助我做了此次的修订，提出了很多很好的修订意见，协助我修正了再版稿的部分章节，与出版社进行衔接协调，承担了大量沟通工作。在交易对手和市场风险部分得到了周宏达的协助。在此一并致谢。

感恩父母和岳母对我的养育教诲，他们都各自与生活、身体疾病进行坚韧的斗争，尽可能不给我压力，默默支持我的学习工作，每念及此，更多的是愧疚与不安。妻子胡萍承担了绝大部分家务和教育抚养孩子的责任。疫情期间，我进行专业思考和书稿修改，牺牲了与家人相守交流的时间，他们都给予了无私的理解和支持。初版时，女儿刚刚迈入初中的校门，而今已经考上大学，孩子的成长和进步让我欣慰，也更感白驹过隙、时光飞逝。唯有不懈的奔跑和乘风破浪，才不负光阴，以些微之力铺下风险管理路上的一块砖。

在本书的最后一章，谈到了风险管理的一些困境。这些困境是难点，也是必须破解的问题。破解这些问题，不纯粹是一些技术问题，更多地涉及社会环境、体制机制建设、文化创建、专业人员操守。真心期待风险管理能够得到越来越多的重视，自身不断完善，让我们的地球、人类社会、每一个国家、每一个企业在应对各种挑战中都能够更有韧性，更有防范和抵御的能力。在再版修订的过程中，我越发感到自身能力学识的不足，也越发感到需要新生力量的发展和崛起。在风险管理领域，中国的银行业一直处于不断的跟踪学习过程中，真正属于自己原创的东西很少，期待我们新生的力量在风险管理的领域能够有越来越多的突破性进展、原创性贡献。祝愿新的攀登者不断超越，因为无限风光在险峰！

杨军

2020 年 7 月于北京